现代列车牵引控制技术

冯江华　郭其一　刘可安
周桂法　姚晓阳　杨卫峰　著

科学出版社

北京

内 容 简 介

　　本书介绍了铁路牵引动力的发展历程、现代列车牵引传动系统的工作原理和控制特点及技术体系;讨论了列车传动系统的网侧控制、电机控制和黏着控制等控制技术;介绍了重载列车同步控制、现代列车通信网络、列车牵引控制系统平台等;还介绍了与测试认证技术相关联的环境试验等型式试验测试技术、电磁兼容性测试技术、可靠性测试技术以及通信网络的一致性测试技术等;附录给出了两个列车牵引控制系统实例,是在轨道交通车辆技术领域的实践探索和技术应用。

　　本书适合于高等院校交通、铁路及轨道控制等专业的高年级本科生和研究生阅读,也可以供从事研究设计、生产制造、技术诊断、维护保障以及质量体系管理的工程技术人员参考。

图书在版编目(CIP)数据

现代列车牵引控制技术/冯江华等著. —北京:科学出版社,2017.11
ISBN 978-7-03-055153-5

Ⅰ.①现… Ⅱ.①冯… Ⅲ.①列车-牵引系统-控制系统-研究
Ⅳ.①U260.13

中国版本图书馆 CIP 数据核字(2017)第 269238 号

责任编辑:张海娜　姚庆爽 / 责任校对:桂伟利
责任印制:张　伟 / 封面设计:蓝正设计

科 学 出 版 社 出版
北京东黄城根北街 16 号
邮政编码:100717
http://www.sciencep.com

北京九州迅驰传媒文化有限公司 印刷
科学出版社发行　各地新华书店经销

*

2017 年 11 月第 一 版　　开本:720×1000 B5
2017 年 11 月第一次印刷　　印张:33
字数:660 000
定价:180.00 元
(如有印装质量问题,我社负责调换)

序

由于铁路运输高效、安全,我国的主要货物运输和人员运输是以铁路作为主要的运输工具。同样,城市轨道列车(包括地铁、轻轨以及其他形式的有轨车辆)由于具有高效、高速、正点与安全等特征,目前成为各个特大型城市以及部分大中型城市解决地面交通压力的主要选择。

列车(含机车、高速动车组)和城市轨道列车的共同特点是由轨道线路系统、轨道车辆系统、轨道供电系统(包括电气化铁路供电系统和地铁的牵引供电系统)、信号控制系统(又称为列车控制系统)和行车调度系统以及其他各类辅助系统组成。而其中的轨道车辆系统是轨道交通实现人员运输和货物运输的唯一载体。

轨道车辆系统是一个结构非常复杂的大系统,它包括车体、走向机构(转向架)、车钩、牵引与制动控制系统、故障诊断系统和旅客信息系统等。而其中的牵引与制动控制系统是实现列车运行速度控制、安全控制以及舒适性控制等的技术核心,故障诊断系统是保障列车安全运行的重要技术辅助控制之一。随着现代微电子技术、电力电子技术、计算机技术、网络通信技术、现代传感器技术、现代信号处理技术和现代数学以及控制理论的发展,现代列车牵引与制动控制系统和故障诊断系统建立在这些理论与技术之上,成为数字化、智能化与网络化的电子电气系统。

由冯江华等撰写的系列专著包括《现代列车牵引控制技术》和《可靠性工程与故障诊断技术》,两册书的内容有所区别,但是立足点都是列车状态检测控制技术与应用系统的论述,相互补充,构成现代列车检测、控制、诊断、测试认证等完整的技术体系。《现代列车牵引控制技术》的主要内容包括列车状态信息检测与控制的理论基础和技术实践,交流传动理论和现代列车车载通信网络技术、工程应用以及测试认证技术等。而《可靠性工程与故障诊断技术》的主要内容是故障诊断的基础理论体系与实现方法,可靠性工程、故障诊断的实践应用和实验测试结果等。

该系列的第一个特点是吸收和汇集了现代列车检测、控制、诊断与测试领域近年来的丰富研究成果。列车(机车)车载电传动控制系统从初期的变压器级间调压到相控整流输出的直流电机调速技术,发展到目前建立在直接转矩控制或者旋转磁场控制理论基础之上,普遍采用以绝缘栅双极型晶体管(IGBT)构成的变流器系统可控变频变压输出的三相交流异步电机速度与力矩控制技术。从以变流器为核心的速度调节技术,到目前的以车载计算机控制网络为基础的分布式控制系统,不仅实现速度控制,还实现安全控制和充分利用黏着的力矩控制与防滑控制,从常规的普通列车控制到高速列车控制、重载重联列车同步控制。以现代传感技术和信号处理技术为基础的故障诊断技术不断完善并且实用化,成为保障列车安全运行的重要技术基础之一。列车(机车、动车组)的 RAMS(可靠性、可用性、维护性和安全性)体系构建、实践和实现不断进步,并且贯穿列车设计、制造、运营、管理和处置的整个生命过程,因此现代列车的技术性能与功能、可靠性、安全性不断提高,一个往返运行交路从以前的一二百公里到目前的一千多公里。整个列车(机车)牵引控制理论和控制实现技术发生了重大的变化,并且还在不断进步之中。该系列就是将这些崭新的理论与技术形成完整的体系。

该系列的第二个特点是以基本理论为基础,以应用实践为目的展开讨论和叙述。列车控制从检测技术、控制理论、车载网络到交流传动控制技术形成体系,列车诊断是从 RAMS 体系的建立,引出故障诊断的信息获取与检测控制理论、信号处理、可诊断性理论、故障可分离性理论到部件诊断和系统诊断等构成完整的体系。该系列贯穿的思想是建立理论基础,并且由理论指导实践,为实践服务。

该系列的第三个特点是对系统的测试、认证和一致性检测技术与系统设计实现作为一个整体进行介绍。由于列车是一个非常特殊的运行环境,其海拔、粉尘、盐雾、温度、冲击振动、电磁兼容性等均随地面环境不同相差非常大,所有的车载设备必须适应恶劣的运行环境才能够稳定正常地工作。牵引控制系统和故障诊断系统作为电子电气设备必须通过相关的国际标准或者国家标准、行业标准的测试认证,才能够成为合格的车载设备。因此,测试认证技术应当成为控制理论与技术的一部分。作为牵引控制系统与故障诊断系统核心的车载网络系统,必须与所有与之相连接的设备实现无缝的互联互通,而网络的一致性检测测试技术就是保障其可靠安全运行的基础。因此,网络的一致性检测认证技术也同样必须成为该系列的组成部分。这样的体系构成也就成为该系列的重要特点。

该书作者一直从事电力牵引与传动控制领域的教学、研究、技术开发和工程实践工作,理论扎实,经验丰富。该书的内容是他们几十年工作的积累和总结,也是对牵引控制和诊断应用行业的一份贡献与一种新的探索。该书取材广泛、内容丰富、见解独特,可以成为该领域工作者的指导与引领。特此作序。

中国工程院院士

2017 年 4 月于湖南株洲

前　言

随着计算机控制技术、列车车载通信网络、大功率电力电子器件与现代微电子技术、现代传感器技术和检测测量技术，以及列车控制理论的不断发展、完善和相互融合，现代列车逐步形成了以交流传动为基本传动方式，以车载列车通信网络为平台和以计算机数字化检测控制为核心的现代列车检测、控制与诊断技术体系。

随着现代交流拖动与控制理论体系的建立和不断深化，电气化机车（电动车组）从以变压器级间调压和以可控硅为核心的相控调压实现的直流拖动电传动系统，发展成为现代的以绝缘栅双极型晶体管（IGBT）为主的大功率电力电子器件构成的变流器机组与交流传动体系。

20 世纪 80 年代，西门子、ABB、三菱、东芝等列车车载设备生产企业相继研发了列车计算机检测控制系统，并且实现工程化和产业化。由此机车车辆的控制从以模拟电子技术为主的检测控制体系向以微型计算机为核心的数字化、智能化和网络化检测控制体系发展，不仅实现了检测控制的自动化，而且还形成了基本完整的故障诊断体系。

20 世纪 90 年代，西门子、庞巴迪（包括原 ABB 的 Aditrans）等企业提出了基于现代网络技术的列车通信网络技术标准 TCN(IEC61375)，由此列车检测控制走向网络化，并且该标准成为目前国际上广泛采用的车载通信网络标准。更重要的是，原来以变流器为核心的列车牵引控制系统，发展成为以列车通信网络为基础平台和核心的分布式牵引控制体系，所有的检测控制系统或装置就成为现代车载通信网络上的一个节点或者接口装置。

牵引电机技术也从直流电机发展成为可靠性更高的异步交流电机，目前各个大型生产企业开始建立生产永磁同步直驱电机拖动系统体系。同时，交流拖动的理论体系也不断发展完善，从早期的滑差控制到目前的旋转磁场矢量控制和直接转矩控制技术，以及基于状态估计理论的无速度传感器控制技术，都非常成熟完善，并且实现了工程化和产品化。

目前，列车控制诊断技术的发展是以安全为主题，以节能、高效和高可靠性为发展方向，干线铁路列车控制技术以安全、重载和高速为主要内容，而高速电动车组与城市轨道列车控制向更安全、更智能化、节能以及舒适性服务等方向发展，而控制检测系统向平台化、智能化方向发展。

我们将多年成果归纳整观，形成两本书出版：《现代列车牵引控制技术》的主要内容包括检测与控制理论基础、交流传动理论与技术、列车通信网络技术、工程应用以及测试认证技术等；而《可靠性工程与故障诊断技术》的主要内容是可靠性工程的理论与实践、安全与安全完整性问题分析、故障诊断技术的基础理论与方法、故障诊断的实践应用和实验测试结果等。两书的内容有所区别，并且互为补充，其立足点都是列车检测控制技术与应用。

本书的作者几十年来一直从事轨道交通牵引装备的技术研究，尤其在列车RAMS体系研究与实践、状态检测技术、牵引控制理论与技术实践、交流传动系统研究设计应用以及状态诊断等领域有着多年的研究探索和积累。而作者所在单位中车株洲电力机车研究所有限公司以及下属的株洲中车时代电气股份有限公司是我国在该领域的最大研发基地和产品生产供应商；同济大学在我国的轨道交通基础理论和技术研究领域取得诸多的成绩，几十年来为我国的轨道交通现代化做出了自己的贡献，为本书的成稿积累了丰富的素材。

另外，在本书的准备与完成过程中，株洲中车时代电气股份公司的刘军、韩露、王益民、刘群欣、吕杰、杨四清、杨卫峰、刘智聪、倪大成、刘琳、潘燕等，同济大学黄世泽、陈聪、舒露丝、徐秋勇、诸葛暄雨、余亮亮等做了大量的实验准备、试验认证和文字工作，在此对他们所付出的辛勤劳动表示衷心的感谢。本书引用了大量公开刊物上发表的、在该领域从事基础研究与应用技术等工作的科研技术人员的成果以及文献，在此向他们表示深深的谢意！

本书的出版得到国家 863 项目（2009AA11Z217）的支持和资助，深表谢意！

由于作者的理论水平有限，而且长期在单一的领域内从事研究开发工作，书中难免存在不妥之处，恳请广大读者批评指正。

作　者

2017 年 4 月

目　　录

第1章 绪 论

1.1 铁路牵引动力的发展

由于第二次工业革命的需要与蒸汽机技术的出现,19世纪初期世界上第一条铁路应运而生。在长达两个世纪的时间里,铁路列车的动力牵引经历了从蒸汽机、内燃机到电力牵引的变革,其中电力牵引又经历了交直传动到交流传动的转变,牵引动力的变革推动并代表了铁路运输装备的变革。

1.1.1 世界铁路牵引的技术历程

自从蒸汽机车登上历史舞台,铁路很快就成为交通运输的主要方式之一,推动着世界经济的发展。蒸汽机车在人类史上具有划时代的意义,但其能量变换方式和机械动力转换形式制约了牵引能力、机车整体布局的灵活性和可维修性。液力传动机车也存在类似的问题。因此,从铁路交通发展的初期,人们就一直努力探索机车牵引动力技术的变革。

1879年出世的第一台电力机车和1881年出世的第一台城市电车开始尝试直流供电牵引方式。1891年,德国西门子股份公司试验了三相交流直接供电、绕线式转子异步电动机牵引的机车。1917年,德国又试制了采用"劈相机"将单相交流供电通过旋转方式变换为三相交流电的试验车。这些技术探索终因系统庞大、能量转换效率低、电能转换为机械能的转换能量小等限制因素而未能成为牵引动力的实用模式。

1955年,水银整流器机车问世,标志着牵引动力电传动技术实用化的开始。1957年,硅可控整流器(即普通晶闸管)的发明,标志着电力牵引跨入电力电子时代。由于直流电机控制的简便性,以及整流晶闸管器件和整流技术的成熟,1965年,晶闸管整流器机车(交直传动)问世,使牵引动力电传动系统发生了根本性的技术变革,全球兴起了基于单相工频交流电网供电的铁路电气化发展高潮,交直牵引传动系统成为铁路牵引传动的主流。

20世纪70年代,由于快速晶闸管的出现,采用异步牵引电机、快速晶闸管变流机组、电流-滑差控制方法的交流传动系统的DE-2500内燃机车问世。交流传动在牵引领域重新展现前所未有的活力,从此,机车车辆装备进入了新时代。1983年,世界首批5台BR120型大功率干线交流传动电力机车,得到了德国联邦铁路公司的认可。BR120 机车在系统设计、总体布置、参数选择与优化规则、电路结构方面以及在主要部件,如卧式主变压器、牵引变流器、牵引电动机、空心轴万向节传动装置、辅助变流器等的设计和制造方面,进行了创新性的成功尝试,奠定了当代交流机车设计和运行的基本模式[1]。交流传动系统带来了新的优势,如下所示。

(1) 机车采用四象限脉冲变流器,大大减少了供电网的电流谐波分量,改善了供电品质,消除了对铁路沿线通信与信号系统干扰的风险。

(2) 交流传动机车可使供电网获得近似于 1 的功率因数,从而减小了供电网损耗,再生制动时还可以向电网反馈品质良好的电能,节能效果显著。

(3) 异步电动机的正转/反转及牵引/制动状态的转换,通过机车控制电路就能实现,机车向前/向后、牵引/制动操纵无需位置转换开关即可进行主电路的转换,电路简单,可靠性高。

(4) 异步电动机无换向器,所以相同功率的牵引电机,异步电动机质量较轻、体积小,机车转向架簧下部分重量相应减少,在机车通过曲线时,轮轨之间侧向压力也相应减少,这对高速行车尤为重要。同时,由于电动机体积减小,可以选择更为合适的悬挂方式,从而简化了转向架结构。

(5) 机车能发挥较高的输出功率。异步牵引电动机不存在换向问题,所以高速行车时电机效率较高。同时,因牵引电动机无换向器,空间利用好,机车功率得以进一步提高。再生制动时亦能输出较大的电功率。

(6) 机车具有优异的牵引性能和制动特性。异步电动机具有很稳定的机械特性,因而有自然防空转和防滑行的性能,黏着利用好,既减少了轮箍的损伤,又有利于提高列车的加速度,缩短机车起动和制动时间。

西方发达国家投入巨资研发轨道交通交流传动系统,经过三十年的研发、考核、技术更新,已完成了机车车辆直流传动向交流传动的产业转换。法国 TGV、日本新干线和德国 ICE 已经成为铁路现代化与国家综合实力的重要标志。交流传动成为铁路实现高速和重载的唯一选择与发展方向。

1.1.2　我国铁路电力牵引技术的发展历程

我国电力牵引技术坚持走自主研发与技术引进相结合的道路,不断发展进步,技术发展路径与国际技术发展路径相类似,经历了交直电传动到交流电传动的发展历程。基于交直传动系统的"韶山"(SS)系列电力机车和东风系列内燃机车,成为我国干线铁路 20 世纪客货运输与调车作业的主要机型。基于交流传动系统,形成了目前的 HX 系列机车、CRH 系列动车组和高速列车以及系列城市轨道交通车辆。

1. 交直传动电力牵引技术

我国交直传动技术前后共经历了三个阶段,开发了三代产品。

第一阶段(1956～1968 年)是中国电力机车早期引进仿制阶段。

1956 年,我国提出要迅速地、有步骤地研制并使用电力机车。1957 年,我国参照苏联 H60 型单相引燃管整流器电力机车,开始研究设计电力机车,1958 年仿制出第 1 台采用单相引燃管整流器的 6Y1 型干线电力机车。此后经过多次改进,到1968 年,6Y1 型改名为 SS1 型,开始进行小批量生产。SS1 型电力机车是我国的第 1 代电力机车,该车型的控制技术以有触点电路逻辑控制为主要特征。

第二阶段(1968～1985 年)是中国电力机车艰难成长的阶段。

这期间中国走上了自我发展的道路。SS1 型机车由变压器极间调压加引燃管整流方式发展为变压器极间调压加可控硅整流方式,并且批量生产;自主研制成功SS2 型原型车,该车控制系统首次采用以运算放大器为核心器件的闭环控制。1979 年株洲电力机车厂和株洲电力机车研究所吸收了 SS1 型机车和 SS2 型机车的成熟经验,并在 SS1 型机车基础上改进设计,研制成功 SS3 型机车,1989 年开始大批量生产。采用相控整流技术的 SS3 型机车是我国第 2 代干线主型机车。

第三阶段(1985～1998 年)是中国电力机车迅速发展的阶段。

1985 年 9 月,株洲电力机车厂成功试制了我国第 1 台相控整流 8 轴货运电力机车 SS4。SS4 型机车是我国第 3 代电力机车,并发展形成了较为完整的 4、6、8轴货运、客运系列机车,包括 SS3B、SS5(原型车)、SS6、SS4G、SS7 等车型。第 3 代电力机车采用模拟电子控制技术实现相控整流及调速控制。1985 年和 1986 年在进口 8K 型和 6K 型机车的同时,同步引进了这些机车的先进技术。在消化、吸收与结合中国实际国情的基础上,成功自主研制了基于计算机(网络)检测控制的第4 代电力机车,包括 SS8、SS9 以及第 3 代主型机车的派生型 SS4B、SS4C、SS6B、SS7B、SS7C 等机车,在此阶段微机网络控制技术研发成功并走向成熟,故障诊断技术得到应用。

2. 交流传动电力牵引技术

我国研究、应用交流传动技术,按时间历程可划分为三个阶段,即技术探索及小批量应用阶段、引进及国产化阶段和全面自主创新阶段。

第一阶段是技术探索及小批量应用阶段。

20 世纪 70 年代,我国开始研究交流电传动系统的基础技术并开展原理验证;20 世纪 80 年代完成了中等功率交流电传动系统的试验研究;20 世纪 90 年代中期相继启动高性能交流传动控制技术、大功率可关断晶闸管(GTO)牵引变流器工程化、中大功率绝缘栅双极型晶体管(IGBT)牵引变流器、大功率异步牵引电机等一系列核心技术的攻关工程,取得了丰硕成果。1996 年 AC4000 交流传动原型电力机车研制成功,这是我国电力机车事业发展上一个重要的里程碑,是我国铁路电传动领域的一次重大革命,标志着我国电传动机车开始步入交流传动机车的发展时期。

21 世纪初,株洲电力机车厂、株洲电力机车研究所与国外公司合作研制了"蓝箭"交流传动动车组和 NJ_1 型支流传动内燃调车机车等。自主研发的交流传动产品已用于 DWA 型地铁工程维护车、DJ_2 型"奥星"电力机车、DJF_1 型"中原之星"电动车组、国防科技大学磁浮列车、DF_{8BJ} 型"西部之光"内燃机车、DJJ_2 型"中华之星"高速动车组、DF_{7CJ} 型内燃机车、"天梭"电力机车、KZ_{4A} 型哈萨克斯坦电力机车、国产化地铁列车、自主知识产权北京地铁客车等,共计 50 多台(套)。

第二阶段是引进及国产化阶段。

2003 年,铁道部提出中国铁路"跨越式发展"方针。2004~2006 年,中国企业从 4 个外国企业分别购买了 4 个车型的高速列车(动车组)平台及相应的技术转让,但转让的技术以生产制造和试验技术为主,4 个车型分别如下。

(1) CRH1,由青岛四方庞巴迪铁路运输设备有限公司生产。原型车是庞巴迪为瑞典 SJAB 提供的 Regina C2008 型城际动车组。

(2) CRH2,由中国南车集团四方机车车辆股份有限公司联合日本川崎重工业株式会社设计并引进技术,负责国内生产。以川崎重工业株式会社的新干线 E2-1000 型动车组列车为基础。

(3) CRH3,由中国北车唐山轨道客车有限责任公司联合德国西门子股份公司设计并引进技术,负责国内生产。以西门子股份公司 ICE3(Velaro)为基础。

(4) CRH5,由中国北车集团长春轨道客车股份有限公司联合法国阿尔斯通交通运输公司设计并引进技术,负责国内生产。以阿尔斯通交通运输公司的 Pendolino 宽体摆式列车为基础,但取消了装备的摆式功能,而车体以阿尔斯通交通运输公司为芬兰国铁提供的 SM3 动车组列车为原型。

与高速列车一样,中国企业同时联合外国企业设计了 3 个型号的大功率交流传动电力机车和 2 个型号的大功率内燃交流电传动机车,转让了部分生产制造技术。具体车型如下所示。

(1) HXD1,以西门子股份公司 EuroSprinter 系列机车作为技术平台,由株洲电力机车厂与德国西门子股份公司联合研发。

(2) HXD2,在法国阿尔斯通交通运输公司的 PRIMA 系列电力机车的基础上研制,由大同电力机车厂与阿尔斯通联合开发。

(3) HXD3,以日本货物铁道使用的 EH500 型机车作为技术平台,由大连机车厂与日本东芝集团合作研制。

(4) HXN3,以美国 EMD 的 JT56Ace 大功率柴油-电传动机车为技术平台,由大连机车厂与美国 EMD 联合设计。

(5) HXN5,由戚墅堰机车厂与美国 GE 联合研制。

第三阶段是全面自主创新阶段。

2008 年,我国科技部和铁道部启动了《中国高速列车自主创新联合行动计划合作协议》，旨在"尽快建立和完善具有自主知识产权、时速 350km 及以上、国际竞争力强的中国高速列车技术体系的支持措施"。两部联合行动计划及在该计划支持下的 CRH380 系列高速动车组的开发，是中国高铁技术发展的一个转折点和里程碑，中国高铁技术走向了全面自主创新并引领世界发展的新阶段。

经过近三十年持续积累与发展，特别是 2008 年以来的大批量应用、考核和改进，自主化的牵引传动系统、列车网络控制系统、辅助电源系统等技术平台已经成熟，其技术模式和技术标准与国际接轨，技术水平与西门子、庞巴迪等公司相当，并形成了平台化、模块化和系列化的产品平台。交流传动产品全面覆盖大功率交流传动机车、动车组及城市轨道交通车辆。

（1）机车方面，先后批量装车 HXD1C、HXD1、神华号、HXD1D、HXD1F 等电力机车以及 4400HP 内燃机车，向泰国、马来西亚、埃塞俄比亚等国家出口交流电力传动内燃机车。

（2）动车组方面，基于成熟自主化技术平台，完成速度 500km/h 动车组、CRH6 型城际动车组牵引系统的自主开发，并实现动车组的出口。中国标准动车组在运营线完成了两列速度为 420km/h 的动车组的交会试验，将成为我国铁路装备实现重大提升的下一代产品。

（3）城市轨道交通车辆方面，基于完全自主化的成熟技术、产品平台，大批量应用于 DC750V/DC1500V 供电，各速度等级地铁、轻轨、磁浮列车及地铁工程维护车。城市轨道交通车辆已经大量出口国外，在国际市场上站稳了脚。

1.2　现代列车牵引传动系统原理及其控制特点

列车牵引电传动系统的基本任务是通过机电能量转换，达到传动装置速度或位置控制的目的。其本质是给电动机提供合适的电能，使电动机在合理的工况和特性条件下实现电能与机械能之间的转换。因此，电传动系统技术性能主要取决于电机和变流系统的性能。

列车牵引控制技术是实现列车安全、高效与可靠运行的核心技术之一，列车速度控制是列车牵引中的重要环节，设计合理的速度控制系统可以显著提高机车的牵引性能，取得明显的经济效益和社会效益。由于牵引网压、轮轨关系、牵引电机参数等外部环境和内部状态的变化，分布式动力、网络化的列车速度控制系统是多变量、强耦合的高阶非线性系统。传统的控制方法要达到平稳性与稳速精度的兼顾有很大难度，较大的速度波动和动力冲击，不仅影响列车运行的稳定性和舒适性，而且会降低列车有效运行速度，从而降低运输效率，甚至影响列车运行的安全。这些性能的改善和提高都依赖现代控制技术的发展。

1.2.1　列车牵引动力单元牵引传动系统

现代牵引电传动系统采用交-直-交传动形式。牵引设备主要有高压电器、主变压器、牵引变流器和牵引电机及其控制系统等。列车牵引电传动系统可由多个牵引传动单元构成。牵引传动单元的主电路主要由网侧电路、四象限整流电路、中间直流环节电路、三相逆变电路等组成。一个典型的 B0-B0 轴式、可单轴独立控制的 4 单元牵引电传动系统主电路结构[2]如图 1.1 所示。

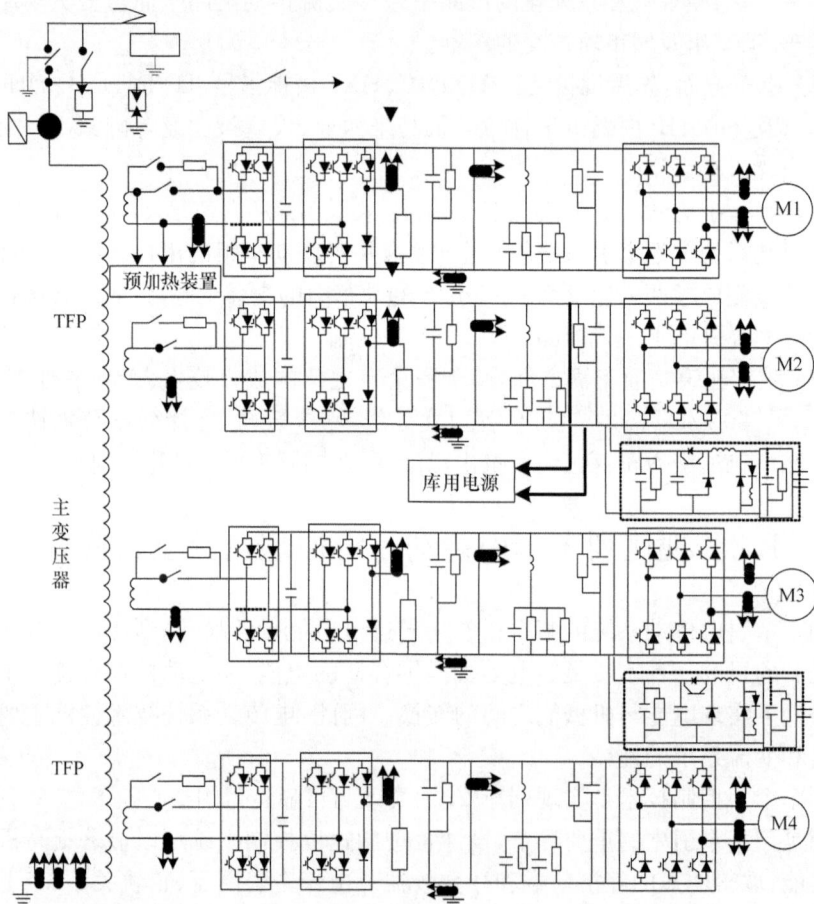

图 1.1　主电路结构示意图

1. 牵引单元的工作原理

如图 1.2 所示,牵引单元工作在牵引工况时,主变压器牵引绕组输出的单相交流电通过预充电接触器和工作接触器连接到四象限整流器的输入端。单相交流电通过四象限整流器和支撑电容器转换为稳定的中间直流电。三相逆变电路将中间直流电通过脉宽调制(pulse width modulation,PWM)控制,变换为电压和频率可变的三相交流电,实现三相异步牵引电机的速度与转矩控制。

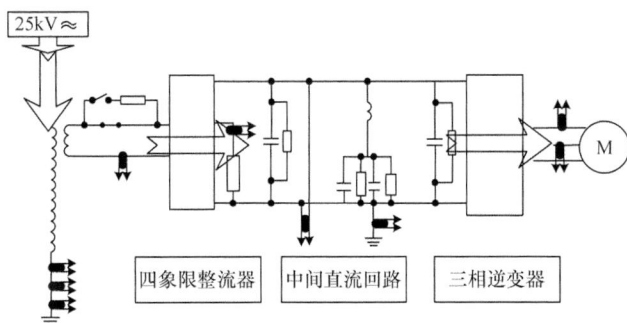

图 1.2　牵引时的工作原理示意图

在再生制动工况时,异步牵引电机处于发电状态,中间直流回路通过四象限整流器向牵引绕组馈电,将制动时产生的电能回馈到电网,从而实现再生制动,如图 1.3 所示。

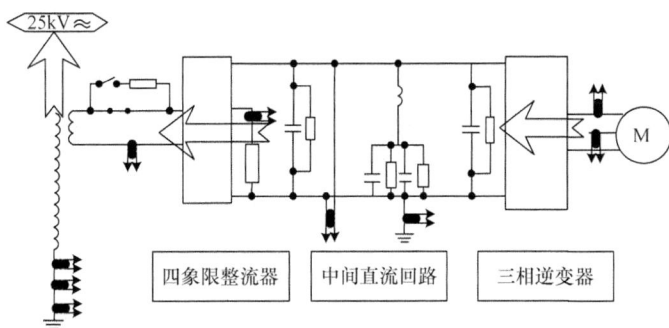

图 1.3　再生制动时的工作原理示意图

2. 网侧电路及电路原理

网侧电路主要由受电弓(PT1)、高压隔离开关(H(O-M))、网侧火花放电间隙(E-TFP)、原边电流互感器(TFI-QIL(M))、原边电流传感器(CA1(I)TFP、CA2(I)TFP)、主断路器(DJ(M))、避雷器(PF(M))、接地开关、高压电压互感器(TF1-PP)、主变压器原边绕组(TFP)、接地回流装置(EB1～EB4)及电能计量装置(PJ)等构成,如图 1.4 所示。

来自接触网的交流电通过主断路器、主变压器原边绕组、轴端接地装置、车轮、轨道构成网侧回路,实现从接触网受流到牵引动力单元或将动力单元的能量反馈至电网。

25kV　50Hz

PT1

TF2-PP　TF1-PP

TV1

E-TF1-PP

H(O-M)

DJ(M)

A　TPF

E-TFP　F2　PF(M)

TFI-QIL(M)

I ≫

QIL(M)

UNIT2 ←　H(HT)

PJ

W·h　var

电压信号

EB1　EB2　EB3　EB4

TFI-CE　CA1(I)TFP　CA2(I)TFP

X

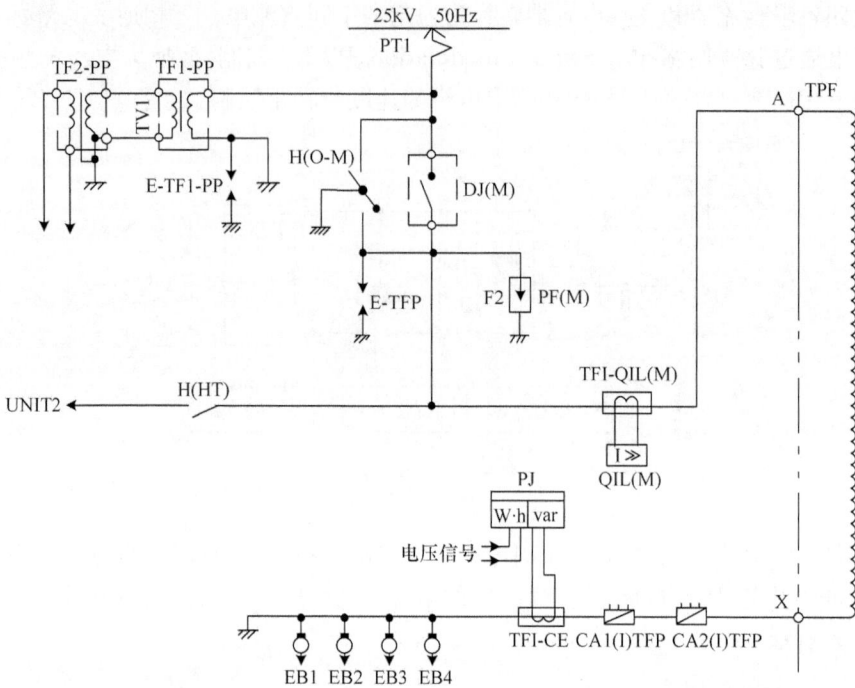

图 1.4　网侧电路及电路原理

　　控制系统控制受电弓的升降、主断路器的分合并监测其工作状态。传感器用于检测网侧电压和电流信号,为控制系统提供电网电压同步信号和电气保护信号。原边过流继电器用于实现主变压器原边绕组的短路保护。

3. 四象限整流电路

　　四象限整流器等效原理如图 1.5 所示。与一般的二极管桥式整流电路相比,每个桥臂上反向并联了一个可控器件。可控桥臂构建了反向电流通道,即可以使得 i_d 为负值。由于该电路能在两个方向上导通电流而不依赖于 u_s 的极性,即整流器可以使输入电压 u_s 和电流 i_N 工作在四个象限,能在两个方向上传送能量,从而支持实现电传动系统的牵引和再生制动功能。

　　四象限整流器是一个脉宽调制变流器,其控制目标是使交流电流的波形尽量接近于正弦,同时使得交流侧的基波电压和基波电流的相位差接近于 0,以达到限制谐波电流分量和提高功率因素的目的。四象限整流器的工作性能与所采用的控制策略密切相关。

　　在四象限整流器的交流侧设置有预充电回路,如图 1.6 所示。系统开始工作时,先闭合预充电接触器,通过预充电电阻为中间电路的支撑电容器充电,以限定

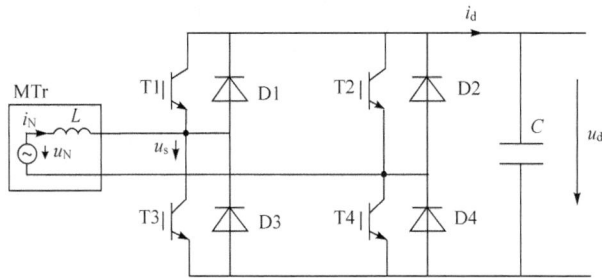

图 1.5　四象限整流器等效电路示意图

初始充电电流在合理的限值,避免产生过大的电流冲击。中间直流电压达到预定值后闭合线路接触器为四象限整流器提供工作电源,以避免正常工作时电流通过预充电电阻产生功率损耗。

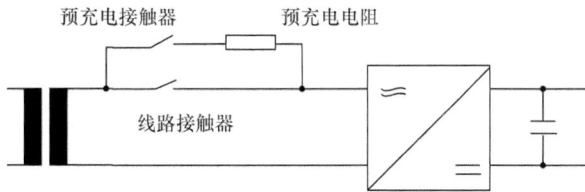

图 1.6　预充电电路示意图

4. 中间直流电路

中间直流电路由支撑电容、二次滤波电路、测量及保护电路构成,如图 1.7 所示。支撑电容主要起稳定中间回路电压及向牵引电机提供无功功率的作用,同时对四象限整流器和电机逆变器产生的高次谐波进行滤波。四象限整流器的输出电流中会含有 2 倍于电网频率的交流分量,此分量会对逆变器控制和变流器功率的发挥产生不利影响,因此通过 LC 串联谐振电路将其滤除,以抑制中间直流电路的电压脉动。随着控制技术的发展,逆变器的软件控制策略,使逆变器输出电压正负周期的电压时间乘积趋于平衡,抑制电机三相电流的拍频脉动,从而可以取消二次滤波电路。

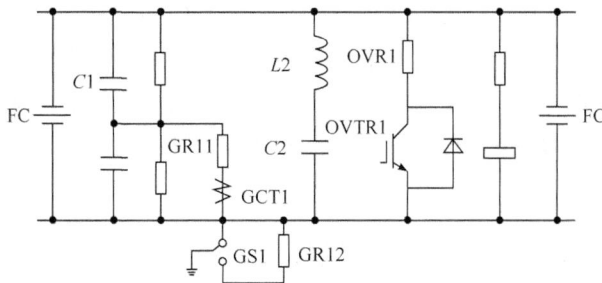

图 1.7　中间直流电路原理图

瞬时过电压抑制电路由功率开关器件和过压抑制电阻组成,主要通过限压斩波来实现,控制系统根据中间电路电压的波动和过压情况控制开关器件的通断,将过电压的能量消耗在过压抑制电阻上,从而将中间直流电压限制在规定的范围之内。

主电路接地保护除对主电路进行接地保护外,还保证主电路各点有固定的电位。控制系统根据接地检测传感器输出信号对主电路进行保护、记录和显示。

　5. 三相逆变电路和牵引电机

逆变电路将中间直流电变换为电压频率和幅值可调的三相交流电,供给牵引电机。牵引电机实现电能与机械能的相互转换。逆变器和牵引电机电路原理如图 1.8 所示。

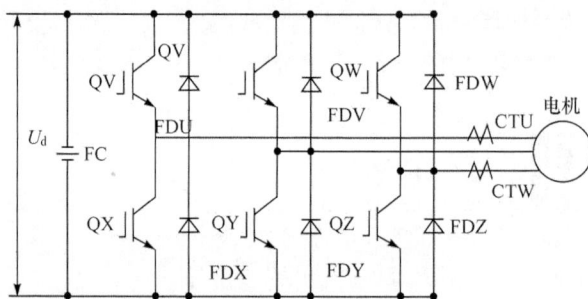

图 1.8　逆变器和牵引电机电路原理图

　1) 三相异步电机的工作原理

三相异步电机对称分布的 3 组定子绕组接通对称的交变电流后,会在空间产生对应幅值的圆形旋转磁场,根据电磁感应定律可知,转子导体中必然会产生感应电流,该电流在磁场的作用下产生电磁转矩。

(1) 旋转磁场的速度也称为"同步转速",用 n_1 表示。它的大小由交流电源的频率及电机极对数决定。

$$n_1 = 60f/p \quad (\text{r/min}) \tag{1.1}$$

式中,f 为电源电流的频率;p 为电机极对数。

(2) 由于转子是被旋转磁场拖动运行的,在异步电机处于电动机状态时,其转速恒小于同步转速 n_1,这是因为转子与磁场旋转同方向,转子较磁场转得慢,转子绕组才可能切割磁力线,产生感生电流,从而在转子上产生电磁转矩。转子旋转速度一般称为电动机的转速,用 n 表示。旋转磁场的同步转速与转子转速之差与同步转速的比值,称为异步电机的转差率,即

$$s = (n_1 - n)/n_1 \tag{1.2}$$

式中,s 为转差率。当异步电机刚要启动时,$n=0$,$s=1$;当 $n=n_1$ 时,$s=0$。

(3) 三相异步电机的转速与运行状态,如图 1.9(b)所示,$0<n<n_1$,$0<s<1$,

转子电磁转矩方向与旋转磁场方向一致,异步电机工作于电动机状态。

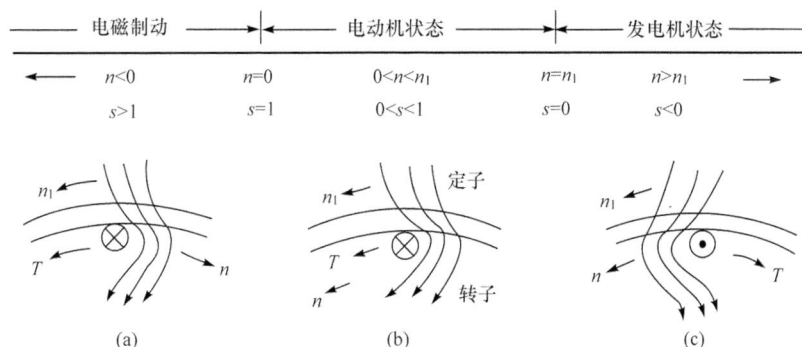

图 1.9 异步电机的 3 种运行状态示意图

如图 1.9(a)中所示,如果作用在异步电机转子的外转矩使转子逆着旋转磁场的方向旋转,即 $n<0,s>1$,此时转子电动势与电流方向仍和电动机时一样,电磁转矩方向仍与旋转磁场方向一致,但与转子转向相反,即电磁转矩是制动性质。此时,一方面电机吸取机械功率,另一方面因转子电流方向并未改变,对定子来说电磁关系和电动机状态一样,定子绕组中电流方向仍和电动机状态相同,也就是说,电网还对电动机输送电功率,因此电机同时从转子输入机械功率,从定子输入电功率。这种运行状态称为"电磁制动"状态,或"反接制动"状态。

如果用外部转矩(如惯性转矩、重力所形成的转矩)拖动异步电机,使其转速超过同步转速,即 $n>n_1,s<0$,旋转磁场切割转子方向相反,转子的电动势与电流方向都反向。电磁力及电磁转矩方向都是与旋转磁场及转子的旋转方向相反。这种电磁转矩是一种制动性质的转矩,如图 1.9(c)所示,此时异步电机输入机械功率,通过定子向电网输送电功率,异步电机就处于发电机状态。

2) 三相异步电机的调速原理

列车调速精度要求高、调速范围大,因此现代列车异步牵引电机调速普遍采用变频变压(VVVF)调速技术。变频调速系统主要设备是提供变频电源的变频器(逆变器)。

按照电机学的基本原理,电机的转速满足如下关系式:

$$n=(1-s)60f/p=n_1\times(1-s) \tag{1.3}$$

从式(1.3)可以看出,电机的同步转速 n_1 正比于电机的运行频率($n_1=60f/p$),由于滑差 s 一般情况下比较小(0~0.05),电机的实际转速 n 约等于电机的同步转速 n_1,所以调节电机的供电频率 f,就能改变电机的实际转速。

随着定子频率的增加,电机转速相应增加,如果电压不增加,将导致电机的磁场减弱,电机转矩就会降低,电机磁场降到很低时,电机不能输出足够的转矩,不能满足负载要求;另外,低频启动时,如果电压很高,将导致电机磁场过分饱和。因此异步电机变频时电压也应在一定的范围内保持一定比例的变化,即变频变压调速。

　　列车异步牵引电机变频调速主要采用恒转矩变频调速(恒磁通变频调速的一个区段,磁通和电流不变)、恒磁通变频调速、恒功率变频调速等调速方式。

　　3) 逆变器的工作原理

　　图 1.10 是一个三相逆变器的基本电路原理、控制与动作原理图[3]。

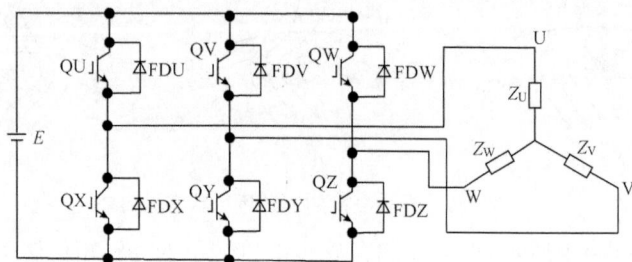

(a) 基本电路图

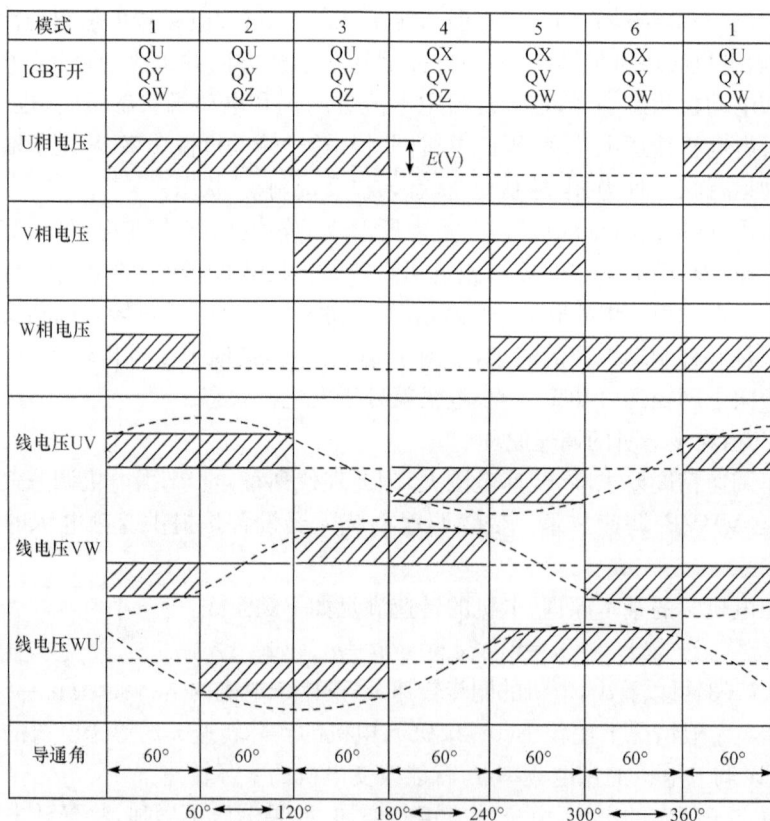

(b) 控制与动作原理图

图 1.10　三相逆变器的基本电路、控制与动作原理图

　　根据模式 1 到模式 6 的元件通断,可获得 U 相、V 相和 W 相由电压 E 和 0 组成的矩形波,每两个相之间则有线电压 UV、VW 和 WU。由此可获得 120° 相位差的三相交流电压。

　　为实现控制感应电机的旋转速度,需要同时可改变逆变器的输出电压和输出频率,采用 PWM 的 VVVF 逆变器可以达到这一目的,PWM 控制策略需要满足以下三个方面的要求:

　　(1) 控制逆变器输出电压的平均值;

　　(2) 控制逆变器输出电压的频率;

　　(3) 控制逆变器输出交流的品质。

6. 列车黏着利用

　　列车的牵引力直接来源于动轮与钢轨之间的黏着力。轮重、轮轨材料的弹性及在车轮上施加的转矩构成了黏着力的三要素,如第 7 章的图 7.2 所示。

　　当动轮受到荷重 P 作用时,在轮轨材料接触部分会发生弹性变形,形成椭圆形接触区。此时如果车轮还受到转矩的作用向前滚动,那么椭圆形接触区的前部由于材料的挤压将出现黏着现象,称为黏着区,其余部分则会因为材料的拉伸出现滑动现象,称为滑动区。正是因为黏着区的存在,在轮轨接触面上才产生了轮周切向牵引力 F。切向力 F 即黏着力,它驱使车轮滚动前进。

　　列车在牵引力驱动下前进时,车轮的前进速度总是低于车轮的圆周速度,这个现象称为蠕滑,蠕滑程度的大小用蠕滑率 $\gamma = \dfrac{R \cdot \omega - v}{v}$ 来表示。

　　一般而言,随着蠕滑速度加快,轮轨间有效发挥的黏着力也将增大。但是当相对运动速度超过一定限值后,发挥的黏着力反而不断减少。这种有效发挥的黏着力和车轮相对车体的切向运动速度之间的关系称为黏着特性。

　　列车处于正常牵引工况时,蠕滑率很小,且与轮轨间形成的黏着力成正比,此段称为微滑段;当驱动力矩大到一定程度后,蠕滑率迅速增大,此段称为大滑段;当驱动力矩进一步增大时,车轮相对于钢轨将会发生明显的滑动,而钢轨能发挥的黏着力随蠕滑率的增加迅速下降,这就是车轮的空转现象。车轮空转滑行除造成列车的牵引力损失,还会加剧轮轨磨耗,严重时甚至威胁行车安全,所以必须尽量避免空转的发生。

　　列车轮轨黏着特性受到轮轨表面状态、线路不平顺、车轮直径、轴重、列车速度等多种因素的影响。列车黏着利用率主要受到列车运行状态、轴重转移、轮对驱动系统的扭转振动特性、曲线黏降及车轮直径差等多种因素的影响。

　　黏着利用控制技术是提高黏着利用率的重要措施,它能充分发挥轮轨黏着的潜力,使列车在接近可用黏着的情况下工作。

1.2.2　列车多动力单元牵引控制

　　列车是以基本动力单元为基础构成的,基本动力单元可以灵活组合形成不同的编组,以满足不同的运输需求。按照列车动力的动力需求及用途的不同,多动力单元的组合形式有:

　　(1) 动力集中的机车或固定重联机车;

　　(2) 动力分散的动车组、高速动车组以及城轨列车;

　　(3) 重载组合列车。

　　各种机车和列车的分级控制需求如图 1.11 所示。

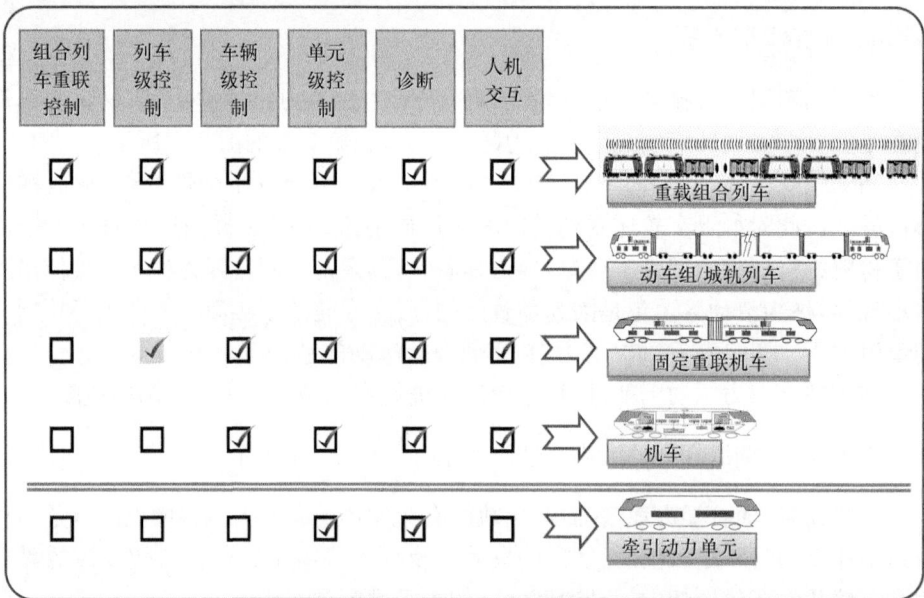

组合列车重联控制	列车级控制	车辆级控制	单元级控制	诊断	人机交互	
☑	☑	☑	☑	☑	☑	⇨ 重载组合列车
☐	☑	☑	☑	☑	☑	⇨ 动车组/城轨列车
☐	☑	☑	☑	☑	☑	⇨ 固定重联机车
☐	☐	☑	☑	☑	☑	⇨ 机车
☐	☐	☐	☑	☑	☐	⇨ 牵引动力单元

图 1.11　列车编组形式与控制需求关系图

1. 列车牵引传动分级控制

　　根据模块化与结构化思想,列车牵引控制系统可以划分为三个层次,即列车级控制、车辆级控制和传动级控制,如图 1.12 所示。

　　牵引控制系统各级的功能划分简述如下。

　　(1) 列车级控制负责整列车的上层控制、状态监测与故障诊断等,主要功能如下:

　　① 操作端选择与确定逻辑;

　　② 列车运行方向及左右侧的确定;

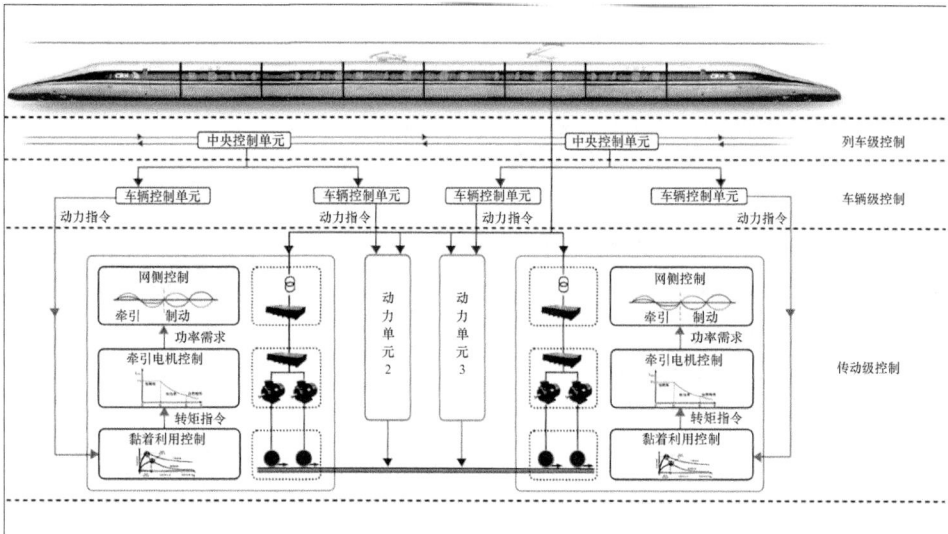

图 1.12　列车牵引控制的分层控制原理示意图

③ 牵引和制动指令；

④ 列车速度特性控制；

⑤ 牵引和制动力协同；

⑥ 列车级故障诊断；

⑦ 故障保护及故障安全导向；

⑧ 辅助系统控制及故障切换指令；

⑨ 记录和显示功能等。

（2）车辆级控制负责动力单元内控制、状态监测与故障诊断等，主要功能如下：

① 牵引和制动控制逻辑和特性控制；

② 动力单元调速及定速控制；

③ 电子空气防滑器的控制；

④ 空电联合制动控制；

⑤ 辅助系统控制及故障切换；

⑥ 信息检测、故障诊断和故障保护；

⑦ 故障处理及故障安全导向；

⑧ 记录和显示功能等。

（3）传动级控制实现四象限脉冲整流器、逆变器和异步牵引电机控制等，主要功能如下：

① 牵引变流系统的逻辑控制；

② 四象限脉冲整流器控制；

③ 牵引逆变器和电机控制；

④ 机车牵引时空转、制动时滑行保护的控制（或机车黏着控制）；

⑤ 变流系统的保护、故障诊断和记录等。

2. 列车通信网络

随着网络通信技术的发展，现代列车控制和诊断系统大多采用网络化系统。因此网络系统需求是列车控制系统的二级需求，列车网络系统基于现场总线技术，但又有自己独特的需求。主要表现在以下几个方面。

1）列车通信网络的基本特性

（1）实时性。实时性可定义为系统对某事件的反应时间的可测性，包括时间驱动能力和事件驱动能力。也就是说，在一个规定时间周期或者事件发生后，系统必须在一个可以准确预见的时间范围内做出反应。控制网络不同于普通计算机网络，其最大特点在于它应该满足控制作用对实时性的要求。列车通信网络对数据传递的实时性要求十分严格，不同层次的控制器对实时性要求不同，一般来说，传动级控制具有最高的实时性要求，车辆级控制实时性要求次之，列车级控制实时性要求相对最低。对于数字系统，传动级控制控制器的运算周期在数十微秒；车辆级控制控制器的运行周期在数十毫秒，列车级控制的运行周期在百毫秒级即可。

（2）确定性。网络通信的确定性与介质访问控制方式密切相关，即是否允许多个节点同时发送数据以及接收信息的可信度。多个节点同时发送数据引起的冲撞可能导致数据包的丢失，这就造成了数据传输的不确定性，平等竞争的介质访问控制方式本质上不能满足列车通信网络的确定性要求。

（3）可靠性和安全性。列车通信网络运行的电磁环境和气候环境复杂、恶劣，要求通信网络要有很好的电磁兼容性，还要有耐受宽的温度和湿度变化范围，有较强的耐机械振动、耐冲击、耐腐蚀及防水、防尘、防爆、防燃等能力，同时还应具有信息安全能力。

2）列车网络的应用特性

（1）列车通信网络的初运行。当列车的组成发生改变时，特别是当有车辆挂接或解挂时，构成列车网络的所有节点需要进行重构，即对列车行进方向、相对于行进方向的左右侧和节点编号等动态参数进行重新分配，这个过程就是列车通信网络的初运行。

对于运行过程中可以自由挂接和解挂的列车，列车通信网络的初运行一般需要自动完成。在列车运行过程中，也可以根据应用的需要由人工触发初运行操作。例如，当列车在行进过程中，若有某一节车辆损坏而不能再收发数据时，为了确保其他车辆的正常运行，必须进行初运行操作来给各节列车分配新的地址。初运行的过程相当复杂,必须考虑编组的变化、主从节点的失效以及各种可能发生的错误和异常。当列车通信网络采用总线技术进行通信时,整个总线只受一个节点的控制,该节点称为主节点,其他节点称为从节点。主节点负责自主发送,从节点只能在收到主节点的命令后才能响应主节点的指令。

(2) 列车通信网络中传输的应用数据。根据数据特性,列车通信网络中传输的应用数据可以分为五类,即监视数据、过程数据、消息数据、流数据和尽力而为数据[3]。

① 监视数据。监视数据主要用于列车骨干网的初运行和完整监控过程,包括设备的状态检查、故障装置的检测、主传送、启动和相同总线中的其他监视功能。监视数据不能够被应用层调用,该数据具有最高级别的优先级。

② 过程数据。过程数据包括控制命令及反映列车状态的信号,如给定级位、牵引/制动命令、速度、电机电流、电机电压等信号,主要应用在列车控制和监控方面。过程数据被周期性地发送,以满足控制的实时性和确定性要求,具有较高的传输优先级。

③ 消息数据。消息数据是按需要发送的不频繁传送但可能冗长的信息,如诊断或旅客信息。消息的长度是可变的,消息的发送时延应尽可能短,但允许变化。消息数据常用于列车控制和监视、乘客信息以及报表,具有中等的传输优先级。

④ 流数据。流数据主要用于传输视频和音频等多媒体数据。视频流数据可以用来传送视频信息以及为乘客娱乐等服务,它需要较高的带宽。音频流数据可以为乘客信息或者工作通信提供服务,和视频流数据相比它需要较短的等待时间和较低的误码率。流数据的带宽需要限制,从而使得过程数据、消息数据和监控数据有足够的带宽。

⑤ 尽力而为数据。尽力而为数据可以用来下载和上传软件,配置数据或者乘客信息和环境数据。比较典型的是使用 FTP 协议或者网络管理协议。尽力而为数据的带宽应该要限制,以便为过程数据、消息数据、监控数据和流数据预留足够的带宽。

1.2.3　列车故障诊断

故障诊断理论及其应用的研究在各行业受到前所未有的重视,各种新的诊断方法和手段,已经广泛应用于航空、航天等尖端领域中。列车的状态检测与故障诊断是保障列车安全运行、提高列车使用效率、降低运营维护成本的重要技术手段。

早期的故障诊断是独立应用于列车的重要部件或子系统,如内燃机车的柴油机监控装置、机械走行部的故障监控装置及电子电气系统的故障检测装置等。随着列车网络系统的应用,各子系统的故障诊断信息通过网络系统交互成为可能,传感网络、大容量数据采集、存储分析技术的发展,以及对故障机理认知和人工智能技术的提高促进了系统诊断技术的发展,使得列车诊断-车辆诊断-设备诊断分级诊断综合系统的建立成为现实,现代列车故障诊断系统如图 1.13 所示,并可扩展到车地一体化的远程综合系统。

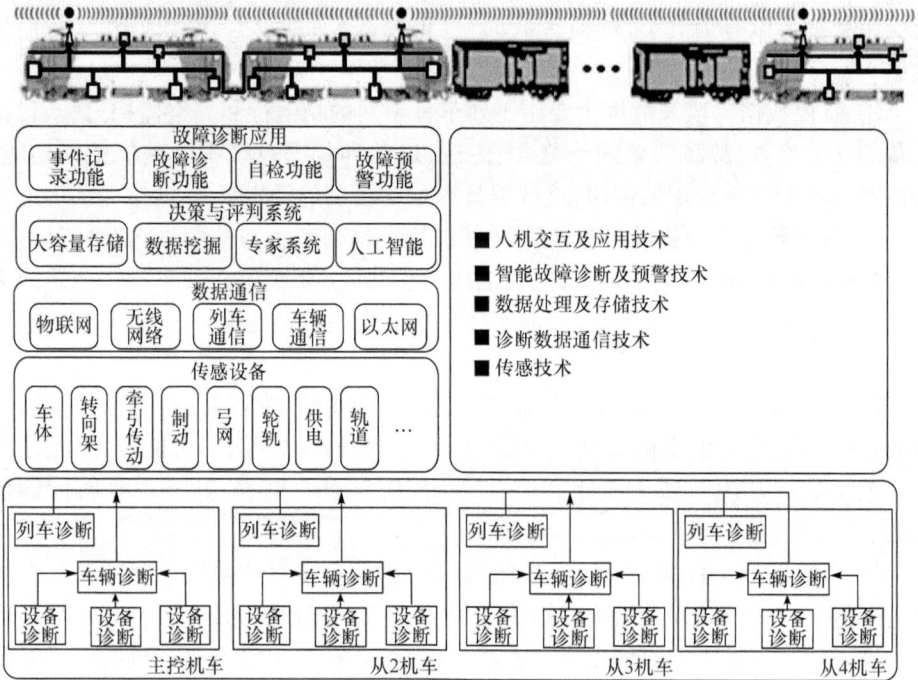

图 1.13　列车故障诊断系统构成框图

1.3　现代列车牵引控制系统的技术体系

面向工程化产品的列车牵引控制系统包含三个方面的技术,如图 1.14 所示。一是控制技术,包括实现牵引动力单元控制需求的控制技术和控制策略,以及实现多动力单元协同控制需求的车辆级和列车级控制技术。控制技术是实现控制系统功能和性能的关键。二是通信技术,列车通信网络技术是实现分布式、层次化列车控制系统数据传输的技术支持,是实现列车控制系统功能的基础支撑。三是保障技术,系统保障技术以系统集成技术为总揽,以 RAMS(可靠性、可用性、维护性和安全性)专项技术提升产品效能,以试验验证技术确保实际产品满足产品技术性能、系统功能和技术规格的要求。

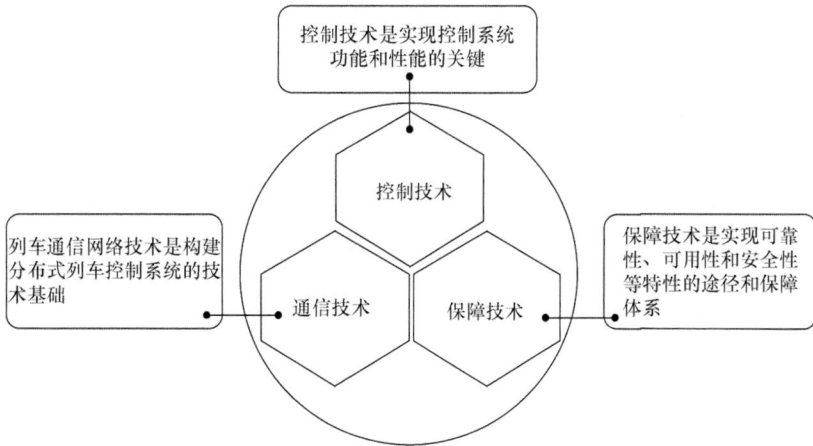

图 1.14　面向工程化产品的列车牵引系统技术构成示意图

1.3.1　交流传动牵引控制策略与控制技术

　　现代列车传动控制理论的基础是现代数学与计算科学、计算机科学、微电子科学以及由此产生的传感检测理论、经典及现代控制理论等。

　　网侧控制、电机控制和黏着控制是现代交流传动系统牵引控制的核心,控制策略不仅保障系统功能的实现,还决定电传动系统的技术性能。现代列车牵引控制理论、控制策略与应用对象框如图 1.15 所示。

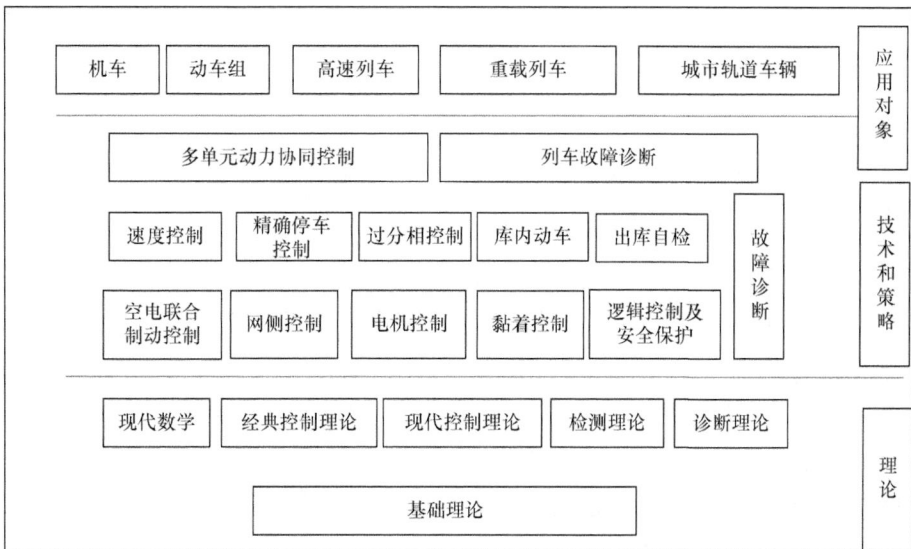

图 1.15　列车牵引控制理论、控制策略与应用对象框图

1. 网侧变流器控制

从电力电子技术的发展历程来看,网侧变流器先后经历了不控整流(采用不可控二极管器件)、相控整流(采用半控型可控硅器件)和脉冲宽度调制整流(采用可关断开关器件)三个阶段。四象限脉冲整流器实际上是一个交、直流侧均可控的四象限运行的变流装置,PWM 整流器模型电路由交流回路、功率开关管桥路以及直流回路组成,通过电路交流侧的控制,就可以控制其直流侧,反之亦然,实现将交流电整流成可控且稳定的直流电的功能。整流器通过多重化等手段可以实现网侧电流的谐波消除,使得整流器输入电流与输入电压均为高度正弦化,避免谐波对电网的污染。

1) 网侧变流器的控制策略

网侧变流器的拓扑结构一般为单相电压源型 PWM 变流器,主要功能之一是提供稳定的直流电压,其控制策略主要分为间接电流控制策略和直接电流控制策略两大类。间接电流控制策略是通过控制变流器交流侧电压基波的幅值和相位,进而间接控制交流电流,缺点是动态响应慢,对系统参数变化敏感。直接电流控制策略目前占主导地位,引入了交流电流作为反馈,可直接调节交流电流,因此电流响应快、鲁棒性好。大功率网侧变流器的控制一般引入电网电压作为前馈且采用固定开关频率 SPWM 调制,中小功率应用中可采用以电流快速跟踪为特性的滞环电流控制。

2) 多重化载波移相调制

交流传动列车的网侧变流器一般采用多重化结构实现大容量输出,各重PWM 变流器分别连接主变压器的一个牵引绕组,通常全列车网侧变流器的重数为 4~16 不等。为提高网侧谐波性能,各重网侧变流器之间通常采用载波移相的PWM 调制方式,即脉冲相互错开发出,使得各重电流的谐波能够相互抵消,从而有效减小多重叠加后的原边电流的谐波含量。多重化载波移相调制在不提高变流器开关频率的前提下,实现了系统等效开关频率的成倍提高,显著提升了网侧谐波性能。

2. 牵引电机控制

牵引电机是列车电气传动系统机电能量转换的核心,牵引电机的调速范围从中低速的恒转矩区到高速深度弱磁的六脉波恒功区,磁场变化大,工作温度变化范围宽,而大范围的温度和磁场的变化使得牵引电机控制更加复杂。因此,实现牵引电机高动态响应、高精度控制是牵引控制领域的关键技术。

1) 异步电机转差频率控制

转差频率控制基于交流异步电机稳态数学模型实现转矩控制。根据交流异步电机稳态等效电路可知,控制转差频率就能够达到间接控制转矩的目的,这是转差频率控制技术的基本思想,也是其控制规律之一。该系统只实现了对电流幅值的控制,而未控制其相位,无法获得高性能的电机转矩控制效果。

2) 转子磁场定向矢量控制

矢量控制将交流电机磁场的方向作为旋转坐标系的定位方向,将电机定子电流矢量正交分解成与磁场方向一致的励磁电流分量和与磁场方向垂直的转矩电流分量,通过控制励磁电流分量和转矩电流分量,实现交流电机控制。因而使人们看清了虽然交流电机控制复杂,但同样可以实现转矩、磁场独立控制的本质规律。矢量控制是对异步电机提出的一种新颖的控制思想和控制技术,极大地推动了交流电机控制性能的进步。

3) 异步电机直接转矩控制

直接转矩控制的思想是通过实时计算电机转矩和磁链的幅值,分别与转矩和磁链的给定值比较,由转矩和磁链调节器直接从一个开关表中选择合适的定子电压空间矢量,进而控制逆变器开关的状态。直接转矩控制不需要复杂的矢量坐标变换,对电机模型进行简化处理,没有脉宽调制信号发生器,控制结构简单,受电机参数变化影响小,能够获得较好的动态性能。

(1) 直接自控制。

电压型逆变器输出电压直接施加在牵引电机的定子上,若忽略定子电阻压降的影响,定子磁链空间矢量与定子电压空间矢量之间为积分关系。定子磁链的运动方向和轨迹将对应于电压空间矢量的作用方向。

在额定速度及以下的运行范围内,定子磁链幅值保持恒定,为调节转矩,必须通过改变磁场空间矢量的平均角速度,也就是改变定子磁场相对于转子的瞬时转差频率。对于中间直流电压为 U_d 的两电平电压型逆变器,定子磁链的空间旋转速度恒为 $d\Psi_2/dt = 2U_d/3$。在恒定磁链下调节转矩,则必须减少定子磁链平均速度,那么在适当的时刻插入空间零矢量使得定子磁链空间矢量停住,既保证了磁链的恒定,也改变了定子磁链运行速度,起到了调节转矩的作用。直接自控制技术中引入了转矩滞环(band-band)调节器,这个调节器将转矩保持在宽度为 $2\varepsilon_m$ 的带限内。当实际转矩与给定转矩之差超过调节器带限时,将改变开关指令对其进行调节,这就是直接自控制中的电机转矩控制规律。

(2) 间接定子量控制。

间接定子量控制技术是控制定子磁链按圆形轨迹运行,只要每个区段的电压状态数目足够多,磁链轨迹就能很好地接近圆形;转矩的调节仍然是通过改变磁链运行速度来实现的,不过它的调节不是直接控制转矩的实时瞬态量,而是调节开关周期内的转矩平均值。只要开关周期足够短于定子周期和转子漏磁时间,这样的平均调节将是有效的。

4）基于 Fibonacci 的效率自寻优控制

传统的控制策略没有考虑电机的效率，只是保证系统在额定点的效率比较高，而在全速度范围内，电机的效率并不是很高，特别是在低速情况下传统的控制策略使得电机的效率很低，因此需要在不影响电机控制性能的前提下，对电机的效率进行优化控制，从而提高传动系统的效率。

从效率方程可以看出，在转速一定的情况下，效率只与转差有关，并且存在一个最优转差，使得电机的效率最高。获取电机效率最优工作点的问题本质上是一个无约束非线性规划问题，可以采用计算量小、收敛速度快的 Fibonacci 自寻优搜索算法求解。

5）基于负载观测器的变流器协同自适应控制

为了适应列车运行的恶劣工况，提高牵引系统的动态响应性，需要"网侧变流器"与"电机侧变流器"相互协作，协同控制，而建立二者联系的关键在于负载功率，因此需要建立负载观测器对牵引系统的负载情况进行估计。

利用负载观测器观测的负载转矩再结合电机的转速就可以观测出负载功率，网侧变流器控制策略利用电机侧变流器观测的负载功率，进行负载功率前馈控制，可大幅提高直流侧电压的响应速度，保证在大负载变化情况下的直流侧电压的稳定，从而保证了传动系统的转矩响应能力。

6）无速度传感器控制

高性能牵引控制系统依赖于牵引电机转速的高精度实时反馈。速度传感器安装于牵引电机轴端，温度长期在 $100\,^{\circ}\!C$ 以上，再加上行车过程中振动导致的机械应力和工作环境的恶劣等，尽管轨道交通牵引用速度传感器针对恶劣环境进行了特殊设计，但故障率仍然很高。随着牵引系统电气设备技术的不断进步，速度编码器的可靠性对系统性能进一步提升的制约日益凸显；此外，采用无速度传感器控制，牵引电机体积可进一步减小，省去了传感器连接电缆，提高系统可靠性的同时有效降低了成本，是轨道交通牵引控制发展的重要技术趋势。

异步电机转速估计方法可分为：利用定子电压电流的基波分量来估计转速、向定子电压或电流注入高频分量来估计转速两大类。因轨道交通固有的低开关频率特性，工程中实际应用的主要是基于电机基波模型的速度观测方法。这类方法中，比较典型的有基于电机动态模型的转速估计方法、全阶观测器转速估算方法和模型参考自适应转速估算方法等。

3. 永磁牵引电机控制

近年来，永磁同步电机以其高效率、高功率密度、强过载能力等优点在轨道交通牵引系统领域受到重视，在城市轨道交通车辆上已经开始进入商业应用阶段。永磁同步电机和现代电力电子技术、控制理论相结合，对轨道交通牵引技术而言将是一场创新性的技术革命。

适合轨道交通领域的永磁同步电机高性能控制策略主要包括矢量控制和直接转矩控制两类。

永磁同步电机的转子磁场幅值恒定且位置与转子位置重合,通过检测转子实际位置便可知电机转子磁场的位置,采用转子磁场定向的矢量控制可以简化永磁同步电机控制系统结构。

为了实现电机铜耗最小运行,在恒转矩区通常采用最大转矩/电流比控制策略来规划矢量控制系统中的指令电流。对于凸极式永磁同步电机,最大转矩/电流比控制算法根据转矩方程满足定子电流取最小值的极值条件导出;而对于表面式永磁同步电机,要实现最大转矩/电流比控制,只需控制直轴电流为0。由于电机交直轴电感会随定子电流变化而变化,实际运行中根据最大转矩/电流比控制计算指令电流时还需考虑交直轴电感的磁饱和特性。由于车载变流器系统的容量限制,永磁同步电机同样需要运行在弱磁控制区域。永磁同步电机的弱磁控制方法有很多方案,其中基于电压闭环的弱磁控制策略的适应性最好,应用最广。

直接转矩控制也是永磁同步电机控制策略中的重要分支,其中无差拍直接转矩控制策略是近几年来的研究热点。无差拍直接转矩控制是一种预测控制技术,理论上可在一个采样周期内,使电机的输出转矩和定子磁链控制误差为零,具有响应快速和控制精确的优点,特别适合于离散控制系统。同样基于铜耗最小的原则,可以将最大转矩/电流比控制策略应用在直接转矩控制中。

4. 列车黏着利用控制

黏着利用控制方法分为两大类:再黏着利用控制方法和优化黏着利用控制方法。

再黏着利用控制方法是在空转和滑行发生后,通过大幅降低电机转矩来实现再黏着。再黏着利用控制方法一方面需要大幅度地削减电机转矩以消除已经发生的空转或滑行现象,另一方面需要缓慢地增加电机转矩以防止空转或滑行的再次发生,这样,黏着工作点常常远离黏着峰值点,因而黏着利用率一般较低。

优化黏着利用控制方法的显著特点是能够自动搜寻黏着峰值点,并使黏着工作点保持在黏着峰值点的附近,从而能够获得较高的黏着利用率[4]。根据搜寻黏着峰值点方法的不同,出现了黏着控制策略和方法,例如:以电机输出能量为控制目标,在满足列车运行要求的前提下,尽量少地提供能量,以减少空转滑行现象出现的能量最优型控制策略[5];以乘客舒适度为控制目标,利用抛物线插值算法减轻电机转矩减载过程中的冲击,提升旅客列车特别是高速列车乘客舒适度的控制策略;以及基于现代控制理论中状态观测器的黏着利用控制方法[6]和基于智能控制理论中模糊控制的黏着利用等控制方法[7]。

1.3.2　列车通信网络技术体系

1. 列车通信网络模型

列车通信网络(TCN)的基本模型采用开放系统互连(OSI)模型,为了保证过程数据在确定的较小的时延下能够被及时地发送到相应的设备中,TCN 实时协议省略掉 OSI 模型中的网络层、传输层、会话层、表示层,只保留了物理层、链路层和应用层,如图 1.16 所示;而消息数据传输协议则不同,由于按需传输,所以消息的传输需要发送方和接收方建立连接,从而也就决定了消息数据协议需要采用 OSI 模型中的网络层、传输层、会话层和表示层等过程数据传输协议所没有的层[3]。

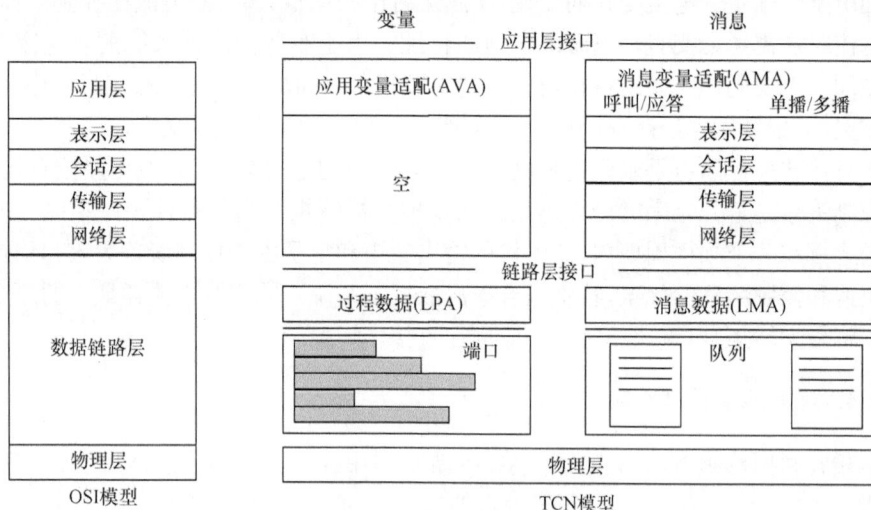

图 1.16　TCN 实时协议模型组成示意图

随着铁路机车车辆向高速、重载发展以及城市轻轨列车和地铁车辆技术的发展,列车通信网除了承载传统的牵引、制动控制和实时故障诊断等基本数据外,正在迅速地向车载多媒体和信息服务发展。为适应此需求,基于更高带宽的 IEC 61375-2012 新标准(ECN/ETB),IEC 62580 系列标准首期定义了车载多媒体和信息服务子系统(on-board multimedia and telematic subsystem,OMTS)的四大服务:视频监视/CCTV、面向司乘人员的服务、面向乘客的服务和面向运营和维护人员的服务,如图 1.17 所示。

2. 列车通信网络架构

1) 有线列车通信网络架构

列车控制系统一般采用两级网络拓扑结构,即列车级网络(列车骨干网,train

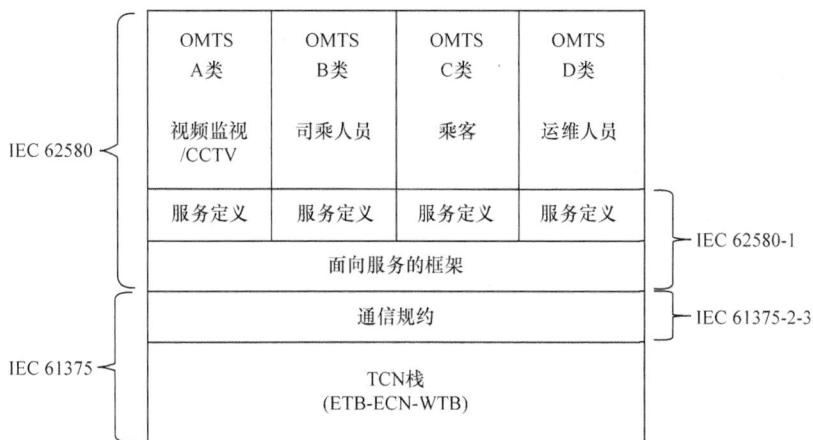

OMTS A类	OMTS B类	OMTS C类	OMTS D类
视频监视 /CCTV	司乘人员	乘客	运维人员
服务定义	服务定义	服务定义	服务定义
面向服务的框架			
通信规约			
TCN栈 (ETB-ECN-WTB)			

图 1.17　基于列车通信网络的 OMTS 构成示意图

backbone)和车辆级网络(编组网,consist network)。列车级网络连接频繁连挂和摘挂的车辆(或编组),承担车辆(或编组)间的信息传输,支撑中央控制单元、列车诊断计算机等设备的列车级控制、诊断和显示等功能的实现。车辆(编组)级网络连接一个车辆(或编组)内部的设备,包括车辆控制单元、显示单元、诊断计算机等车辆级控制主设备,传动控制单元、制动控制单元、辅助控制单元、空调控制单元、车门控制单元等子系统控制设备,车辆总线管理器、列车总线管理器等网络管理设备以及专用编程、调试、检测工具等支持设备,实现一个车辆(或编组)内部各设备的信息交换。典型的车地一体化的列车通信网络如图 1.18 所示。

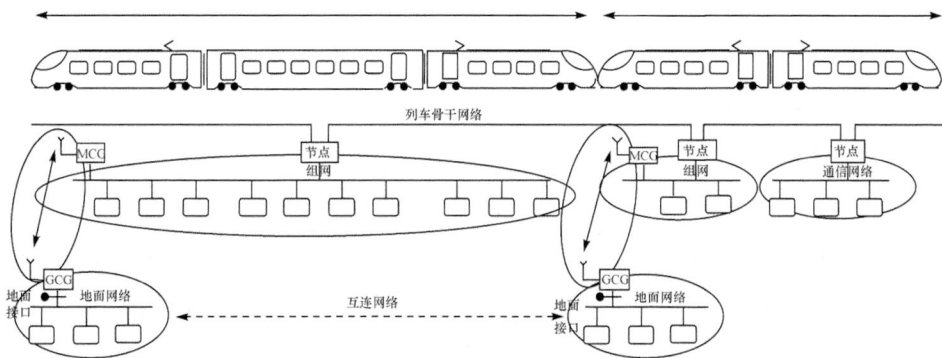

图 1.18　车地一体化的列车通信网络示意图

其中,车载通信网络由列车骨干网络和编组网络两级架构,二者通过网关节点连接;每个编组网中增加了至少一个移动通信网关(mobile communication gateway,MCG)设备,与地面网络(ground network)中的地面编组网关(ground consist gateway,GCG)建立固定连接、临时连接或漫游连接;地面网络之间可借助地面设施完成互连。

2) 重载组合列车的无线通信网络

对于重载组合列车,由于列车的编组长度可达数千米,且货车车辆不宜配置通信设备或电缆,在重载组合列车上采用无线通信网络,实现远距离动力单元之间的数据传输是一种可行选择。因此重载组合列车的通信网络需要在原有有线列车通信网络的基础上增加一个无线通信上层网络,如图 1.19 所示,无线网络的主从节点选择和控制机制与有线列车网络类似。

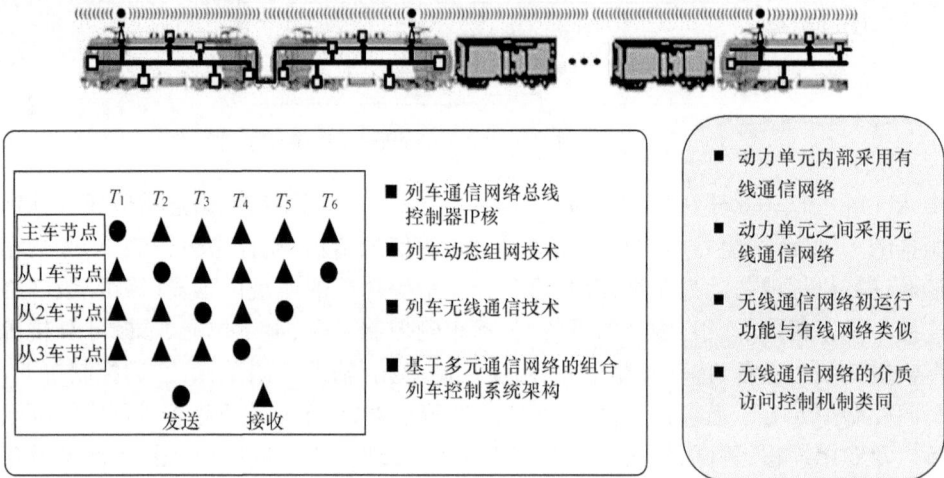

图 1.19　重载组合列车无线通信网络功能示意图

1.3.3　现代列车控制系统保障技术

1. 系统集成技术

所谓系统(system),是指由相互作用和相互依赖的若干组成部分按一定的关系组成的具有特定功能的有机整体,其本质在于描述事物的组织架构和事物间的相互关系。集成(integration)可理解为一个整体的各部分之间能彼此有机地协调工作,以发挥整体效益,达到整体优化的目的。

从产品开发过程管理来看,在产品开发过程的"V"模型中,系统集成的主要工作包括系统需求分析、系统方案设计及系统功能验证等。

列车控制系统集成,就是将组成系统的各部件、子系统、分系统采用系统工程的科学方法综合集成到相互关联的、统一的和协调的系统之中,共同实现列车控制系统的功能,并使整体性能满足列车最佳性能要求的过程。现代列车控制系统以建立在现场总线基础上的列车网络控制系统为平台和纽带,列车运行控制系统、传动控制系统、制动控制系统等子系统按照各自的分工共同完成列车的控制功能。

控制系统集成大体上可以归纳为两个方面的内容:控制设备集成和信息集成。控制设备集成是指通过相似或兼容的技术实现不同设备在同一技术平台上的集成,从而达到减少设备投入、提高系统综合性能、提高系统的 RAMS 水平的目的;信息集成是指为实现列车控制的要求,不同系统之间需要交换信息,或需要综合多个系统提供的信息作为控制的依据,这就需要建立满足控制系统实时性、稳定性、精确性要求的信息交换系统。

此外,对列车控制系统进行可靠性分析、预计,分析系统的可靠性指标能否满足用户的要求,也是列车控制系统集成设计的重要内容。

2. RAMS 保障技术

RAMS 保障技术可分为可靠性、可用性、维修性和安全性等几个方面,其工程化技术体系是在总体要求(即系统保证计划)的指导下来展开的[8],如图 1.20 所示。

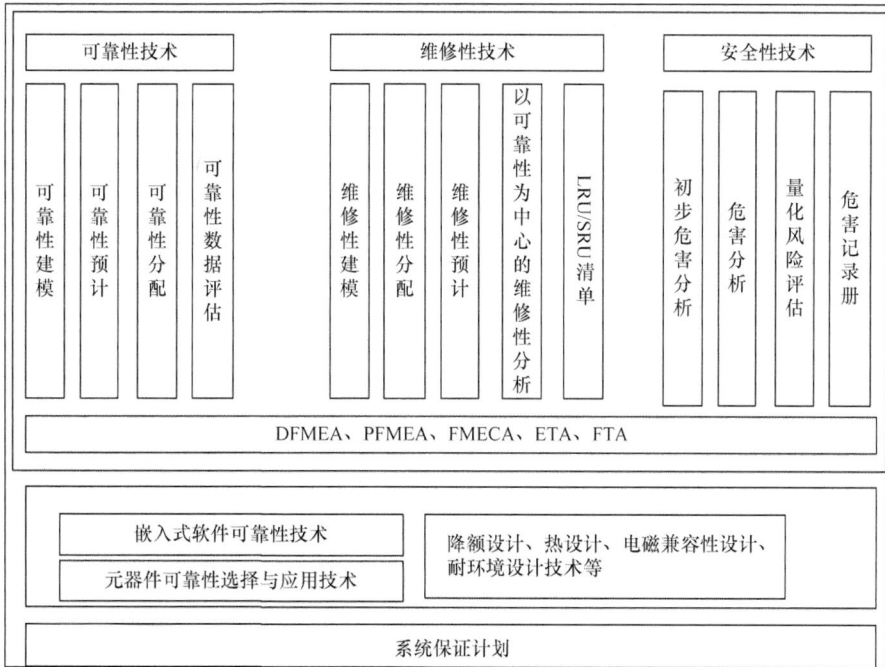

图 1.20 RAMS 保障技术构成框图

系统保证计划规划需要开展的 RAMS 工作介绍如下。

可靠性设计技术,包括可靠性建模、可靠性分配、可靠性预计和可靠性数据评估等。

以可靠性为中心的维修(RCM)性分析是目前国际上通用的、用以确定产品预防性维修需求、优化维修制度的一种系统工程方法。其基本思路是:对系统进行功能与故障模式影响分析(FFMEA),明确系统内各故障的后果;用规范化的逻辑决策方法确定各故障后果的预防性对策;通过现场故障数据统计、专家评估、定量化建模等手段在保证安全性和完好性的前提下,以维修停机损失最小为目标优化系统的维修策略。

产品安全性设计,从安全需求转化为对各过程的风险分析、控制,进而变化成产品中的性能参数,从而实现产品"本质安全"或"故障安全"的过程。安全性分析关键技术包括:故障模式、影响与危害性分析(FMECA),初步危害分析(PHA),事件树分析(ETA)等。

产品的可用性是产品可靠性、可维修性和维修保障体系的综合反映。

3. 试验验证技术

试验验证贯穿于整个产品生命周期,如图 1.21 所示。可靠性与环境试验作为一种保证产品质量和可靠性的重要方式与环节,能够发现产品设计、材料和工艺方面的缺陷,确认是否符合可靠性的定量要求或评估产品的可靠性水平,并为后续可靠性评估提供产品薄弱环节、产品性能变化趋势等信息。

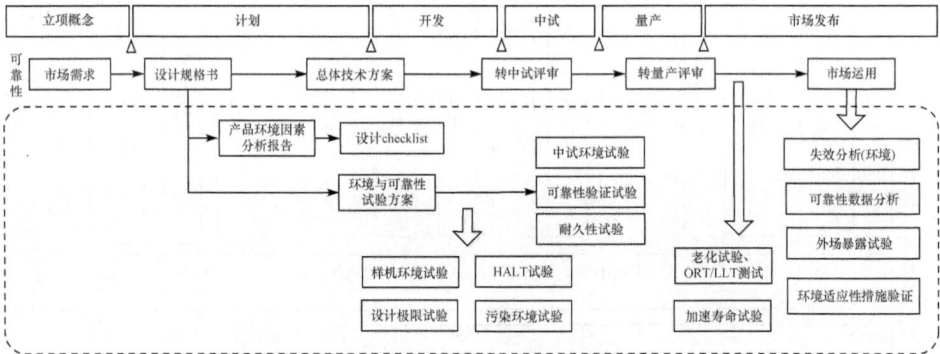

图 1.21　产品开发过程的可靠性与环境试验组成框图

在需求分析阶段,需充分挖掘产品环境条件和可靠性要求,并显性作为产品技术规格组成部分;在开发阶段,需依据产品技术规格,开展产品环境因素分析和 FMECA 分析,得到产品应着重注意的环境敏感因素,并制订环境与可靠性试验方案;在产品样机试制和小批试制阶段,开展样机环境试验、HALT 试验、设计极限试验、污染环境试验等可靠性研究试验,以达到暴露产品薄弱环节、发现产品工作极限、提高产品可靠性水平的目的,同时可开展中试环境试验、可靠性验证试验、耐久性试验等验证性试验;在产品量产阶段,开展老化试验、产品连续性测试/长周期(ORT/LLT)测试及加速寿命试验等,以便对产品的可靠性水平做出鉴定。在现场使用阶段,产品将承受综合应力的影响,因而常常需要进行现场试验,以便了解产品的实际可靠性水平,同时需开展现场故障品的可靠性数据分析及失效分析等工作。

1.4　列车牵引控制技术的发展趋势

1.4.1　目前主要的发展现状

目前我国电力牵引控制技术的工作重点在开发、设计与验证中国标准高速动车组,30 吨轴重重载电力机车与开行 5 万吨列车相关技术、城际快速动车组与市域列车、现代有轨电车、完善低速磁悬浮列车(在长沙线投入运行)以及研发高速磁悬浮列车等。

牵引控制关键部件与装置的工作重点包括大功率半导体器件研制以及新型碳化硅功率器件的工程化应用、高速动车组相关装备研制、制动能量再生反馈相关装备以及永磁同步电机牵引系统的商业化工程化应用等。

建立在新材料、储能与节能技术及列车网络控制技术等基础上的牵引与电传动技术和永磁同步电机和现代电力电子技术、控制理论相结合;现代牵引控制技术还涉及绿色装备制造体系、基于工业 4.0(中国制造 2025)的轨道列车制造体系,以及建立在 RAMS 体系之上的基于物联网技术的全寿命服务体系,这些涉及的新理念、技术对轨道交通牵引技术的创新而言将是一场革命[10]。

发展特点之一是网络化、信息化、智能化。轨道交通机车车辆的牵引、制动和面向旅客服务的设施增多,列车的编组方式也呈多样化发展,列车通信网络是实现列车实时控制和各类信息传递的唯一装备,包括对重联控制信息、逻辑控制信息,以及牵引、制动和速度控制信息,状态监视和诊断信息,各动车单元协调统一信息等的传递,以提高系统性能、集成度、可靠性和可维护性以及减轻列车重量等。

发展特点之二是列车控制系统的平台化与网络化。建立在大量的用户需求分析和不同的目标市场分析基础上形成的产品平台,和由此目标分解成主要的支撑功能模块体系。当前国际上各大主要供应商开发的机车/列车控制系统有:西门子股份公司的 SIBAS32、Bombardier 公司的 MITRAC、ALSTOM 公司的 AGATE、南车株洲电力机车研究所有限公司的 DETECS 等,其都是建立在计算机网络技术基础之上的牵引控制系统平台。

发展特点之三是模块化、标准化与个性化的统一。模块是具有独立功能、一致的连接接口、一致的输入输出接口的产品组成部分,模块是平台化的基础,也是实现牵引控制系统标准化与个性化的基础。基于模块化的平台系统具有高可靠性、专业化开发、快速的市场响应、降低产品成本与高效率、易于实现系统的分级控制和各个层级的冗余设计以及体现个性化的优势。

　　现代列车牵引控制应用系统大多是在产品平台基础上的系统,是在平台基础上的二次开发。其内容包括系统的模块化、硬件的模块化和软件的模块化等,系统的平台化示意图如图 1.22 所示。

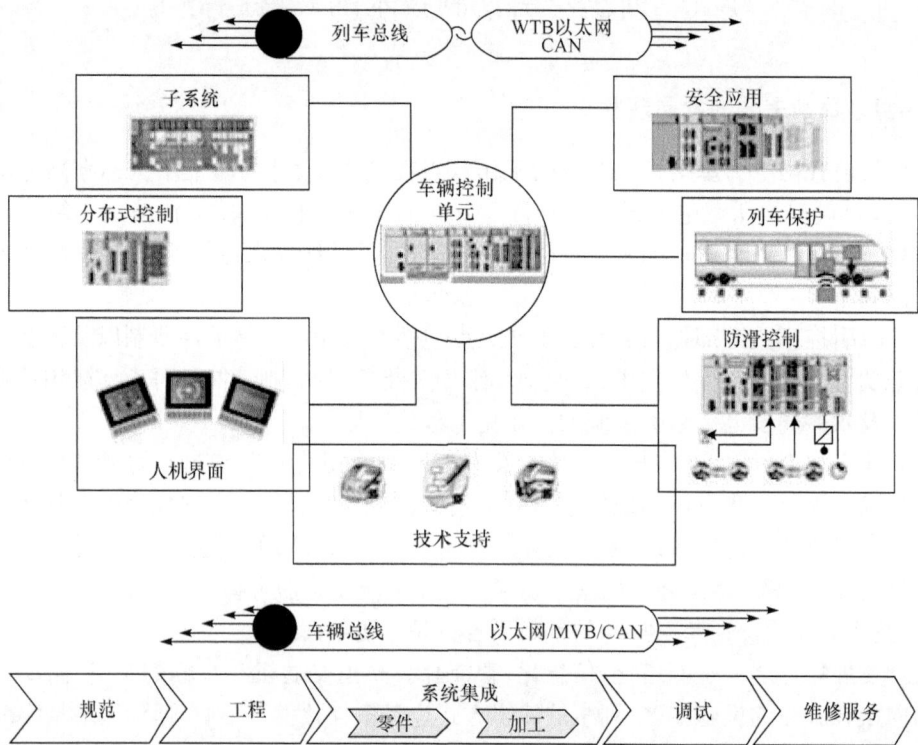

图 1.22　列车牵引控制系统的平台化示意图

　　技术提供与系统解决。现代牵引控制系统,不仅要提供大功率电力电子器件,同时要提供完整的牵引控制系统,不仅要提供系统装置,更重要的是提供系统的方案架构与解决完整的技术。不仅要对原理进行研究与认证,还要有针对性地进行系统仿真(物理的、半物理的和全数字化的仿真),提供系统性的试验与认证测试等保障技术。

1.4.2　牵引控制技术的体系思想发展

　　列车牵引控制技术的思想体系与理念发展经历了三个阶段。

第一阶段：从电力牵引控制技术出现至列车通信网络技术诞生之前，列车的牵引控制以牵引装置（调压装置、整流装置、VVVF 装置）为核心。

第二阶段：从列车通信网络技术诞生，牵引控制的体系结构以网络为核心，列车上的任何检测控制系统仅仅是列车控制网络上的一个节点而已。这种观念对于其他的控制技术发展也是相同和适用的。

第三阶段：目前，由于新的列车通信标准的发布执行，以及产品平台化、统一化与个性化的需求，牵引控制技术向平台化方向发展。通信功能的模块化与通用化以及网络通信协议可以透明封装成为标志，如图 1.23 所示。

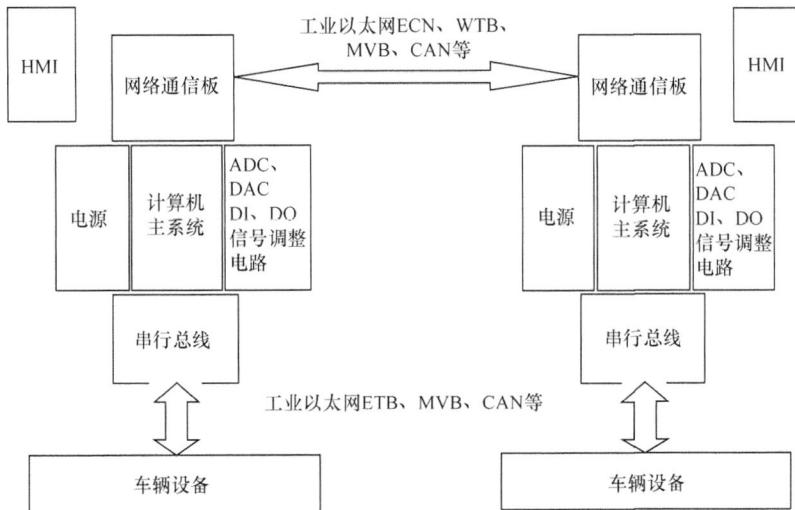

图 1.23　基于通信网络的列车计算机牵引控制系统平台结构示意图

1.5　本书的安排

本书的主要内容包括：第 1 章介绍铁路牵引动力的发展历程、现代列车牵引传动系统工作原理及其控制特点、现代列车牵引控制系统技术体系；第 2、3 章主要介绍现代列车信号检测与处理基础部分和列车控制理论基础部分；第 4～7 章专题讨论列车传统系统的网侧变流器控制、交流牵引电机控制、永磁同步牵引电机控制和黏着控制等专项难点技术及新技术；第 8 章介绍重载列车同步控制；第 9～11 章，主要内容是现代列车通信网络技术，包括列车通信网络技术基础、WTB/MVB 及 ECN/ETB 两代列车网络中的若干关键技术；第 12 章介绍列车牵引控制系统平台；第 13～17 章为工程化保障技术部分，包括牵引控制系统的系统集成技术和试验验证技术，内容涉及与测试认证技术相关联的环境试验等型式试验测试技术、电磁兼容性测试技术、可靠性测试技术和通信网络的一致性测试技术等,该部分对涉及列车车载电子电气设备(包括检测控制与诊断系统)认证测试和可靠性测试认证进行了完整讨论。

　　附录部分给出了两个列车牵引控制系统实例,附录 A 介绍 CRH380AM 高速动车的牵引控制系统;附录 B 介绍朔黄铁路 2 万吨级重载组合列车牵引控制系统,该系统实现了 4 台 HXD1 机车的无线重载重联控制。

参 考 文 献

[1] 冯江华.电力电子技术与铁路机车牵引动力的发展[J].变流技术与电力牵引,2006,(2): 63-66.

[2] 张曙光.HXD3 型电力机车[M].北京:中国铁道出版社,2009.

[3] IEC 61375-1—2012. Electronic railway equipment—Train communication network(TCN)— Part 1:General architecture.

[4] Frylmark D,Johnsson S. Automatic slip control for railway vehicles. Institutionen För Systemteknik,2003,(2)

[5] 尚敬,李小平,刘可安,等.一种用于动车组的快速黏着控制方法:中国,CN201410068615. 8[P].2014 年 5 月 28 日.

[6] 李江红,胡云卿,彭辉水,等.轨道交通黏着利用控制的关键技术与方法.机车电传动,2014, (6):1-5.

[7] 王辉,肖建.机车模糊黏着控制及其仿真研究[J].机车电传动,2002,(3):19-23.

[8] 周桂法,邵志和,曾嵘.轨道交通 RAMS 工作的理解与实施[J].机车电传动,2014,(2):1-5.

[9] 郭其一,康劲松,冯江华,等.轨道交通车辆牵引控制发展现状与趋势[J].电源学报,2017, 15(2):40-45.

第 2 章　信号检测与处理基础

2.1　引　　言

　　以列车运行中在某种激励下的响应作为信息的检测来源,通过传感器及其采样通道检测获取列车状态信息,对所测得的原始状态信息进行分析处理,以及多信息融合,感知列车运行状态,通过采取相应的识别策略对列车的运行状态做出判断,进而达到列车控制与状态诊断的目的。目前,列车主要检测参量包括电压、电流、速度、压力、温度与振动六大类的状态信号,下面将分别阐述各类信号在列车控制与故障诊断中的用途、基本检测原理、典型传感参数及其外围接口等。

2.2　列车状态信息检测原理

2.2.1　电压信号检测原理

　　列车电压信号涉及网压、牵引变流器/电机电压、辅助供电电压、功率因素补偿装置晶闸管电压等。除了电压互感器外,列车电压检测传感器常用磁场平衡式霍尔器件,其原理图如图 2.1 所示,接线图如图 2.2 所示(M 为测量端,E 为另一测量端(电流端))。

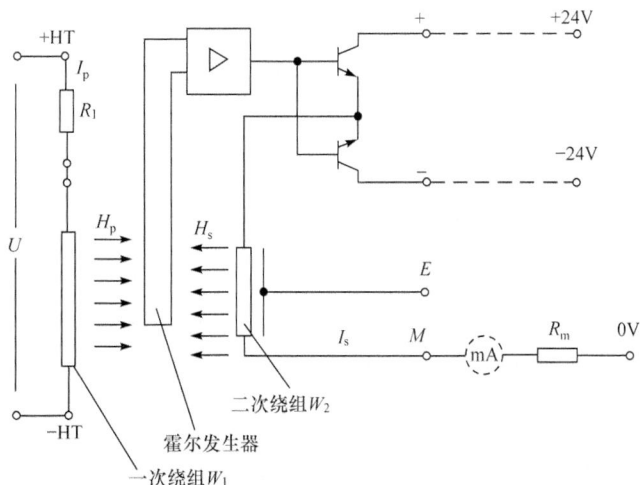

图 2.1　霍尔器件的磁场平衡式电压传感器原理图

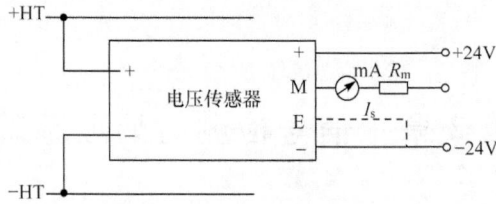

图 2.2　电压传感器接线示意图

　　传感器由限流电阻 R_1、一次绕组 W_1、霍尔发生器、二次绕组 W_2 及放大电路等部分组成[1]。当被测电压 U 经过限流电阻 R_1 和一次绕组 W_1 产生电流 I_p 时，该电流流经 W_1 产生磁场 H_p，使霍尔发生器有霍尔电势输出，该信号经放大电路放大，推动功率管，从电源获得补偿电流 I_s，I_s 流经 W_2 产生磁场 H_s，其方向和 H_p 相反，从而补偿了 H_p，直到

$$I_p \times W_1 = I_s \times W_2 \tag{2.1}$$

根据式(2.1)可得出：

$$I_p = (W_2 / W_1) \times I_s \tag{2.2}$$

从而求出被测电压：

$$U = I_p \times R \tag{2.3}$$

式中，R 为限流电阻和一次绕组内阻之和，由此测得 I_s 便可知被测电压 U 的值。

2.2.2　电流信号检测原理

　　列车电流信号涉及牵引电机电流、变压器一、二次电流、辅助供电电流等。通常采用的霍尔器件的磁场平衡式电流传感器原理图如图 2.3 所示。

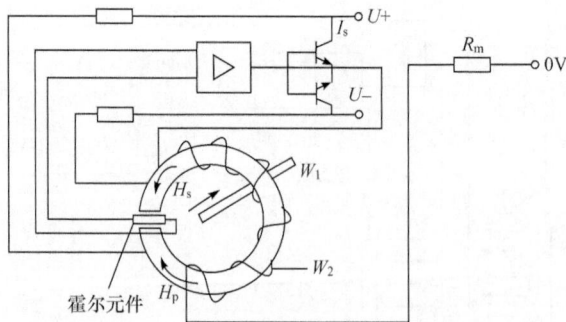

图 2.3　霍尔器件的磁场平衡式电流传感器原理图

　　当被测电流 I_p 流过穿心母线 W_1 时，该电流产生磁场 H_p，使霍尔发生器有霍尔电势输出[2]。该信号经放大电路放大，推动功率管，从电源获得补偿电流 I_s，I_s 流经二次绕组 W_2，并产生磁场 H_s，其方向与 H_p 相反，因而补偿了原来的磁场。

由式(2.1)和式(2.2)可知,只要测得 I_s 便可得到被测电流 I_p。

电流传感器外围接线如图 2.4 所示,当被测电流为直流电流,穿过母线中被测电流 I_p 方向与传感器标志箭头方向一致时,则二次侧测量电流 I_s 方向如图 2.4 所示。与电压传感器类似,在使用时必须先接通电源,然后再加上被测电流,当测量结束时必须先断开被测电流,最后再断开电源[3]。

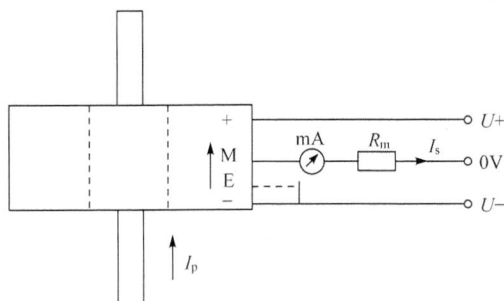

图 2.4　电流传感器接线示意图

2.2.3　速度信号检测原理

速度信号是列车最关键的参数之一。速度传感器与列车的车载信号控制装置、速度表、微机控制系统、传动控制系统、运行监控记录等装置配套使用,可进行列车速度、方向、空转及滑行等信息的检测处理。目前列车上使用两种速度传感器,其中一种是光电编码速度传感器,安装于车轴端部,其工作原理是基于光电子元件的光电效应。在检测系统中,通过安装在被测轴上的多孔圆盘,来控制发光电元件和光敏元件光通量的开关,从而产生与被测轴转速成比例的电脉冲信号[4],经整形放大电路和数字式频率计即可显示出相应的转速值与方向,如图 2.5 所示。

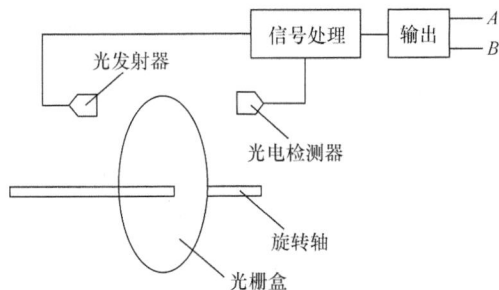

图 2.5　光电式速度传感器原理示意图

组合式光电速度传感器通过内外两轨道光栅盘扫描,光电模块输出两种不同频率、不随温度变化和电气干扰影响的方波信号,输出可以是不同脉冲数的各种组合。

传感器安装在一个坚固的外壳中,可方便地安装于列车轴箱盖上,电气接口为防水插头座,旋转部分采用万向节方式的软性连接,以克服安装不同心及驱动间隙。

电机转速测量常常也采用磁电感应式转速传感器。

2.2.4 压力信号检测原理

列车压力检测实现实时、准确测量列车制动系统状态,尤其是列车制动缸与列车管的压力等压力信息。常用的传感器主要是电阻应变片式压力传感器,其原理是导电材料的应变电阻效应,其阻值随压力所产生的应变而变化。

设有一段长为 l、截面半径为 r、电阻率为 ρ 的导体材料,如图 2.6 所示,则其电阻值 $R=\rho\dfrac{l}{A(r)}$。其中该导体的横截面积 $A(r)=\pi r^2$。当导电材料受到轴向力 F 而被拉伸时,其轴向上被拉长 Δl,径向上被压缩[5];同时,电阻率 ρ 也将发生变化,所以导电材料的电阻值也随之发生变化。其电阻相对变化可表示为

$$\frac{\Delta R}{R}=\frac{\Delta \rho}{\rho}+\frac{\Delta l}{l}-\frac{\Delta A}{A} \tag{2.4}$$

式中,$\dfrac{\Delta \rho}{\rho}$ 为电阻率的相对变化;$\dfrac{\Delta l}{l}$ 为长度的相对变化;$\dfrac{\Delta A}{A}$ 为截面积的相对变化。其中,$\dfrac{\Delta l}{l}=\varepsilon$ 为材料的轴向应变;$\dfrac{\Delta A}{A}=2\left(\dfrac{\Delta r}{r}\right)=-2u\varepsilon$,$\dfrac{\Delta r}{r}$ 为材料的径向应变,等于材料的轴向应变 ε 与泊松比 u 的乘积。这样,电阻的相对变化又可表示为

$$\frac{\Delta R}{R}=\frac{\Delta \rho}{\rho}+(1+2u)\varepsilon \tag{2.5}$$

电阻率的相对变化 $\dfrac{\Delta \rho}{\rho}$ 随金属和半导体材料的不同而不同。对于金属材料传感器,其电阻率的相对变化与体积的相对变化有关:$\dfrac{\Delta \rho}{\rho}=C\dfrac{\Delta V}{V}$,其中 C 为常数,V 为该导体体积。又 $\dfrac{\Delta V}{V}=\dfrac{\Delta l}{l}+\dfrac{\Delta A}{A}=(1-2u)\varepsilon$,故电阻相对变化为

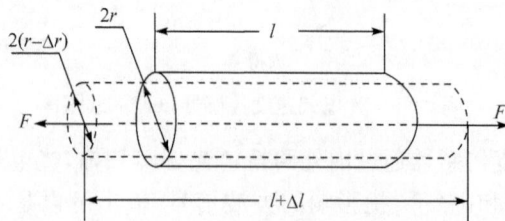

图 2.6 导电材料受拉伸后的参数变化示意图

$$\frac{\Delta R}{R} = \left[(1+2u) + C(1-2u)\right]\varepsilon = K\varepsilon \tag{2.6}$$

式中, K 为金属材料的应变灵敏系数。

电阻应变式压力传感器一般采用直接固定平圆膜片作为弹性变形元件。在压力作用下膜片产生弹性变形,粘贴在膜片一面的箔式组合电阻应变计也感受该变形。在稳定桥压下,由应变计电阻变化而引起电压输出变化,与施加压力的大小呈线性关系,应变计的毫伏输出值经专门的电子线路放大至伏级输出值,外接电路如图 2.7 所示。

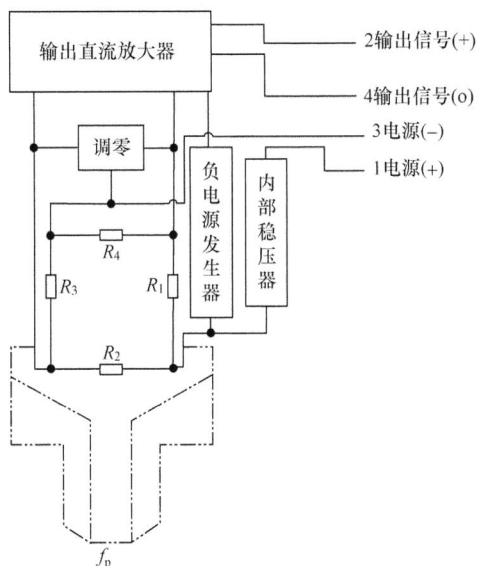

图 2.7　压力传感器外接电路示意图

2.2.5　温度信号检测原理

列车上的温度状态检测涉及轴箱轴承、牵引电机轴承、滚动抱轴轴承或轮对空心轴轴承等列车走行部的关键部件[6],还涉及大功率电力电子器件、制动电阻、牵引电机、空调及其他大电流设备的温度状态。这些部件一旦出现过温故障,将可能造成重大事故。

列车轴承温度的测点多,与车上采集装置连线有几十米,若采用模拟温度传感器,每个测点传感器都直接连到检测装置,测量线路太多,不但传输干扰大,且成本高,不易维护。单总线数字温度传感器具有高精度、低成本、数字传输、总线连接等突出优点,适合这种分布式应用环境[7]。

单总线技术将地址线、数据线、控制线合为一根信号线,允许该信号线连接数个测控对象[8]，每个检测点把模拟的温度信号数字化，并在单总线上传送，因而系统的抗干扰性好，检测精度高。

典型的单总线数字式温度传感器测温原理如图 2.8 所示。图中低温度系数晶振的振荡频率受温度影响很小，用于产生固定频率的脉冲信号送给计数器 1。高温度系数晶振随温度变化其振荡频率明显改变，所产生的信号作为计数器 2 的脉冲输入。计数器 1 和温度寄存器被预置在 −55℃ 所对应的一个基数值。计数器 1 对低温度系数晶振产生的脉冲信号进行减法计数，当计数器 1 的预置值减到 0 时，温度寄存器的值将加 1，计数器 1 的预置将重新被装入，计数器 1 重新开始对低温度系数晶振产生的脉冲信号进行计数，如此循环直到计数器 2 计数到 0 时，停止温度寄存器值的累加，此时温度寄存器中的数值即为所测温度。斜率累加器用于补偿和修正测温过程中的非线性，其输出用于修正计数器 1 的预置值。

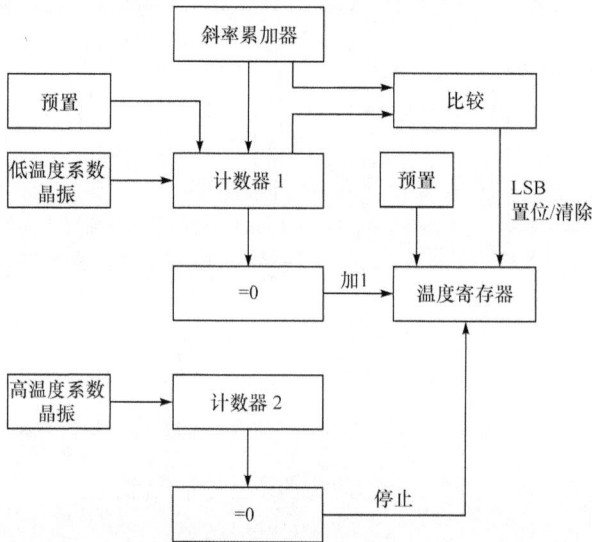

图 2.8　测温原理框图

2.2.6　振动信号与加速度检测原理

振动信号与加速度检测一般应用于列车的走行部状态检测，通过对列车走行部关键部位的振动检测，可以判断车辆的齿轮、轴承和车轮踏面的状态，以反映出车辆走行部的运行状态。

压电式加速度传感器是由质量块及弹簧盘构成的振动系统，并以压电材料为机电转换元件、输出电信号（电压或电荷）与被测加速度成正比的检测装置，主要有压缩型、剪切型、弯曲型以及它们的组合，各类型的主要差别是压电晶体承受应力的形式不相同。

　　压电传感器原理如图 2.9 所示。当某些介质沿一道方向受力变形时,会产生极化现象,在两个表面上出现极化电荷,一旦去除外力,又恢复到原来状态;反之,当在极化方向施加电场也会造成伸缩变形。沿轴线切取压电晶体片(图 2.9(a)),沿 x 轴施加作用力 F_x,则在晶片 x 轴向面产生极化电荷 q_{xx}(图 2.9(b))。

$$q_{xx}=d_{11}F_x \qquad (2.7)$$

式中,d_{11} 为纵向压电系数。

　　沿 y 轴施加 F_y,在 x 轴向面产生极化电荷 q_{xy}(图 2.9(c))为

$$q_{xy}=d_{12}\frac{lb}{bh}F_y=d_{12}\frac{l}{h}F_y=-d_{11}\frac{l}{h}F_y \qquad (2.8)$$

式中,l、b、h 分别为晶体的长度、宽度和厚度;d_{12} 为横向压电系数,对石英晶体材料有 $d_{12}=d_{11}$。

　　由式(2.8)可见,沿 y 轴施力在 x 轴向面所产生的极化电荷极性与沿 x 轴施力在 x 轴向面所产生的极化电荷极性相反,而且电荷量与晶体尺寸有关。

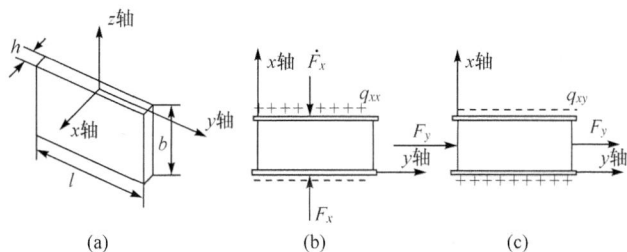

图 2.9　压电原理示意图

　　图 2.10 为压电加速度传感器的原理图。它由质量块、压电元件和支座组成[9]。支座与待测物刚性地固定在一起。当待测物运动时,支座与待测物以同一加速度运动,压电元件受到质量块与加速度相反方向惯性力的作用,在晶体的两个表面上产生交变电荷(电压)。当振动频率远低于传感器的固有共振频率时,传感器输出电荷(电压)与作用力成正比。电信号经前置放大器放大,即可测出电压大小,从而得知待测物体的加速度。

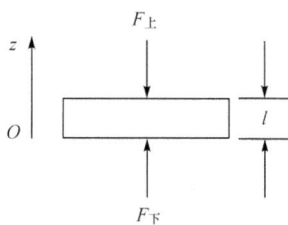

　　如图 2.11 所示,作用于压电元件两边的力为

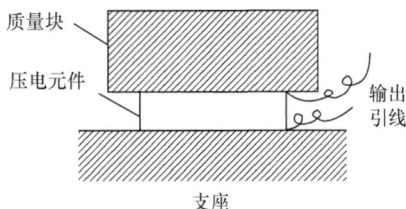

图 2.10　压电加速度传感器原理示意图　　　　图 2.11　作用于压电元件两边力的示意图

$$F_{上} = Ma$$
$$F_{下} = (M+m)a$$

式中，M 为质量块质量；m 为晶片质量；a 为物体振动加速度。晶片中 z 处任一截面上的力为

$$F = Ma + ma\left(l - \frac{z}{l}\right) \tag{2.9}$$

式中，l 为晶片厚度。

平均力为

$$\overline{F} = \frac{1}{l}\int_0^l\left[Ma + ma\left(1 - \frac{z}{l}\right)\right]\mathrm{d}z = \left(M + \frac{1}{2}m\right)a \tag{2.10}$$

设晶片为压电陶瓷，极化方向在厚度方向（z 方向），由于作用力沿着 z 方向，故这时只有 $\overline{F_3}$ 不等于零，其平均值为

$$\overline{F_3} = \frac{1}{A}\left(M + \frac{1}{2}m\right)a \tag{2.11}$$

压电传感器灵敏度的电荷表示法：

$$Q = d_{33}Ma \tag{2.12}$$

当 $a = g$（重力加速度）时得到的电荷 Q 值，常称为灵敏度，单位记为 C/g，即灵敏度为一个加速度 g 时产生的电荷。

灵敏度也可用开路输出电压表示：

$$U = \frac{d_{33}lMa}{\varepsilon_{33}^{\mathrm{T}}A} \tag{2.13}$$

取 $a = g$，即为灵敏度电压表示法，即灵敏度电压为一个 g 时产生的开路电压，单位记为 V/g。

由灵敏度公式（2.12）和公式（2.13）可见，在低频时灵敏度是一常数，它和压电系数 d_{33} 成正比，和质量块的质量 M 成正比。在较高的频率下该公式不适用，特别是在传感器的固有共振频率附近，灵敏度急剧变化（增大），该公式一般在传感器固有共振频率的 1/5 以下使用[10]。

压电元件是压电式传感器的敏感元件。当它受到外力作用时，就会在电极上产生电荷，因此，可以把压电式传感器等效为一个电荷源与一个电容并联的电荷发生器，等效电路如图 2.12(a)所示。由于电容上的（开路）电压：

$$U = \frac{Q}{C_{\mathrm{d}}} \tag{2.14}$$

因此压电式传感器也可以等效为一个电压源和一个电容串联的电压源，等效电路如图 2.12(b)所示。

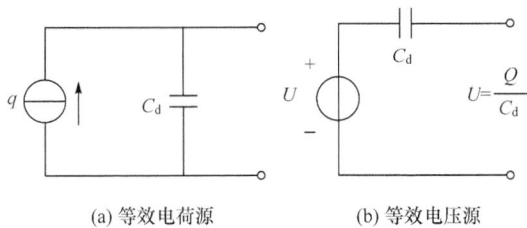

(a) 等效电荷源　　　　　　　　(b) 等效电压源

图 2.12　压电式加速度传感器的等效电路原理图

2.3　传感信号预处理技术

由于列车运行过程中各种列车状态信息,包括列车的故障信息都包含在上述主要状态信号中,而这些状态信息通过不同的传感器进行检测,传感器的输出信号大多具有以下特点:

(1) 传感器的输出一般为电压、电流、电荷或电阻值等形式,且信号值都很微弱;

(2) 传感器的输出阻抗都比较高,其信号输出到后续电路时产生较大的衰减;

(3) 传感器的输入输出存在非线性特性,需要线性补偿;

(4) 传感器的输出会受温度的影响,需要后续电路进行温度补偿。

如果需要利用这些传感器输出信号完成对列车运行状态的控制及故障诊断等,则必须有相应的预处理技术对这些传感器输出的模拟信号进行预处理,以提高列车状态信息采集测量的精度和线性度并使它们成为可供测量、控制或能够输入计算机的信号。一般来说,列车状态的传感器输出信息需要经过以下预处理步骤:

(1) 模拟信号的阻抗转换、放大、滤波、输出为电压形式的信号变换以及量程变换等;

(2) 模/数转换(采样-量化-编码)实现模拟信号的数字化;

(3) 进一步的数字信号滤波降噪计算。

最终得到可供计算机处理的数字信号,为后续的信息特征计算、信息融合、列车运行状态控制诊断建立基础。

本节主要针对传感器输出信号各预处理环节的基本理论进行讨论。

2.3.1　信号变换

电桥电路是传感器接口电路中的常用电路,可将传感器的阻值、电容值和电感值等不同形式的传感信号变化转换为电压信号。根据电桥供电电源的不同,电桥可分为直流电桥和交流电桥。直流电桥主要用于电阻式传感器,如热电阻的测量等;交流电桥主要用于测量电容式传感器和电感式传感器的电容和电感值的变化。电阻应变片式传感器大都采用交流电桥,这是因为应变片电桥输出信号微弱,需经放大器进行放大,而使用直流放大器容易产生零点漂移。此外,使用交流电桥将可以消除应变片与桥路之间连接缆形成的分布电容的影响。

1. 直流电桥

直流电桥的基本电路如图 2.13 所示。

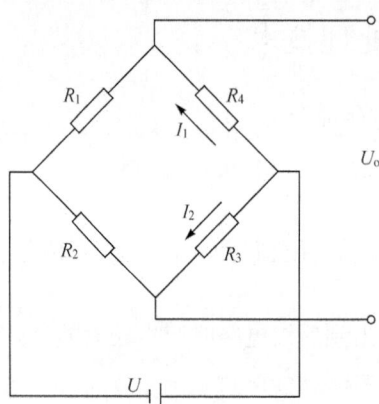

图 2.13　直流电桥电路原理图

直流电桥是由直流电源供电的电桥电路,传感电阻构成桥式电路的桥臂。输出端一般接有高输入阻抗的放大器,因此可以把电桥的输出端看成是开路。电桥的输出电压可由式(2.15)给出:

$$U_o = \frac{U(R_2 R_4 - R_1 R_3)}{(R_1 + R_4)(R_2 + R_3)} \quad (2.15)$$

电桥的平衡条件为 $R_2 R_4 = R_1 R_3$,当电桥平衡时输出电压为零。

当电桥的 4 个臂的电阻发生变化而产生增量 ΔR_1、ΔR_2、ΔR_3、ΔR_4 时,电桥的平衡被打破,此时的电桥电路称为全桥电路,输出电压为

$$U_o = \frac{R_1 R_4 U}{(R_1 + R_4)^2}\left(-\frac{\Delta R_1}{R_1} + \frac{\Delta R_2}{R_2} - \frac{\Delta R_3}{R_3} + \frac{\Delta R_4}{R_4}\right) \quad (2.16)$$

当四个电阻满足 $R_1 = R_2 = R_3 = R_4$ 时,此电桥电路称为四等臂电桥,此时输出灵敏度最高,而非线性误差最小,因此在传感器的实际应用中,多采用四等臂电桥。

消除直流电桥在应用过程中出现误差补偿方法包括零点平衡补偿、温度补偿和非线性补偿等。

1) 零点平衡补偿

如图 2.14 所示,是两种平衡补偿电路,图 2.14(a)为串联补偿,调节 R_P 可使电桥达到平衡状态;图 2.14(b)为并联补偿,其中电阻 R_5、R_6、R_P 的作用是供零点调节变得平稳。

2) 温度补偿

电桥的温度补偿一般采用热敏电阻并联补偿方法,如图 2.15 所示。其中 R_T 为热敏电阻,r_1 和 r_2 为温度系数较小的电阻。r_2 的阻值为 $r_2 = \frac{r_1 R_T}{R_T + r_1}$。

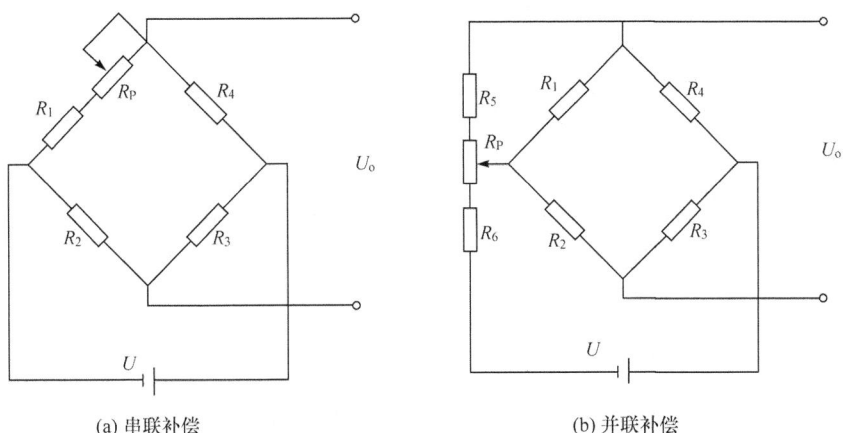

(a) 串联补偿　　　　　　　　　　　　　　(b) 并联补偿

图 2.14　电桥零点补偿电路原理图

3) 非线性补偿

电桥的相对线性误差可由式(2.17)确定,即

$$r_{U} = \frac{U_{o} - U_{o1}}{U_{o1}} \times 100\% \qquad (2.17)$$

式中,U_{o} 为电桥实际输出电压;U_{o1} 为电桥理想输出电压。当电桥的相对非线性误差超过允许值,可以采用差动电桥来消除非线性误差,应变片式传感器的差动电桥电路如图 2.16 所示,图 2.16(a) 为半桥差动电桥,图 2.16(b) 为全桥差动电桥。

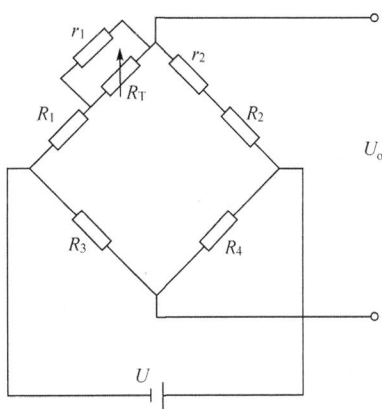

图 2.15　热敏电阻温度补偿电路原理图

半桥差动电桥中的两个相邻桥臂应变片中,一个受拉应力,另一个受压应力,则它们的阻值变化大小相等,符号相反,它的输出电压为

$$U_{o} = \left(\frac{R_{1} + \Delta R_{1}}{R_{1} + \Delta R_{1} + R_{2} - \Delta R_{2}} - \frac{R_{3}}{R_{3} + R_{4}} \right) U \qquad (2.18)$$

在全桥差动电桥中的 4 个应变片,两个受拉应力,另外两个受压应力。将两个变形符号相同的应变片接在电桥相对应的桥臂内,符号不同的接在相邻的桥管内。则全桥差动电桥的输出电压为

$$U_{o} = U \frac{\Delta R_{1}}{R_{1}} \qquad (2.19)$$

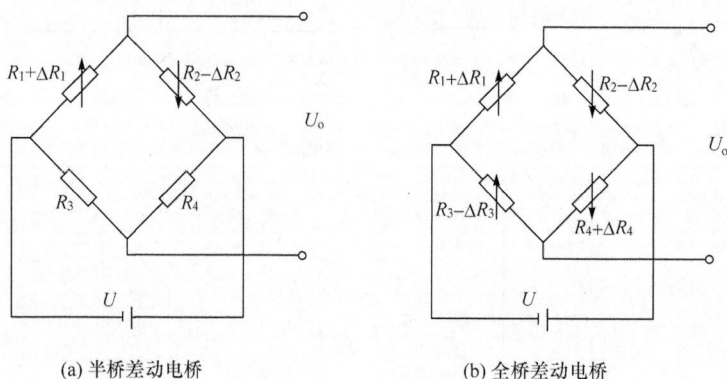

(a) 半桥差动电桥　　　　　　　　　(b) 全桥差动电桥

图 2.16　差动电桥电路原理图

2. 交流电桥

直流电桥电路各电臂均采用纯电阻,而将采用交流电源作为输入电源,桥臂上有电容或电感元件的电桥称为交流电桥。如果输入电源频率较高,则分析交流电桥电路时必须考虑分布电容和分布电感的影响。

交流电桥的 4 个桥臂分别用阻抗 Z_1、Z_2、Z_3 和 Z_4 表示,电桥的输入电源为 $u = U_m \sin(\omega t)$,其中,$\omega = 2\pi f$,f 为电源频率,一般取被测信号最高频率的 $5 \sim 10$ 倍。此时得到交流电桥的输出电压为

$$U_o = \frac{Z_1 Z_3 - Z_2 Z_4}{(Z_1 + Z_2)(Z_3 + Z_4)} U_m \sin(\omega t) \tag{2.20}$$

由式(2.20)可知,交流电桥的平衡条件是 $Z_1 Z_3 = Z_2 Z_4$。

1) 电容式传感器用的交流电桥

如图 2.17 所示,为电容式传感器配用的两种交流桥式测量电路。

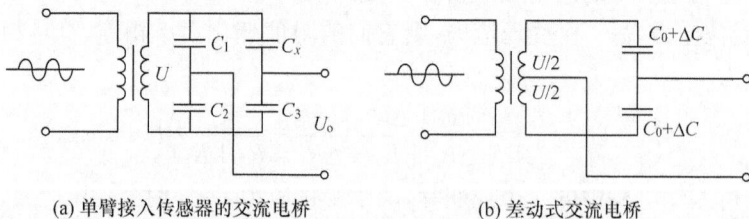

(a) 单臂接入传感器的交流电桥　　　　　　　(b) 差动式交流电桥

图 2.17　电容式传感器配用的交流电桥原理图

图 2.17(a)为单臂接法的桥路,其中 C_1、C_2、C_3、C_x 为电桥的 4 个桥臂,C_x 为电容式传感器的电容输出值。交流电源经变压器接到桥路的一条对角线上,从桥路的另一个对角线得到输出电压 U_o。当电容式传感器输入的被测物理量 $x = 0$

时,输出 $C_x = C_0$,交流电桥平衡,此时输出电压等于零。而当被测物理量不等于零时,传感器输出为 $C_x = C_0 + \Delta C$,交流电桥失去平衡,产生相应的电桥输出。

图 2.17(b)为差动式交流电桥电路,由变压器的次级绕组和差动式电容传感器组成,其空载时的输出电压为

$$U_o = \frac{C_0 + \Delta C}{(C_0 + \Delta C) - (C_0 - \Delta C)} U - \frac{L}{2L} U = \frac{1}{2} \frac{\Delta C}{C_0} U \qquad (2.21)$$

式中,U 为变压器次级总电压;C_0 为电容式传感器的初始电容;ΔC 为电容式传感器的输出电容变化值;$2L$ 为变压器次级绕组的等效电感。

2) 电感式传感器配用的交流电桥

电感式传感器配用的交流电桥电路如图 2.18 所示。

图 2.18 中,Z_1 和 Z_2 为螺管式差动传感器的两个线圈的阻抗,另外两桥臂为变压器次级绕组。因为电桥有曲桥臂为传感器的差动阻抗,所以这种桥路又称为差动交流电桥[11]。它常用于电感式传感器的接口电路。当差动式电感传感器在初始状态时,两线圈电感相等,电桥处于平衡状态,此时电桥输出电压为零。

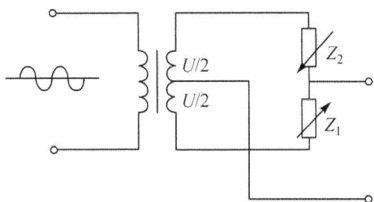

图 2.18　电感式传感器配用的
交流电桥原理图

当采用差动式电感传感器进行测量时,其中一个线圈的阻抗增加,另一个线圈的阻抗减小,设 $Z_1 = Z_0 + \Delta Z$,$Z_2 = Z_0 - \Delta Z$,则电桥的输出电压为

$$U_o = \left(\frac{Z_0 + \Delta Z}{2Z_0} - \frac{1}{2} \right) U = \frac{\Delta Z}{2Z_0} U \qquad (2.22)$$

2.3.2　信号放大

由于传感器直接输出的信号一般都很微弱,并包含许多干扰信号,需要通过放大电路将传感器的输出信号进行放大,达到与模/数转换相匹配的要求,需要采用高精度、高共模抑制比、高开环增益的运算放大器[12]。常用的三种基本放大电路包括反相放大器、同相放大器及差动放大器。放大器把传感器输出的信号放大到模/数转换所需的量程范围。以下仅简单介绍差动放大器的基本原理。

差动放大器的基本电路如图 2.19 所示。其输出电压为

$$U_{out} = \left(1 + \frac{R_F}{R_1} \right) \frac{R_3}{R_3 + R_2} U_2 - \frac{R_F}{R_1} U_1 \qquad (2.23)$$

差动放大器的最大特点是当选取适当的电路参数时,该电路能够抑制共模信号,此时通常取 $R_1 = R_2$,$R_3 = R_F$,则电路的输出 $U_{out} = \frac{R_F}{R_1}(U_2 - U_1)$。理想的差动

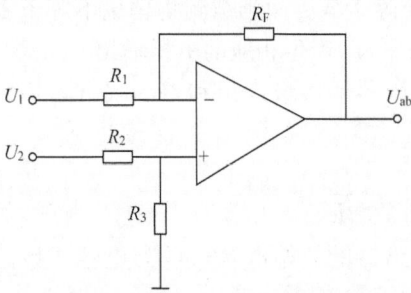

图 2.19　差动放大器电路原理图

放大器的零点漂移最小,抗干扰能力强。利用这个优点,差动放大器常被用于存在电磁干扰的环境中。但差动放大器也存在输入阻抗低、增益调节困难的缺点。

基于上述基本放大电路,可以在单个封装内集成一个具有高放大倍数的多级直接耦合放大电路,其结构上一般包括输入级、中间级、输出级与提供各级放大电路的静态工作点的偏置电路四部分。图 2.20 所示就是一个典型的集成运放电路,第一级输入电路为两个同相输入放大器,以满足较高输入电阻的要求。第二级差放电路将双端输入变换成单端输入,很好地抑制了共模电压的干扰,两级相连取长补短。

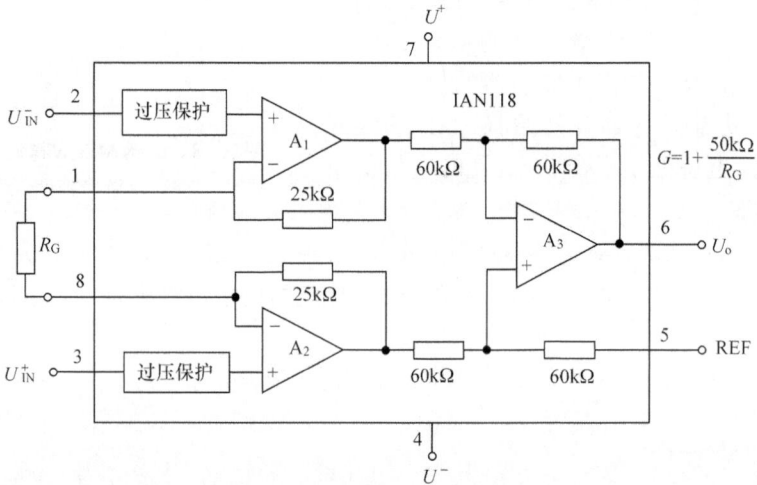

图 2.20　集成运放电路原理图

2.3.3　滤波降噪

由于列车车载的检测电路特殊的工作环境,其传感器输出信号中包含大量的噪声和谐波成分号,因此除了通过选用抗扰性较好的传感器件以及对设备进行屏蔽、接地等抗干扰保护外,还需要在电路中选用适当的滤波器来消除或抑制干扰信号,以减小检测信息的失真。模拟信号的滤波通过模拟滤波器实现,把信号能通过的频率范围称为通频带。

按滤波器可通过信号频率来分,包括低通滤波器、高通滤波器、带通滤波器和带阻滤波器四类。

按滤波器电路是否有有源器件来分,可分为无源滤波器和有源滤波器[13]。无源滤波器:仅由无源元件(RLC)组成的滤波器,电路简单、不需要电源供电、可靠性高,但此类滤波器在通带内的信号有能量损耗,负载效应比较明显。有源滤波器由无源元件(RC)和有源器件(如集成运算放大器)组成。相比于无源滤波,它在通带内的信号不仅没有能量损耗,而且可以放大,负载效应不明显,多级相连时相互影响很小且用简单的级联方法很容易构成高阶滤波器;但也存在着在通带范围受有源器件的带宽限制,需要电源供电,可靠性不如无源滤波器高,在高压、高额、大功率的场合不适用的缺点。

对于性能要求不高的情况下可以采用只由 RC 或 LC 组成的无源滤波。集成运放和 R、C 元件组成的有源滤波电路,具有不用电感元件、体积小、质量轻等优点,而且由于集成运放的开环电压增益和输入阻抗都很高且输出阻抗低,它构成的有源滤波电路还具有一定的信号放大和缓冲作用。以下对模拟滤波器的基本概念进行简单的介绍。

一般,在选取滤波器时,需要考核以下几方面的性能指标。

1) 特征频率

通带截止频率 $f_p=\omega_p/(2\pi)$ 为通带与过渡带边界点的频率,在该点信号增益下降 3dB 时对应的频率值。

阻带截止频率 $f_r=\omega_r/(2\pi)$ 为阻带与过渡带边界点的频率,在该点信号增益下降 3dB 时对应的频率值。

转折频率 $f_c=\omega_c/(2\pi)$ 为信号功率衰减到 1/2(约 3dB)时的频率,在很多情况下常以 $f_c=\omega_c$ 作为通带或阻带截止频率。

固有频率 $f_0=\omega_0/(2\pi)$ 为电路没有损耗时,滤波器的谐振频率,复杂电路一般有多个固有频率。

2) 增益与损耗

滤波器在通带内的增益并非常数。对低通滤波器通带增益 K_p 一般指 $\omega=0$ 时的增益;高通滤波增益指 ω 趋近于无穷大时的增益,带通滤波器通带增益则指中心频率处的增益。对带阻滤波器,应考虑阻带损耗,损耗定义为增益的倒数。

通带增益变化量 ΔK_p 指通带内各点增益的最大变化量,如果 ΔK_p 以 dB 为单位,则 ΔK_p 指增益的变化量。

3) 阻尼系数 α 与品质因数 Q

阻尼系数 α 是表征滤波器对角频率为 ω_0 信号的阻尼作用,是滤波器中表示能量损耗的一项指标。阻尼系数的倒数 $1/\alpha$ 称为品质因数 Q,是评价带通与带阻滤波器频率选择特性的一个重要指标,$Q=\omega_0/\Delta\omega$,式中的 $\Delta\omega$ 为带通或带阻滤波器的 3dB 带宽,ω_0 为中心频率,在很多情况下中心频率与固有频率相等。

4）灵敏度

滤波电路由许多元件构成，每个元件参数值的变化都会影响滤波器的性能。滤波器某一性能指标 y 对某一元件参数 x 变化的灵敏度记 S，定义为：$S=(\mathrm{d}y/y)/(\mathrm{d}x/x)$。滤波器的灵敏度 S 越小，标志着电路容错能力越强，稳定性也越高。

5）群时延函数

当滤波器幅频特性满足设计要求时，为保证输出信号失真度不超过允许范围，对其相频特性 $\varphi(\omega)$ 也应提出一定要求。常用群时延函数 $\mathrm{d}\varphi(\omega)/\mathrm{d}\omega$ 来评价信号经滤波后相位失真程度。群时延函数 $\mathrm{d}\varphi(\omega)/\mathrm{d}\omega$ 越接近常数，信号相位失真越小。

1. 无源滤波电路

在实际应用中最常用的无源滤波器是 RC 滤波器。以一阶低通 RC 滤波器为例，其电路图及幅频/相频特性如图 2.21 所示。

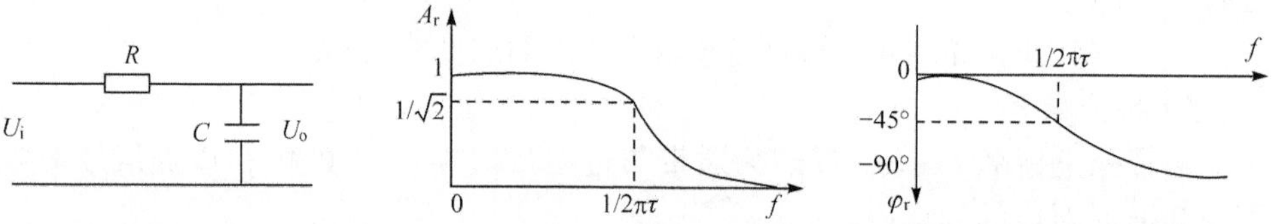

(a) 一阶低通 RC 滤波器电路　　　(b) 一阶 RC 幅频特性　　　(c) 一阶 RC 相频特性

图 2.21　一阶 RC 低通滤波电路与频率特性示意图

设滤波器的输入电压为 u_i，输出电压为 u_o，则电路的微分方程为

$$RC\frac{\mathrm{d}u_\mathrm{o}}{\mathrm{d}t}+u_\mathrm{o}=u_\mathrm{i} \tag{2.24}$$

令时间常数为 τ，则对式（2.24）取 Laplace 变换，得电路的传递函数为

$$G(s)=\frac{1}{\tau s+1} \tag{2.25}$$

其幅频、相频特性公式分别为

$$A(f)=|G(f)|=\frac{1}{\sqrt{1+(2\pi f\tau)^2}} \tag{2.26}$$

$$\varphi(f)=-\arctan(2\pi f\tau)$$

分析可知，当 f 很小时，$A(f)=1$，不受衰减的信号通过，当 f 很大时，$A(f)=0$，信号完全被阻挡，不能通过。

图 2.22 为一阶 RC 高通滤波电路示意图。

2. 有源滤波电路

RC 有源滤波电路具有体积小，品质因数 Q 高的优点。若在有源滤波电路引

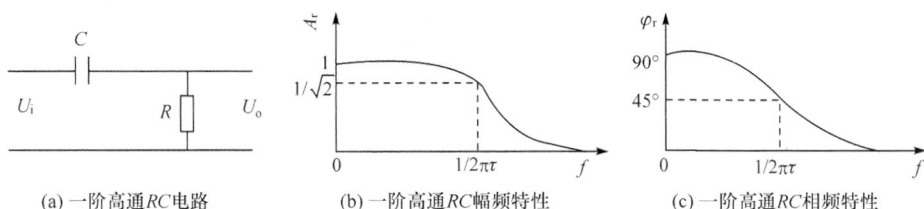

(a) 一阶高通RC电路　　　(b) 一阶高通RC幅频特性　　　(c) 一阶高通RC相频特性

图 2.22　一阶 RC 高通滤波电路与频率特性示意图

入电压串联负反馈,就能使滤波电路具有高输入电阻、低输出电阻,且使得输入输出之间具有良好的隔离。当需要多阶滤波电路时,只需把几个低阶有源滤波电路直接串接起来就可构成高阶滤波电路而无须考虑级间影响。因此在实际工程应用中大多采用 RC 有源滤波电路对模拟信号进行滤波。但是有源滤波电路不适用于高频、高电压、大电流情况,而且可靠性较差,使用时需外接直流电源。

　　本节以二阶滤波器为例,分别针对低通、高通滤波器介绍几种不同类型的基本有源滤波电路。二阶滤波电路的传递函数一般形式为

$$G(s)=\frac{K_{\mathrm{p}}\omega_{\mathrm{c}}^2}{s^2+\dfrac{\omega_{\mathrm{c}}}{Q}s+\omega_{\mathrm{c}}^2} \tag{2.27}$$

滤波器的截止频率 f_{c} 等于 $\omega_{\mathrm{c}}/2\pi$。

1) 低通有源滤波电路

典型的压控电压源型二阶低通滤波器电路原理如图 2.23 所示,从图中可知,该类滤波电路的核心器件为同相放大器。

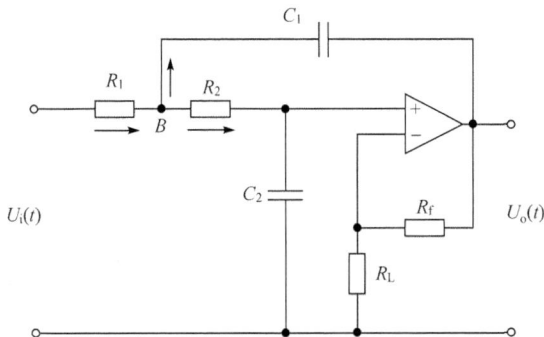

图 2.23　压控电压源型滤波电路原理图

则计算可得该滤波器的传递函数为

$$G(s)=\frac{U_{\mathrm{o}}(s)}{U_{\mathrm{i}}(s)}=\frac{\left(\dfrac{R_{\mathrm{L}}+R_{\mathrm{f}}}{R_{\mathrm{L}}}\right)\left(\dfrac{1}{R_1R_2C_1C_2}\right)}{s^2+\left(R_1C_1+R_2C_2-\dfrac{R_{\mathrm{f}}R_1C_1}{R_{\mathrm{L}}}\right)\dfrac{1}{R_1R_2C_1C_2}s+\dfrac{1}{R_1R_2C_1C_2}} \tag{2.28}$$

对比二阶滤波电路的通用传递函数可以求得该电路的截止频率及品质因数。在实际应用中由于该类型滤波器采用同相放大器,因此应考虑压控电压源型的滤波器的增益受限的特点。图 2.24 为压控电压源型滤波电路的幅频特性。

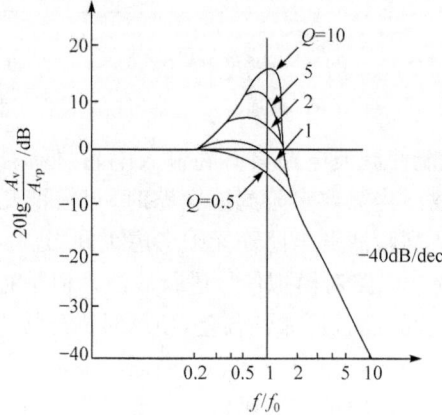

图 2.24 压控电压源型滤波电路幅频特性图

2) 高通有源滤波电路

压控电压源型高通有源滤波电路原理见图 2.25。

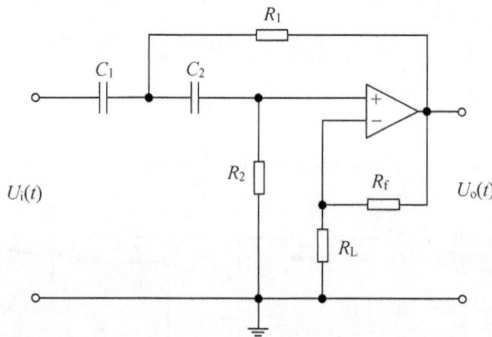

图 2.25 压控电压源型高通有源滤波电路原理图

该滤波器的电路参数为

$$K_p = 1 + \frac{R_f}{R_L}$$

$$\omega_c = \frac{1}{\sqrt{R_1 R_2 C_1 C_2}}$$ (2.29)

$$\frac{1}{Q} = \sqrt{\frac{R_1 C_1}{R_2 C_2}} + \sqrt{\frac{R_1 C_2}{R_2 C_1}} - \frac{R_f}{R_L}\sqrt{\frac{R_2 C_2}{R_1 C_1}}$$

列车状态信息的采集是为了进一步实现对列车运行状态控制及为故障诊断提供基础数据来源。由于滤波是为模/数转换剔除干扰并提取有效的模拟信号,因此在选择相应的滤波器时必须考虑截止频率对模/数转换时采样频率的影响。若经滤波器输出的模拟信号还有大量的高频分量,则在模/数转换中的采样环节可能导致采样后的离散信号出现频谱混叠的现象而无法进行正常分析。因此在列车状态信息采集的预处理环节中一般多采用低通滤波器以达到滤除高频干扰信号的目的。

2.3.4 模/数转换

在列车的测控系统中,由传感器获取的对象大都是连续变化的物理量,经过信号放大、滤波等调理步骤,还必须要经过数字化的过程才能将这些列车的状态信息输入计算机进行计算分析,以掌握列车的确切运行状态,处理过程如图 2.26 所示。

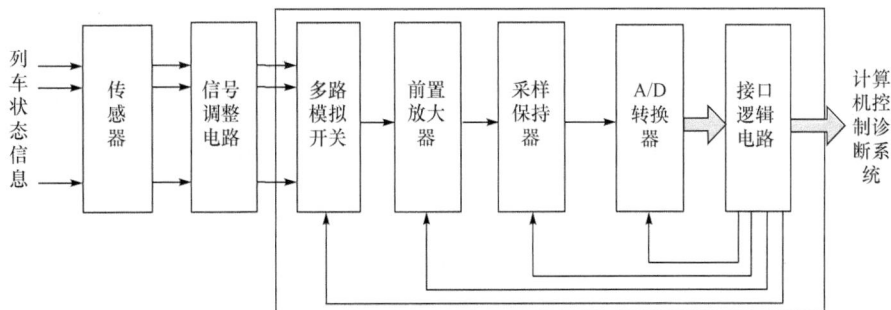

图 2.26 模拟通道过程示意图

广义上来说整个模/数转换电路不仅仅是 A/D 转换器,同时也包括了多路模拟开关、放大、滤波等环节。具体的模/数转换的过程包括采样、量化和编码,得到数字信号,实现模拟信号数字化的过程。

采样就是通过模拟将时间连续的信号变成时间不连续的离散信号,这个过程是通过模拟开关来实现的。在实际应用中,连续时间信号变成离散时间信号最常用的方法是等间隔时间 T 采样,T 为采样周期,$f_s = 1/T$ 为采样频率。当开关的开闭时间非常短时,可以认为它是脉冲函数。周期性的脉冲函数的表达式为

$$M(t) = \sum_{n=-\infty}^{\infty} \delta(t - nT) \tag{2.30}$$

如果以 $x_a(t)$ 代表输入的连续信号,$\hat{x}_a(t)$ 表示采样输出,它是周期性的脉冲函数经采样信号调制后产生的。具体采样过程的数学过程如下:

$$\hat{x}_a(t) = x_a(t)M(t) \tag{2.31}$$

将脉冲函数代入,得

$$\hat{x}_a(t) = \sum_{n=-\infty}^{\infty} x_a(t)\delta(t - nT) \tag{2.32}$$

当周期函数用傅里叶级数展开 $M(t) = \dfrac{1}{T} \sum\limits_{m=-\infty}^{\infty} e^{jm\Omega_s t}$,并对式(2.32)输出信号取傅里叶变换,得

$$
\begin{aligned}
\hat{X}_a(j\Omega) &= \int_{-\infty}^{\infty} x_a(t) \sum_{n=-\infty}^{\infty} \delta(t - nT) e^{j\Omega t} \\
&= \frac{1}{T} \sum_{m=-\infty}^{\infty} x_a(t) e^{-j(\Omega - m\Omega_s)t} dt \\
&= \frac{1}{T} \sum_{m=-\infty}^{\infty} X_a(j\Omega - jm\Omega_s)
\end{aligned} \tag{2.33}
$$

式中,$X_a(j\Omega)$ 为被采样信号频谱;$\hat{X}_a(j\Omega)$ 为采样信号频谱。

采样过程如图 2.27 所示。

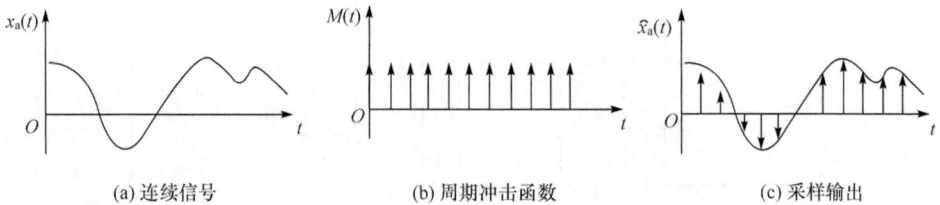

| (a) 连续信号 | (b) 周期冲击函数 | (c) 采样输出 |

图 2.27　采样过程示意图

由数字信号处理知识可知,两信号在频域的乘积等于它们在时域的卷积。从采样信号频谱的表达式可以看出,被采样信号频谱 $X_a(j\Omega)$ 和每一个脉冲 $\delta(t - nT)$ 在时域的卷积,实际上是在频域中将信号频谱以 $m\Omega_s$ 为中心进行频移,形成周期延拓。$X_a(j\Omega)$、$\hat{X}_a(j\Omega)$ 频域示意图如图 2.28 所示。

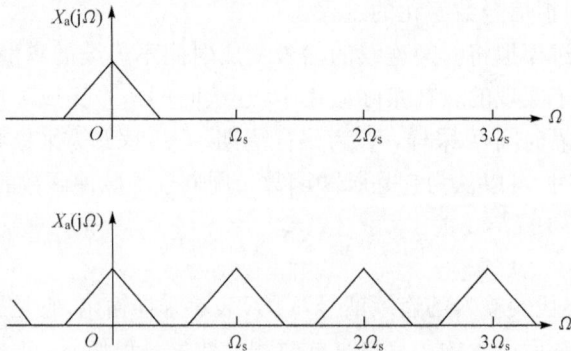

图 2.28　采样信号频谱周期延拓示意图

令数字角频率 $\omega = \Omega T = \Omega / f_s$，它是模拟域频率对采样频率 f_s 的归一化。用 $\hat{X}_a(\mathrm{j}\omega)$ 表示 $\hat{X}_a(\mathrm{j}\Omega)$ 的自变量 ω，周期用 ω_s 表示，则 $\omega_s = \Omega_s T = 2\pi$。

当被采样信号是实际带限信号，且最高频谱不超过 $\Omega_s/2$ 时，即

$$X_a(\mathrm{j}\Omega) = \begin{cases} X_a(\mathrm{j}\Omega), & |\Omega| < \dfrac{\Omega_s}{2} \\ 0, & |\Omega| < \dfrac{\Omega_s}{2} \end{cases} \tag{2.34}$$

由采样信号频谱示意图可知，此信号的基带频谱以及各级谐波调制频谱彼此是不重复的。利用一个带宽为 $\dfrac{\Omega_s}{2}$ 的理想低通滤波器就可得到不失真的信号基带频谱，即可不失真地还原原连续信号。

而当被采样信号带宽大于 $\dfrac{\Omega_s}{2}$ 时，那么在采样信号频谱中，各级调制频谱就会出现互相混叠现象，如图 2.29 所示。

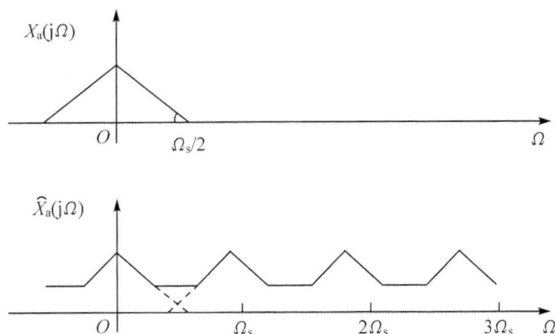

图 2.29　频谱混叠现象示意图

由此，得到采样中最为重要的香农采样定理，当采用高于信号最高频率两倍的采样频率对信号进行采样时，则得到的采样信号包含了原信号的全部信息。在实际应用电路中，采样前都会设置低通滤波器，滤除信号的高频分量，防止采样后的信号产生混叠。

如果采样速率过高，测量精度高，则采样数据所需的存储容量很大，处理器的数据处理速度和处理能力也必须提高，从而导致监控单元成本增加，而且采样信息中包含的高频干扰信号成分也较多；如果采样速率太低，则会使采样结果无法重新复现原始的模拟信号，造成测量结果出现错误。因此，采样频率的确定必须依据所对应的系统实际需求决定。

2.4　数字信号预处理技术

在列车控制系统状态监测中,无论采用何种类型的传感器以及信号调整处理电路,其采集的信息往往具有明显的干扰成分以及随机成分,因此,除了硬件的调整电路中的滤波等预处理外,一般还是需要在数字端提供滤波和平滑算法,更加有效地提高数据的有效性、真实性和准确性[14]。

2.4.1　常用数字滤波算法

1. 程序判断滤波算法

当采样信号由随机干扰等引起失真时,可采用程序判断滤波算法。程序判断滤波算法是根据经验确定出两次采样输入信号可能出现的最大偏差,当两次采样输入信号的偏差超过此最大值时,表明该输入信号受到干扰,不能使用;如果偏差小于此最大偏差,则保留该信号作为本次采样值。

这种数字滤波算法只应用在数/模转换的采样阶段,一般只用于变化比较缓慢的参数,如监控单元对温度、湿度等参量的检测。使用时的关键问题是最大允许偏差阈值的选取,若阈值选得太大,稍小的干扰信号无法滤除;若阈值选得太小,将会使某些有用信号也被滤除。因此,该阈值的选取必须慎重考虑,甚至经过反复调整,才能得到较好的滤波效果。

2. 平均值滤波算法

1) 算术平均值滤波算法

算术平均值滤波算法的基本思想是,找一个使各采样点值的偏差平方和为最小的数值作为采样值。该算法适用于一般的具有随机干扰信号的滤波。由于每次采样时必须连续采得多个样点的数据,这种算法同样比较适合于温度、湿度等变化比较缓慢的信号,当采样点比较大时,平滑度较高。

例如,对于某一输入端口的 n 个采样数据 $x_i(i=1,2,\cdots,n)$,则可以取 $\bar{x}$ 为其当次的采样输出:

$$\bar{x} = \frac{1}{n}\sum_{i=1}^{n} x_i \tag{2.35}$$

一般,n 取 2～5。

2) 滑动平均值滤波算法

算术平均值滤波算法必须连续采样 n 次后才能计算一次数据,当模拟信号变换速度比较快或数据处理实时性要求较高时,不宜采用这种方法。因此可以利用滑动平均值滤波算法来弥补。

滑动平均值滤波算法设置一个长度为 n 的数据队列,依次存放 n 个采样结果。最后的 n 个采样结果即为本次采样结果,始终是队列中 n 个数据的算术平均值。每进行一次新的采样,先把采样到的数据放入队尾,去掉原来队首的一个数据,其余数据依次移位,然后重新求队列中数据的算术平均值,作为新一次的采样结果。当采样周期确定后,这种方法的实时性取决于数据队列的长度 n,n 值小,则实时性较高,但处理器负担重。在变化较快的被测模拟量数量比较多的设备测量中,采用这种滤波方法,n 可相对取大些。

3) 加权平均值滤波算法

对于许多模拟信号,参与平均值滤波计算的采样点的数据权重未必都是相同的,越接近当前采样点的数据,对本次采样的结果影响越明显。为此,应该给参与滤波计算的不同采样点的数据赋予不同的权重,再对这些数据求平均值,这就是加权平均值滤波算法。在处理各采样点数据时,考虑到邻近采样点的数据对本次采样结果的影响,一般是越接近本次采样点的数据,权重越大。

也就是对应与式(2.35)可以修正为

$$\bar{x} = \sum_{i=1}^{n} C_i x_i \qquad (2.36)$$

式中,C_i 为加权系数,并且满足 $C_i > 0$,$\sum_{i=1}^{n} C_i = 1$。

4) 防止脉冲干扰的平均值滤波法

在电气系统中,由于大功率开关电器操作、各种大容量负载的投切,特别是大功率电力电子设备的运行,使得被测电压、电流参量上出现尖脉冲干扰。这种干扰通常只影响个别采样点的数据,而且与其他采样点的数据相差比较大。采用上述各种平均值滤波方法,干扰将被"平均"到计算结果上去,造成测量误差,这些滤波方法都不宜用于滤除尖峰脉冲干扰。为此,可对上述算术平均值滤波算法进行修正,修正的方法是从 n 个采样点的数据中去掉一个最大值和一个最小值,再计算余下的 $n-2$ 个采样点数据的算术平均值。这种方法既可以滤去正极性的脉冲干扰,又可滤去负极性的脉冲干扰,对一些随机干扰,也有较好的滤波效果。

采用这种滤波算法,原则上 n 可以取任意值。但为了加快测量计算速度,n 不能太大,通常取为 4,从 4 个采样点数据中取 2 个中间值的平均值。它具有计算方便、速度快、数据存储量小的特点,因此得到了广泛的应用。

3. 中值滤波算法

所谓中值滤波,就是对被测模拟信号连续采样 n 次(一般取 n 为奇数),把各次采样点的值从小到大或从大到小排序,再取中间值作为本次采样值。一般来说,n

值越大,滤波效果越好。但获得一次采样结果的时间将增长,处理排序工作的程序执行时间也增加,所以 n 值不能太大,一般可取 5~9。

2.4.2　数字信号滤波

列车的状态信息由传感器和调整电路经模/数转换后称为数字信号,虽然在模拟信号预处理过程中以及在经由模/数转换器进行数字化的环节中都进行了滤波,但所得的数字信号仍然会包含非周期的不规则随机干扰信号,因此需要进行进一步的降噪处理,即通过数字滤波来完成。

数字滤波就是通过一定的计算或判断程序减少干扰信号的影响。因此数字滤波器的工作方式与模拟滤波器完全不同:后者完全依靠电阻、电容、晶体管等电子元件组成的物理网络实现滤波功能;而前者是通过数字算法对输入信号进行处理。

按照数字滤波器的特性,它可以被分为线性与非线性、因果与非因果、无限脉冲响应(IIR)与有限脉冲响应(FIR)等。而以卡尔曼(Kalman)滤波为代表的自适应滤波理论成为线性系统和部分非线性系统滤波器的主要方法。

卡尔曼滤波算法是由美国学者 Rudolph E. Kalman 在 20 世纪 60 年代初提出的一种最小方差意义上的最优预测估计方法,便于计算机实时递推计算处理,它提供了直接处理随机噪声干扰的解决方案,将参数误差看做噪声以及把预估计量作为空间状态变量,充分利用所测量的数据,用递推法将系统及测量随机噪声滤掉,得到准确的空间状态值。卡尔曼滤波算法不仅可以有效实现状态估计,同样可以有效地实现平滑和数字滤波。

卡尔曼滤波算法基本结构如图 2.30 所示,如果系统的离散状态方程和输出方程为

$$X(k+1)=F(k+1,k)X(k)+G(k+1,k)U(k)+W(k)$$
$$Y(k+1)=C(k)X(k)+V(k) \tag{2.37}$$

式中,向量 $X(k)$ 为系统在离散时间 k 的状态向量;矩阵 $F(k+1,k)$ 为状态转移矩阵;$G(k+1,k)$ 为输入矩阵;$U(k)$ 为控制序列;$W(k)$ 为过程噪声向量,为零均值的白噪声过程;$Y(k)$ 为系统在离散时间 k 的观测向量;$C(k)$ 为观测矩阵;$V(k)$ 为观测噪声向量,也为零均值的白噪声过程。

在 k 时刻求得系统状态向量 $X(k)$ 的最优线性滤波估计 $\hat{X}(k|k)$,根据系统状态方程先求得 $k+1$ 时刻状态向量 $X(k+1)$ 的一步最优线性预测估计 $\hat{X}(k+1|k)$,由于 $W(k)$ 是均值为零的白噪声,其最优估计为零,因此可知:

$$\hat{X}(k+1|k)=F(k+1,k)\hat{X}(k)+G(k+1,k)U(k) \tag{2.38}$$

由系统的观测方程可知,由于 $V(k)$ 为零均值的白噪声,其最优估计也为零,可以得到 $k+1$ 时刻观测值 $Y(k+1)$ 的预测值:

$$\hat{Y}(k+1|k)=C(k+1,k)\hat{X}(k+1|k) \tag{2.39}$$

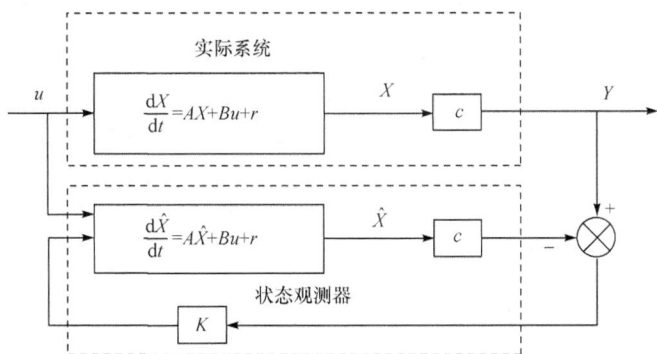

图 2.30　卡尔曼滤波算法基本结构框图

利用 $\hat{Y}(k+1|k)$ 与 $Y(k+1)$ 之间的差别来鉴别并修正 $k+1$ 时刻状态向量 $X(k+1)$ 的预测值 $\hat{X}(k+1|k)$,从而得到 $k+1$ 时刻 $X(k+1)$ 的最优线性滤波估计 $\hat{X}(k+1|k+1)$。

用新息的线性组合直接构造状态向量一步预测,其更新公式:
$$\hat{X}(k+1|k+1)=\hat{X}(k+1|k)+K(k+1)\hat{Y}(k+1|k) \tag{2.40}$$

根据新息的正交性原理 $E\{\hat{X}(k+1|k+1)Y^{\mathrm{T}}(k+1|k)\}=0$,可得卡尔曼增益矩阵:
$$K(k+1)=P(k+1|k)C^{\mathrm{T}}(k+1)[H(k+1)P(k+1|k)C^{\mathrm{T}}(k+1)+R_{k+1}]^{-1} \tag{2.41}$$

式中,$P(k+1|k)$ 为 $X(k+1)$ 最优预测估计误差方差阵:
$$P(k+1|k)=F(k+1,k)P(k|k)F^{\mathrm{T}}(k+1,k)+Q(k) \tag{2.42}$$
而最优滤波估计误差 $\widetilde{X}(k+1|k+1)=X(k+1)-\hat{X}(k+1|k+1)$ 的方差阵:
$$P(k+1|k+1)=[1-K(k+1)C(k+1)]P(k+1|k) \tag{2.43}$$

于是由式(2.37)组成的随机离散系统的卡尔曼滤波递推算法归纳为如下过程。

第一步,预估:
$$\hat{X}(k+1|k)=F(k+1,k)\hat{X}(k)+G(k+1,k)U(k)$$
$$P(k+1|k)=F(k+1,k)P(k|k)F^{\mathrm{T}}(k+1,k)+Q_{k+1} \tag{2.44}$$

第二步,计算 K 阵:
$$K(k+1)=P(k+1|k)C^{\mathrm{T}}(k+1)[C(k+1)P(k+1|k)C^{\mathrm{T}}(k+1)+R_{k+1}]^{-1} \tag{2.45}$$

第三步,更新状态:
$$\hat{X}(k+1|k+1)=X(k+1|k)+K(k+1)C(k+1|k)$$
$$P(k+1|k+1)=[1-K(k+1)C(k+1)]P(k+1|k) \tag{2.46}$$

2.4.3　卡尔曼滤波的应用举例——速度信号去噪

速度信号是描述、控制列车运动行为的重要基础信号。一方面,列车上通常会安装多个速度传感器,例如,在牵引电机轴端装有牵引控制系统的速度传感器,在轮轴端装有制动控制系统的速度传感器,甚至有些列车还在车体底部安装了雷达测速装置;另一方面,列车的实际运行工况变化多样,坡道、弯道、隧道、线路的不平顺、转向架机械振动等因素都会对速度传感器采集到的信号产生干扰,而这些干扰的出现时间、出现时的幅度均是随机的。因此,用卡尔曼滤波算法对速度传感器信号进行去噪是一种有效的选择。

假设列车处于匀加速状态,用雷达获得的前进方向原始速度信号为 $v_o(t)$,用卡尔曼滤波对 $v_o(t)$ 处理时建立的线性系统模型为

$$
\begin{aligned}
\dot{v}_o(t) &= a(t) \\
\dot{a}(t) &= 0
\end{aligned}
\tag{2.47}
$$

将该连续线性系统离散化,同时考虑系统噪声和测量噪声,得到的离散线性系统模型为

$$
\begin{aligned}
v_o(k+1) &= v_o(k) + a(k) + \Gamma(k+1,k)w(k) \\
z(k+1) &= v_o(k) + v(k)
\end{aligned}
\tag{2.48}
$$

式中,加速度 $a(k)$ 为常数;$w(k)$ 为系统噪声;$v(k)$ 为测量噪声;$z(k)$ 为实际观测量。对比式(2.37)可知矩阵 $F=1,G=0,C=1$。式(2.39)～式(2.46)所述卡尔曼滤波递推公式可以简化为

$$
P(k/k-1) = P(k-1/k-1) + \Gamma(k,k-1)Q_k\Gamma^{\mathrm{T}}(k,k-1)
\tag{2.49}
$$

$$
K(k) = P(k/k-1)[P(k/k-1)+R_k]^{-1}
\tag{2.50}
$$

$$
\hat{X}(k/k-1) = \hat{X}(k-1/k-1)
\tag{2.51}
$$

$$
\hat{X}(k/k) = \hat{X}(k/k-1) + K(k)[z(k)-\hat{X}(k/k-1)]
\tag{2.52}
$$

$$
\begin{aligned}
P(k/k) &= P(k/k-1) - P(k/k-1)[P(k/k-1)+R_k]^{-1}P(k/k-1) \\
&= [I-K(k)]P(k/k-1) \\
&= [I-K(k)]P(k/k-1)[I-K(k)]^{\mathrm{T}} + K(k)R_kK^{\mathrm{T}}(k)
\end{aligned}
\tag{2.53}
$$

设参数 $a(k)=1,Q_k=R_k=10^{-2}$,使用式(2.49)～式(2.53)进行迭代滤波的结果如图 2.31 所示。图中圆点符号线表示列车真实速度,加号线表示雷达测得的、包含随机干扰和噪声的速度信号,三角符号线表示对雷达原始速度信号进行实时卡尔曼滤波后的速度信号,可以明显看出卡尔曼滤波后的列车速度更加接近于列车真实速度。

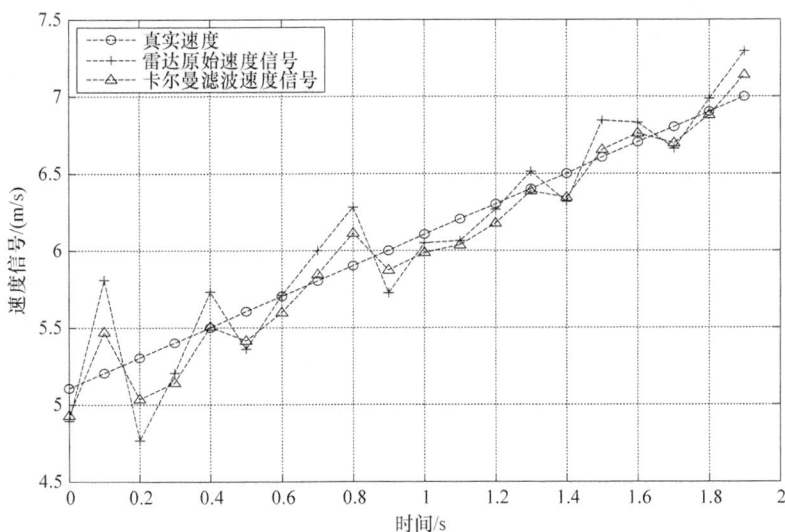

图 2.31　雷达测速信号的卡尔曼滤波效果

2.5　列车状态信息的融合

2.5.1　概述

　　列车的状态监测故障诊断的实现,往往需要多组合传感器提取列车的各种信息,包括电压、电流、温度、速度、压力、振动等,以及对这些信息进行的处理、融合。状态信息的融合可以更好地实现状态检测与故障定位,这对列车安全运行是十分必要的,应用多信息融合技术,融合多传感器数据及其他途径获取的信息,以求更加准确、全面地认识和描述诊断对象,从而做出正确的判断和决策。

　　多源信息融合(multi-source information fusion,MSIF)技术是研究对多源不确定性信息进行综合处理及利用的理论和方法,即对来自多个信息源的信息进行多级别、多方面、多层次的处理,产生新的有意义的信息。信息融合的目的是获得准确的目标识别、完整而及时的状态和风险评估。随着传感器技术、计算机科学和信息技术的发展,各种面向复杂应用背景的多传感器系统大量涌现,使得多渠道的信息获取、处理和融合成为可能,其在状态预测与评估、诊断等方面能够提高工作成绩。本节对信息融合基本概念、方法和技术进行简要的讨论。

　　由于信息融合研究内容的多样性和广泛性,很难对信息融合给出一个统一的定义。目前普遍接受的有关信息融合的定义,是 1991 年由美国三军组织——实验室理事联合会提出,1994 年由澳大利亚防御科学技术委员会加以扩展的。信息融合定义为一种多层次、多方面的处理过程,包括对多源数据进行检测、相关、组合和估计,从而提高状态和特性估计的精度,以及对战场态势和威胁及其重要程度进行适时的完整评价。也有专家认为,信息融合就是通过多种信息源如传感器、数据库、知识库和人类本身获取有关信息,并进行滤波、相关和集成,从而形成一个表示构架,这种构架适合于获得有关决策,如对信息的解释,达到系统目标(识别、跟踪或态势评估)、传感器管理和系统控制等。

一般意义上的多源信息融合技术是一种利用计算机技术,对来自多种信息源的多个传感器观测的信息,在一定准则下进行自动分析、综合,以获得单个或单类信息源所无法获得的有价值的综合信息,并完成其最终任务的信息处理技术。这一处理过程称为融合,也就是把多源信息"综合或混合成一个整体"的处理过程。

在多传感器数据融合中,多传感器是数据融合技术的"硬件"基础,多信息源是数据融合的对象,识别优化是数据融合技术的核心。其中,最简单的融合是合并多个相同传感器的数据,这种合并可以获得较为满意的解决。例如,列车控制系统需要组合多个状态跟踪数据(电压、电流、速度等),数据融合就建立在相同类型数据的基础上。当传感器或其他数据源的性质、精度和细节程度不同时,融合是相当复杂的。在融合中,不同探测源或传感器数据的有效性能够改善估算质量。但是首先需要对大量的数据进行检测,将冗余数据过滤除掉。另外,如果收集的处理数据的时间太长,估算结果得到太迟也毫无价值。

从实际问题出发,采用信息融合技术的一个很重要的原因是提高系统的可靠性,保证在系统局部遭受损失的情况下,不致引起整个系统的失效。

2.5.2　信息融合的分类

1. 按融合技术分类

按融合技术分为假设检验型信息融合技术、滤波跟踪型信息融合技术、聚类分析型信息融合技术、模式识别型信息融合技术、人工智能型信息融合技术等。

1) 假设检验型信息融合技术

假设检验型信息融合技术是以统计假设检验原理为基础,信息融合中心选择某种最优化假设检验判决准则执行多传感器数据假设检验处理,获取综合相关结论。

2) 滤波跟踪型信息融合技术

滤波跟踪型信息融合技术是将卡尔曼滤波(或其他滤波)相关技术由单一传感器扩展到多个传感器组成的探测网,用联合卡尔曼滤波相关算法执行多传感器滤波跟踪相关处理。

3) 聚类分析型信息融合技术

聚类分析型信息融合技术是以统计聚类分析或模糊聚类分析原理为基础,在多目标、多传感器大量观测数据样本的情况下,使来自同一目标的数据样本自然聚集、来自不同目标的数据样本自然隔离,从而实现多目标信息融合。

4) 模式识别型信息融合技术

模式识别型信息融合技术是以统计模式识别或模糊模式识别原理为基础,在通常的单一传感器模式识别准则基础上建立最小风险多目标多传感器模式识别判决准则,通过信息融合处理自然实现目标分类和识别。

5) 人工智能信息融合技术

人工智能信息融合技术将人工智能技术应用于多传感器信息融合,对于解决信息融合中的不精确、不确定信息有着很大优势,因此成为信息融合的发展方向。智能融合方法可分为基于专家系统的融合方法、基于人工神经网络的融合方法,以及以生物为基础的融合方法。

2. 按融合判决方式分类

多源信息融合的融合判决方式分为硬判决方式和软判决方式。所谓硬判决或软判决指的是数据处理活动中用于信号检测、目标识别的判决方式。每个传感器内部或信息融合中心都既可选用硬判决方式,也可选用软判决方式。

1) 硬判决方式

硬判决方式设置有确定的预置判决门限。只有当数据样本特征量达到或超过预置门限时,系统才做出判决断言;只有当系统做出了确定的断言时,系统才向更高层次系统传送"确定无疑"的判决结论。这种判决方式以经典的数理逻辑为基础,是确定性的。

2) 软判决方式

软判决方式不设置确定不变的判决门限。无论系统何时收到观测数据都要执行相应分析,都要做出适当评价,也都向更高层次系统传送评判结论意见及其有关信息,包括评判结果的置信度。这些评判不一定是确定无疑的,但它可以更充分地发挥所有有用信息的效用,使信息融合结论更可靠、更合理。

3. 按传感器组合方式分类

在多传感器网络中,多种传感器可以按同类传感器或异类传感器进行组合。

1) 同类传感器组合

同类传感器组合只处理来自同一类传感器的环境信息,其数据格式、信息内容都完全相同,因而处理方法相对比较简便。

2) 异类传感器组合

异类传感器组合同时处理来自各种不同类型传感器采集的数据。优点是信息内容广泛,可以互相取长补短,实现全源信息相关,因而分析结论更准确、更全面、更可靠,但处理难度则高得多。例如,对于列车的牵引电机,采集电压、电流和转速三个环境参数,显然这三个参数融合,使其真实性和准确性更高。

4. 按信息融合处理层次分类

按信息融合处理层次分类,多源信息融合可分为数据级信息融合、特征级信息融合、决策级信息融合等。

1) 数据级信息融合

数据级信息融合直接对未经预处理的传感器原始观测数据进行综合和分析。其优点是保持了尽可能多的客体信息,基本不发生信息丢失或遗漏;缺点是处理数据太多,耗费时间太长,实时性差。

2) 特征级信息融合

特征级信息融合亦称文件级信息融合,是对传感器初步预处理之后,在对传感器实现基本特征提取、提供文件报告的基础上执行的综合分析处理。其优点是既保持足够数量的重要信息,又已经过可容许的数据压缩,大大稀释了数据量,可以提高处理过程的实时性;而且特别有价值的是在基于模式识别的状态诊断和评估中,实际都以特征提取为基础。特征级信息融合的缺点是,不可避免地会有部分信息损失,因而需对传感器预处理提出较严格的要求。

3) 决策级信息融合

决策级信息融合是在各传感器和各低层信息融合中心已经完成各自决策的基础上,根据一定准则和每个传感器的决策与决策可信度执行综合评判,给出统一的一个最终决策。

5. 按信息融合结构模型分类

多源信息融合结构模型可分为集中式和分布式。集中式信息融合结构:每个传感器获得的观测数据都被不加分析地传送给上级信息融合中心。信息融合中心借助一定的准则和算法对全部初始数据执行联合、筛选、相关和合成处理,一次性地提供信息融合结论输出。分布式信息融合结构:每个传感器都先对原始观测数据进行初步分析处理,做出本地判决结论,只把这种本地判决结论及其有关信息,或经初步分析认定可能存在某种结论但又不完全可靠的结论及其有关信息,向信息融合中心呈报,然后再由信息融合中心在更高层次上集中多方面数据做进一步的相关合成处理,获取最终判决结论。

6. 按信息融合目的分类

多源信息融合的目的大体可分为检测、状态估计和属性识别。

1) 检测融合

检测融合的主要目的是利用多传感器进行信息融合处理,可以消除单个或单类传感器检测的不确定性,提高检测系统的可靠性,获得对检测对象更准确的认识。例如,对列车各种状态信息的检测融合,消除传感器检测的不确定性,提高检测系统的可靠性,获取更加准确及时的信息对列车的正常运行是很重要的。

2) 估计融合

估计融合的主要目的是利用多传感器检测信息对目标运动轨迹进行估计。利用单个传感器的估计可能难以得到比较准确的估计结果,需要多个传感器共同估计,并利用多个估计信息进行融合,以最终确定目标运动轨迹。

3) 属性融合

属性融合的主要目的是利用多传感器检测信息对目标属性、类型进行判断。

2.5.3 信息融合的主要算法

信息融合的主要算法可分为基于参数估计的信息融合算法、基于卡尔曼滤波的融合算法、基于权系数的融合算法、基于 D-S 证据理论的融合方法、基于模糊神经网络的融合算法、基于粗糙集理论的融合算法、聚类分析算法、专家系统、专家系统与人工神经网络的结合、小波分析与神经网络的结合、联邦滤波器的融合结构和证据理论的融合算法相结合等。简要说明如下。

1. 基于参数估计的信息融合算法

基于参数估计的信息融合算法包括极大似然估计、Bayes 估计和多 Bayes 估计等。极大似然估计是静态环境中的常用算法,能将信息融合取为使似然函数得到极值估计值。Bayes 估计属静态环境信息融合算法,信息描述为概率分布,适用于具有可加高斯噪声的不确定信息处理。多 Bayes 估计把每个传感器作为 Bayes 估计,将各物体的关联概率分布结合成联合的后验概率分布函数,通过使联合分布函数的似然函数为最大,提供最终融合值。

2. 基于卡尔曼滤波的融合算法

卡尔曼滤波算法用于动态环境中冗余信息的实时融合。对线性模型系统,且噪声是高斯分布的白噪声,可获得最优融合信息统计。非线性模型,可采用扩展卡尔曼滤波算法。系统模型有变化或系统状态有渐变/突变时,可采用基于强跟踪的卡尔曼滤波算法。

3. 基于权系数的融合算法

基于权系数的融合算法又称为加权平均法,它是最简单、直观地实时处理信息的融合算法。基本过程如下:设用 n 个传感器对某个物理量进行测量,第 i 个传感器输出的数据为 X_i,其中 $i = 1, 2, \cdots, n$,对每个传感器的输出测量值进行加权平均,加权系数为 w_i,得到的加权平均融合结果为: $X = \sum n_i = \sum w_i X_i$,$X_i$ 加权平均法将来自不同传感器的冗余信息进行加权平均,结果作为融合值。应用该方法必须先对系统和传感器进行详细分析,以获得正确的权值。

4. 基于 D-S 证据理论的融合算法

基于 Demp-Ster(D-S)证据理论的融合算法是 Bayes 估计的扩展,能将前提严格的条件从可能的成立中分离出来,使任何涉及先验概率的信息缺乏得以显示化。信息融合时,将传感器采集的信息作为证据,在决策目标集上建立其基本可信度。证据推理在同一决策框架下,用 D-S 合并规则将不同信息合并成统一的信息表示。

5. 基于模糊神经网络的融合算法

多传感器提供的环境信息具有不确定性,其信息融合实质上是不确定性推理过程。若指定 $0 \sim 1$ 的实数表示传感器提供目标观测信息的真实度,则构成模糊集合。基于模糊规则,对模糊集合进行模糊推理,可获得环境信息的融合结果。

6. 基于粗糙集理论的融合算法

基于 Bayes 估计和 D-S 证据推理的融合算法,需先确定先验概率。用神经网络进行融合存在样本集的选择,信息融合时模糊规则不易建立,隶属函数难以确定。采用基于粗糙集理论的融合方法,把每次传感器采集的数据看成等价类,利用粗糙集理论的化简和相容性,可对传感器数据进行分析,剔除相容信息,求出最小不变核,找出对决策有用的决策信息,得到最快的融合算法。

7. 聚类分析算法

聚类分析算法定义相似性函数或关联度量以提供任何两个特征向量间"接近"程度或不相似程度的值,依隶属度将样本归并到某类,可分成硬聚类、模糊聚类和可能性聚类等方法。

8. 专家系统

专家系统具有较强的逻辑推理和字符处理能力,是应用于故障诊断起步最早、目前最成熟的技术之一。作为人工智能的分支,它汇聚人类专家在某技术领域的专业知识,由计算机代替、模仿人类专家做出系统决策。而其中知识库是专家系统的核心,一个专家系统性能的高低,取决于知识库中知识的完善程度和良好的组织结构。

9. 专家系统与人工神经网络的结合

专家系统模拟的是人脑的逻辑思维,偏重于基于符号的启发式;而人工神经网络的知识处理模拟的是人脑的经验思维,着眼于连接运算,二者是故障诊断中根本不同的两种方法。将二者结合起来,形成一个新的智能数据融合系统,它既有专家系统的知识与人机交互,又有人工神经网络并行分布处理信息的自组织、自学习能力。

10. 小波分析与神经网络的结合

小波分析和神经网络有效结合起来,形成小波神经网络,既能发挥小波变换所表现的时频局部化特性,还能使系统具有神经网络的自适应、自学习能力等诸多优点,是一种前景广阔的状态识别和故障检测方法。

11. 联邦滤波器的融合结构和证据理论的融合算法相结合

联邦证据融合模型就是把联邦滤波器的融合结构和证据理论的融合算法相结合,提出一个适于融合异类信息的特征级的实时融合模型。该模型通过集中联邦滤波器和证据理论各自的优点,克服了联邦滤波器易受误差干扰和证据理论无法很好处理冲突信息等缺陷,为异类信息融合的工程问题又提供了一个有效可靠的新工具。

2.5.4　列车状态信息的融合

由上文中获得列车的主要状态信息如电压、电流、温度、速度、压力和振动等信号,及对信息融合技术的介绍,将二者结合起来,可建立列车状态信息融合的模型,如图 2.32 所示。

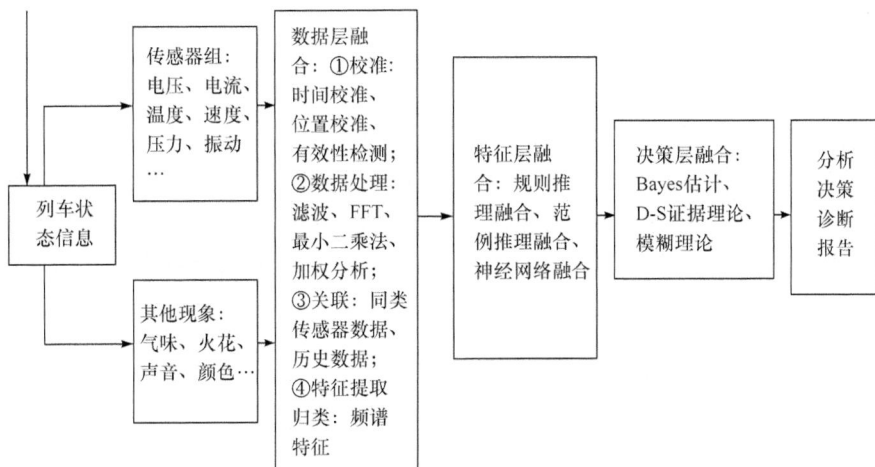

图 2.32　列车状态信息融合的功能模型框图

　　按照获取的列车的状态信息的抽象程度,信息融合主要在三个层次上展开:数据层融合、特征层融合和决策层融合,如图 2.33 所示。

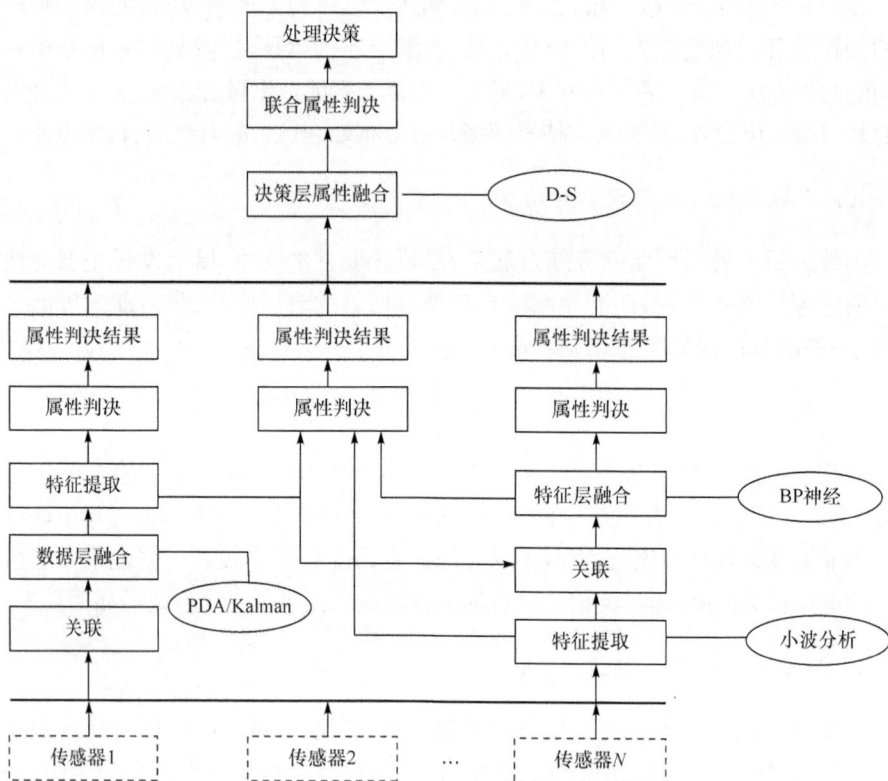

图 2.33　多传感器的信息融合框图

1. 数据层融合

　　数据层融合是直接在采集到的原始列车信息的数据层上进行融合,在各种传感器的原始测量数据未经预处理之前就进行数据的综合和分析,这是最低层次的融合。这种融合的主要优点是能保持尽可能多的现场列车状态信息数据,提供其他融合层次所不能提供的细微信息。数据层融合主要针对各种列车状态信息的检测、滤波、定位、跟踪等底层数据融合,但局限性也是很明显的:它要处理的传感器数据量太大,故处理代价高,处理时间长,实时性差。

2. 特征层融合

　　特征层融合属于中间层次,它先对来自传感器的状态信息进行特征提取,然后对特征信息进行综合分析和处理。一般来说,提取的特征信息应是像素信息的充分表示量或充分统计量,然后按特征信息对多传感器数据进行分类、汇集和综合。特征层融合的优点在于能够增加某些重要特征的准确性,也可以产生新的组合特征,具有较大的灵活性。

3. 决策层融合

决策层融合是一种高层次的融合,它直接对完全不同类型的传感器或来自不同环境区域的感知信息形成的局部决策进行最后分析,以得出最终的决策。决策层融合抽象层次高,使用范围最广。因此,决策层融合必须从具体决策问题的需求出发,充分利用特征层融合所提取的测量对象的各类特征信息,采用适当的融合技术来实现。决策层融合是三层融合的最终结果,是直接针对具体决策目标的,融合结果直接影响决策水平。决策层融合的主要优点是:具有很高的灵活性,当一个或几个传感器出现错误时,通过适当的融合,系统还能获得正确的结果,所以容错能力强。研究表明,对多个相似的传感器宜采用特征层融合,对列车状态信息获取需用各种不同类型的(或独立的)传感器,宜采用决策层融合。

数据层融合可以采用卡尔曼滤波算法,特征层融合可以采用小波分析算法和神经网络算法,决策层融合可以采用 D-S 证据推理算法做出决策。本书不做更详细的介绍。

2.6　小　　结

基于列车通信网络的列车(机车)计算机控制与诊断的实现,首先就是通过传感器,将相关的列车状态信号包括速度、电压(网压、电枢电压、控制电压等)、电流、振动、温度等转换为电信号,然后经过信号调整电路,实现电压信号转换、放大、滤波、线性化、温度补偿以及量程转换、隔离等,最后通过模/数转换成为计算机能够处理的数字信号。

由于被检测对象的多样性和复杂性,也由于传感技术的多样性,其对象信号存在多样性与复杂性的问题,而且这些信息往往是不完全相似和兼容的。为了更好地实现状态控制、状态识别与诊断,需要通过多信息融合技术实现状态信息的互补与兼容。

同样,计算机对检测信号经过相应的运算处理后,给出的控制指令,还需要经过隔离、功率驱动以及信号转换等信号调整电路,成为列车计算机控制与诊断系统的控制输出信号。

总之,列车计算机控制诊断实现的基础是列车状态信息的输入输出。

参 考 文 献

[1] 祁冠峰. 电力机车电气[M]. 北京:中国铁道出版社,2008.

[2] 张景松,陈更林. 流体机械[M]. 徐州:中国矿业大学出版社,2007.

[3] 曹才开. 检测技术基础[M]. 北京:清华大学出版社,2007.

[4] 严兆大. 热能与动力机械测试技术[M]. 北京:机械工业出版社,1991.

[5] 程向华,厉彦忠.影响压力传感器温度特性的因素分析[J]. 低温电子技术,2006,34(1): 54-57.

[6] 陈剑. 便携式机车轴承故障诊断系统[J]. 机车电传动,2008,(4):57-60.

[7] 杨四清. 机车轴温报警装置及其抗干扰设计[J]. 机车电传动,2005,(6):47-50.

[8] 掌明. 基于单总线的温度实时监控系统的软件设计[J]. 电脑开发与应用,2006,19(11):63.

[9] 高晓蓉,李金龙,彭朝勇. 传感器技术[M]. 成都:西南交通大学出版社,2013.

[10] 江征风. 测试技术基础[M]. 北京:北京大学出版社,2010.

[11] 张琳娜,赵凤霞,刘武发. 传感检测技术及应用[M]. 北京:中国计量出版社,2011.

[12] 裴雪红,李伯成,刘凯. 微型计算机原理及接口技术[M]. 西安:西安电子科技大学出版社,2007.

[13] 祁树胜. 传感器与检测技术[M]. 北京:北京航空航天大学出版社,2010.

[14] 徐安,郭其一. 微型计算机控制技术[M]. 北京:科学出版社,2004.

第 3 章 列车控制理论基础

3.1 引 言

列车(机车、动车)运行过程是一个非常复杂的控制过程,它与牵引供电、行车信号、线路限速、列车编组、列车牵引/制动性能以及驾驶员自身的驾驶习惯等多种因素密切相关。控制目标包括安全正点、高速度和高密度运行,并充分考虑乘车舒适性、停车精度、能量消耗等多个方面。列车控制系统是典型的大滞后、非线性、多目标复杂系统,其核心问题是针对不同的运行环境实时控制列车的牵引力与制动力。因此,列车控制理论是研究和分析列车牵引控制、制动控制等一系列列车控制的基础。

本章主要介绍列车控制的基本理论,包括介绍列车的动力学模型、异步电机的数学模型、两电平与三电平的电路拓扑和基本控制方法、基于经典控制理论的控制方法、基于现代控制理论和智能控制理论的控制方法等。

3.2 列车动力学模型

列车是在具有坡道和弯道的轨道上靠机车(动车)的黏着牵引力行驶。假设坡道的长度远远大于列车的车长,将列车作为一个质点处理,其运动方程可表示为

$$F_k - W = \frac{G_D}{3.6} \times \frac{dv}{dt} \tag{3.1}$$

式中,F_k 为轮周牵引力,kN;W 为总运行阻力,kN;G_D 为包含回转质量在内的列车总质量;v 为列车速度,km/h 或 m/s;$\frac{dv}{dt}$ 为列车加速度,m^2/s。

在列车的运行过程中,其运行状态分为 3 种:①牵引状态,由牵引电机输出转矩并转化为机车(动车)轮对与轨道间的黏着牵引力作用列车运行;②惯性状态,列车在没有牵引力和制动力下,靠惯性运行;③制动状态,由制动装置施加的力转化成机车(动车)轮对与轨道间的黏着制动力作用列车运行。列车运行时受力图如图 3.1 所示。

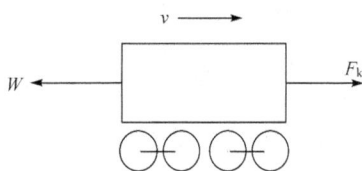

图 3.1 列车运行受力简图

从上述受力分析可知,列车的运行状态与运行速度取决于牵引力与运行总阻力(含制动力)形成的合力。列车的控制系统主要是针对作用力的多级控制系统。目前列车控制系统都是基于列车通信(控制)网络,由此形成列车级控制系统、机车(车辆)级控制系统和传动级控制系统。列车级控制系统完成对列车运行状态、运行速度及牵引力特性的控制。机车(车辆)级控制系统的主要任务是优化黏着控制,对牵引力和(电)制动力进行进一步优化匹配处理后发送给传动级控制系统[1]。

无论哪一级的控制,都需要研究其在控制系统状态稳定下的超调与平稳性、基于目标控制的稳态误差和准确性,以及考虑系统指令延时条件下的快速性。因此现代列车控制理论所涉及的控制模型建立、稳定性分析、快速性实现、平稳性调节和稳态误差控制等要比一般系统复杂得多。

传动控制系统针对列车所采用的牵引传动系统,实现对每个动力单元(电动机与变流器)的开环和闭环控制,控制牵引电机工作使列车运行在给定的牵引力或速度状态下。牵引电机的转矩和转速分别决定了列车的牵引力和速度,列车牵引控制本质上就是对牵引电机的控制。因此根据电机形式不同,列车的牵引传动控制系统分为直流牵引控制和交流牵引控制两种。

(1) 直流电力牵引:接触网通过受电弓、牵引变压器至相控整流器驱动直流牵引电机;或者柴油机驱动主发电机经过整流器驱动直流牵引电机。

(2) 交-直-交电力牵引:通过受电弓受流、牵引变压器降压、四象限整流器输出中间直流,然后通过逆变器产生电压与频率可控的三相交流输出驱动交流牵引电机;或者交流主发电机发出三相交流电,经硅整流器整流变成直流电,再经逆变电路转变成为频率可控的三相交流电,驱动交流牵引电机。

现代牵引系统均采用交流电机,因此本书仅阐述交流传动相关牵引控制技术。

3.3　异步电动机数学模型

三相交流异步电机具有结构简单、维护方便、功率密度高等优点。20 世纪 70 年代后期以来随着功率半导体技术的不断发展,列车的牵引传动系统进入一个崭新的阶段,即采用交流牵引电机完成对列车的牵引控制。从性能上来说交流异步牵引电动机具有很好的机械特性,因此采用交流牵引电机实现交-直-交或者直-交牵引控制系统已成为全世界列车控制系统的主流[2]。

3.3.1　三相异步电动机的多变量非线性数学模型

为了分析研究异步电动机的速度控制性能,首先讨论电动机的动态和稳态数学模型。由于异步电动机是一个高阶、非线性、强耦合的多变量系统,通常进行如下假设:

（1）三相绕组对称,忽略空间谐波,磁势沿气隙圆周按正弦分布;

（2）忽略磁路饱和影响,各绕组的自感和互感都是线性的;

（3）忽略铁心损耗;

（4）不考虑频率和温度变化对绕组的影响;

（5）无论感应电机转子是绕线式还是鼠笼式,都将其等效成绕线转子,并折算到定子侧,折算前后的转子每相匝数都相等。

三相异步电动机的物理模型如图 3.2 所示,定子三相绕组轴线 A、B、C 在空间是固定的,转子绕组轴线 a、b、c 随转子旋转,以 A 轴

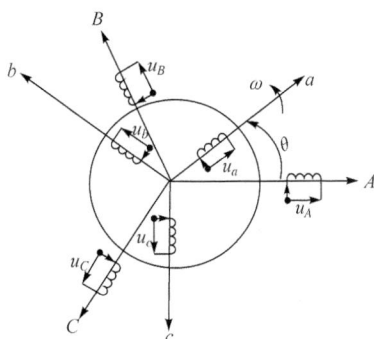

图 3.2 三相异步电动机的
物理模型示意图

为参考坐标轴,转子 a 轴和定子 A 轴间的电角度 θ 为空间角位移变量。规定各绕组电压、电流、磁链的正方向符合电动机惯例和右手螺旋定则。

异步电动机基本方程由电压方程、磁链方程、转矩方程和运动方程组成。

1）电压方程

将电压方程写成矩阵形式为

$$
\begin{bmatrix} u_A \\ u_B \\ u_C \\ u_a \\ u_b \\ u_c \end{bmatrix} = \begin{bmatrix} R_s & & & & & \\ & R_s & & & & \\ & & R_s & & & \\ & & & R_r & & \\ & & & & R_r & \\ & & & & & R_r \end{bmatrix} \begin{bmatrix} i_A \\ i_B \\ i_C \\ i_a \\ i_b \\ i_c \end{bmatrix} + \frac{\mathrm{d}}{\mathrm{d}t} \begin{bmatrix} \psi_A \\ \psi_B \\ \psi_C \\ \psi_a \\ \psi_b \\ \psi_c \end{bmatrix} \tag{3.2}
$$

式中,u_A、u_B、u_C、u_a、u_b、u_c 为定子和转子相电压的瞬时值;i_A、i_B、i_C、i_a、i_b、i_c 为定子和转子相电流的瞬时值;ψ_A、ψ_B、ψ_C、ψ_a、ψ_b、ψ_c 为各相绕组的全磁链;R_s、R_r 为定子和转子绕组的电阻。

2）磁链方程

每个绕组的磁链是它本身的自感磁链和其他绕组对它的互感磁链之和,因此,6 个绕组的磁链可表达为

$$
\begin{bmatrix} \psi_A \\ \psi_B \\ \psi_C \\ \psi_a \\ \psi_b \\ \psi_c \end{bmatrix} = \begin{bmatrix} L_{AA} & L_{AB} & L_{AC} & L_{Aa} & L_{Ab} & L_{Ac} \\ L_{BA} & L_{BB} & L_{BC} & L_{Ba} & L_{Bb} & L_{Bc} \\ L_{CA} & L_{CB} & L_{CC} & L_{Ca} & L_{Cb} & L_{Cc} \\ L_{aA} & L_{aB} & L_{aC} & L_{aa} & L_{ab} & L_{ac} \\ L_{bA} & L_{bB} & L_{bC} & L_{ba} & L_{bb} & L_{bc} \\ L_{cA} & L_{cB} & L_{cC} & L_{ca} & L_{cb} & L_{cc} \end{bmatrix} \begin{bmatrix} i_A \\ i_B \\ i_C \\ i_a \\ i_b \\ i_c \end{bmatrix} \tag{3.3}
$$

式中，L_{AA}、L_{BB}、L_{CC}、L_{aa}、L_{tb}、L_{cc} 是各绕组的自感，其余为相应绕组相间的互感。定子各相漏磁通所对应的电感称作定子漏感 L_{ls}，转子各相漏磁通则对应于转子漏感 L_{lr}，由于绕组的对称性，各相漏感值均相等。与定子一相绕组交链的最大互感磁通对应于定子互感 L_{ms}，与转子一相绕组交链的最大互感磁通对应于转子互感 L_{mr}，由于折算后定、转子绕组匝数相等，故有 $L_{ms}=L_{mr}$。

对于每一相绕组来说，它所交链的磁通是互感磁通与漏感磁通之和，因此，定子各相自感为

$$L_{AA}=L_{BB}=L_{CC}=L_{ms}+L_{ls} \tag{3.4}$$

转子各相自感为

$$L_{aa}=L_{tb}=L_{cc}=L_{ms}+L_{lr} \tag{3.5}$$

两相绕组之间只有互感，又分为两类：

（1）定子三相彼此之间和转子三相彼此之间位置都是固定的，故互感为常值；

（2）定子任一相与转子任一相之间的位置是变化的，互感是角位移 θ 的函数。

现在先讨论第一类，三相绕组轴线彼此在空间的相位差是 $\pm120°$，在假定气隙磁通为正弦分布的条件下，互感值应为 $L_{ms}\cos120°=L_{ms}\cos(-120°)=-\dfrac{1}{2}L_{ms}$，于是：

$$L_{AB}=L_{BC}=L_{CA}=L_{BA}=L_{CB}=L_{AC}=-\frac{1}{2}L_{ms}$$
$$L_{ab}=L_{bc}=L_{ca}=L_{ba}=L_{cb}=L_{ac}=-\frac{1}{2}L_{ms} \tag{3.6}$$

定、转子绕组间的互感，由于相互间位置的变化，可分别表示为

$$L_{Aa}=L_{aA}=L_{Bb}=L_{bB}=L_{Cc}=L_{cC}=L_{ms}\cos\theta$$
$$L_{Ab}=L_{bA}=L_{Bc}=L_{cB}=L_{Ca}=L_{aC}=L_{ms}\cos(\theta+120°) \tag{3.7}$$
$$L_{Ac}=L_{cA}=L_{Ba}=L_{aB}=L_{Cb}=L_{bC}=L_{ms}\cos(\theta-120°)$$

当定、转子两相绕组轴线重合时，二者之间的互感值最大，其值为 L_{ms}。

将式（3.4）～式（3.7）代入式（3.3），得到完整的磁链方程为

$$\begin{bmatrix} \psi_A \\ \psi_B \\ \psi_C \\ \psi_a \\ \psi_b \\ \psi_c \end{bmatrix}$$

$$
= \begin{bmatrix}
L_{ms}+L_{ls} & -\dfrac{1}{2}L_{ms} & -\dfrac{1}{2}L_{ms} & \cos\theta & \cos(\theta+120°) & \cos(\theta-120°) \\[2mm]
-\dfrac{1}{2}L_{ms} & L_{ms}+L_{ls} & -\dfrac{1}{2}L_{ms} & \cos(\theta-120°) & \cos\theta & \cos(\theta+120°) \\[2mm]
-\dfrac{1}{2}L_{ms} & -\dfrac{1}{2}L_{ms} & L_{ms}+L_{ls} & \cos(\theta+120°) & \cos(\theta-120°) & \cos\theta \\[2mm]
\cos\theta & \cos(\theta-120°) & \cos(\theta+120°) & L_{ms}+L_{lr} & -\dfrac{1}{2}L_{ms} & -\dfrac{1}{2}L_{ms} \\[2mm]
\cos(\theta+120°) & \cos\theta & \cos(\theta-120°) & -\dfrac{1}{2}L_{ms} & L_{ms}+L_{lr} & -\dfrac{1}{2}L_{ms} \\[2mm]
\cos(\theta-120°) & \cos(\theta+120°) & \cos\theta & -\dfrac{1}{2}L_{ms} & -\dfrac{1}{2}L_{ms} & L_{ms}+L_{lr}
\end{bmatrix}
$$

$$
\times \begin{bmatrix} i_A \\ i_B \\ i_C \\ i_a \\ i_b \\ i_c \end{bmatrix} \tag{3.8}
$$

该方程的求解与转子位置 θ 有关,这是系统非线性的根源之一[3]。

3) 转矩方程

根据机电能量转换原理,在线性电感的条件下,磁场的储能 W_m 和磁共能 W_m' 为

$$
W_m = W_m' = \frac{1}{2} i^{\mathrm{T}} \psi = \frac{1}{2} i^{\mathrm{T}} L i \tag{3.9}
$$

电磁转矩等于机械角位移变化时磁共能的变化率,且机械角位移 $\theta_m = \theta/n_p$,其中 n_p 为电机极对数,于是:

$$
T_e = \frac{\partial W_m'}{\partial \theta_m}\bigg|_{i=\text{cons.}} = n_p \frac{\partial W_m'}{\partial \theta}\bigg|_{i=\text{cons.}} \tag{3.10}
$$

将式(3.8)、式(3.9)代入式(3.10),得到:

$$
T_e = -n_p L_{ms} \big[(i_A i_a + i_B i_b + i_C i_c)\sin\theta + (i_A i_b + i_B i_c + i_C i_a)\sin(\theta+120°)
$$
$$
+ (i_A i_c + i_B i_a + i_C i_b)\sin(\theta-120°) \big] \tag{3.11}
$$

4) 运动方程

根据机电能量转换原理,得到电机的运动方程如式(3.12)所示:

$$
\frac{J}{n_p}\frac{\mathrm{d}\omega}{\mathrm{d}t} = T_e - T_L \tag{3.12}
$$

式中,J 为转动惯量;n_p 为电机的极对数;T_e 为电磁转矩;T_L 为负载转矩。

3.3.2　坐标变换

异步电动机的基本数学表达式相当复杂,分析和求解这组非线性方程十分困难,在实际应用中必须通过坐标变换予以简化,在确定这些变换时需遵守如下的变换原则。

1. 三相-两相变换(3/2 变换)

在三相绕组 ABC 和两相绕组 $\alpha\beta$ 之间的对称变换,称三相坐标系和两相坐标系间的变换,简称 3/2 变换。如图 3.3 在三相静止绕组 A、B、C 中,通以三相平衡电流 i_A、i_B 和 i_C,所产生的合成磁动势是旋转磁动势,它在空间呈正弦分布,以同步转速 ω_1(即电流的角频率)旋转。三相变量中只有两相为独立变量,完全可以消去一相。所以,三相绕组可以用相互独立的对称两相绕组等效代替,等效的原则是产生的磁动势相等,如图 3.3 所示。

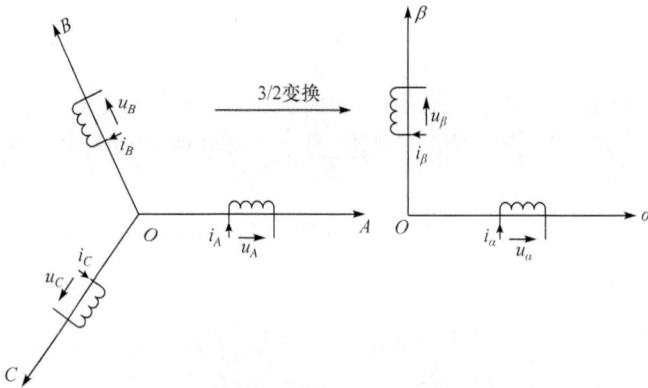

图 3.3　三相坐标系和两相坐标系间的转换示意图

图 3.3 中,将两个坐标系原点并在一起,使 A 轴和 α 轴重合。设三相绕组每相有效匝数为 N_3,两相绕组每相有效匝数为 N_2,各相磁动势为有效匝数与电流的乘积,其空间矢量均位于相关的坐标轴上(图 3.4)。按照磁动势相等的等效原则,三相合成磁动势与两相合成磁动势相等,故这两种绕组磁动势在 $\alpha\beta$ 轴上的投影都应相等,因此:

$$N_2 i_\alpha = N_3 i_A - N_3 i_B \cos 60° - N_3 i_C \cos 60°$$
$$N_2 i_\beta = N_3 i_B \sin 60° - N_3 i_C \sin 60°$$

(3.13)

考虑变换前后总功率不变,对式(3.13)做变换,得

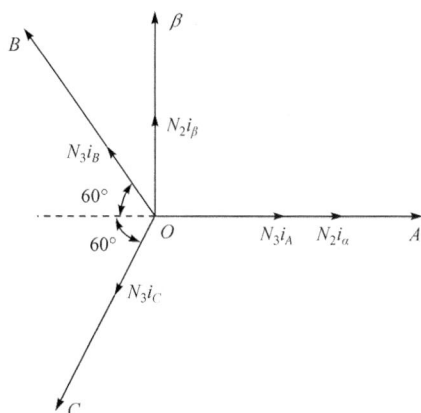

图 3.4　三相坐标系和两相坐标系中的磁动势矢量示意图

$$\begin{bmatrix} i_\alpha \\ i_\beta \end{bmatrix} = \sqrt{\frac{2}{3}} \begin{bmatrix} 1 & -\dfrac{1}{2} & -\dfrac{1}{2} \\ 0 & \dfrac{\sqrt{3}}{2} & -\dfrac{\sqrt{3}}{2} \end{bmatrix} \begin{bmatrix} i_A \\ i_B \\ i_C \end{bmatrix} \tag{3.14}$$

若要从两相坐标系变换到三相坐标系,则转换如式(3.15)所示:

$$C_{2/3} = \sqrt{\frac{2}{3}} \begin{bmatrix} 1 & 0 \\ -\dfrac{1}{2} & \dfrac{\sqrt{3}}{2} \\ -\dfrac{1}{2} & -\dfrac{\sqrt{3}}{2} \end{bmatrix} \tag{3.15}$$

可以证明,电流变换阵也是电压变换阵和磁链变换阵。

2. 两相静止-两相旋转变换(2s/2r 变换)

两相静止绕组 $\alpha\beta$,通以两相平衡交流电流,产生旋转磁动势。若令两相绕组转起来,且旋转角速度等于合成磁动势的旋转角速度,则两相绕组通以直流电流就产生空间旋转磁动势。图 3.5 中绘出两相旋转绕组 d 和 q,从两相静止坐标系 $\alpha\beta$ 到两相旋转坐标系 dq 的变换,称作两相静止-两相旋转变换,简称 2s/2r 变换。图 3.5 中绘出了 $\alpha\beta$ 和 dq 坐标系中的磁动势矢量,绕组每相有效匝数均为 N_2,磁动势矢量位于相关的坐标轴上。两相交流电流 i_α、i_β 和两相直流电流 i_d、i_q 产生同样的以角速度 ω_1 旋转的合成磁动势 F_s。

由图 3.5 和图 3.6 可知,i_α、i_β 和 i_d、i_q 之间存在如下关系:

$$\begin{bmatrix} i_d \\ i_q \end{bmatrix} = \begin{bmatrix} \cos\varphi & \sin\varphi \\ -\sin\varphi & \cos\varphi \end{bmatrix} \begin{bmatrix} i_\alpha \\ i_\beta \end{bmatrix} \tag{3.16}$$

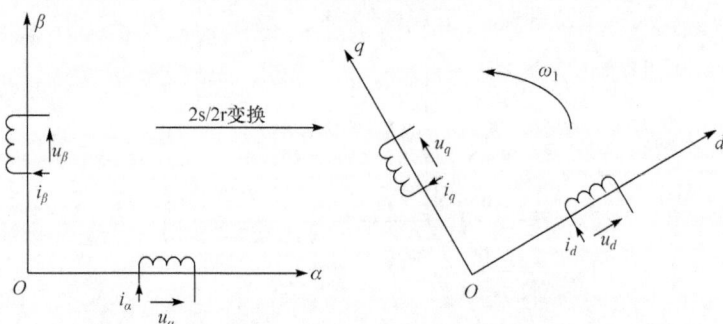

图 3.5　静止两相坐标系到旋转两相坐标系变换示意图

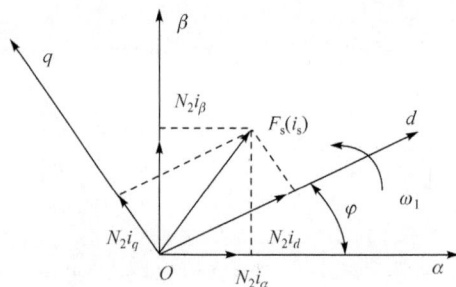

图 3.6　两相静止和旋转坐标系中的磁动势矢量示意图

令 $C_{2s/2r}$ 表示从两相静止坐标系变换到两相旋转坐标系的变换矩阵,表达式为

$$C_{2s/2r}=\begin{bmatrix} \cos\varphi & \sin\varphi \\ -\sin\varphi & \cos\varphi \end{bmatrix} \tag{3.17}$$

两相旋转坐标系变换到两相静止坐标系变换阵的矩阵 $C_{2r/2s}$,如式(3.18)所示:

$$C_{2r/2s}=\begin{bmatrix} \cos\varphi & -\sin\varphi \\ \sin\varphi & \cos\varphi \end{bmatrix} \tag{3.18}$$

电压和磁链的旋转变换阵与电流旋转变换阵相同。

3.3.3　异步电动机在两相坐标系上的数学模型

1. 异步电动机在两相静止($\alpha\beta$ 坐标系)中的动态数学模型

三相异步电动机定子绕组是静止的,只要进行 3/2 变换就行了,而转子绕组是旋转的,必须通过 3/2 变换和两相旋转坐标系到两相静止坐标系的旋转变换,才能变换到静止两相坐标系。

对静止的定子三相绕组和旋转的转子三相绕组进行相同的 3/2 变换,如图 3.7 所示,变换后的定子 $\alpha\beta$ 坐标系静止,而转子 $\alpha'\beta'$ 坐标系则以 ω 的角速度逆时针旋转,各方程如下:

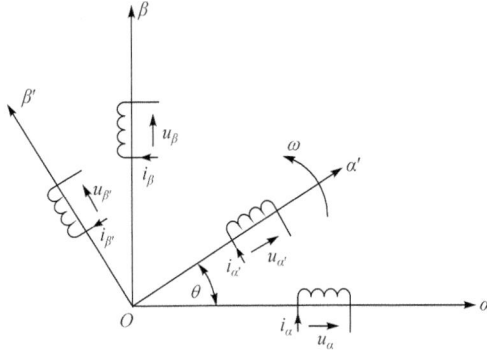

图 3.7　定子 $\alpha\beta$ 与转子 $\alpha'\beta'$ 坐标系示意图

$$\begin{bmatrix} u_{s\alpha} \\ u_{s\beta} \\ u_{r\alpha'} \\ u_{r\beta'} \end{bmatrix} = \begin{bmatrix} R_s & & & \\ & R_s & & \\ & & R_r & \\ & & & R_r \end{bmatrix} \begin{bmatrix} i_{s\alpha} \\ i_{s\beta} \\ i_{r\alpha'} \\ i_{r\beta'} \end{bmatrix} + \frac{\mathrm{d}}{\mathrm{d}t} \begin{bmatrix} \psi_{s\alpha} \\ \psi_{s\beta} \\ \psi_{r\alpha'} \\ \psi_{r\beta'} \end{bmatrix} \tag{3.19}$$

$$\begin{bmatrix} \psi_{s\alpha} \\ \psi_{s\beta} \\ \psi_{r\alpha'} \\ \psi_{r\beta'} \end{bmatrix} = \begin{bmatrix} L_s & & L_m\cos\theta & -L_m\sin\theta \\ & L_s & L_m\sin\theta & L_m\cos\theta \\ L_m\cos\theta & L_m\sin\theta & L_r & \\ -L_m\sin\theta & L_m\cos\theta & & L_r \end{bmatrix} \begin{bmatrix} i_{s\alpha} \\ i_{s\beta} \\ i_{r\alpha'} \\ i_{r\beta'} \end{bmatrix} \tag{3.20}$$

$$T_e = -n_p L_m \big[(i_{s\alpha} i_{r\alpha'} + i_{s\beta} i_{r\beta'}) \sin\theta + (i_{s\alpha} i_{r\beta'} - i_{s\beta} i_{r\alpha'}) \cos\theta \big] \tag{3.21}$$

式中,$L_m = \dfrac{3}{2} L_{ms}$ 为定子与转子同轴等效绕组间的互感;$L_s = \dfrac{3}{2} L_{ms} + L_{ls} = L_m + L_{ls}$ 为定子等效两相绕组的自感;$L_r = \dfrac{3}{2} L_{ms} + L_{lr} = L_m + L_{lr}$ 为转子等效两相绕组的自感。

3/2 变换将按 120° 分布的三相绕组等效为互相垂直的两相绕组,从而消除了定子三相绕组、转子三相绕组间的相互耦合,但定子绕组与转子绕组间仍存在相对运动,因而定、转子绕组互感阵仍是非线性的变参数阵。输出转矩仍是定、转子电流及其定、转子夹角 θ 的函数。与三相原始数学表达式比,3/2 变换减少了状态变量维数,简化了定子和转子的自感矩阵。对图 3.7 所示的转子坐标系 $\alpha'\beta'$ 进行旋转变换,即将 $\alpha'\beta'$ 坐标系顺时针旋转 θ,使其与定子 $\alpha\beta$ 坐标系重合,且保持静止。将旋转的转子坐标系 $\alpha'\beta'$ 变换为静止坐标系 $\alpha\beta$,意味着用静止的两相绕组等效代

替原先转动的转子两相绕组,变换后的各方程如下:

$$
\begin{bmatrix} u_{s\alpha} \\ u_{s\beta} \\ u_{r\alpha} \\ u_{r\beta} \end{bmatrix} = \begin{bmatrix} R_s & & & \\ & R_s & & \\ & & R_r & \\ & & & R_r \end{bmatrix} \begin{bmatrix} i_{s\alpha} \\ i_{s\beta} \\ i_{r\alpha} \\ i_{r\beta} \end{bmatrix} + \frac{\mathrm{d}}{\mathrm{d}t} \begin{bmatrix} \psi_{s\alpha} \\ \psi_{s\beta} \\ \psi_{r\alpha} \\ \psi_{r\beta} \end{bmatrix} + \begin{bmatrix} \\ \\ \omega_r \psi_{r\beta} \\ -\omega_r \psi_{r\alpha} \end{bmatrix} \tag{3.22}
$$

$$
\begin{bmatrix} \psi_{s\alpha} \\ \psi_{s\beta} \\ \psi_{r\alpha} \\ \psi_{r\beta} \end{bmatrix} = \begin{bmatrix} L_s & & L_m & \\ & L_s & & L_m \\ L_m & & L_r & \\ & L_m & & L_r \end{bmatrix} \begin{bmatrix} i_{s\alpha} \\ i_{s\beta} \\ i_{r\alpha} \\ i_{r\beta} \end{bmatrix} \tag{3.23}
$$

$$
T_e = n_p L_m (i_{s\beta} i_{r\alpha} - i_{s\alpha} i_{r\beta}) \tag{3.24}
$$

旋转变换改变了定、转子绕组间的耦合关系,将相对运动的定、转子绕组用相对静止的等效绕组来代替,从而消除了定、转子绕组间夹角对磁链和转矩的影响。旋转变换的优点在于将非线性变参数的磁链方程转化为线性定常的方程,但却加剧了电压方程中的非线性耦合程度,将矛盾从磁链方程转移到电压方程中,并没有改变对象的非线性耦合性质。

2. 异步电动机在两相任意旋转坐标系(dq 坐标系)下的数学模型

上面讨论了将相对于定子旋转的转子坐标系 $\alpha'\beta'$ 进行旋转变换,得到统一坐标系 $\alpha\beta$,这只是旋转变换的一个特例。更广义的坐标旋转变换是对定子坐标系 $\alpha\beta$ 和转子坐标系 $\alpha'\beta'$ 同时实施旋转变换,把它们变换到同一个旋转坐标系 dq 上,dq 相对于定子的旋转角速度为 ω_1,如图 3.8 所示。

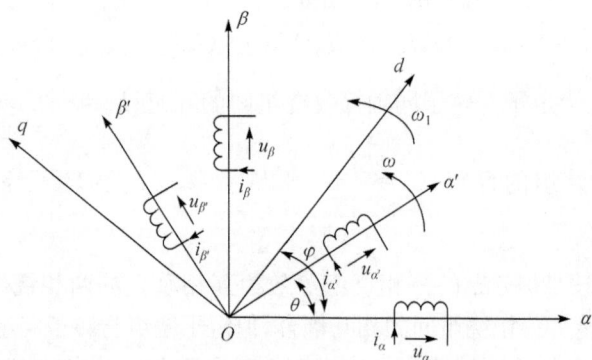

图 3.8　定子坐标系 $\alpha\beta$ 与转子坐标系 $\alpha'\beta'$ 变换到旋转坐标系 dq 示意图

任意旋转变换是用旋转的绕组代替原来静止的定子绕组,并使等效的转子绕组与等效的定子绕组重合,且保持严格同步,等效后定、转子绕组间不存在相对运动,变换后的各方程如下:

$$\begin{bmatrix} u_{sd} \\ u_{sq} \\ u_{rd} \\ u_{rq} \end{bmatrix} = \begin{bmatrix} R_s & & & \\ & R_s & & \\ & & R_r & \\ & & & R_r \end{bmatrix} \begin{bmatrix} i_{sd} \\ i_{sq} \\ i_{rd} \\ i_{rq} \end{bmatrix} + \frac{\mathrm{d}}{\mathrm{d}t} \begin{bmatrix} \psi_{sd} \\ \psi_{sq} \\ \psi_{rd} \\ \psi_{rq} \end{bmatrix} + \begin{bmatrix} -\omega_1 \psi_{sq} \\ \omega_1 \psi_{sd} \\ -(\omega_1 - \omega)\psi_{rq} \\ (\omega_1 - \omega)\psi_{rd} \end{bmatrix} \tag{3.25}$$

$$\begin{bmatrix} \psi_{sd} \\ \psi_{sq} \\ \psi_{rd} \\ \psi_{rq} \end{bmatrix} = \begin{bmatrix} L_s & & L_m & \\ & L_s & & L_m \\ L_m & & L_r & \\ & L_m & & L_r \end{bmatrix} \begin{bmatrix} i_{sd} \\ i_{sq} \\ i_{rd} \\ i_{rq} \end{bmatrix} \tag{3.26}$$

$$T_e = n_p L_m (i_{sq} i_{rd} - i_{sd} i_{rq}) \tag{3.27}$$

任意旋转变换保持定、转子等效绕组的相对静止,与式(3.22)～式(3.24)相比,磁链方程与转矩方程形式相同,仅下标发生变化,而电压方程中旋转电势的非线性耦合作用更为严重,这是因为不仅对转子绕组进行了旋转变换,对定子绕组也施行了相应的旋转变换。从表面上来看,任意旋转坐标系中的数学模型还不如静止两相坐标系中的简单,实际上任意旋转坐标系的优点在于增加了一个输入量 ω_1,提高了系统控制的自由度,磁场定向控制就是通过选择该输入量实现的。

3. 异步电动机在两相同步旋转(mt 坐标系)坐标系中的数学模型

另一种很实用的坐标系是同步旋转坐标系,令 dq 坐标系与转子磁链矢量同步旋转,且使得 d 轴与转子磁链矢量重合,即为按转子磁链定向同步旋转坐标系 mt。由于 m 轴与转子磁链矢量重合,则

$$\begin{aligned} \psi_{rm} &= \psi_{rd} = \psi_r \\ \psi_{rt} &= \psi_{rq} = 0 \end{aligned} \tag{3.28}$$

为了保证 m 轴与转子磁链矢量始终重合,必须使

$$\frac{\mathrm{d}\psi_{rt}}{\mathrm{d}t} = \frac{\mathrm{d}\psi_{rq}}{\mathrm{d}t} = 0 \tag{3.29}$$

将式(3.28),式(3.29)代入式(3.25)～式(3.27),变换后的方程如下:

$$\begin{bmatrix} u_{sm} \\ u_{st} \\ u_{rm} \\ u_{rt} \end{bmatrix} = \begin{bmatrix} R_s & & & \\ & R_s & & \\ & & R_r & \\ & & & R_r \end{bmatrix} \begin{bmatrix} i_{sm} \\ i_{st} \\ i_{rm} \\ i_{rt} \end{bmatrix} + \frac{\mathrm{d}}{\mathrm{d}t} \begin{bmatrix} \psi_{sm} \\ \psi_{st} \\ \psi_r \\ 0 \end{bmatrix} + \begin{bmatrix} -\omega_1 \psi_{st} \\ \omega_1 \psi_{sm} \\ 0 \\ (\omega_1 - \omega)\psi_r \end{bmatrix} \tag{3.30}$$

$$\begin{bmatrix} \psi_{sm} \\ \psi_{st} \\ \psi_r \\ 0 \end{bmatrix} = \begin{bmatrix} L_s & & L_m & \\ & L_s & & L_m \\ L_m & & L_r & \\ & L_m & & L_r \end{bmatrix} \begin{bmatrix} i_{sm} \\ i_{st} \\ i_{rm} \\ i_{rt} \end{bmatrix} \tag{3.31}$$

$$T_e = n_p \frac{L_m}{L_r} i_{st} \psi_r \qquad\qquad (3.32)$$

$$\psi_r = \frac{L_m}{T_r p + 1} i_{sm} \qquad\qquad (3.33)$$

式中,p 为微分算子。

　　式(3.32)和式(3.33)表明,异步电动机按转子磁链定向同步旋转坐标系 mt 中的数学模型与直流电动机的数学模型完全一致,或者说若以定子电流为输入量,按转子磁链定向同步旋转坐标系中的异步电动机与直流电动机等效。通过坐标系旋转角速度的选取,简化了数学模型;通过按转子磁链定向,将定子电流分解为励磁电流 i_{st} 和转矩分量 i_{st} ,使转子磁链 ψ_r 仅由定子电流励磁分量产生,而电磁转矩正比于转子磁链和定子电流转矩分量的乘积,实现了定子电流两个分量的解耦[4-5]。

3.4　牵引变流器电路拓扑及其 PWM 调制

　　牵引变流器可以分为电压源和电流源两种,我国交流传动电力机车和动车组全部采用电压源变流器。根据输出电压电平数的不同,电压源型牵引变流器主要分为两电平和三电平两种电路拓扑。本节主要介绍这两种电路拓扑结构及其脉宽调制方法[4]。

3.4.1　两电平牵引变流器主电路

　　两电平牵引变流器电路拓扑如图 3.9 所示,其交流侧采用三相对称的无中线连接方式给三相负载(电机)供电,采用 6 个功率开关管,这是一种最常用的三相变流器,也就是通常所谓的三相桥式电路。当 g_1 导通,g_4 关断时,节点 a 接于直流电源正端,$V_{an} = V_{dc}/2$;当 g_4 导通,g_1 关断时,节点 a 接于直流电源负端,$V_{an} = -V_{dc}/2$。同理,b 点和 c 点也是根据上下管导通情况决定其电位的。每相输出相

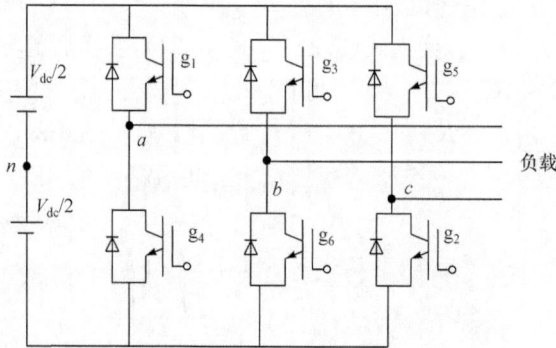

图 3.9　三相全桥逆变电路拓扑图

电压有两个电平,因此这种结构的变流器也称为三相两电平变流器。

3.4.2　三电平牵引变流器主电路

二极管箝位式三电平变流器自推出以来就因其特殊结构而受到广泛关注,虽然其电路拓扑相对复杂,但它相对于二电平变流器具有以下优势:一方面每个功率开关管承受的最大电压为直流电压的一半,降低了对器件耐压的要求;另一方面,其输出相电压有 3 种状态,相对于二电平变流器,其输出电压谐波含量明显降低。图 3.10 是三相三电平变流器的电路拓扑[6-8]。

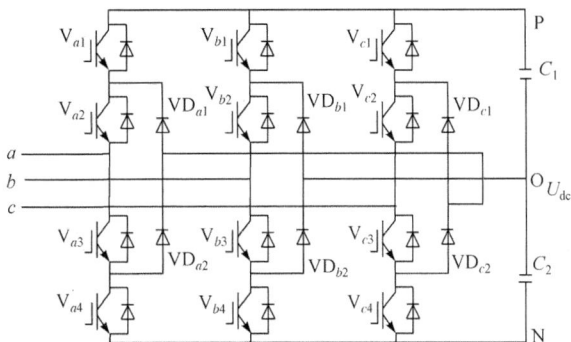

图 3.10　二极管箝位式三电平变流器电路拓扑图

表 3.1 为二极管箝位式三电平变流器的开关状态和输出相电压的对应关系。任何时刻变流器每桥臂 4 个功率开关只有相邻 2 个导通,其他 2 个关断。三电平优势之一在于减少器件的 du/dt,因此控制要求在 P 状态与 O 状态、N 状态与 O 状态之间可以互相切换,而不能在 P、N 状态之间直接切换,P、O 状态,N、O 状态之间切换时仅需改变一对开关状态即可。

表 3.1　开关状态和输出相电压的对应关系表

V_{x1}	V_{x2}	V_{x3}	V_{x4}	输出相电压	状态
1	1	0	0	$U_{dc}/2$	P
0	1	1	0	0	O
0	0	1	1	$-U_{dc}/2$	N

注:1 代表对应器件开通,0 代表对应器件关断($x=a,b,c$)。

3.4.3　两电平逆变器调制

1. PWM 基本原理

所谓 PWM,是用一种参考波为调制波(通常是正弦波,也可采用梯形波或注入零序谐波的正弦波或方波等)与以 N 倍于调制波频率的三角波(或锯齿波)为载波进行比较,产生一组幅值相等,而宽度正比于调制波的矩形脉冲序列来等效调制波,对开关管进行通、断控制。利用一定的规则控制各脉冲的宽度,可实现变流器输出电压与频率的调节。

2. SPWM 基本原理

根据调制脉冲的极性,两电平 SPWM 技术可分为单极性调制和双极性调制。

单极性调制是用一条正弦调制波与一条在正弦波正半周极性为正、而负半周极性为负的等腰恒幅三角波进行比较,在正弦波正半周,如果正弦波的幅值大于三角波的幅值,则比较器输出正电平,反之,比较器输出 0 电平;而在正弦波负半周,如果正弦波的幅值小于三角波的幅值,比较器输出负电平,反之,比较器输出 0 电平。所得到的 PWM 信号有正、负和 0 三种电平,由于在调制波的半个周期内,三角波只在一种极性内变化,所产生的 PWM 波也只在一种极性内变化的控制方式,称为单极性调制,如图 3.11(a)所示。

双极性调制是用一条正负交变的双极性三角波与正弦调制波相比较,当正弦波的幅值大于三角波的幅值时,比较器输出正电平,反之,输出负电平。于是得到只有正负两种电平的 PWM 信号,称为双极性调制,如图 3.11(b)所示。

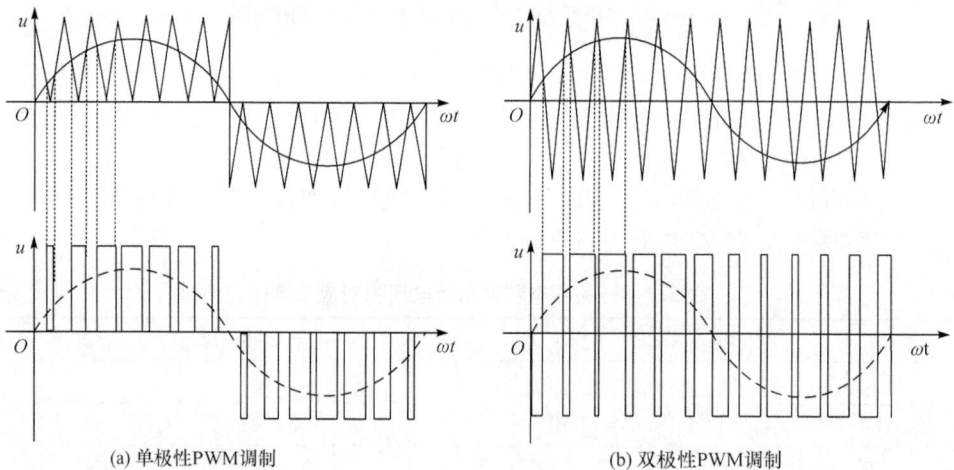

(a) 单极性PWM调制　　　　　　(b) 双极性PWM调制

图 3.11　PWM 调制原理示意图

3. SVPWM 基本原理

空间矢量脉宽调制(space vector pulse width modulation,SVPWM)具有直流电压利用率高、易于数字化实现等优点,因而在逆变控制等领域得到了广泛的研究和应用。本书在此介绍一种常用的两电平 SVPWM 方法。

　　三相三线制的两电平变流器的拓扑结构如图 3.9 所示,记 U_{dc} 为直流侧电压,三相电路开关器件的开关状态(1 为上管导通、下管关断,0 为上管关断、下管导通)为 S_a、S_b、S_c,则交流侧三相相电压 U_{AO}、U_{BO} 和 U_{CO} 满足如下方程:

$$\begin{bmatrix} \dfrac{2}{3} & -\dfrac{1}{3} & -\dfrac{1}{3} \\ -\dfrac{1}{3} & \dfrac{2}{3} & -\dfrac{1}{3} \\ -\dfrac{1}{3} & -\dfrac{1}{3} & \dfrac{2}{3} \end{bmatrix} \begin{bmatrix} S_a \\ S_b \\ S_c \end{bmatrix} = \dfrac{1}{U_{dc}} \begin{bmatrix} U_{AO} \\ U_{BO} \\ U_{CO} \end{bmatrix} \tag{3.34}$$

　　由于变流器开关状态共有 8 种组合,因此交流侧三相相电压在 abc 坐标系下可形成 8 种基本电压矢量。记开关状态矢量 $\vec{S}_j = [S_a, S_b, S_c]^T$,其中 $j = 1, 2, \cdots,$ 7,二进制数 $S_a S_b S_c$ 对应一个十进制数,$\vec{S}_j$ 对应的基本电压矢量为 $\vec{V}_j$,其在 abc 坐标系下的坐标为 $[U_{AOj}, U_{BOj}, U_{COj}]^T$。采用如式(3.35)所示的 abc-$\alpha\beta$ 变换,可以得到 $\vec{V}_j$ 在 $\alpha\beta$ 坐标系下的坐标,并在如图 3.12 所示的空间矢量图绘出,其中 $\vec{V}_0$ 和 $\vec{V}_7$ 为零矢量,其余 6 种基本矢量为非零矢量,并将整个坐标平面划分为 6 个扇区(图 3.12)。

$$\begin{bmatrix} U_\alpha \\ U_\beta \end{bmatrix} = \dfrac{2}{3} \begin{bmatrix} 1 & -\dfrac{1}{2} & -\dfrac{1}{2} \\ 0 & \dfrac{\sqrt{3}}{2} & -\dfrac{\sqrt{3}}{2} \end{bmatrix} \begin{bmatrix} U_a \\ U_b \\ U_c \end{bmatrix} \tag{3.35}$$

式中,U_α、U_β 为 $\alpha\beta$ 坐标系下的变量;U_a、U_b、U_c 为 abc 坐标系下的变量。

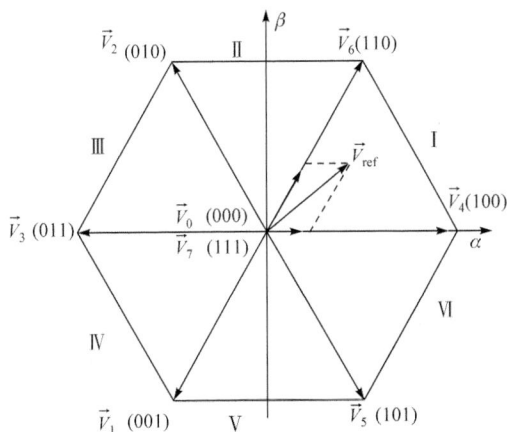

图 3.12　电压空间矢量及扇区分布图

　　若已知三相参考电压分别为 U_{Ar}、U_{Br}、U_{Cr},则通过式(3.35)可得到参考电压矢量 $\vec{V}_{ref}$ 在 $\alpha\beta$ 坐标系下的坐标。SVPWM 的基本思想是通过伏秒平衡的原则,将

$\vec{V}_{\text{ref}}$ 表示为其相邻的 2 个非零基本矢量 $\vec{V}_m$、$\vec{V}_n$ 和零矢量的线性组合：

$$\vec{V}_{\text{ref}} = \frac{\vec{V}_m T_m}{T_s} + \frac{\vec{V}_n T_n}{T_s} \tag{3.36}$$

式中，T_s 为采样周期；T_m 和 T_n 分别为 $\vec{V}_m$ 和 $\vec{V}_n$ 在一个采样周期内的作用时间。综合以上说明，传统的两电平 SVPWM 算法主要包括以下步骤。

（1）由式（3.35）的坐标变换得到 $\vec{V}_{\text{ref}}$ 在 $\alpha\beta$ 坐标系下的坐标，求得其幅值 $|\vec{V}_{\text{ref}}|$ 和相角 θ，并判断其所在扇区，确定相邻非零基本矢量 $\vec{V}_m$ 和 $\vec{V}_n$ 及其对应的开关状态矢量 $\vec{S}_m$ 和 $\vec{S}_n$。

（2）根据式（3.36）T_m 和 T_n 可由式（3.37）求得：

$$\begin{cases} T_m = \dfrac{\sqrt{3}\,|\vec{V}_{\text{ref}}|\,T_s \sin\left(\dfrac{\pi}{3}-\theta\right)}{U_{\text{dc}}} \\[4mm] T_n = \dfrac{\sqrt{3}\,|\vec{V}_{\text{ref}}|\,T_s \sin\theta}{U_{\text{dc}}} \end{cases} \tag{3.37}$$

（3）用零矢量补足剩余的控制时间 $T_s - T_m - T_n$，记 $\vec{V}_0$ 和 $\vec{V}_7$ 的作用时间分别为 T_0 和 T_7，则有

$$\begin{cases} T_7 = k_0(T_s - T_m - T_n), & k_0 \in [0,1] \\ T_0 = (1-k_0)(T_s - T_m - T_n), & k_0 \in [0,1] \end{cases} \tag{3.38}$$

式中，k_0 为零矢量分配因子。

（4）确定一个采样周期内三相上开关器件的脉宽时间 T_A、T_B、T_C。

$$[T_A, T_B, T_C]^{\mathrm{T}} = \vec{S}_m T_m + \vec{S}_n T_n + \vec{S}_7 T_7 \tag{3.39}$$

在求得 T_A、T_B、T_C 后，可根据开关信号的对称性得到三相开关器件的导通和关断时刻，进而得到所有开关器件的控制信号。

3.4.4　三电平变流器调制

1. 概述

目前已提出了多种可用于三电平变流器的调制算法，包括正弦载波调制、指定谐波消去 PWM 和 SVPWM 方法。SVPWM 因其电压利用率高、输出波形谐波含量低、易于数字化实现等诸多优点，成为国内外诸多学者研究的热点。目前已有多种 SVPWM 方法，本章介绍一种实现方法[6]。

2. 三电平 SVPWM 调制算法

对于三相三电平的 NPC 逆变电路，由于其中点钳位的功能，每个桥臂可以输出 3 个状态（P、O、N），总的开关状态为 3 的 3 次方，总共 27 种矢量。三电平空间

矢量分布图如图 3.13 所示,以每 60° 为一个大扇区,总共可平均分为 6 个大扇区 (sectorA~sectorF),每个扇区又由 4 个三角形区域(region1~region4)组成。

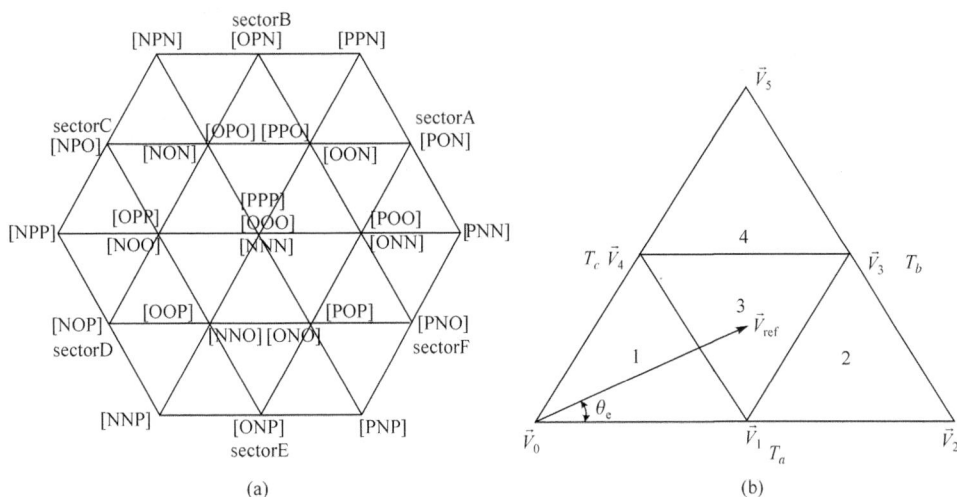

图 3.13　三电平空间矢量分布图

本章采用的三电平 SVPWM 调制方法主要分为如下步骤。

(1) 大扇区 sector 判断:对于给定的参考矢量,首先根据参考矢量确定大扇区的具体位置;目标矢量的扇区号 sector 判断有很多种方法,如果已知目标矢量的角度 θ_e,那么可以直接判断出目标矢量所处的扇区号。但在电机控制中,一般目标矢量通常为 $\vec{U}=(\vec{V}_a,\vec{V}_\beta)^T$。如图 3.14 所示,整个矢量空间平均划分为 6 个扇区,那么只需要根据目标矢量 $(\vec{V}_a,\vec{V}_\beta)^T$ 与三条直线的关系即可快速判断出其所处的扇区。

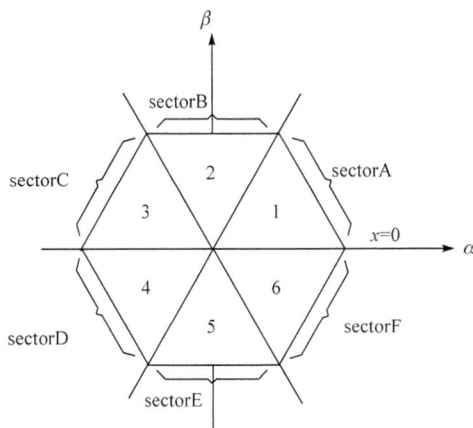

图 3.14　矢量所处扇区划分示意图

（2）子区 region 判断：判断参考矢量端点位于该扇区的具体三角形区域，在判断子区 region 前，首先将目标矢量$(\vec{V_{at}^*},\vec{V_{\beta t}^*})^{\mathrm{T}}$进行坐标变换。

设目标矢量的扇区 1～6 分别代表 sectorA～sectorF。变流器的中间电压为 U_d。则对目标矢量进行如下变换：

$$\begin{bmatrix}\vec{V_{at}^*}\\\vec{V_{\beta t}^*}\end{bmatrix}=\frac{1}{U_d}\begin{bmatrix}3 & -\sqrt{3}\\0 & 2\sqrt{3}\end{bmatrix}\begin{bmatrix}\cos\dfrac{(S_n-1)\pi}{3} & \sin\dfrac{(S_n-1)\pi}{3}\\-\sin\dfrac{(S_n-1)\pi}{3} & \cos\dfrac{(S_n-1)\pi}{3}\end{bmatrix}\begin{bmatrix}V_a\\V_\beta\end{bmatrix} \tag{3.40}$$

式中，$\begin{bmatrix}\cos\dfrac{(S_n-1)\pi}{3} & \sin\dfrac{(S_n-1)\pi}{3}\\-\sin\dfrac{(S_n-1)\pi}{3} & \cos\dfrac{(S_n-1)\pi}{3}\end{bmatrix}$是将目标矢量转换到 sectorA；$\dfrac{1}{U_d}\begin{bmatrix}3 & -\sqrt{3}\\0 & 2\sqrt{3}\end{bmatrix}$

则是将目标电压标幺化。通过以上仿射变换，得到 60°坐标系，如图 3.15 所示。

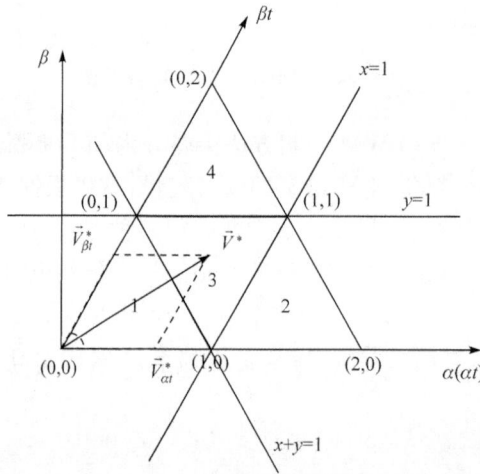

图 3.15　在 αt-βt 坐标系下矢量坐标表示示意图

在新的坐标系下，子区 region 的判断也变得很简单：整个空间被 3 条直线 $x=1$、$y=1$ 和 $x+y=1$ 划分为 4 个子区。那么只需要根据变换后的目标矢量坐标$(\vec{V_{at}^*},\vec{V_{\beta t}^*})^{\mathrm{T}}$，判断其与直线的关系即可判断出矢量所处的子区。

（3）矢量作用时间 T_a、T_b、T_c 计算：采用构成该三角形区域顶点的三个矢量来合成参考矢量，采用这三个矢量去逼近参考矢量可以获得最佳效果。

如图 3.15 所示，设参考矢量 $\vec{V}_{\mathrm{ref}}$ 落在 region3 三角形区域，那么参考矢量就由 $\vec{V}_1$、$\vec{V}_3$、$\vec{V}_4$ 三个矢量来合成。设开关周期为 T_s，根据开关周期内矢量排布对称性的原则，只需计算一半开关周期内的矢量作用时间 T_a、T_b 和 T_c。根据 PWM 等效

原理,有以下公式:

$$\begin{cases} \vec{V}_1 T_a + \vec{V}_3 T_b + \vec{V}_4 T_b = \vec{V}_{ref} T_s/2 \\ T_a + T_b + T_c = T_s/2 \end{cases} \tag{3.41}$$

由式(3.41)即可计算出矢量作用时间 T_a、T_b 和 T_c。

表 3.2 给出了不同扇区、不同子区的矢量作用时间计算表。

表 3.2　矢量作用时间计算表

区域	时间	子区 1	子区 2	子区 3	子区 4
sectorA	T_a	$\frac{Ts}{2}V_{at}^*$	$\frac{Ts}{2}(2-V_{at}^*-V_{\beta t}^*)$	$\frac{Ts}{2}(1-V_{\beta t}^*)$	$\frac{Ts}{2}(V_{\beta t}^*-1)$
sectorC	T_b	$\frac{Ts}{2}(1-V_{at}^*-V_{\beta t}^*)$	$\frac{Ts}{2}V_{\beta t}^*$	$\frac{Ts}{2}(V_{at}^*+V_{\beta t}^*-1)$	$\frac{Ts}{2}V_{at}^*$
sectorE	T_c	$\frac{Ts}{2}V_{\beta t}^*$	$\frac{Ts}{2}(V_{at}^*-1)$	$\frac{Ts}{2}(1-V_{at}^*)$	$\frac{Ts}{2}(2-V_{at}^*-V_{\beta t}^*)$
sectorB	Ta	$\frac{Ts}{2}V_{\beta t}^*$	$\frac{Ts}{2}(2-V_{at}^*-V_{\beta t}^*)$	$\frac{Ts}{2}(1-V_{at}^*)$	$\frac{Ts}{2}V_{at}^*$
sectorD	Tb	$\frac{Ts}{2}(1-V_{at}^*-V_{\beta t}^*)$	$\frac{Ts}{2}(V_{at}^*-1)$	$\frac{Ts}{2}(V_{at}^*+V_{\beta t}^*-1)$	$\frac{Ts}{2}(V_{\beta t}^*-1)$
sectorF	Tc	$\frac{Ts}{2}V_{at}^*$	$\frac{Ts}{2}V_{\beta t}^*$	$\frac{Ts}{2}(1-V_{at}^*)$	$\frac{Ts}{2}(2-V_{at}^*-V_{\beta t}^*)$

(4) 矢量排序及时间分配:根据表 3.2 的矢量作用时间表可以进行矢量排序和时间分配,SVPWM 在矢量选择和矢量排序时,必须遵循的一个基本原则是:相邻排布的矢量仅有一个桥臂的开关状态发生变化,并且每个桥臂在"P、O、N"3 个状态切换时必须有"O"状态过渡。

3.5　经典控制理论

3.5.1　经典控制概述

经典控制理论主要研究线性定常系统,所谓线性控制系统是指系统中各组成环节或元件的状态或特性可以用线性微分方程描述的控制系统。如果描述该线性系统的微分方程的系数是常数,则称为线性定常系统。描述自动控制系统输入量、输出量和内部量之间关系的数学表达式称为系统的数学模型,它是分析和设计控制系统的基础。经典控制理论中广泛使用的频率法和根轨迹法,是建立在传递函数基础上的。线性定常系统的传递函数是在零初始条件下系统输出量的拉普拉斯变换与输入量的拉普拉斯变换之比，是描述系统的频域模型。经典控制理论的特点是以传递函数为数学工具，本质上是频域方法，主要研究"单输入、单输出"线性定常控制系统的分析与设计，目前对线性定常系统的研究已经形成相当成熟的理论。虽然经典控制理论原则上只适宜于解决"单输入、单输出"系统中的分析与设计问题，但是经典控制理论至今仍活跃在各种工业控制领域中。

经典控制主要分为开环控制方式和闭环（反馈）控制方式，它们都有各自的特点和不同的适用场合。

开环控制方式是指控制装置与被控对象之间只有顺向作用而没有反向联系的控制过程，按这种方式组成的系统称为开环控制系统，其特点是系统的输出量不会对系统的控制作用发生影响，开环控制框过程如图 3.16 所示。开环控制系统可以按给定量控制方式组成，也可以按扰动控制方式组成。按给定量控制的开环控制系统，其控制作用直接由系统的输入量产生，给定一个输入量，就有一个输出量与之相对应，控制精度完全取决于所用的元件及校准的精度。因此，这种开环控制方式没有自动修正偏差的能力，抗扰动性较差，但由于其结构简单、调整方便、成本低，适用于在精度要求不高或扰动影响较小的情况下。按扰动控制的开环控制方式是利用可测量的扰动量产生一定补偿作用以降低或消除扰动对输出的影响，这种控制方式也称前馈控制。这种方式直接从扰动取得信息，并以此来改变被控量，但它只适用于扰动是可测量的场合。

图 3.16　开环控制过程框图

闭环系统是根据负反馈原理按偏差进行控制的，因此又称反馈控制或偏差控制。需要控制的是输出量，测量的也是输出量，根据输入量和输出量的偏差进行控制，只要输出量偏离输入量，系统产生一个相应的控制作用去减小或者消除这个偏差，使被控量与期望值趋于一致。闭环控制过程如图 3.17 所示。可以说，按反馈控制方式组成的反馈控制系统，具有抑制内、外扰动对被控量产生影响的能力，有较高的控制精度。这种控制方式是一种广泛应用的控制方式，广泛地应用于温度控制、速度控制系统等各工业部门。

3.5.2　PID 控制及常用算法

在闭环控制技术中，最常用的是比例-积分-微分（proportion integration differentiation，PID）控制技术，即按偏差的比例、积分和微分进行控制，控制原理如图 3.18 所示[9]。

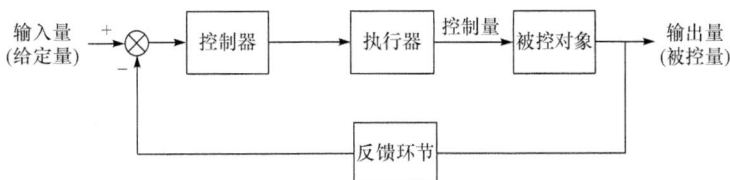

图 3.17　闭环控制过程框图

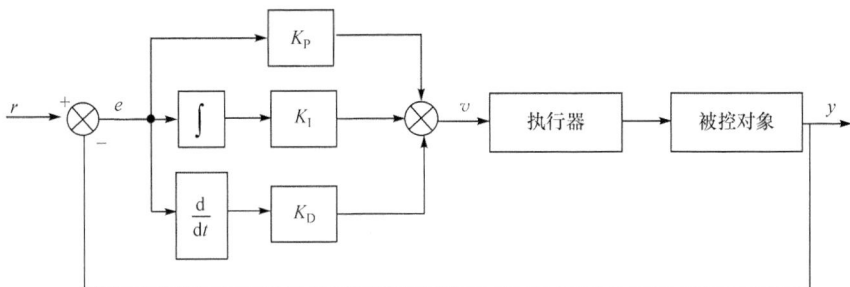

图 3.18　PID 控制系统原理框图

由图 3.18 可得

$$v(t) = K_{\mathrm{P}}\left[e(t) + \frac{1}{T_{\mathrm{I}}}\int_0^t e(\tau)\mathrm{d}\tau + T_{\mathrm{D}}\frac{\mathrm{d}e(t)}{\mathrm{d}t}\right] = K_{\mathrm{P}}e(t) + K_{\mathrm{I}}\int_0^t e(\tau)\mathrm{d}\tau + K_{\mathrm{D}}\frac{\mathrm{d}e(t)}{\mathrm{d}t}$$

(3.42)

式中,T_{I} 为积分时间常数;T_{D} 为微分时间常数;r 为给定值;e 为偏差;y 为系统输出值;v 为 PID 输出值;K_{P} 为比例系数;$K_{\mathrm{I}} = K_{\mathrm{P}}/T_{\mathrm{I}}$ 为积分系数,$K_{\mathrm{D}} = K_{\mathrm{P}}T_{\mathrm{D}}$ 为微分系数。

　　简单来说,PID 控制器各校正环节的作用总结为:比例部分产生与偏差成正比的输出信号,以便消除偏差;积分部分产生与偏差的积分值成正比的输出信号,以便消除系统的静态误差;微分部分产生与偏差的变化率成正比的输出信号,以便加快控制器的调节速率,缩短过渡过程时间,减少超调。如果这三个部分配合适当,便可得到快速敏捷、平稳准确的调节效果。

　　下面就几种常用的数字 PID 控制算法进行介绍。

　　1) 位置式 PID 控制算法

　　按模拟 PID 控制算法,以一系列的采样时刻点 kT 代表连续时间 t,以矩形法数值积分近似代替积分,以一阶后向差分近似代替微分,即

$$\begin{cases} t = kT \quad (k = 0,1,2,3,\cdots) \\ \displaystyle\int_0^t \mathrm{error}(t)\mathrm{d}t \approx T\sum_{j=0}^k \mathrm{error}(jT) = T\sum_{j=0}^k \mathrm{error}(j) \\ \dfrac{\mathrm{derror}(t)}{\mathrm{d}t} \approx \dfrac{\mathrm{error}(kT) - \mathrm{error}((k-1)T)}{T} = \dfrac{\mathrm{error}(k) - \mathrm{error}(k-1)}{T} \end{cases}$$

(3.43)

可得离散 PID 表达式：

$$u(k) = K_\mathrm{P}\left(\mathrm{error}(k) + \frac{T}{T_\mathrm{L}}\sum_{j=0}^{k}\mathrm{error}(J) + \frac{T_\mathrm{D}}{T}(\mathrm{error}(k) - \mathrm{error}(k-1))\right)$$

$$= K_\mathrm{P}\mathrm{error}(k) + K_\mathrm{I}\sum_{j=0}^{k}\mathrm{error}(J)T + K_\mathrm{D}\frac{\mathrm{error}(k) - \mathrm{error}(k-1)}{T}$$

$$(3.44)$$

式中，$K_\mathrm{I} = K_\mathrm{P}/T_\mathrm{I}$；$T$ 为采样周期；k 为采样序号；$\mathrm{error}(k-1)$ 和 $\mathrm{error}(k)$ 分别为第 $(k-1)$ 和第 k 时刻所得的偏差信号。

根据位置式 PID 控制算法得到其程序框图如图 3.19 所示。

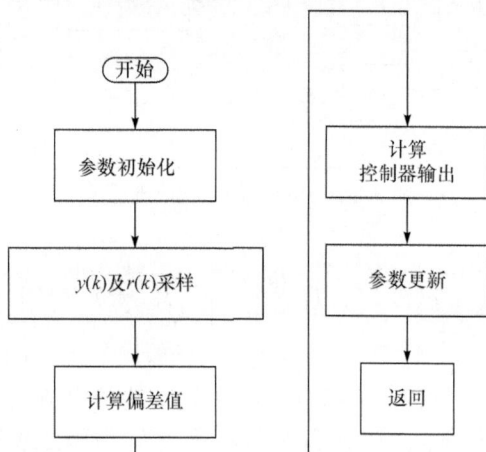

图 3.19　位置式 PID 控制算法程序框图

2) 增量式 PID 控制算法[10]

当执行机构需要的控制量为增量（如驱动步进电动机）时，应采用增量式 PID 控制。根据递推原理可得

$$u(k) = K_\mathrm{P}\left(\mathrm{error}(k-1) + K_\mathrm{I}\sum_{j=0}^{k-1}\mathrm{error}(J) + K_\mathrm{D}(\mathrm{error}(k-1) - \mathrm{error}(k-2))\right)$$

$$(3.45)$$

增量式 PID 控制算法为

$$\Delta u(k) = K_\mathrm{P}(\mathrm{error}(k) - \mathrm{error}(k-1)) + K_\mathrm{I}\mathrm{error}(k) + K_\mathrm{D}(\mathrm{error}(k)$$
$$- 2\mathrm{error}(k-1) + \mathrm{error}(k-2))$$

$$(3.46)$$

3) 积分分离 PID 控制算法

在普通 PID 控制中引入积分环节的目的，主要是消除静差，提高控制精度。但在过程启动、结束或者大幅度增减设定时，短时间内系统输出有很大的偏差，会造成 PID 运算的积分积累，致使控制量超过执行机构可能允许的最大动作范围对

应的极限控制量,引起系统较大的超调,甚至引起系统较大的振荡,这在生产中是绝对不允许的。

积分分离控制基本思路是:当被控量与设定值偏差较大时,取消积分作用,以免由于积分作用使系统稳定性降低,超调量增大;当被控量接近给定值时,引入积分控制,以便消除静差,提高控制精度,其具体实现步骤如下:

(1) 根据实际情况,人为设定阈值 $\varepsilon>0$;

(2) 当 $|error(k)|>\varepsilon$ 时,采用 PD 控制,可避免产生过大的超调,又使系统有较快的响应;

(3) 当 $|error(k)|\leqslant\varepsilon$ 时,采用 PID 控制,以保证系统的控制精度。

积分分离控制算法可表示为

$$u(k) = K_\text{P}error(k) + \beta K_\text{I}\sum_{j=0}^{k}error(J)T + K_\text{D}(error(k) - error(k-1))/T$$

$$(3.47)$$

式中,T 为采样时间;β 为积分项的开关系数。

$$\beta=\begin{cases}1, & |error(k)|\leqslant\varepsilon \\ 0, & |error(k)|>\varepsilon\end{cases} \quad (3.48)$$

根据积分分离式 PID 控制算法得到其程序框图如图 3.20 所示。

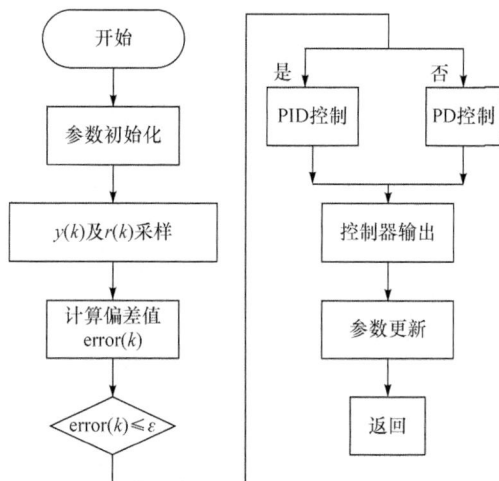

图 3.20 积分分离式 PID 控制算法程序框图

4) 不完全微分 PID 控制算法

在 PID 控制中,微分信号的引入可改善系统的动态特性,但也易引进高频干扰,在误差扰动突变时尤其显出微分项的不足。克服上述缺点的方法之一是在 PID 算法中加入一个一阶惯性环节(低通滤波器),可使系统性能得到改善。

不完全微分 PID 算法的结构如图 3.21 所示,其中图 3.21(a)是将低通滤波器直接加在微分环节上,图 3.21(b)是将低通滤波加在整个 PID 控制器之后。

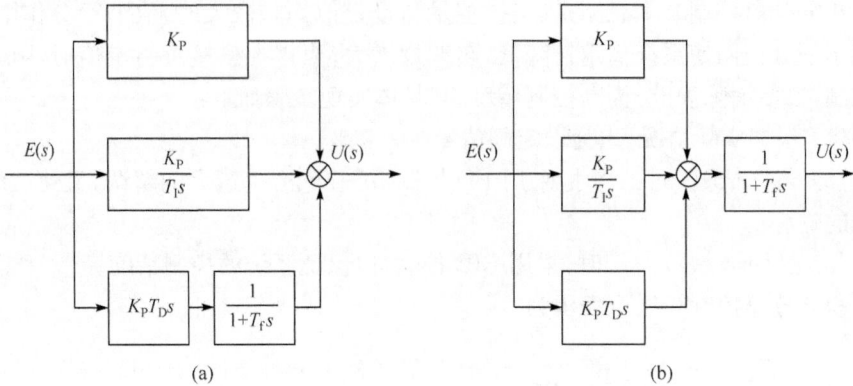

图 3.21　不完全微分 PID 算法结构框图

3.5.3　控制系统的稳定性分析

一个控制系统正常运行的首要条件是它必须是稳定的,因此,判别系统的稳定性和使系统处于稳定的工作状态是自动控制的重要课题。

1. 稳定性概念

所谓稳定性,是指系统恢复平衡状态的一种能力。若系统处于某一起始平衡状态,由于扰动的作用,偏离了原来的平衡状态,当扰动消失后,经过足够长的时间,系统恢复到原来的起始平衡状态,则称这样的系统是稳定的,否则,系统就是不稳定的。

2. 稳定的充分必要条件

线性闭环系统的稳定性可以根据闭环极点在 s 平面内的位置予以判定。如果在这些极点中有任何一个极点位于 s 右半平面内,则随着时间的增加,该极点将上升到主导地位,从而使瞬态响应呈现为单调递增的过程,或者呈现为振幅逐渐增大的振荡过程,这表明它是一个不稳定的系统。因此,在通常的线性控制系统中,不允许闭环极点位于 s 右半平面内。如果全部闭环极点均位于 s 左半平面,则任何瞬态响应最终都将达到平衡状态,这表明系统是稳定的。当闭环极点位于虚轴上时,将形成等幅振荡过程,系统最终也不能完全恢复到原平衡状态,这时系统也是不稳定的或称为临界稳定的。

因此,线性系统稳定的充分必要条件:闭环系统特征方程的所有根均具有负实部;或者说闭环系统的极点全部位于 s 左半平面内。

3. 劳斯(Routh)判据

分析系统的稳定性必须解出系统特征方程式的全部根,再依照上述稳定的充分必要条件,判别系统的稳定性。但是,对于高阶系统,解特征方程式的根很麻烦,著名的劳斯判据则提供了一个比较简单的判据,它使人们有可能在不分解多项式因式的情况下,就能够确定出位于 s 右半平面内闭环极点的数目。

劳斯判据是一种代数判据,它不但能提供线性定常系统稳定性的信息,而且还能指出在 s 平面虚轴上和右半平面特征根的个数。

劳斯判据是基于系统特征方程式的根与系数的关系而建立的。首先将系统的特征方程式写成如下标准形式:

$$a_0 s^n + a_1 s^{n-1} + a_2 s^{n-2} + \cdots + a_n = 0 \tag{3.49}$$

式中,a_0 为正(如果原方程首项系数为负,可先将方程两端同乘以 -1)。

为判断系统稳定与否,将系统特征方程式中的 s 各次项系数排列成如下的劳斯表(Routh array,即劳斯矩阵):

$$\begin{array}{c|ccccc}
s^n & a_0 & a_2 & a_4 & a_6 & \cdots \\
s^{n-1} & a_1 & a_3 & a_5 & a_7 & \cdots \\
s^{n-2} & b_1 & b_2 & b_3 & b_4 & \cdots \\
s^{n-3} & c_1 & c_2 & c_3 & c_4 & \cdots \\
\vdots & \vdots & \vdots & \vdots & & \\
s^2 & e_1 & e_2 & & & \\
s^1 & f_1 & & & & \\
s^0 & g_1 & & & &
\end{array} \tag{3.50}$$

式中

$$b_1 = -\frac{1}{a_1}\begin{vmatrix} a_0 & a_2 \\ a_1 & a_3 \end{vmatrix}, \quad b_2 = -\frac{1}{a_1}\begin{vmatrix} a_0 & a_4 \\ a_1 & a_5 \end{vmatrix}, \quad b_3 = -\frac{1}{a_1}\begin{vmatrix} a_0 & a_6 \\ a_1 & a_7 \end{vmatrix}\cdots$$

$$c_1 = -\frac{1}{b_1}\begin{vmatrix} a_1 & a_3 \\ b_1 & b_2 \end{vmatrix}, \quad c_2 = -\frac{1}{b_1}\begin{vmatrix} a_1 & a_5 \\ b_1 & b_3 \end{vmatrix}, \quad c_3 = -\frac{1}{b_1}\begin{vmatrix} a_1 & a_7 \\ b_1 & b_4 \end{vmatrix}\cdots$$

$$\cdots$$

劳斯判据:方程式(3.49)的全部根都在 s 左半平面的充分必要条件是劳斯表的第一列系数全部为正数。如果劳斯表第一列出现小于零的数值,系统就不稳定,且第一列各系数符号的改变次数,代表特征方程(3.49)的正实部根的数目。

4. 相对稳定性和稳定裕量

在线性控制系统中,劳斯判据主要用来判断系统稳定性。但是劳斯判据不能表明系统特征根在 s 平面相对于虚轴的距离。希望知道系统距离稳定边界有多少裕量,这就是相对稳定性或稳定裕量的问题。

如果实际系统希望 s 左半平面上的根距离虚轴有一定的距离,如使根均在 $-\delta$ 左侧,对比可将 $s=z-\delta$ 代入系统特征方程式,写出 z 的多项式,然后用代数判据判定 z 的多项式的根是否都在新的虚轴的左侧。

3.6　现代控制理论

迄今的电气传动控制器中,大多数采用 PI 或 PID 调节器,它们能解决大部分功能问题,但是它们的性能会由于系统中存在的非线性因素而下降。实际出现的一些情况如电气参数的时变性、系统的非线性限制了线性控制器在电机调速和电力电子学领域的应用,影响了控制性能。针对非线性系统的问题,随着控制理论研究的深入和数字控制的发展,现代控制理论如自适应控制、智能控制等越来越多地应用到电气传动控制中。本章介绍几种常用的现代控制理论和方法。

3.6.1　状态空间描述

1960 年卡尔曼系统地引入了状态空间法分析系统。它将物理系统表示为一组输入、输出及状态的数学模式,而输入、输出及状态之间的关系可用许多一阶微分方程来描述。为了使数学模式不受输入、输出及状态的个数影响,输入、输出及状态都会以向量的形式表示,而微分方程(若是线性非时变系统,可将微分方程转变为代数方程)则会以矩阵的形式来表示。状态空间表示法提供一种方便简捷的方法来针对多输入、多输出的系统进行分析并建立模型。一般频域的系统处理方式需限制在常系数且起始条件为 0 的系统。而状态空间表示法对系统的系数及起始条件没有限制。与传递函数或频率特性不同,状态方程(3.51)既适合于线性系统,又适合于非线性系统。而状态变量就是确定动态系统行为的微分方程的因变量。

$$\dot{X}(t)=f[X(t),u(t),t], \quad t>0 \tag{3.51}$$

式中,X、$f \in R^n$,是 n 维向量;$X(t)$ 是从 $x_1(t)$ 到 $x_n(t)$ 的共 n 个状态变量的集合,称为状态向量;$u \in R^m$,是 m 维输入激励向量。

利用上述表达方式,交流异步电机若在考虑转子短路(即 $u_{r\alpha}=u_{r\beta}=0$)、线性磁路和所有互感都相等的前提下,选择 $i_{s\alpha}$、$i_{s\beta}$、$\psi_{r\alpha}$、$\psi_{r\beta}$ 作为状态空间变量,交流异步电机的动态行为可以用如下的五阶模型表示为

$$\frac{\mathrm{d}i_{s\alpha}}{\mathrm{d}t} = -\left(\frac{L_{\mathrm{m}}^2 R_{\mathrm{r}} + L_{\mathrm{r}}^2 R_{\mathrm{s}}}{\sigma L_{\mathrm{s}} L_{\mathrm{r}}^2}\right)i_{s\alpha} + \frac{L_{\mathrm{m}} R_{\mathrm{r}}}{\sigma L_{\mathrm{s}} L_{\mathrm{r}}^2}\psi_{r\alpha} + \frac{pL_{\mathrm{m}}}{\sigma L_{\mathrm{s}} L_{\mathrm{r}}}\Omega_{\mathrm{m}}\psi_{r\beta} + \frac{1}{\sigma L_{\mathrm{s}}}u_{s\alpha}$$

$$\frac{\mathrm{d}i_{s\beta}}{\mathrm{d}t} = -\left(\frac{L_{\mathrm{m}}^2 R_{\mathrm{r}} + L_{\mathrm{r}}^2 R_{\mathrm{s}}}{\sigma L_{\mathrm{s}} L_{\mathrm{r}}^2}\right)i_{s\beta} - \frac{n_{\mathrm{p}} L_{\mathrm{m}}}{\sigma L_{\mathrm{s}} L_{\mathrm{r}}}\Omega_{\mathrm{m}}\psi_{r\alpha} + \frac{L_{\mathrm{m}} R_{\mathrm{r}}}{\sigma L_{\mathrm{s}} L_{\mathrm{r}}^2}\psi_{r\beta} + \frac{1}{\sigma L_{\mathrm{s}}}u_{s\beta}$$

$$\frac{\mathrm{d}\psi_{r\alpha}}{\mathrm{d}t} = \frac{R_{\mathrm{r}} L_{\mathrm{m}}}{L_{\mathrm{r}}}i_{s\alpha} - \frac{R_{\mathrm{r}}}{L_{\mathrm{r}}}\psi_{r\alpha} - \omega_{\mathrm{m}}\psi_{r\beta} \qquad\qquad (3.52)$$

$$\frac{\mathrm{d}\psi_{r\beta}}{\mathrm{d}t} = \frac{R_{\mathrm{r}} L_{\mathrm{m}}}{L_{\mathrm{r}}}i_{s\beta} + \omega_{\mathrm{m}}\psi_{r\alpha} - \frac{R_{\mathrm{r}}}{L_{\mathrm{r}}}\psi_{r\beta}$$

$$\frac{\mathrm{d}\Omega_{\mathrm{m}}}{\mathrm{d}t} = \frac{pL_{\mathrm{m}}}{J L_{\mathrm{r}}}(\psi_{r\alpha}i_{s\beta} - \psi_{r\beta}i_{s\alpha}) - \frac{M_{\mathrm{L}}}{J_{\mathrm{m}}}$$

若选择 $i_{s\alpha}$、$i_{s\beta}$、$\psi_{s\alpha}$、$\psi_{s\beta}$ 作为状态空间变量,则得如下五阶模型:

$$\frac{\mathrm{d}i_{s\alpha}}{\mathrm{d}t} = -\left(\frac{1}{\sigma T_{\mathrm{s}}} + \frac{1}{\sigma T_{\mathrm{r}}}\right)i_{s\alpha} + \omega_{\mathrm{m}}i_{s\beta} - \frac{1}{\sigma L_{\mathrm{s}} T_{\mathrm{r}}}\psi_{s\alpha} - \frac{\omega_{\mathrm{m}}}{\sigma L_{\mathrm{s}}}\psi_{s\beta} - \frac{1}{\sigma L_{\mathrm{s}}}u_{s\alpha} + \frac{L_{\mu}}{\sigma L_{\mathrm{s}} L_{\mathrm{r}}}u_{r\alpha}$$

$$\frac{\mathrm{d}i_{s\beta}}{\mathrm{d}t} = \omega_{\mathrm{m}}i_{s\alpha} - \left(\frac{1}{\sigma T_{\mathrm{s}}} + \frac{1}{\sigma T_{\mathrm{r}}}\right)i_{s\beta} - \frac{\omega_{\mathrm{m}}}{\sigma L_{\mathrm{s}}}\psi_{s\alpha} - \frac{1}{\sigma L_{\mathrm{s}} T_{\mathrm{r}}}\psi_{s\beta} - \frac{1}{\sigma L_{\mathrm{s}}}u_{s\beta} + \frac{L_{\mu}}{\sigma L_{\mathrm{s}} L_{\mathrm{r}}}u_{r\beta}$$

$$\frac{\mathrm{d}\psi_{s\alpha}}{\mathrm{d}t} = u_{s\alpha} - R_{\mathrm{s}}i_{s\alpha} \qquad\qquad (3.53)$$

$$\frac{\mathrm{d}\psi_{s\beta}}{\mathrm{d}t} = u_{s\beta} - R_{\mathrm{s}}i_{s\beta}$$

$$\frac{\mathrm{d}\Omega_{\mathrm{m}}}{\mathrm{d}t} = \frac{n_{\mathrm{p}} L_{\mathrm{m}}}{J L_{\mathrm{r}}}(\psi_{s\alpha}i_{s\beta} - \psi_{s\beta}i_{s\alpha}) - \frac{M_{\mathrm{L}}}{J_{\mathrm{m}}}$$

现代控制理论中的许多基本问题,都是以控制系统数学模型的可控性和可观性为存在条件的。很多文献已经证明了异步电机的状态空间模型式是可控可观的。

3.6.2 状态观测器

为了对控制系统实现状态反馈或其他需要,吕恩伯格、巴斯和贝特朗等于20世纪 60 年代初期提出状态观测器的概念和构造方法,通过重构的途径解决了状态的不能直接量测的问题。状态观测器是根据系统的外部变量(输入变量和输出变量)的实测值得出状态变量估计值的一类动态系统,也称为状态重构器。状态观测器的出现,不但为状态反馈的技术实现提供了实际可能性,而且在控制工程的许多方面也得到了实际应用,例如,复制扰动以实现对扰动的完全补偿等[13]。

开环转子磁链观测法具有算法简单、实现方便等优点。但是由于模型中缺少对各种干扰的抑制,所以观测精度受电机参数变化和外部干扰的影响较大。而在控制系统中抑制干扰最有效、最简单的方法是引入各种反馈措施,这在状态观测器中表现为状态误差环节的引入,它可以有效地改善状态观测器的稳定性,并提高状态估计精度。

下面对基于状态观测器的异步电机转子磁链观测模型进行详细的分析。对于式(3.53)所示的异步电机状态方程,用向量的形式可以写成:

$$\dot{X} = AX + Bu \tag{3.54}$$

式中,$X = [i_{sa}, i_{s\beta}, \psi_{ra}, \psi_{r\beta}]^T$,$u = [u_{sa}, u_{s\beta}, 0, 0]^T$,$A = \begin{bmatrix} A_{11} & A_{12} \\ A_{21} & A_{22} \end{bmatrix}$,$B = [B_1, 0]^T$,

$u_s = [u_{sa}, u_{s\beta}]^T$,$i_s = [i_{sa}, i_{s\beta}]^T$,$\psi_r = [\psi_{ra}, \psi_{r\beta}]^T$,$A_{11} = -\dfrac{L_m^2 R_r + L_r^2 R_s}{L_r^2 L_s \sigma} I$,$A_{12} =$

$\dfrac{L_m}{L_r L_s \sigma}\left(\dfrac{1}{\tau_r} I - \omega_r J\right)$,$A_{21} = \dfrac{L_m}{\tau_r} I$,$A_{22} = -\dfrac{1}{\tau_r} I + \omega_r J$,$B_1 = \dfrac{1}{L_s\sigma} I$,$I = \begin{bmatrix} 1 & 0 \\ 0 & 1 \end{bmatrix}$,

$J = \begin{bmatrix} 0 & -1 \\ 1 & 0 \end{bmatrix}$。

对于异步电机状态方程(3.53),令输出方程为

$$Y = CX = \begin{bmatrix} I & 0 \end{bmatrix} \begin{bmatrix} i_s \\ \psi_r \end{bmatrix} \tag{3.55}$$

利用输入向量 u 和输出向量 Y 都可直接检测信息,设计状态观测器为

$$\dot{\hat{X}} = A\hat{X} + Bu + G(\hat{Y} - Y) \tag{3.56}$$
$$\hat{Y} = C\hat{X} \tag{3.57}$$

将式(3.55)、式(3.57)代入式(3.56),并减去式(3.54),化简后可得

$$\dot{e} = (\dot{\hat{X}} - \dot{X}) = (A + GC)e \tag{3.58}$$

根据 Luenberger 状态观测器理论可以证明,对于线性定常系统,若 A、C 能观,则矩阵 $(A+GC)$ 的特征值(即状态观测器的极点)可以任意配置,因而可以通过选择适当的矩阵 G 保证 $\hat{X}$ 绝对收敛于 X。虽然这是针对线形定常系统提出的,但它的设计思想同样适用于异步电机状态估计。图 3.22 给出了其功能框图。

3.6.3　模型参考自适应控制

模型参考适应控制系统是包含理想系统模型并能以模型的工作状态为标准自行调整参数的适应控制系统,简称模型参考系统。这种适应控制系统已有较成熟的分析综合理论和方法。模型参考适应控制系统最初是为设计飞机自动驾驶仪而提出的,初期阶段由于技术上的困难而未能得到广泛应用。随着微型计算机技术的发展,这种系统的实现具有了技术基础。模型参考适应控制技术已在飞机自动驾驶仪、舰船自动驾驶系统、光电跟踪望远镜随动系统、可控硅调速系统和机械手

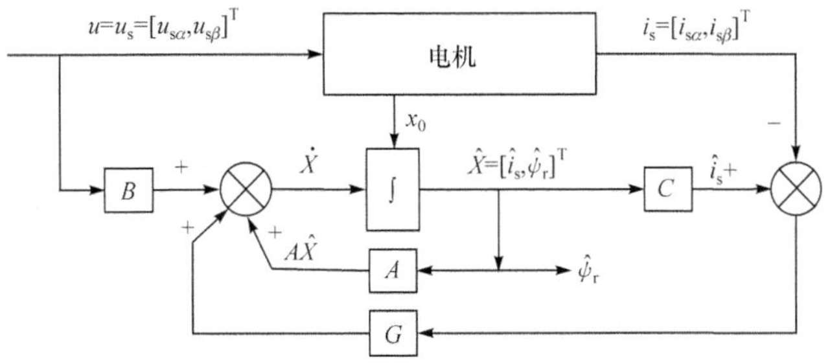

图 3.22　全阶观测器功能框图

控制系统等方面得到应用。

　　对于复杂的受控对象和受控过程,自适应控制能够在对受控对象的模型知识和环境知识知之不全甚至知之甚少的情况下,提供高质量的控制品质。在各种类型的自适应系统方案中,模型参考自适应系统(model reference adaptive system,MRAS)是一类重要的自适应控制系统,因为它使相对容易实现的系统具有快的自适应速度,能够在多种情况下应用。MRAS 的基本结构如图 3.23 所示,其主要工作原理是将不含待辨识参数的方程作为参考模型,将含待辨识参数的方程作为可调模型,两个模型的状态变量(输出量)具有相同的物理意义,利用两个模型的状态变量(输出量)的误差,通过自适应机构构建合适的自适应律来调节可调模型中的待辨识量,以达到可调模型的状态变量(输出量)跟踪参考模型的状态变量(输出量)的目的。

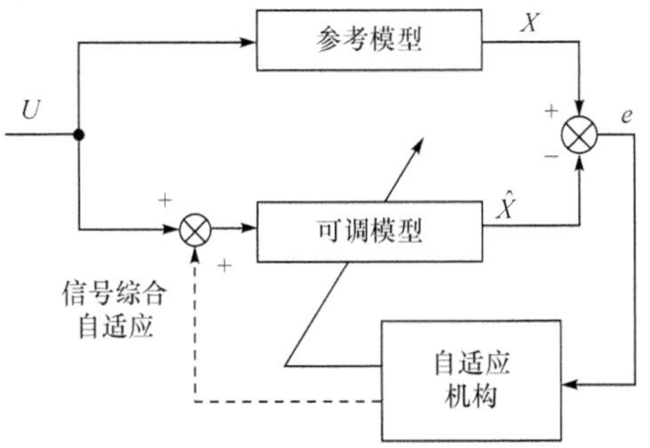

图 3.23　MRAS 的基本结构框图

　　模型参考自适应控制设计的核心问题就是如何去决定和综合自适应律,一般有两大类方法:一是参数最优化方法,即利用优化方法寻找一组控制器的最优参数,使与系统有关的某个评价目标,如 $J = \int_0^t e^2(\tau)\mathrm{d}\tau$ 达到最小;二是基于稳定性理论的方法,其基本思想是保证控制器参数自适应调节过程是稳定的,如基于李雅普诺夫(Lyapunov)稳定性理论的设计方法和基于波波夫(Popov)超稳定理论的方法。

下面介绍利用 MRAS 来对异步电机进行转子时间常数辨识。异步电机系统的一些定、转子参数在动态过程中会随着电机温升和磁路饱和的影响而发生变化，从而影响磁链观测器的观测结果。在电机调速系统中，转子时间常数随着温升和磁路饱和导致的变化较大，有时变化范围可达 0.5～1.5 倍。可以按照模型参考自适应系统构造参考模型和可调模型辨识转子时间常数，使得磁链观测结果不受该参数变化的影响[14,15]。

在两相静止坐标系下，异步电机电压型和电流型磁链观测器的数学公式如下所示：

$$\begin{cases} p\psi_{r\alpha}^v = \dfrac{L_r}{L_m}\left[(u_{s\alpha}-R_s i_{s\alpha})-\sigma L_s p i_{s\alpha}\right] \\ p\psi_{r\beta}^v = \dfrac{L_r}{L_m}\left[(u_{s\beta}-R_s i_{s\beta})-\sigma L_s p i_{s\beta}\right] \end{cases} \tag{3.59}$$

$$\begin{cases} p\psi_{r\alpha}^i = \dfrac{L_m}{\tau_r} i_{s\alpha} - \dfrac{1}{\tau_r}\psi_{r\alpha}^i - \omega_r \psi_{r\beta}^i \\ p\psi_{r\beta}^i = \dfrac{L_m}{\tau_r} i_{s\beta} - \dfrac{1}{\tau_r}\psi_{r\beta}^i + \omega_r \psi_{r\alpha}^i \end{cases} \tag{3.60}$$

从式(3.59)和式(3.60)可发现，电压型磁链观测器中不含转子时间常数，电流型磁链观测器中含转子时间常数，因此在 MRAS 参数辨识过程中，选择转子磁链作为状态变量，选择电压型磁链观测器作为参考模型，电流型磁链观测器作为可调模型，令 $T_r = 1/\tau_r$，其结构如图 3.24 所示。图中，ψ_r^v 为电压型磁链观测器观测的转子磁链，$\hat{\psi}_r^i$ 为电流型磁链观测器观测的转子磁链，其中 ^ 表示估计值。

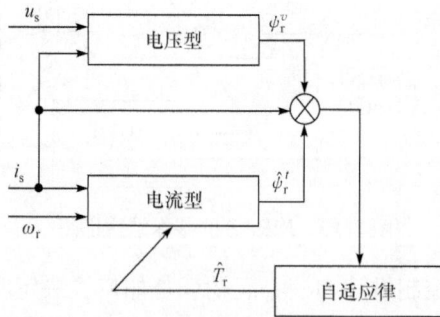

图 3.24　MRAS 转子时间常数辨识功能框图

MRAS 转子时间常数辨识的原理框图如图 3.25 所示。

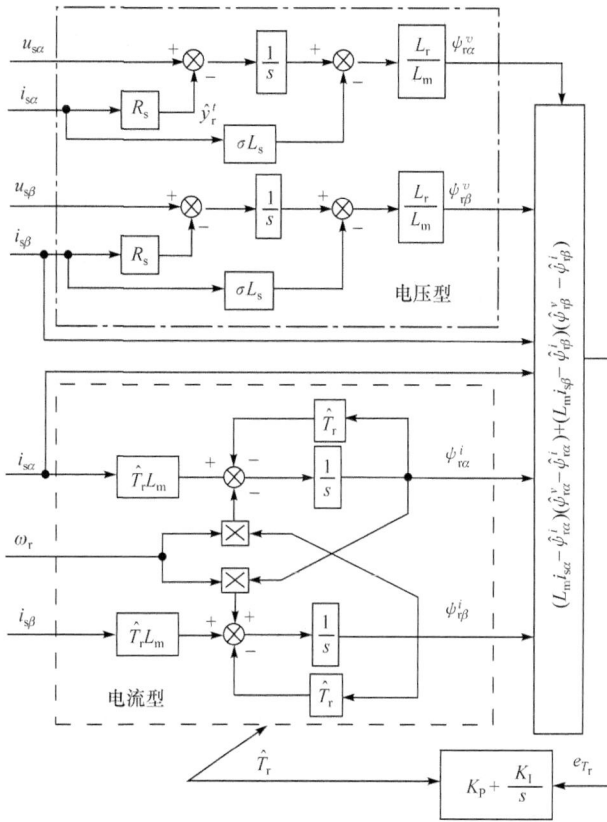

图 3.25　MRAS 转子时间常数辨识功能框图

3.6.4　滑模变结构控制

变结构控制(variable structure control, VSC)由苏联学者最早提出并进行了系统的研究,经过几十年的发展,已在理论和应用中取得了许多成果。VSC 本质上是一类特殊的非线性控制,其非线性表现为控制的不连续性,它不仅适用于线性系统,而且适用于非线性系统、不确定性系统及跟踪系统。所谓"变结构"是指在系统运行过程中,根据运行参数的变化使系统中环节之间的连接方法发生变化,或者某些信号的极性发生变化,或者系统的某些参数发生变化。变结构系统在直觉上是一种高速开关反馈控制,比如说在一个反馈支路中的增益按照某种规则在两个值之间转换。对非线性系统来说,这种变结构控制规则提供一种有效的、鲁棒性好的控制手段。

从广义上看,目前变结构系统主要有两类:一类是具有滑动模态的变结构系统,简称滑模变结构控制;另一类是不具有滑动模态的变结构系统。通常变结构系统均指前者,这是由于具有滑动模态的变结构系统不仅对系统的不确定性因素具有较强的稳定鲁棒性和抗干扰性,而且可以通过对滑动模态的设计获得满意的动态品质,同时控制简单,易于实现。

在交流调速控制系统中,异步电机通过一系列的假设和坐标变换,可以得到较为简单的数字模型,从而得到近似线性化的交流调速系统数字模型。但是由于异步电机自身参数(如转子电阻、定子电阻等)和负载参数(转动惯量等)因环境条件变化而变化,这个数字模型无法准确反映调速系统的瞬态过程,使得一般的线性调节规律对交流调速系统有着一定的局限性。已有的实验结构表明,根据滑模变结构控制理论设计和实现的调节器能够保证调速系统的鲁棒性和快速性,满足系统的性能指标要求。

设非线性控制系统用下述方程描述:

$$\dot{X} = f(X,t) + B(X,t)u \tag{3.61}$$

式中,X、$f \in R^n$,是 n 维向量;B 为 $n \times m$ 矩阵;$u \in R^m$,是具有以下形式的控制向量:

$$u_i(X,t) = \begin{cases} u_i^+(X,t), & s_i(X) > 0 \\ u_i^-(X,t), & s_i(X) < 0 \end{cases} \tag{3.62}$$

式中,u_i 为 u 的第 i 个分量;$s_i(X)$ 为切换方程,其形式为

$$s_i(X) = \{X \in R^n; s_i(X) = 0\}, \quad i = 1, 2, \cdots, m \tag{3.63}$$

式中,$s_i(X) = 0$,是 m 个切换超曲面 $s(X) = cX = 0$ 中的第 i 个超曲面,其系统的动态特性可以由 c 的选择来确定。

控制目标是确定 $u_i^+(X,t)$,$u_i^-(X,t)$ 和 $s_i(X)$ 使系统状态在流形 $S = [s_1, s_2, \cdots, s_m]^T = 0$ 上运动,即产生滑动模,从而获得良好的动静态品质和较高的鲁棒性。系统在第 i 个超曲面上产生滑动模的充分条件是

$$s_i \dot{s}_i < -\eta_i |s_i|, \quad \eta_i > 0 \tag{3.64}$$

在滑动模状态下,系统响应仅与对象本身参数及切换超曲面选择有关,而与系统参数变化、外界干扰及控制量无关,控制量仅用于确保系统状态产生滑动模。由上面分析可得滑模控制器结构,如图 3.26 所示,图中 C_i、K_i 为待定系数。

下面设计基于滑模变结构的速度调节器。滑模变结构控制的关键在于开关面函数的选取。考虑理想情况,忽略黏性摩擦时,电机的转矩方程为

$$T_e - T_L = J \frac{d\omega_r}{dt} \tag{3.65}$$

式中,T_e 和 T_L 分别为电磁转矩和负载转矩;J 为转动惯量;ω_r 为转子角速度。

选取开关面函数为

$$S = \omega_r - \omega_r^* \tag{3.66}$$

式中,ω_r^* 为转子角速度给定值;ω_r 为实际转子角速度反馈值。

速度环 PI 调节器采用滑模控制,选择滑模结构控制规律为

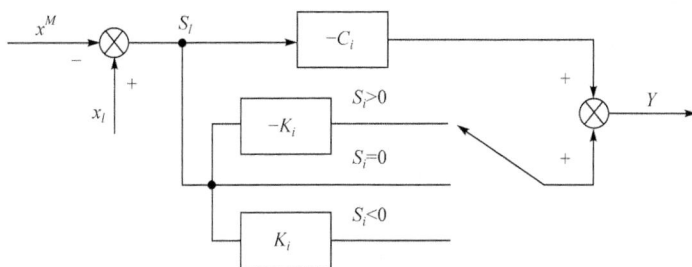

图 3.26　滑模控制器结构框图

$$T_e^* = -C(\omega_r - \omega_r^*) - K\,\text{sign}\,S \tag{3.67}$$

式中，T_e^* 为输出；C、K 为待定系数。

由根据文献[11]得出滑动模态存在的条件：

$$S\dot{S} < 0 \tag{3.68}$$

式中

$$\dot{S} = \dot{\omega}_r = \frac{T_e^* - T_L}{J} - \frac{T_L}{J} + \frac{1}{J}\left[-C(\omega_r - \omega_r^*) - K\,\text{sign}\,S \right] \tag{3.69}$$

故有

$$S\dot{S} = \frac{C}{J}S^2 - \frac{1}{J}\left[T_L S + K|S| \right] \tag{3.70}$$

在式(3.70)中，由于 $J > 0$，若要满足 $S\dot{S} < 0$ 的条件，则要选择系数：

$$\begin{cases} C > 0 \\ K < T_L \end{cases} \tag{3.71}$$

式(3.71)即为滑模结构控制存在的条件。

为了判定上述滑模变结构控制规律的稳定性，选李雅普诺夫函数为

$$V(t) = \frac{1}{2}\left[s_1{}^2 + s_2{}^2 \right] > 0 \tag{3.72}$$

那么就有

$$\frac{\mathrm{d}}{\mathrm{d}t}V(t) = s_1\frac{\mathrm{d}s_1}{\mathrm{d}t} + s_2\frac{\mathrm{d}s_2}{\mathrm{d}t} = -c_1\,(s_1)^2 - c_2\,(s_2)^2 - k_1|s_1| - k_2|s_2| - \frac{T_L}{k_1}(s_1 + s_2) \tag{3.73}$$

如果取 $k_1 > T_L, k_2 > T_L, c_1 \geqslant 0, c_2 \geqslant 0$，则可以得到：

$$\frac{\mathrm{d}}{\mathrm{d}t}V(t) < 0 \tag{3.74}$$

由此可见，由式(3.71)提出的滑模变结构控制是李雅普诺夫意义下渐近稳定的。图 3.27 为滑模变结构速度环控制结构框图。

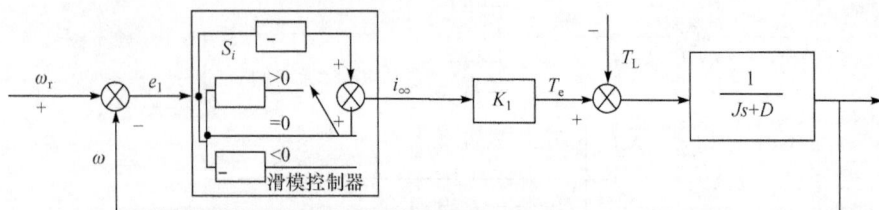

图 3.27　滑模变结构速度环控制结构框图

3.6.5　最优控制

1. 最优控制的数学描述

现代最优控制是经典变分学的延伸,产生于 20 世纪 50 年代,其标志是苏联数学家 Pontryagin 提出的极大值原理和美国数学家 Bellman 提出的动态规划理论。最优控制最初的研究对象是航天、航海中的制导与导航问题,但现在已经广泛应用于社会生产与生活的诸多领域,如石油化工、电力系统优化、清洁能源、生物医学工程、经济管理、机器人路径规划等。在轨道交通领域,随着节能减排、智能化列车、无人驾驶等新要求的不断提出,最优控制作为解决上述问题的重要手段近年来开始得到应用并产生了巨大效益[13]。

最优控制的对象是动态系统,动态系统在数学上用微分方程(组)或差分方程(组)描述,称为动态模型。最优控制就是对动态模型中的操作变量实施控制,使指定的性能指标达到最优。

最优控制问题的规范形式定义如下:

$$\min \quad J = \Phi_0[X(t_f),p] + \int_{t_0}^{t_f} L_0[X(t),u(t),p,t]\mathrm{d}t$$

$$\text{s. t.} \quad \dot{X}(t) = f[X(t),u(t),p,t]$$

$$X(t_0) = \dot{X}_0$$

$$\Phi_i[X(t_f),p] + \int_{t_0}^{t_f} L_i[X(t),u(t),p,t]\mathrm{d}t = 0, \quad i = 1,2,\cdots,m_1$$

$$\Phi_i[X(t_f),p] + \int_{t_0}^{t_f} L_i[X(t),u(t),p,t]\mathrm{d}t \geqslant 0, \quad i = m_1+1,m_1+2,\cdots,m_1+m_2$$

$$u_l \leqslant u(t) \leqslant u_u$$

$$p_l \leqslant p \leqslant p_u$$

$$t_0 \leqslant t \leqslant t_f$$

$$(3.75)$$

其中,目标函数 J 包括在整个时间段 $t \in [t_0, t_f]$ 内都存在的积分项 $\int_{t_0}^{t_f} L_0[X(t),$ $u(t), p, t]\mathrm{d}t$ 和只在结束时间点 t_f 处存在的终值项 $\Phi_0[X(t_f), p]$;$X(t) = [x_1(t),$ $x_2(t), \cdots, x_{n_x}(t)]^\mathrm{T} \in R^{n_x}$ 是由所有状态变量组成的状态向量;$u(t) = [u_1(t),$ $u_2(t), \cdots, u_{n_u}(t)]^\mathrm{T} \in R^{n_u}$ 是由所有控制变量组成的控制向量;$p = [p_1, p_2, \cdots,$ $p_{n_p}]^\mathrm{T} \in R^{n_p}$ 是由所有与时间无关的设计参数组成的设计参数向量(如控制对象的尺寸);向量函数 $f[X(t), u(t), p, t] \in R^{n_x}$、终值函数 $\Phi_i[X(t_f), p](i = 0, 1, \cdots,$ $m_1 + m_2)$ 以及过程函数 $L_i[X(t), u(t), p, t](i = 0, 1, \cdots, m_1 + m_2)$ 对所有自变量连续可微。p 的出现意味着在求解最优控制问题的同时还考虑了最优设计。

问题(3.75)中还包含 m_1 个规范等式约束和 m_2 个规范不等式约束,它们与目标函数形式上一致。控制向量 $u(t)$ 和参数向量 p 中的每个元素都有边界条件,即存在给定的常数向量 $u_l = [u_{1_l}, u_{2_l}, \cdots, u_{n_{ul}}]^\mathrm{T} \in R^{n_u}$、$u_u = [u_{1_u}, u_{2_u}, \cdots, u_{n_{uu}}]^\mathrm{T} \in R^{n_u}$、$p_l = [p_{1_l}, p_{2_l}, \cdots, p_{n_{pl}}]^\mathrm{T} \in R^{n_p}$ 和 $p_u = [p_{1_u}, p_{2_u}, \cdots, p_{n_{pu}}]^\mathrm{T} \in R^{n_p}$,要求满足:

$$
\begin{bmatrix} u_{1_l} \\ u_{2_l} \\ \vdots \\ u_{n_{ul}} \end{bmatrix} \leqslant \begin{bmatrix} u_1(t) \\ u_2(t) \\ \vdots \\ u_{n_u}(t) \end{bmatrix} \leqslant \begin{bmatrix} u_{1_u} \\ u_{2_u} \\ \vdots \\ u_{n_{uu}} \end{bmatrix} \tag{3.76}
$$

$$
\begin{bmatrix} p_{1_l} \\ p_{2_l} \\ \vdots \\ p_{n_{pl}} \end{bmatrix} \leqslant \begin{bmatrix} p_1 \\ p_2 \\ \vdots \\ p_{n_p} \end{bmatrix} \leqslant \begin{bmatrix} p_{1_u} \\ p_{2_u} \\ \vdots \\ p_{n_{pu}} \end{bmatrix} \tag{3.77}
$$

其他形式的最优控制问题都可以通过等价转换变为式(3.75)所示形式。例如,max 类型的最优控制问题,可以通过 $\min J = -[\max, -J]$ 等价变换为 min 类型;终点等式约束 $x_3(t_f) = 10$ 相当于 $\Phi[X(t_f), p] = x_3(t_f) - 10$、$L[t, x(t), u(t), p] = 0$ 的规范等式约束;不等式路径约束 $x_2(t) \geqslant 10$ 相当于 $\Phi[X(t_f), p] = 0$、$L[X(t), u(t), p, t] = \min[x_2(t) - 10, 0]$ 的规范等式约束。

满足式(3.76)的控制向量称为容许控制向量,满足所有约束的容许控制向量称为可行控制向量。最优控制问题(3.75)可以简要地描述如下。

对于动态系统,有

$$
\dot{X}(t) = f[X(t), u(t), p, t] \tag{3.78}
$$

在初始状态 $X(t_0) = X_0$ 的条件下,寻找使目标函数 J 取极小值的可行控制向量 $u^*(t)$ 和满足边界约束(3.77)的设计参数向量 p^*。

2. 最优控制问题的分类

在最优控制问题(3.75)中,对于某个等式或不等式约束,如果要求它只在某一时间点得到满足(例如,$x_3(t_f)=10$ 这个等式约束只要求在时间点 t_f 得到满足),则称该约束为点约束;如果要求它在某个时间段内都得到满足(例如 $x_2(t) \geqslant 10$ 这个不等式约束要求在时间段 $t \in [t_0, t_f]$ 内都得到满足),则称该约束为路径约束。

有一类重要的最优控制问题,它们的结束时间 t_f 不固定,相反常常还被作为优化目标(相当于在问题(3.75)中,目标函数 $\Phi_0[X(t_f), p]=0$、$L_0[X(t), u(t), p, t]=1$),这类问题被称为时间最优控制问题。时间最优控制问题在工程中有广泛应用,Bang-Bang 就是典型的最优控制问题。本书按照约束类型和结束时间 t_f 是否固定,将最优控制问题分为八类:

(1) 结束时间 t_f 固定,不含终点约束和路径约束;

(2) 结束时间 t_f 固定,含终点约束,不含路径约束;

(3) 结束时间 t_f 固定,不含终点约束,含路径约束;

(4) 结束时间 t_f 固定,同时含终点约束和路径约束;

(5) 结束时间 t_f 不固定,不含终点约束和路径约束;

(6) 结束时间 t_f 不固定,含终点约束,不含路径约束;

(7) 结束时间 t_f 不固定,不含终点约束,含路径约束;

(8) 结束时间 t_f 不固定,同时含终点约束和路径约束。

其中终点约束包括终点等式约束和终点不等式约束,路径约束包括等式路径约束和不等式路径约束。所有最优控制问题都可以归为上述八类中的某一类。

3. 最优控制问题的计算方法

最优控制问题的计算方法至今仍然是国际前沿研究热点。一般形式的非线性最优控制问题通常没有理论解,需要用数值计算方法获得近似解。最优控制问题的计算方法可以追溯到 20 世纪 50 年代,发源于极大值原理和动态规划理论。

源于 Pontryagin 极大值原理的计算方法以迭代形式求解问题的最优性条件,这类方法被称为间接法。动态规划方法起初只能求解简单的、无约束的最优控制问题,后来 Luus 将其发展成为迭代动态规划方法(iterative dynamic programming, IDP)。20 世纪 80 年代后,将无限维的最优控制问题转化为有限维的数学规划问题的直接法在复杂问题求解方面表现杰出,已成为目前的主要计算方法。直接法是指:通过离散化手段将一个最优控制问题近似化为一个数学规划问题,通常是非线性规划(non-linear programming, NLP)问题,然后用数学规划算法求得该数学规划问题的解,作为原来最优控制问题的近似解。

　　直接法中包括两类主要方法:控制变量参数化(control variable parameterization, CVP)方法和正交配置(orthogonal collocation, OC)方法。顾名思义, CVP 方法只离散化最优控制问题中的控制变量,状态变量仍然保持连续形式。在计算过程中, CVP 方法交替获取控制变量和状态变量(但随着交替次数的增加,控制变量和状态变量逐渐趋于最优),所以又称为序贯方法。OC 方法同时离散化最优控制问题中的控制变量和状态变量,最终获得一个规模较大的 NLP 问题。通过求解该 NLP 问题,能同时获得最优控制变量和最优状态变量,因此 OC 方法又称为同步方法。CVP 方法和 OC 方法各有优缺点: CVP 方法通过解微分方程组获得的状态轨迹比 OC 方法获得的状态轨迹精确得多,但同时也要消耗较多的计算时间;此外, CVP 方法转化得到的 NLP 问题比 OC 方法得到的 NLP 问题规模小,不会给 NLP 求解器太大压力,但 CVP 方法中难以处理路径约束,特别是不等式路径约束。

4. 最优控制的应用举例——高效列车控制领域

　　列车高效能操纵问题的研究就是在保证列车安全、准点的运行情况下,最大限度地节约列车的运行时间和(或)能耗支出。对于列车高效能运行控制问题的研究既有助于建立驾驶员操纵指导系统,同时也是研究列车自动驾驶的基础。

　　列车高效能运行控制问题可以简化描述如下:

$$
\begin{aligned}
&\min_{u(t)} \alpha_1 \int_0^{T_f} F(u(t))\mathrm{d}t + \alpha_2 T_f + \alpha_3 \int_0^{T_f} (\mathrm{d}u/\mathrm{d}t)^2 \mathrm{d}t \\
&\frac{\mathrm{d}x}{\mathrm{d}t} = v, \ x(0) = 0.0, \ x(T_f) = D \\
&\frac{\mathrm{d}v}{\mathrm{d}t} = T_e(u,v) - G_a(x) - R(v), \ v(0) = 0.0, \ v(T_f) = 0.0 \\
&0 \leqslant v \leqslant \mathrm{SL}(x)
\end{aligned} \tag{3.79}
$$

式中, $F(u(t))$ 为列车的燃油消耗函数; α_1、α_2、α_3 为加权系数; x 为列车的位置; v 为列车的速度; t 为运行时间; u 为控制输入量; T_f 为列车到达时间; D 为列车运行总里程; $T_e(u,v)$ 为机车组的牵引力; $G_a(x)$ 为与列车位置相关的阻力; $R(v)$ 为与列车速度相关的阻力,一般情况下,列车运行过程中通常存在速度限制; $\mathrm{SL}(x)$ 为与列车位置有关的速度约束函数。

　　以 1 台 HXD1 加 1 台重车 C64 组成一列车为例,将"从起点静止启动,到达终点时停车,期间所用的时间最短"作为列车高效运行的控制目标。HXD1 自重 200t(按 25t 轴重计算), C64 重 84t(自重 23t,载重 61t),认为 HXD1 的平均牵引能力为 532kN,制动能力为 461kN。假设线路长度为 1500m, 30‰坡道,限速40km/h (11.1m/s),考虑列车的基本阻力。

　　HXD1 机车(轴重 25t)基本阻力公式为

$$F_{\text{基本阻力}1}(t)=[1.96+0.0105(3.6v(t))+0.000549\,(3.6v(t))^2]g\times200 \quad (3.80)$$

车辆(重车)基本阻力公式为

$$F_{\text{基本阻力}2}(t)=[0.92+0.0048(3.6v(t))+0.000125\,(3.6v(t))^2]g\times84 \quad (3.81)$$

坡道阻力公式为

$$F_{\text{坡道阻力}}(t)=Mg\sin\theta \quad (3.82)$$

式中，$v(t)$ 为列车速度，m/s；M_1 为机车的质量，t；M_2 为车辆的质量，t；M 为列车的总质量，t；θ 为线路的坡度角。

上述问题属于最优控制问题中的时间最优控制问题，其数学描述如下：

$$\min \quad T_f$$

$$\begin{cases}
\dot{s}(t)=v(t) \\
\dot{v}(t)=a(t) \\
F_{\text{合}}(t)=Ma(t) \\
M=M_1+M_2 \\
F_{\text{合}}(t)=F_{\text{黏着牵引力}}(t)-F_{\text{基本阻力}}(t) \\
-461\text{kN}\leqslant F_{\text{黏着牵引力}}(t)\leqslant532\text{kN} \\
v(t)\leqslant11.1 \\
F_{\text{基本阻力}}(t)=F_{\text{基本阻力}1}(t)+F_{\text{基本阻力}2}(t)+F_{\text{坡道阻力}}(t) \\
F_{\text{基本阻力}1}(t)=[1.96+0.0105(3.6v(t))+0.000549(3.6v(t))\cdot2]g\times200 \\
F_{\text{基本阻力}2}(t)=[0.92+0.0048(3.6v(t))+0.000125(3.6v(t))\cdot2]g\times84 \\
F_{\text{坡道阻力}}(t)=Mg\sin\theta
\end{cases}$$

$$(3.83)$$

采用 CVP 方法求解上述问题，得到的结果如图 3.28 所示。

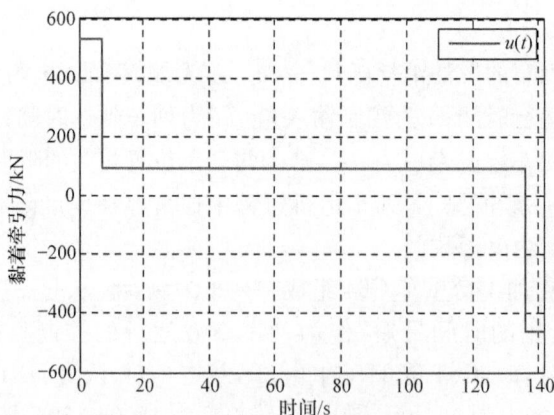

(a) 黏着牵引力与时间曲线

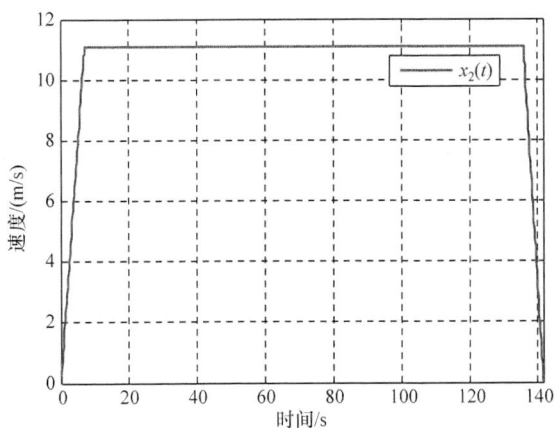

(b) 列车的速度与时间曲线

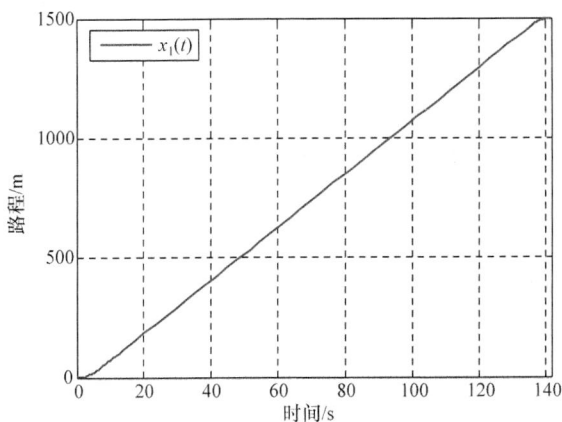

(c) 列车运行路程与时间曲线

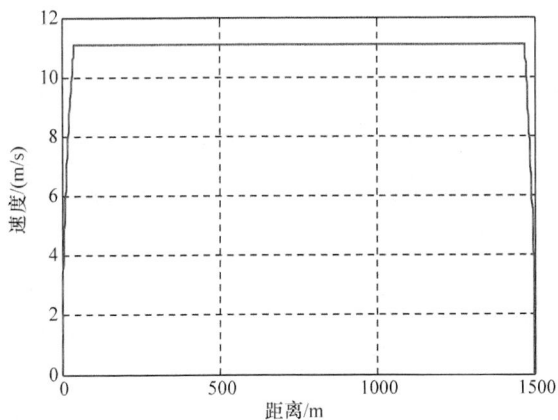

(d) 列车的速度与路程曲线

图 3.28　CVP 方法求解结果

由图 3.28 可以看出,计算得到的最短运行时间为 141.6s。图 3.28(a)中的控制曲线列车经过了全牵引(0～7s)、恒速(7～135s)、全制动(135～141.6s)三个阶段。从图 3.28(b)可知,列车首先在牵引力作用下加速运行,当速度达到速度上限 11.1m/s(约 40km/h)时匀速运行,最后在制动力作用下进行制动并停车。列车的大部分时间运行在最大速度 11.1m/s,满足列车的速度限制要求。

3.7　智能控制

3.7.1　智能控制概述

智能控制技术,即在无人干预的情况下能自主地驱动智能机器实现控制目标的自动控制技术。控制理论发展至今已有一百多年的历史,经历了“经典控制理论”和“现代控制理论”的发展阶段,已进入“大系统理论”和“智能控制理论”阶段。智能控制理论的研究和应用是现代控制理论在深度和广度上的拓展。常用的智能技术包括模糊逻辑控制、神经网络控制、专家系统、学习控制、分层递阶控制、遗传算法等;其中,模糊逻辑控制与神经网络控制应用最广泛。

3.7.2　模糊控制

模糊控制系统是一种自动控制系统,它以模糊数学、模糊语言形式的知识表示和模糊逻辑的规则推理作为理论基础,是采用计算机控制技术构成的一种具有反馈通道的闭环结构的数字控制系统。

基本模糊控制系统由给定输入、模糊控制器、被控对象、反馈信号与给定输入的比较环节组成。从理论上说,模糊控制器可以看成是连续型的控制器,但在工程上实现模糊控制是采用数字计算机的,故在实际应用中模糊控制器又是一种离散型的控制器。

模糊控制器种类可分为常规模糊控制器、变结构模糊控制器、自组织模糊控制器和自适应模糊控制器等。本书介绍的基本模糊控制器就是常规模糊控制器。

下面以查表法介绍基本模糊控制器的设计方法。

1. 输入、输出精确量的模糊化

(1) 模糊控制器的输入量偏差 e,偏差增量 Δe 和输出控制量 u 都是连续变化的精确量,所以先将它们离散化。若各精确量的实际变化范围为 $[-x, x]$,语言变量的论域为 $[-n, n]$,则可知偏差 e 的量化因子为

$$k_1 = \frac{n}{x} \tag{3.84}$$

同理可求得 Δe 的量化因子 k_2。

u 的比例因子为

$$k_3 = \frac{x}{n} \qquad (3.85)$$

（2）在各输入、输出语言变量论域中定义模糊子集。语言变量论域上的模糊子集一般由隶属度函数 $\mu(x)$ 或模糊赋值表示来描述。具体各语言变量论域上选几个模糊子集可由实际情况决定，如选 5 个：PB、PS、ZZE、NS、NB。根据操作者的实践经验，确定出在各语言变量论域上用以描述各模糊子集的隶属度函数 $\mu(e)$、$\mu(\Delta e)$、$\mu(u)$，各模糊子集的隶属度函数的具体形状，如取为三角形、梯形、正态分布函数，都对控制特性影响不大。可以根据各模糊子集的隶属度函数列出模糊赋值表，表中列出语言变量论域上每个元素对各模糊子集的隶属度。

2. 模糊推理

（1）模糊控制规则的确定。模糊控制规则，实质上是将操作者在控制过程中的实践经验加以总结而得出的一条条模糊条件语句的集合，通常简写为一个表，称为模糊控制状态表。确定模糊控制条件语句的原则是必须使系统输出响应的动、静态特性达到最佳。以此为原则，最终确定出整个控制过程的所有控制规则，形成一个模糊控制状态表。

（2）控制量 u 的模糊集 U 的求取。根据前面所得的偏差 e、偏差增量 Δe 的模糊赋值表（或隶属度函数）和模糊控制状态表，求控制量 u 的模糊集 U。

3. 反模糊化（模糊判决）

由于模糊控制器最后输出的控制量必须是精确量才能进行控制，所以必须经过反模糊化，将控制量的模糊集 U 变成精确的控制量 u。

常用的模糊判决方法有三种。

（1）最大隶属度法。这种方法的判决原则是取隶属度最大的那个论域元素作为控制器的输出。

（2）中位数判决法。在最大隶属度法中，考虑最大隶属度，而忽略其他信息的影响。中位数判决法是将隶属度函数的曲线与横坐标所围成的面积，平均分成两部分，以分界点处所对应的论域元素作为判决输出。

（3）加权平均判决法，可用式（3.86）表示：

$$c = \frac{\sum_{i=1}^{n} k_i c_i}{\sum_{i=1}^{n} k_i} \qquad (3.86)$$

式中，c 为控制量的精确量；k_i 为加权系数；c_i 为控制量论域的值，若取隶属度为加权系数，则

$$c = \frac{\sum\limits_{i=1}^{n} \mu(c_i) \cdot c_i}{\sum\limits_{i=1}^{n} \mu(c_i)} \tag{3.87}$$

具体选取哪一种判决方法,要根据实际系统而定。

到此为止,以上三种方法都是离线进行的,通常在求得控制表后,都把它放在计算机的内存中,并编制一个相应的查找控制表的子程序。而在实际控制过程中,模糊控制器只需进行以下几步的工作[13]。

第一步:在第一个控制周期中,采样系统的输出为 $y(k)$,求得实际的即时偏差 $e(k)$ 和偏差增量 $\Delta e(k)$ 如下:

$$\begin{cases} e(k) = r - y(k) \\ \Delta e(k) = e(k) - e(k-1) \end{cases}, \quad k = 1, 2, 3, \cdots \tag{3.88}$$

第二步:将实际的 $e(k)$ 和 $\Delta e(k)$ 分别乘以量化因子 k_1 和 k_2,取得相应论域元素表征的查找控制表所需的 x_i 和 y_j 值,即

$$\begin{cases} x_i = k_1 e(k) \\ y_j = k_2 \Delta e(k) \end{cases}, \quad k = 1, 2, 3, \cdots \tag{3.89}$$

式中,k_1、k_2 分别为偏差和偏差增量的量化因子。

第三步:以 x_i 和 y_j 查找控制表的行和列,可得输出控制量的论域值 u_{ij}。

将查表得到的控制量的论域值 u_{ij} 乘以比例因子 k_3,即

$$u^* = k_3 u_{ij} \tag{3.90}$$

即可得到实际的控制量 u^*。

综上所述,查表法设计的基本模糊控制器所组成的模糊控制系统结构如图 3.29 所示。

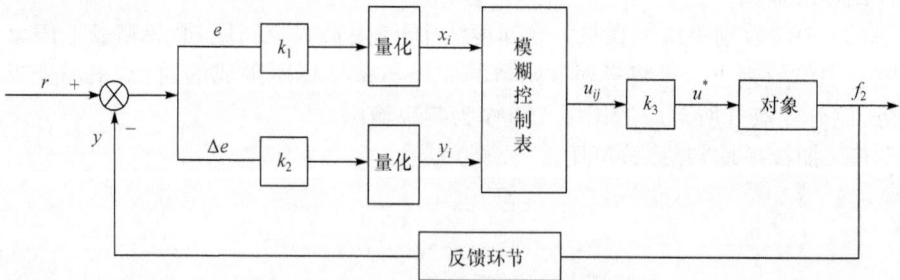

图 3.29　模糊控制系统结构框图

3.7.3　神经网络控制

神经网络(neural network，NN)，是指由大量与生物神经系统的神经网络细胞类似的人工神经元互相连接而组成的网络，或指由大量像生物神经元的处理单元并联而成的网络，这种神经网络具有某些智能和仿人控制功能；神经网络的信息处理通过神经元的相互作用来实现，知识和信息的存储表现为网络元件互连分布式的物理联系。人工神经网络具有很多优异的性能：它可以充分逼近任意非线性关系，采用并行分布处理方法，使得快速大量运算成为可能；它可自学习和自适应不确定系统，能够同时处理定量、定性知识，所有的定量或定性的信息都等势分布存储于网络的各神经元，故有很强的鲁棒性和容错性。以上特点使得神经网络非常适合于复杂系统的建模与控制，特别是当系统存在不确定因素时，更体现了神经网络方法的优越性。基于神经网络的种种优点，它近年来被越来越多地运用于速度控制、数辨识、无速度传感器控制系统等，或者与其他方法结合使用，如模型参考神经网络。

传统的运动控制中，速度控制器一般采用 PID 控制器，它具有结构简单、易于实现的优点，同时，PID 控制器具有超调量大、调节时间长、参数选择困难、控制效率低等缺点，并且交流异步电机是一个多变量、强耦合、高度非线性的被控对象，以及由于电机转子参数估计的不准确和参数变化等缺点的存在，若将其作为控制器用在交流异步电机控制系统中，无论动态还是静态性能，都发现其控制效果不佳。

根据神经网络的自身特点，若将其与常规 PID 控制相结合，即通过神经网络自动调节 PID 参数，使系统具有自适应性，达到提高控制性能和可靠性的目的。

常用神经网络包括：BP 神经网络、RBF 神经网络、感知器网络、线性神经网络等，BP 神经网络和 RBF 神经网络都属于前向网络，RBF 神经网络的逼近学习能力以及学习速度均强于 BP 神经网络，在异步电机速度控制中应用广泛。

下面研究 RBF 神经网络在异步电机速度控制中的应用，整体框图如图 3.30 所示。

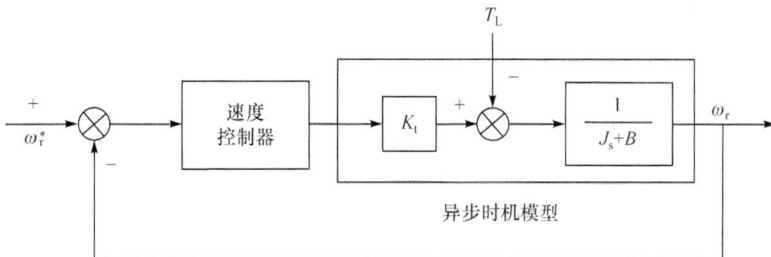

图 3.30　异步电机的速度控制整体框图

RBF 神经网络,即径向基函数神经网络,它是一个具有单隐层的三层前馈网络,其输入到输出映射为非线性,隐含层到输出空间映射是线性的,其网络结构如图 3.31 所示。

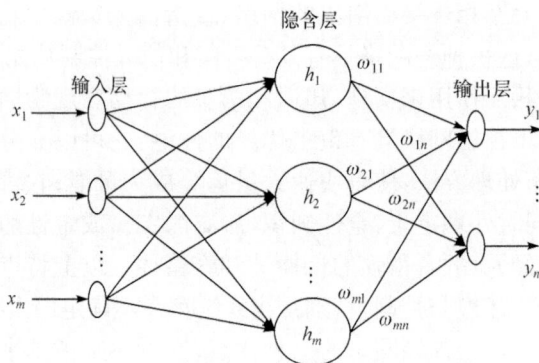

图 3.31　RBF 神经网络结构示意图

其中 $X = [x_1, x_2, \cdots, x_l]$ 为输入向量,l 为输入单元数;$H = [h_1, h_2, \cdots, h_m]$,$m$ 为隐单元数;$Y = [y_1, y_2, \cdots, y_n]$ 为输出向量,n 为输出单元数;ω_{ji} 为第 j 个隐单元到第 i 个输出单元的权重。

而基于 RBF 神经网络的 PID 控制结构如图 3.32 所示。

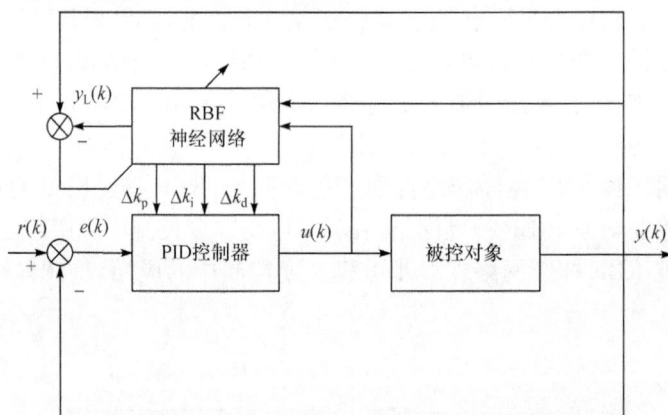

图 3.32　基于 RBF 神经网络的 PID 速度控制系统结构示意图

RBF 加入控制系统的目的是跟踪被控对象,从而获得 PID 参数在线调整所需要的 Jacobian 阵信息,PID 结合该信息实时地调整控制参数,实现 PID 参数的自整定,达到良好的控制效果。

由图 3.32 可得

$$e(k) = r(k) - y(k) \tag{3.91}$$

PID 输入为

$$x(1) = e(k) - e(k-1)$$
$$x(2) = e(k) \tag{3.92}$$
$$x(3) = e(k) - 2e(k-1) + e(k-2)$$

采用增量式 PID 的控制算法：

$$u(k) = u(k-1) + \Delta u \tag{3.93}$$

$$\Delta u = k_p[r(k) - y(k)] + k_i[e(k)] + k_d[e(k) - 2e(k-1) + e(k-2)] \tag{3.94}$$

神经网络整定性能指标函数为

$$J(k) = \frac{1}{2}[r(k) - y(k)]^2 \tag{3.95}$$

结合增量式 PID 的控制算法即神经网络整定性能指标函数可得，k_p、k_i、k_d 的调整公式为

$$\Delta k_p = -\eta \frac{\partial J}{\partial k_p} = -\eta \frac{\partial J}{\partial y} \frac{\partial y}{\partial \Delta u} \frac{\partial \Delta u}{\partial k_p} = \eta e(k) \frac{\partial y}{\partial \Delta u} x(1) \tag{3.96}$$

$$\Delta k_i = -\eta \frac{\partial J}{\partial k_i} = -\eta \frac{\partial J}{\partial y} \frac{\partial y}{\partial \Delta u} \frac{\partial \Delta u}{\partial k_i} = \eta e(k) \frac{\partial y}{\partial \Delta u} x(2) \tag{3.97}$$

$$\Delta k_d = -\eta \frac{\partial J}{\partial k_d} = -\eta \frac{\partial J}{\partial y} \frac{\partial y}{\partial \Delta u} \frac{\partial \Delta u}{\partial k_d} = \eta e(k) \frac{\partial y}{\partial \Delta u} x(3) \tag{3.98}$$

$$k_p = k_{p0} + \Delta k_p \tag{3.99}$$

$$k_i = k_{i0} + \Delta k_i \tag{3.100}$$

$$k_d = k_{d0} + \Delta k_d \tag{3.101}$$

式中，η 为学习速率。被控对象的输出对控制输入变化的灵敏度信息 Jacobian 阵信息算法为

$$\frac{\partial y}{\partial \Delta u} \approx \frac{\partial y_L(k)}{\partial \Delta u} = \sum_{j=1}^{m} \omega_j h_j \frac{c_{ji} - u(k)}{b_j^2} \tag{3.102}$$

式中，h_j 为第 j 个隐含层点输出；c_{ji} 为高斯转换函数的中心位置参数；b_j 为第 j 个隐节点高斯函数的宽度参数；ω_j 为网络第 j 节点的输出权值。

用梯度下降法优化 RBF，权重、高斯函数的宽度参数、高斯转换函数的中心位置参数迭代更新算法如下：

$$\omega_j(k) = \omega_j(k-1) + \eta(y(k) - y_L(k))h_j + \alpha(\omega_j(k-1) - \omega_j(k-2)) \tag{3.103}$$

$$\Delta b_j = (y(k) - y_L(k))\omega_j h_j \frac{(x - c_j)^2}{b_j^3} \tag{3.104}$$

$$b_j(k) = b_j(k-1) + \eta \Delta b_j + \alpha(b_j(k-1) - b_j(k-2)) \tag{3.105}$$

$$\Delta c_{ji} = (y(k) - y_L(k))\omega_j h_j \frac{x_j - c_{ji}}{b_j^2} \tag{3.106}$$

$$c_{ji}(k)=c_{ji}(k-1)+\eta\Delta c_{ji}+\alpha(c_{ji}(k-1)-c_{ji}(k-2)) \tag{3.107}$$

式中,η 为学习速率;α 为惯性系数。η、α 均取区间$(0,1)$的数。

3.8　小　　结

　　列车(机车、动车)运行最主要的控制目标是速度控制,列车控制系统的结构、数学模型和控制规律是建立在自动控制原理基础上的。本章简述列车牵引控制系统所常用的控制理论和方法,简要介绍了列车动力学模型,详细介绍了异步电机数学模型,介绍了逆变器的基本拓扑和调制技术,介绍了经典控制理论的几种控制方法,讨论了现代控制和智能控制理论的几种控制方法并给出了部分应用,为后续章节的展开提供了基本理论基础。

参 考 文 献

[1] 蒋俊. 高速列车牵引制动过程的动力学性能仿真[D]. 成都:西南交通大学,2013.

[2] 冯晓云. 电力牵引交流传动及其控制系统[M]. 北京:高等教育出版社,2009.

[3] 丁荣军. 现代变流技术与电气传动[M]. 北京:科学出版社,2009.

[4] 陈伯时,陈敏逊. 交流调速系统[M]. 北京:机械工业出版社,2005.

[5] 于心宇,魏应冬,姜齐荣. 两电平空间矢量脉宽调制的简化算法和电压谐波分析方法[J]. 电网技术,38(9):2504-2510.

[6] 李江红,胡照文,陈华国,等. 一种三相三电平变流器的 SVPWM 新算法[J]. 大功率变流技术,2011,(1):11-15.

[7] 宋文祥,陈国呈,武慧,等. 一种具有中点电位平衡功能的三电平空间矢量调制方法及其实现[J]. 中国电机工程学报,2006,26(12):95-100.

[8] 李永东,肖曦,高跃. 大容量多电平变换器——原理、控制、应用[M]. 北京:科学出版社,2005.

[9] 胡寿松. 自动控制原理[M]. 6 版. 北京:科学出版社,2013.

[10] 刘金琨. 先进 PID 控制 MATLAB 仿真[M]. 北京:电子工业出版社,2010.

[11] 董景新,吴秋平. 现代控制理论与方法概论[M]. 北京:清华大学出版社,2007.

[12] 胡云卿. 基于控制变量参数化的带约束最优控制问题计算方法[D]. 杭州:浙江大学,2013.

[13] 刘立群. 异步电机转差频率模糊控制[M]. 西安:西北工业大学出版社,2002.

[14] 熊祥. 基于无速度传感器的交流异步电机智能控制技术研究[M]. 上海:华东理工大学出版社,2011.

[15] 马小亮. 高性能变频调速及其典型控制系统[M]. 北京:机械工业出版社,2010.

第4章 列车传动系统网侧变流器控制

4.1 引　　言

列车传动系统的示意图如图 4.1 所示,该系统完整地给出了机车牵引系统的原理过程,即通过受电弓从外部高压工频电网取电,经过主变压器隔离降压至交流 U_i,经过网侧变流器稳压在直流 U_{dc};再经过电机侧变流器逆变成为变压变频 (VVVF)三相交流电供交流牵引电机调速使用[1]。在牵引工况下,电能从电网、受电弓、主变压器、网侧变流器(交流电能变为直流电能)、电机侧变流器(直流电能变为交流电能)、牵引电机后转变为机械能,然后通过齿轮箱与轮对系统形成轮周牵引力驱动列车前进。在制动工况下,机械能经过轮对与齿轮箱,传递给牵引电机后

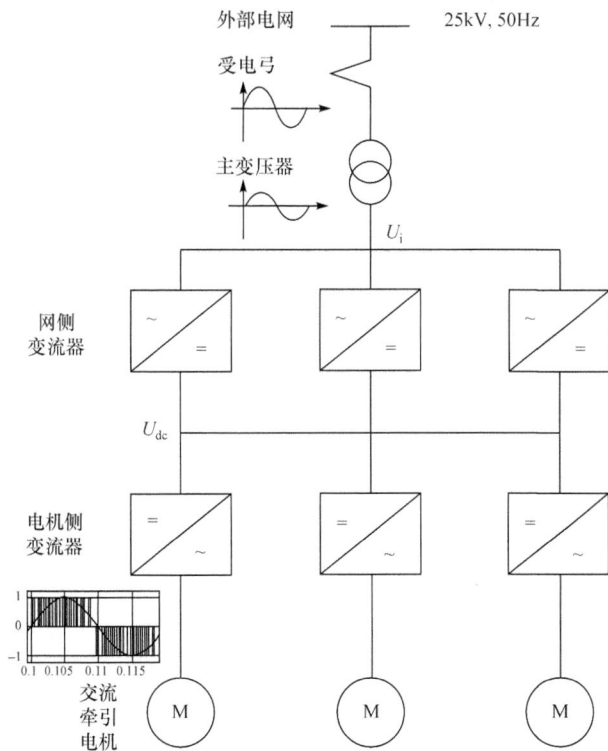

图 4.1　列车传动系统示意图

转变成为电能,然后制动功率经过电机侧变流器(交流电能变为直流电能)、网侧变流器(直流电能变为交流电能)、主变压器、受电弓后反馈至交流电网。

从电力电子技术的发展历程来看,网侧变流器的发展先后经历了不控整流(采用不可控二极管器件)、相控整流(采用半控型可控硅器件)和脉冲宽度调制整流(采用可关断开关器件)三个阶段。二极管整流器的网侧功率因数虽然可以接受,但会产生网侧谐波电流污染电网[2];其最大不足在于直流电压不可控,且输出直流电压随网压波动或负载波动而大范围变化,从而影响整个传动系统的稳定性。相控整流器应用时间长,技术也较成熟,但仍存在诸多问题,例如,可控硅换相导致网压波形畸变;变流器输入侧谐波电流产生网压谐波污染;导通角较大时网侧功率因数很低;闭环控制时的动态特性受可控硅特性影响而相对较慢。PWM 整流器利用全控型开关器件取代二极管和可控硅器件,以 PWM 控整流取代不控整流或相控整流,从而获得优良性能,包括网侧电流为正弦波形;网侧功率因数可控(可以工作在单位功率因数下);功率双向流动以及动态响应特性好等。

现代列车传动系统的变流器主要包括 PWM 整流器与电机侧变流器,它们都允许能量的双向流动,是控制列车传动系统牵引功率与制动功率的核心单元。在列车牵引过程中,网侧变流器完成交流/直流(AC/DC)变换,即整流的功能。在交流侧线路电感作用下,网侧变流器具有升压的特性,所以直流侧电压会高于交流侧电压。对网侧变流器实施控制,可以将直流侧电压稳定在某一给定值,削弱它与交流电网电压和负载大小的耦合,从而可以提高交流传动系统的稳定性,并充分发挥其功率特性。网侧变流器的作用还表现在对交流侧电流的控制中,如图 4.2 所示。

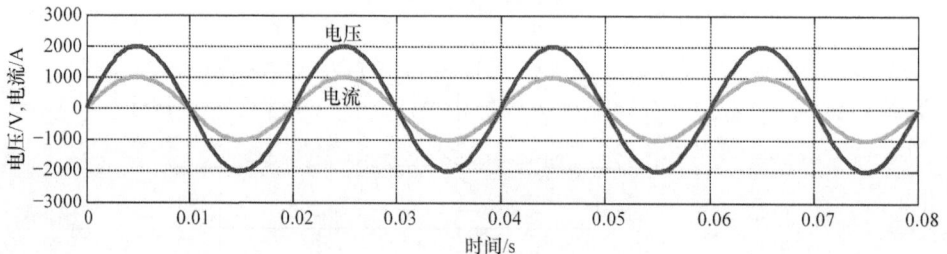

(a) 牵引工况

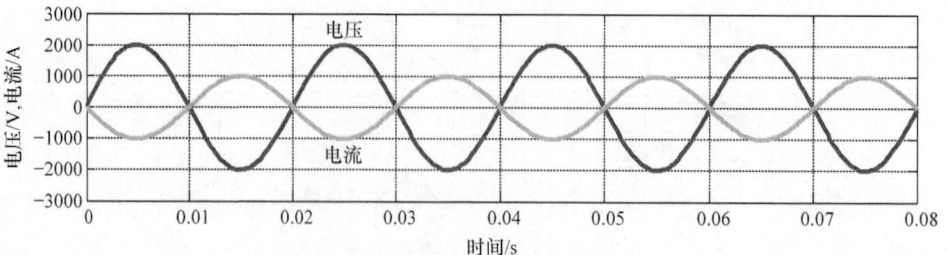

(b) 再生制动工况

图 4.2　供电电网电压、电流波形示意图

在网侧变流器作用下,列车从工频交流电网获取的电流近似为正弦波,在牵引工况下,电流与电压同相;而在再生制动中,电流则与电压反相,不仅避免了对电网的污染,提高电网利用率,并且大大提高了系统的电磁兼容性能。

由于功率双向流动和功率因数可控的特性,PWM 整流器已不局限于传统意义上的整流变换:当整流器从电网吸取电能时,整流器运行于整流状态;而当整流器向电网回馈电能时,整流器运行于有源逆变状态;当整流器的功率因数不等于 1时,可以给电网提供有源滤波和无功补偿等功用。因此 PWM 整流器实际上是一个交、直流侧均可控的四象限运行的变流装置,所以称为 PWM 变流器更为妥当[3]。

4.2　网侧变流器拓扑及原理

现代电力牵引交流传动列车的网侧变流器通常采用 PWM 变流器实现。图 4.3 所示为 PWM 变流器的模型电路图,由交流回路、功率开关桥路以及直流回路组成。其中交流回路包括交流电动势 u_{ac} 以及网侧电感 L 等,直流回路包括负载电阻 R_L 及负载电势 u_L 等,功率开关桥路可由电压型或电流型桥路组成。不考虑变流器本身的内部损耗,由功率平衡原理可得到

$$u_{ac}i_{ac} = u_{dc}i_{dc} \tag{4.1}$$

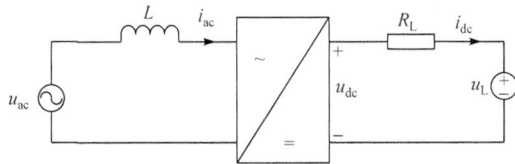

图 4.3　PWM 变流器模型电路示意图

式中,u_{ac}、i_{ac}、u_{dc}、i_{dc} 分别为模型电路中交流侧电压、交流侧电流、直流侧电压和直流侧电流。由该式可见:通过控制模型电路的交流侧,就可以控制其直流侧;反之,控制模型电路的直流侧同样可以实现其交流侧的控制[3]。

4.2.1　PWM 变流器分类及拓扑

随着电力电子技术的不断发展,PWM 变流器已经发展出多种拓扑和类型,常见的类别如图 4.4 所示。

尽管分类的方法多种多样,但基本的分类方法是将 PWM 变流器分为电压型和电流型两大类[4]。

$$\left\{\begin{array}{l}\text{按直流侧储能形式分类}\left\{\begin{array}{l}\text{电压型 PWM 变流器}\\\text{电流型 PWM 变流器}\end{array}\right.\\[3pt]\text{按电网相数分类}\left\{\begin{array}{l}\text{单相 PWM 变流器}\\\text{三相 PWM 变流器}\\\text{多相 PWM 变流器}\end{array}\right.\\[3pt]\text{按 PWM 开关的调制方式分类}\left\{\begin{array}{l}\text{硬开关调制 PWM 变流器}\\\text{软开关调制 PWM 变流器}\end{array}\right.\\[3pt]\text{按桥路结构分类}\left\{\begin{array}{l}\text{半桥电路 PWM 变流器}\\\text{全桥电路 PWM 变流器}\end{array}\right.\\[3pt]\text{按调制电平分类}\left\{\begin{array}{l}\text{二电平 PWM 变流器}\\\text{三电平 PWM 变流器}\\\text{多电平 PWM 变流器}\end{array}\right.\end{array}\right.$$

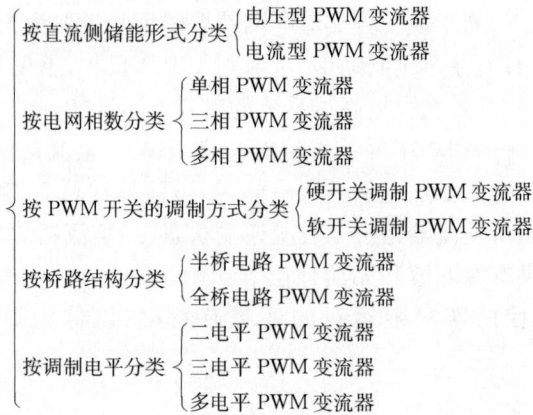

图 4.4　常见 PWM 变流器的简单分类

电压型 PWM 变流器（voltage source rectifier，VSR）的显著特征是其直流侧采用大容量电容器进行储能，从而使 VSR 的直流侧呈现低阻抗的电压源特性，如图 4.5 所示，其中 $VD_1 \sim VD_4$ 为续流二极管，$VT_1 \sim VT_4$ 为全控型开关器件。电流型 PWM 变流器（current source rectifier，CSR）的显著特征与 VSR 正好对偶，采用电感器作为其直流侧储能器件，从而使得 CSR 直流侧呈现高阻抗的电流源特性，如图 4.6 所示。在实际应用中，电压型 PWM 变流器广泛应用于各种场合中，特别是交流传动电力机车或电动车组中的网侧变流器几乎全部采用电压型 PWM 变流器，下面的分析也是针对电压型 PWM 变流器进行的。

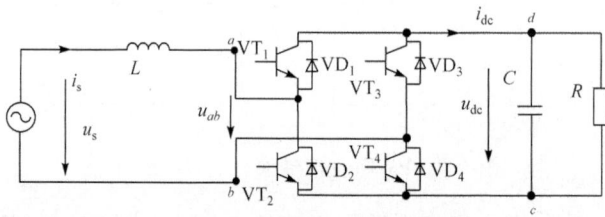

图 4.5　单相 VSR 拓扑图

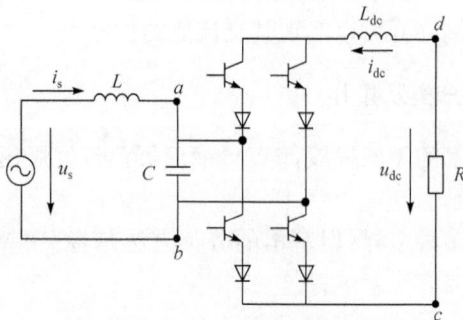

图 4.6　单相 CSR 拓扑图

电压型 PWM 变流器中较常见的电路是单相半桥 PWM 变流器和单相全桥 PWM 变流器。前者如图 4.7 所示,后者如图 4.5 所示。

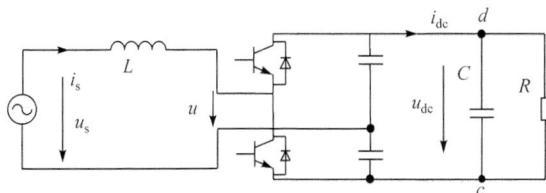

图 4.7　单相半桥 PWM 变流器拓扑图

由图 4.7 可知,单相半桥 VSR 拓扑采用了一个功率开关管桥臂和一个电容桥臂;从图 4.5 可知,单相全桥 VSR 则采用了两个功率开关管桥臂。显然,单相半桥 VSR 具有简单的主电路结构,开关器件只有两个,造价相对低廉,常用于低成本、小功率应用场合;单相全桥 VSR 适用于中大功率的应用场合,特别是诸如电力机车等只有单相交流电源的特殊场合。对于更大功率的应用,通常采用三相全桥 VSR 拓扑,并需要三相交流电源向其供电。

三电平电压型 PWM 变流器拓扑结构有以下优点:主管耐压降低一半;在相同开关频率及控制方式下,其输出电压和电流中的谐波含量小于两电平变流器[5];输入侧电流波形即使在开关频率较低时也能保持较好的正弦度;等等。图 4.8 是单相三电平 VSR 的拓扑图。

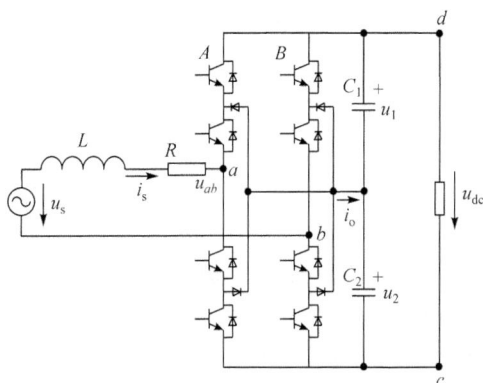

图 4.8　单相三电平 VSR 拓扑图

4.2.2　网侧变流器基本原理

在电力机车和电动车组中,可以假设变流器输入端交流电压和交流电流分别为[6]

$$\begin{cases} u_s = U_{im}\sin(\omega_s t) \\ i_s = I_{im}\sin(\omega_s t - \theta) \end{cases} \tag{4.2}$$

　　图 4.9 是图 4.5 网侧 PWM 变流器的交流侧等效电路,其中 L 和 R 分别为变流器折算到网侧的等效电感和等效电阻,u_N 为变流器调制电压 u_{ab} 的基波分量,由图 4.9 可得交流回路的矢量电压方程式为

$$\vec{U}_s = \vec{U}_N + \vec{I}_s R + j\omega L \vec{I}_s \tag{4.3}$$

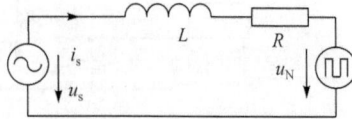

图 4.9　网侧变流器交流侧等效电路原理图

　　假设 $\vec{U}_s$ 与 $\vec{U}_N$ 之间的相角为 φ,$\vec{U}_s$ 与 $\vec{I}_s$ 之间的相角为 θ,则用该方程表示列车牵引工况的矢量图如图 4.10(a)所示。再生制动工况下的矢量图如图 4.10(b)所示。

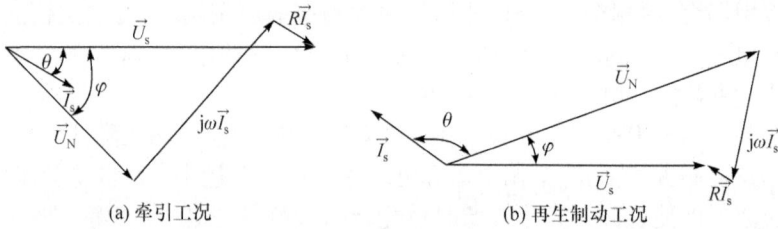

(a) 牵引工况　　　　　　　　　　　　(b) 再生制动工况

图 4.10　网侧变流器控制矢量示意图

　　由式(4.3)和图 4.10 可知,如果变压器二次电压 $\vec{U}_s$ 和电感 L、电阻 R 为已知量,那么只要控制 $\vec{U}_N$ 的幅值和相位,也就控制了 $\vec{I}_s$ 的幅值和相位。反之,只要控制了 $\vec{I}_s$ 的幅值和相位,也就控制了 $\vec{U}_N$ 的幅值和相位,因此式(4.3)是实现网侧变流器四象限控制的基本公式[7]。

　　如前所述,要实现 VSR 的四象限运行,关键在于网侧电流的控制,而网侧电流控制可以通过控制 VSR 交流侧基波电压的幅值和相位来实现。单相 VSR 交流侧基波电压通常采用单极性 PWM 调制方式,其交流侧调制电压 U_{ab} 将在 u_{dc}、0 或 0、$-u_{dc}$ 间切换。其中,在交流侧基波电压正半周,U_{ab} 将在 u_{dc}、0 间切换;而在交流侧基波负半周 U_{ab} 将在 0、$-u_{dc}$ 间切换。因此,单极性调制时,单相 VSR 工作过程存在四种开关模式,且可采用三值逻辑开关函数 σ 描述,即

$$\sigma = \begin{cases} 1, & V_1(VD_1)、V_4(VD_4) \text{导通} \\ 0, & V_1(VD_1)、V_3(VD_3) \text{或} V_2(VD_2)、V_4(VD_4) \text{导通} \\ -1, & V_2(VD_2)、V_3(VD_3) \text{导通} \end{cases} \tag{4.4}$$

　　四种开关模式如表 4.1 所示,其中,由于模式 3、模式 4 使单相 VSR 交流侧电压为零,因而称为"零模式"。根据交流侧电流 i_s 的方向,同一开关模式存在 2 种不同的电流回路,单相 VSR 单极性调制时不同开关模式对应的电流回路如图 4.11 所示。

表 4.1　单相 VSR 单极性调制开关模式

开关模式	1	2	3	4
导通器件	$V_1(VD_1)$	$V_2(VD_2)$	$V_1(VD_1)$	$V_2(VD_2)$
	$V_4(VD_4)$	$V_3(VD_3)$	$V_3(VD_3)$	$V_4(VD_4)$
开关函数 σ	1	-1	0	0

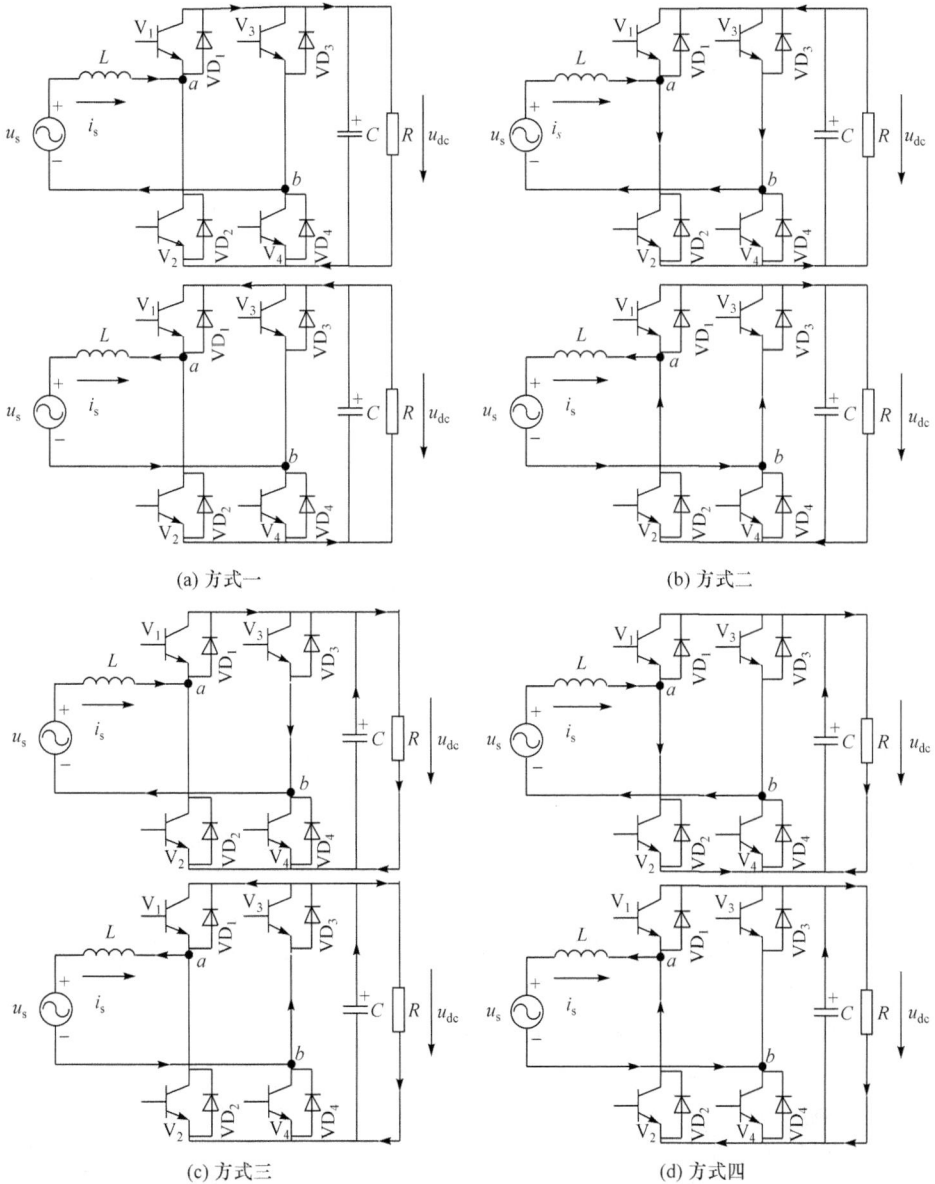

(a) 方式一　　　　　　　　　　　　　　　(b) 方式二

(c) 方式三　　　　　　　　　　　　　　　(d) 方式四

图 4.11　单相 VSR 不同开关模式时的电流回路示意图

　　表 4.2 列出了各种模式下 u_{ab} 的取值、导通元件及 i_s 的变化情况、交流侧与中间直流环节之间的能量传输关系。

表 4.2　电压型 PWM 变流器的开关模式

u_s	i_s	导通元件	u_{ab}	i_s 的变化	开关模式
		VD_1、VT_3 或 VT_2、VD_4	0	↗	电源短接
	>0	VD_1、VD_4	u_{dc}	↘	整流
		VT_2、VT_3	u_{dc}	↗↗	逆变
>0		VT_1、VD_3 或 VD_2、VT_4	0	↘	电源短接
	<0	VT_1、VT_4	u_{dc}	↗	逆变
		VD_2、VD_3	$-u_{dc}$	↘↘	整流
		VD_1、VT_3 或 VT_2、VD_4	0	↘	电源短接
	>0	VD_1、VD_4	u_{dc}	↘↘	整流
		VT_2、VT_3	$-u_{dc}$	↗	逆变
<0		VT_1、VD_3 或 VD_2、VT_4	0	↗	电源短接
	<0	VT_1、VT_4	u_{dc}	↗↗	逆变
		VD_2、VD_3	$-u_{dc}$	↘	整流

注:表中↗和↘分别表示增加和减小,箭头的数量反映了电流变化的快慢。

　　采用 PWM 方式,通过选择适当的开关模式和工作时间间隔,交流侧电流可以按规定的目标增大、减小和改变方向,从而控制交流侧电流 $\vec{I}_s$ 的幅值和相位,并使波形接近于正弦波。图 4.12 为单相 VSR 整流运行功率因数为 1 时的工作波形。

4.2.3　网侧变流器交流侧电感设计

　　网侧变流器交流侧附加的电感 L,在 PWM 整流电路中是一个重要的元件,不仅影响变流器电流环的动、静态响应,还制约变流器的输出功率、功率因数和直流电压[8]。具体来看,可以将它的功用归结如下。

　　(1) 隔离电源电压和 PWM 变流器交流侧电压。通过间接控制变流器交流侧电压的幅值、相位,或者直接控制变流器交流侧电流的幅值、相位,实现变流器的四象限运行[9]。

　　(2) 衰减变流器交流侧 PWM 谐波电流,从而实现变流器交流侧正弦波电流控制或一定频率范围内的任意波形控制。

　　(3) 使 PWM 变流器获得升压变换特性。

　　(4) PWM 变流器获得良好电流波形的同时,还可以向电网传输无功功率,甚至实现网侧纯电感、纯电容的运行特性[3]。

　　(5) 使 PWM 变流器控制系统获得一定的阻尼特性,有利于控制系统稳定运行。

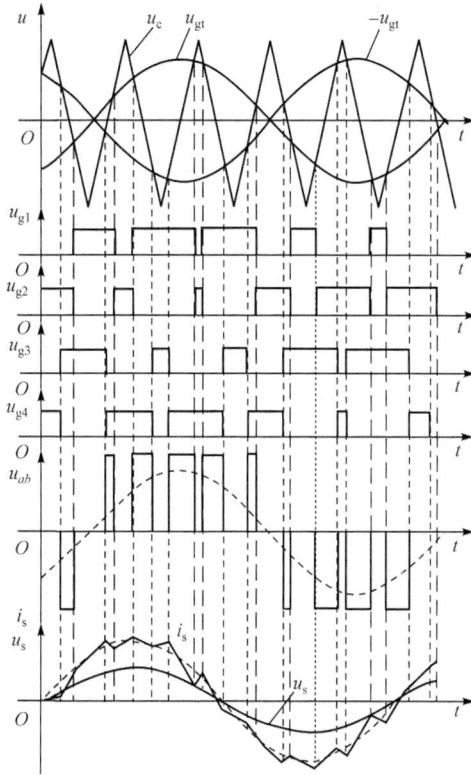

图 4.12　单相 VSR 单极性调制的工作波形

可见,网侧变流器的交流侧电感对变流器的影响和作用是多方面的,下面从稳态功率输出和动态电流波形品质两个方面分析变流器交流侧电感的设计。

1. 满足功率指标时的电感设计

单相 PWM 变流器在稳态条件下其交流侧的电参数矢量关系如图 4.13 所示。由于电阻远远小于电感,因此忽略交流侧电阻 R,且只讨论其基波正弦量。

图 4.13 中,$\vec{U}_s$、$\vec{U}_L$、$\vec{U}_N$、$\vec{I}_N$ 分别表示输入电压源电压矢量、输入侧电感电压矢量、变流器交流侧基波电压矢量和电流矢量。从该图可得,在 $|\vec{U}_s|$ 不变且 $|\vec{I}_N|$ 一定的条件下,通过控制交流侧电压矢量 $\vec{U}_N$ 的幅值和相位,可实现变流器的四象限运行,且矢量 $\vec{U}_N$ 端点的

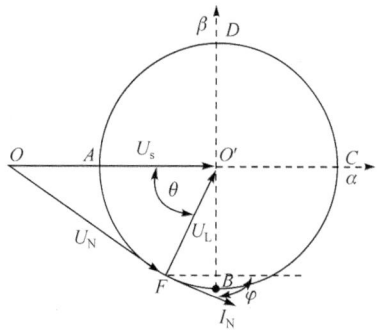

图 4.13　单相 PWM 变流器交流
侧稳态矢量图

运行轨迹形成以 O' 为圆心、以 $|\vec{U}_L|$ 为半径的圆。图中 B、D 点分别为单位功率因数整流、逆变状态的运行点,而 A、C 点分别为纯电感、纯电容特性运行点。当变流器直流侧电压 u_{dc} 确定后,变流器交流侧电压的最大峰值 $|\vec{U}_N|_{max}$ 也可确定:

$$|\vec{U}_N|_{max}=Mu_{dc} \tag{4.5}$$

式中,M 为单相 PWM 变流器的最大电压利用率,对于单相 PWM 变流器而言,采用 SPWM 调制方式时,$M=1$。为了使单相 PWM 变流器获得四象限运行特性,F 点可处于圆轨迹的任一点,为此必须确保变流器能够获取足够大的 $|\vec{U}_N|$。但由于 $|\vec{U}_N|\leqslant Mu_{dc}$,因此必须限制变流器交流侧电感,使 $|\vec{U}_L|$ 足够小。

不失一般性,令矢量 $|\vec{U}_N|$ 的端点处于圆轨迹的 F 点处,此时 PWM 变流器的交流侧功率因数角为 φ,利用余弦定理得到:

$$|\vec{U}_N|^2=|\vec{U}_s|^2+|\vec{U}_L|^2-2|\vec{U}_s||\vec{U}_L|\sin\varphi \tag{4.6}$$

将关系式 $|\vec{U}_L|=\omega L|\vec{I}_s|$ 代入式(4.6),并以 L 为变量化简得到:

$$
\begin{aligned}
L &= \frac{|\vec{U}_s|\sin\varphi+\sqrt{|\vec{U}_s|^2\sin^2\varphi+|\vec{U}_N|^2-|\vec{U}_s|^2}}{\omega|\vec{I}_s|} \\
&= \frac{E_m\sin\varphi+\sqrt{E_m^2\sin^2\varphi+V_m^2-E_m^2}}{\omega I_m}
\end{aligned}
\tag{4.7}
$$

式中,E_m、V_m、I_m 分别表示输入电压源电压峰值、交流侧电压基波峰值和交流侧电流基波峰值。将 $|\vec{U}_N|\leqslant Mu_{dc}$ 代入式(4.7),则有

$$L\leqslant\frac{E_m\sin\varphi+\sqrt{E_m^2\sin^2\varphi+M^2u_{dc}^2-E_m^2}}{\omega I_m} \tag{4.8}$$

设单相 PWM 变流器交流侧的有功功率和无功功率分别为 P、Q,则有

$$
\begin{cases}
P=\dfrac{1}{2}E_m I_m\cos\varphi \\[2mm]
Q=\dfrac{1}{2}E_m I_m\sin\varphi
\end{cases}
\tag{4.9}
$$

结合式(4.8)和式(4.9),表 4.3 给出了单相 PWM 变流器交流侧电压矢量端点处于图 4.13 的 A、B、C、D 这 4 个特殊工作点时的交流侧电感上限值。可见在 A 点的电感上限值最大,在 C 点的电感上限值最小。

表 4.3　PWM 变流器工作于特殊工作点时的交流侧电感上限值

特殊工作点	A	B	C	D
φ	90°	0°	−90°	−180°
P、Q 取值及状态	$P=0$、$Q>0$,纯电感特性运行	$P>0$、$Q=0$,单位功率因数整流	$P=0$、$Q<0$,纯电容特性运行	$P<0$、$Q=0$,单位功率因数逆变
电感上限值	$\dfrac{E_m^2+E_m u_{dc}}{2Q\omega}$	$\dfrac{E_m\sqrt{u_{dc}^2-E_m^2}}{2P\omega}$	$\dfrac{E_m u_{dc}-E_m^2}{2(-Q)\omega}$	$\dfrac{E_m\sqrt{u_{dc}^2-E_m^2}}{2(-P)\omega}$

2. 满足抑制谐波电流脉动的电感设计

单相 PWM 变流器的交流侧电感设计,不仅要考虑变流器的稳态功率指标,还需考虑满足抑制谐波电流脉动的要求[10]。从变流器所要求的正弦输入电流的极限情况考虑,在电流峰值时,其谐波电流脉动最严重,此时电感应足够大以满足抑制谐波电流的要求。

为了分析抑制谐波电流时电感的设计,考虑在电流峰值 $\omega t=90°$ 时刻附近的一个 PWM 开关周期中的电流跟踪瞬态过程,其波形如图 4.14 所示。

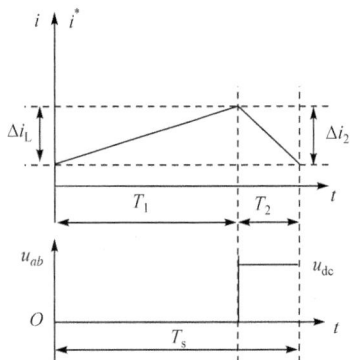

图 4.14　电流峰值附近的
电流跟踪波形

稳态条件下,当 $0 \leqslant t \leqslant T_1$ 时有

$$u_s-u_{ab}=E_m-0 \approx L\frac{\Delta i_1}{T_1} \tag{4.10}$$

当 $T_1 \leqslant t \leqslant T_s$ 时有

$$u_s-u_{ab}=E_m-u_{dc} \approx L\frac{\Delta i_2}{T_2} \tag{4.11}$$

考虑到电流峰值附近一个开关周期中应满足

$$|\Delta i_1|=|\Delta i_2| \tag{4.12}$$

将式(4.10)、式(4.11)代入式(4.12),并考虑到 $u_{dc}>E_m$,从而有

$$E_m T_1=(u_{dc}-E_m)T_2 \tag{4.13}$$

又因为 $T_1+T_2=T_s$,则

$$T_1=\frac{(u_{dc}-E_m)T_s}{u_{dc}} \tag{4.14}$$

令 Δi_{max} 为最大允许的谐波电流脉动值,当电感足够大时,必须满足

$$L \geqslant \frac{(u_{dc}-E_m)E_m T_s}{u_{dc}\Delta i_{max}} \tag{4.15}$$

4.3　网侧变流器的控制

4.3.1　网侧变流器的控制策略

网侧变流器的控制技术是网侧变流器发展的关键。整体的控制框图如图 4.15 所示,为了保证直流侧电压恒定,控制系统通常采用电压外环的 PI 控制器

来调节,网压经过同步变压器送予锁相环(phase locked loop,PLL)模块,电压外环
PI 调节器输出、PLL 模块锁定的电压角频率及相位、原边电流三者送入控制器生
成调制信号 U_s,载波 U_c 经过移向处理为 U'_c,二者经比较生成 PWM 波,驱动单相
全控桥,使 PWM 变流器工作时达到单位功率因数或指定功率因数,保证其电流为
正弦且与电压相位一致。目前已经发展出多种控制策略,根据有无引入电流反馈
的原则,可将控制策略分为两大类:引入交流电流反馈的控制方法称为直接电流控
制;没有引入交流电流反馈的控制方法称为间接电流控制[11]。

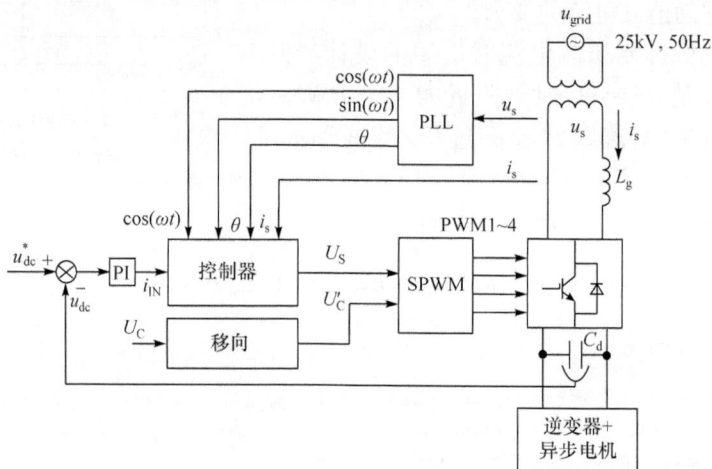

图 4.15　网侧变流器控制框图

1. 间接电流控制

间接电流控制法也称为幅相控制,其基本原理如图 4.16 所示,其中 PLL 表示
锁相环控制环节。这种方法通过 PWM 技术,在 VSR 变流器的交流侧生成幅值、
相位均受控的正弦 PWM 波电压,该电压与电网电压共同作用于 VSR 交流侧,在

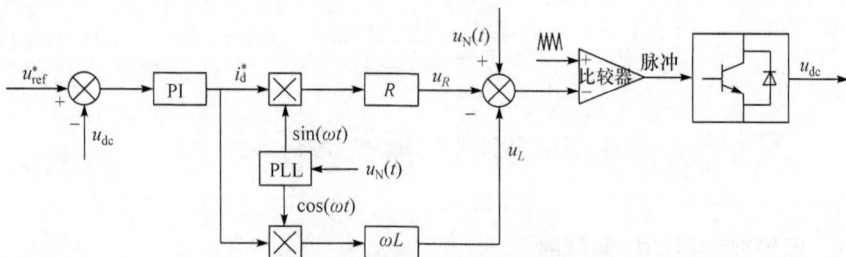

图 4.16　间接电流控制策略框图

i^*_d 为输出电流幅值指定值

交流侧形成正弦基波电流,谐波电流则由交流侧电感滤除。这种方法没有采用交流侧电流反馈量,因而是间接电流控制方式。

由图 4.16 可见,间接电流控制方式引入了电压闭环,由电压环输出变流器输入电流幅值给定值,再经两个乘法器转换为输入电流的有功分量和无功分量,分别经 R 和 ωL 环节后转换为电阻和电感电压信号,再与电源电压相加后,得到给定的电压调制正弦信号,最后与三角载波相交产生 PWM 信号,控制主电路的开关器件。

直流侧输出电压给定值 u_{ref}^* 和电压传感器采集的实际直流电压 u_{dc} 反馈值进行比较,当 $u_{ref}^*=u_{dc}$ 时,电压误差 $\Delta u_{dc}=0$,PI 调节器将保持恒定的输出,这意味着网侧变流器直流侧和交流侧功率平衡;当 $u_{dc}<u_{ref}^*$ 时,$\Delta u_{dc}>0$,i_d^* 将增加,即网侧变流器输入电流增加,输出的功率更大;反之,当 $u_{dc}>u_{ref}^*$ 时,$\Delta u_{dc}<0$,i_d^* 将减少,即网侧变流器输入电流减少,输出的功率更小。因此 PI 控制器输出 i_d^* 反映了变流器负载所需求功率的变化。

由图 4.16 可见,该控制方案无需交流侧电流来构成电流闭环控制,因而是一种简单的控制方案。但也正因为没有引入电流环,使得输入电流的响应较慢。另外,在计算给定信号过程中,需要用到电路参数 R、L,当运算值与实际值之间存在误差时,会影响控制效果。

2. 直接电流控制

间接电流控制与直接电流控制在结构上的主要区别在于:前者一般没有电流闭环控制,而后者具有输入电流的闭环控制,从而使 PWM 变流器的动、静态特性得到提高,而且使网侧电流控制对系统参数相对不太敏感,增强了变流器控制系统的鲁棒性。直接电流控制方法通过运算得到交流输入电流指令值后,再引入交流电流反馈以跟踪指令电流信号,从而实现交流电流的直接控制[12]。该方法由于具有良好的电流控制特性而引起广泛关注,具体包括瞬态电流控制、滞环电流控制、定频比较控制、预测电流控制等方法。

1) 瞬态电流控制

图 4.17 给出了对间接电流控制改进的方案——瞬态电流控制策略,其中PLL 表示锁相环控制环节,它提供了电网电压的频率和瞬时相位信号。从图中可以看出该方案在图 4.16 的基础上添加了电流补偿环节,给定电流与实际电流经过比例调节器(K)作用后,在 PWM 变流器交流侧电压给定值内产生了一个补偿量计算,所以该方案加快了系统的动态响应。

2) 滞环电流控制

滞环电流控制是一种电流瞬时值反馈控制,其控制策略框图如图 4.18 所示。其工作原理是:直流电压给定值 U_{ref}^* 与直流电压实际值 U_{dc} 之差被送入 PI 调节器,

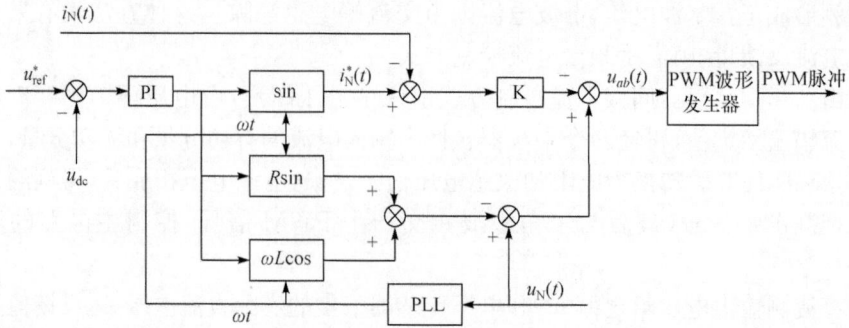

图 4.17　瞬态电流控制策略框图

调节器输出为交流侧电流信号的幅值,将它与电压同步信号相乘就得到了电流指令信号。将指令信号与电流传感器反馈的实际电流信号比较,利用滞环比较器给出变流器的触发脉冲,从而实现对给定电流信号的跟踪。

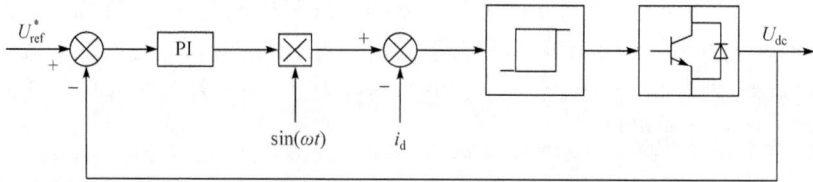

图 4.18　滞环电流控制策略框图

　　滞环电流控制方法的优点是:控制系统结构简单,实现方便;具有快速的电流瞬态响应和固有的电流限制能力;无需载波信号,输出电压中不含特定频率的谐波分量;当滞环宽度固定时,电流跟踪误差范围同样固定;控制算法中不使用电路参数,因此对系统参数不敏感,具有高的稳定性,鲁棒性好。但是,采用滞环电流控制的开关频率在一个工频周期内不固定,它随着负载以及电源电压的变化而波动,需要较高的开关频率才能保证较好的控制性能,这对于大功率应用的轨道交通系统不合适,此外,直流电压稳态下波动过大。

　　3) 定频比较控制

　　针对滞环控制策略中变流器开关频率不固定的缺点,将电流给定值与电流实际值之差和固定频率的三角载波进行比较,可以得到具有固定开关频率的直接电流控制器,其原理框图如图 4.19 所示。

　　固定开关频率直接电流控制法具有开关频率固定的特点;此外,由于其上下桥臂的开关函数互补,系统建模、性能分析方便;控制系统也较为简单,实现容易。其缺点在于:当输入网压发生波动时,固定开关频率将导致电流跟踪的偏差大小也发生波动,对电流跟踪精度要求较高的系统不利。

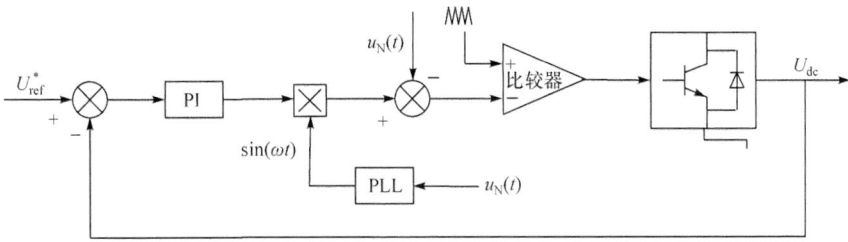

图 4.19　定频比较控制策略框图

4) 预测电流控制

对采用数字控制系统的 PWM 变流器电流控制而言,由于电流采样周期以及控制延时的存在,导致电流控制系统存在滞后,这影响了电流的动态跟踪性能。由于电流控制的最小延时也需要一个 PWM 开关周期,预测电流直接控制的思路就是要求仅经过一个 PWM 开关周期 T_s,使实际网侧电流 $i_N(t_k+T_s)$ 与指令电流 $i_N^*(t_k)$ 相等,即在任意一个开关周期 (t_k, t_k+T_s) 内,电流满足:

$$i_N(t_k+T_s) = i_N^*(t_k) \tag{4.16}$$

四象限整流器的瞬态工作方程为

$$u_{ab} = u_N - L_N \frac{\mathrm{d}i_N}{\mathrm{d}t} \tag{4.17}$$

在一个开关周期 T_s 内:

$$L_N \frac{\mathrm{d}i_N}{\mathrm{d}t} = L_N \frac{i_N(t_k+T_s) - i_N(t_k)}{T_s} = L_N \frac{i_N^*(t_k) - i_N(t_k)}{T_s} \tag{4.18}$$

将式(4.18)代入式(4.17)中,则有

$$u_{ab}^* = u_N - R_N i_N - \frac{L_N(i_N^* - i_N)}{T_s} \tag{4.19}$$

从而可得预测电流具体的数学表达式:

$$I_N^* = K_p(U_{dc}^* - U_{dc}) + \frac{1}{T_i}\int(U_{dc}^* - U_{dc})\mathrm{d}t \tag{4.20}$$

$$u_{ab}^* = u_N(t) - \frac{L_N}{T_s}\left[I_N^* \sin\omega t - i_N(t)\right] \tag{4.21}$$

式中,K_p 和 T_i 为 PI 调节器的参数;U_{dc}^* 为直流环节电压目标给定值;I_N^* 为网侧输入电流幅值给定值;ω 为网侧电压的角频率。

预测电流控制的基本原理框图如图 4.20 所示。其基本原理是:假设下一时刻电流实际值将达到本时刻的电流给定值,根据与电网电压同相的要求,可以得到电流给定值的相位信号,利用直流电压外环得到电流给定值的幅值、电流瞬时给定值,将它与当前时刻的电流实际值比较,就可以得到下一时刻的电感电压,从而得到下一时刻变流器交流侧 PWM 电压的基波分量。将它进行 PWM 调制,实现变流器的预测电流控制。

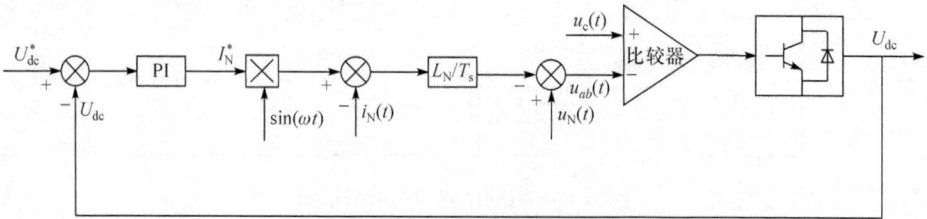

图 4.20　预测电流控制原理框图

预测电流控制法能实现电流的无差拍控制,电流控制精度高,电流响应速度快。其主要缺点在于:指令电流计算过程中,电路参数 R、L 均参与其中,对参数的变化较敏感,鲁棒性稍差。

除上述方法外,还有其他一些非线性控制策略可应用于 PWM 变流器,如李雅普诺夫控制法、滑模控制、模糊控制、神经网络控制、遗传算法控制等。这些方法通常具有优异的控制性能,但它们往往具有复杂的结构和算法,降低了控制系统的可靠性。另外,还有无交流电压传感器或者无交流电流传感器的控制策略,采用状态重构的方法将这些变量计算出来,但计算量将大大增加。对于小功率应用场合,由于其价格敏感性,省掉一个甚至多个传感器的控制方案当然具有优势。但对于大功率应用场合,价格敏感度不如小功率场合,需要更为关注系统的可靠性,这时保留传感器的控制方案显然具有更高的可靠性。

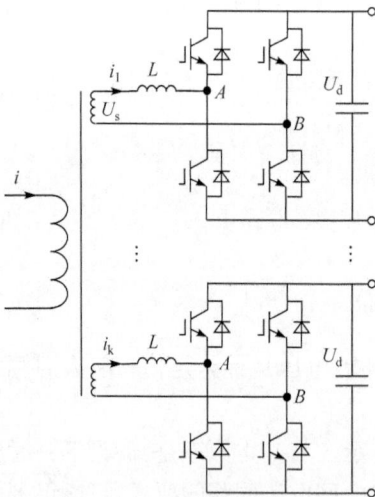

图 4.21　网侧变流器多重化
结构原理示意图

4.3.2　多重化载波移相调制

1. 载波移相调制的实现

交流传动列车的网侧变流器一般采用多重化结构实现大容量输出,如图 4.21 所示,各重 PWM 变流器分别独立连接到主变压器次边的一个牵引绕组,通常在电力机车和电动车组中,全车网侧变流器的重数为 4~16 不等。

各重网侧变流器之间通常采用与多重化结构相结合的载波移相 PWM 调制方式。以 4 重网侧变流器为例,如图 4.22 所示,在单极性调制方式下,各重用于调制的三角载波的相位相互依次错开 1/8 个载波周期,4 重网侧变流器的脉冲就可以相互错开发出,使得各重电流的谐波能够相互抵消,从而有效地减小多重叠加后的原边电流的谐波含量。

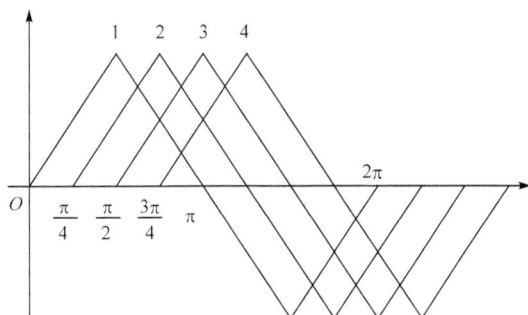

(a) 4 重网侧变流器载波移相示意图

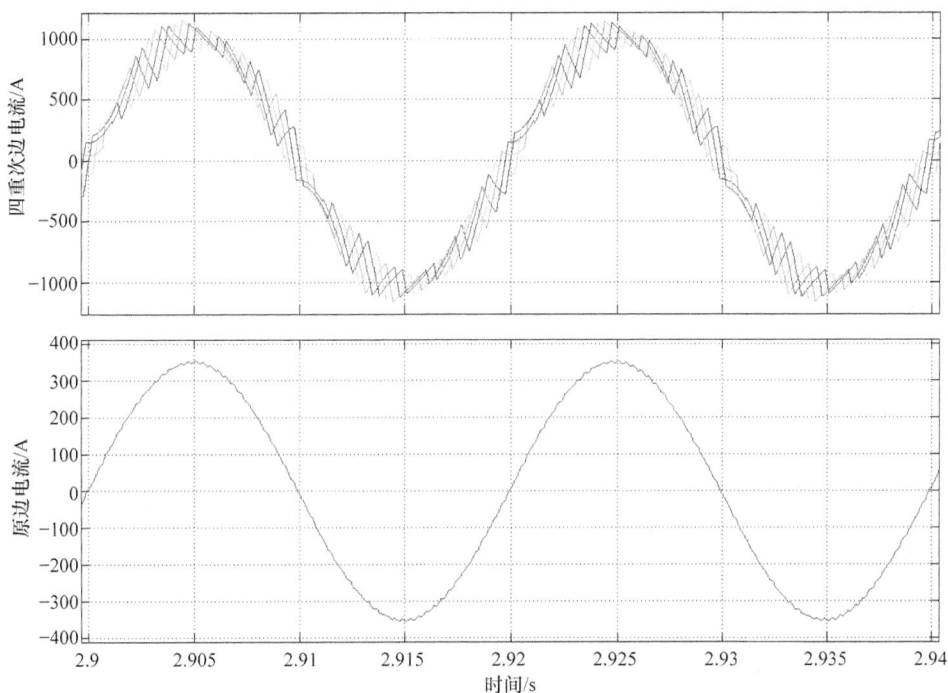

(b) 4 重次边电流和原边电流波形

图 4.22　4 重网侧变流器载波移相示意图

2. 载波移相调制的谐波分析

为了简化分析,考虑如下理想条件下的网侧电流谐波分布规律:①直流电压为恒定值；②输入电压 U_s 及调制波 U_m 不含谐波分量；③各重网侧变流器电流的基波分量相等。

设输入电压 U_s 及调制波 U_m 的表达式分别为

$$\begin{cases} u_s = U_{sm}\sin(\omega_s t) \\ u_m = U_{ABm}\sin(\omega_s t - \phi) \end{cases} \tag{4.22}$$

假设 n 为相对于调制波的谐波次数，$2m$ 为相对于载波的谐波次数，则由双重傅里叶级数变换，单极性调制 PWM 电压 U_{AB} 的表达式为

$$u_{AB} = MU_d\sin(\omega_s t - \phi) + \frac{2U_d}{\delta} \cdot \sum_{m=1,2,3\cdots}^{\infty} \sum_{n=\pm1,3,5\cdots}^{\pm\infty} \frac{J_n(mM\delta)}{m}$$
$$\cdot \cos(m\delta) \cdot \sin[(2mN + n)\omega_s t - n\phi] \tag{4.23}$$

式中，$M = \dfrac{U_{ABm}}{U_c} \leqslant 1$ 为幅值调制比；$N = \dfrac{\omega_c}{\omega_s}$ 为频率调制比（U_c、ω_c 分别为载波幅值和角频率）；$\delta = \pi$ 为载波坐标系中载波周期的一半；$J_n(x)$ 为贝塞尔函数。

图 4.20 中，忽略网侧变流器交流回路的电阻，则电压平衡方程式为

$$u_s - u_{AB} = L\frac{di_k}{dt} \tag{4.24}$$

由式(4.22)、式(4.23)、式(4.24)可得单重网侧变流器输入电流 i_k 的表达式为

$$i_k = \frac{MU_d\sin\phi}{\omega_s L}\sin(\omega_s t) + \frac{2U_d}{\delta\omega_s L} \cdot \sum_{m=1,2,3\cdots}^{\infty} \sum_{n=\pm1,3,5\cdots}^{\pm\infty} \frac{J_n(mM\delta)}{m} \cdot \frac{\cos(m\delta)}{2mN + n}$$
$$\cdot \sin\left[(2mN + n)\omega_s t - n\phi + \frac{\delta}{2}\right] \tag{4.25}$$

对比式(4.23)和式(4.25)可知，单重网侧变流器输入电流的谐波分布与 PWM 电压 u_{AB} 的谐波分布一致，但其幅值随着谐波次数的增加而迅速减小，主要谐波次数为 $(2N\pm1)$ 次和 $(2N\pm3)$ 次。

设图 4.20 中网侧变流器的重数为 k，主变压器的变比为 k_T。如果使各重网侧变流器的调制波保持相同，而载波相互依次错开 $\beta = \dfrac{\delta}{k}$ 的相位，则主变压器原边电流的表达式为

$$i = \frac{kMU_d\sin\phi}{kT\omega_s L}\sin(\omega_s t) + \frac{2kU_d}{\delta k_T\omega_s L} \cdot \sum_{m'=1,2,3\cdots}^{\infty} \sum_{n=\pm1,3,5\cdots}^{\pm\infty} \frac{(-1)^{km'}J_n(km'M\delta)}{km'}$$
$$\cdot \frac{\sin\left[(2km'N + n)\omega_s t - n\phi + \frac{\delta}{2}\right]}{2km'N + n} \tag{4.26}$$

由式(4.26)可知，$k(k>1)$ 重网侧变流器通过载波移相合成的原边电流的主要谐波次数为 $2kN\pm1$ 和 $2kN\pm3$，相当于将单重网侧变流器的开关频率提高 k 倍，

从而使网侧电流谐波含量迅速减小。因此,多重化载波移相调制在不提高单重网侧变流器开关频率的前提下,使系统的等效开关频率提高到 k 倍,不但提高了变流器的容量,还有效减小了原边电流谐波。

实际上,在网侧变流器的控制中,电网电压谐波、调制波谐波、直流电压脉动、死区时间的存在,以及各重变流器的直流电压或交流电流的差异等,都会导致实际列车网侧电流的谐波增加,且频谱分布较宽,呈现非理想特性。交流列车产生的谐波在牵引网传播过程中,会导致一系列的车网匹配难题,如设备烧损、高频谐振、低频振荡、对通信线路产生干扰等,对铁路系统的安全运行造成严重威胁。因此,研究交流列车和牵引网之间的谐波耦合及其抑制技术具有重大价值,是实现车网良好匹配的关键。

4.3.3　锁相环控制

锁相环的基本功能是跟踪、锁定交流信号的相位,且在必要时可提供有关信号的频率和幅值信息。在交流列车网侧变流器的控制中,为实现网侧有功功率、无功功率的控制,需动态获取电网电压的相位信息,这就要求采用锁相环对电网电压进行锁相。在实际应用中,常常要求网侧变流器适应非理想环境的运行,如电网电压谐波含量大、严重畸变、电压跌落或骤升,特别是列车高速运行和风致颤振引起弓网瞬间分离导致的网压瞬间中断和网压突变等恶劣工况,这对相应的锁相环控制提出了更高的技术性能要求。锁相环控制作为网侧变流器控制技术的核心之一,其性能直接影响网侧变流器的控制性能。

从实现方式上看,锁相环一般可分为硬件锁相环和软件锁相环,而软件锁相环的技术思想一般来源于硬件锁相环;从控制结构上看,锁相环一般可分为开环锁相环和闭环锁相环,开环锁相环一般都存在锁相精度不高、响应慢等问题,不适宜应用于电网频率变化快、畸变严重以及动态响应要求高的场合,为有效提高锁相环的精度和快速响应性,一般采用闭环锁相环;从应用场合来看,锁相环又可分为三相锁相环和单相锁相环,而对于轨道交通应用的电力机车、电动车组而言,由于网侧变流器都是单相供电,因此以下仅针对单相锁相环进行讨论。

单相锁相环有两种基本的设计思路:一是基于单相变量的设计思路;二是基于两相正交变量的设计思路。基于单相变量的锁相环设计,主要是通过类似乘法鉴相方案或者是通过基于输入信号重构的自适应鉴相方案来实现单相锁相环控制;而基于两相正交变量的锁相环设计,主要是通过一定的算法由输入信号 u_α 构造出两相静止坐标系下的另一相正交信号 u_β,u_α、u_β 作为输入信号,再借鉴三相锁相环的同步旋转坐标锁定原理实现锁相环控制。

1. 乘法鉴相

基本闭环锁相法的闭环控制回路一般由鉴相器(PD)、环路滤波器(LF)和压控振荡器(VCO)组成,其控制结构图如图 4.23 所示。

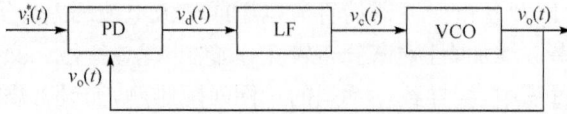

图 4.23   基本闭环锁相环控制结构框图

乘法鉴相锁相环路是一个相位误差的闭环控制系统,即通过比较输入信号与压控振荡器输出信号之间的相位差,产生一个应对两个信号相位差的误差电压,该误差电压经过滤波处理后去调整压控振荡器的输出频率(相位)。当环路锁定时,输入信号与压控振荡器输出信号的频率差为零,此时相位差为不再随时间变化的定值,且误差电压也为定值。

对乘法鉴相锁相环路进行相位反馈分析,锁相环路的相位反馈系统结构如图 4.24 所示。由图 4.24 可看出系统给定是输入信号的相位 $\theta_1(t)$,系统所受调节值是压控振荡器的输出信号相位 $\theta_2(t)$。由于输出相位直接加到鉴相器上进行相位比较,所以锁相环路的相位反馈系统可以看成单位反馈系统。

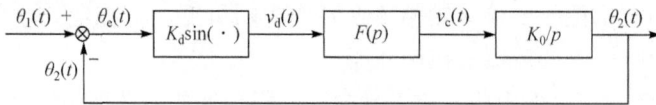

图 4.24   锁相环路的相位反馈系统结构框图

结合锁相环路中基本环节的数学模型可得相位反馈系统的输出信号相位方程:

$$\theta_e(t) = \theta_1(t) - \theta_2(t) = \theta_1(t) - K_0 F(p) \frac{v_d(t)}{p} = \theta_1(t) - K_0 K_d F(p) \frac{1}{p} \sin\theta_e(t)$$

$$(4.27)$$

对式(4.27)两端微分,可得锁相环路的基本相位方程为

$$\frac{d\theta_e(t)}{dt} + K_0 K_d F(p) \sin\theta_e(t) = \frac{d\theta_1(t)}{dt} \tag{4.28}$$

令 $\dfrac{d\theta_1(t)}{dt} = \omega_i - \omega_o = \Delta\omega_o$,则

$$\frac{d\theta_e(t)}{dt} + K_0 K_d F(p) \sin\theta_e(t) = \Delta\omega_o \tag{4.29}$$

式(4.29)表明,在锁相环路闭环后的任何时刻,瞬时频差与控制频差的代数和总是等于固有频差 $\Delta\omega_\circ$。假如通过控制使 $K_0 K_d F(0) \sin\theta_{e\infty} = \Delta\omega_\circ$,则 $\lim\limits_{t \to \infty} \dfrac{\mathrm{d}\theta_e(t)}{\mathrm{d}t} = 0$,其中,$\theta_{e\infty}$ 是 $\theta_e(t)$ 在时间趋向无穷大时的稳态值;$K_0 K_d F(p)$ 是环路的直流总增益(1/s)。因此,锁相环路的瞬时相差 $\theta_e(t)$ 则趋向于一个固定的值,并一直保持下去,这样可以认为锁相环路进入锁定状态。

2. 过零鉴相

过零鉴相法是一种较为简单的开环锁相方法,其基本原理是通过实时检测电网电压的过零点和频率信息来跟踪电网电压的相位,进而实现锁相。其原理框图如图 4.25 所示,当电网电压经电压互感器处理后,通过过零检测电路实现电压过零点检测,并分别在电压正、负半周及正、负过零点发出正方波和正脉冲信号,提供给 CPU 作为电网电压的同步基准信号,使系统实时跟踪电网电压频率的变化。

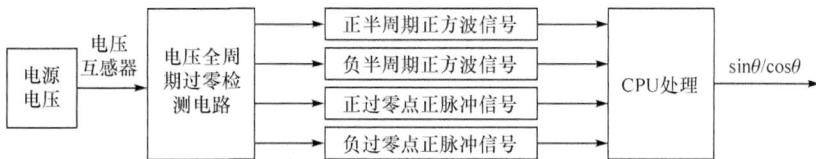

图 4.25 过零鉴相法原理框图

实现过零鉴相必须满足两个条件:

(1) 信号的周期和采样周期呈整数倍关系;

(2) 采样点的时间间隔应当保持严格一致性。

这种方法的原理和结构都比较简单,但由于电网电压每个周期只有两个过零点,这就限制了锁相环的锁相速度,而且电网电压本身的畸变以及检测电路中的各种干扰信号可能会使得过零点难以准确地被检测,甚至在过零点处导致过零信号产生振荡。因此,过零鉴相法只适合于电网电压平衡且频率较为稳定的系统中。

3. 基于虚拟平均无功鉴相的锁相环

基于虚拟平均无功鉴相的锁相环借鉴乘法鉴相锁相环的基本思路,直接构建一个闭环锁相环路,以两正交变量乘积的平均值为给定变量,并令该给定变量为零构建闭环系统来实现锁相控制,而该给定变量可以通过定义虚拟平均无功功率获得。其锁相环控制系统结构如图 4.26 所示。

假设输入电压 e_i 的基波分量为 $V\cos\theta$,若相位估计值为 $\hat{\theta}$,借鉴乘法鉴相器原理,定义另一准确锁相时($\hat{\theta}=\theta$)与 $V\cos\theta$ 正交的变量——虚拟电流为 $i_s = \sin\hat{\theta}$,并定义二者的乘积为虚拟无功功率 q,去除其中必有的 2 次谐波后,即为无功功率 q

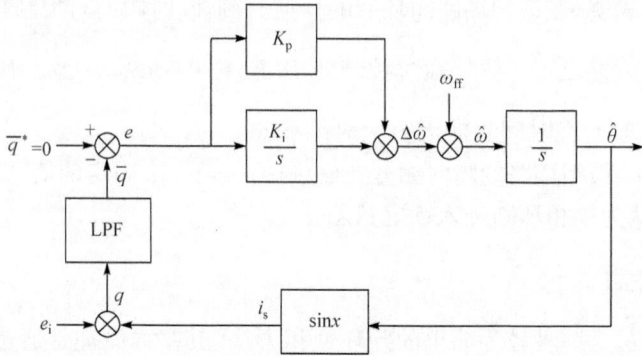

图 4.26　基于虚拟平均无功鉴相的锁相环控制结构框图

的平均值,记为 $\bar{q}$。当通过闭环控制时,即虚拟电流 i_s 与输入电压的基波分量正交,从而实现相位锁定,具体分析如下。

图 4.26 中虚拟无功功率 $q(\hat{\theta},\theta)$ 的表达式为

$$q=V\cos\theta\sin\hat{\theta} \tag{4.30}$$

利用三角函数公式,式(4.30)可以表示为

$$q=\frac{V}{2}\sin(\hat{\theta}-\theta)+\frac{V}{2}\sin(\hat{\theta}+\theta) \tag{4.31}$$

采用低通滤波器 LPF 对式(4.31)中的无功功率交流量进行滤波,可以得到无功功率的平均值 $\bar{q}$。

稳态时考虑:$\theta=\omega t+\varphi,\hat{\theta}=\hat{\omega}t+\hat{\varphi},\hat{\omega}=\omega$,其中上标"^"表示对应的估计值。当然,对于足够小的相位偏差 $\varphi-\hat{\varphi}$,则有

$$\bar{q}=\frac{V}{2}(\hat{\theta}-\theta) \tag{4.32}$$

从式(4.32)可看出,若控制平均无功功率 $\bar{q}$ 为零,则在稳态情况下,$\hat{\theta}$ 将等于输入电网电压的相位 θ。

基于虚拟平均无功鉴相的锁相环由于存在平均无功滤波器,在电网电压相位突变、频率变化以及电压跌落等情况下的动态响应的快速性并不理想,但锁相环稳态时对电网谐波电压不敏感。另外,这种基于虚拟平均无功鉴相的锁相环不能得到电网电压的幅值信息。

4. 基于输入信号重构的锁相环

为了克服单相锁相环鉴相器设计中设置滤波器所导致的控制延迟,可以考虑采用自适应滤波理论来重构其输入信号的基频分量,并同时实现对输入信号的幅值、相位角及频率的实时估算。基于输入信号重构的锁相环控制结构如图 4.27 所

示,图中线电压幅值的估算值 $\hat{A}$ 的收敛速度可由增益 K 控制。

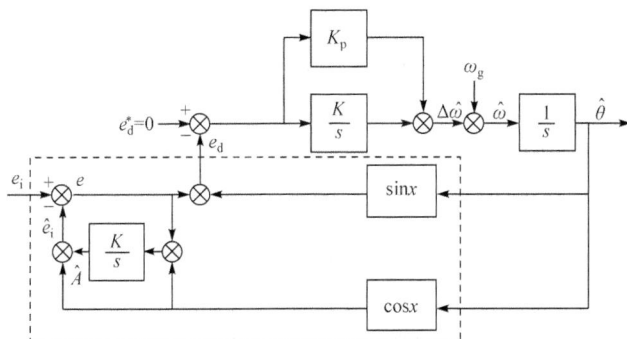

图 4.27　基于输入信号重构的锁相环控制结构框图

假设理想电网情况,即设输入电压 $e_i = V\cos\theta$,则根据图 4.27 系统中鉴相器的结构,可写出其中鉴相器的输出量 e_d 的函数表达式:

$$e_d = \frac{V}{2}\sin(\hat{\theta}-\theta) + \frac{V}{2}\sin(\hat{\theta}+\theta) - \frac{\hat{A}}{2}\sin 2\hat{\theta} \tag{4.33}$$

考虑到 $\theta = \omega t + \varphi, \hat{\theta} = \hat{\omega}t + \hat{\varphi}$,且稳态时 $\hat{\omega} \approx \omega, \hat{A} \approx V$,则式(4.33)可以化简为

$$e_d \approx \frac{V}{2}(\hat{\varphi} - \varphi) \tag{4.34}$$

显然,其中相位差 $(\hat{\varphi}-\varphi)$ 可不经过任何延时而从鉴相器输出端直接得到。

基于输入信号重构的锁相环具有较好的动态快速性,然而当电网电压含有 3 次谐波时,其锁相环的相位输出信号中含有 2 次谐波,因此该锁相环方案对电网电压谐波较敏感,为此可以根据实际应用设置输出滤波器,而输出滤波器的引入又会影响系统的响应快速性。

5. 基于延迟法虚拟两相的锁相环

基于两相正交变量的单相锁相环设计的关键在于针对输入信号的虚拟正交信号的获得,由此虚拟正交信号即可采用三相锁相环的基于同步坐标系的锁相环控制策略,以实现单相锁相环的控制。根据虚拟两相鉴相器构造方法的不同,又可分为基于延迟法虚拟两相的锁相环、基于微分法虚拟两相的锁相环、基于 Park 反变换虚拟两相的锁相环等几种典型的锁相环方案。

基于延迟法虚拟两相的单相锁相环方案采用了图 4.28 所示的基于 90°延迟的虚拟两相控制结构。图 4.28 中的 90°延迟模块用来产生与输入电网电压信号 V_β 相差 90°的电压信号 V_α,并构成静止正交坐标系,再通过 Park 变换得到同步旋转坐标系中的虚拟电压矢量的 d、q 分量 V_d、V_q,当通过闭环控制使 $V_d = 0$ 时,输入信号得以锁相。

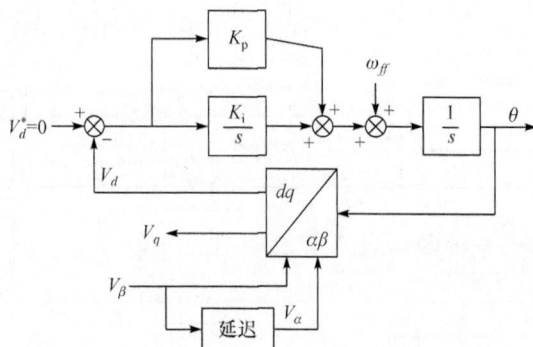

图 4.28　基于延迟法虚拟两相的锁相环控制结构框图

　　基于延迟法虚拟两相的单相锁相环方案需要通过延迟 90°单元将电网电压延迟 90°,以获得虚拟的 V_α 信号,这显然降低了锁相环的响应速度,尤其当电压发生电压跌落以及相位突变等情况。另外,此种锁相环方案在输入电压畸变的情况下,会将谐波引入控制环路中,从而降低了控制环的锁相控制性能。

　　6. 基于微分法虚拟两相的锁相环

　　当考虑理想电网时,即不存在谐波电压,电网电压可以用正弦量来表示,对一个正弦量进行微分,则可以产生与之正交的余弦信号,以此构成基于微分虚拟两相的单相锁相环方案,其控制结构如图 4.29 所示。

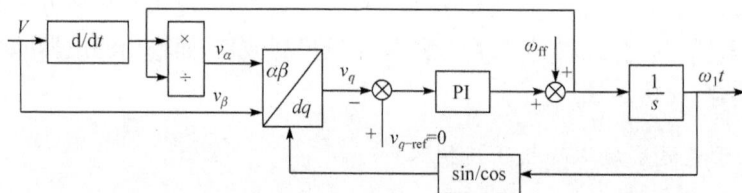

图 4.29　基于微分法虚拟两相的锁相环控制结构框图

　　设理想电网电压为 $v = V\sin(\omega t)$,若直接对 v 微分,有

$$v' = \frac{\mathrm{d}v}{\mathrm{d}t} = \frac{\mathrm{d}[V\sin(\omega t)]}{\mathrm{d}t} = V\omega\cos(\omega t) \tag{4.35}$$

令 $v_\beta = v_s, v_a = v'$。由式(4.35)可见,微分造成正交电压的幅值增大了 ω 倍,因此可对频率进行补偿,即在微分的同时,让电网电压除以反馈频率 ω,这样就避免了正交电压幅值的增加,经过频率补偿后的正交输出信号为

$$v' = \frac{1}{\omega}\frac{\mathrm{d}v}{\mathrm{d}t} = V\cos(\omega t) \tag{4.36}$$

基于微分法虚拟两相的单相锁相环一般适用于理想电网电压条件,当电网电压中含有谐波时,则虚拟两相电压中也含有同次谐波,此时的虚拟两相电压已不是标准的正交变量,为此必须要在环路中加滤波环节,以实现锁相环对基波信号相位的跟踪。 显然,由于滤波环节的延迟,这种基于微分法虚拟两相的单相锁相环方案也存在与乘法鉴相锁相环方案一样的不足。

7. 基于 Park 反变换虚拟两相的锁相环

基于 Park 反变换虚拟两相的单相锁相环是由基于三相同步旋转坐标系的锁相环技术衍生而来的。 其中的鉴相器环节采用了 Park 反变换来虚拟两相信号,其锁相环控制结构如图 4.30 所示。 输入电网电压信号 v_a 和内部变换产生的信号 v_β 作为 Park 变换的输入信号,为了提高系统稳定性,将 Park 变换后的 d、q 分量 v_d 和 v_q 进行滤波,再将滤波器输出的 d、q 分量 v'_d 和 v'_q 输入 Park 反变换单元进行反变换以获得 v_β,而 v'_q 则作为锁相环鉴相器的输出信号。

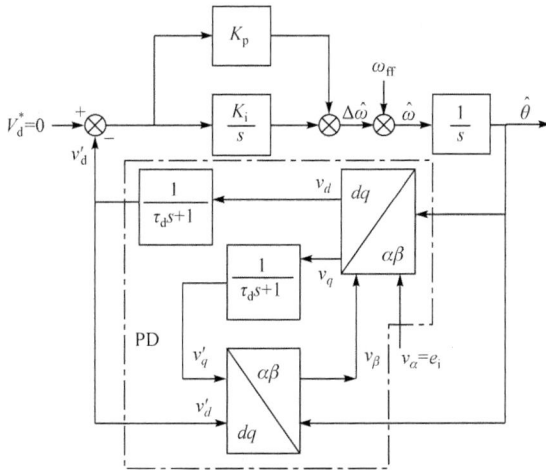

图 4.30　基于 Park 反变换虚拟两相的锁相环控制结构框图

上述 Park 变换和 Park 反变换可以表示为

$$\begin{bmatrix} v_d \\ v_q \end{bmatrix} = \begin{bmatrix} \cos\hat{\theta} & \sin\hat{\theta} \\ -\sin\hat{\theta} & \cos\hat{\theta} \end{bmatrix} \begin{bmatrix} v_\alpha \\ v_\beta \end{bmatrix} \tag{4.37}$$

$$\begin{bmatrix} v_\alpha \\ v_\beta \end{bmatrix} = \begin{bmatrix} \cos\hat{\theta} & -\sin\hat{\theta} \\ \sin\hat{\theta} & \cos\hat{\theta} \end{bmatrix} \begin{bmatrix} v'_d \\ v'_q \end{bmatrix} \tag{4.38}$$

式中,v'_d 和 v'_q 为 Park 变换后的 v_d 和 v_q 信号的滤波输出信号;$\hat{\theta}$ 为相位估计值。

如果对 v_d 和 v_q 信号的滤波采用一阶滤波器,则有

$$v'_d(s) = \frac{v_d(s)}{\tau_d s + 1} \tag{4.39}$$

$$v_q'(s) = \frac{v_q(s)}{\tau_q s + 1} \tag{4.40}$$

式中，τ_d 和 τ_q 为一阶滤波器时间常数。

联立式(4.37)~式(4.40)，可得

$$\frac{\mathrm{d}}{\mathrm{d}t}\begin{bmatrix} v_d' \\ v_q' \end{bmatrix} = \begin{bmatrix} -\dfrac{\sin^2\hat\theta}{\tau_d} & -\dfrac{\sin\hat\theta\cos\hat\theta}{\tau_d} \\ -\dfrac{\sin\hat\theta\cos\hat\theta}{\tau_q} & -\dfrac{\cos^2\hat\theta}{\tau_q} \end{bmatrix}\begin{bmatrix} v_d' \\ v_q' \end{bmatrix} + \begin{bmatrix} \dfrac{\sin\hat\theta}{\tau_d} \\ \dfrac{\cos\hat\theta}{\tau_q} \end{bmatrix} v_a \tag{4.41}$$

考虑到 $\hat\theta = \hat\omega t + \hat\varphi$，$v_a = V\cos(\omega t + \varphi)$，且稳态时 $\hat\omega \approx \omega$，此时将式(4.41)中的微分项等于零，即可求出系统稳态情况下的 v_d' 和 v_q' 表达式为

$$\bar v_d' = V\sin(\hat\varphi - \varphi) \tag{4.42}$$

$$\bar v_q' = V\cos(\hat\varphi - \varphi) \tag{4.43}$$

式中，$\bar v_d'$ 和 $\bar v_q'$ 为 Park 变换的稳态值。

由式(4.43)可看出，若通过闭环控制使 $\bar v_d' = 0$，则可使 $\hat\varphi = \varphi$，即实现单相电压的锁相控制。

与基于虚拟平均无功鉴相的锁相环相比，基于 Park 反变换虚拟两相的单相锁相环动态响应的快速性得到明显改善，这主要是因为系统中没有设置滤除 2 次谐波的平均值滤波器。然而，当电网电压含有 3 次谐波时，其锁相环的相位输出信号中含有 2 次谐波，因此该锁相环方案对电网电压谐波较敏感。

4.4　网侧变流器发展趋势

电气化铁路牵引供电系统由列车和牵引供电网组成，是一个非线性、复杂的大系统，列车和牵引网都是其可靠运行的关键。如果在设计时未充分考虑列车传动系统的控制和参数与牵引网之间的相互影响，容易引起牵引供电系统的诸多问题，如车网谐振、电能利用率低、电能质量问题等，甚至造成停车事故，严重影响铁路正常运输秩序，目前我国已经大量投用交直交机车的部分电气化铁路区段就曾发生过类似问题。随着我国电气化铁路建设的快速推进，今后投运的交直交机车会越来越多，如何实现交直交列车传动系统与牵引网之间的良好电气匹配及提升电能利用效率[13]，是今后很长一段时间内的技术难题和研究热点。

4.4.1　PWM 变流器中信息融合的应用

随着检测技术、信息处理技术、网络通信技术的提高，电气化铁路牵引供电系统、运行线路路况等各种相关信息已经应用在列车的管理和控制等方面，但由于目前列车传动系统各种软硬件的限制和传统控制方式的影响，传动系统在信息处理

上还较为落后,因此可以采用智能、高效、可靠的信息处理方式结合 PWM 变流器的常规控制,以提高列车的安全稳定运行、促进车网之间的良好匹配。

信息融合是一种研究多源信息综合处理的技术,采用信息融合处理方法对具有互补性和时空特性的多源信息进行互联、相关、估计及组合,以实现对被测对象精确和全面的描述,或对现实环境做出准确的识别和判断。信息融合由于其应用上的复杂性和多样性,决定了其研究内容极其丰富,涉及的基础理论较多。数据融合的基本原理如下:

(1) 多个不同类传感器收集被观测目标的数据;

(2) 对收集的数据进行特征提取的变换,提取代表观测数据的特征矢量;

(3) 对特征矢量进行模式识别处理,完成各传感器关于目标的说明;

(4) 将各传感器关于目标的说明数据按同一目标进行分组,即关联;

(5) 用融合算法将各传感器数据进行合成,得到该目标的一致性解释与描述。

融合算法:设被控系统的状态为 $X(k)$,传感器观测量为 $Z(k)$,则动力学方程和观测方程可写为

$$X(k+1) = F(k)X(k) + G(k)\omega(k) \tag{4.44}$$

$$Z(k) = H(k)X(k) + W(k) \tag{4.45}$$

式中,$F(k)$ 为状态矩阵;$G(k)$ 为信号矩阵;$H(k)$ 为观测矩阵;$\omega(k)$ 为输入信号向量;$W(k)$ 为观测信号向量。则系统的状态递归算法为

$$X(k+1|k) = F(k)X(k|k) \tag{4.46}$$

预测算法:

$$P(k+1|k) = F(k)P(k|k)F(k) + G(k+1)Q(k+1)G^{\mathrm{T}}(k+1) \tag{4.47}$$

$$Z(k+1|k) = H(k+1)X(k+1|k) \tag{4.48}$$

$$X(k|k) = X(k|k-1) + W(k)[Z(k) - Z(k|k-1)] \tag{4.49}$$

更新算法:

$$P^{-1}(k|k) = H^{\mathrm{T}}(k)R^{-1}(k)H(k) + P^{-1}(k|k-1) \tag{4.50}$$

$$W(k) = P(k)H^{\mathrm{T}}(k)R^{-1}(k) \tag{4.51}$$

式中,$P(k/k)$ 为状态的估计协方差。

信息融合算法具体可以分为估计方法、分类方法、推理方法和人工智能方法四类,常用的融合算法包括加权平均法、聚类分析法、Bayes 估计法、D-S 证据理论法、专家系统、神经网络及模糊逻辑法等。信息融合通过传感器观测物体组合来自传感器的原始数据,然后进行特征识别,此过程一般是从原始数据中提取一个特征矢量来完成,并且根据此特征做出决策[14]。

采用信息融合技术的基本方法是通过收集传动系统各部件、牵引供电系统、线路路况、邻近各车状态等相关信息,构建列车传动系统 PWM 整流器的大数据系统,利用这些数据完成相关状态的监控及预测,进而实现 PWM 整流器的全局最优

控制。可能的一些具体融合思路如下。

（1）将变流器部件参数作为系统可靠性输入条件，包括变流器电压电流、变压器温升、电抗器感值、电容器容值、模块电流与温升的关系曲线等，由此可以实现车载 PWM 整流器的系统寿命估计、状态估计与预警、检修指导，实现可靠性与经济型的兼顾。

（2）将线路的牵引供电系统的相关数据作为整流器的输入条件，包括牵引变电所位置、供电臂距离、功率、牵引网阻抗等参数，由此可以实现对牵引网特征信号的估计和预测，进而消除牵引网电压扰动对列车网侧变流器的干扰，减轻列车对牵引网电压的影响。

（3）将当前线路的路况信息作为整流器的输入条件，包括坡度、长度、分相点位置等数据，由此可以实现列车的功率需求预测及优化驾驶指导，提升列车的能量利用效率，实现节能减排与经济高效的协同。

（4）将同一供电臂下各车的运行状态信息作为整流器的输入条件，包括各车型号、数量、工作模式及状态、是否即将进入或离开供电臂等数据，由此可以实现对牵引供电系统谐波特性的优化，并对各车之间以及列车与牵引网之间的相互干扰进行预测。

4.4.2　基于信息融合的多目标协调优化控制

基于各种传感器的多源数据的信息融合不仅能提供列车传动系统及牵引供电系统各种状态的监控及预测，而且信息融合的结果可以作为决策的依据，为列车 PWM 整流器的多目标协调优化控制提供输入条件。通过多目标协调优化控制实现列车的安全、稳定、高效运行，并促进车网之间的良好匹配。列车 PWM 整流器控制的优化目标包括：

（1）对牵引网电压的稳定和动态无功补偿，以及对牵引变电所原边三相电流不平衡的部分补偿；

（2）多车之间 PWM 整流器协调控制，实现牵引供电网谐波特性的优化，防止列车对牵引网电压的干扰造成谐振；

（3）降低牵引网电能损耗和变流器电能损耗，提升列车的能量利用效率；

（4）配合相应的储能系统，提高制动回馈电能利用率，减少直流侧能量交换。

在进行多目标优化时，由于某一目标的优化可能会导致其他目标的恶化，因此很难使所有目标同时达到最优。上述各优化目标中，PWM 整流器受运行工况、额定容量、开关频率等条件的限制，很多时候在满足基本功能的前提下无法同时实现足够的无功补偿，而谐波补偿也可能与降低电能损耗相矛盾。解决多目标优化问题的手段通常就是在各个目标之间进行协调和折中，使目标函数尽可能达到最优。

常见的多目标优化控制算法有线性加权法、判断矩阵法、遗传算法、禁忌搜索算法、粒子群优化算法等。基于权重系数的线性加权法是求解多目标优化问题最直接有效的方法,其中权重系数的大小反映每个优化指标作用的大小,因此线性加权法可以在多个性能指标之间协调优化,将多目标转化为单目标再通过计算得到最优解。

首先,确定系统控制目标,即 $f_j(x)(j=1,2,\cdots,p)$ 表示 p 个系统性能指标,将该系统性能指标集合标准化处理得到特征向量:

$$F(x) = \left[\frac{f_1(x)}{B_1(x)}, \frac{f_2(x)}{B_2(x)}, \cdots, \frac{f_n(x)}{B_n(x)} \right]^T \tag{4.52}$$

式中,$B_j(x)(j=1,2,\cdots,p)$ 为指标基值。

其次,按照所有性能指标的重要程度分别乘以权系数 $\lambda_j(j=1,2,\cdots,p)$,然后相加作为目标函数,即

$$C(x) = \sum_{j=1}^{p} \lambda_j F_j(x) = \lambda^T F(x), \quad \lambda = (\lambda_1, \lambda_2, \cdots, \lambda_p)^T \in \Lambda \tag{4.53}$$

式中,$\Lambda = \left\{ \lambda = (\lambda_1, \lambda_2, \cdots, \lambda_p) \mid \lambda_j \geqslant 0, \sum_{j=1}^{p} \lambda_j = 1 \right\}$

最后,对此目标函数在多目标规划的约束集合上求最优解。由于权重系数直接反映目标函数重要程度,一般说,重要的目标函数相应的权系数要大些;而相对不很重要的目标函数相应的权系数要小些。权重系数的这一特点非常适合模糊算法,因此可以利用模糊推理算法来确定权重系数向量,同时权重系数的确定需要运用决策者的知识与经验,但决策者也常常难以直接给出量化值,因此还可以借助遗传算法等加以优化。

4.5　小　　结

本章主要讲述了交流传动系统变流器的基本组成,介绍了列车在牵引和制动不同工况下,电能和机械能之间能量交换的路径和流向,指出了变流器是能量双向流动的核心环节。网侧变流器是交流传动系统的重要单元,同时具有隔离、升压、滤波、阻尼等重要作用,从稳态功率输出和抑制谐波电流两个维度给出了交流侧电感的设计方法。重点讲述了网侧变流器的两类控制策略:间接电流控制策略和直接电流控制策略,同时对网侧变流器多重化载波移相调制的实现,以及网侧电流谐波性能进行了详细分析,接着对作为网侧变流器控制技术核心之一的锁相环控制进行了重点介绍。最后指出了网侧变流器控制的发展趋势将是信息融合的多目标优化控制。

参 考 文 献

[1] 王亮.城轨交通动车组控制系统中检测与保护电路研究与设计[D].广州:华南理工大

学,2014.

[2] 冯婧. 基于 PWM 整流器的可逆充电技术的研究[D]. 淮南:安徽理工大学,2009.

[3] 张兴. PWM 整流器及其控制策略的研究[D]. 合肥:合肥工业大学,2003.

[4] 王传兵. 三相电流型 PWM 整流器的研究[D]. 杭州:浙江大学,2006.

[5] 王鹏. 三电平脉冲整流器的控制研究[D]. 成都:西南交通大学,2011.

[6] 欧阳晖. 大功率四象限变流器控制技术研究[D]. 武汉:华中科技大学,2012.

[7] 彭双剑. 微网运行和电能质量控制研究[D]. 长沙:湖南大学,2011.

[8] 杨淑英. 双馈型风力发电变流器及其控制[D]. 合肥:合肥工业大学,2007.

[9] 王京保. 光伏变流器低电压穿越技术研究[D]. 北京:北京交通大学,2014.

[10] 董海燕. 有源电力滤波器中的 PWM 变流器设计与仿真研究[D]. 兰州:兰州交通大学,2012.

[11] 王居昭. 基于自抗扰控制的电压型 PWM 整流器的设计与实现[D]. 沈阳:东北大学,2010.

[12] 孙运宾. 低压大电流电解电镀高频开关电源的研究[D]. 长沙:湖南大学,2013.

[13] 冯金博. 高速铁路车网匹配研究[D]. 成都:西南交通大学,2011.

[14] 冯肖维. 基于多传感器信息融合的移动机器人位姿计算方法研究[D]. 上海:上海大学,2011.

第 5 章 列车传动系统交流牵引电机控制技术

5.1 引　　言

列车牵引传动系统是列车运行动力源,已从直流传动跨入交流传动阶段。列车实际运行中,中央控制单元(CCU)或者车辆控制单元(VCU)获取驾驶员手柄的列车牵引力给定后,通过列车总线(动态解编列车采用WTB,地铁列车或者其他固定编组列车通常直接采用MVB)传输到变流器控制单元(DCU),并经过一系列保护逻辑控制运算处理(如系统直流电压限制、负载平衡与加速度的限制、列车运行冲击率限制、防滑与防空转处理、温度限制等),最终得到牵引电机的转矩给定值,如图 5.1 所示。

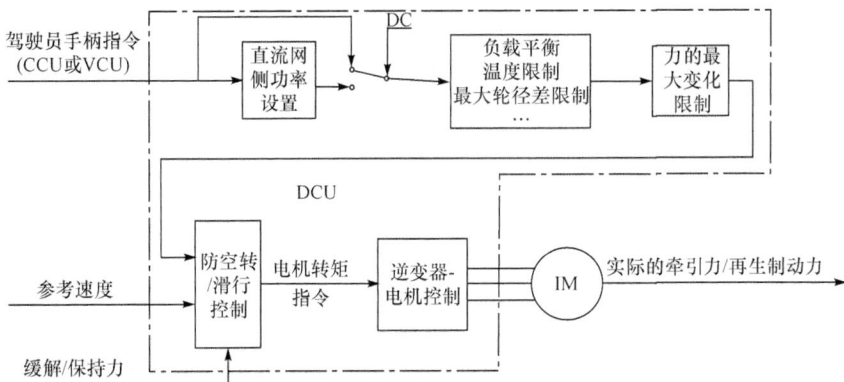

图 5.1　列车传动系统牵引电机转矩给定设置示意图

列车变流器控制单元以牵引电机为控制对象,通过有序控制牵引变流器驱动牵引电机输出期望的电磁转矩,以实现对列车运行速度的调节和控制。由此可见,牵引电机是列车电气传动系统中机电能量转换的重要环节。电机是一个复杂的高阶多变量、非线性时变系统。而牵引电机转矩(功率)密度大,负荷变化范围大,工作温度变化范围宽,调速范围从恒转矩区到深度弱磁的六脉波恒功区,磁场变化大,大范围的温度和磁场的变化使牵引电机控制更加复杂。实现牵引电机高动态响应、高精度控制是业界关键技术。本章主要对列车传动系统牵引电机基本控制策略进行介绍,详细阐述转差频率控制、矢量控制(FOC)、直接转矩控制(direct torque control,DTC)以及无速度传感器控制等技术。

5.2　交流异步电机变压变频控制特性

根据电机学原理,对交流异步电机调速可采用转差功率消耗型、转差功率回馈型和转差功率不变型的控制方案。变频调速属于转差功率不变型调速方案,系统的效率最高。

在额定转速以下时,实施定子电压与频率的协调控制(VVVF),为了充分利用铁心材料特性,电机的磁场保持在额定值,此时电机转矩可以维持在额定转矩上,具有恒转矩调速特性,如图 5.2 所示。

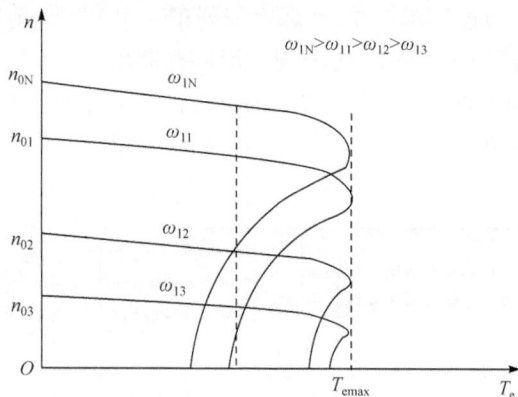

图 5.2　额定转速以下异步电机的变压变频调速特性

在电机变频升速过程中,随着定子频率的逐步增加,定子电压也相应增加,电机的输出功率也随之增加。一般在基频(与额定转速相对应的定子频率)时定子电压和电机功率达到最大,为了充分利用电机的输出能力,此时可以维持电机输出功率恒定进行恒压变频(constant voltage variable frequency,CVVF)调速。随着电机转速的上升,电机输出转矩与其成反比下降,这一区域属于恒功率调速区,如图 5.3 所示。

在基频以上的调速阶段,由于定子电压不变,随着定子频率增加,电机的磁通逐渐减少,即常说的弱磁升速过程。随着速度的进一步升高,当异步电机的转差频率达到极限时,维持其不变进行变频调速,此时电机的输出转矩极限值与转速平方的乘积保持不变,称为自然特性调速区,类似于串励直流电机特性。

图 5.4 给出了交流异步电机在不同速度下的典型变压变频调速模式。由于交流异步电机是一个复杂的机电系统,所以在变压变频过程中,存在诸多不同的控制策略。

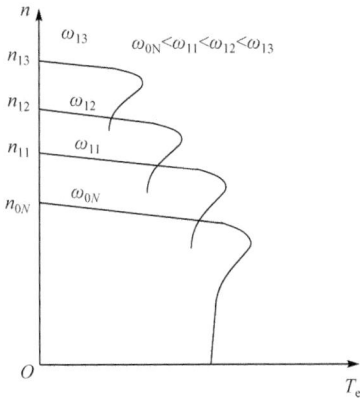

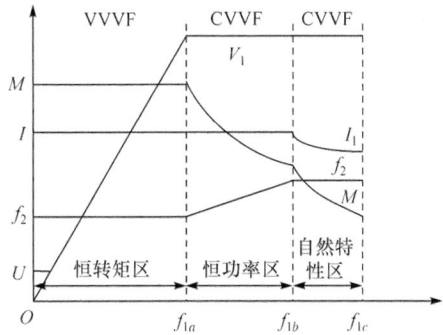

图 5.3　额定转速以上异步电机的
　　　　恒压变频调速特性

图 5.4　交流异步电机的
　　　　变压变频调速模式

　　交流电机的控制策略总体上可分为标量控制和矢量控制两大类。标量控制基于电机物理量的稳态关系,受控量是电机的电压、电流、磁链空间矢量的幅值和频率,而不会对瞬态过程中空间矢量的位置进行控制,如早期的恒电压/频率比控制、滑差-电流控制。矢量控制则建立在电机变量的动态关系基础上,不仅控制电机的电压、电流、磁链空间矢量的幅值和频率,还控制它们的瞬时位置,如磁场定向矢量控制(field orientation control,FOC)、直接转矩控制(direct torque control)和间接定子量控制(indirect stator-quantities control)等。

5.3　异步电机转差频率控制技术

　　转差频率控制系统是基于交流异步电机稳态数学模型的对其转矩实施控制的一种方案。根据图 5.5 中的交流异步电机稳态等效电路,可以推导出:

$$T_e = \frac{3}{2} n_p \left(\frac{E_g}{\omega_s}\right)^2 \frac{s\omega_s R_r'}{R_r'^2 + s^2 \omega_s^2 L_{r\sigma}'^2} \tag{5.1}$$

　　在进行变频调速过程时,转差频率 $\omega_{slip} = s\omega_s$ 比较小。所以式(5.1)可以改写为

$$T_e \approx K_m \Phi_m^2 \frac{\omega_{slip}}{R_r'} \tag{5.2}$$

式中,$K_m = 1.5 n_p$;$\Phi_m = E_g / \omega_s$ 为气隙磁通幅值。

　　式(5.2)表明,在 ω_{slip} 较小的稳态运行范围内,如果能够保持气隙磁通 Φ_m 不变,异步电机的转矩近似与转差角频率 ω_{slip} 成正比。即在交流异步电机中,控制 ω_{slip} 就能够达到间接控制转矩的目的,这是转差频率控制技术的基本思想,也是其

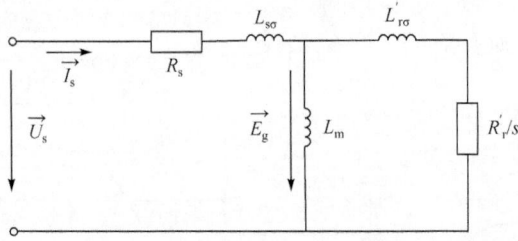

图 5.5　三相交流异步电机稳态等效电路原理图

L_m-定转子等效互感；$L_{s\sigma}$-定子侧漏感；$L'_{r\sigma}$-转子等效漏感；
R_s-定子电阻；R'_r-转子等效电阻；ω_s-定子角速度；$\vec{E}_g$-感应电动势

控制规律之一[1]。根据交流异步电机稳态等效电路，可以推导出正弦稳态下的定子电流公式[2]：

$$\vec{I}_s = \frac{\vec{E}_g}{\omega_s L_m} \cdot \frac{\dfrac{R'_r}{s} + j\omega_s(L_m + L'_{r\sigma})}{\dfrac{R'_r}{s} + j\omega_s L'_{r\sigma}} \tag{5.3}$$

所以定子电流的幅值满足

$$i_s = \frac{\Phi_m}{L_m} \sqrt{\frac{R'^2_r + \omega^2_{slip}(L_m + L'_{r\sigma})^2}{R'^2_r + \omega^2_{slip} L'^2_{r\sigma}}} \tag{5.4}$$

式(5.4)表示了定子电流与转差频率以及电机参数之间的关系，对于不同的转差频率 ω_{slip}，如果能够按照式(5.4)调节定子电流，那么气隙磁链就可以维持在期望值，这是转差频率控制技术的规律之二。

图 5.6 给出了一种转速闭环的转差频率控制系统框图。图中根据转速调节器(ASR)得到转差角频率的指令值 ω^*_{slip} 对转矩进行调节。系统在检测到转子电角频率 ω_r(由速度传感器输出)之后，加上转差角频率指令值 ω^*_{slip} 可以得到定子电角频率指令值 ω^*_s。所以定子电角频率与转子电角频率之间始终相差转差角频率，这种方式保证了转差频率控制规律的实施。根据定子电角频率、检测的定子电流、电机的参数计算得到定子电压指令值，根据定子电压幅值和定子电角频率的指令值，采用 PWM 技术对电压型逆变器实施控制，以保证电机气隙磁通幅值不变。由其原理可知，上述的速度闭环转差频率控制系统具有较好的稳态性能，且其控制结构较为简单，不依赖于电机参数变化。然而由于转差频率控制本身是在稳态条件下"保持磁通 Φ_m 恒定"的一种控制方式，无法动态维持磁通 Φ_m 而导致系统实际动态性能的下降。此外因为只实现了对电流 $\vec{I}^*_s$ 幅值的控制(由内环 ACR 电流调节器实现)，而未控制其相位，无法获得高性能的电机转矩控制效果。

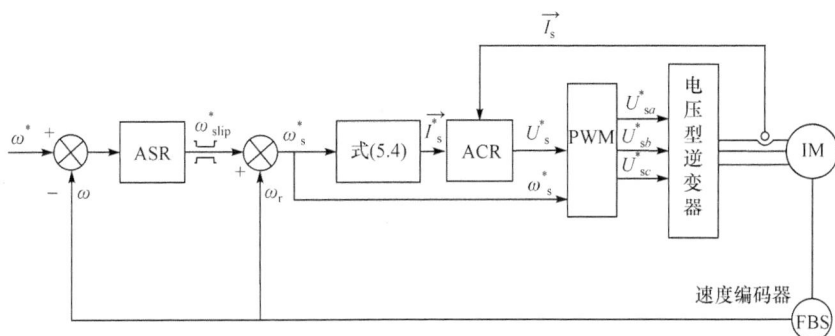

图 5.6　转速闭环的转差频率控制系统框图

5.4　异步电机矢量控制技术

交流电机矢量控制（vector control，VC）又称磁场定向控制，它是 1968 年由德国 Darmstader 工业大学的 Hasse 博士提出的，1971 年西门子有限公司的 Blaschke 又将这种一般化概念形成理论[3]，并以磁场定向控制的名称发表。

矢量控制将交流电机磁场空间矢量的方向作为旋转坐标系的定位方向，并将电机定子电流矢量正交分解成与磁场方向一致的励磁电流分量 i_M 和与磁场方向垂直的转矩电流分量 i_T，通过对励磁电流分量和转矩电流分量的分别控制，使交流电机能像他励直流电机一样控制。因而使人们看清了交流电机虽然控制复杂，但同样可以实现转矩、磁场独立控制的本质规律[4]。矢量控制是对异步电机提出的一种新颖实用的控制思想和控制技术，极大地推动了电控制性能的进步。

交流电机矢量控制是建立在电机动态数学模型基础上的，下面的分析以突出交流电机矢量控制规律为目的，简化电机复杂数学模型的推导过程。

5.4.1　转子磁场定向（*M-T*）坐标系中交流异步电机的数学模型

图 5.7 给出了坐标变换中常用的坐标系，其中 ABC 坐标系为三相静止坐标系，其三个绕组分别在 A、B、C 三个轴上；αβ 坐标系为两相正交静止坐标系，两个坐标轴上各自有一个静止绕组；MT 坐标系为两相正交旋转坐标系，有两个旋转绕组分别放置在 M 轴与 T 轴上，T 轴超前 M 轴 90°。

不同坐标系中的绕组之间是可以进行等效变换的，例如，将 ABC 三相静止坐标系绕组的电流变换到 MT 坐标系绕组电流的变换矩阵如下：

$$\begin{bmatrix} i_M \\ i_T \end{bmatrix} = \frac{2}{3} \begin{bmatrix} \cos\theta_s & \cos\left(\theta_s - \dfrac{2\pi}{3}\right) & \cos\left(\theta_s + \dfrac{2\pi}{3}\right) \\ -\sin\theta_s & -\sin\left(\theta_s - \dfrac{2\pi}{3}\right) & -\sin\left(\theta_s + \dfrac{2\pi}{3}\right) \end{bmatrix} \begin{bmatrix} i_A \\ i_B \\ i_C \end{bmatrix} \tag{5.5}$$

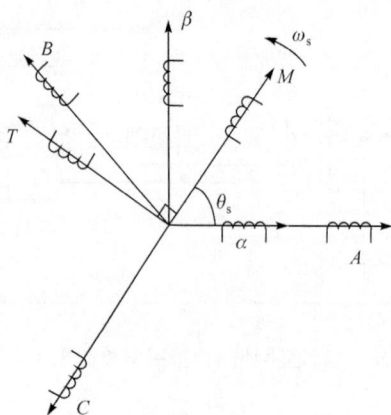

图 5.7　坐标变换常用坐标系

　　将交流异步电机的三相静止定子绕组变换到按照同步速度旋转的 MT 坐标系,同时也将转子绕组变换到该 MT 坐标系,那么,在 MT 坐标系中,交流异步电机就仅有四个相对静止的绕组。该坐标系中,交流异步电机的动态数学模型包括电压方程式、磁链方程式、转矩方程式和运动方程式。

　　1) 电压方程式

$$u_{sM} = R_s i_{sM} + p\psi_{sM} - \omega_s \psi_{sT}$$
$$u_{sT} = R_s i_{sT} + p\psi_{sT} + \omega_s \psi_{sM}$$
$$u_{rM} = R'_r i_{rM} + p\psi_{rM} - \omega_{slip}\psi_{rT} \tag{5.6}$$
$$u_{rT} = R'_r i_{rT} + p\psi_{rT} + \omega_{slip}\psi_{rM}$$

式中,ω_s 为电机定子频率;ω_{slip} 为电机转差频率;p 为微分算子。

　　2) 磁链方程式

$$\begin{bmatrix} \psi_{sM} \\ \psi_{sT} \\ \psi_{rM} \\ \psi_{rT} \end{bmatrix} = \begin{bmatrix} L_s & 0 & L_m & 0 \\ 0 & L_s & 0 & L_m \\ L_m & 0 & L_r & 0 \\ 0 & L_m & 0 & L_r \end{bmatrix} \cdot \begin{bmatrix} i_{sM} \\ i_{sT} \\ i_{rM} \\ i_{rT} \end{bmatrix} \tag{5.7}$$

式中,L_s 为定子绕组自感;L_r 为转子绕组自感;L_m 为定转子互感。

　　采用转子磁链矢量进行定向时,将转子磁链矢量($\vec{\psi_r} = \psi_{rM} + j\psi_{rT}$)方向与坐标系 M 轴方向重合,所以有

$$\psi_{rM} = \psi_r$$
$$\psi_{rT} = 0 \tag{5.8}$$

将式(5.8)代入磁链方程式,可得

$$i_{rM} = \frac{\psi_r - L_m i_{sM}}{L_r}$$

$$i_{rT} = -\frac{L_m}{L_r} i_{sT} \tag{5.9}$$

将磁链方程代入电压方程式(5.6),同时考虑到转子回路端电压为 0,有

$$u_{rM} = u_{rT} = 0 \tag{5.10}$$

可以得到

$$\psi_r = \frac{L_m}{T_r p + 1} i_{sM} \tag{5.11}$$

式中,$T_r = L_r / R_r'$ 为转子回路电气时间常数。

3) 转矩方程式

MT 坐标系中异步电机的转矩方程为

$$T_e = \frac{3}{2} n_p \frac{L_m}{L_r} i_{sT} \psi_r \tag{5.12}$$

根据电压方程和磁链方程还可以推导出异步电机转差角频率如下,基于该式可以实现转差型矢量控制。

$$\omega_{slip} = \frac{L_m i_{sT}}{T_r \psi_r} \tag{5.13}$$

4) 运动方程式

$$J \frac{d^2 \theta_r}{d^2 t} + D \frac{d\theta_r}{dt} + K\theta_r = T_e - T_L \tag{5.14}$$

式中,θ_r 为机械角度;T_L 为负载转矩;J 为转动惯量;D 为与转速成正比的摩擦及风阻转矩系数;K 为扭转弹性转矩系数[5]。

考虑到一般 $K=0$,$\omega_r = \frac{d\theta_r}{dt}$,并将摩擦阻力矩归并到 T_L 中,得

$$T_e = T_L + J \frac{d\omega_r}{dt} \tag{5.15}$$

采用转子电角速度表示的电机运动方程式如下:

$$T_e = T_L + \frac{J}{n_p} \frac{d\omega_e}{dt} \tag{5.16}$$

5.4.2　磁场定向矢量控制规律分析

从式(5.11)可以看出转子磁链与定子电流之间的关系:转子磁链 ψ_r 与定子电流的 M 轴分量 i_{sM} 之间是一阶惯性环节,这与他励直流电动机的励磁回路相似。因此该电流称为定子电流的励磁分量,控制励磁电流 i_{sM} 就可以控制转子磁链 ψ_r。

从式(5.12)可以看出,电机的转矩与定子电流的 T 轴分量以及转子磁链的乘积成正比。在保持转子磁链不变的前提下,转矩直接由定子电流 T 轴分量控制,称该电流为定子电流的转矩分量,这就类似于他励直流电动机的电枢回路电流。

在 MT 坐标系中定子电流 i_{sT} 与 ψ_r 正交,定子电流 i_{sM} 与 ψ_r 同方向。前者是产生电磁转矩 T_e 的转矩电流分量,后者则是产生磁通的励磁电流分量。因此,它们分别以 T(torque)和 M(magnetizing)命名。

采用传统方法控制异步电机 ABC 三相静止坐标系的绕组相电流(如式(5.4))难以分别独立控制电机的磁通和转矩,但经过 MT 坐标变换后,就可以把定子电流中的有效转矩分量和有效磁通分量分离出来,从而对转矩和磁通实施有效的解耦控制,以改善传动系统中异步电机的控制特性。

图5.8给出了异步电机矢量控制原理图。图中的交流异步电动机采用电流控制型逆变器供电。控制系统根据电机运行的需要(气隙磁通和电机转矩)得到磁通电流与转矩电流的参考值(相当于直流电动机的励磁电流与电枢电流),该参考值是 MT 同步旋转坐标系中的电流指令值;然后采用旋转坐标变换,将参考值变换到 ABC 三相静止坐标系中,得到三相定子电流的参考值;根据此参考值采用合适的 PWM(如电流滞环 PWM)技术控制逆变器三相输出电流使其紧密跟随该电流参考值;当异步电动机的三相定子电流得到很好的控制时,就可以认为旋转坐标系中的励磁电流与转矩电流得到了很好的控制,那么交流电机的磁场与电磁转矩就得到了很好的控制。理想情况下,图5.8中虚线框单元的内部可以相互抵消,因而采用磁场定向矢量控制策略就可以将异步电机按照直流电动机来进行控制,实际应用效果也表明它可以获得与直流电动机相媲美的调速性能。

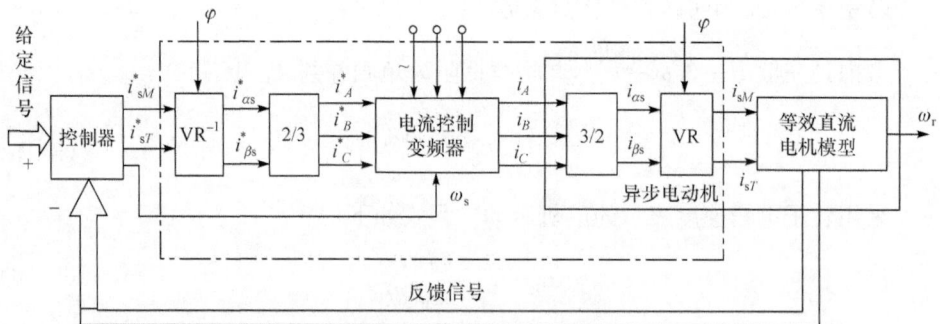

图 5.8　异步电机矢量控制原理框图

5.4.3　典型的交流异步电机矢量控制系统

图5.8给出的是磁场定向矢量控制系统原理框图,在实际应用中典型的矢量

控制系统有两种——直接型磁场定向矢量控制系统(图 5.9)与间接型磁场定向矢量控制系统(图 5.10)。图 5.9 给出的是带有转速闭环(ASR)、转矩闭环(ATR)、磁链闭环(AψR)以及电流闭环(ACR)的控制系统,在图中,将速度指令和编码器反馈转速作差送入转速调节器(ASR)中,以实现系统的闭环调速功能;当电机工作在额定转速以上时,通过图中的磁链给定曲线设计,对转子磁场进行弱磁调节;转子磁链调节器(AψR)所需的磁链反馈值是利用检测的电机电流(由电流传感器 TA 测得)和转速通过电流模型得到的[6];为了控制好交流电机的励磁电流和转矩电流,将其指令值变换到三相静止坐标系后,通过检测到的电流反馈值比较后送入图中的自动电流调节器(ACR),产生相应的调节电压,然后经过 SVPWM/SPWM 调制环节控制电压型牵引逆变器。

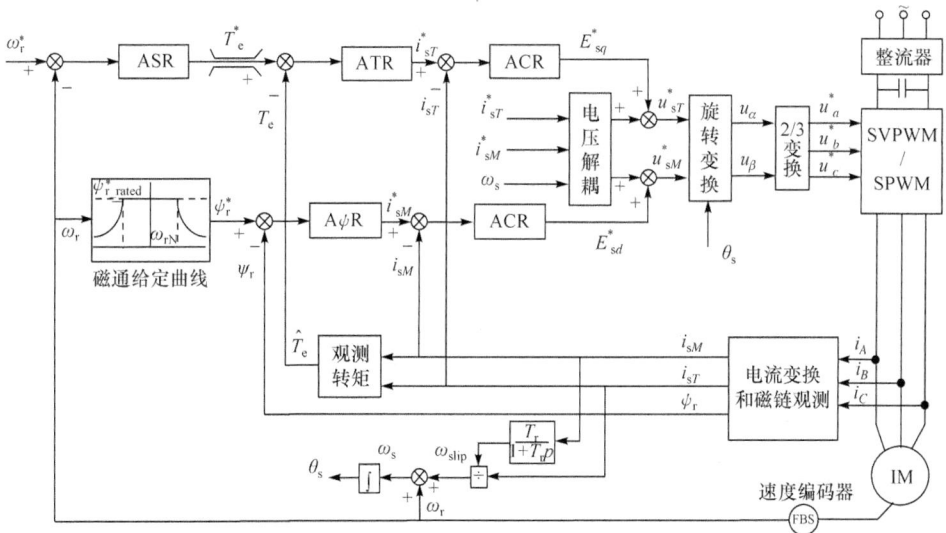

图 5.9　异步电机直接型矢量控制系统结构框图

图 5.10 方案与图 5.9 方案的主要不同在于转子磁链的处理,因为没有采用转子磁链观测器,对电机参数变化的影响不敏感。该方案利用前面所述的 MT 坐标系中转差公式计算出转差频率 ω_{slip} 后,将其与转子速度一同计算出磁场速度及其位置的角度值,然后与定子电流在 MT 坐标系下的相角给定信号 θ_s^* 一起控制逆变器的换相时刻,从而控制定子电流的相位;同时由于没有磁场幅值信号,也就不能设置相应的磁场闭环调节。

另外,由于受到逆变器本身输出可变频率的电压及电流等级的限制,通常当电机转速超过一定值(通常为额定转速)后,需对异步电机进行弱磁控制,对定子指令电压 U_s^* 进行调节,避免 U_s^* 超过逆变器可提供最大电压限幅值,以满足电机在高速区内的牵引特性要求和提高控制系统的动态响应性能。目前针对异步电机高速

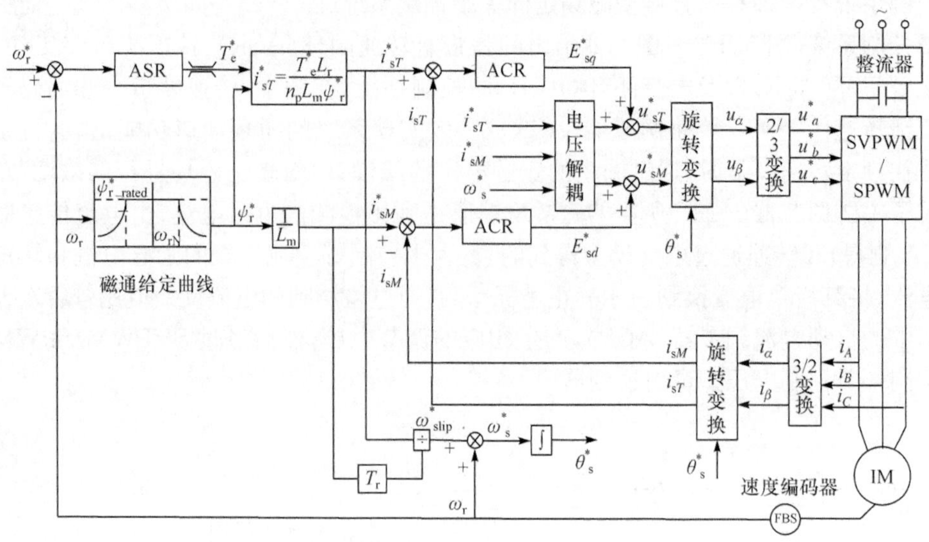

图 5.10　异步电机间接型矢量控制系统结构框图

区域弱磁控制方法有很多种,图 5.9、图 5.10 所示控制方案中是典型的基于电机转速 $\omega_r/\omega_{rN} \cdot \psi_{r\_rated}^*$ 的反比例弱磁控制方式。

5.5　异步电机直接转矩控制技术

1985 年,德国鲁尔大学 Depenbrock 教授提出了具有六边形定子磁链轨迹的异步电机直接自控制(direct self control,DSC)技术[7],它与日本学者 Takahashi 提出的具有圆形磁链轨迹的直接定子磁链与转矩控制技术被认为是异步电机直接转矩控制技术的典型代表。直接自控制技术是继矢量控制技术之后发展起来的另一种高动态性能的交流电机变压变频调速技术,因为采用转矩闭环直接控制电机的电磁转矩而得名[8],如图 5.11 所示。直接转矩控制的思想是通过实时计算电机转矩和磁链的幅值,分别与转矩和磁链的给定值比较,由转矩和磁链调节器直接从一个开关表中选择合适的定子电压空间矢量,进而控制逆变器功率开关的状态。直接转矩控制不需要复杂的矢量坐标变换,对电机模型进行简化处理,没有脉宽调制信号发生器,控制结构简单,受电机参数变化影响小,能够获得较好的动态性能,但是也存在着一些不足:逆变器开关频率不固定,转矩、电流波动大,电流谐波比较大等[9]。

5.5.1　异步电机基本数学模型

与交流电机矢量控制技术不同的是,直接转矩控制技术的基础是交流电机在

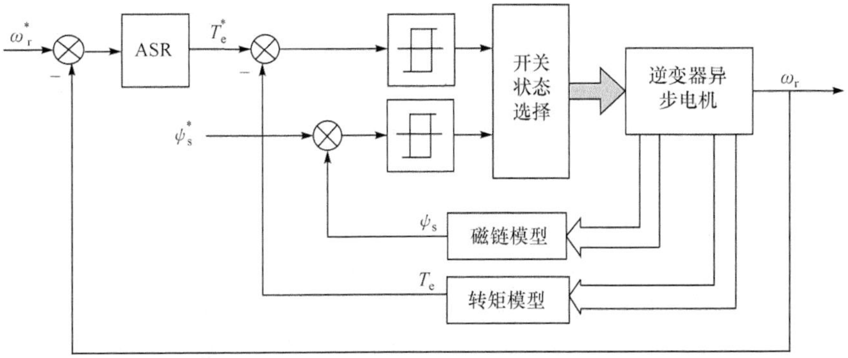

图 5.11　交流电机直接转矩控制原理框图

两相静止坐标系中的动态数学模型。图 5.12 给出的是异步电机另一种等效电路——T 形等效电路。

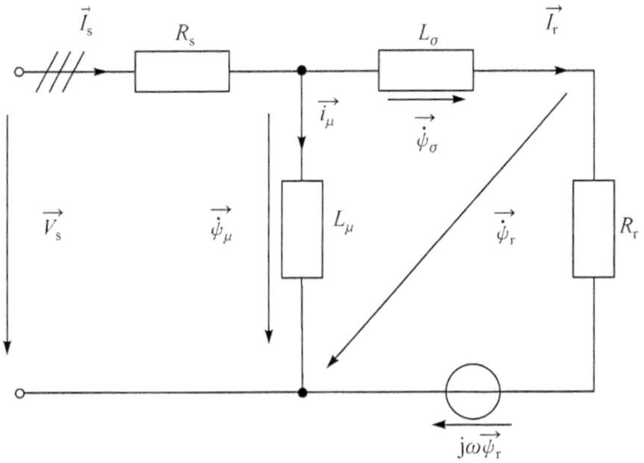

图 5.12　异步电机 T 形等效电路原理图

在图 5.13 中，$L_\mu=L_m+L_{s\sigma}$，$\sigma_s=L_{s\sigma}/L_m$，$R_r=(1+\sigma_s)^2 \cdot R'_{rT-ECD}$，$\vec{\psi_r}=\dfrac{L_m+L_{s\sigma}}{L_m} \cdot \vec{\psi}_{rT\text{-}ECD}$，T-ECD 为 T 形等效电路。

图 5.13 中的电机电压方程见式(5.17)、式(5.18)，定子磁链可根据式(5.19)计算，转子磁链可根据式(5.20)计算，电机转矩可由式(5.21)获得。

$$\vec{V}_s=R_s\vec{I}_s+\dot{\vec{\psi}}_\mu \tag{5.17}$$

$$0=-\dot{\vec{\psi}}_r+R_r\vec{I}_r+j\omega\vec{\psi}_r \tag{5.18}$$

$$\vec{\psi}_\mu=L_\mu\vec{I}_\mu=\int(\vec{V}_s-R_s\vec{I}_s)\mathrm{d}t \tag{5.19}$$

$$\vec{\psi}_r=\vec{\psi}_\mu-L_\sigma\vec{I}_r \tag{5.20}$$

$$T=\frac{3}{2}n_{\mathrm{p}}(\psi_{\mu\alpha}i_{s\beta}-\psi_{\mu\beta}i_{s\alpha})=\frac{3}{2}\cdot\frac{n_{\mathrm{p}}}{L_{\sigma}}\cdot|\vec{\psi}_{\mu}|\cdot|\vec{\psi}_{\mathrm{r}}|\cdot\sin\theta \qquad (5.21)$$

电机在实际运行中,通常控制定子磁链幅值为额定值,以便充分利用电动机能力;而转子磁链幅值由负载决定。如果要改变电动机的转矩,可以通过改变式(5.21)的磁通角 θ 来实现。

5.5.2 直接自控制技术

电压型逆变器输出电压直接施加在牵引电机的定子上,电机定子磁链与定子电压之间的关系见式(5.18),若忽略定子电阻压降的影响,定子磁链空间矢量与定子电压空间矢量之间为积分关系[10]。定子磁链的运动方向和轨迹将对应于电压空间矢量的作用方向,如图5.13所示。在适当的时刻依次给出电压空间矢量 $\vec{V}_1$ [100]$-\vec{V}_6$[110]$-\vec{V}_5$[010]$-\vec{V}_4$[011]$-\vec{V}_3$[001]$-\vec{V}_2$[101]$-\vec{V}_1$[100],那么电机的定子磁链运动轨迹将呈现正六边形。在两电平电压型逆变器中,若把上桥臂器件导通用数字"1"表示,下桥臂导通用数字"0"表示,则如图5.13中所示,逆变器共有 $\vec{V}_0\sim\vec{V}_7$ 8种工作状态,其中,$\vec{V}_1\sim\vec{V}_6$ 是有效工作矢量,$\vec{V}_0$ 和 $\vec{V}_7$ 为零矢量。直接利用两电平电压型逆变器的六种有效开关状态,就可以便捷地得到六边形的磁链轨迹以控制电机的磁场,这就是直接自控制中定子磁场控制规律。

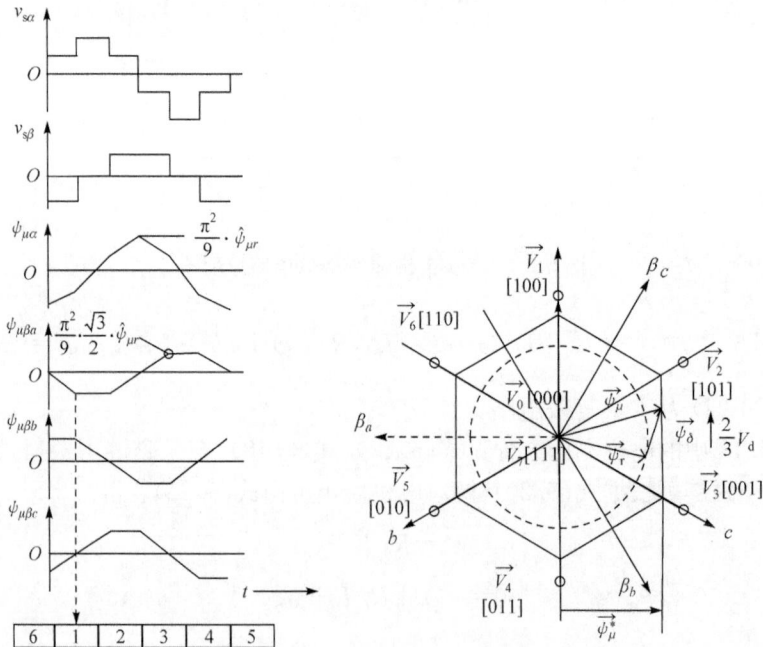

图 5.13 直接自控制中电机定子电压波形与定子磁链轨迹图

图 5.13 中的 ψ_μ^* 为预先设置的六边形磁链滞环门槛,将定子磁链变换到 β_{abc} 坐标系中,得到 β_a、β_b、β_c 分量后通过磁链滞环比较,可以生成逆变器三相桥臂的开关信号。

在额定速度及以下的运行范围内,定子磁链幅值是保持恒定的,为调节转矩,必须通过改变磁场空间矢量的平均角速度,也就是改变定子磁场相对于转子的瞬时转差频率。对于直流环节电压为 U_d 的两电平电压型逆变器,定子磁链的空间旋转速度恒为 $\mathrm{d}\psi_s/\mathrm{d}t = 2U_d/3$。在恒定磁链下调节转矩,则必须减少定子磁链平均速度,那么在适当的时刻插入空间零矢量使得定子磁链空间矢量停止,既保证了磁链的恒定,也改变了定子磁链运行速度,起到了调节转矩的作用。直接自控制技术中引入了转矩滞环(band-band)调节器,这个调节器将转矩保持在宽度为 $2\varepsilon_m$ 的带限内。当实际转矩与给定转矩之差超过调节器带限时,将改变开关指令对其进行调节,这就是直接自控制中的电机转矩控制规律。

图 5.14 给出了 DSC 的具体控制框图,各单元的功能如下。

电压计算单元测量直流环节 U_d 和电压型逆变器三相电力半导体元件的开关状态(S_a、S_b、S_c),计算出实际电压空间矢量,并转换到定子 $\alpha\beta$ 两相静止坐标系;测量到的逆变器三相输出电流经坐标变换至定子 $\alpha\beta$ 两相静止坐标系,电机的电流与电压送至转矩计算模块和磁链计算模块。

磁链计算模块计算出的定子磁链,经坐标变换至定子 β_{abc} 坐标系,经磁链滞环比较器后输出满足磁链自控制需求的有效矢量。转矩计算模块计算出电机的实际输出转矩,经转矩滞环比较器后输出零矢量选择开关指令。零矢量选择器根据逆变器换相次数最小原则,选择应施加的零矢量是 $\vec{V}_7(111)$,还是 $\vec{V}_0(000)$。

逆变器开关频率控制器通过测量列车牵引逆变器实际输出频率,将其与预先设定的最大频率比较后对转矩滞环调节器的带宽进行调节,一方面不会使逆变器工作频率过大,另一方面又可以充分利用逆变器的开关能力,减少电机电流的谐波成分。

采用图 5.15(a)的六边形磁链直接自控制的异步电机运行时的定子电流如图 5.16(a)所示,电流谐波频谱分析如图 5.16(b)所示,可以看出定子电流中含有较多的 5、7 次谐波。为此 Steimel 教授[11] 提出图 5.15(b)所示的十八边形磁链轨迹[12] 以改善电机电流的谐波,电流波形如图 5.17(a)所示,其电流谐波频谱如图 5.17(b)所示[13]。与图 5.16(b)相比可以看出 5 次和 7 次谐波明显减少,11 次和 13 次谐波稍有增加。

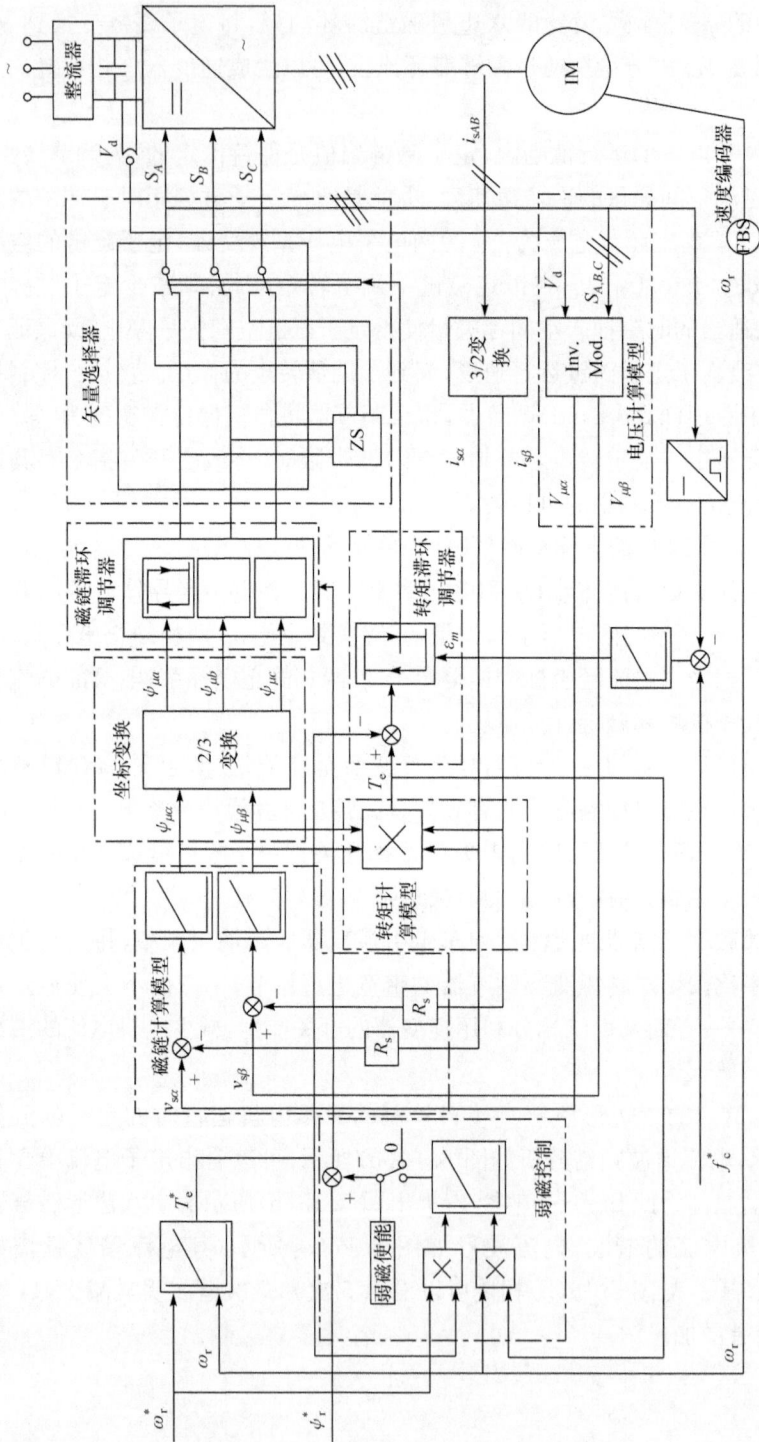

图 5.14　DSC 系统构成框图

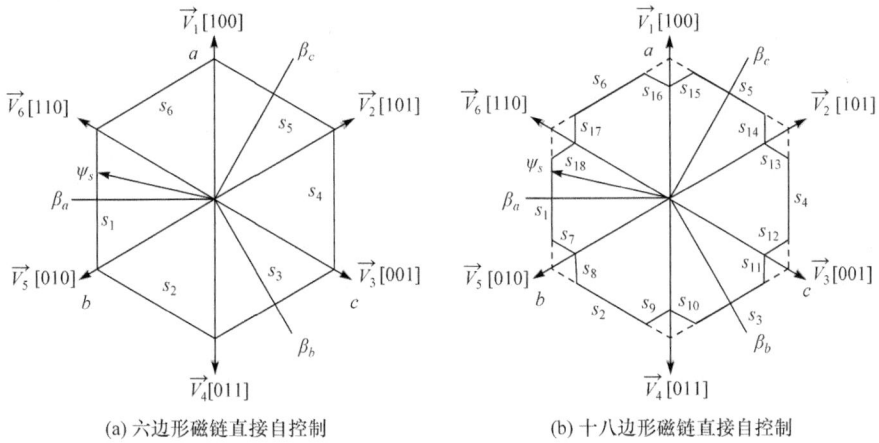

(a) 六边形磁链直接自控制　　　(b) 十八边形磁链直接自控制

图 5.15　六边形和十八边形磁链直接自控制电压矢量图

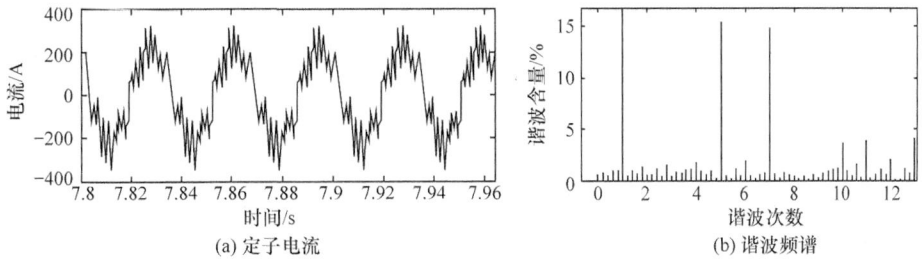

(a) 定子电流　　　(b) 谐波频谱

图 5.16　六边形磁链轨迹电机定子电流

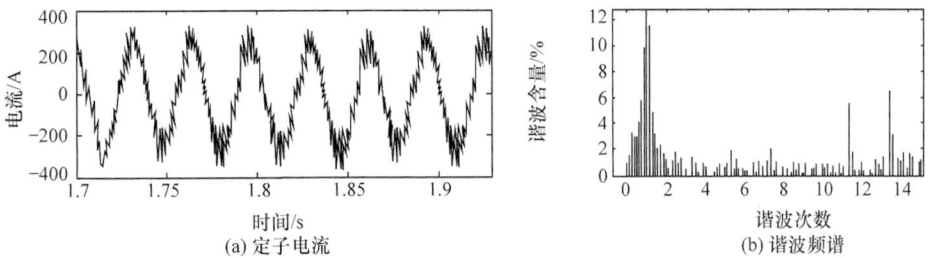

(a) 定子电流　　　(b) 谐波频谱

图 5.17　十八边形磁链轨迹电机定子电流

5.5.3　间接定子量控制技术

在低速区,由于定子电阻压降不可忽略,持续使用六边形(或十八边形等)磁链控制,将会带来电机磁链轨迹畸变、电机参数的变化对控制产生较大影响等问题。

间接定子量控制(ISC)技术控制定子磁链按圆形轨迹运行,只要每个区段的

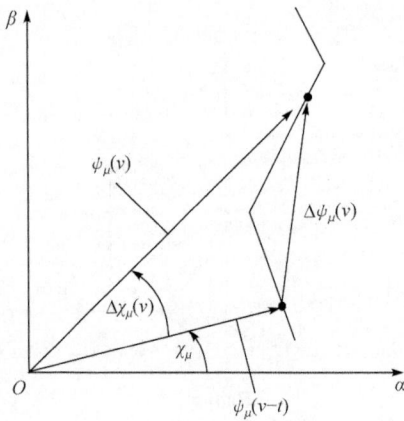

图 5.18　间接定子量控制磁链轨迹示意图

电压状态数目足够多,磁链轨迹就能很好地近似为圆形;转矩的调节仍然是通过改变磁链运行速度来实现,不过它的调节不是直接控制转矩的实时瞬态量,而是调节开关周期内的转矩平均值。只要开关周期足够短于定子周期和转子漏磁时间,这样的平均调节将是有效的。

设开关周期时间为 T_p,第 v 个开关周期内定子磁链轨迹如图 5.18 所示,用 $k_\psi(v)$ 表示定子磁链在一个开关周期的幅值增量,那么存在磁链变化关系为

$$\vec{\psi}_\mu(v) = (1 + k_\psi(v)) \cdot \mathrm{e}^{\mathrm{j}\Delta\chi_\mu(v)} \cdot \vec{\psi}_\mu(v-1) \tag{5.22}$$

$$\Delta\vec{\psi}_\mu(v) = \vec{\psi}_\mu(v) - \vec{\psi}_\mu(v-1) = [(1 + k_\psi(v)) \cdot \mathrm{e}^{\mathrm{j}\Delta\chi_\mu(v)} - 1] \cdot \vec{\psi}_\mu(v-1) \tag{5.23}$$

将 $\mathrm{e}^{\mathrm{j}\Delta\chi_\mu(v)}$ 用泰勒公式展开,忽略 3 次以上的高次项,给出定子 $\alpha\beta$ 正交坐标系中磁链增量表达式为

$$\begin{cases} \Delta\vec{\psi}_{\mu\alpha}(v) = k_\psi(v) \cdot \left[1 - \dfrac{1}{2}\Delta\chi_\mu^2(v)\right] \cdot \vec{\psi}_{\mu\alpha}(v-1) - \left[\Delta\chi_\mu^2(v) - \dfrac{1}{6}\Delta\chi_\mu^3(v)\right] \cdot \vec{\psi}_{\mu\beta}(v-1) \\[3mm] \Delta\vec{\psi}_{\mu\beta}(v) = k_\psi(v) \cdot \left[1 - \dfrac{1}{2}\Delta\chi_\mu^2(v)\right] \cdot \vec{\psi}_{\mu\beta}(v-1) + \left[\Delta\chi_\mu^2(v) - \dfrac{1}{6}\Delta\chi_\mu^3(v)\right] \cdot \vec{\psi}_{\mu\alpha}(v-1) \end{cases} \tag{5.24}$$

再利用电机数学模型公式可推得

$$\begin{cases} V_{s\alpha} = \dfrac{\Delta\vec{\psi}_{\mu\alpha}(v)}{T_p} + i_{s\alpha}R_s \\[3mm] V_{s\beta} = \dfrac{\Delta\vec{\psi}_{\mu\beta}(v)}{T_p} + i_{s\beta}R_s \end{cases} \tag{5.25}$$

图 5.19 给出了 ISC 系统的控制原理框图。其中给定转矩和给定转差的对应关系为 $\left(\omega_{\text{slip}}^* = \dfrac{2R_r T}{3P_n |\psi_r|^2}\right)$,磁链角 $\Delta\chi_\mu(v)$ 由稳态分量 $\Delta\chi_{\mu\text{Stat}}(v)$ 和动态分量 $\Delta\chi_{\mu\text{Dyn}}(v)$ 两部分组成,稳态分量由前一周期定子频率得到,动态分量由滑差频率调节器 (slip frequency controller) 得到[14]。定子频率幅度变化值 k_ψ 由给定磁链和实际磁链幅值经过磁链幅值调节器(flux magnitude controller),最后再利用上述推出的公式得出需输出的定子电压大小,采用成熟的 PWM 技术就可以控制牵引逆变器输出合适的电压矢量,最终实现牵引电机的有效控制。

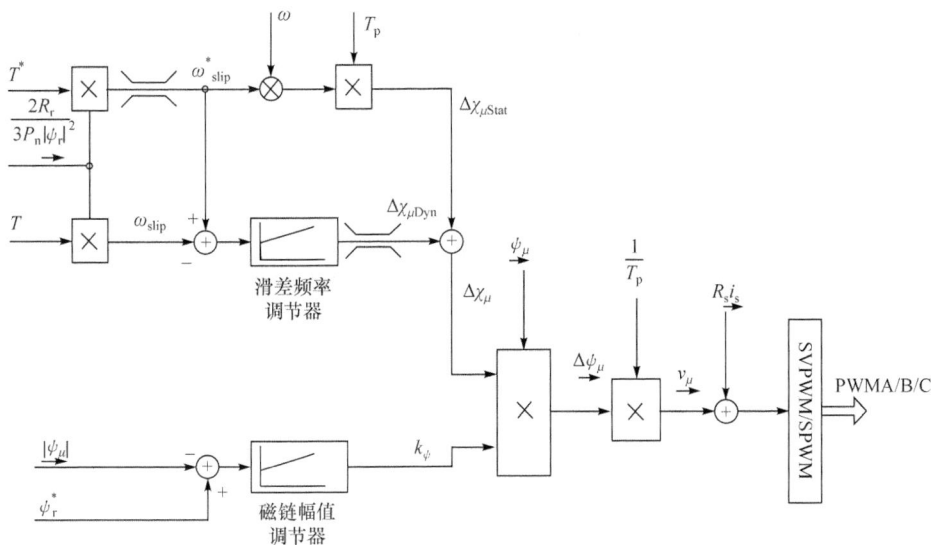

图 5.19　间接定子量控制系统原理框图

5.6　电机状态观测器

电机的控制本质在于对转矩进行控制,而电机转矩的大小与电机定转子磁链的幅值有着非常密切的关系,为了能够得到良好的电机转矩特性,准确观测定子磁链、转子磁链对整个电机控制系统的性能有着至关重要的作用。常用的定子磁链观测模型主要有 U-I 模型、I-N 模型、U-N 模型、全阶状态观测器、扩展卡尔曼滤波等。

5.6.1　U-I 模型

U-I 模型[15]是一种简单的磁链观测模型,只需要知道电机定子电阻这一参数,就可以将定子磁链的数值计算出来。若电机运行在较高速度时,被积分量的值比较大,就可以将定子电阻的变化造成的误差忽略,模型如下:

$$\psi_{s\alpha} = \int (u_{s\alpha} - i_{s\alpha}R_s)\mathrm{d}t \tag{5.26}$$

$$\psi_{s\beta} = \int (u_{s\beta} - i_{s\beta}R_s)\mathrm{d}t \tag{5.27}$$

如图 5.20 所示,U-I 模型只有在被积分的差值较大时才能提供正确的结果。其误差是由定子电阻 R_s 的存在引起的。因此,U-I 模型只有在 10% 额定转速以上时,特别是在 30% 额定转速以上时,能够非常准确地确定定子磁链,并且要注意定子电阻随温度变化的影响。当定子频率接近于 0 时,用这种方法来确定定子磁链是不可行的,因为用作积分的定子电压和定子电阻压降之间的差值消失了,以致在稳定情况下只有误差被积分。

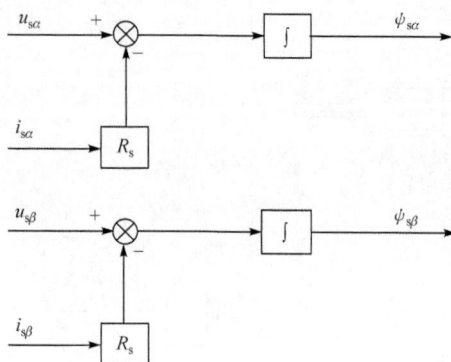

图 5.20　电机定子磁链的 U-I 模型框图

5.6.2　I-N 模型

为了能够解决 U-I 观测模型[16]在低速区磁链计算结果不准确的问题,在额定转速 30% 以下,根据定子电流和转速来对定子磁链进行计算的模型,称为 I-N 模型。模型如下:

$$\vec{\psi}_s = \frac{1}{1+\dfrac{L_\sigma}{L}}(\vec{I}_s L_\sigma + \vec{\psi}_r) \tag{5.28}$$

$$\vec{\psi}_r = \frac{R_r}{L_\sigma}(\vec{\psi}_s - \vec{\psi}_r) + j\omega \vec{\psi}_r \tag{5.29}$$

将其投影到 $\alpha\beta$ 坐标系中有

$$\begin{cases} \psi_{s\alpha} = \dfrac{1}{1+\dfrac{L_\sigma}{L}}(i_{s\alpha} L_\sigma + \psi_{r\alpha}) \\[4mm] \psi_{r\alpha} = \dfrac{R_r}{L_\sigma}(\psi_{s\alpha} - \psi_{r\alpha}) - j\omega \psi_{r\beta} \end{cases} \tag{5.30}$$

$$\begin{cases} \psi_{s\beta} = \dfrac{1}{1+\dfrac{L_\sigma}{L}}(i_{s\beta} L_\sigma + \psi_{r\beta}) \\[4mm] \psi_{r\beta} = \dfrac{R_r}{L_\sigma}(\psi_{s\beta} - \psi_{r\beta}) + j\omega \psi_{r\alpha} \end{cases} \tag{5.31}$$

根据以上几个方程,可获得 I-N 模型如图 5.21 所示,与 U-I 模型相比,该磁链模型不受定子电阻变化的影响,同时也消除了积分器造成的不良影响,在电机转速运行到低速区时,磁链的计算精度要比 U-I 模型高很多,但是 I-N 模型对电机参数的准确性依赖很大,并且要求准确测量电机的运行速度 ω,该观测方法不能应用于高速区,经过合理的安排,在额定转速 30% 以下采用 I-N 模型观测,而在额定转速 30% 以上采用 U-I 模型观测,但是这又引入了两种不同模式之间平滑切换的问题。代之而起的是一种在全速度范围内都实用的磁链观测模型,称为 U-N 模型。

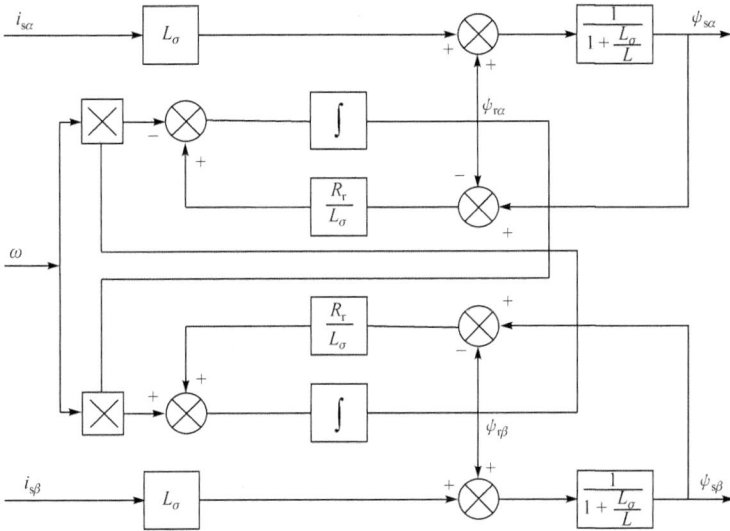

图 5.21 电机定子磁链的 I-N 模型框图

5.6.3 U-N 模型

基于 U-N 模型的磁链观测方法[17]综合了 U-I 模型和 I-N 模型的优点,在工程系统中得以广泛应用,首先建立异步电机基于 U-N 模型的具有 T 形参数的数学模型;在此基础上建立基于 U-N 模型的电机状态观测模型。在异步电机定子磁链的 $\alpha\beta$ 的坐标系下,选取 T 形模型,可得到如下 U-N 模型的数学方程。

定子磁链方程:

$$\begin{cases} \dot{\psi}_{s\alpha} = u_{s\alpha} - \hat{i}_{s\alpha}R_s + i_{e\_s\alpha} \\ \dot{\psi}_{s\beta} = u_{s\beta} - \hat{i}_{s\beta}R_s + i_{e\_s\beta} \end{cases} \tag{5.32}$$

转子磁链方程:

$$\begin{cases} \dot{\psi}_{r\alpha} = \dfrac{R_r}{L_\sigma}(\psi_{s\alpha} - \psi_{r\alpha}) - \omega\psi_{r\beta} \\ \dot{\psi}_{r\beta} = \dfrac{R_r}{L_\sigma}(\psi_{s\beta} - \psi_{r\beta}) + \omega\psi_{r\alpha} \end{cases} \tag{5.33}$$

定子电流方程：

$$
\begin{cases}
i_{s\alpha} = \left(\dfrac{1}{L_\mu} + \dfrac{1}{L_\sigma}\right)\psi_{s\alpha} - \dfrac{1}{L_\sigma}\psi_{r\alpha} \\[3mm]
i_{s\beta} = \left(\dfrac{1}{L_\mu} + \dfrac{1}{L_\sigma}\right)\psi_{s\beta} - \dfrac{1}{L_\sigma}\psi_{r\beta}
\end{cases}
\tag{5.34}
$$

以下推导电机具有 T 形模型参数的状态方程。对式(5.34)两边求导可得

$$
\begin{cases}
\dot{i}_{s\alpha} = \left(\dfrac{1}{L_\mu} + \dfrac{1}{L_\sigma}\right)\dot{\psi}_{s\alpha} - \dfrac{1}{L_\sigma}\dot{\psi}_{r\alpha} \\[3mm]
\dot{i}_{s\beta} = \left(\dfrac{1}{L_\mu} + \dfrac{1}{L_\sigma}\right)\dot{\psi}_{s\beta} - \dfrac{1}{L_\sigma}\dot{\psi}_{r\beta}
\end{cases}
\tag{5.35}
$$

而定子磁链与转子磁链之间有如下关系：

$$
\begin{cases}
\psi_{s\alpha} = \dfrac{L_\mu}{L_\mu + L_\sigma}(i_{s\alpha}L_\sigma + \psi_{r\alpha}) \\[3mm]
\psi_{s\beta} = \dfrac{L_\mu}{L_\mu + L_\sigma}(i_{s\beta}L_\sigma + \psi_{r\beta})
\end{cases}
\tag{5.36}
$$

将式(5.32)、式(5.33)代入式(5.35)、式(5.36)可得电机的 T 形参数状态方程如下：

$$
\begin{bmatrix} \vec{I}_s \\ \vec{\psi}_r \end{bmatrix} =
\begin{bmatrix} A_{11} & A_{12} \\ A_{21} & A_{22} \end{bmatrix}
\begin{bmatrix} \vec{I}_s \\ \vec{\psi}_r \end{bmatrix} +
\begin{bmatrix} B_1 \\ 0 \end{bmatrix} \vec{U}_s
\tag{5.37}
$$

式中

$$
A_{11} = \frac{R_s(L_\mu + L_\sigma)^2 + R_r L_\mu^2}{L_\mu L_\sigma (L_\mu + L_\sigma)} I
$$

$$
A_{12} = \frac{R_r}{L_\sigma (L_\mu + L_\sigma)} I - \frac{\omega}{L_\sigma} J
$$

$$
A_{21} = \frac{R_r L_\mu}{L_\mu + L_\sigma} I
$$

$$
A_{22} = -\frac{R_r}{L_\mu + L_\sigma} I + \omega J
$$

$$
B_1 = \left(\frac{1}{L_\mu + L_\sigma}\right) I, \quad
I = \begin{bmatrix} 1 & 0 \\ 0 & 1 \end{bmatrix}, \quad
J = \begin{bmatrix} 0 & -1 \\ 1 & 0 \end{bmatrix}
$$

为了平衡电机模型磁链和真实磁链之间的误差，需要引入电机定子磁链补偿电流 PI 控制器：

$$
\begin{cases}
i_{e\_s\alpha} = K_p(i_{s\alpha} - \hat{i}_{s\alpha}) + K_i \displaystyle\int (i_{s\alpha} - \hat{i}_{s\alpha})\mathrm{d}t \\[3mm]
i_{e\_s\beta} = K_p(i_{s\beta} - \hat{i}_{s\beta}) + K_i \displaystyle\int (i_{s\beta} - \hat{i}_{s\beta})\mathrm{d}t
\end{cases}
\tag{5.38}
$$

补偿后的定子磁链：

$$\begin{cases} \dot{\psi}_{s\alpha}=u_{s\alpha}-\hat{i}_{s\alpha}R_s+i_{e\_s\alpha} \\ \dot{\psi}_{s\beta}=u_{s\beta}-\hat{i}_{s\beta}R_s+i_{e\_s\beta} \end{cases} \tag{5.39}$$

从而可得到电机状态观测器模型：

$$\frac{\mathrm{d}}{\mathrm{d}t}\begin{bmatrix}\vec{I}_s\\\vec{\psi}_r\end{bmatrix}=\begin{bmatrix}A_{11}&A_{12}\\A_{21}&A_{22}\end{bmatrix}\begin{bmatrix}\vec{I}_s\\\vec{\psi}_r\end{bmatrix}+\begin{bmatrix}B_1\\0\end{bmatrix}\vec{U}_s+G(\vec{I}_s-\vec{I}_s) \tag{5.40}$$

式中，状态变量符号上方的"→"表示该变量为观测变量；G 为观测器的增益矩阵。

如图 5.22 分为两个通道（α 通道和 β 通道）以分别获得磁链的两个分量（$\psi_{\mu\alpha}$ 和 $\psi_{\mu\beta}$）。U-N 模型的输入量是定子电压、电流和转速信号，以此可以实现对电机磁链的观测，同时根据转矩计算公式还能获得电机的转矩。因此 U-N 模型很好地模拟异步电机的各个物理量。图中虚框内的单元是电流调节器，它的作用在于强迫电

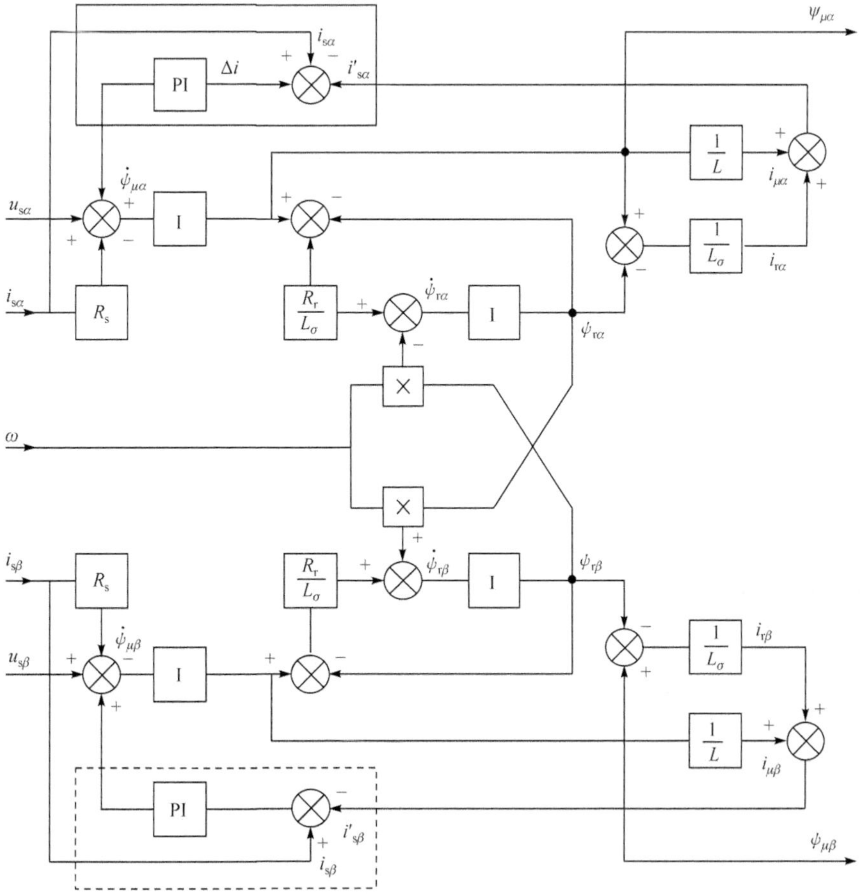

图 5.22　电机定子磁链的 U-N 模型结构框图

机模型电流和实际的电机电流相等。如果电机模型得到的电流 i'_{sa} 与实际测量得到的电机电流 i_{sa} 不相等,就会产生一个差值 Δi 送入电流调节器的输入端。电流调节器就会输出补偿信号以修正 $\psi_{\mu a}$ 和电流值,直至 i'_{sa} 完全等于 i_{sa}。由此可见,引入电流调节器,使得电机状态观测器的精度大大提高。

5.6.4　全阶状态观测器

为了得到良好的控制效果,对磁链进行准确观测,必须克服传统的电压、电流等磁链观测模型存在的不足。采用闭环的全阶磁链观测器模型[18]能够实现对电机定子磁链的准确观测,并且对电机参数的变化具有很好的鲁棒性。参照矢量控制系统对电机磁链进行的闭环观测方法,静止坐标系下,电机状态方程可表示为

$$\frac{\mathrm{d}}{\mathrm{d}t}\begin{bmatrix}\vec{I}_s\\\vec{\psi}_r\end{bmatrix}=\begin{bmatrix}A_{11}&A_{12}\\A_{21}&A_{22}\end{bmatrix}\begin{bmatrix}\vec{I}_s\\\vec{\psi}_r\end{bmatrix}+\begin{bmatrix}B_1\\0\end{bmatrix}\vec{U}_s \tag{5.41}$$

式中

$$\vec{I}_s=[i_{sa},i_{s\beta}]^T$$
$$\vec{U}_s=[u_{sa},u_{s\beta}]^T$$
$$\vec{\psi}_r=[\psi_{ra},\psi_{r\beta}]^T$$
$$A_{11}=-\left(\frac{R_s}{\sigma L_s}+\frac{1-\sigma}{\sigma\tau_r}\right)I$$
$$A_{12}=\frac{L_m}{\sigma L_s L_r}\left(\frac{1}{\tau_r}I-\omega J\right)$$
$$A_{21}=\frac{L_m}{\tau_r}I$$
$$A_{22}=-\frac{1}{\tau_r}I+\omega J$$
$$B_1=\frac{I}{\sigma L_s},\quad I=\begin{bmatrix}1&0\\0&1\end{bmatrix},\quad J=\begin{bmatrix}0&-1\\1&0\end{bmatrix}$$

则全阶闭环观测器可由式(5.42)构成:

$$\frac{\mathrm{d}}{\mathrm{d}t}\begin{bmatrix}\hat{\vec{I}}_s\\\hat{\vec{\psi}}_r\end{bmatrix}=\begin{bmatrix}A_{11}&\hat{A}_{12}\\A_{21}&\hat{A}_{22}\end{bmatrix}\begin{bmatrix}\hat{\vec{I}}_s\\\hat{\vec{\psi}}_r\end{bmatrix}+\begin{bmatrix}B_1\\0\end{bmatrix}\vec{U}_s+L(\hat{\vec{I}}_s-\vec{I}_s) \tag{5.42}$$

式中,$\hat{I}_s-I_s$ 为电流偏差并作为反馈项构成闭环;L 为观测器的反馈增益矩阵。

$$\hat{A}_{12}=\frac{L_m}{\sigma L_r L_s}\left(\frac{1}{\tau_r}I-\hat{\omega}J\right)$$
$$\hat{A}_{22}=-\frac{1}{\tau_r}I+\hat{\omega}J$$

$$B = \begin{bmatrix} B_1 \\ 0 \end{bmatrix}$$

$$\hat{A} = \begin{bmatrix} A_{11} & \hat{A}_{12} \\ A_{21} & \hat{A}_{22} \end{bmatrix}$$

$$C = \begin{bmatrix} 1 & 0 & 0 & 0 \\ 0 & 1 & 0 & 0 \end{bmatrix}$$

可得全阶闭环观测器的算法框图如图 5.23 所示。

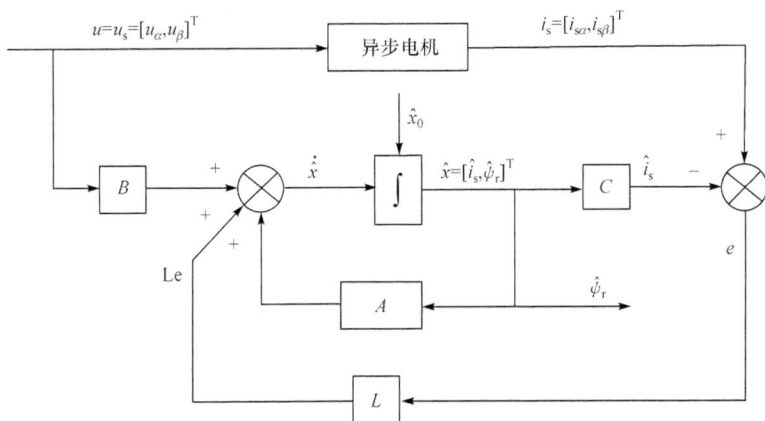

图 5.23　全阶闭环观测器算法框图

由图 5.23 可以看出，i_s 为实测电流量；$\hat{i}_s$ 为电流估计值，二者之差以及转子磁链共同作用于自适应律，这种方法实际上也属于模型参考自适应（MRAS），只不过此时参考模型为电机本身。至于误差反馈增益矩阵 L 的设计可以参考有关控制理论的书籍。

5.6.5　扩展卡尔曼滤波器法

扩展卡尔曼滤波器（EKF）[19]实质上是一种全阶随机观测器，它通过使用含有噪声的信号对非线性动态系统进行实时递推最优状态估计。它的突出特点是可以有效削弱随机干扰和测量噪声的影响。如果将电机转速也看作一个状态变量，而考虑电机五阶非线性模型，在每一步估计时都将模型在该运行点线性化，再沿用线性卡尔曼滤波器的递推公式进行估计。定义静止坐标系下的状态方程式的状态变量为

$$X = [i_{s\alpha}, i_{s\beta}, \psi_{r\alpha}, \psi_{r\beta}, \omega]^T \tag{5.43}$$

$$u = [u_{s\alpha}, u_{s\beta}, 0, 0, 0]^T \tag{5.44}$$

并考虑它的离散化的非线性模型，可记作：

$$\begin{cases} X(k+1)=f(X(k),u(k))+G(k)W(k) \\ Y(k)=HX(k)+V(k) \end{cases} \tag{5.45}$$

式中，$W(k)$、$V(k)$ 为输入和输出噪声，通常认为是具有数据统计特性的零均值噪声信号；$Y(k)$ 为输出量，$Y(k)=[i_{s\alpha},i_{s\beta}]^{\mathrm{T}}$。

为了利用线性卡尔曼递推公式，在 $\hat{X}(k)$ 点将式(5.45)线性化为

$$\begin{cases} X(k+1)=F(k)X(k)+G(k)W(k)+u(k) \\ Y(k)=HX(k)+V(k) \end{cases} \tag{5.46}$$

式中，$F(k)=\partial f/\partial X \parallel \hat{X}(k)$。从而可以沿用以下线性递推公式进行计算。

(1) 预报：

$$\begin{cases} \overline{X}(k+1)=f[\hat{X}(k),u(k)] \\ \overline{Y}(k+1)=H\overline{X}(k+1) \end{cases} \tag{5.47}$$

(2) 计算增益矩阵：

$$\overline{P}(k+1)=F(k)P(k)F^{\mathrm{T}}(k)+G(k)Q(k)G^{\mathrm{T}}(k) \tag{5.48}$$

$$K(k+1)=\overline{P}(k+1)H^{\mathrm{T}}[H\overline{P}(k+1)H^{\mathrm{T}}+R(k+1)]^{-1} \tag{5.49}$$

(3) 预测输出，修改协方差矩阵：

$$\hat{X}(k+1)=\overline{X}(k+1)+K(k+1)[Y(k+1)-\overline{Y}(k+1)] \tag{5.50}$$

$$P(k+1)=[I-K(k+1)H]\overline{P}(k+1) \tag{5.51}$$

式中，$Q(k)=V_{ar}[\omega(k)]$、$R(k)=V_{ar}[\upsilon(k)]$ 表示噪声的统计特征，其算法示意图如图 5.24 所示。

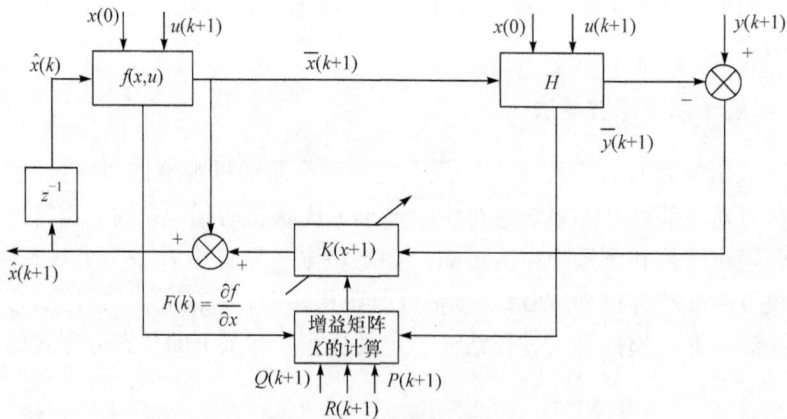

图 5.24　扩展卡尔曼滤波器算法框图

扩展卡尔曼滤波算法提供了一种迭代形式的非线性估计方法，避免了对测量

值的微分计算,而且通过对 Q 阵和 R 阵的选择,可以调节状态收敛的速度。但是卡尔曼滤波算法计算量很大,而且对参数变化的鲁棒性并无改进,目前实用性不强。

5.7　基于 Fibonacci 的效率自寻优控制策略

传统的控制策略没有考虑电机的效率,只是保证系统在额定点的效率比较高,而在全速度范围内,电机的效率并不是很高,特别是在低速情况下,传统的控制策略使得电机的效率很低,因此需要在不影响电机控制性能的前提下,对电机的效率进行优化控制,从而提高传动系统的效率。

5.7.1　电机的效率模型

为了简化讨论,效率优化控制策略基于矢量控制策略进行分析。根据图 5.7 的坐标变换基本原理,可得到在 MT 两相旋转同步坐标系下的定子侧电压方程如下:

$$u_{sM} = R_s i_{sM} - \omega_s L_s \left(1 - \frac{L_m^2}{L_s L_r}\right) i_{sT}$$
$$u_{sT} = R_s i_{sT} + \omega_s L_s i_{sM} \tag{5.52}$$

转矩方程如下:

$$T_e = n_p \frac{L_m^2}{L_r} i_{sM} i_{sT} \tag{5.53}$$

转差方程如下:

$$\omega_{slip} = \frac{R_r' i_{sT}}{L_r i_{sM}} \tag{5.54}$$

可以推导出电机的效率方程如下:

$$\eta = \frac{P_\Omega}{P_{in}} = \frac{T_e \omega_r}{(u_{sM} i_{sM} + u_{sT} i_{sT})} \tag{5.55}$$

将电压方程、转矩方程、转差方程代入效率方程,整理可得

$$\eta = \frac{n_p L_m^2 R_r' \omega_r \omega_{slip}}{(R_s L_r^2 + R_r' L_m^2)\omega_{slip}^2 + R_r' L_m^2 \omega_r \omega_{slip} + R_s R_r'} \tag{5.56}$$

5.7.2　基于 Fibonacci 自寻优效率优化控制策略

从效率方程可以看出,在转速一定的情况下,效率只与转差有关,并且存在一

个最优转差,使得电机的效率最高。获取电机效率最优工作点的问题本质上是一个无约束非线性规划问题,可以采用计算量小、收敛速度快的 Fibonacci 效率自寻优搜索算法求解,具体的实现步骤如下。

Fibonacci 效率自寻优搜索算法的基础是 Fibonacci 数列,其通项公式为

$$\begin{cases} F_0 = 1 \\ F_1 = 1 \\ F_n = F_{n-1} + F_{n-2} \end{cases}, \quad n = 2,3,4,\cdots \tag{5.57}$$

根据电机效率的精度要求可以确定 Fibonacci 效率自寻优搜索算法的搜索次数 n,再根据电机特性又可以确定效率函数 $\eta(\omega_{slip})$ 的搜索区间 $[0, \omega_{slip\_rated}]$,于是 Fibonacci 自寻优搜索算法的执行步骤可描述如下。

(1) 令迭代次数 $k := 0$,将初始的转差范围 $[\omega_{slip\_L}^k, \omega_{slip\_U}^k]$ 设为 $[0, \omega_{slip\_rated}]$。计算对称步长 ω_{slip1}^k 和 ω_{slip2}^k 及对应的效率值 $\eta(\omega_{slip1}^k)$ 和 $\eta(\omega_{slip2}^k)$,其中:

$$\omega_{slip1}^k = \omega_{slip\_U}^k - (\omega_{slip\_U}^k - \omega_{slip\_L}^k) F_{n-1}/F_n \tag{5.58}$$

$$\omega_{slip2}^k = \omega_{slip\_L}^k + (\omega_{slip\_U}^k - \omega_{slip\_L}^k) F_{n-1}/F_n \tag{5.59}$$

(2) 如果 $\eta(\omega_{slip1}^k) \geqslant \eta(\omega_{slip2}^k)$,则令 $\omega_{slip\_L}^{k+1} := \omega_{slip\_L}^k$,$\omega_{slip\_U}^{k+1} := \omega_{slip2}^k$,$\omega_{slip2}^{k+1} := \omega_{slip1}^k$,$\eta(\omega_{slip2}^{k+1}) := \eta(\omega_{slip1}^k)$,并计算新的试探转差 ω_{slip1}^{k+1} 及对应的效率值 $\eta(\omega_{slip1}^{k+1})$,其中:

$$\omega_{slip1}^{k+1} = \omega_{slip\_U}^{k+1} - (\omega_{slip\_U}^{k+1} - \omega_{slip\_L}^{k+1}) F_{n-k-2}/F_{n-k-1} \tag{5.60}$$

再令 $k := k+1$,转(3),否则转(4)。

如果 $\eta(\omega_{slip1}^k) < \eta(\omega_{slip2}^k)$,则令 $\omega_{slip\_L}^{k+1} := \omega_{slip1}^k$,$\omega_{slip\_U}^{k+1} := \omega_{slip\_U}^k$,$\omega_{slip1}^{k+1} := \omega_{slip2}^k$,$\eta(\omega_{slip1}^{k+1}) := \eta(\omega_{slip2}^k)$,并计算新的试探转差 ω_{slip2}^{k+1} 及对应的效率值 $\eta(\omega_{slip2}^{k+1})$,其中:

$$\omega_{slip2}^{k+1} = \omega_{slip\_L}^{k+1} + (\omega_{slip\_U}^{k+1} - \omega_{slip\_L}^{k+1}) F_{n-k-2}/F_{n-k-1} \tag{5.61}$$

再令 $k := k+1$,转(3)。

(3) 如果 $k \leqslant n-2$,则转(2),否则转(4)。

(4) 当 $k = n-1$ 时,取最优转差 $\omega_{slip\_opt} = 0.5 \times (\omega_{slip1}^{n-1} + \omega_{slip2}^{n-1})$。

通过 Fibonacci 效率自寻优搜索算法的迭代计算后,将获得最优转差 ω_{slip_opt} 以及对应的电机效率最优工作点 $\eta(\omega_{slip\_opt})$。

最终可实现基于矢量控制模型的效率自寻优控制策略,具体的实现框图如图 5.25 所示。

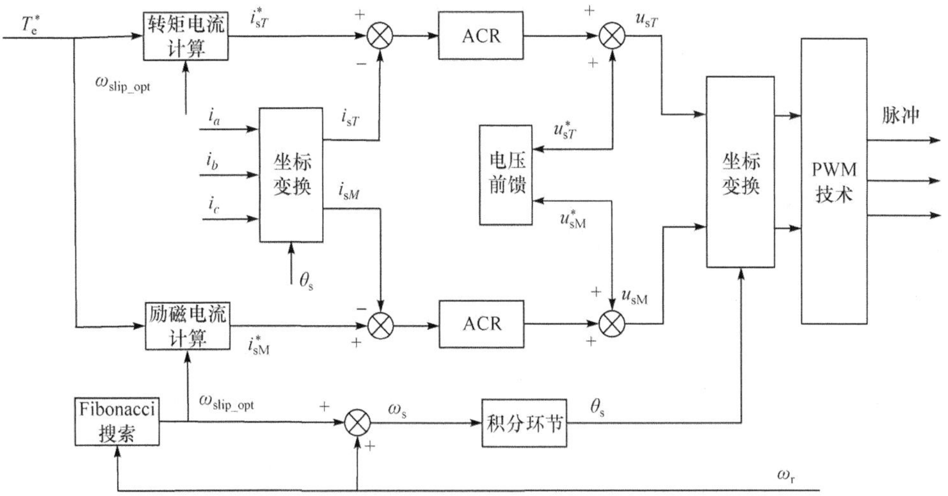

图 5.25　自寻优效率优化控制策略框图

5.8　基于状态观测器的变流器协同自适应控制策略

列车是个大惯性负载,为了保证列车安全,需要牵引制动反应迅速,因此对牵引系统的动态响应能力提出了很高的要求。而传统的控制策略,采用的是"网侧变流器"独立于"电机侧变流器"的控制策略,这种控制方式在列车加减速频繁和负载变化较大的情况下,将无法保证直流侧电压的稳定,严重时将导致直流侧电压短时大幅度跌落或泵升,对整个传动系统动态性能和稳定性造成严重影响。

为了适应列车运行的恶劣工况,提高牵引系统的动态响应,需要"网侧变流器"与"电机侧变流器"紧密联系,协同控制,而建立二者联系的关键在于负载功率,因此需要对牵引系统的负载情况进行估计,建立负载观测器系统。

5.8.1　状态观测器

根据电机学原理,从电机传动系统而言,只有电机的运动学方程才能反映出负载转矩,因此电机的运动方程是负载转矩观测的理论基础,电机的运动学方程如下:

$$J\frac{\mathrm{d}\omega_r}{\mathrm{d}t}+B_m\omega_r+T_L=T_e \tag{5.62}$$

电机转速和机械位置角的关系如下:

$$\frac{\mathrm{d}\theta_r}{\mathrm{d}t}=\omega_r \tag{5.63}$$

在采样周期内,认为负载转矩是不变的,即

$$\frac{\mathrm{d}T_{\mathrm{L}}}{\mathrm{d}t}=0 \tag{5.64}$$

式中,B_{m} 为摩擦系数;J 为转动惯量;ω_{r} 为电机转速;T_{L} 为负载转矩;T_{e} 为电磁转矩;θ_{r} 为电机机械位置角。

以负载转矩、转速为状态变量构建系统的状态方程如下:

$$\frac{\mathrm{d}}{\mathrm{d}t}\begin{bmatrix} T_{\mathrm{L}} \\ \omega_{\mathrm{r}} \end{bmatrix}=\begin{bmatrix} 0 & 0 \\ -\dfrac{1}{J} & -\dfrac{B_{\mathrm{m}}}{J} \end{bmatrix}\begin{bmatrix} T_{\mathrm{L}} \\ \omega_{\mathrm{r}} \end{bmatrix}+\begin{bmatrix} 0 \\ \dfrac{1}{J} \end{bmatrix}T_{\mathrm{e}}$$

$$Y=\begin{bmatrix} 0 & 1 \end{bmatrix}\begin{bmatrix} T_{\mathrm{L}} \\ \omega_{\mathrm{r}} \end{bmatrix} \tag{5.65}$$

同时根据控制理论的观测器原理可构建负载转矩观测器模型如下:

$$\frac{\mathrm{d}}{\mathrm{d}t}\begin{bmatrix} \hat{T}_{\mathrm{L}} \\ \hat{\omega}_{r} \end{bmatrix}=\begin{bmatrix} 0 & 0 \\ -\dfrac{1}{J} & -\dfrac{B_{\mathrm{m}}}{J} \end{bmatrix}\begin{bmatrix} \hat{T}_{\mathrm{L}} \\ \omega_{\mathrm{r}} \end{bmatrix}+\begin{bmatrix} 0 \\ \dfrac{1}{J} \end{bmatrix}T_{\mathrm{e}}+\begin{bmatrix} k_1 \\ k_2 \end{bmatrix}(y-\hat{y})$$

$$\hat{Y}=\begin{bmatrix} 0 & 1 \end{bmatrix}\begin{bmatrix} \hat{T}_{L} \\ \hat{\omega}_{r} \end{bmatrix} \tag{5.66}$$

式中, ^ 表示相应变量的观测量。

将观测器模型和实现模型作差可得观测器的误差方程如下:

$$\frac{\mathrm{d}}{\mathrm{d}t}\begin{bmatrix} \hat{T}_{\mathrm{L}}-T_{\mathrm{L}} \\ \hat{\omega}_{\mathrm{r}}-\omega_{\mathrm{r}} \end{bmatrix}=\begin{bmatrix} -k_2 & 0 \\ -\dfrac{B_{\mathrm{m}}}{J}-k_1 & -\dfrac{1}{J} \end{bmatrix}\begin{bmatrix} \hat{T}_{\mathrm{L}}-T_{\mathrm{L}} \\ \hat{\omega}_{\mathrm{r}}-\omega_{\mathrm{r}} \end{bmatrix}=A'\begin{bmatrix} \hat{T}-T_{\mathrm{L}} \\ \hat{\omega}_{\mathrm{r}}-\omega_{\mathrm{r}} \end{bmatrix} \tag{5.67}$$

从而可以获得观测器的特征方程如下:

$$\det[sI-A']=s^2+\left(\frac{B_{\mathrm{m}}}{J}+k_1\right)s-\frac{k_2}{J}=0 \tag{5.68}$$

令观测器期望的极点为:$\lambda_1\lambda_2$,根据控制理论分析可得

$$\lambda_1+\lambda_2=-\left(\frac{B_{\mathrm{m}}}{J}+k_2\right)$$

$$\lambda_1\lambda_2=-\frac{k_1}{J} \tag{5.69}$$

通过期望的极点位置联立上面两个方程就可以求解出反馈矩阵的系数 k_1、k_2 的值,有了反馈矩阵的系数,就可以构建系统的负载观测器模型。

5.8.2　基于状态观测器的变流器协同自适应控制策略

利用负载观测器观测的负载转矩再联合电机的转速就可以观测出负载功率,

网侧变流器控制策略利用电机侧变流器观测的负载功率,进行负载功率前馈控制,便大大提高直流侧电压的响应速度,保证在大负载变化情况下的直流侧电压的稳定,从而保证了传动系统的转矩响应能力。具体的控制框图如图 5.26 所示。

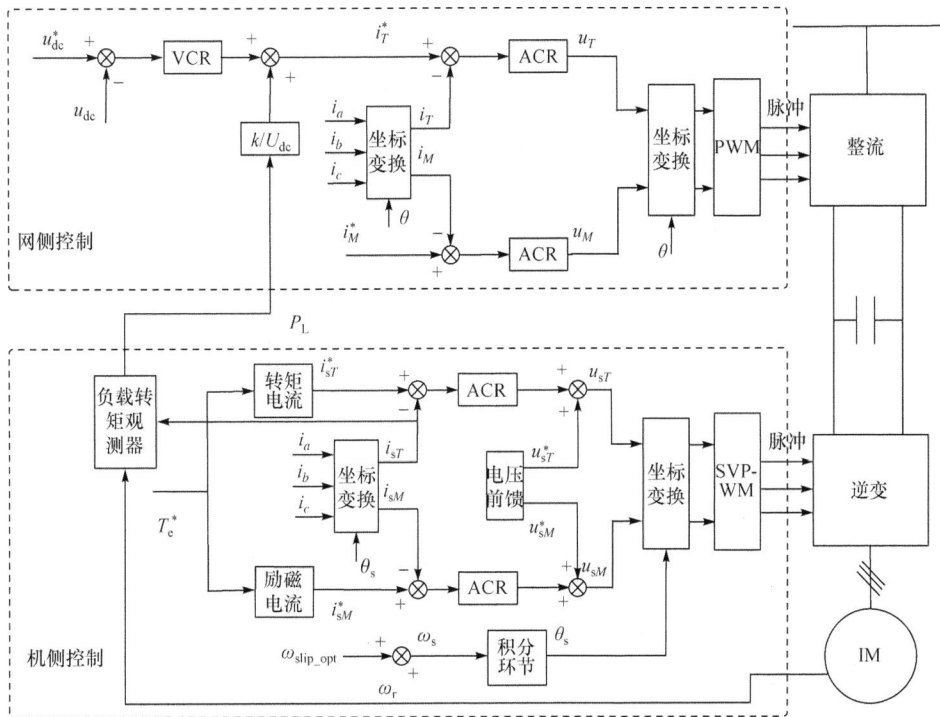

图 5.26　变流器协同控制策略框图

图 5.26 中,θ 指三相电流 I_a 相相位角;θ_s 指电机定子侧磁链空间电角度。

利用观测的负载功率,使得"网侧变流器"和"电机侧变流器"不再独立,相互配合,协同控制保证了牵引系统的动态响应,实现了双变流器的协同自适应控制策略。

5.9　无速度传感器控制技术

为实现高精度闭环控制,需安装速度传感器以实时反馈当前转子信息,但轨道交通所用速度传感器齿数较少,限制了牵引系统在低速区的控制精度,尽管轨道交通牵引所用速度传感器针对恶劣环境下的工作进行了特殊设计,但由于速度传感器与牵引电机合为一体,导致其工作环境温升超过 100℃,并且由于路轨的平整度以及车辆运行中的机械振动使其承受很大的机械应力,故障率相对较高,尤其是随着牵引系统其他电气设备技术不断进步,速度编码器可靠性对系统性能进一步提升的制约日益凸显;此外,采用无速度传感器控制,牵引电机体积可进一步减小,同时省掉了连接电缆的费用,提高系统可靠性的同时有效降低了成本,是轨道交通牵引控制发展的必然趋势[20-22]。

5.9.1　无速度传感器技术在轨道交通的应用特点

尽管无速度传感器控制已广泛应用于一般工业领域,但由于轨道交通领域存在的如下一些特殊工况要求,导致无速度传感器控制技术在轨道交通应用滞后于其他行业。

1) 低开关频率下速度辨识

轨道交通牵引传动的一个显著特点是,由于受到功率器件允许的开关损耗限制,其开关频率很低(GTO 通常在 300Hz 以下,IGBT 通常在 500Hz 以下),电机电流中含有较多的谐波成分,导致速度辨识的误差加大,同时由于开关频率较低,导致一些特定方法在实际应用中受到限制,影响低速工况下的速度辨识精度,并且辨识速度与其真值之间的偏差也会影响电机转矩输出的精确性,影响整个系统的加速性能以及停车时的定位精度。

2) 过无电区的重新启动

无速度传感器控制根据电机电压和电流辨识出电机转速,当逆变器因过无电区或其他原因停止工作时则得不到实时信息。当重新启动牵引、制动时,为了避免转矩冲击必须使估算速度迅速和实际速度一致,因此重新启动逆变器时必须进行初始速度的快速搜索以迅速励磁。

3) 低速大转矩启动

极低速工况下电机转速的辨识是业界公认的技术难题,在工业变频领域,如风机、泵类等,一般采用开环启动方式,达到一定转速后投入闭环控制,整个系统的转矩输出性能以及响应特性要求不高。但在轨道交通牵引传动领域,必须保证在低速区能发挥大启动转矩(甚至超过额定转矩)。

4) 全工况速度辨识

在轨道交通领域,异步电机需要四象限运行,需要通过合理设计速度辨识算法以满足不同运行工况下的收敛性要求。实际运营中,要求在整个运行区间中(包括复杂的方波控制模式下)均需满足特定的加速度要求,因此对整个系统的设计以及参数整定等均带来极大的挑战。

5) 空转/滑行再黏着控制

在轨道交通牵引传动应用中,一般采用车控或架控模式,即由 1 台逆变器同时驱动 4 台电机(1C4M),或由 1 台逆变器同时驱动 2 台电机(1C2M),得到的速度辨识值相当于各电机的综合速度,而传统的速度传感器系统中各个电机均安装速度传感器,通过检测各个电机的转速来判读出空转和打滑。区别于传统的速度传感器系统的空转/滑行判断方法,在应用无速度传感器控制时,尤其是当下牵引传动系统应用中往往采取车控(1C4M)模式时,列车的防空转/滑行系统需要将速度辨识得到的电机综合速度 $\hat{\omega}$、综合速度微分值 $\mathrm{d}\hat{\omega}/\mathrm{d}t$ 及整车速度进行逻辑综合以判断空转/滑行是否发生,由此可见速度辨识的精度问题是采用无速度传感器技术的系统防空转/滑行控制正常有效发挥作用的关键所在。

5.9.2　无速度传感器控制技术策略

异步电机的转速估计方法可分为利用定子电压电流的基波分量来估计转速和向定子电压或电流注入高频分量来估计转速两大类。因轨道交通固有的低开关频率特性,工程中实际应用的主要是基于电机基波模型的速度观测方法,这类方法中,比较典型的就是基于电机动态模型的动态转速估算方法、全阶观测器转速估算方法、模型参考自适应转速估算方法等。

1. 动态转速估算方法

从异步电机的数学模型可以直接计算出定子频率,然后减去转差可得到转子转速,即

$$\omega = \omega_s - \omega_{\mathrm{slip}} \tag{5.70}$$

静止坐标系下的电压方程为

$$\begin{aligned} u_{s\alpha} &= R_s i_{s\alpha} + p\psi_{s\alpha} \\ u_{s\beta} &= R_s i_{s\beta} + p\psi_{s\beta} \end{aligned} \tag{5.71}$$

定子频率可表示为

$$\omega_s = \frac{\mathrm{d}\theta_s}{\mathrm{d}t} = \frac{\mathrm{d}\left[a\tan\dfrac{\psi_{s\beta}}{\psi_{s\alpha}}\right]}{\mathrm{d}t} \tag{5.72}$$

式中,θ_s 为定子磁链角度,如图 5.27 所示。

由此得到

$$\omega_s = \frac{(u_{s\beta} - R_s i_{s\beta})\psi_{s\alpha} - (u_{s\alpha} - R_s i_{s\alpha})\psi_{s\beta}}{\psi_{s\alpha}^2 + \psi_{s\beta}^2} \tag{5.73}$$

在转子磁场定向矢量控制中,转差的计算公式为

$$\omega_{\mathrm{slip}} = \frac{L_m i_{sT}}{\tau_r \psi_{rM}} \tag{5.74}$$

转速开环估算方法优点在于原理简单,不需要复杂的控制算法,结构简洁,实时性

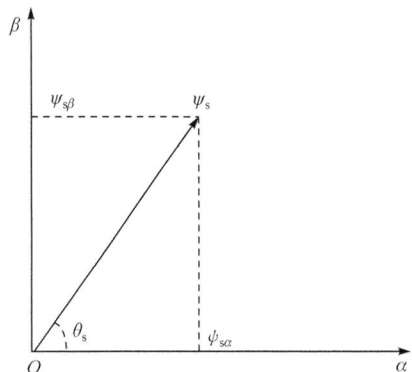

图 5.27　定子磁链矢量示意图

强,具有很快的动态跟踪特性,适合于轨道交通等对动态响应性有极高要求的场合,但从该速度估算的原理可知其对电机参数精度依赖性强,需要精确的电机参数,一般需要加入电机的参数辨识。

2. 全阶状态观测器转速估算方法

为分析方便,重写 5.6.4 节全阶状态观测器方程。在静止参考坐标系下,以 $[i_s,\psi_r]$ 为状态变量,得到电机状态方程为

$$\frac{\mathrm{d}}{\mathrm{d}t}\begin{bmatrix}\vec{I}_s\\ \vec{\psi}_r\end{bmatrix}=\begin{bmatrix}A_{11} & A_{12}\\ A_{21} & A_{22}\end{bmatrix}\begin{bmatrix}\vec{I}_s\\ \vec{\psi}_r\end{bmatrix}+\begin{bmatrix}B_1\\ \vec{\psi}_r\end{bmatrix}\vec{U}_s=A\vec{x}+B\vec{U}_s \tag{5.75}$$

$$\vec{I}_s=C\vec{x} \tag{5.76}$$

式中

$$A_{11}=-\{R_s/(\sigma L_s)+(1-\sigma)/(\sigma\tau_r)\}I=a_{r11}I \tag{5.77}$$

$$A_{12}=M/(\sigma L_s L_r)\{(1/\tau_r)I-\omega_r J\}=a_{r12}I+a_{i12}J \tag{5.78}$$

$$A_{21}=(M/\tau_r)I=a_{r21}I \tag{5.79}$$

$$A_{22}=-(1/\tau_r)I+\omega_r J=a_{r22}I+a_{i22}J \tag{5.80}$$

$$B_1=1/(\sigma L_s)I=b_1 I \tag{5.81}$$

$$C=\begin{bmatrix}I & 0\end{bmatrix},\quad I=\begin{bmatrix}1 & 0\\ 0 & 1\end{bmatrix},\quad J=\begin{bmatrix}0 & -1\\ 1 & 0\end{bmatrix}$$

建立异步电机全阶状态观测方程如下:

$$\dot{X}=AX+Bu_s+G(I_s-\hat{I}_s) \tag{5.82}$$

$$\hat{I}_s=CX \tag{5.83}$$

式中,观测器增益矩阵 G 通过将观测器的极点配置为电机模型极点的 k 倍得到,其形式为

$$G=\begin{bmatrix}g_1 & g_2 & g_3 & g_4\\ -g_2 & g_1 & -g_4 & g_3\end{bmatrix}^{\mathrm{T}} \tag{5.84}$$

其中

$$g_1=(k-1)(a_{r11}+a_{r22}) \tag{5.85}$$

$$g_2=(k-1)a_{i22} \tag{5.86}$$

$$g_3=(k^2-1)(ca_{r11}+a_{r21})-c(k-1)(a_{r11}+a_{r22}) \tag{5.87}$$

$$g_4=-c(k-1)a_{i22} \tag{5.88}$$

根据李雅普诺夫稳定性判据可构建转速辨识自适应率为

$$\hat{\omega}=\left(K_p+\frac{K_i}{s}\right)\left[\psi_{r\alpha}(\hat{i}_{s\beta}-i_{s\beta})-\psi_{r\beta}(\hat{i}_{s\alpha}-i_{s\alpha})\right] \tag{5.89}$$

全阶自适应状态观测器的典型结构如图 5.28 所示,这种方法对电机参数的变

化具有一定的鲁棒性,需要在线计算四阶非线性电机模型,运算量大,反馈增益矩阵配置较为困难,需要综合考虑系统的动态响应性、信号噪声等条件进行大量的试凑调整,同时要考虑系统全速度范围、全工况范围内的全局稳定性。

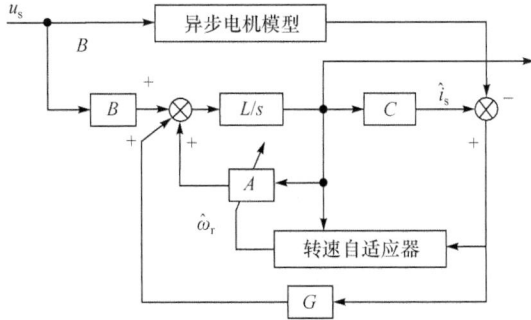

图 5.28　全阶自适应状态观测器转速估计结构框图

3. 模型参考自适应转速估算方法

图 5.29 所示为典型的模型参考自适应速度估算结构框图,包含一个参考模型、一个可调模型,两个模型接受完全一致的输入,参考模型输入输出传递函数与被估算量无关,可调模型的输出除受输入变量影响还是被估算量的函数,用减法器将参考模型和可调模型的输出直接相减,得到广义误差信号 e。自适应机构按一定的准则利用广义误差信号来修改可调模型系数矩阵中的转速参数,当可调系统特性与参考模型特性渐近逼近时,广义误差将趋于极小或下降为零,调节过程结束,自适应机构输出至可调模型的转速即为当前转速估算值。

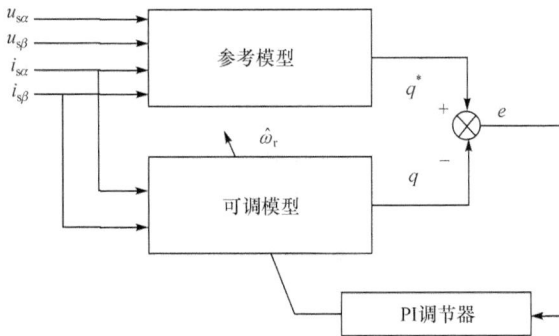

图 5.29　模型参考自适应速度估算结构框图

异步电机电压模型方程为

$$\psi_{r\alpha}^{*} = \frac{L_r}{L_m}\left[\int (u_{s\alpha} - R_s i_{s\alpha})\mathrm{d}t - \sigma L_s i_{s\alpha}\right] \tag{5.90}$$

$$\psi_{r\beta}^* = \frac{L_r}{L_m}\left[\int (u_{s\beta} - R_s i_{s\beta})\,\mathrm{d}t - \sigma L_s i_{s\beta}\right] \tag{5.91}$$

异步电机电流模型方程为

$$\dot{\psi}_{r\alpha} = \frac{L_m}{T_r} i_{s\alpha} - \frac{\psi_{r\alpha}}{T_r} - \hat{\omega}\psi_{r\beta} \tag{5.92}$$

$$\dot{\psi}_{r\beta} = \frac{L_m}{T_r} i_{s\beta} - \frac{\psi_{r\beta}}{T_r} + \hat{\omega}\psi_{r\alpha} \tag{5.93}$$

通常采用式(5.90)、式(5.91)所示异步电机的电压模型作为参考模型,式(5.92)、式(5.93)所示电流模型作为可调模型,输出均为转子磁链,利用基于波波夫稳定性理论推导的转速自适应率式(5.94),实现对电机转速的估算。这种转速估算方法物理意义清晰,且相对全阶观测器计算量小很多,便于嵌入式信号处理器工程实现,相对于开环方法具有自适应调节功能,抗扰动能力强。

$$\hat{\omega} = K_p(\psi_{r\alpha}\psi_{r\beta}^* - \psi_{r\beta}\psi_{r\alpha}^*) + \int K_i(\psi_{r\alpha}\psi_{r\beta}^* - \psi_{r\beta}\psi_{r\alpha}^*)\,\mathrm{d}t \tag{5.94}$$

5.10　小　　结

本章主要讲述了交流传动系统列车牵引电机的控制方式,首先分析了异步电机在列车牵引过程中的电气特性以及调速模式,指出了交流异步电机是一个复杂多耦合的非线性系统。对交流异步电机的控制主要分为标量控制和矢量控制两大类,电压/频率比控制和转差频率控制属于标量控制,标量控制是基于电机的稳态模型,只对控制量的幅值进行控制,而忽略控制量的相位信息,因此控制效果较差;由于列车牵引系统对控制性能的高要求,列车牵引系统目前大多采用高性能的控制策略,因此本章重点介绍了两种应用广泛的控制策略:矢量控制策略和直接转矩控制策略;与此同时结合列车牵引传动的特点以及现代控制理论介绍了基于 Fibonacci 效率自寻优控制和基于状态观测器的变流器协同自适应控制两种先进的控制策略,并对轨道交通无速度传感器控制常用的控制策略、技术应用难点等关键问题进行了详细的阐述,具有较大的实际应用参考价值。

参 考 文 献

[1] 何志国. 交流异步电动机直接转矩控制系统研究与实践[D]. 大连:大连理工大学,2005.
[2] 党存禄,周超英,张晓英. 异步电机等效电路的简明推导及分析[J]. 微电机,2011,44(2):89-91.
[3] 崔俊国. 基于 DSP 的直接转矩控制系统及多电平变流器的研究[D]. 上海:同济大学,2003.
[4] 李黎明. 交流异步电机直接转矩控制的低速性能优化研究[D]. 长沙:中南大学,2005.
[5] 丁强. 永磁同步电机矢量控制系统弱磁控制策略研究[D]. 长沙:中南大学,2010.

[6] 潘峰. 异步电动机转子磁链观测方法的比较与研究[J]. 变频器世界,2006,(12):33-36.

[7] 王坚,桂卫华,李祥飞,等. 基于恒定开关频率空间矢量调制的异步电机间接转矩控制[J]. 电工技术学报,2007,22(6):35-40.

[8] 冯江华,陈高华,黄松涛. 异步电动机的直接转矩控制[J]. 电工技术学报,1999,14(3):29-33.

[9] 魏祥林. 永磁同步电机直接转矩控制策略的研究[D]. 兰州:兰州理工大学,2008.

[10] 张星,瞿文龙,陆海峰,等. 一种异步电机定子磁链弱磁控制方法[J]. 电工电能新技术,2008,27(3):54-57.

[11] Steimel A. Direct self-control and synchronous pulse techniques for high-power traction inverters in comparison[J]. IEEE Transactions on Industrial Electronics, 2004, 51 (4): 810-820.

[12] 陈高华,冯江华,张忠,等. 折角控制的谐波分析及实现[J]. 大连铁道学院学报,2001,22(2):46-51.

[13] 丁湘,桂卫华,王坚,等. 基于十八边形磁链轨迹的异步电机 DTC 系统及其仿真研究[J]. 自动化技术与应用,2005,24(2):33-35.

[14] 冬雷,杨栋,贾菲,等. 异步电动机定子磁链稳态估计[J]. 北京理工大学学报,2010,30(3):311-314.

[15] 李夙. 异步电动机直接转矩控制[M]. 北京:机械工业出版社,1994.

[16] 奚国华,许为,喻寿益,等. 一种改善异步电机定子磁链观测器精度的方法[J]. 电气传动,2007,37(10):21-24.

[17] 王坚. 牵引电机无速度传感器间接定子量控制研究[D]. 长沙:中南大学,2010.

[18] 宋文祥,姚钢,周文生,等. 异步电机全阶状态观测器极点配置方法[J]. 电机与控制应用,2008,35(9):6-10.

[19] 李永东. 交流电机数字控制系统[M]. 北京:机械工业出版社,2012.

[20] 丁荣军,桂卫华. 无速度传感器控制技术及其在大功率牵引传动中的引用研究[J]. 铁道学报,2008,30(1):75-81.

[21] 钮海彦. 无速度传感器异步电机控制在无锡地铁的应用[J]. 机车电传动,2014,(6):67-70.

[22] 梅文庆,刘勇,甘韦韦. 异步电机无速度传感器控制在地铁车辆上的应用[J]. 机车电传动,2014,(4):53-56.

第6章　永磁同步牵引电机控制技术

6.1　引　　言

　　近些年来,永磁同步电机受到越来越多的关注,它采用永磁体代替励磁绕组产生气隙磁场,损耗更小(其损耗一般为异步电机的 $50\%\sim60\%$),效率更高。在对定子绕组的励磁电流分量进行合适的控制下,可以让电机工作在功率因数为 1 的状态下,从而减少从电网吸收的无功功率。由此整体上可以比异步电机牵引系统效率提高约 5%。

　　永磁同步电机在给定结构体积前提下具有更小的质量和更大的转矩,适合用于无传动齿轮的直接传动[1],这个优势可能会在未来的轨道交通牵引中得到很好的应用。

6.2　永磁同步电机的数学模型

　　永磁同步电机的三相交流绕组分布在定子上,永磁体安装在转子上。在永磁同步电机运行过程中,定子与转子始终处于相对运动状态,永磁体与绕组、绕组与绕组之间相互影响而导致复杂的电磁关系,再加上磁路饱和等非线性因素,永磁同步电机的实际数学模型结构复杂。为简化永磁同步电机的数学模型,进行如下假设。

　　(1) 不考虑磁路的饱和效应,认为其是线性的;

　　(2) 忽略磁滞和涡流损耗;

　　(3) 转子无阻尼绕组;

　　(4) 三相定子绕组完全对称且各相绕组轴线互差 120°;

　　(5) 当定子绕组加上三相对称正弦电流时,气隙中只产生正弦分布的磁势,无高次谐波;

　　(6) 永久磁体在气隙中产生的磁场呈正弦分布,无高次谐波,即电机定子的空载反电势为正弦波,且永磁体产生的磁链与定子完全交链[2]。

　　三相永磁同步电机的物理模型示意图见图 6.1。

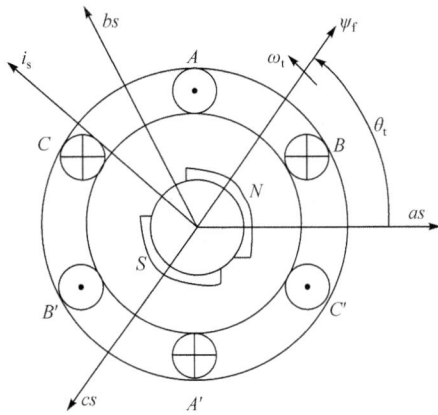

图 6.1　三相永磁同步电机物理模型示意图

6.2.1　永磁同步电机在三相静止坐标系下的数学模型

三相永磁同步电机的等效电路图如图 6.2 所示,根据基尔霍夫定律可得定子相电压方程为

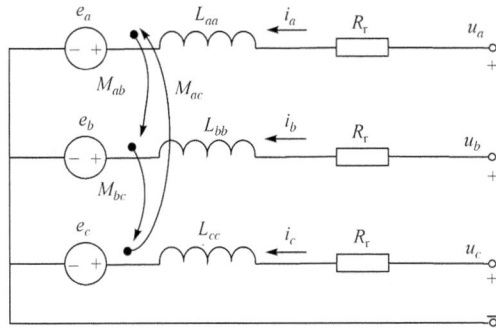

图 6.2　三相永磁同步电机等效电路原理图

$$\begin{cases} u_a = R_s i_a + \dfrac{\mathrm{d}\psi_a}{\mathrm{d}t} \\[2mm] u_b = R_s i_b + \dfrac{\mathrm{d}\psi_b}{\mathrm{d}t} \\[2mm] u_c = R_s i_c + \dfrac{\mathrm{d}\psi_c}{\mathrm{d}t} \end{cases} \tag{6.1}$$

式中,u_a、u_b、u_c 为永磁同步电机三相电压;i_a、i_b、i_c 为永磁同步电机三相电流;R_s 为每相等效定子电阻;ψ_a、ψ_b、ψ_c 为永磁同步电机三相定子磁链,三相定子磁链方程可以表示为

$$\begin{cases} \psi_a = L_{aa}i_a + M_{ab}i_b + M_{ac}i_c + \psi_f\cos\theta_e \\ \psi_b = M_{ba}i_a + L_{bb}i_b + M_{bc}i_c + \psi_f\cos(\theta_e - 120°) \\ \psi_c = M_{ca}i + M_{cb}i_b + L_{cc}i_c + \psi_f\cos(\theta_e + 120°) \end{cases} \tag{6.2}$$

式中,ψ_f 为永磁体产生的与定子绕组交链的磁链;L_{aa}、L_{bb}、L_{cc} 为定子绕组自感系数;M_{ab}、M_{ac}、M_{ba}、M_{bc}、M_{ca} 和 M_{cb} 为定子绕组间的互感系数。

随着电机转子位置发生变化,永磁同步电机磁路的磁导将随之变化,故式(6.2)中互感系数和自感系数均是转子位置的函数。永磁同步电机的磁链方程和电压方程均是非线性方程,要用永磁同步电机在 abc 三相静止坐标系下的数学模型实现永磁同步电机的控制十分困难。

6.2.2　永磁同步电机在两相旋转坐标系下的数学模型

由于在电机定子侧的电流等物理量是交流量,其空间矢量在空间内以同步速度旋转,并且电机电感等参数是转子位置角的函数,故对其调节、控制和计算均不方便,需借助坐标变换的方法,将各物理量从 abc 三相静止坐标系转换到 dq 两相同步旋转坐标系中。

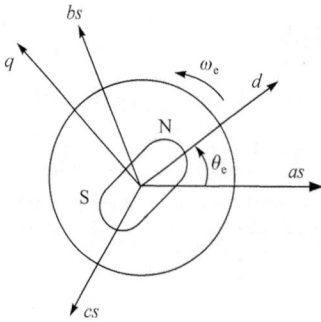

图 6.3　abc 三相静止坐标系与 dq 两相同步旋转坐标系

定义 dq 两相同步旋转坐标系的 d 轴与电机转子磁极轴线重合,q 轴逆时针超前 d 轴 90°电角度,d 轴与电机 a 相定子绕组的轴线夹角为 θ_e,且随转子以电角速度 ω_e 旋转。图 6.3 给出了 abc 三相静止坐标系与 dq 两相同步旋转坐标系[3]。

电机的物理量从 abc 三相静止坐标系变换到 dq 两相旋转坐标系的变换矩阵 C 为

$$C = \sqrt{\frac{2}{3}} \begin{bmatrix} \cos\theta_e & \cos\left(\theta_e - \frac{2}{3}\pi\right) & \cos\left(\theta_e + \frac{2}{3}\pi\right) \\ -\sin\theta_e & -\sin\left(\theta_e - \frac{2}{3}\pi\right) & -\sin\left(\theta_e + \frac{2}{3}\pi\right) \\ \frac{1}{\sqrt{2}} & \frac{1}{\sqrt{2}} & \frac{1}{\sqrt{2}} \end{bmatrix} \tag{6.3}$$

对电机某物理量 F,具体变换过程如下:

$$\begin{bmatrix} F_d \\ F_q \\ F_0 \end{bmatrix} = C \cdot \begin{bmatrix} F_a \\ F_b \\ F_c \end{bmatrix} \tag{6.4}$$

式中,F 可以代表电压、电流和磁链。F_0 为零轴分量,对三相对称系统且永磁同步电机的中心点不接地,所以变换后的零轴分量 $F_0 = 0$。

dq 两相旋转坐标系中的电流、电压和磁链也可以反变换到 abc 三相静止坐标系中,由于变换矩阵 C 为单位正交阵,故有

$$C^{-1}=C^{\mathrm{T}}=\sqrt{\frac{2}{3}}\begin{bmatrix} \cos\theta_{\mathrm{e}} & -\sin\theta_{\mathrm{e}} & \dfrac{1}{\sqrt{2}} \\ \cos\left(\theta_{\mathrm{e}}-\dfrac{2}{3}\pi\right) & -\sin\left(\theta_{\mathrm{e}}-\dfrac{2}{3}\pi\right) & \dfrac{1}{\sqrt{2}} \\ \cos\left(\theta_{\mathrm{e}}+\dfrac{2}{3}\pi\right) & -\sin\left(\theta_{\mathrm{e}}+\dfrac{2}{3}\pi\right) & \dfrac{1}{\sqrt{2}} \end{bmatrix} \tag{6.5}$$

因此可以得到 F 的逆变换过程为

$$\begin{bmatrix} F_a \\ F_b \\ F_c \end{bmatrix}=C^{\mathrm{T}}\cdot\begin{bmatrix} F_d \\ F_q \\ F_0 \end{bmatrix} \tag{6.6}$$

采用上述变换矩阵对式(6.2)进行变换,可以得到 dq 坐标系中电机的磁链方程式为

$$\begin{bmatrix} \psi_d \\ \psi_q \end{bmatrix}=\begin{bmatrix} L_d & 0 \\ 0 & L_q \end{bmatrix}\begin{bmatrix} i_d \\ i_q \end{bmatrix}+\begin{bmatrix} \psi_{\mathrm{f}} \\ 0 \end{bmatrix} \tag{6.7}$$

式中,L_d 为直轴同步电抗;L_q 为交轴同步电抗。同理可得到永磁同步电机电压方程在 dq 同步旋转坐标系下的表达式:

$$\begin{bmatrix} u_d \\ u_q \end{bmatrix}=\begin{bmatrix} R_{\mathrm{s}} & 0 \\ 0 & R_{\mathrm{s}} \end{bmatrix}\begin{bmatrix} i_d \\ i_q \end{bmatrix}+\begin{bmatrix} p & -\omega_{\mathrm{e}} \\ \omega_{\mathrm{e}} & p \end{bmatrix}\begin{bmatrix} \psi_d \\ \psi_q \end{bmatrix} \tag{6.8}$$

式中,ω_{e} 为电机电角速度,$\omega_{\mathrm{e}}=n_{\mathrm{p}}\omega_{\mathrm{r}}$($n_{\mathrm{p}}$ 为电机极对数,ω_{r} 为电机机械角速度);p 为微分算子。

联立式(6.7)与式(6.8)可得

$$u_d=R_{\mathrm{s}}i_d+L_d p i_d-\omega_{\mathrm{e}}L_q i_q \tag{6.9}$$

$$u_q=R_{\mathrm{s}}i_q+L_q p i_q+\omega_{\mathrm{e}}L_d i_d+\omega_{\mathrm{e}}\psi_{\mathrm{f}} \tag{6.10}$$

从式(6.9)和式(6.10)可绘制永磁同步电动机在 dq 轴的等效电路,如图 6.4 所示。

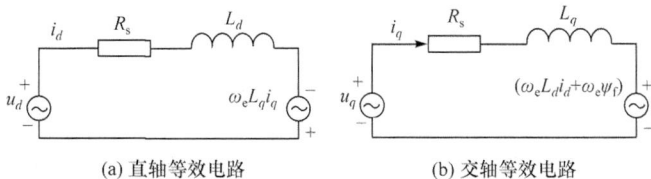

(a) 直轴等效电路　　　　　　　　(b) 交轴等效电路

图 6.4　永磁同步电机等效电路原理

dq 坐标系下,永磁同步电机的转矩公式可以表示为

$$T_\mathrm{e}=\frac{3}{2}n_\mathrm{p}(\psi_d i_q-\psi_q i_d)\tag{6.11}$$

根据磁链公式(6.7),电机转矩也可以表示为

$$T_\mathrm{e}=\frac{3}{2}n_\mathrm{p}\bigl[\psi_\mathrm{f}i_q+(L_d-L_q)i_d i_q\bigr]\tag{6.12}$$

永磁同步电机的动力学平衡方程为

$$\frac{J}{n_\mathrm{p}}\cdot\frac{\mathrm{d}\omega_\mathrm{e}}{\mathrm{d}t}=T_\mathrm{e}-T_\mathrm{L}\tag{6.13}$$

永磁同步电机的磁链方程、电压方程、转矩方程和动力学方程构成了永磁同步电机的动态数学模型。

6.3 基于转子磁场定向的永磁同步电机控制系统

永磁同步电机的转子磁场幅值恒定且位置与转子位置重合,通过检测转子实际位置便可知电机转子磁场的位置,因此对永磁同步电机采用转子磁场定向的矢量控制可以大大简化永磁同步电机控制系统结构[4]。

先将定子电压方程式整理成以 i_d、i_q 为状态变量的方程,如式(6.14)所示。由该式可知,永磁同步电机存在 d 轴与 q 轴的耦合,将其耦合项提出,整理后可得式(6.15)。

$$p\begin{bmatrix}i_q\\i_d\end{bmatrix}=\begin{bmatrix}-\dfrac{R_\mathrm{s}}{L_q}&-\dfrac{L_d}{L_q}\omega_\mathrm{e}\\\dfrac{L_q}{L_d}\omega_\mathrm{e}&-\dfrac{R_\mathrm{s}}{L_d}\end{bmatrix}\begin{bmatrix}i_q\\i_d\end{bmatrix}+\begin{bmatrix}\dfrac{u_q-\omega_\mathrm{e}\psi_\mathrm{f}}{L_q}\\\dfrac{u_d}{L_d}\end{bmatrix}\tag{6.14}$$

$$p\begin{bmatrix}i_q\\i_d\end{bmatrix}=\begin{bmatrix}-\dfrac{R_\mathrm{s}}{L_q}&0\\0&-\dfrac{R_\mathrm{s}}{L_d}\end{bmatrix}\begin{bmatrix}i_q\\i_d\end{bmatrix}+\begin{bmatrix}\dfrac{u_q-\omega_\mathrm{e}\psi_\mathrm{f}-L_d\omega_\mathrm{e}i_d}{L_q}\\\dfrac{u_d+L_q\omega_\mathrm{e}i_q}{L_d}\end{bmatrix}\tag{6.15}$$

为消除 d、q 轴之间的耦合,将 d、q 轴定子电压定义为

$$u_q=\Delta u_q+\omega_\mathrm{e}\psi_\mathrm{f}+L_d\omega_\mathrm{e}i_d\tag{6.16}$$
$$u_d=\Delta u_d-L_q\omega_\mathrm{e}i_q\tag{6.17}$$

式中,Δu_d 和 Δu_q 可以设计成控制系统电流闭环控制器的输出,式(6.15)可以整理为

$$p\begin{bmatrix} i_q \\ i_d \end{bmatrix} = \begin{bmatrix} -\dfrac{R_s}{L_q} & 0 \\ 0 & -\dfrac{R_s}{L_d} \end{bmatrix} \begin{bmatrix} i_q \\ i_d \end{bmatrix} + \begin{bmatrix} \dfrac{\Delta u_q}{L_q} \\ \dfrac{\Delta u_d}{L_d} \end{bmatrix} \tag{6.18}$$

根据上述推导,可以在基于转子磁场定向的控制方式下,将永磁同步电机在 dq 坐标系下分解成两个独立的系统,如图 6.5 所示。以转子磁场定向为基础,采用图 6.5 所示的独立 d、q 轴传递函数, d、q 轴定子电流可以直接由 d、q 轴定子电压控制,图 6.6 为永磁同步电机基于转子磁场定向控制系统的方框图。为了考察电压解耦对系统性能的影响,利用图 6.6 所示的控制系统和不含电压解耦的转子磁场定向控制系统进行了仿真对比。当负载转矩阶跃变化时,两种不同方案的电磁转矩响应曲线,交、直轴电流波形以及交、直轴电压曲线分别如图 6.7 和图 6.8 所示。

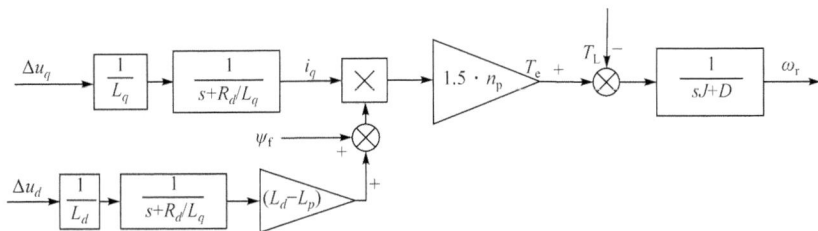

图 6.5　基于转子磁场定向的永磁同步电机控制系统传递函数框图

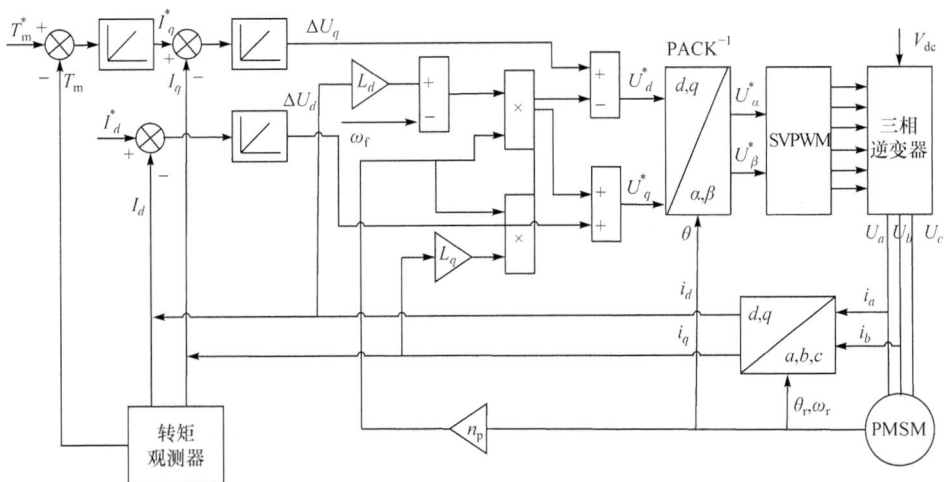

图 6.6　基于转子磁场定向永磁同步电机控制系统功能框图

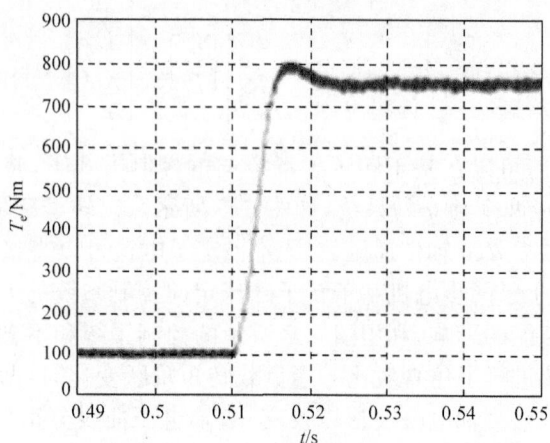

(a) 转矩曲线

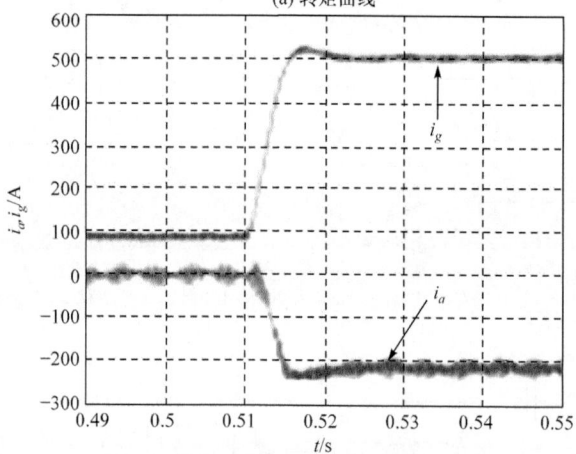

(b) 交、直轴电流曲线

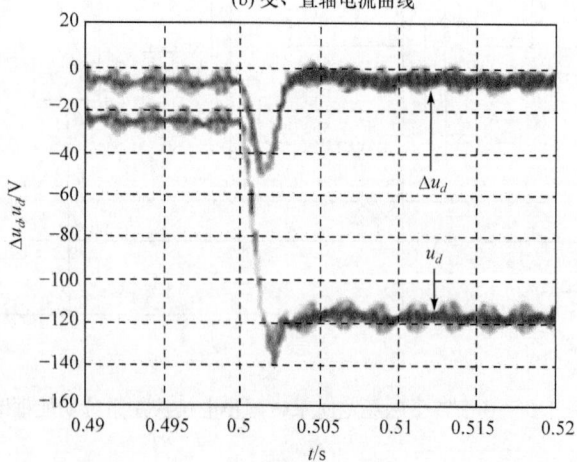

(c) 直轴电压曲线

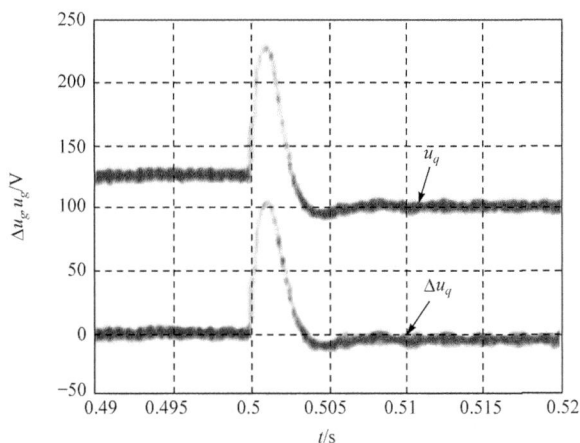

(d) 交轴电压曲线

图 6.7　采用电压解耦的转子磁场定向矢量控制系统仿真曲线图

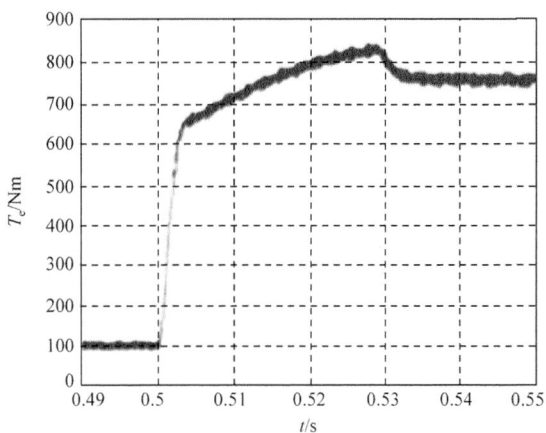

(a) 转矩曲线

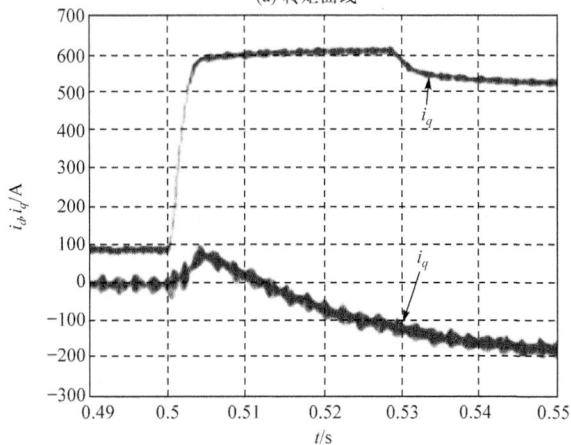

(b) 交、直轴电流曲线

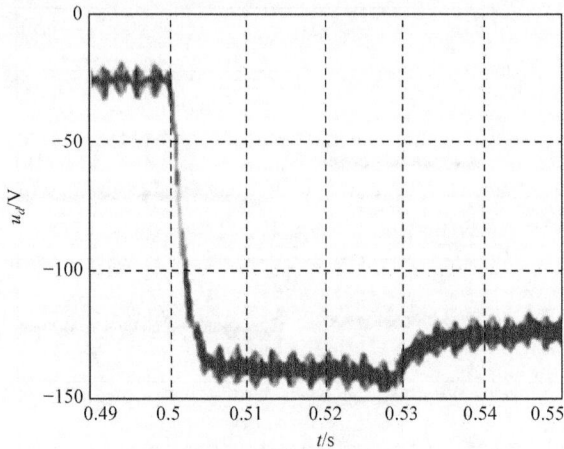

(c) 直轴电压曲线

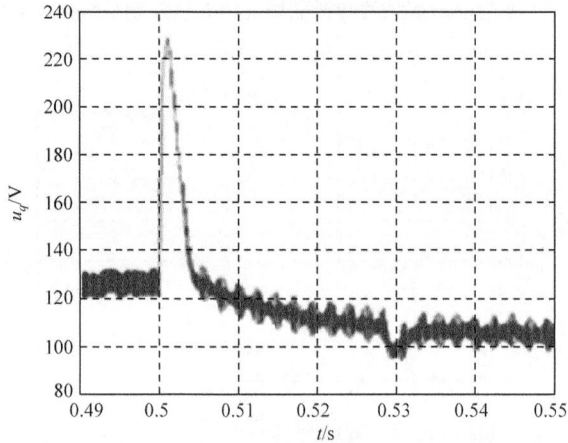

(d) 交轴电压曲线

图 6.8　不采用电压解耦时的转子磁场定向控制系统仿真曲线图

　　从图 6.7 和图 6.8 中可以发现,相比于不采用电压解耦的永磁同步电机转子磁场定向控制系统,采用电压解耦的转矩瞬态响应更快。采用电压解耦的系统转矩阶跃变化时,其响应时间约为 7ms,而不采用解耦的系统,转矩阶跃变化时系统重新达到稳态需要 32ms,从交、直轴电流波形对比中也可以得到同样的结论。造成这种情况的主要原因在于,采用电压解耦的永磁同步电机转子磁场定向控制系统,其交、直轴电压给定值由电流 PI 调节器和前馈电压两部分构成。根据永磁同步电机电压方程式(6.16)和式(6.17)可知,稳态情况下,解耦所得的前馈电压占交、直轴电压给定值的大部分。因此对含电压解耦环节的系统,电流 PI 调节器只是用于瞬态过程的微调,而电压解耦环节则是通过永磁同步电机数学模型的方式获得交、直轴电压给定值的大部分。因此,电流调节器得到的交、直轴电压指令相对较小,对系统的瞬态影响相对较小,如图 6.7(c)和图 6.7(d)所示。对于不采用电压解耦的矢量控制系统,交、直轴电压指令完全依赖电流 PI 调节器得到,其变化范围大,尤其是系统处于瞬态时明显影响系统性能,如图 6.8(c)和图 6.8(d)所示,导致系统瞬态响应性能相对要差一些。

6.4　永磁同步电机电流控制策略

根据控制目标不同,永磁同步电机控制方法大致可分为转矩线性控制和非线性控制两大类。例如,采用 $i_d=0$ 控制即为转矩线性控制模式,转矩只与 q 轴电流成正比。为充分利用嵌入式永磁同步电机的磁阻转矩($L_d<L_q$),提出了许多非线性控制策略,如功率因数 $\cos\phi=1$ 控制、恒定磁链控制、最大转矩/电流比控制和最大效率控制等。

6.4.1　$i_d=0$ 控制

从式(6.12)永磁同步电机转矩公式可以发现,如果 $i_d=0$,电磁转矩 T_e 与 i_q 呈线性关系。该控制方式不仅可以实现转矩的线性控制,且控制系统结构简单、没有电枢反应对永磁体的去磁问题,在中小功率永磁同步电机调速系统中得到了广泛的应用。但是针对嵌入式永磁同步电机,该控制方式存在以下缺点。

(1) 当 $i_d=0$ 时,定子电流中只有交轴分量,由式(6.12)可知永磁同步电机输出转矩中只有永磁转矩分量,不存在磁阻转矩分量,因此永磁同步电机输出转矩能力利用不充分。

(2) 当电磁转矩增大时,永磁同步电机的功率因数迅速下降。经过标幺化处理,可得采用 $i_d=0$ 时嵌入式永磁同步电机功率因数和电磁转矩的关系为

$$\cos\phi=\frac{1}{1+(\rho T_e^*)^2} \tag{6.19}$$

式中,$\rho=L_q/L_d$ 为凸极率。式(6.19)即为图 6.9 的曲线。从图中可知,当采用$i_d=0$ 控制方式时,随着电磁转矩的增大,功率因数将迅速降低,功率因数的降低意味着实现同样的输出功率,传动系统的容量需求增大。

6.4.2　最大转矩/电流比控制

最大转矩/电流比控制能在永磁同步电机输出转矩一定的条件下,控制定子电流为最小,也称为单位电流输出最大转矩的控制方法。对于表面式永磁同步电机,转矩中的磁阻转矩分量等于零,只存在永磁转矩分量,所以要实现表面式永磁同步电机的最大转矩/电流比控制,只需控制直轴电流 $i_d=0$ 即可。对于凸极式永磁同步电机,即 $L_d\neq L_q$ 的情况,最大转矩/电流比控制算法是根据转矩方程满足定子

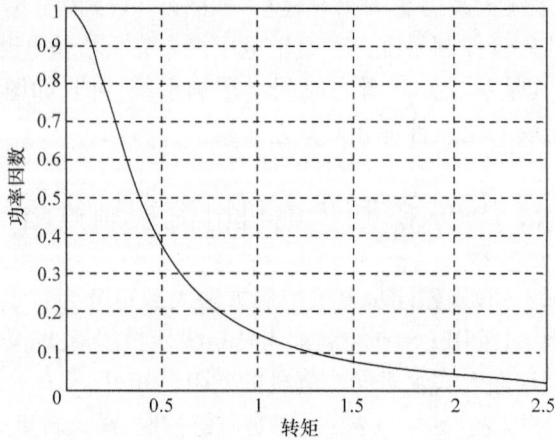

图 6.9　永磁同步电机功率因数与电磁转矩之间的关系

电流取最小值的极值条件导出的，即永磁同步电机的电流应该满足[5]：

$$\begin{cases} \dfrac{\partial (T_e/i_s)}{\partial i_d} = 0 \\[3mm] \dfrac{\partial (T_e/i_s)}{\partial i_q} = 0 \end{cases} \qquad (6.20)$$

利用式(6.20)可以求得最大转矩/电流比控制模式时交、直轴电流之间的关系为

$$i_d = \frac{\psi_f}{2(L_q - L_d)} - \sqrt{\left[\frac{\psi_f}{2(L_q - L_d)}\right]^2 + i_q^2} \qquad (6.21)$$

根据系统给定转矩，利用永磁同步电机的转矩方程式(6.12)和式(6.21)，可以获得满足最大转矩/电流比控制所需的交、直轴电流给定值。最大转矩/电流比控制下电机电流在 i_d 和 i_q 平面上的轨迹如图 6.10 所示。

定义转矩标幺值 k^* 为

$$k^* = \frac{T_e^*}{C} = \frac{1.5 n_p [\psi_f + (L_d - L_q) i_d^*] i_q^*}{C} \qquad (6.22)$$

式中，T_e^* 为转矩给定值；i_d^* 为直轴电流给定值；i_q^* 为交轴电流给定值，常数 $C = 1.5 n_p \psi_f$ 定义为转矩基值。根据式(6.22)与电机转矩公式可得

$$i_q^* = \frac{k^* C}{1.5 n_p [\psi_f + (L_d - L_q) i_d^*]} \qquad (6.23)$$

$$i_d^* = \frac{k^* \cdot C/(1.5 \cdot n_p) - \psi_f i_q^*}{(L_d - L_q) i_q^*} \qquad (6.24)$$

为了获得最大转矩/电流比控制，分别将式(6.23)和式(6.24)代入式(6.21)整

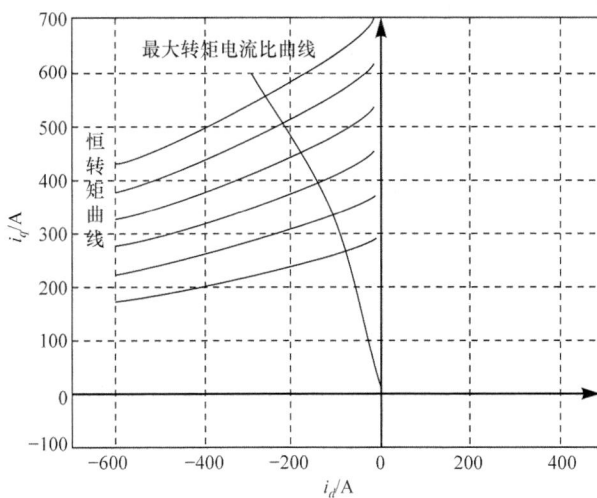

图 6.10　最大转矩/电流比轨迹图

理后可得

$$(L_d - L_q)^3 (i_d^*)^4 + 3(L_d - L_q)^2 \psi_f (i_d^*)^3 + 3(L_d - L_q)\psi_f^2 (i_d^*)^2$$
$$+ \psi_f^3 i_d^* - \frac{4}{9n_p^2}(L_d - L_q)C(k^*)^2 = 0 \tag{6.25}$$

$$9n_p^2 (L_d - L_q)^2 (i_q^*)^4 + 6Ck^* \psi_f i_q^* - 4C^2 (k^*)^2 = 0 \tag{6.26}$$

通过求解式(6.25)和式(6.26),可以得到永磁同步电机最大转矩/电流比控制时的直轴和交轴电流给定值[6]。通过数值计算得到最大转矩/电流比控制时交、直轴电流与 k^* 之间的关系如图 6.11 所示。

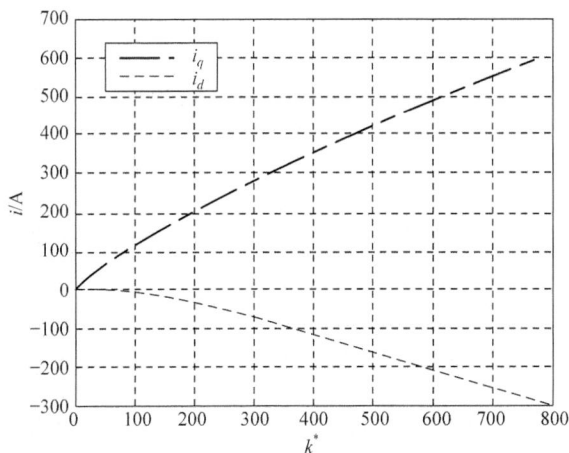

图 6.11　最大转矩/电流比控制时交、直轴电流与 k^* 之间的关系

　　为便于工程实现,考虑到实际应用过程中系统的工作区域,可以将式(6.25)和式(6.26)进行线性化处理。对某永磁同步电机,其关系式如式(6.27)和式(6.28)所示:

$$i_d^* = -\frac{3}{7}k^* + 50 \tag{6.27}$$

$$i_q^* = \frac{2}{3}k^* + 36.7 \tag{6.28}$$

　　采用式(6.27)和式(6.28)拟合的交、直轴电流与k^*之间的关系与图6.10的对比如图6.12所示。从图中可以发现,式(6.27)和式(6.28)在简化交、直轴电流给定值与k^*之间关系的同时,很好地保持了交、直轴电流给定值与k^*之间的真实关系。

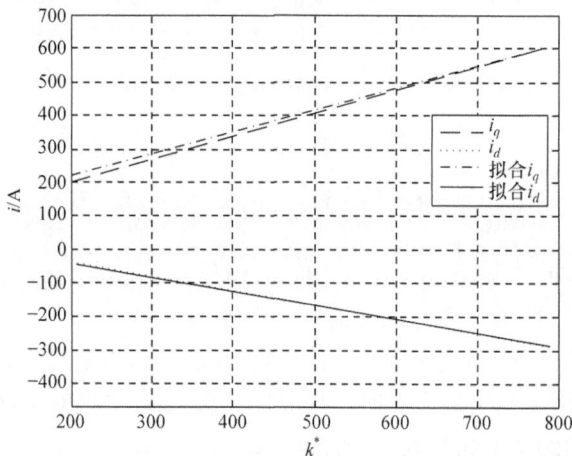

图 6.12　交、直轴电流与k^*之间的拟合关系及其与真实值的对比

　　基于以上推导,可建立永磁同步电机最大转矩/电流比控制框图如图6.13所示。

6.4.3　考虑饱和效应的永磁同步电机最大转矩/电流比控制策略

　　根据图6.14永磁体的B-H曲线可知,当电流较小时,永磁体工作在OB线性区,随着电流的增加,$\varphi = BS$也成比例增加,故电感$L = \frac{\varphi}{i}$基本保持不变;当进入饱和工作区BA后,随着电流的增加,铁心材料逐渐饱和,当电流增加时,$\varphi = BS$不再随电流成比例增加,即φ的增加幅值小于电流的增加幅值,所以电感L的值逐渐减小,表现出饱和特性。

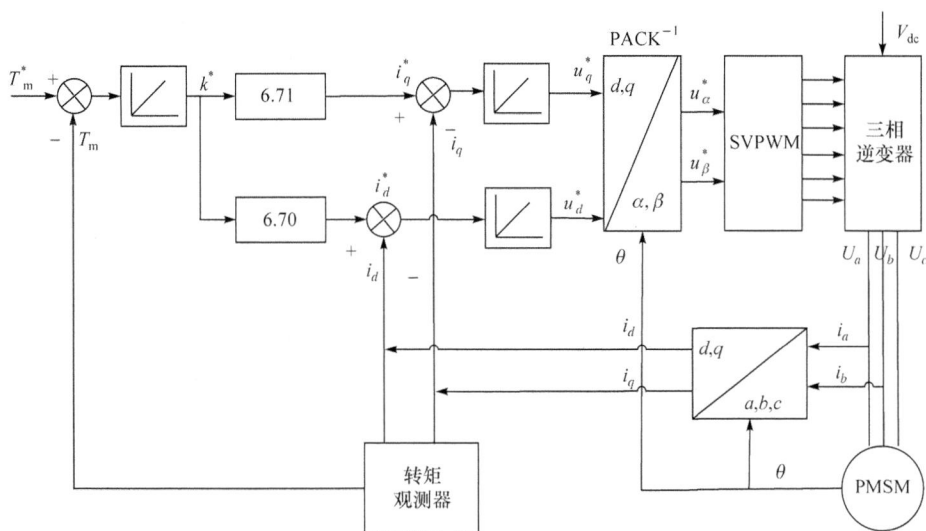

图 6.13　永磁同步电机最大转矩/电流比控制功能框图

　　对于嵌入式永磁同步电机,直轴磁路有效气隙比交轴有效气隙大,因此直轴磁路的饱和效应在此可以忽略,认为直轴电感 L_d 为常数。交轴磁路等效气隙比直轴磁路等效气隙小,交轴磁路饱和效应随电流增加表现得更加明显,交轴电感 L_q 随交轴电流的变化明显较大。图 6.15 给出了采用有限元分析得到的某永磁同步电机 L_q 与 i_q 之间关系的曲线。从图中可以得出,L_q 可采用式(6.29)近似拟合,其中 $a=-0.28708\mu\text{H/A}$,$b=0.5517\text{mH}$。

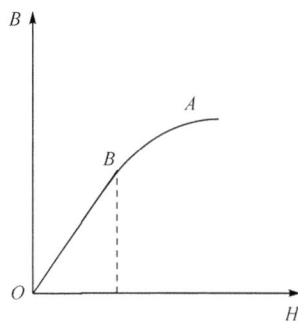

图 6.14　永磁体的 B-H 曲线图

$$L_q' = ai_q + b \tag{6.29}$$

　　考虑饱和效应对交轴电感的影响时,将式(6.29)代入永磁同步电机转矩公式(6.12)得到:

$$T_e = \frac{3}{2}n_p[\psi_f + (L_d - (ai_q + b))i_d]i_q \tag{6.30}$$

　　从式(6.30)可以得到在一定转矩下的 i_d 表达式:

$$i_d = \frac{T_e/(1.5n_p) - \psi_f i_q}{(L_d - ai_q - b)i_q} \tag{6.31}$$

　　由于定子电流 $|i_s|$ 可以表示为

$$|i_s|^2 = i_d^2 + i_q^2 \tag{6.32}$$

将式(6.31)代入式(6.32),有

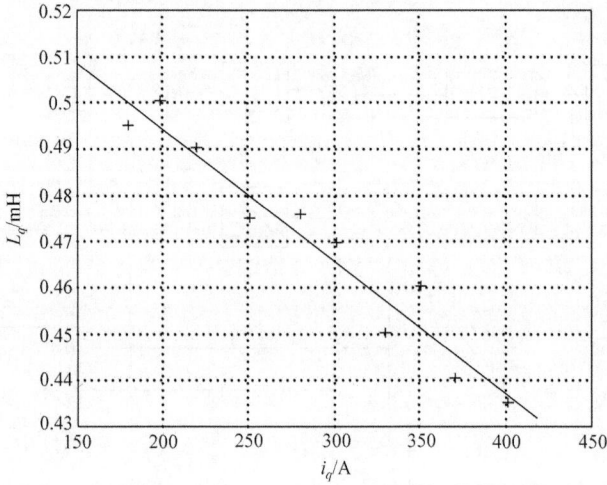

图 6.15　交轴电感测量值及其拟合情况

$$|i_s|^2 = \frac{[T_e/(1.5n_p) - \psi_f i_q]^2}{[(L_d - ai_q - b)i_q]^2} + i_q^2 \tag{6.33}$$

对于给定的转矩,为得到考虑饱和效应的永磁同步电机最大转矩/电流比控制,将式(6.33)对 i_q 进行求导:

$$\frac{\mathrm{d}|i_s|^2}{\mathrm{d}i_q} = 2i_q - \frac{2\psi_f[T_e/(1.5n_p) - \psi_f i_q]}{[(L_d - b)i_q - ai_q^2]^2}$$

$$- \frac{2[T_e/(1.5 \cdot n_p) - \psi_f i_q]^2 \cdot [(L_d - L_q) - 2ai_q]}{[(L_d - b)i_q - ai_q^2]^3} \tag{6.34}$$

为了实现定子电流最小,需式(6.35)成立:

$$\frac{\mathrm{d}|i_s|^2}{\mathrm{d}i_q} = 0 \tag{6.35}$$

为得到考虑永磁同步电机饱和效应时,最大转矩/电流比控制的交、直轴电流之间关系,将式(6.30)代入式(6.35)整理可得

$$i_q[(L_d - b)i_q - ai_q^2]^3 - \psi_f i_d i_q (L_d - b - ai_q)[(L_d - b)i_q - ai_q^2]$$

$$- [(L_d - b - ai_q)i_d i_q]^2 (L_d - b - 2ai_q) = 0 \tag{6.36}$$

利用式(6.30)和式(6.36)可以得到在不同转矩下 i_d 和 i_q 的值,如图 6.16 所示。

考虑饱和效应时,转矩公式可以表示为

$$T_e = \frac{3}{2}n_p[\psi_f + (L_d - L_q')i_d]i_q \tag{6.37}$$

为获得考虑饱和效应时的永磁同步电机最大转矩/电流比控制所需的交、直轴

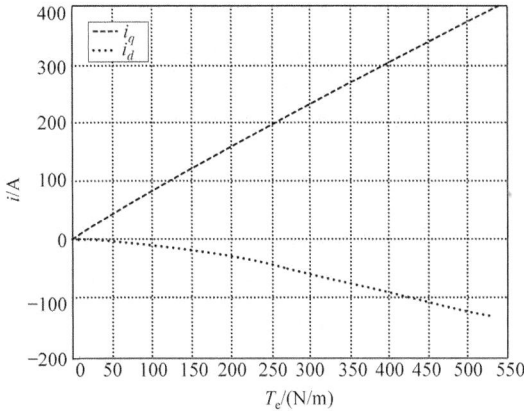

图 6.16　考虑饱和效应最大转矩/电流比控制下交、直轴电流与转矩的关系

电流给定值,可以参照前述章节中对交、直轴电流给定值采用低阶多项式拟合的方法,以提高在线实时计算的效率。但实时计算中用到的交轴电感值是依据当前交轴电流采样值代入式(6.29)得到的对应值,由于采样周期的原因,此时使用的电感值计算得到的交轴电流一般不等于当前交轴电流的采样值。

考虑到计算过程中使用的交轴同步电感 L_q 随交轴电流 i_q 的变化,为了保证计算的准确性,在进行最大转矩/电流比控制方法的实时计算时,必须进行交轴同步电感 L_q 的迭代,从而使计算出的交轴电流值对应的交轴电感与计算时使用的交轴电感值相同。如果在控制过程中采用这种迭代算法,势必增加计算量,无法满足控制的实时性;如果不迭代,则必然存在计算误差,尤其当转矩发生突变时,必将影响系统的性能。

如果将式(6.30)和式(6.36)离线计算得到的值存入表格中,采用查表的方法可以有效地避免在线计算存在的缺点。但如果转矩在较大范围内变化,则表格容量相对较大,并且当系统转矩发生阶跃变化时,查表法仍然存在与在线计算同样的缺点。针对这种情况,可以采用图 6.17 所示的电流补偿环节,它可以保证查表法对转矩给定和电机参数变化的鲁棒性。

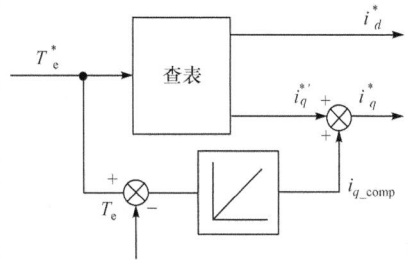

图 6.17　考虑饱和效应的永磁同步电机电流补偿环节功能框图

6.5　弱磁控制策略

前面介绍了各种控制算法,其共同特点就是没有考虑逆变器的容量限制。考

虑到逆变器容量和电机额定值,电机能输出的最大相电流矢量幅值 I_{smax} 取决于可持续工作的电机电枢电流和可以得到的逆变器输出电流,最大相电压矢量幅值 u_{max} 取决于逆变器可以输出的最大电压。这样,电枢电流矢量幅值 u_s 和电压矢量幅值 u_s 应该满足如下关系:

$$I_s = \sqrt{i_d^2 + i_q^2} \leqslant I_{smax} \tag{6.38}$$

$$u_s = \sqrt{u_d^2 + u_q^2} \leqslant u_{max} \tag{6.39}$$

由式(6.38)知,电流约束条件在 i_d-i_q 平面上形成一个圆:

$$i_d^2 + i_q^2 = I_{smax}^2 \tag{6.40}$$

由式(6.9)、式(6.10)和式(6.39),忽略定子电阻影响,电压约束条件在 i_d-i_q 平面上形成一个椭圆:

$$(\omega L_d i_d + \omega \psi_f)^2 + (\omega L_q i_q)^2 = v_{max}^2 \tag{6.41}$$

图 6.18 所示为在 $i_d - i_q$ 平面上的电流约束椭圆和电压约束椭圆,随着转速 ω 的升高,椭圆逐渐缩小,但其中心不变为 $(-\psi_f / L_d, 0)$。

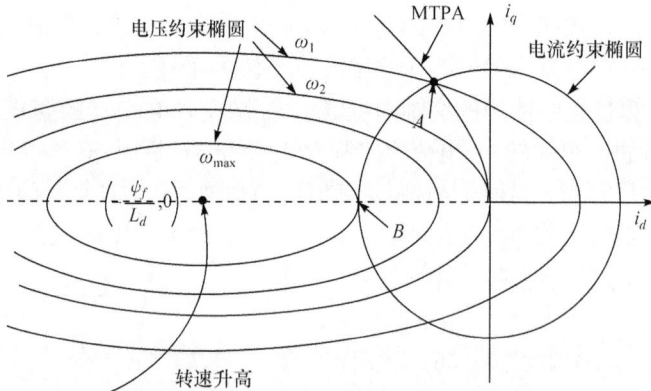

图 6.18　永磁同步电机运行约束条件示意图

牵引应用中,启动阶段的恒转矩区一般采用前述最大转矩电流比(MTPA)控制,对应图 6.18 中转速 $\omega \leqslant \omega_1$ 的全部区域和 $\omega_1 < \omega \leqslant \omega_2$ 的部分区域。当转速 $\omega_1 < \omega \leqslant \omega_2$ 重载运行或转速 $\omega > \omega_2$ 时,MTPA 曲线完全位于电压约束椭圆之外,逆变器输出电压饱和,无论负载大小,均需要弱磁运行,为弱磁区。近年来,各国学者提出了多种弱磁控制策略,这里重点介绍韩国学者 Kim 和 Maric 于 1997 年提出的基于电压闭环调节的弱磁控制策略。

基于电压闭环的弱磁控制策略的优点是不依靠电机参数,任何运行条件下均能保证电流调节,且快速平滑地进出弱磁模式,包含弱磁控制的全速度范围 IPMSM 控制策略,如图 6.19 所示。

在图 6.19 中,弱磁控制策略由虚线框内调节器构成,主要的控制思想是利用同步 PI 电流调节器的输出参考电压来确定弱磁控制的开通时刻[7]。已知采用空间矢量调制(SVPWM)策略,可线性合成的电机相电压幅值最大为 $u_{dc}/\sqrt{3}$(u_{dc} 为逆变器直流母线电压)。随着电机转速升高,电流调节器输出接近电压极限值,开始饱和,调节能力变差。而电压调节环节通过增加负向 d 轴电流,使电流调节器避免了饱和。在低速区,电流调节器的输出电压幅值 u_{qd}^* 通常低于 u_{max},所以弱磁控制不激活,$\Delta i_d=0$。随着转速升高到一定程度,当 u_{qd}^* 高于 u_{max} 时,弱磁自动激活,将电压环 PI 调节后的输出 Δi_d 作为 d 轴电流附加分量和根据 MTPA 计算出 d 轴电流给定 i_{dx}^* 相加来作为 d 轴电流指令 i_d^*,Δi_d 的下限值为:$i_{df,min}=-(I_{max}-i_{dt})$,$i_{dt}$ 是没有电压限制环节时 d 轴电流参考值。

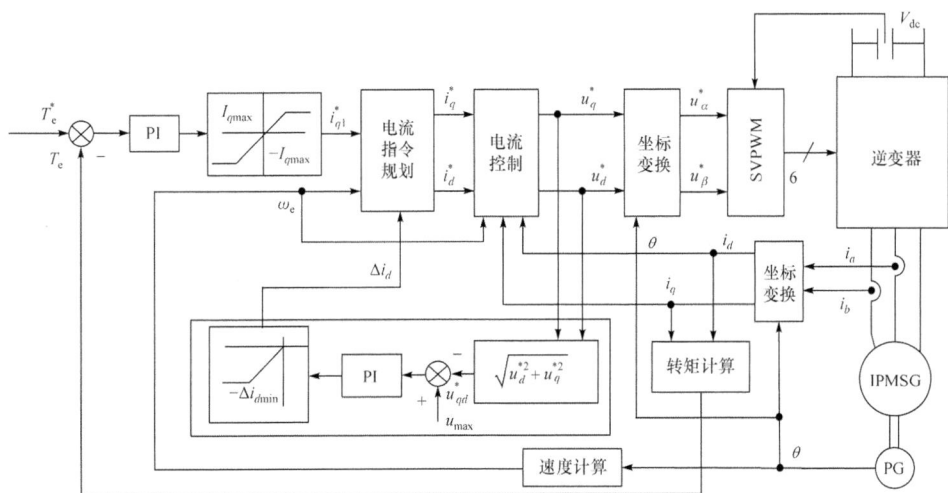

图 6.19　电压闭环矢量控制功能框图

图 6.19 的控制结构简单,其电流环 PI 的参数设计也比较简单,但是电压环的调节比较烦琐,可以采用小信号模型进行分析。

图 6.20 给出了电流控制环节的详细框图,采用的是解耦的同步 PI 电流调节器。其中 K_{pd}、K_{id} 和 K_{pq}、K_{iq} 分别是 d 轴电流控制器和 q 轴电流控制器的比例系数及积分系数,假设电机输出电流能完全跟踪电流给定值,可以建立如下关系:

$$i_d=\frac{K_{pd}s+K_{id}}{L_ds^2+(R_s+K_{pd})s+K_{id}}i_d^* \tag{6.42}$$

$$i_q=\frac{K_{pq}s+K_{iq}}{L_qs^2+(R_s+K_{pq})s+K_{iq}}i_q^* \tag{6.43}$$

电流调节器可以表示为

$$\Delta u_d=\frac{K_{pd}s+K_{id}}{s}(i_d^*-i_d) \tag{6.44}$$

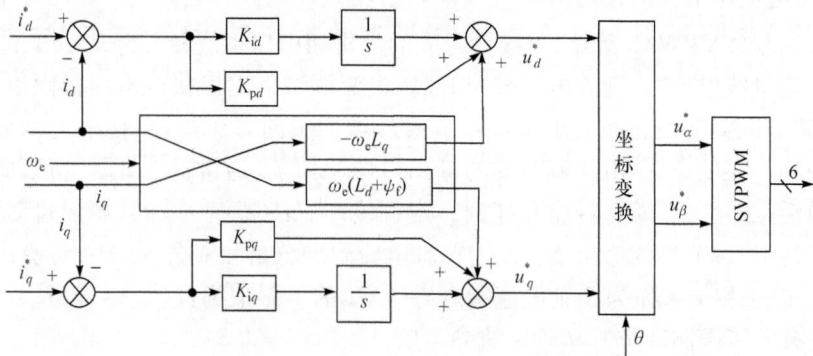

图 6.20　永磁同步电机 PI 同步电流控制功能框图

$$\Delta u_q = \frac{K_{pq}s + K_{iq}}{s}(i_q^* - i_q) \tag{6.45}$$

将式(6.42)、式(6.43)分别代入式(6.44)及式(6.45)中,可以得到:

$$\Delta u_d = \frac{L_d s^2 + R_s s}{L_d s^2 + (R_s + K_{pd})s + K_{id}} i_d^* \tag{6.46}$$

$$\Delta u_q = \frac{L_q s^2 + R_s s}{L_q s^2 + (R_s + K_{pq})s + K_{iq}} i_q^* \tag{6.47}$$

实际过程中,当电压调节环起作用时,电压矢量幅值 u_{om} 可以表示为电压给定值 u_{max} 和一个微小变化量 Δu 之和:

$$u_{om} = \sqrt{(u_d + \Delta u_d)^2 + (u_q + \Delta u_q)^2} = u_{max} + \Delta u \tag{6.48}$$

在某一稳定点弱磁运行时,根据二元函数的泰勒展开,线性化的小信号模型可以表示为

$$\Delta u_{om} = \frac{\partial u_{om}}{\partial u_d} \Delta u_d + \frac{\partial u_{om}}{\partial u_q} \Delta u_q = \frac{u_d}{u_{max}} \Delta u_d + \frac{u_q}{u_{max}} \Delta u_q \tag{6.49}$$

根据式(6.46)、式(6.47)和式(6.49),有

$$\Delta u_{om} = \frac{u_d}{u_{max}} \frac{L_d s^2 + R_s s}{L_d s^2 + (R_s + K_{pd})s + K_{id}} i_d^* + \frac{u_q}{u_{max}} \frac{L_q s^2 + R_s s}{L_q s^2 + (R_s + K_{pq})s + K_{iq}} i_q^* \tag{6.50}$$

实际中,转矩环调节较慢,假定分析过程中 i_q^* 保持不变,将式(6.50)中和 i_q^* 相关项看作干扰项,可以得到值 Δu_{om} 和 i_d^* 之间的传递函数:

$$\frac{\Delta u_{om}}{i_d^*} = \frac{u_d}{u_{max}} \frac{L_d s^2 + R_s s}{L_d s^2 + (R_s + K_{pd})s + K_{id}} \tag{6.51}$$

这样,就可以建立如图 6.21 所示的系统传递函数,进而结合系统需求,对电压环 PI 参数进行设计,图中的 PI_Ru 模块就是待整定的弱磁 PI 调节器。

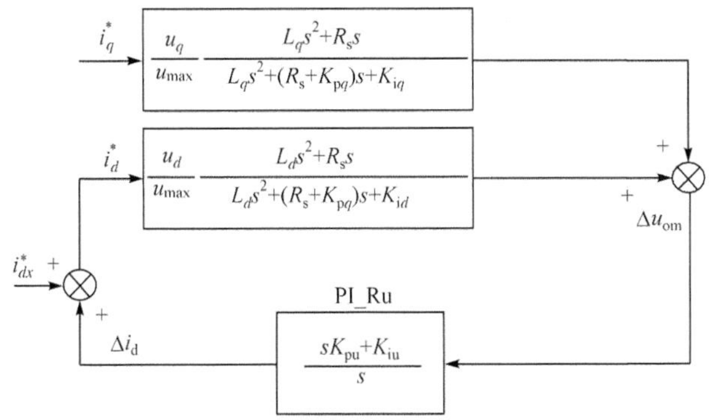

图 6.21　电压环小信号模型传函框图

6.6　基于内模校正永磁同步电机 DeadBeat 直接转矩控制

预测控制作为一种控制思想简单的控制方式受到了研究人员越来越多的关注,并被广泛应用于电力电子领域。被引入的预测控制方法主要有无差拍控制、跟踪控制和模型预测控制等。比较典型的模型预测控制是根据系统的离散化预测模型,设定一个指标函数,在下一个离散周期选择使指标函数最小的控制方式,从而实现最优控制,但控制过程复杂,运算量仍然较大。无差拍控制可在一个采样周期内使被控变量达到期望值,具有不受 PI 调节器带宽限制的快速动态响应特性,特别适合于离散控制系统,具有响应快速、控制精确的优点,但受 AD 采样、数字运算等所带来的控制延时影响较大,而且对系统参数敏感,容易造成系统不稳定、控制精度变差等缺点。

采用无差拍直接转矩控制技术,理论上可在一个采样周期内,使电机的输出转矩和定子磁链控制误差为零。然而由于采样延时,参数不准等方面的影响,会使无差拍直接转矩控制在实际应用中会存在一定的稳态误差。

6.6.1　无差拍直接转矩控制原理

在同步旋转 d-q 坐标系下,对永磁同步电机转矩方程进行微分可得

$$\frac{\mathrm{d}T_e}{\mathrm{d}t} = \frac{3}{2} n_\mathrm{p} \left[\left(\frac{\mathrm{d}\psi_d}{\mathrm{d}t} i_q - \frac{\mathrm{d}\psi_q}{\mathrm{d}t} i_d \right) + \left(\psi_d \frac{\mathrm{d}i_q}{\mathrm{d}t} - \psi_{sq} \frac{\mathrm{d}i_d}{\mathrm{d}t} \right) \right] \tag{6.52}$$

将 IPMSM 电压方程进行变形代入式(6.52)可得

$$\frac{\mathrm{d}T_e}{\mathrm{d}t} = \frac{3}{2} n_\mathrm{p} \left\{ u_d \psi_q \left(\frac{L_d - L_q}{L_d L_q} \right) + u_q \frac{\psi_d (L_d - L_q) + \phi_\mathrm{f} L_q}{L_d L_q} + \frac{R\psi_q}{L_d^2 L_q^2} \left[\psi_d (L_q^2 - L_d^2) - \phi_\mathrm{f} L_q^2 \right] \right.$$

$$\left. + \frac{\omega}{L_d L_q} \left[(L_q - L_d)(\psi_d^2 - \psi_q^2) - \psi_d L_q \phi_\mathrm{f} \right] \right\} \tag{6.53}$$

将式(6.53)进行离散化可得

$$T_e(k+1) - T_e(k)$$

$$= \frac{3}{2} n_p \left\{ u_d(k) T_s \psi_q(k) \left(\frac{L_d - L_q}{L_d L_q} \right) \right.$$

$$+ u_q(k) T_s \frac{\psi_d(k)(L_d - L_q) + \psi_f L_q}{L_d L_q}$$

$$+ \frac{R \psi_q(k) T_s}{L_d^2 L_q^2} [\psi_d(k)(L_q^2 - L_d^2) - \psi_f L_q^2]$$

$$\left. + \frac{\omega(k) T_s}{L_d L_q} [(L_q - L_d)(\psi_d^2(k) - \psi_q^2(k)) - \psi_d(k) L_q \psi_f] \right\} \tag{6.54}$$

令

$$\Delta T_e = T_e(k+1) - T_e(k) \tag{6.55}$$

则有

$$u_d T_s = K_1 u_q T_s + K_2 \tag{6.56}$$

式中

$$K_1 = -\frac{\psi_d(k)(L_d - L_q) + \psi_f L_q}{\psi_q(k)(L_d - L_q)}$$

$$K_2 = \frac{2\Delta T_e L_d L_q}{3 n_p \psi_q(k)(L_d - L_q)} - \frac{R_s T_s}{L_d L_q(L_d - L_q)} [\psi_d(k)(L_q^2 - L_d^2) - \psi_f L_q^2]$$

$$- \frac{\omega(k) T_s}{\psi_q(k)(L_d - L_q)} [(L_q - L_d)(\psi_d^2(k) - \psi_q^2(k)) - \psi_d(k) L_q \psi_f]$$

由于无差拍直接转矩控制在每一个开关周期,实现对当前周期结束或者下一个周期开始时功率给定值的跟踪控制,因此,令

$$T_e^* = T_e(k+1) \tag{6.57}$$

由式(6.57)可见,ΔT_e 与 $u_d T_s$ 和 $u_q T_s$ 线性相关,因此当定子磁链变化时存在着无穷多个电压矢量来满足下一刻的转矩为 T_e^*。

当针对定子磁链加入限定条件且忽略定子电阻的影响时,忽略前一时刻与后一时刻转子位置的差别有

$$\begin{cases} \psi_d(k+1) = \psi_d(k) + u_d(k) T_s \\ \psi_q(k+1) = \psi_q(k) + u_q(k) T_s \end{cases} \tag{6.58}$$

当限制定子磁链幅值为 $|\psi_s^*|$ 有

$$(\psi_d(k) + u_d(k) T_s)^2 + (\psi_q(k) + u_q(k) T_s)^2 = (\psi_s^*)^2 \tag{6.59}$$

联立式(6.57)与式(6.59)可得到既满足转矩增量又满足定子磁链幅值的逆变

器电压给定值 $u_d(k)$ 与 $u_q(k)$。将式 $u_d(k)$ 与 $u_q(k)$ 通过 IPark 变换,变换至两相静止坐标系下,之后通过空间矢量调制合成作用于逆变器,驱动电机运行,从而实现内置式永磁同步电机的无差拍直接转矩控制。

6.6.2　限定条件下的无差拍直接转矩控制

由式(6.20)可以根据转矩给定值 T_e^* 得到实现最大转矩电流比控制的电流给定值 i_d^* 和 i_q^*,进而可以根据电机数学模型计算得出实现最大转矩电流比控制的给定磁链幅值 $|\psi_s^*|$,如图 6.22 所示[8]。由于式(6.20)为非线性,通常将实现最大转矩电流比时的转矩 T_e^* 与磁链幅值 $|\psi_s^*|$ 的关系通过离线求解、曲线拟合的方式计算出来。这样,通过给定转矩就可以得到相应的磁链幅值给定值。T_e^* 与 $|\psi_s^*|$ 之间拟合函数关系,可以表示为

$$\psi_s^* = f(T_e^*) \tag{6.60}$$

联立式(6.57)、式(6.59)与式(6.60)就可以实现满足最大转矩电流比的无差拍直接转矩控制。

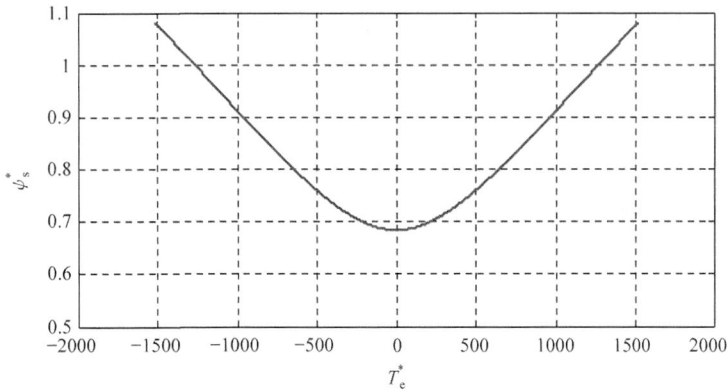

图 6.22　最大转矩电流比时磁链幅值与转矩给定之间关系

在二电平电压型逆变器驱动的内置式永磁同步电机无差拍直接转矩控制中,由式(6.57)与式(6.59)确定电压给定值,其幅值受直流侧母线电压的限制。由二电平空间矢量调制原理可知该限制为边长为 $2V_{dc}/3$ 所构成的正六边形。显然,若无差拍电压矢量解在六边形内,则系统可以同时实现无差拍的转矩和电流幅值控制。若式(6.57)与式(6.59)确定的电压给定值在正六边形之外,这表明同时满足磁链变化和转矩变化条件的定子电压矢量 $|V_s^*| T_s$ 太大,以至于空间矢量调制算法不能在一个采样周期里合成这个电压矢量,系统将不能同时实现无差拍的转矩和磁链控制。这时,为了尽可能提高系统的转矩跟踪特性,在电压给定为最大边界值的条件下,可以使输出电流也保持最大值。将下一时刻变频器的输出电流幅值

限制为允许的最大电流 I_{smax} 时则有

$$(I_{smax})^2 = (i_d)^2 + (i_q)^2 \tag{6.61}$$

将式(6.58)代入式(6.61)可得

$$\left(\frac{\psi_d(k) + u_d(k)T_s - \psi_f}{L_d}\right)^2 + \left(\frac{\psi_q(k) + u_q(k)T_s}{L_q}\right)^2 = (I_{smax})^2 \tag{6.62}$$

将式(6.62)表示的椭圆和输出电压矢量的正六边形边界的交点处对应的电压矢量作为电压给定值,则可以得到此限定条件下转矩给定的最快跟踪。

6.6.3　控制系统稳定性分析

令 $T_e(k+1)$ 为给定值,$T_e(k)$ 为反馈值,无差拍转矩控制中转矩环系统框图表示如图 6.23 所示。

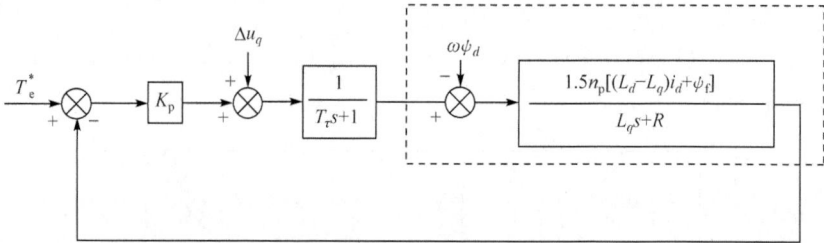

图 6.23　转矩环系统框图

图中 $T_\tau = 1.5T_s$,$T_s = 125\mu s$ 为采样周期。忽略电阻的影响。

$$K_p = \frac{2L_q}{3n_p T_s [(L_d - L_q)i_d + \psi_f]} \tag{6.63}$$

$$\Delta u_q = -\frac{u_d \psi_q (L_d - L_q)}{\psi_d (L_d - L_q) + \psi_f L_q} - \frac{R\psi_q [\psi_d (L_q^2 - L_d^2) - \psi_f L_q^2]}{L_d L_q [\psi_d (L_d - L_q) + \psi_f L_q]}$$
$$-\frac{\omega[(L_q - L_d)(\psi_d^2 - \psi_q^2) - \psi_d L_q \psi_f]}{\psi_d (L_d - L_q) + \psi_f L_q} \tag{6.64}$$

忽略前馈补偿量 Δu_q 与扰动量 $\omega\psi_d$,传递函数可写为

$$G(s) = \frac{\hat{L}_q [(L_d - L_q)i_d + \psi_f]}{T_s [(\hat{L}_d - \hat{L}_q)i_d + \hat{\psi}_f]} \frac{1}{L_q s + R_s} \frac{1}{T_z s + 1} \tag{6.65}$$

式中,$\hat{L}_d$、$\hat{L}_q$ 和 $\hat{\psi}_f$ 为控制系统中给定的永磁同步电机参数值,不可能小于零。因此由式(6.65)可见当 $(\hat{L}_d - \hat{L}_q)i_d + \hat{\psi}_f > 0$ 时,$G(s)$ 的开环增益恒为正,则闭环零极点均位于复平面的左半边。因此当 $(\hat{L}_d - \hat{L}_q)i_d + \hat{\psi}_f > 0$ 时,系统是稳定的。

图 6.24 为系统的闭环幅频曲线(相位曲线被省略)。由图可见,无论参数准确与否,系统都存在一定的稳态误差,控制系统中电机参数的变化会对稳态误差产生影响。

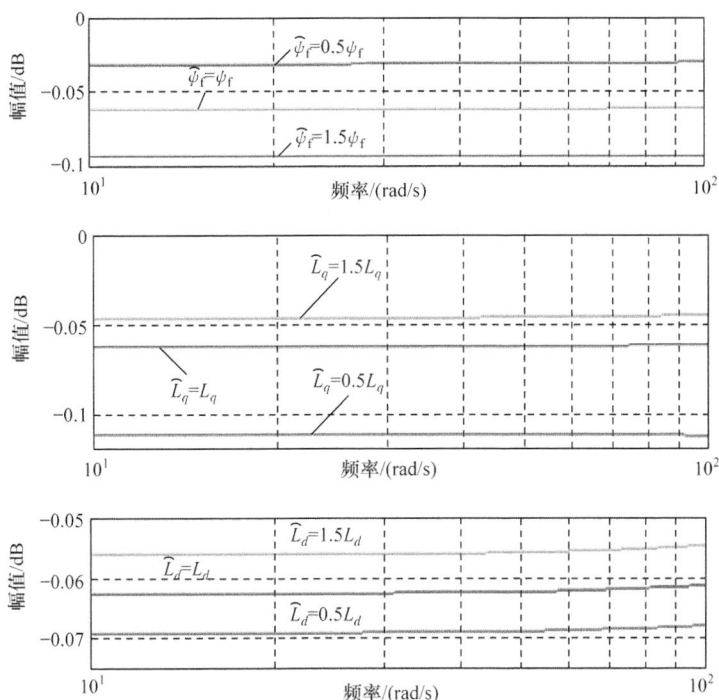

图 6.24　闭环幅频曲线图

6.6.4　内模反馈校正

由上文的分析可知,无差拍直接转矩控制在实际应用中会存在一定的稳态误差。为了消除静差,在无差拍直接转矩控制中引入内模反馈校正环节。

在 kT_s 时刻,采集到实际输出 $T_e(k)$ 后,与 $(k-1)T_s$ 时刻所做的转矩给定值 $T_e^*(k)$ 比较,得到的误差为

$$\varepsilon T_e(k) = T_e^*(k) - T_e(k) \tag{6.66}$$

为了克服无差拍控制模型的误差以及控制过程中干扰对系统的影响,在每一步控制作用后,将每一步的预测误差进行叠加,并修正下一步的预测值,进行反馈校正,修正方程式如下:

$$T_e^*(k+1) = T_e^*(k) + h\sum_{i=0}^{k-1} \varepsilon T_e(i) \tag{6.67}$$

式中,h 为加权修正系数。从而:

$$T_e^*(k+1) - T_e(k) = \varepsilon T_e(k) + h\sum_{i=0}^{k-1} \varepsilon T_e(i) = (1-h)\varepsilon T_e(k) + h\sum_{i=0}^{k} \varepsilon T_e(i) \tag{6.68}$$

可以看出,修正后的方程也具有数字 PI 控制器的形式,具有准积分的效果,从而能实现对功率的无静差跟踪,控制器转矩预测值的修正方法的等效框图如图 6.25 所示。h 可以简单取为一个小于 0.05 的常数。

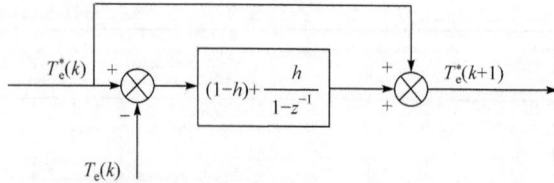

图 6.25　转矩预测值修正方法框图

在第 kT_s 采样周期,根据内模理论将 $(k-1)T_s$ 时刻所做的转矩给定值 $T_e^*(k)$ 加上前 k 次采样周期预测误差值之和,对给定值进行修正,得到下一个周期转矩给定值 $T_e^*(k+1)$,并且一旦给定值与实际采样值之间出现偏差,给定值就会做出相应修正,从而使系统做出相应调整。引入反馈校正的最大转矩电流比无差拍直接转矩控制策略框图如图 6.26 所示。

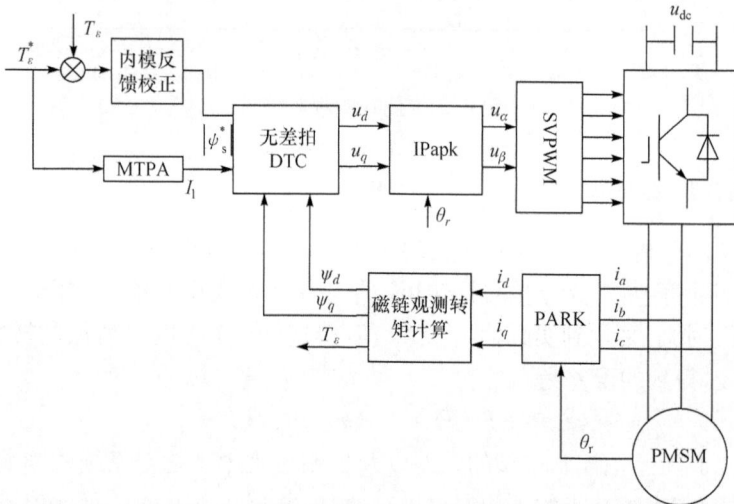

图 6.26　引入反馈校正的最大转矩电流比无差拍直接转矩控制策略框图

6.7　小　　结

永磁电机具有高功率密度的优势,因此在列车牵引系统具有很好的发展前景。本章主要介绍了永磁电机的基本控制策略,首先分析了永磁同步电机的数学模型,并以数学模型为基础介绍了永磁同步电机的转子磁场定向控制策略；由于电流控制方法在矢量控制策略中极为重要，重点介绍了最大转矩/电流比控制策略，指出了电机参数变化对电流控制策略的影响；针对永磁同步电机的弱磁控制，建立了小信号模型分析和设计方法；最后介绍了一种无差拍直接转矩控制方法，对永磁同步电机的动态性能进行了优化控制。

参 考 文 献

[1] 巩思茜.高速列车永磁牵引电机同步控制建模与仿真研究[D].杭州：浙江大学,2013.

[2] 陈荣.永磁同步电机控制系统[M].北京：中国水利水电出版社,2009.

[3] 冯进才.基于矢量控制的永磁同步电机控制系统的研究[D].西安：中国科学院研究生院(西安光学精密机械研究所),2010.

[4] 陈荣,严仰光.永磁电机的转子位置检测与定位[J].中小型电机,2003,30(3)：61-65.

[5] 黄鹏,苗长云,黄雷,等.参数在线估算的永磁同步电机最大转矩电流比控制[J].煤炭学报,2011,36(1)：172-176.

[6] 尚重阳,邓利红,周建华,等.一种永磁同步电动机的最大转矩电流比控制方法[J].自动化技术与应用,2008,27(7)：90-92.

[7] 何亚屏,文宇良,许峻峰,等.基于多模式 SVPWM 算法的永磁同步牵引电机弱磁控制策略[J].电工技术学报,2012,27(3)：92-99.

[8] 许峻峰.提高永磁同步电动机调速系统性能方法研究[D].成都：西南交通大学,2006.

[9] 冯江华.城轨车辆永磁同步电机牵引系统控制策略研究[D].长沙：中南大学,2008.

第 7 章 列车黏着利用控制

7.1 引 言

列车的牵引动力来自于动力源——内燃机车的柴油机及主发电机或电力机车的外部电网。为适应列车的牵引要求,牵引电传动系统通过变流器驱动牵引电机在较宽的速度和功率范围内工作,同时保持动力源的稳定。电机输出的转矩再通过齿轮驱动系统传递到动轮上,并适应动轮相对于构架的各种运动。作用于动轮的驱动力矩则通过轮轨相互作用,形成作用于轮轨接触面上沿列车运行方向的牵引力(即黏着力)。动力源的工作特性、传动系统的工作特性以及为抑制空转滑行进行的驱动力矩调节器之间必须配套,列车牵引功率的传递过程如图 7.1 所示。

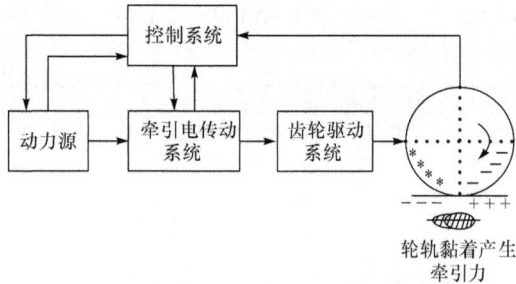

图 7.1 列车牵引功率的传递示意图

列车的牵引力直接来源于动轮与钢轨之间的黏着力。轮重、轮轨材料的弹性及在车轮上施加的转矩构成了黏着力的三要素,如图 7.2 所示。

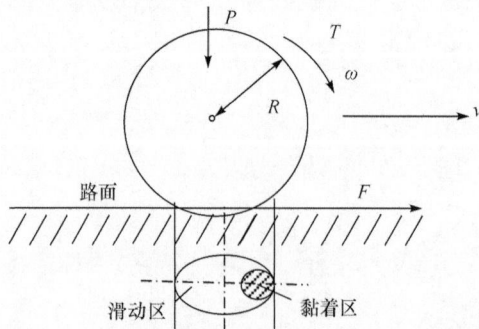

图 7.2 轮轨接触面切向力的产生原理示意图

　　当轮受到荷重 P 作用时,在轮轨材料接触部分会发生弹性变形,形成椭圆形接触区。此时如果车轮还受到转矩 T 的作用向前滚动,那么椭圆形接触区的前部由于材料的挤压将出现黏着现象,称为黏着区,其余部分则会因为材料的拉伸出现滑动现象,称为滑动区。正是因为黏着区的存在,在轮轨接触面上才产生了轮周切向牵引力 F。切向力 F 即黏着力,它驱使车轮滚动前进。

7.2　列车黏着基本概念及特性

7.2.1　黏着基本概念

　　列车在 F 驱动下前进时,车轮的前进速度 v 总是低于车轮的圆周速度 $R\omega$,这个现象称为蠕滑,蠕滑程度的大小用蠕滑率 γ 来表示,定义如下[1]:

$$\gamma = \frac{v_{\text{slip}}}{v} = \frac{R\omega - v}{v} \tag{7.1}$$

式中,v_{slip} 为蠕滑速度。

　　一般而言,随着车轮相对车体的切向运动速度(蠕滑速度)加快,轮轨间有效发挥的黏着力也将增大。但是当相对运动速度超过一定限值后,发挥的黏着力反而不断减少。这种有效发挥的黏着力和车轮相对车体的切向运动速度之间的关系称为黏着特性。图 7.3 给出了干燥、潮湿、油污三种不同轨面状态下轮轨间的黏着特性曲线。

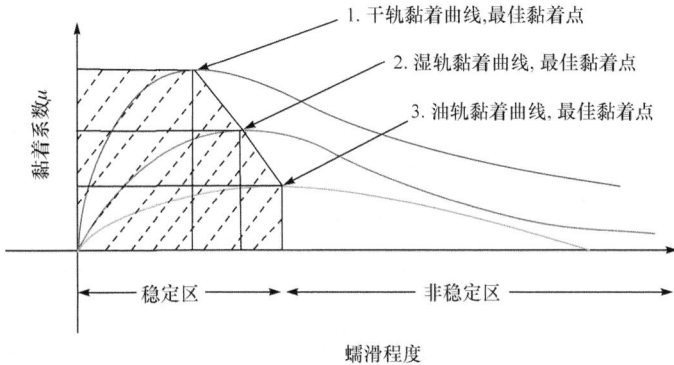

图 7.3　不同轨面状态下的黏着特性曲线图

　　图 7.3 中的黏着系数 μ 定义为黏着力 F 与轮荷重 P(亦即列车的黏着质量、法向力)之比,即

$$\mu = \frac{F}{P} \tag{7.2}$$

从图7.3还可以看出,不同路况下的黏着特性曲线是不同的,并且在各种路况下都存在相应的黏着系数最大值 $\mu_{\max}$。$\mu_{\max}$ 为最大可发挥的黏着力 $F_{\max}$ 与轮荷重 P 之比,也称为可用黏着系数,即

$$\mu_{\max} = \frac{F_{\max}}{P} \tag{7.3}$$

轮轨间的可用黏着是客观存在的,它由轮轨接触的物理状态决定,一般不能人为改变[2]。因此,列车在运行中的黏着系数不会超过可用黏着系数,只能尽量接近它。

记可用黏着系数 $\mu_{\max}$ 处的蠕滑速度为 v_{sm},称点(v_{sm},$\mu_{\max}$)为最优黏着点。显然,不同的路况对应的最优黏着点不同。

为描述列车黏着的利用情况,定义黏着利用率 η 如下:

$$\eta = \frac{\mu}{\mu_{\max}} \tag{7.4}$$

通常所说的列车黏着利用控制,就是在列车运行过程中,尽量提高 η,从而获得较大的平均牵引力。黏着利用率是衡量黏着利用控制系统的重要性能指标。

7.2.2　黏着特性

轮轨黏着力 F 与蠕滑率 γ 之间的关系如图7.4所示。列车处于正常牵引工况时,蠕滑率 γ 很小,且与轮轨间形成的黏着力 F 成正比,此段称为微滑段;当驱动力矩 T 大到一定程度后,蠕滑率迅速增大,此段称为大滑段;当驱动力矩进一步增大时,车轮相对于钢轨将会发生明显滑动,而钢轨能发挥的黏着力 F 随蠕滑率 γ 的增加迅速下降,这就是车轮的空转现象(制动工况时的滑行现象产生过程类似)。车轮空转滑行除造成列车的牵引力损失外,还会加剧轮轨磨耗,严重时甚至威胁行车安全,所以必须尽量避免空转滑行的发生[1]。

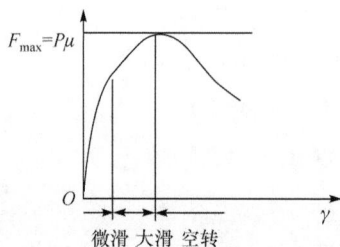

图7.4　轮轨黏着力与蠕滑率的关系图

列车轮轨黏着特性受到多种因素的影响,包括外界环境条件、轮轨表面状态、轮轨系统的振动等。严格来讲,轮轨黏着是指一个范围。通常给定的列车黏着曲线具有统计学意义,是常规条件下保证足够高黏着利用率的应用特性曲线。试验表明,列车运行中的瞬态黏着系数始终在变化中,只是列车驱动系统的稳定性一般很高,瞬时的黏着变化不容易对整个系统产生明显影响。

7.2.3　影响列车可用黏着系数的因素

（1）轮轨表面状态。

完全干净的理想轨面,其可用黏着系数可达 0.6～0.7,实际运行中的可用黏着系数一般为 0.2～0.4。轮轨表面潮湿、有油污或铁锈时,其黏着性能下降。天气寒冷时的列车黏着性能也会下降[3]。

（2）线路不平顺。

线路质量较差时,列车黏着性能下降。

（3）车轮直径。

可用黏着系数随轮径的增加而略有提高。例如,轮径从 1050mm 增至 1205mm,可用黏着系数可增加约 5%。

（4）轴重。

可用黏着系数随轴重提高而略有下降,但黏着力将增加。轴重每增加 1%,可用黏着系数减少约 0.2%。例如,列车轴重由 23t 增至 25t,轴重增加了 8.7%,黏着系数下降约 1.74%,但可用黏着力增加约 7%。

（5）列车速度。

可用黏着系数随列车运行速度增加而略有减小。速度为 140km/h 时的可用黏着系数比速度接近 0 时的可用黏着系数减小约 10%。

7.2.4　影响列车黏着利用率的因素

（1）列车运行状态。

随着列车速度的增加或者轮轨条件的变化,列车横向及垂向振动加剧,破坏了轮轨黏着状态,使列车能利用的黏着系数明显下降。

（2）轴重转移。

在牵引工况下,列车会发生轴重转移,部分减载轴的黏着限制将影响整列车的黏着水平。列车轴重转移受到牵引电机布置形式、电机及驱动机构的悬挂方式以及列车轴式等的影响。

（3）轮对驱动系统的扭转振动特性。

牵引电机转矩由驱动装置驱动车轮转动,在轮周上产生牵引力。整个驱动系统是一个扭转系统,具有一定的惯量和扭转刚度。当作用在驱动系统上的外载荷（如驱动力矩或轮轨黏着）突然发生变化时,会引起驱动系统的扭转振动。如果此时的驱动力矩较大,驱动系统的扭转振动使轮轨间的作用力超过了当前可用黏着力,车轮在钢轨上产生滑转;扭转振动向反方向扭转变形时,又使车轮停止滑动,重新建立黏着。这样交替进行,形成轮轨间的黏滑振动。

驱动系统的黏滑振动可能是稳定的,即逐渐衰减;也可能是不稳定的,即扭转振幅不断增大,导致轮对空转或滑行。为了使轮对驱动系统不易发生黏滑振动,提高黏滑振动的稳定性,应使系统的扭转刚度足够大,牵引电机的转矩-转速特性要足够陡峭。

（4）曲线黏降。

列车在曲线上运行时,轮对的运行方向与曲线的切线方向形成冲角（夹角）。冲角的存在使车轮在钢轨上产生横向速度分量,造成横向蠕滑及横向蠕滑力。由于轮轨间能传递的总蠕滑力受到黏着限制,冲角越大,横向蠕滑力越大,轮轨间能产生的纵向蠕滑力便越小,黏着利用率越低,这种现象称为曲线黏降[4]。

（5）车轮直径差。

同一轮对或同一牵引单元的车轮直径不相等,引起的附加滑动将使车轮实际能传递的牵引力减小,黏着利用率减小。

7.2.5　轮对的空转与滑行

列车处于牵引工况时,随着给定牵引力的提高或轨面条件的恶化,列车的空转是很难避免的,图 7.5 是这两种情况下车轮空转发生的机理。

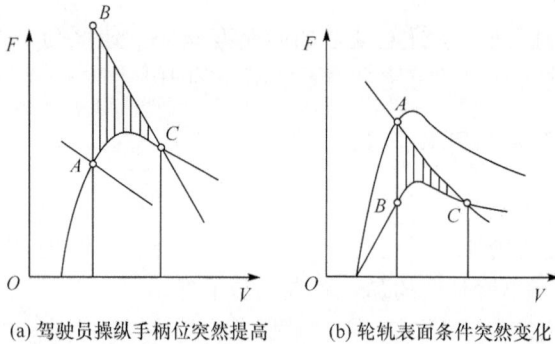

(a) 驾驶员操纵手柄位突然提高　　　(b) 轮轨表面条件突然变化

图 7.5　列车轮对空转机理示意图

图 7.5 中的曲线段为轮轨黏着特性曲线,直线段是列车牵引电机的驱动特性曲线,其交点 A 是正常条件下的稳态工作点。当驾驶员操纵手柄位突然提高（图 7.5(a)）或轮轨表面条件突然恶化时（图 7.5(b)）,由于速度不能突变,所以工作点由 A 转到 B。此时,由于动轮驱动力矩大于轮轨间能传递的力矩,多余部分的能量——阴影部分代表的力差将使车轮加速转动（考虑列车质量很大,在这一过程中列车行进的速度可认为近似不变）,于是出现空转现象。空转中的驱动力矩根据电机驱动特性随车轮转动速度变化,如果随速度的提高该特性下降的斜率大于黏着特性曲线的下降曲率,则存在一个新的平衡点 C。此时轮轨间处于大的滑动状态,既损失了牵引力,又会造成轮轨的剧烈磨耗,并有可能因发热造成轮箍松弛,

带来行车安全隐患,这是不允许的。

当牵引转矩降低,或轮轨接触条件改善,使黏着曲线与电机驱动特性的交点重新回到黏着区时,列车轮轨将重建黏着。

列车处于制动工况下发生的滑行现象与牵引工况下的空转现象有着类似的机理,区别是黏着力此时作为列车制动力而存在。

7.3　提高列车黏着性能的措施

列车能利用的黏着取决于可用黏着和黏着利用率:$\mu_{利}=\mu_{\max} \cdot \eta$。要提高 $\mu_{利}$,就要提高可用黏着系数 $\mu_{\max}$ 和黏着利用率 η。

7.3.1　提高可用黏着系数的方法

轮轨之间的可用黏着是客观存在的,其取决于轮轨接触面的物理状态,列车结构对此影响甚微。轮径和轴重虽然对可用黏着有一定的影响,但轮径值和轴重值的确定主要是为了考虑其他方面的需要,而不是为了改变 $\mu_{\max}$。通常采用人为改变轮轨接触面状态的方法来提高 $\mu_{\max}$。

（1）撒砂。

向轨面撒砂能提高 $\mu_{\max}10\%\sim50\%$,这与轨面的具体状态有关。车速大于140km/h 时撒砂的增黏效果变差。向轮轨间喷射陶瓷粒子,对高速时的可用黏着系数有明显提高[5]。

（2）踏面清扫闸瓦。

列车采用盘形制动时,踏面易受油垢污染,降低了 $\mu_{\max}$。踏面清扫闸瓦专门用来清扫踏面表面,与制动无关。

7.3.2　提高黏着利用率的方法

黏着利用率与列车结构有关,通常考虑采取下列措施提高黏着利用率。

（1）列车轴重转移要尽量小。

（2）速度增加时,列车的垂向振动及蛇行振动要尽可能小,即运行平稳。

（3）列车各车轮直径差要尽可能小。

（4）车轴驱动系统具有足够大的扭转刚度。若由于结构上的原因,系统的扭转刚度不够大,则应注意系统中各扭转刚度的合理匹配,使轮轨黏滑振动稳定或不发生黏滑振动。

（5）采用很陡的转矩-转速特性,能自动抑制空转。

（6）列车采用径向转向架,能使曲线黏降得到大幅度的改善。

（7）采用黏着利用控制技术,它能充分发挥轮轨黏着的潜力,使列车在接近可用黏着的情况下运行,这是本书讨论的主要内容。

　　20世纪90年代初,美国通用电气公司及德国西门子股份公司联合开发了先进的黏着利用控制技术,使列车能利用的黏着系数接近可用黏着系数 $\mu_{\max}$。

7.4　列车黏着利用控制方法

　　要实现列车黏着系数的最优利用,就需要找到最优黏着点并使列车实际的黏着点尽量靠近该点,这就是黏着利用控制的作用。

　　随着电子、微电子工业的发展以及测量技术、控制技术的不断进步,黏着利用控制装置在检测精度、控制性能和可靠性方面都得到显著提高。目前黏着利用控制装置已经从早期最简单的防空转继电器控制发展到以采用高性能的微处理器为核心,并采用模块化设计,可独立运行,也可与其他车辆控制单元协调工作的黏着控制系统;控制思想从简单的通断控制经过蠕滑校正,发展为连续的蠕滑控制;黏着控制装置的意义也从简单的防空转、防滑行升级到最优利用轮轨间的黏着力,同时实现防止空转和滑行以及避免由此带来的车轮、钢轨或驱动部件的损坏[6]。

　　列车黏着利用控制方法主要分为再黏着控制和优化黏着控制。再黏着控制的目的在于将黏着工作点从黏着特性不稳定区拉回稳定区;而优化黏着控制则是使工作点位于稳定区并尽可能接近峰值点,从而实现充分利用黏着力[7]。

7.4.1　再黏着控制方法

　　在最初阶段,黏着利用控制的主要方法是在空转和滑行发生后,通过降低电机转矩来实现黏着利用,其一般过程如下:

　　(1) 根据轮对间速度差、轮对的加速度及加速度的变化率,检测空转或滑行现象的发生;

　　(2) 在检测到空转或滑行后,根据空转或滑行的程度,削减电机转矩值并维持一定时间,以消除空转或滑行;

　　(3) 在空转或滑行结束后,按设定过某一定时间常数的指数规律,逐渐增加电机转矩,直至恢复到空转或滑行时电机转矩值的80%;

　　(4) 在一定的时间内,保持电机转矩不变;

　　(5) 如果在电机转矩不变的时间段内未发生空转或滑行,则在保持时间段结束后,按指数规律继续增加电机转矩,直至达到由列车级控制系统给出的电机转矩给定值,如果再次发生空转或滑行,则返回到(2)重新处理。

　　再黏着控制方法一方面需要大幅度地削减电机转矩以消除已经发生的空转或滑行现象,另一方面需要缓慢地增加电机转矩以防止空转或滑行的再次发生,这样,黏着工作点常常远离最优黏着点,黏着利用率相对较低[8]。

7.4.2　优化黏着控制方法

从对再黏着控制方法的分析中可以发现,再黏着控制方法没有对最优黏着点进行搜寻,自然无法获得较高的黏着利用率。有别于再黏着控制方法,优化黏着控制方法的一个显著特点是能够自动搜寻最优黏着点,并使黏着工作点保持在最优黏着点的附近,从而能够获得较高的黏着利用率。根据搜寻最优黏着点方法的不同,现代黏着利用控制方法可以分为蠕滑速度法和黏着斜率法两大类[9]。

1. 蠕滑速度法

基于蠕滑速度的黏着利用控制方法的原理比较直观,它是根据黏着特性曲线,通过调节蠕滑速度,使其反复地增加和降低,从而自动地搜寻到最优黏着点。

从图 7.3 可知,如果蠕滑速度从零开始逐渐增加,那么在蠕滑速度逐渐增加的过程中,黏着系数必将会经过其最大值点 μ_{max}。相应地,牵引力也必将经过其最大值点 F_{max}。而牵引力是否经过了最大值 F_{max} 则可以通过对牵引力值的比较而做出判别。一旦发现牵引力已经越过了最大值 F_{max},只要立刻减少蠕滑速度,就能使牵引力朝最大值 F_{max} 所在的方向移动。这样,通过反复地调节蠕滑速度,实际黏着点将在最优黏着点附近变化。虽然这样不能得到最大的牵引力,但是只要实际黏着点偏离最优黏着点的距离足够小,那么得到的平均牵引力与最大值 F_{max} 之间的差距也将足够小。图 7.6 给出了蠕滑速度法循环搜寻最优黏着点的理想过程。

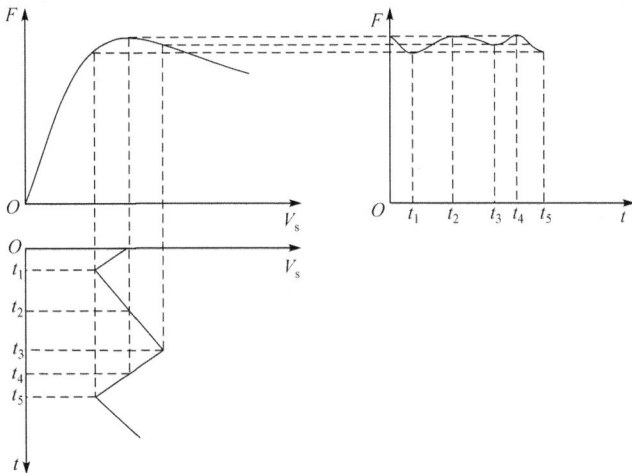

图 7.6　蠕滑速度法循环搜寻最优黏着点的理想过程示意图

这种方法的成功之处就在于调节蠕滑速度循环地增加、减少。因此当黏着特性动态变化时,这种方法也能够自动地搜寻相应的最优黏着点。

　　显然,精确获取蠕滑速度是实现基于蠕滑速度黏着控制方法的关键。由于车轮速度容易测量,根据式(7.1)可知,获取蠕滑速度的关键是准确地获取列车车体速度。然而,列车车体速度的测量是一个很难解决的问题。现有的列车车体速度获取方法可分为直接测量法[10]和间接计算法[11-13]。直接测量法采用接触式的从动轮或非接触式的雷达等无线设备直接测量车体速度。这种方法的缺点是除了使列车的附加成本增大,在启动或雨、雪等较恶劣天气状况时测量的精度也较差。间接计算法建立在"虚拟从动轮"概念之上。虚拟从动轮的速度由期望的列车加速度得到。而列车期望加速度积分值的计算依赖于列车重量、线路坡度和运行阻力在内的列车或轮对负载的估算。因此,间接计算法的可行性也比较差。

　　2. 黏着斜率法

　　针对图 7.3 中的黏着特性曲线,计算其黏着系数 μ 相对于蠕滑速度 v_{slip} 的导数。

$$\gamma = \gamma(v_{\text{slip}}) = \mathrm{d}\mu / \mathrm{d}v_{\text{slip}} \tag{7.5}$$

可以得到以下关系:

$$\gamma(v_{\text{slip}}) \begin{cases} > 0, & v_{\text{slip}} < v_{\text{Sm}} \\ = 0, & v_{\text{slip}} = v_{\text{Sm}} \\ < 0, & v_{\text{slip}} > v_{\text{Sm}} \end{cases} \tag{7.6}$$

　　从式(7.6)可以看出,在最优黏着点处,斜率 $\gamma(v_{\text{slip}}) = \gamma(v_{\text{Sm}}) = 0$。而在最优黏着点的左边,即 $v_{\text{slip}} < v_{\text{Sm}}$ 时,斜率 $\gamma(v_{\text{slip}}) > 0$;在最优黏着点右边的黏着非稳定区,即 $v_{\text{slip}} > v_{\text{Sm}}$ 时,斜率 $\gamma(v_{\text{slip}}) < 0$。只有当列车工作在最优黏着点时,黏着曲线的斜率才为 0。在列车运行过程中,如果能够实时地获取黏着特性曲线斜率,并使黏着工作点位于斜率 0 处,那么就能实现最优黏着利用。

　　相位法是一种建立在线性系统理论基础上的黏着斜率法,这种方法提供了一种间接测量黏着特性曲线斜率的方法,其基本原理是通过对黏着特性曲线斜率的判别和控制,实现最优黏着利用。

　　设 $G(r)$ 是以 r 为参数的线性系统。根据线性系统理论,在幅值为 A、频率为 f、相位为 ϕ 的正弦信号

$$u(t) = A\sin(2\pi f t + \phi) \tag{7.7}$$

的激励下,如果参数 r 在激励的过程中保持不变,那么系统 $G(r)$ 的输出将为

$$y(t) = |G(f, r)| A\sin(2\pi f t + \phi + \psi(f, r)) \tag{7.8}$$

式中,$\psi(f, r)$ 为相位移,它是激励信号频率 f 和系统参数 r 的函数,并且可以用图 7.7 所示的正交相关法进行测量。显然,如果保持激励信号的频率 f 不变,则相位移仅随参数 r 变化,即 $\psi(f, r) = \psi(r)$。进一步,若相位移 $\psi(r)$ 和参数 r 之间还有单值对应关系,那么根据相位移 $\psi(r)$ 就能唯一地确定相应的参数 r。

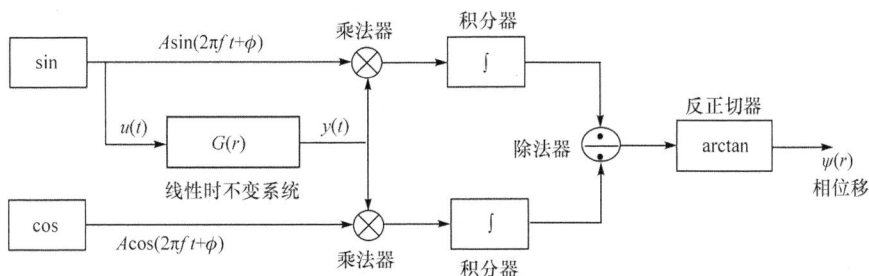

图 7.7　基于相位移的正交相关法测量蠕滑率功能框图

从黏着系数和蠕滑速度之间的非线性黏着特性曲线可知,运行过程中的传动系统动力学模型是一个非线性系统。通过对黏着工作点的局部线性化处理可以得到局部线性化的机车传动系统动力学模型。

虽然黏着工作点的斜率 $\gamma(v_{slip})$ 不能直接测量出来,但可以利用正交相关法通过测量相位移 $\psi(r)$ 间接获取黏着斜率 $\gamma(v_{slip})$。通过对实际给定转矩上叠加频率为 $7\sim12\text{Hz}$、幅值为 $2\%\sim5\%$ 的转矩额定值的周期测试信号,再对系统的输出信号即电机转速进行滤波,这样就只有周期测试信号的频率成分,最后利用正交相关法计算出相位移 $\psi(r)$。由于在 $7\sim12\text{Hz}$ 的频率范围之内,相位移 $\psi(r)$ 与黏着斜率 $\gamma(v_{slip})$ 之间为单值关系。当观察频率确定以后,根据测量的相位移就可以唯一地确定相应的黏着斜率 $\gamma(v_{slip})$。

从上面的分析可知,利用相位移和利用黏着曲线斜率进行黏着控制的作用是等价的,因为它们之间是单值对应关系,所以在进行黏着控制的时候就不再利用黏着斜率,而是直接利用上面方法计算出来的机车传动系统的相位移进行黏着控制,如图 7.8 所示。

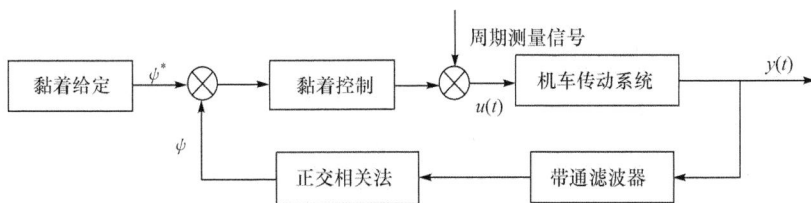

图 7.8　基于相位法的黏着利用控制功能框图

用这种相位移黏着控制方法最大的优点是不需要知道实际中比较难测量到的机车车体速度就能进行黏着控制。但是,这种方法的理论基础是建立在线性系统理论上的,实际中相位移能不能正确反映黏着斜率是这种黏着控制方法能不能实现的关键。

由于计算斜率时存在微分运算,容易受到噪声的干扰,因此不易获得准确的斜率值。极性法是黏着斜率法的一种改进方法,在图 7.9 中说明。图 7.9(a)给出了列车传动系统中,由于黏着现象而产生的列车牵引力和电机牵引力变化及它们之间的关系曲线,图 7.9(b)是相应的列车黏着特性曲线。

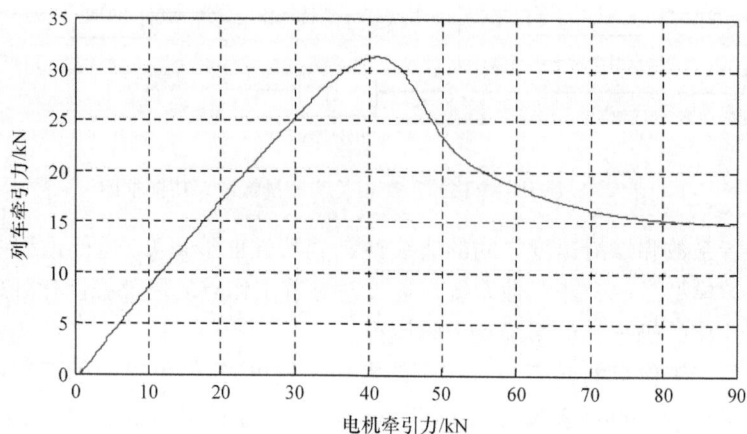

(a) 列车牵引力和电机牵引力关系曲线

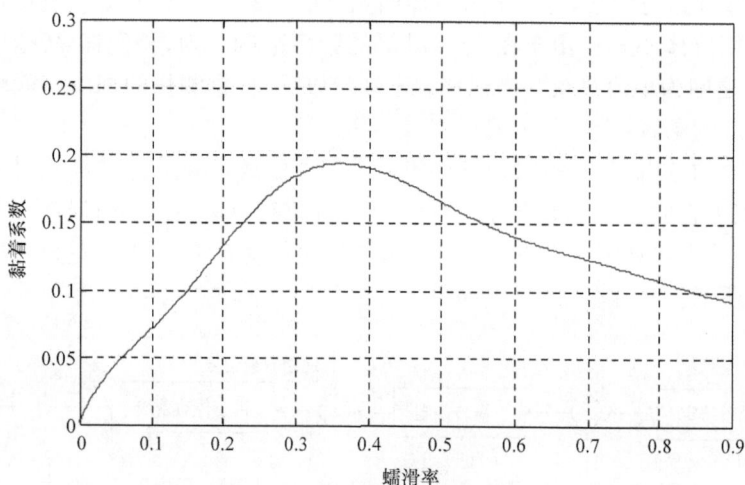

(b) 列车黏着特性曲线图

图 7.9　黏着斜率搜索的极性法

　　由于在牵引力最大点左边曲线的斜率值大于零,因此,电机牵引力和列车牵引力二者增量的极性相同,即电机牵引力增大时,列车牵引力也增大;电机牵引力减小时,列车牵引力也减小。同理,在牵引力最大点的右边,由于曲线斜率值小于零,电机牵引力增大时,列车牵引力减小;电机牵引力减小时,列车牵引力却增大。基于牵引力最大点两边曲线斜率极性不同的特点,可以采用图 7.10 描述的列车牵引力最大点搜寻算法。

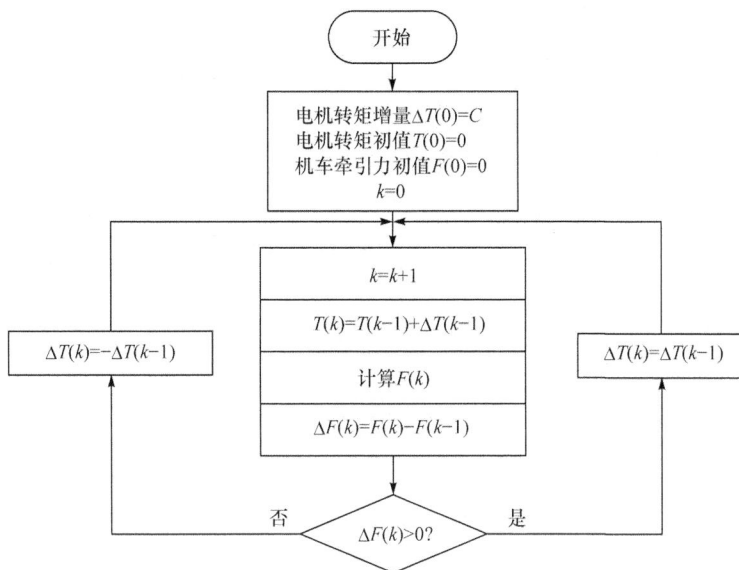

图 7.10　基于极性法的列车牵引力最大点搜寻算法框图

由于列车牵引力增量的极性只在首次越过牵引力最大点时才改变,而图 7.10 的算法仅在列车牵引力增量改变极性时才改变电机转矩增量的极性,因此它总能使列车牵引力朝牵引力最大点所在的方向变化。由于黏着特性随路面状况变化以及电机转矩增量的存在,一般不能精确地搜寻到列车牵引力最大点,实际的列车牵引力在其最大点附近变化。显然,实际牵引力点偏离牵引力最大点的距离越小,可以获得的平均牵引力就越大。

图 7.10 描述的算法中,需要计算列车牵引力 F。由图 7.2 的单个车轮运动模型容易得到列车牵引力 F 的计算公式:

$$F = \frac{1}{R}\left(T - J_n \frac{\mathrm{d}\omega}{\mathrm{d}t}\right) \tag{7.9}$$

式中,R 为车轮半径;J_n 为折算到车轮的转动惯量;ω 为车轮转速;T 为电机转矩,它可以由电机电流、电机转矩常数和齿轮传动系数计算得到。

显然,对于极性法,只需要知道易于测量和计算的车轮转速和电机转矩,就能实现优化黏着控制。而在蠕滑速度法中,必须知道难以测量的蠕滑速度才能实现黏着控制。因此,极性法相比蠕滑速度法有较大优势。

7.5　黏着利用控制的新策略与新技术

列车轮轨之间的黏着是一个具有较大不确定性的复杂时变过程,受列车设计

条件、环境条件和运用条件等诸多因素的影响。目前黏着力控制技术已由过去的
简单防滑、防空转门限值保护功能,逐步开始引入现代控制理论,并出现了基于模
糊理论的黏着利用控制方法,基于状态观测器的黏着利用控制方法等新技术。

7.5.1　舒适度提升型控制策略

　　当空转或滑行现象发生时,一方面需要减载电机转矩以消除空转或滑行现象,
另一方面需要关注乘客的舒适度。这一点对客运列车,特别是高速动车组尤为
重要[14,15]。

　　利用抛物线插值策略可以有效减轻电机转矩减载过程中的乘客不舒适感。加
入这种插值策略的黏着控制系统按图 7.11 工作。

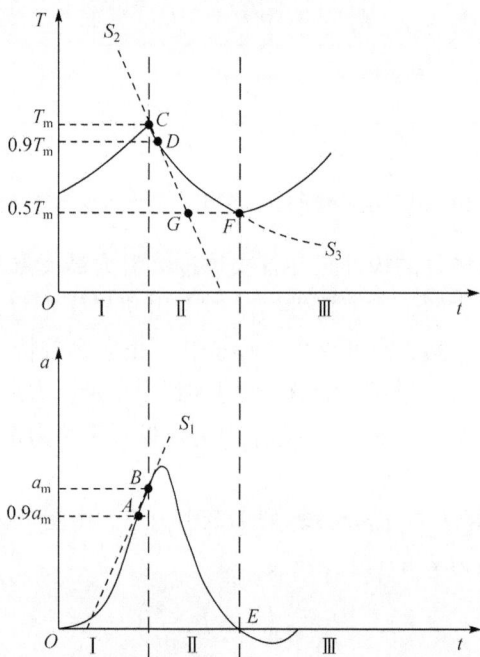

图 7.11　抛物线插值电机转矩减载策略示意图

　　假设阶段 I 时间段内的轨面状况不好。当电机转矩增加时,轮对加速度值
$a(t)$ 随电机转矩 $T(t)$ 的增加而增加,并最终超过加速度保护门限值 a_m 而发生空
转现象。电机转矩按下列步骤减载。

　　(1) 设加速度曲线上纵坐标值等于 $0.9a_m$ 的点为 A 点,纵坐标值等于 a_m 的点
为 B 点,计算 A 与 B 点之间直线 S_1 的斜率 k。

　　(2) 记录轮对加速度值 $a(t)$ 达到 a_m 时的电机转矩值 T_m,在转矩曲线上对应
C 点。

（3）在转矩曲线上,过 C 点作斜率为 $-k$ 的直线 S_2,S_2 与水平直线 $T=0.9T_m$ 相交于 D 点。

（4）在转矩曲线上过 C、D 两点进行抛物线插值,得抛物线 S_3。

（5）在阶段 II,按照抛物线 S_3 执行电机转矩减载,轮对加速度值 $a(t)$ 由于惯性会滞后一小段时间,但必然会随着电机转矩的减载而单调下降。

（6）当轮对加速度值 $a(t)$ 下降至 0 时,说明轮轨间的黏着状态已经恢复,记录转矩曲线上对应的 F 点作为电机转矩恢复的起点。

获取抛物线 S_3 的表达式是插值策略成功的关键。设抛物线 S_3 的表达式为

$$T(t)=at^2+bt^2+c \tag{7.10}$$

该抛物线在 C、D、F 点(F 点纵坐标值为 $T=0.5T_m$,其横坐标值与列车初速度相关,且大于 G 点对应横坐标值)的表达式为

$$\begin{cases} T_C=at_C^2+bt_C^2+c \\ T_D=at_D^2+bt_D^2+c \\ T_F=at_F^2+bt_F^2+c \end{cases} \tag{7.11}$$

分别用式(7.11)中的第一行减去第二行、第一行减去第三行、第二行减去第三行,得到:

$$\begin{aligned} T_C-T_D&=a(t_C^2-t_D^2)+b(t_C-t_D) \\ T_C-T_F&=a(t_C^2-t_F^2)+b(t_C-t_F) \\ T_D-T_F&=a(t_D^2-t_F^2)+b(t_D-t_F) \end{aligned} \tag{7.12}$$

将式(7.12)中的第一行两端同乘以 $(t_C-t_F)(t_D-t_F)$,第二行同乘以 $(t_C-t_D)(t_D-t_F)$,得到:

$$\begin{cases} (T_C-T_D)(t_C-t_F)(t_D-t_F) \\ =a(t_C^2-t_D^2)(t_C-t_F)(t_D-t_F)+b(t_C-t_D)(t_C-t_F)(t_D-t_F) \\ (T_C-T_F)(t_C-t_D)(t_D-t_F) \\ =a(t_C^2-t_F^2)(t_C-t_D)(t_D-t_F)+b(t_C-t_F)(t_C-t_D)(t_D-t_F) \end{cases} \tag{7.13}$$

用式(7.13)中的第一式减去第二式,得到:

$$(T_C-T_D)(t_C-t_F)(t_D-t_F)-(T_C-T_F)(t_C-t_D)(t_D-t_F)$$
$$=a(t_C-t_D)(t_C-t_F)(t_D-t_F)(t_F-t_D) \tag{7.14}$$

于是得到参数 a 的计算公式为

$$a=-\frac{(T_C-T_D)(t_C-t_F)-(T_C-T_F)(t_C-t_D)}{(t_C-t_D)(t_C-t_F)(t_D-t_F)} \tag{7.15}$$

计算出参数 a 后,可以进一步得到参数 b 的计算公式为

$$b=\frac{(T_C-T_D)-a(t_C^2-t_D^2)}{(t_C-t_D)} \tag{7.16}$$

参数 c 的计算公式为

$$c = T_C - at_C^2 - bt_C^2 \tag{7.17}$$

7.5.2　基于模糊逻辑的黏着控制技术

以模糊逻辑控制和神经网络控制为代表的智能控制方法的兴起,为轨道交通黏着利用控制注入了新的活力。模糊逻辑控制是一种针对具有非线性、时变性、滞后性系统的不确定控制方法,比神经网络更加适合用于黏着利用控制,其数学基础是模糊集合理论和模糊逻辑推理。如果以式(7.5)趋向于 0 作为控制目标,那么模糊逻辑控制的具体过程可以按如图 7.12 所示方式建立。

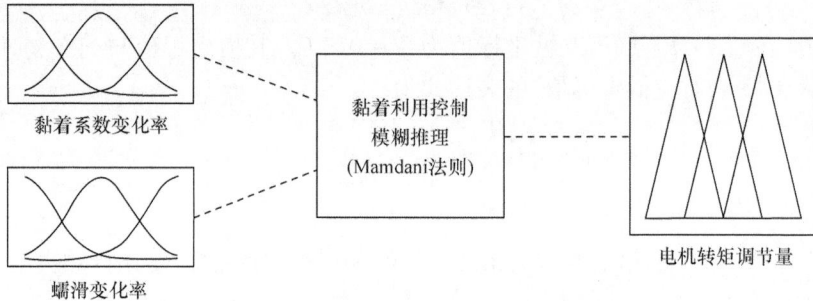

图 7.12　黏着利用的模糊逻辑控制过程示意图

图 7.12 中模糊推理的第一维输入为黏着系数变化率(即 $\mathrm{d}\mu/\mathrm{d}t$),第二维输入为蠕滑速度变化率(即 $\mathrm{d}\gamma_s/\mathrm{d}t$),模糊推理过程遵循 Mamdani 法则,推理后的结果为电机转矩调节量(即 ΔT)。模糊推理的核心——模糊控制表则是由一系列 IF…THEN…形式的规则构成的,基于式(7.5)可以得到下面的模糊控制表 7.1。

表 7.1　黏着利用的模糊控制表

$\mathrm{d}\mu/\mathrm{d}t$ ＼ $\mathrm{d}\gamma_s/\mathrm{d}t$	NB	NS	ZE	PS	PB
NB	PB	PS	ZE	NS	NB
NS	PS	PS	ZE	NS	NS
ZE	ZE	ZE	ZE	ZE	ZE
PS	NS	NS	ZE	PS	PS
PB	NB	NS	ZE	PS	PB

表 7.1 中,NB 表示负方向有较大变化,NS 表示负方向有较小变化,ZE 表示不进行任何调节,PS 表示正方向有较小变化,PB 表示正方向有较大变化。以表 7.1 中带灰色底纹的最后一格为例:对应行的 PB 表示 $\mathrm{d}\mu/\mathrm{d}t$ 正向增加较大,对应列的 PB 表示 $\mathrm{d}\gamma_s/\mathrm{d}t$ 正向增加较大,这说明当前工作点位于黏着曲线上最优黏着点的左侧。为了实现黏着力的更大发挥,此时的电机转矩增量应该有较大的正

向增加,所以灰色底纹所在格中应填 PB。

上述模糊控制规则用 IF…THEN…形式可以描述成:IF dμ/dt 在单周期内增加较大,且 dγ_s/dt 在单周期内增加也较大,THEN 应该增加电机转矩。将表 7.1 中的所有模糊控制规则合并起来,最终形成的模糊控制曲面如图 7.13 所示。从图上可以明显看出,输入与输出之间的关系是一个非线性过程。

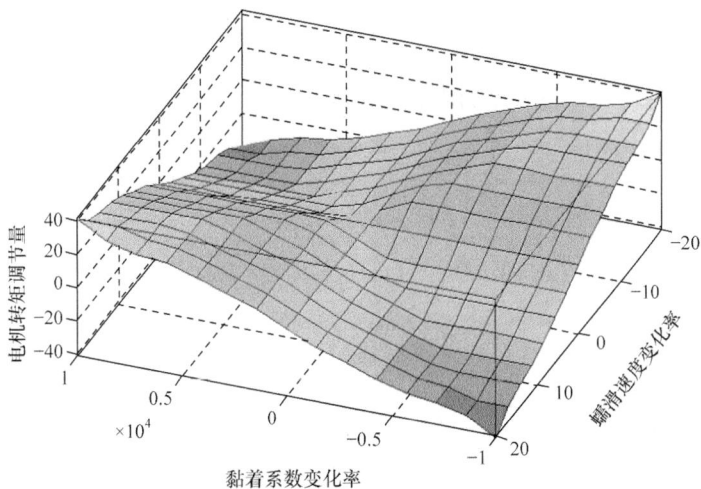

图 7.13　模糊逻辑控制曲面示意图

模糊逻辑控制方法,不需要建立精确的黏着控制数学模型,具有广阔的发展前景。

7.5.3　基于状态观测器的黏着控制技术

为了能够最大化利用黏着力,学界和工业界一直在探索更有效的方法。由于黏着利用控制系统本质上是动力学控制系统,因此,现代控制理论成为了研究黏着利用问题的有力工具。然而现代控制理论属于精确控制理论范畴,需要先对被控对象建立模型。

黏着利用控制系统既属于列车传动控制系统的一部分,又是着眼于整车的控制系统,所以建模范围既要考虑到传动系统的动力特征,又要考虑整车的动力特征,甚至还要考虑外部线路、阻力等因素,十分复杂。目前常用的模型包括单轮模型、轮对模型、整车模型。典型的整车模型如下:

$$J_m \frac{d\omega_m}{dt} = T_{m,in} - T_{m,out} \tag{7.18}$$

$$T_w = i T_{m,out} \tag{7.19}$$

$$\omega_m = i \omega_w \tag{7.20}$$

$$J_\mathrm{w}\frac{\mathrm{d}\omega_\mathrm{w}}{\mathrm{d}t}=T_\mathrm{w}-F_\mathrm{a}R \tag{7.21}$$

$$M\frac{\mathrm{d}v_\mathrm{t}}{\mathrm{d}t}=F_\mathrm{a}-F_\mathrm{d} \tag{7.22}$$

$$F_\mathrm{d}=a+bv_\mathrm{t}+cv_\mathrm{t}^2 \tag{7.23}$$

$$F_\mathrm{a}=mg\mu(v_\mathrm{s}) \tag{7.24}$$

$$v_\mathrm{s}=\omega R-v_\mathrm{t} \tag{7.25}$$

式中，J_m 为电机转动惯量；ω_m 为电机转速；$T_\mathrm{m,in}$ 和 $T_\mathrm{m,out}$ 分别为电机的输入转矩和输出转矩；i 为齿轮箱的传动比；J_w 为轮子的转动惯量；R 为轮半径；ω_w 和 T_w 分别为轮子的转速和转矩；M 为整车质量；F_a 为黏着力；F_d 为外部阻力（a、b、c 为阻力公式系数）；m 为轴重。式(7.18)～式(7.21)描述的是机械传动系统的转矩传递过程；式(7.22)描述的是整车的动力特征；式(7.23)描述的是外部阻力；式(7.24)和式(7.25)描述的是黏着力与蠕滑速度的关系。

　　根据现代控制理论，可以建立模型式(7.18)～式(7.25)的状态观测器，从而间接估计出黏着系数 μ 和黏着力 F。如果模型建立得足够精确，则估计得到的黏着系数和黏着力也会精确。获得准确的黏着系数 $\hat{\mu}$（$\hat{\mu}$ 是通过状态观测器得到的真实黏着系数 μ 的估计值）和蠕滑率 γ_s 后，就能够计算黏着曲线斜率的近似值：

$$\frac{\partial\hat{\mu}}{\partial\gamma_\mathrm{s}}\approx\frac{\partial\mu}{\partial\gamma_\mathrm{s}} \tag{7.26}$$

式(7.26)中使用的是偏导数符号，这表示黏着系数 μ 的影响因素众多，而 γ_s 只是其中之一。考虑到蠕滑率 γ_s 是影响黏着系数 μ 最重要因素，对式(7.26)进行合理简化，得到的黏着曲线斜率为

$$\frac{\mathrm{d}\hat{\mu}}{\mathrm{d}r_\mathrm{s}}\approx\frac{\mathrm{d}\mu}{\mathrm{d}r_\mathrm{s}} \tag{7.27}$$

在获得 $\mathrm{d}\hat{\mu}/\mathrm{d}r_\mathrm{s}$ 的基础上，可以进一步通过电机转矩调节 v_s 使得

$$\frac{\mathrm{d}\hat{\mu}}{\mathrm{d}r_\mathrm{s}}\to0 \tag{7.28}$$

这样就逼近了最优黏着点，达到了最大化利用黏着力的目的。

　　通过综合式(7.18)～式(7.25)，并加入一个低通滤波器，就得到黏着系数的观测公式：

$$\hat{\mu}(s)=\frac{i}{mgR}\cdot\frac{\omega_\mathrm{c}}{s+\omega_\mathrm{c}}\cdot(T_\mathrm{m,in}-J_\mathrm{m}s\omega_\mathrm{m}) \tag{7.29}$$

式中，ω_c 既是低通滤波器的截止频率，同时也是状态观测器的极点。日本工程师对观测器技术十分推崇，经历了从全维观测器到降维观测器，再到鲁棒性强的扰动观测器的发展阶段，已在日本新干线成功运用。

7.6　小　　结

　　列车黏着利用控制是列车牵引系统的一个特有关键问题,本章主要讲述列车黏着的相关问题,首先介绍了列车黏着的基本概念,分析了列车黏着的基本特性,指出了轮轨表面、车轮、路面的状态以及轴重和列车速度等是影响列车可用黏着的因素,而列车的黏着利用率则取决于列车速度、轴重速度、轮对扭转振动特性、曲线黏降以及轮径差;通过分析列车黏着的影响因素相应地提出了提高列车的解决措施。黏着利用控制是在列车、轨道等外部条件已经确定的情况下,优化控制策略充分发挥轮轨黏着的潜力,使列车在接近可用黏着的情况下工作。基于对黏着机理的分析,本章分别阐述了传统的再黏着控制方法和性能更高的优化黏着控制方法,之后着重介绍了舒适度提升要求下的优化黏着控制策略,以及基于模糊理论和状态观测器的前沿性技术;最后说明了黏着控制未来将向着控制科学理论和实践试验相结合的方向发展。

参 考 文 献

[1] 鲍维千.关于机车黏着的一些概念及提高机车黏着性能的措施[J].内燃机车,1999,(1):8-14.
[2] 王海洋.坡道条件下轮轨黏着特性试验研究[D].成都:西南交通大学,2011.
[3] 孙翔.高黏着利用机车的系统设计[J].西南交通大学学报,1994,29(3):235-248.
[4] 杨欣,唐松柏.装用径向转向架内燃机车牵引计算及性能分析[J].铁道机车车辆,2004,24(2):44-46.
[5] 蒋立忱,大野薰.通过喷射陶瓷粒子来增大轮轨间的黏着力[J].国外内燃机车,1997,(8):24-29.
[6] 王颖超.高速动车组黏着控制算法研究[D].北京:北京交通大学,2009.
[7] 王辉.基于多分辨率分析的模糊系统理论及其在机车黏着控制中的应用[D].成都:西南交通大学,2003.
[8] 胡照文.机车速度的测量方法及其在黏着控制中的应用[D].长沙:中南大学,2008.
[9] 李江红,马健,彭辉水.机车黏着控制的基本原理和方法[J].机车电传动,2002,(6):4-8.
[10] Hahn K.高速重载牵引黏着利用的进步[J].电力牵引快报,1993,(13):1-8.
[11] Buscher M,王渤洪.三相交流机车车轮空转控制装置(一)[J].电力牵引快报,1994,(4):6-11.
[12] Buscher M,王渤洪.三相交流机车的车轮蠕滑调节(二)[J].电力牵引快报,1994,(5):17-21.
[13] Buscher M,王渤洪.三相交流机车的车轮蠕滑调节(三)[J].电力牵引快报,1994,(6):21-26.
[14] 林文立,刘志刚,方攸同.地铁列车牵引传动再黏着优化控制策略[J].西南交通大学学报,2012,47(3):465-470.
[15] 陈哲明,曾京,罗仁.列车牵引黏着控制及其仿真[J].现代制造工程,2009,(6):8-12.

第8章　重载列车同步控制

8.1　引　言

随着货物运输量需求的日益增加,提高货运列车的运输能力和效率变得越来越紧迫。在这种情况下,开行重载长大货运列车成为了最快速方便提高货运运能的解决方案。

通常将货物编组达 6000t 以上的列车称为重载列车。目前,重载长大列车的编组总量都在万 t 级以上。全球范围内,美国、加拿大、巴西、澳大利亚等国都已经开行万 t 级以上重载长大列车。2004 年铁道部在大秦铁路线首次进行 2 万 t 重载组合列车试验取得圆满成功,目前大秦线投入了 2 万 t 重载长大组合列车的正常运营。

而开行重载长大货运列车,首先需要解决的问题主要有两个方面:长大列车制动力的同步控制和长大列车牵引动力的同步分配问题,这两个问题相互制约,需要同时考虑。

现代重载列车制动方式已逐步向电控及动力分布的方式发展。目前开行重载组合列车的主要发展方向有以下两种。

(1) 开行基于有线 DP(动力分布)/ECP(电控空气制动)技术的组合分布动力重载列车,如图 8.1 所示。

(2) 开行基于无线 DP 技术的组合分布动力重载列车,如图 8.2 所示。

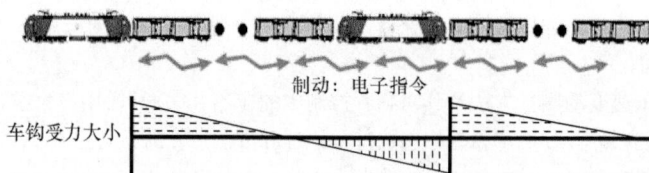

图 8.1　有线 DP/ECP 技术的组合分布动力重载列车编组与车钩力示意图

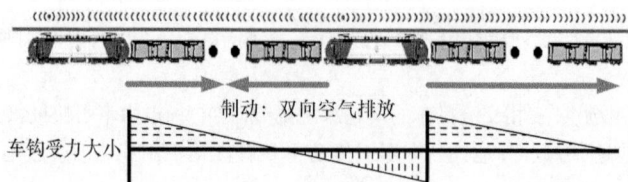

图 8.2　无线 DP 技术的组合分布动力重载列车编组与车钩力示意图

1．两种方式的优势对比

以上两种重载长大组合列车,在列车运行品质、安全性能力、制动性能、货物运载能力方面都具有很强的优势。

两种重载长大组合列车都具有以下共同的优点。

(1) 分布式动力重载长大列车拥有很好的列车弯道和山区线路(连续变化的弯道和坡道)通过性能。

(2) 由于采用了单元式编组方式,在提高线路运输能力的同时还能让列车的编挂具有灵活性。

虽然两种重载组合列车都能提高和改善列车的制动性能,但是采用电控空气制动技术 ECP 的重载组合列车空气制动性能更好,列车排风和充风反应速度更快、时间更短。ECP 制动技术与传统列车空气制动相比具有停车时间少、停车距离短、制动充风和缓解时间短等优点。同时"断钩"事故较传统空气制动重载列车减少 90%。因此,基于有线 DP/ECP 技术的组合分布动力重载列车相比于基于无线 DP 技术的组合分布动力重载列车,具有相同的牵引运行性能及更好的列车空气制动性能。

2．两种技术的实现难度对比

基于有线 DP/ECP 技术的组合分布动力重载列车实现起来比基于无线 DP 技术的组合分布动力重载列车难度要大得多。

有线 DP/ECP 技术需要对包括机车和车辆全部进行改造。主要的改造部分和技术难点在于对车辆的改造。要实现开行有线 DP/ECP 技术的重载组合列车,车辆需要至少进行下列改造:

(1) 加装微机控制程序单元;

(2) 改造电磁空气阀门;

(3) 加装控制设备需要的供电电池;

(4) 电池的充电单元;

(5) 用于贯通列车的电控线路;

(6) 安装高可靠并且容易插拔的专用电气连接器。

而无线 DP 技术无需对列车车辆进行任何改动。仅需要在机车上加装一套能够收发无线电指令的执行控制机构并对制动机进行适应性改造。并且,随着目前无线通信技术的快速发展,采用包括数字电台、LTE 等多种通信方式互补的无线通信模式,能够保证无线 DP 技术的数据传输质量和传输距离。

3．两种方式的改造经济性对比

由于开行基于有线 DP/ECP 技术的组合分布动力重载列车需要对全部机车

和车辆进行改造,所以改造费用非常昂贵。机车的改造费用比车辆的改造费用更高。同时,改造时间周期也很长。

相比之下,开行基于无线 DP 技术的组合分布动力重载列车需要花费的改造费用要少得多,也更加快捷方便,只需机车进行必要的改造。改造周期时间短,经济效益回报快。

4. 两种方式日常检修维护工作对比

由于有线 DP/ECP 技术的组合分布动力重载列车对机车和车辆都进行了改造和设备加装,所以日常的检修维护工作也就相应的增大。一次正常的日常维护,需要对机车和车辆全部进行检修和维护。光是检修一次所有车辆的高可靠电气连接器就需要耗费大量时间。同时,还需要对车辆的电池进行定期的更换和保养。

无线 DP 技术的组合分布动力重载列车只对机车进行了改造和设备加装,与之带来的日常检修和维护工作量的增加仅限于无线 DP 系统设备。故障排查和检修维护工作量相比有线 DP/ECP 列车来说要小得多。

8.2　重载列车同步控制的数学基础

重载列车的同步控制将影响列车纵向力的分布,而纵向力的数值大小是评价同步操纵和安全运行的直接标准。当主从机车之间不同步控制时,就会导致在牵引或制动过程中主车的速度慢于或者快于从车,使得重载列车车辆之间的纵向力剧增,纵向力过大导致车钩脱裂、缓冲器破损等严重后果。此外,部件的磨损程度和疲劳破坏也随着纵向力的增大而明显增加。因此判断车钩的受力情况是检验不同控制策略在同步控制方面是否可靠的有效方法[1]。

良好的机车同步控制系统可以有效减少纵向冲动和车钩力,缩短制动距离和制动时间,提高列车安全运行的品质。列车纵向冲动和车钩力与列车动力学相关,需要对列车的纵向动力学进行分析。

8.2.1　重载列车纵向力的数学模型

机车和车辆所组成的机械系统是十分复杂的,不同列车编组、不同运行工况、不同线路条件等都对列车纵向力的分布产生巨大影响,因此不同于简单的牵引计算而必须采用多质点的列车模型。为了更加清晰地分析列车纵向动力学性能,在研究纵向力时,只考虑纵向自由度,忽略横向力和垂向力的影响,建立实用纵向力数学模型[2]。列车纵向运动计算简图如图 8.3 所示。

将列车视为用缓冲器联结的间断质点系,每一个质点代表一个车辆,根据牛顿第二定律,列出用非线性方程描述的列车运动方程式的形式为

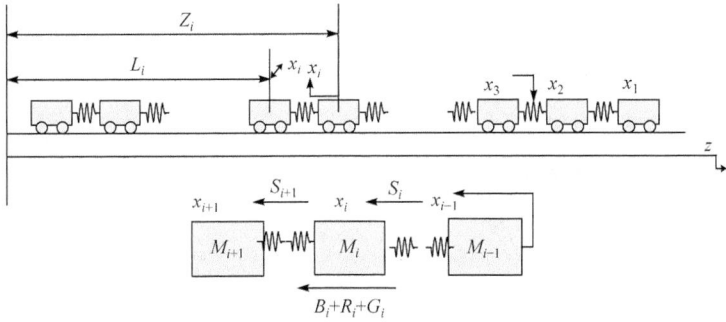

图 8.3　列车纵向运动计算简图

$$M_i\ddot{x}_i = S_i - S_{i+1} - B_i - R_i - G_i \tag{8.1}$$

将式(8.1)形式写成二阶常微分方程组的通用形式[4]为

$$M\ddot{x} + C\dot{x} + Kx = F \tag{8.2}$$

式中,M_i、x_i、$\ddot{x}_i$、S_i、B_i、R_i、G_i 为序号为 i 的车辆的质量、位移量、加速度、前车钩力、制动力、基本阻力、附加阻力(包括坡道阻力和弯道阻力);F 为机车牵引力或制动力,是广义载荷矢量,是与位移、速度有关的非线性过程变量;M 为系统质量矩阵;C 为系统阻尼矩阵;K 为系统刚度矩阵;$\ddot{x}$、$\dot{x}$、x 分别是位移、速度、加速度矢量。车钩力 S_i 取决于车辆间的相对位移与相对速度。

式(8.2)两边同时乘以 M^{-1},再通过移项得

$$\ddot{x} = M^{-1}F - M^{-1}C\dot{x} - M^{-1}Kx \tag{8.3}$$

这是一个关于 $\ddot{x}$ 的方程,把方程分成三个模块:制动力与阻力模块、阻尼子系统模块、刚度子系统模块,建立仿真模型对方程组求解,可得各种工况下每辆车的速度、加速度、位移以及车辆之间的车钩力。

8.2.2　重载列车纵向力计算

1. 列车牵引力计算

机车牵引力由牵引特性决定,与速度和级位有关。其计算方法是对应于每一时刻 t,根据该时刻铁路机车的运行速度 v 和手柄级位 N_S,由牵引特性曲线插值计算出对应铁路机车牵引力 F_{Lo}:

$$F_{Lo} = f(N_S, v) \tag{8.4}$$

由此计算出整个列车的牵引力:

$$F_{LN} = N \times F_L \tag{8.5}$$

式中,N 为机车数量。

此外还要考虑机车黏着力的限制,机车在列车中的位置等对该牵引力进行修

正计算。

2. 列车运行阻力计算

列车运行中由于各种原因自然发生的与列车运行方向相反、阻滞列车运行且不能人为控制的外力叫做列车阻力。按其产生的原因不同,分为基本阻力与附加阻力[3],二者合在一起称为全阻力。

1) 基本阻力的计算

根据我国实际情况,在 TB/T 1407—1998《列车牵引计算规程》中给出了我国铁路货车的单位基本阻力按下列公式计算。

滚动轴承重货车:$\omega_0 = 0.92 + 0.048v + 0.000125v^2$

滑动轴承重货车:$\omega_0 = 1.07 + 0.0011v + 0.000236v^2$

油罐重车专列:$\omega_0 = 0.53 + 0.012v + 0.000080v^2$

空货车(不分类型):$\omega_0 = 2.23 + 0.0053v + 0.000675v^2$

电力机车 SS1、SS3、SS4 型:$\omega_0 = 2.25 + 0.0190v + 0.000320v^2$

2) 附加阻力

附加阻力是指列车在某些特定区段运行时产生的阻力,有坡道附加阻力、曲线附加阻力和隧道空气附加阻力等。

(1) 坡道附加单位阻力:

$$\omega_i = \pm i \, (\text{N/kN}) \tag{8.6}$$

式中,i 为坡度(千分数)。

(2) 曲线附加阻力。

按《列车牵引计算规程》,我国标准轨距曲线附加单位阻力的计算公式为

$$\omega_r = \frac{600}{R} \, (\text{N/kN}) \tag{8.7}$$

式中,R 为曲线半径,m。

(3) 隧道附加空气阻力[4]。

隧道附加空气阻力是指隧道内空气阻力与空旷地段空气阻力之差。

隧道内为限制坡道时空气单位阻力:$\omega_s = 0.0001 L_s V_N V_s \, (\text{N/kN})$

非限制坡道隧道时的空气单位阻力:$\omega_s = 0.13 L_s \, (\text{N/kN})$

式中,L_s 为隧道长度,m;V_s 为列车在隧道内的运行速度,km/h。

(4) 启动阻力。

前面给出的基本阻力公式,只适用于速度大于 10km/h 的情况。当列车由高速向低速变化时,低于 10km/h 的情况下,基本阻力允许按 10km/h 的速度计算。但当在启动工况时就不能这样计算。这种现象的产生,主要是由于在长时间停车的情况下,润滑油从轴瓦下挤出,因此列车启动时,发生半液体摩擦或者甚至干摩

擦。此外,由于长时间停车,压在车轮下面的路线上部建筑各构件发生的参与变形增大,这样一来,启动阻力亦增大。

我国的《列车牵引计算规程》规定:机车启动阻力取 5kg/t,车辆取 $3+0.4i\text{kg/t}$(i 为加算坡度)。

3. 列车制动力计算

重载列车的制动力可分为动力制动和空气制动,动力制动取决于机车的动力制动特性、运行速度和驾驶员操纵把位,其计算方法和牵引力相似。在计算空气制动力时需要建立空气制动参数模型的车辆数据库,设置列车管定压、列车编组辆数等初始条件[5]。

1) 空气制动力的计算

空气制动力由下式计算:

$$F_{Bi}=K_i\varphi_{ki}$$

式中,K_i 为第 i 辆车上的闸瓦压力;φ_{ki} 为第 i 辆车上的闸瓦与车轮之间的摩擦系数。

闸瓦压力的计算公式如下:

$$K_i=\frac{\frac{\pi}{4}d_z^2P_{zi}\eta_z\gamma_z n_z}{n_k\cdot 10^6} \tag{8.8}$$

式中,d_z 为制动缸直径,mm;P_{zi} 为第 i 车上制动缸的空气压力,kPa;γ_z 为制动倍数;η_z 为基础制动装置计算传动效率;n_z 为制动缸数;n_k 为闸瓦数。

2) 摩擦系数的计算

各种闸瓦闸片的摩擦系数可按下式计算。

中磷闸瓦:$\varphi_k=0.64\dfrac{K+100}{5K+100}\cdot\dfrac{3.6v+100}{14v+100}+0.0007(110-v_0)$

高磷闸瓦:$\varphi_k=0.82\dfrac{K+100}{7K+100}\cdot\dfrac{17v+100}{60v+100}+0.0012(120-v_0)$

低摩合成闸瓦:$\varphi_k=0.25\dfrac{K+500}{6K+500}\cdot\dfrac{4v+150}{10v+150}+0.0006(100-v_0)$

高摩合成闸瓦:$\varphi_k=0.41\dfrac{K+200}{4K+200}\cdot\dfrac{v+150}{2v+150}$

式中,K 为每块闸瓦(或瓦片)作用于车轮的压力,kN;v 为制动过程中的列车运行速度,km/h;v_0 为制动初速度,km/h;η_z 为基础制动装置计算传动效率,客车取 $\eta_z=0.85$,货车取 $\eta_z=0.95$。

3) 制动缸压力的确定

由前面的论述可知,制动缸的压力与制动系统的特性、制动延时、减压量和车辆位置有关。制动曲线的来源有两种:一是来源于实验测得的制动缸压力数据,二是根据气体流动理论计算得出制动缸的压力。常用制动的制动缸压力与列车管减压量 $r(\text{kPa})$ 关系式如下。

客货车三通阀、GK、120 型制动机重车位:$P_z=3.25r-100(\text{kPa})$

103 型制动机重车位、104 型制动机:$P_z=2.6r-10(\text{kPa})$

GK、120 型制动机空车位:$P_z=1.8r-42(\text{kPa})$

103 型制动机空车位:$P_z=1.4r(\text{kPa})$

4. 车辆连接装置力的计算

车钩缓冲装置是用于使车辆与车辆,机车或车辆相互连挂,传递牵引力/制动力并缓和由于车辆相互碰撞而引起的纵向冲击和振动的车辆部件,所以又叫缓冲器,它具有弹性和黏滞性[6]。在列车纵向动力学分析中,通常将相邻的一对车钩缓冲器综合起来研究,考虑车钩与缓冲器的间隙及一对缓冲器串联阻抗特性,由计算出的相邻车辆间的相对位移及相对速度,即可确定车钩力的大小[7]。根据力与位移的关系,把缓冲器的变形特性分为柔性的、刚性的和线性的,其特性如图 8.4 所示。

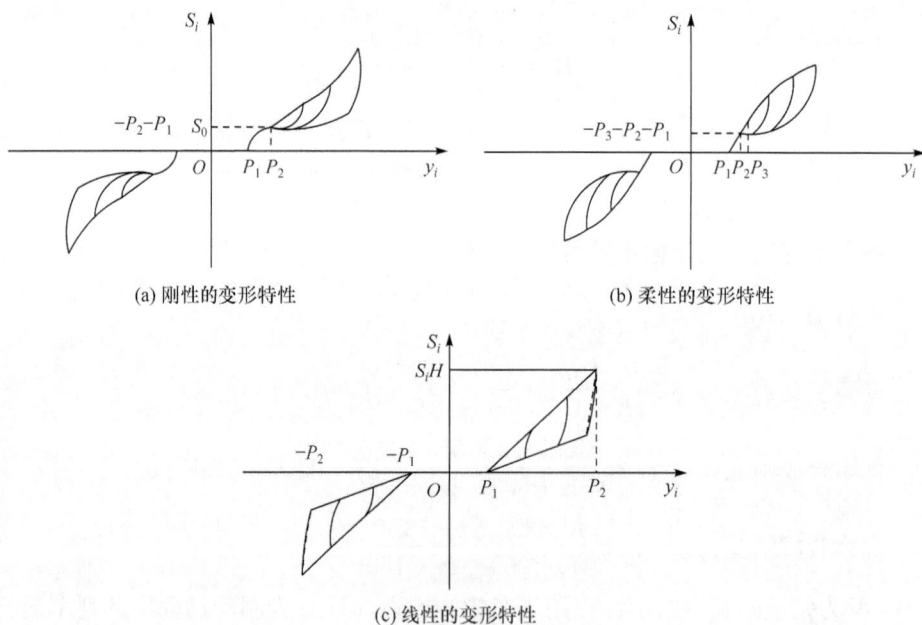

(a) 刚性的变形特性　　　　(b) 柔性的变形特性

(c) 线性的变形特性

图 8.4　缓冲器特性曲线图

对线性缓冲器,其作用力与相对位移的关系可表示如下(sgn 是符号函数):

$$\begin{cases} S_1 = 0, & |y_i| \leqslant P_1 \\ S_i = ak_1 \cdot (|y_i| - P_1) \cdot \mathrm{sgn}(y_i), & P_1 \leqslant |y_i| \leqslant P_2, \quad \mathrm{sgn}(y_i \dot{y}_i) > 0 \\ S_i = ak_2 \cdot (|y_i| - P_1) \cdot \mathrm{sgn}(y_i), & P_1 \leqslant |y_i| \leqslant P_2, \quad \mathrm{sgn}(y_i \dot{y}_i) < 0 \\ S_i = [S_{i+1} + ak_2 \cdot (|y_i| - P_2)] \cdot \mathrm{sgn}(y_i), & P_2 \leqslant |y_i| \text{时}, \quad \mathrm{sgn}(y_i \dot{y}_i) > 0 \end{cases}$$

$$(8.9)$$

式中，P_1 为车钩缓冲装置的游隙；P_2 为缓冲装置的最大行程；ak_1 和 ak_2 分别为缓冲器的加载和卸载刚度；ak_3 为车体刚度。通常车辆间有两个缓冲器，把这两个缓冲器视为串联形式，则组合后特性参数分别为

$$\begin{cases} \overline{ak_1} = ak_1/2, \quad \overline{ak_2} = ak_2/2, \quad \overline{ak_3} = ak_3/2 \\ \overline{P_1} = 2P_1, \quad \overline{P_2} = 2P_2 \end{cases}$$

$$(8.10)$$

目前大部分重载列车装备有 MT-2 型缓冲器、大容量胶泥缓冲器，其主要数学方程为

$$F_t = \mathrm{FENV}_t + (F_{t-\Delta} - \mathrm{FENV}_t) \exp\left(\dfrac{-|x_t - x_{t-\Delta}|}{\beta}\right) \tag{8.11}$$

式中，F_t 为当前步长的车钩力；FENV_t 为对应于图 8.5 中上下边线的力，其值为

$$\mathrm{FENV}_t = \begin{cases} f(x_t), & x_t > x_{t-\Delta} \\ kx_t - F, & x_t < x_{t-\Delta} \end{cases} \tag{8.12}$$

式中，$F_{t-\Delta}$ 为前一时间步长的车钩力；x_t 为当前时间步长车钩缓冲器的变形；$x_{t-\Delta}$ 为前一时间步长车钩缓冲器的变形；β 为控制上下边界力线性变化率的控制参数，具有与 x 同样的长度单位，其值应根据试验图选定。

车钩间隙及一对 MT-2 缓冲器串联阻抗特性，如图 8.5 所示，缓冲器的加载线和卸载线不同，即缓冲器的特性曲线是不可逆的，在这种特性曲线下机车车辆相互冲击时，一部分能量消耗于缓冲器的阻力功中，从而减小列车在纵向非稳态运动时机车车辆间的相互作用力[1]。

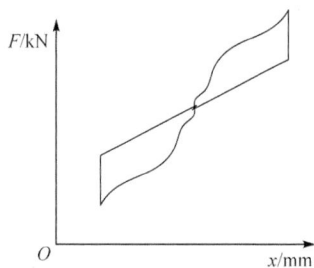

图 8.5　车钩间隙及一对 MT-2 缓冲器串联阻抗特性图

8.2.3　列车纵向力仿真模型构建方法

重载货运列车的断钩脱线事故向列车动力学研究提出了严峻的挑战，确保重载列车运输的安全已经成为发展重载运输的关键问题。分析重载列车运行中的纵向力大小及规律，建立列车纵向动力学数学仿真计算模型具有重要的意义，为重载列车的操纵方法和列车安全、可靠、正点、高效、节能运行提供技术依据，成为必不

現代列車牽引控制技術

232

可少的研究内容。

根据前文分析的列车纵向动力学数学模型,可以利用 MATLAB/Simulink 模块设计仿真模型[8]。设计仿真模型原理图如图 8.6 所示。

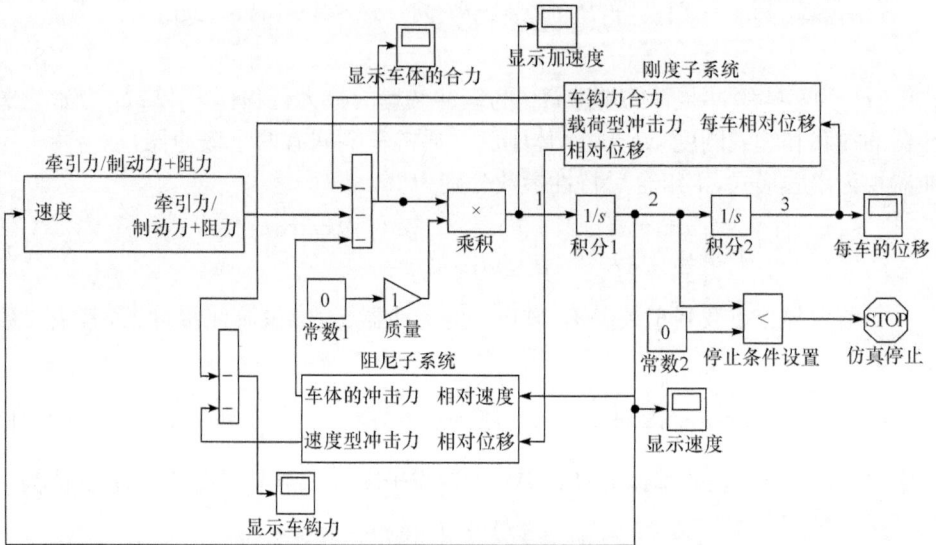

图 8.6　列车纵向动力学仿真模型原理图

图 8.6 所示的纵向力仿真原理可实现微分方程(8.2)的求解,其包含两个积分环节和一个求和模块,可以得到每个车辆的加速度$\{\ddot{x}\}$、速度$\{\dot{x}\}$和位移$\{x\}$与车钩力等。

1. 刚度子系统构建

刚度子系统模块主体部分由两个增益矩阵和一个表模块组成,含一个输入和三个输出,并将相应的输出引入其他模块计算,其 Simulink 原理图如图 8.7 所示。

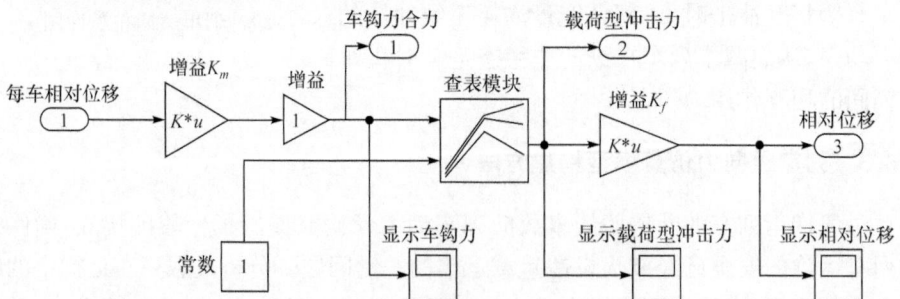

图 8.7　刚度子系统仿真模型原理图

　　该模块以每车相对位移作为输入,经增益变换后得到每个车辆车体的相对位移,根据车体的相对位移,由查表模块可查得相应的车钩力。查表模块的参数由缓冲器类型决定。车钩力再经增益变换后就可以得到每个车辆车体受到的车钩力合力,这个力由输出模块 1 输出该子系统,该力则对应式(8.1)中的 S。输出模块 2 与输出模块 3 分别输出车钩载荷型冲击力和车钩相对位移。增益 K_m 增益 K_f 的参数是一个和车体数相同的方阵。

$$K_m = \begin{Bmatrix} 1 & 0 & 0 & 0 & 0 & \cdots \\ -1 & 1 & 0 & 0 & 0 & \cdots \\ 0 & -1 & 1 & 0 & 0 & \cdots \\ \cdots & \cdots & \cdots & \cdots & \cdots & \cdots \\ \cdots & 0 & 0 & -1 & 1 & 0 \\ \cdots & 0 & 0 & 0 & -1 & 1 \end{Bmatrix}, \quad K_f = \begin{Bmatrix} 1 & 0 & 0 & 0 & 0 & \cdots \\ -1 & 1 & 0 & 0 & 0 & \cdots \\ 0 & -1 & 1 & 0 & 0 & \cdots \\ \cdots & \cdots & \cdots & \cdots & \cdots & \cdots \\ \cdots & 0 & 0 & -1 & 1 & 0 \\ \cdots & 0 & 0 & 0 & -1 & 1 \end{Bmatrix} \quad (8.13)$$

2. 阻尼子系统构建

　　阻尼子系统的结构和刚度子系统类似,主体部分也是由两个增益变换和一个查表模块组成,有两个输入和两个输出,并增加一个开关器件,其 Simulink 原理图如图 8.8 所示。

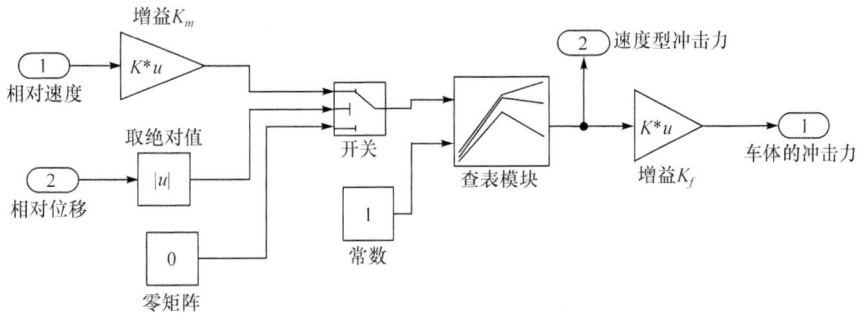

图 8.8　阻尼子系统仿真模型原理图

3. 牵引力/制动力、阻力子系统构建

　　牵引力/制动力、阻力子系统的 Simulink 原理图如图 8.9 所示。
　　制动缸的压力随时间变化的曲线以传递函数形式给出,压力值经增益模块后变成闸瓦压力,闸瓦压力的一个分支和列车运行速度一起计算出高摩合成闸瓦系数,然后再乘以闸瓦压力得到制动力。图中的摩擦系数子系统就是根据闸瓦压力和列车运行速度求出摩擦系数,其 Simulink 原理图如图 8.10 所示。
　　这里用的是高摩合成闸瓦的计算公式,变化公式形式便于建模。闸瓦压力和

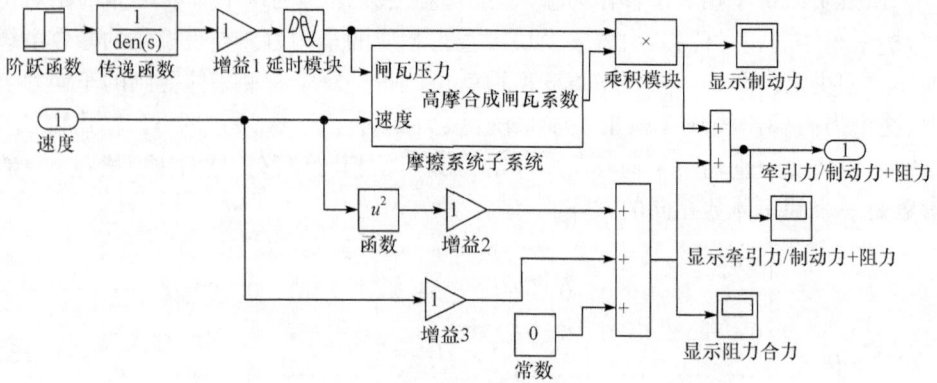

图 8.9　牵引力/制动力和阻力子系统仿真模型原理图

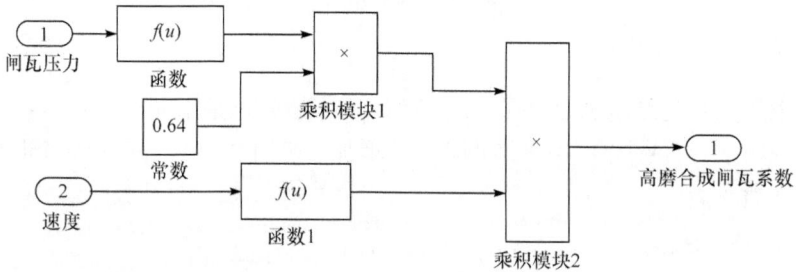

图 8.10　摩擦力仿真模型原理图

列车运行速度分别经过各自的函数模块,进而就可求出摩擦系数。

8.2.4　基于马尔可夫决策的同步指令传输技术

重载组合列车安全运行的前提是要保证列车的安全运行品质,即要求列车中多台机车之间的良好协同控制,要实现重载列车中各机车牵引力/制动力的同步与均衡,只能采用无线重联控制方式。

采用无线重联控制必须保证无线通信方式下机车控制存在同步性,一方面通过无线通信的实时数据传输保证控制的同步性,另一方面通过将分布在列车不同地理位置的各机车所传输及获取的驱动信息及所激励系统的反馈信息在特定时限范围内实现的一致性和完整性以辅助实现控制同步性。为此可以构建马尔可夫决策模型实现无线传输信息所必需的同步性、确定性和稳定性的远程多点机车同步控制决策。

马尔可夫决策过程是指决策者周期地或连续地观察具有马尔可夫性的随机动态系统,序贯地做出决策,即根据每个时刻观察到的状态,从可用的行动集合中选用一个行动做出决策,系统下一步(未来)的状态是随机的,并且其状态转移概率具有马尔可夫性,即具有状态转移概率的无后效性[9]。

当列车运行在通信弱场区间需要通过中间车进行信息的中继转发,空中无线网络传输数据的中继转发使通信变得不确定,因此要选择合理的中继转发,才能减小通信时延,保证无线传输同步性。无线通信传输子系统根据列车运行中每个时刻观察到的无线通信状态,从可用的行动集合中选用一个行动做出决策,系统下一步(未来)的通信状态是随机的,决策时根据新观察到的状态,再做新的决策,依次反复地进行。由此可见,无线传输过程满足马尔可夫决策过程的描述,故利用马尔可夫决策实现无线传输的最优路径选择[10],能够减少多点传输时延及数据的重发,提高多台机车无线重联的同步性能,达到安全可靠运行。

重载组合列车中机车发送无线数据经多节点转发到达相应机车节点并被接收,一般希望在每个节点上都能选取最好的行动策略,达到最优传输,保证无线传输的同步性和可靠性。由于无线数据传输具有离散性,机车节点当前时刻所处的无线数据状态是已知的,根据列车对无线传输同步性的要求选择下一时刻的通信路由并决策,但由于受诸多因素影响,决策后并不能确定下一时刻系统所转移节点的无线传输同步性,然而下一时刻转移到各个节点的概率分布是可知的,且与系统之前时刻的状态无关,故满足马尔可夫决策过程的描述。在实际列车运行中无线传输有可能有较大延迟甚至发生丢帧现象,为了提高重载组合列车各重联机车无线传输的同步性能,本书根据马尔可夫决策理论建立重载组合列车分布动力机车重联控制无线传输同步性的马尔可夫决策模型[9],如下所示:

$$u_t(h_t,\alpha_t,i_t) = \sup_{a_t \in A(i_t)} \Big[r_t(i_t,\alpha_t) + \sum_{j \in S} p_t(i_{t+1} \mid i_t,\alpha_t) u_{t+1}(h_{t+1},\alpha_{t+1},i_{t+1}) \Big], \quad t < T$$

(8.14)

$$r_t(i_t,\alpha_t) = \sum_{j_t} r_t(j_t,\alpha_t) p_t(j_t \mid i_t,\alpha_t), \quad h_t = (i_0,a_0,i_1,\alpha_1,\cdots,i_{t-1},\alpha_{t-1},i_t)$$

$$\sum_{j_t} p_t(j_t \mid i_t,\alpha_t) = 1, \quad u_T(h_T,\alpha_T,i_T) = r_T(i_T,\alpha_T), \quad i = 1,2,\cdots,N$$

(8.15)

式中,S 为由所有节点组成的集合;i_t 为时刻 t 的无线传输路径当前节点;α_t 为当前节点由时刻 t 转移到下一节点采取的行动控制策略;$A(i_t)$ 为由节点 i_t 的所有可能的行动控制策略 α_t 组成的集合。h_t 为从 0 时刻到 t 时刻所有节点所组成的无线传输链路;j_t、j_{t+1} 分别为无线传输链路上由 i_t 和 i_{t+1} 节点所转移到的某下一节点,$j_t \in S, j_{t+1} \in S$;$u_t(h_t,\alpha_t,i_t)$ 为 t 时刻无线传输链路由从节点 i_t 经行动控制策略 α_t 到达下一节点 j_t 的可能最优期望报酬;$r_t(i_t,\alpha_t)$ 为由当前节点 i_t 经行动控制策略 α_t 转移到下一节点 j_t 的效益值,即无线传输的成功率;$p_t(j_t \mid i_t,\alpha_t)$ 为由节点 i_t 经行动控制策略 α_t 到下一节点 j_t 的转移概率。

上述无线传输同步性的马尔可夫决策模型采用有限阶段向后递归迭代算法进

行求解[11],具体步骤如下。

(1) 令 $t=T$,$u_T(h_T,\alpha_T,i_T)=r_T(i_T,\alpha_T)$。

(2) 如果 $t=0$,则 $\pi=(f_0,f_1,\cdots,f_T)$ 为最优的马尔可夫决策,其中 f_t 为时刻 t 的最优决策,算法停止;反之则令 $t=t-1$。

(3) 求解:

$$u_t(h_t,\alpha_t,i_t)=\max_{\alpha_t\in A(i_t)}:\left[r_t(i_t,\alpha_t)+\sum_{j\in S}p_t(j\mid i_t,\alpha_t)u_{t+1}(h_{t+1},\alpha_{t+1},i_{t+1})\right]$$

$$(8.16)$$

并且记达到最优解的最优策略集合为

$$A_t(i_t)=\operatorname*{argmax}_{\alpha_t\in A(i_t)}:\left[r_t(i_t,\alpha_t)+\sum_{j\in S}p_t(j\mid i_t,\alpha_t)u_{t+1}(h_{t+1},\alpha_{t+1},i_{t+1})\right] \quad (8.17)$$

任意取 $f_t\in A_t(i_t)$,返回到(2),其中 $\operatorname{argmax}:F(x)$ 为函数 F 取最大值的 x 组成的集合。

综合上述研究及分析,重载组合列车中各重联机车同步控制系统无线传输一般希望在系统的每个节点上都能选取最好的行动策略,以使各车发送的无线数据信息经多点转发到达相应机车并被可靠接收,而马尔可夫决策理论与分布动力重载组合列车相应的机车重联同步控制无线传输同步性马尔可夫决策模型为此提供了相应的理论基础。

8.2.5 制动同步控制技术

重载列车制动的同步性也是保证列车运行品质的关键因素,同时容易受隧道、天气、电磁干扰、长时间运转冲击、振动等恶劣环境的影响,制动系统的同步性一旦发生故障,会引起列车制动力分布失衡,使纵向冲动增大,易发生压钩和断钩等严重事故。其中制动距离、制动时间、纵向力是衡量列车制动性能的有效指标,可以根据这些指标来判断制动同步性。

制动距离 S_b 和制动时间 t_b 计算公式分别为

$$S_b=S_k+S_e=\frac{v_0 t_k}{3.6}+\sum\frac{4.17(v_1^2-v_2^2)}{1000\theta\varphi+\omega_0''}$$

$$(8.18)$$

$$t_b=t_k+t_e=(1.6+0.065n)+\sum\frac{30(v_1-v_2)}{1000\theta\varphi+\omega_0''}$$

$$(8.19)$$

式中,S_k 为空走距离;S_e 为有效距离;t_k 为空走时间;t_e 为有效时间;v_0、v_1、v_2 为制动初速度、速度间隔的初速度、速度间隔的终速度,km/h;θ 为换算制动率;φ 为闸瓦的换算摩擦系数;ω_0'' 为列车运行阻力,N/kN;n 为列车编组辆数。

根据苏联卡尔瓦茨基的纵向力研究,纵向力 F_m 和制动机的制动速度、制动缸充气特性间的关系为

$$F_m\propto(t_b/t_c)^{n_p}$$

$$(8.20)$$

式中, t_h 为制动时间; t_c 为制动缸充气时间; n_p 为反映制动缸充气曲线特性的指数。

由于重载列车编组增长, 即 n 增大, 根据式(8.19)、式(8.20)可知, 空走时间 t_k 增大, 使制动距离 S_b 和制动时间 t_b 都增大, 根据式(8.20)可知, 列车纵向力 F_m 也随制动时间的增大而增大。另外, 重载列车由于编组辆数多, 副风缸数量多, 列车管增长, 列车管总容积增大, 从而带来下列其他问题:

(1) 初充风时间特别长;

(2) 在同样的机车制动阀排风和充风速度下, 列车管减压和增压速度都很低;

(3) 列车管的减压和增压速度沿列车管长度方向的"衰减"都严重。

为了解除列车编组增长的限制, 目前重载列车主要采用动力分布式编组(图 8.2)。相比于传统编组"2+0"重载列车, 动力分布式编组列车的列车管可以进行双向排风, 前面 50 辆车辆的制动波向中间传递, 其有效编组辆数比传统列车有所减小, $n=(50/2+50)/2=37.5≈38$。同时双向排风使压缩空气在列车管中的传播速度从 300m/s 提高到 600m/s, 缩短制动充风时间, 加快列车管减压或增压速度, 根据式(8.18)~式(8.20)可知, 动力分布式列车能够较好地减小制动距离、制动时间和列车纵向力, 改善列车制动性能。

机车制动机对压力进行控制, 尤其是对均衡风缸压力进行精确控制, 是实现主、从机车控制同步性与一致性的重要环节。下面对单神经元自适应 PID 控制和模糊控制的压力控制算法[12]进行分析。

制动机压力采用闭环控制、单神经元自适应 PID 控制[13]和变死区模糊控制补偿[14]的方法, 来提高容积室压力控制精度。死区补偿的目的是通过给高速开关阀的驱动电路以较大的零位增益, 使得阀芯能快速通过死区, 减弱死区的滞后效应, 增加系统的响应速度, 并采用模糊控制对非线性时变系统的控制优势, 以压力控制误差和误差变化率为判据, 判断压力是否达到期望的精度。结合死区补偿控制规则和容积室压力控制的特点提高压力的控制精度。均衡风缸压力控制精度可达 ±3kPa, 制动机主、从机车列车管压差一般在 ±7kPa 以内, 可以满足长大列车运行要求。容积室压力精确控制模型如图 8.11 所示。

单神经元 PID 控制器具有现场调整参数少、易于现场调试的重要特点, 能大大改善非线性时变对象的动态品质, 能够适应对象的时变特性, 保证控制系统在最佳状态下运行, 控制品质明显优于常规的 PID 控制器, 系统的控制器设计如图 8.12 所示。

图 8.12 中, $r(k)$ 为输入设定值, $y(k)$ 为输出值, 转换器的输出为神经元学习需要的状态量 $x_1(k)$、$x_2(k)$ 和 $x_3(k)$, 这里:

$$x_1(k)=r(k)-y(k)=e(k)$$
$$x_2(k)=e(k)-e(k-1)$$
$$x_3(k)=e(k)-2e(k-1)+e(k-2)$$

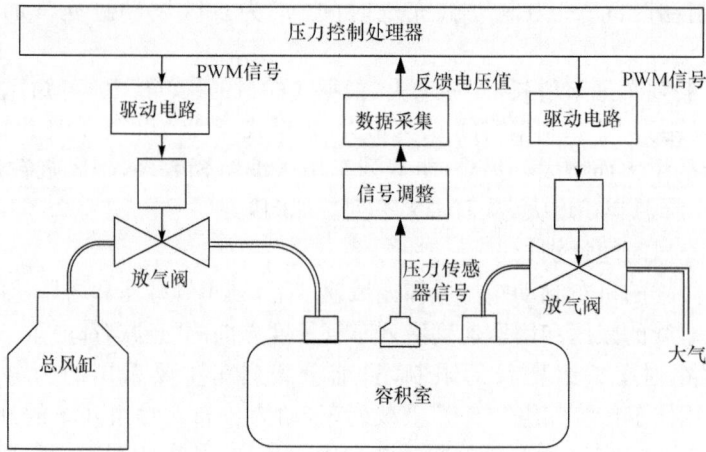

图 8.11　压力精确控制模型

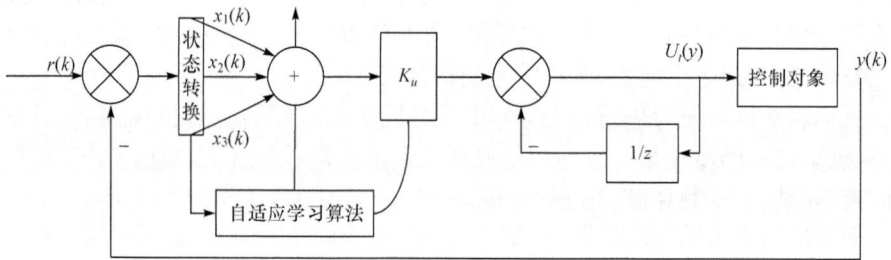

图 8.12　单神经元 PID 控制系统工作原理图

神经元特性为

$$\Delta u(k) = K_u \sum_{i=1}^{3} \omega_i(k) x_i(k) / \left[\sum_{i=1}^{3} \omega_i(k) \right] \tag{8.21}$$

$$\omega_i(k+1) = \omega_i(k) + \eta_i \partial E(k) / \partial \omega_i(k) \tag{8.22}$$

式中,$\Delta u(k)$ 为当前 k 时刻神经元的输出增量;K_u 为神经元比例系数;$\omega_i(k)$ 为 k 时刻神经元对应的权值;$x_i(k)$ 为 k 时刻神经元的输入值,其中 $x_1(k)$ 为当前误差,$x_2(k)$ 为误差的一阶差分,$x_3(k)$ 为误差的二阶差分;η_i 为神经元的学习速率。目标函数 $E(k)$ 根据特性取:

$$E(k) = [y_r(k) - y(k)]^2 / 2 \tag{8.23}$$

式中,$y_r(k)$ 为输入设定值;$y(k)$ 为输出。使用 Hebb 的学习规则,学习策略 $P_i(k)$ 完成神经元权值的调整。

变死区补偿算法的基本规则如下:

（1）当压力控制误差满足要求即 $|e| < e_{\min}$ 时，则不必要修改死区补偿值；

（2）当 $|e| < e_{\lim}$ 且 $ee_c \leqslant 0$、$|e_c| < e_{\text{clim}}$，则认为死区补偿为欠补偿，应该增加死区补偿量；

（3）当 $|e| < e_{\lim}$ 且 $ee_c > 0$、$|e_c| > e_{\text{clim}}$ 时，则认为系统为过补偿，此时系统可能产生振荡，应该降低补偿值；

（4）当 $|e| > e_{\lim}$ 时，系统在控制时将在整个周期全充或者全放，不必要进行死区补偿。

其中 e 为误差；e_c 为误差变化率；$e_{\lim}$ 为误差阈值；e_{clim} 为误差变化率的阈值。

死区补偿模糊控制器将对由改进型单神经元自适应 PID 控制器输出的 PWM 信号进行补偿修正，得到的控制量传送给高速电空阀驱动系统，即输出值由式（8.24）决定：

$$U = U_{\text{pid}} + U_{d0} \cdot \text{sgn}(U_{\text{pid}}) + U_d \tag{8.24}$$

式中，U 为实际输出值；U_{pid} 为神经元 PID 输出值；U_d 为死区补偿模糊控制器输出值；U_{d0} 为补偿初值，即高速电空阀最小死区值；sgn 为符号函数。

在实际使用时，选取死区补偿模糊控制器的输入变量为气体压力误差和误差变化率，输出变量 u 为控制高速开关阀的 PWM 波占空比。根据实际高速电空阀的死区特性，以及使用经典 PID 实际控制的结果，压力误差闭值和变化率闭值取为 6kPa 是实际可行的。所以，$e(k)$ 的基本论域选为 $[-6\text{kPa}, +6\text{kPa}]$，$e_c$ 的基本论域为 $[-6\text{kPa}, +6\text{kPa}]$，而输出的论域则选为 $[-15\%, 15\%]$。进一步将 e_c、u 均被分割为：｛负大，负中，负小，零，正小，正中，正大｝，用英文简写为：｛NB, NM, NS, ZO, PS, PM, PB｝。选取三角形隶属函数，根据变死区补偿算法的基本规则，及对系统响应过程的掌握，得到变死区补偿模糊控制规则表，由 49 条规则组成，如表 8.1 所示。

表 8.1　变死区模糊控制规则表

e_c ＼ e	NB	NM	NS	ZO	PS	PM	PB
NB	NB	NB	NB	NB	NM	NM	ZO
NM	NB	NB	NB	NM	NS	ZO	PS
NS	NB	NM	NM	NS	ZO	PS	PM
ZO	NM	NM	NS	ZO	PS	PM	PM
PS	NM	NS	ZO	PS	PM	PB	PB
PM	NS	ZO	PM	PM	PB	PB	PB
PB	ZO	PS	PM	PB	PB	PB	PB

在执行死区动态补偿的时候,要执行模糊控制,使用模糊控制算法的目的是从连续的精确量中,通过模糊推理,求出相应的精确值。控制系统的控制规则格式为

$$IF\ e=A_t\ and\ e_c=B_j\ ,THEN\ U=C_{ij}$$

式中,$i=1,2,\cdots,m;j=1,2,\cdots,n;e$ 是偏差;A_t 是偏差的模糊语言变量值;B_j 是偏差变化率的模糊语言值;U 是控制量;C_{ij} 是对应于 A_t、B_j 的控制量的模糊语言变量值。则有模糊关系 R,且 R 为

$$R=\bigcup_{ij}A_t\times B_j\times C_{ij}$$

式中,运算符"$\times$"表示对模糊量求内积,即模糊关系的隶属函数为

$$\mu_R(a,b,c)=\bigcup_{i=1,j=1}^{i=m,j=n}\mu_{A_i}(a)\bigcap\mu_{B_j}(b)\bigcap\mu_{c_0}(c)$$

式中,$\forall a\in A$,$\forall b\in B$,$\forall c\in C$,且 A、B、C 分布是偏差、偏差变化率和控制量的论域。

对于特定的输入量 a^*、b^*,则有输出:$U=(A\times B)\bigcup R$,即

$$\mu_u(c)=\bigcup_{a\in A,b\in B}\mu_A(a^*)\bigcap\mu_B(b^*)\bigcap\mu_R(a,b,c)$$

最后再用重心法对 U 求精确值,即可得到最终的控制量。

制动控制单元对容积室压力的控制,是通过容积室压力控制器来实现的。容积室压力控制器中的逻辑控制处理器控制模拟量输入单元每个控制周期采集得到均衡风缸的压力值,中央处理模块经过逻辑运算给逻辑控制处理器发出均衡风缸的目标值,逻辑控制处理器应用带死区动态补偿的单神经元自适应 PID 算法输出 PWM 信号的占空比,传送给驱动模块后,驱动模块驱动风缸的充气阀和排气阀,实现对均衡风缸压力的精确控制。容积室压力控制器控制气缸压力的流程图如图 8.13 所示。

模糊控制和神经网络控制是近年来发展起来的新的控制策略,但是模糊控制并不能很好地解决系统的非线性、时变性和扰动对控制的影响。对容积室压力变化的温度效应造成的滞回不能有效补偿,对高速电控阀的开、关死区时间的影响基本无能为力,对系统部件参数的自适应能力也十分有限。神经网络则需要大量数据进行训练,才能得到模型,计算量很大,也不适合容积室压力精确控制的要求。模糊控制和经典 PID 控制算法结合,可以同时具备模糊控制和 PID 控制算法的优点。单神经元 PID 控制器具有现场调整参数少、易于现场调试的重要特点,能大大改善非线性时变对象的动态品质,能够适应对象的时变特性,保证控制系统在最佳状态下运行。

开始

采样获取风缸压力值

获取目标值

是否在控制范围内？

否 → 全充气或者全放气

是

$e(k)=r(k) \cdot y(k)$

单神经元自适应PID控制

死区补偿模糊控制算法

返回

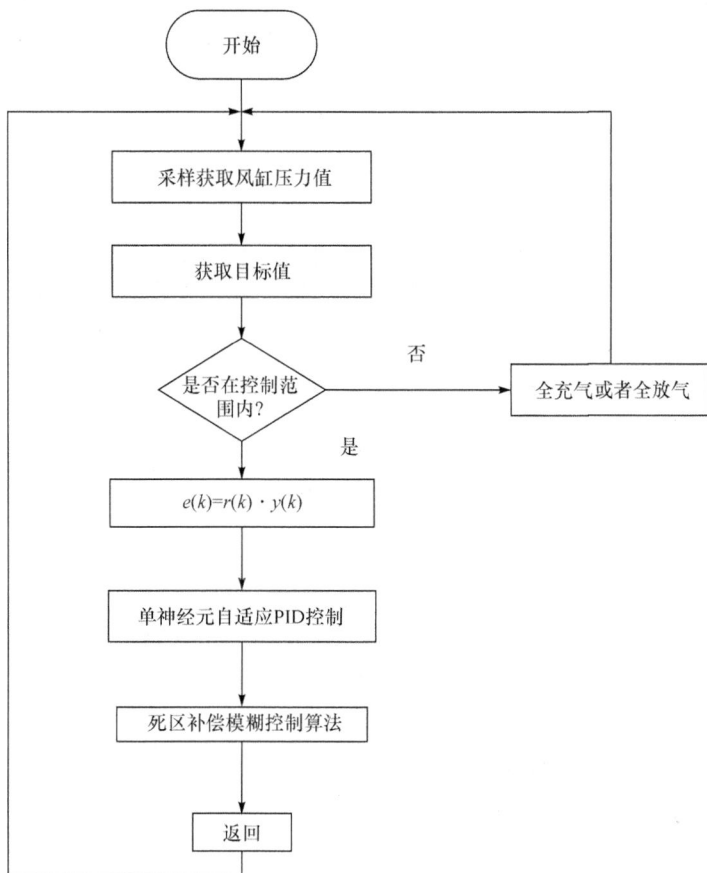

图 8.13　风缸压力控制流程图

8.3　分布动力无线重联同步控制系统的组成

大力发展万吨重载组合列车,是一个在既有线路和机车条件下提高货物运输能力的有效、快速的方法。机车无线重联同步控制技术是实现万吨重载组合列车的关键技术。

机车无线重联同步控制系统需要实现多台机车无线重联开行长大组合列车重载运输的需要,系统主要完成以下功能:

(1) 重载分布动力重联机车的远程同步控制;

(2) 重联机车的无线通信及管理;

(3) 制动控制及状态的监测;

(4) 列车相关的故障诊断及运行的安全导向。

考虑到重载长大列车牵引和制动性能以及运行安全性能,组合列车编组采用分布式动力方式,机车重联采用无线系统,这样货车不用改造,而只对机车增装设备进行局部改造。

组合列车的编组主要模式如图 8.14 所示。

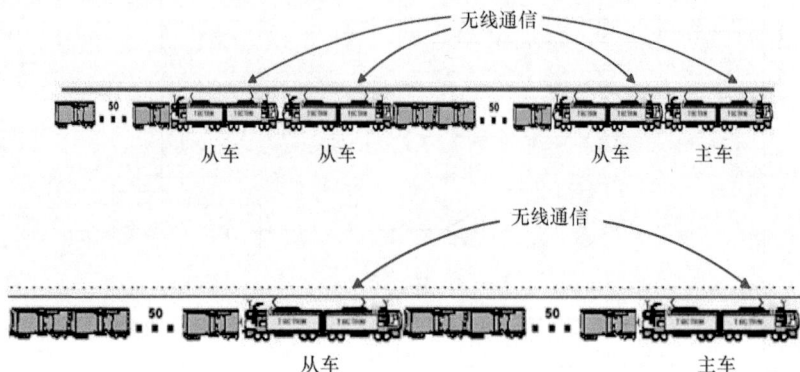

图 8.14　组合列车的编组主要模式

置于列车最前端的机车为主控机车,其他机车为从控机车。

使用机车无线重联同步控制系统开行的重载组合列车需要具有以下的特点:

(1) 更短的停车距离;

(2) 更快的充风时间;

(3) 减少列车内相互作用力;

(4) 列车状态监测与诊断;

(5) 列车诊断和事件记录提供数据下载功能;

(6) 增加牵引能力以满足超长列车的需求;

(7) 超长列车的高安全性。

重载列车同步控制系统主要由如下设备构成:重联控制单元、无线数据传输单元、人机对话及信息显示单元和其他机车设备。

(1) 重联控制单元是重载列车同步控制系统的主控制单元,负责整个系统的控制逻辑处理、机车通信网络的总线管理及数据收发管理处理、多机无线重联的组网控制逻辑处理、机车操作控制相关的指令信号的采集及输出、机车的重联控制及逻辑控制、机车的同步控制、机车故障判断及安全导向的处理。

(2) 无线数据传输单元是整个重载列车同步控制系统的无线通信主设备单元,由数字无线电台模块,信息化无线通信模块组成,主要负责机车间的数据收发、控制指令和机车状态信息的无线传输等。

(3) 人机对话及信息显示单元是重载列车同步控制系统的状态显示和编组设置单元,主要进行各机车进行无线编组时各参数的设置,运行时各机车的牵引/制动状态信息的显示,各机车故障信息的显示等。

（4）其他设备包括无线通信天线、系统对外连电气接线缆及组件等。

8.4　分布动力无线重联通信系统组成

对于重载列车同步控制,通过无线通信系统构成整列车通信整体,进而在此基础上实现多机重联的控制。

要进行远程机车的控制,则必须构架起远程机车之间通信的桥梁,并且是可靠、安全和实时的,因此采用模块化结构的无线数据传输系统。另外,考虑到无线电台通信受到干扰影响比较大,因此需要针对不同线路进行不同制式的通信方式。对不同制式的通信数据的有效性选择进行分析,选择并行处理方式,由于不同线路根据无线电场强分布的不同,采用了不同制式的通信模式,对天线的选取也至关重要。目前,大秦线重载列车同步控制系统的无线通信方式采用 800MHz 数字电台结合 GSM-R 的通信方式。神华线重载列车同步控制系统采用 800MHz 数字电台结合 400kHz 数字电台的通信方式。

机车系统内各设备之间采用网络进行通信。大秦线 LOCOTROL 系统内部采用 RS-422 进行通信,神华线 TEC-TROMS 系统内部采用 MVB 总线进行数据交换。

8.5　分布动力无线重联控制与安全策略

重载列车同步控制系统通过远程通信连接实现重联机车之间的动力分配控制、空气制动控制及逻辑控制等的接口、控制、状态信息的反馈及故障诊断。

1. 过分相控制

重载重联过分相分为两种情况:第一种情况是线路和机车上设有过分相装置、全自动过分相模式;第二种情况是线路和机车上没有过分相装置,车载设备可以实现半自动过分相方式。

为防止闯分相,当进入无电区时,通过零压保护,同时报警。

2. 主断路器控制

（1）从控机车主断路器控制由同步控制系统和机车原有控制系统结合进行控制。

（2）主控机车上主断路器控制由机车原有控制系统进行控制。

（3）当主车发出"主断分"命令而在设定时间内,主断路器仍保持闭合,报警并要求驾驶员进行制动,在设定的时间内若没有制动则进行紧急制动。

3. 受电弓控制

(1) 从控机车的受电弓控制由同步控制系统和机车原有控制系统结合进行控制。

(2) 主控机车上受电弓控制由机车原有控制系统进行控制。

4. ATP 卸载控制

在主控机车上,ATP 信号线的状态将被监测,当这个信号线为高电平时,主控机车卸载,且所有从控机车同时执行卸载。此时,所有从控机车将进入空闲模式。

5. 劈相机控制(交直机车)

在机车设置过程中,劈相机控制将被置为自动模式。当受电弓升起且主断路器闭合时,劈相机将自动启动。在机车劈相机第一次不能启动时,停止启动劈相机,再通过间隔控制延长启动时间第二次启动劈相机。

6. 方向控制

(1) 根据前向和反向列车线判断方向是否匹配。

(2) 根据牵引控制和制动控制列车线判断牵引/制动是否匹配。

7. 动力控制分配

根据主控机车计算出的动力分配进行各车的动力牵引。

8. 动力牵引逻辑构成

当全列车的牵引或制动逻辑构成一致时,才允许动力牵引。

重载重联同步控制系统的故障诊断及处理是增加重载列车运行安全性的一个重要补充,对解决列车安全问题和提高运输能力具有重要意义。建立系统故障诊断模型,提出基于状态和参数估计的故障诊断框架,设计故障检测策略和故障隔离与辨识方法,实现系统故障的有效检测、隔离与辨识,为重载列车系统运行提供安全保障。

重载重联同步控制系统在工作中,对重载列车中各机车的运行工况的检测和故障诊断及处理模式如下所示。

(1) 在列车及其各级部件发生故障时,微机网络控制系统对故障的处理应可划分为三个层次。

第一个层次为快速反应层次,与该故障相关的计算机装置应能迅速采取隔离措施,起保护和避免故障扩大的作用。

第二个层次为综合反应层次,通过网络系统各相关计算机装置把所有故障信息汇总报告给主控车操纵控制系统;驾驶员从显示屏得到故障信息和诊断结果,决定如何操纵列车。

第三个层次为面向管理层次,诊断计算机应能将有关部件故障记录下来,供维护分析及管理使用。

(2) 针对故障诊断控制系统应具有以下功能:系统上电后对全列车的状态进行自检、运行过程中的功能诊断、故障信息的故障保存,以及故障记录的转储(以供地面分析)等。

(3) 故障等级,根据故障的严重程度,分为如下等级。

A 级故障:严重故障,停运;

B 级故障:中等故障,减速或降功率运行,列车应在线路的终点退出运营,返段检修;

C 级故障:轻微故障,允许列车继续运行,但必须通知有关人员进行处理。

(4) 显示器中故障显示内容包括如下几方面:故障代码、故障等级、故障起始时间、故障结束时间、故障所属的机车、故障所属的子系统、故障发生的次数、故障的概要描述。

(5) 控制系统在判断出故障下的处理:对于可恢复故障进行恢复处理,对于不可恢复故障导向行车安全及保护设备。

(6) 控制系统在发生操纵控制单元故障、无线数据传输单元故障、接口信号采集及驱动故障、接口信号处理全部故障、各系统之一通信中断超过规定时间以及各机车之间的任何一个通信故障超过规定时间时等故障必须停运。

8.6　小　　结

目前,我国自主的机车无线重联同步控制系统已经批量装车,并在神朔线和朔黄线上正式开行了万吨重载组合列车。机车无线重联同步控制系统的设计与轨道交通产业化应用,很好地解决了我国既有铁路线路运力饱和难以提高运量的困难。

多质点模型建立实用的列车纵向力数学模型,利用 MATLAB/Simulink 构建仿真模型,实际使用中还需要差错控制编码、通信时隙管理、地面补强等措施以提高无线通信的可靠性和实时性技术,基于马尔可夫决策的无线路由控制决策模型的无线数据传输同步控制,通过压力控制算法提高和改善制动控制同步性以改善列车制动性能等。这些技术是提高无线通信可靠性、改善制动性能、优化与均衡列车纵向力三方面的关键技术保障了重联同步控制技术的实现。

但是如何进一步提高无线通信系统的可靠性,提高无线通信的覆盖率,完善系统故障诊断和可靠安全导向,地形数据匹配在同步控制重联机车牵引中的优化运用等是进一步提高无线重联同步控制的需要深入研究的发展方向之一。

参 考 文 献

[1] 刘剑锋. 基于模糊模型预测控制的重载组合列车机车制动控制策略研究[D]. 长沙:中南大学,2008.

[2] 陆文飞. 重载列车空气制动系统分析与纵向动力学的研究[D]. 北京:北京化工大学,2007.

[3] 金建飞. 列车牵引计算系统研究[D]. 成都:西南交通大学,2010.

[4] 尹仁发. 列车牵引运行仿真系统设计与开发[D]. 成都:西南交通大学,2007.

[5] 马大炜,王成国. 大包线万吨重载列车纵向动力学仿真研究[C]//第十一届粤京港沪铁道学会学术年会论文集,2007:49-53.

[6] 王明星. 货车弹性体缓冲器性能研究[D]. 成都:西南交通大学,2006.

[7] 李显洲. 列车纵向动力学模型研究及小间隙车钩动力学性能分析[D]. 大连:大连铁道学院,2001.

[8] 童海涛. 重载组合列车异步制动控制技术的研究[D]. 长沙:中南大学,2009.

[9] Karlin S,Taylor H E. A First Course in Stochastic Processes[D]. 2nd. New York:Academic Press,1975.

[10] Revuz,Holland,D. Markov Chains[J]. Amsterdam & New York Mathematical Library,vol. 11,North 1984.

[11] 李蔚,陈特放,李辉,等. 重载组合列车分布动力机车重联控制系统无线传输同步性研究[J]. 中国铁道科学,2011,32 (12):102-106.

[12] 刘杰. 重载列车同步控制系统制动控制单元的研制[D]. 长沙:中南大学,2008.

[13] 陶永华,尹怡欣,葛芦生. 新型 PID 控制及其应用[M]. 北京:机械工业出版社,1998:43-54.

[14] 彭熙伟,莫波,曹泛. 基于变死区动态补偿的电液比例高精度点位控制[J]. 北京理工大学学报,1999,19(1): 34-38.

[15] 耿志修. 大秦铁路重载运输技术[M]. 北京:中国铁道出版社,2009.

[16] 张波. 重载组合列车牵引及制动系统的试验与仿真研究[D]. 北京:中国铁道科学研究院,2009.

[17] 黄凯. 呼铁局重载列车运营下线路安全管理的研究[D]. 北京:北京交通大学,2009.

[18] American Association of State Highway and Transportation Officials (AASHTO). Trassportation-Invest in Our Future:American's Freight Challenge, AASHTO, TIF3, Washington,DC,2007:16541662.

[19] Delooz F,Paulsson B. Heavy haul trains in Europe State of the Art and Perspectives [C]// The 9th International Heavy Haul Conference,Shanghai. Beijing:China Railway Publishing House,2009:927932.

[20] Xun W U. A study on traffic organization system of Daqin railway[C]//The 9th International Heavy Haul Conference. Shanghai. Beijing:China Railway Publishing House,2009:911918.

[21] 刘汝让. 货车电控空气制动系统(ECP)资料汇编[M]. 北京:中国科学技术出版社,2004.

[22] 李蔚. 重载列车机车无线重联同步控制关键技术研究与应用[D]. 长沙：中南大学，2012.

[23] 张嘉通. 试论发展我国重载列车的几个问题[J]. 铁道学报，1985，(1)：59-67.

[24] 李淑萍. 我国铁路开行重载组合列车概述[J]. 铁道学报，1987，(1)：98-100.

[25] 马大炜，冀斌，王成国. 大秦线开行2万t级重载列车的关键技术问题和对策[J]. 铁道机车车辆，2009，7(4)：1-3，24.

[26] Zhao X, Kang X, Wang C G, et al. Research and verification on longitudinal dynamics simulation and calculation of Datong-Qinhuangdao line 20,000 tons heavy haul train[C]//The 9th International Heavy Haul Conference, Shanghai, Beijing：China Railway Publishing House, 2009：775-782.

[27] 耿志修，李学峰，张波. 大秦线重载列车运行仿真计算研究[J]. 中国铁道科学，2008，29(2)：88-92.

第9章 列车通信网络基础理论

9.1 引 言

列车通信网络是一种连接列车车载设备、面向控制的数据通信系统,是分布式列车控制系统的核心组成部分。它以计算机网络为核心,将计算机技术、控制技术、设备故障诊断技术和网络通信技术紧密结合起来。列车通信网络负责在列车上各个智能设备或系统之间进行数据传输和信息交换,为各动力车辆的重联控制[1]、联网通信、资源共享、单元检测及故障诊断提供技术保障,最终达到对车载设备进行集散式控制管理的目的,实现列车的智能化、网络化与信息化[2-4]。因此,目前除了与安全紧密相关的一些车载设备暂时依然采用冗余硬连线或其他方式连接以外,其他的检测控制信息基本都通过列车通信网络进行传输。图9.1所示的是一个简单的总线型列车通信网络基本架构,车上的各个设备通过列车总线相连。

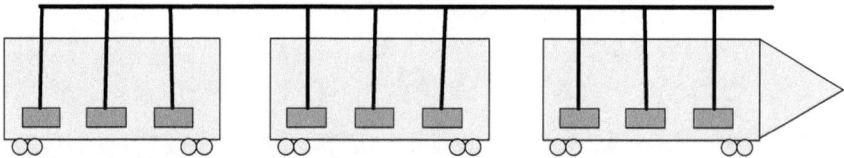

图 9.1 总线型列车通信网络基本架构

由于列车上的各种重要的车载控制设备(中央控制单元、牵引控制单元、制动控制单元等)都是通过列车通信网络来实现控制指令和状态信息的传输与执行,因此除了通信带宽等指标参数,列车通信网络对实时性、可靠性、确定性以及可重构性等有更高的要求。例如,对于处于运行状态的高速动车组来说,由于其动力来自不同车辆,所以控制指令传输的实时性和确定性对列车的平稳与同步控制起着至关重要的作用。因此,实时性、可靠性、确定性、可重构性、大带宽和智能化等性能成为列车通信网络研究中非常重要的内容。

本章介绍列车通信网络的基础理论,首先描述列车通信网络的基本框架,包括网络的组成、通信模式、拓扑、OSI模型和性能评估指标,其次介绍列车通信网络技术的发展过程和趋势,最后列举列车通信网络的若干关键技术。

9.2 列车通信网络的基本框架

9.2.1 列车通信网络的组成

现代通信网络主要是借助电磁波在导引媒体(有线通信系统)或自由空间(无线通信系统,以空气为媒体)中的传播来实现。当电磁波的波长达到光波范围时,这样的通信网络又被称为光通信网络。由于无线通信网络在信号传输过程中摆脱了导引媒体的束缚,因而具有极大的通信便利性,尤其是满足用户移动通信的需求。随着云计算、大数据等信息化的快速发展,人们对通信的容量要求越来越高,对通信的业务要求也越来越多样化,因而具有大带宽、抗电磁干扰强、信号衰减小的光通信网络越来越受到人们的青睐,包括列车通信网络在内,人们对光纤通信技术乃至无线激光通信技术的应用已日趋广泛和成熟。

对于包括列车通信网络在内的任何网络而言,基本都是由信源、信宿和传输媒介三个部分组成(图 9.2)。

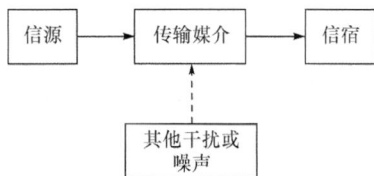

图 9.2 通信系统的组成原理图

1. 信源

信源就是信息的来源,即通信的发送端。信源发出信息的时候,一般是以某种具体的形式(如文字、图像、声音、信号脉冲、比特流等模数信号)表现出来。在列车通信网络中,信源可以是某个发出控制指令的设备,也可以是某个产生数据信号的系统。

2. 信宿

信息始发于信源,终结于信宿,即通信的接收端。信宿接收信息后,会对信息进行一定的处理或根据信息做出响应。在列车通信网络中,信宿可以是某个门控设备,在收到关门的控制指令后,执行对应的关门动作。

3. 传输媒介(介质)

同轴电缆、双绞线、光纤、空气(无线通信)都是网络中常用的传输介质,列车通信网络也不例外。

1) 同轴电缆

如图 9.3 所示,同轴电缆(coaxial cable)由里到外分为四层,分别是中心铜线

（单股的实心线或多股绞合线）、塑料绝缘体、网状导电层和封套。由于中心铜线和网状导电层共用同一轴心，因此取名同轴电缆。如果使用一般电线来传输高频率电流，其效果相当于一根向外发射无线电的天线，信号的传输损耗相当大。而同轴电缆的网状导电层不但可以隔离中心线发射出来的无线电波，还可以通过接地的方式来控制它。若电缆的某一段由于挤压导致扭曲变形，那么中心电线和网状导电层之间的距离就会产生变化，造成内部的无线电波被反射回信源，从而减小了接收端的信号功率。为了克服这个问题，中心电线和网状导电层之间被加入一层塑料绝缘体来保证它们之间的距离始终如一，但这同时造成了同轴电缆体积增大、僵直和不易弯曲的缺点，某种程度上也限制了同轴电缆的使用范围。

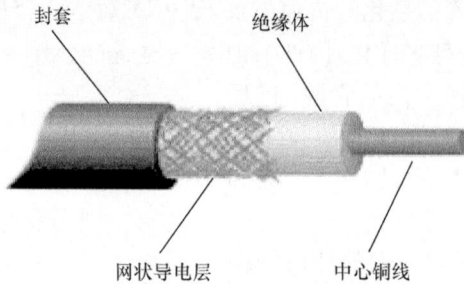

图 9.3　同轴电缆示意图

2）双绞线

目前列车通信网络中最常用的电传输媒介是双绞线（twisted pair，TP）。它是综合布线工程中常用的一种传输介质，由两根具有绝缘保护层的铜导线组成。它们按一定密度相互绞缠在一起，其中一根导线辐射出来的电磁波能够同另一根线上辐射出的电磁波相抵消，从而可有效降低信号干扰[5]（图 9.4）。

图 9.4　双绞线示意图

双绞线的一到四类线（CAT1～CAT4）的传输频率较低，传输速率非常有限，带宽小,目前已逐渐淡出市场或未被广泛采用。五类线(CAT5)的传输频率高,主要用于 100BASE-T 和 1000BASE-T 网络,最大网段长度为 100m,采用 RJ 形式的连接器,是目前最常用的以太网线缆。超五类线(CAT5e)的衰减小、串扰少、有较高的信噪比和更小的时延误差,主要用于千兆位以太网。六类线(CAT6)的传输频率最高为 250MHz,并且相对于超五类有更低的串扰和回波损耗(优良的回波损耗对于全双工高速网络非常重要),适用于传输速率高于 1Gbit/s 的网络。超六类(CAT6A)的传输频率最高为 500MHz,其传输速率为 10Gbit/s。七类线(CAT7)的最高传输频率为 600MHz,传输速率为 10Gbit/s[6]。线缆类型的数字越大,表示版本越新,技术越先进,频谱越宽,传输速率越高,当然价格也越贵。此外,双绞线的传输速率还与数字信号的编码方法有很大的关系[7]。

3) 光纤

光纤(optical fiber,OF)是光导纤维的简称,是一种由玻璃或塑料制成的纤维。光波可在光纤里进行全反射,实现端到端的光传输。由于光纤传输有以下突出优点,因而正逐渐成为构建列车通信网络的另一主要传输媒介。

频带宽:可见光的频率达 100THz,如果采用先进的相干光通信可以在 30THz范围内安放 2000 个光载波,通过波分复用可容纳上百万个频道。

损耗低:即使最好的同轴电缆,它的传输损耗都在几十 dB 每公里。相比之下,光纤的传输损耗只有零点几 dB 每公里(波长为 1.31μm 的光每公里损耗在0.35dB 以下,波长为 1.55μm 的光每公里损耗更是低至 0.2dB 以下),因此光纤中的信号能传输更远的距离。此外光纤传输损耗还有两个特点:一是所有信号在传输信道内具有相同损耗,不需要像电缆那样必须引入均衡器进行信号均衡;二是其损耗几乎不随温度而变,不用担心因环境温度变化而造成的信号波动。

重量轻:光纤非常细,加上防水层、加强筋、护套等,4~48 根光纤组成的光缆直径还不到 13mm,比标准同轴电缆的直径(47mm)要小得多。此外光纤是玻璃纤维制成,具有直径小、重量轻的特点,安装十分方便。

抗干扰能力强:光信号在光纤中传输时不会受电磁场的影响,因此在列车上某些高电磁噪声的区域,必须使用光纤。此外,抗电磁干扰特性还使得光纤通信不易被窃听、保密性强。

保真度高:由于光纤传输损耗小,短距离不需中继放大,且不会因为放大而引入新的非线性失真,可使信号实现高保真的传输。

工作性能可靠:系统中设备越多,系统发生故障的概率也就越大。光纤系统包含的设备数量少(不像电缆系统那样需要几十个放大器),其可靠性自然也高。此外,光纤设备的寿命一般可达数十万小时,故光纤系统的工作性能非常可靠。

4) 大气

利用大气作为传输媒介的是无线通信,主要分为电磁波无线通信和光无线通信。其中前者在列车通信网络中的应用已经越来越多,以自由空间光(free space optics,FSO)为代表的后者在轨道交通领域也已经开始崭露头角。

目前主要的电磁波无线通信技术有:①专用于近距离、传输速率为 1Mbit/s 的蓝牙(bluetooth)技术;②广泛用于工业自动化、商业自动化、交通运输控制管理、防伪等众多领域的射频识别(radio frequency identification,RFID)技术;③介于 RFID 和蓝牙技术之间的 Zigbee 技术;④具有较高频谱利用率和传输速率的用于最后一英里无线宽带接入的全球微波接入互操作(world interoperability for microwave access,WiMAX)技术;⑤注重无线安全的无线局域网鉴别和保密基础结构(WLAN authentication and privacy infrastructure,WAPI)技术;⑥大家耳熟能详的无线保真(wireless fidelity,Wi-Fi)技术;⑦具有抗干扰性能强、传输速率高、带宽极宽、消耗电能小、发送功率小等诸多优势的超宽带(ultra wideband,UWB)技术;⑧峰值速率达 100Mbit/s 以上的 4G 技术;⑨其他较新颖的 Z-Wave 和 EnOcean 等无线通信技术。

光无线通信是近些年逐渐兴起的新无线通信方式。它结合了光纤通信和微波无线通信的优点,既不需要铺设光纤,传输容量也大。从表 9.1 可见,光的频带宽度超过 105GHz,是 3 个微波波段带宽综合的 1 万多倍。根据香农公式(式(9.1))可知,在信噪比 S/N 一定的情况下,带宽 B 越大,信道可传输的理论速率 C 也就越高。除此之外,同微波无线通信相比,光无线通信的优势还有如下几处。

表 9.1 过程数据与消息数据的数据协议

波段	S 波段	C 波段	Ku 波段	Ka 波段	DPL 激光	LD 激光
波长	15～7.5cm	7.5～5cm	2.5～2.16cm	0.75～1.17cm	1～1.55μm	0.8～0.9μm
频率	2～4 GHz	4～6 GHz	12～14 GHz	27～40 GHz	194～300GHz	334～375GHz

$$C = B \cdot \log_2(1 + S/N) \tag{9.1}$$

无需频率申请:无线激光通信的工作频段在 190THz 以上,设备间无射频干扰,所以无需申请频率使用许可证。

安全保密性高:使用不可见光传输信息,且光束发散角只有毫弧度级。若有人想截获光线,会造成传输链路的中断而被发现。

抗电磁干扰:非常适用于电磁干扰严重的场合使用。

实施成本低:无需铺设线缆或管道,施工成本仅为光纤通信的 20%。

建网速度快:工程建设以小时或天为计量单位,适合临时使用和复杂地形的紧急组网。

协议透明:支持任何传输协议。

设备尺寸小:由于光波波长短,同样情况下,光收发端设备的尺寸比微波通信天线尺寸要小很多,具有功耗低、体积小、重量轻等优点。

9.2.2　列车通信网络的通信模式

1. 单工通信

单工通信是指信源向信宿进行单向数据传输,即发送端只能发送信息,不能接收信息,接收端只能接收信息不能发送信息。例如,在列车通信网络中灯控设备与信号灯之间的通信就是单工通信,因为只有灯控设备向信号灯传输控制信息,信号灯不能向灯控设备反向传输信息。

2. 半双工通信

半双工通信可以实现双向的通信,但不能在两个方向上同时进行,必须轮流交替地进行。在这种工作方式下,信源可以转变为信宿,相应地信宿也可以转变为信源。但是在同一个时刻,信息只能在一个方向上传输。因此半双工通信既可以使用一条数据线,也可以使用两条数据线,它实际上是一种切换方向的单工通信,例如,列车通信网络中的对讲机会话使用的就是半双工通信,对讲机的双方可以互相通信,但在同一个时刻,只能由一方发声。

3. 全双工通信

全双工通信允许数据在正反两个方向上同时进行双向传输(A↔B),逻辑上相当于两个单工通信方式的结合。在通信的任意时刻,线路上存在 A 到 B 和 B 到 A的双向信号传输。全双工方式无需进行方向的切换,因此,没有切换操作所产生的时间延迟,这对那些实时性要求较高的交互式应用(列车通信网络中的监测和控制等)十分有利。例如,列车控制台的触摸屏和主机内存之间就是全双工通信。人们通过触摸屏不停地输入字符,字符发送到主机内存后经过处理再被反馈到触摸屏上显示。输入和显示过程是同时进行的,即系统工作于全双工方式。

9.2.3　列车通信网络的拓扑

由于列车通信网络比较注重通信的实时性和可靠性,一般不会采用过于复杂的网络拓扑。其中星形、环形和总线型是列车通信网络中最常用的拓扑。

1. 星形拓扑

星形拓扑(图 9.5)是以一个节点为中心,其他各种类型的入网节点均与该中心节点进行物理直连的拓扑结构。星形拓扑的优点是结构简单、建网容易、延迟较低、控制相对简单,缺点是依赖集中控制、主节点负载过重、可靠性低、通信线路利用率不高。因此,列车通信网络中实时性与可靠性要求相对低一些的通信需求比较适用。

2. 环形拓扑

环形拓扑(图 9.6)是利用公共总线组成一个封闭的环,各节点直接连接到环上。环路中各节点均可请求发送信息,请求一旦被批准,便可以向环路发送信息。环网中的数据既可以单向(顺时针或逆时针)传输也可以双向传输(双向环)。环接口一般由发送器、接收器、控制器、线控制器和线接收器组成。在环形拓扑中,控制数据的开销被称为"令牌",由它判断沿路的某个接收节点是否为目的节点,否则就让数据沿着环路继续往下传输,直至找到目的节点或重回到发送节点。在列车通信网络中,环形拓扑的最大优点是节点之间有两条道路,这有利于增强系统冗余,提高通信可靠性。当然,若环中节点过多,网络的传输延迟也相应加大,且对故障节点的定位也比较困难。

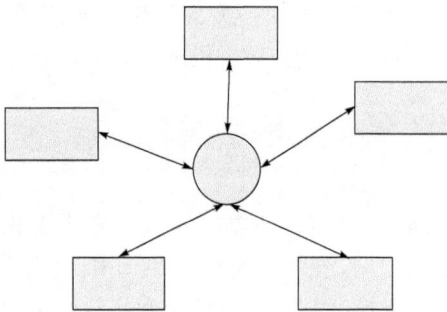

图 9.5　星形拓扑示意图　　　　　　图 9.6　环形拓扑示意图

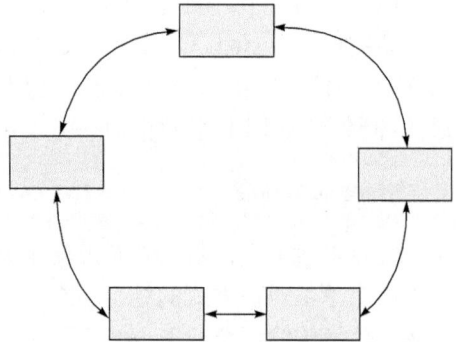

3. 总线型拓扑

总线型拓扑(图 9.7)是指各工作设备和服务器均挂在一条总线上,公用总线上的信息以串行方式,从信源向总线的两端扩散,如同广播电台发射的信息一样。各节点在接收信息时都进行地址检查,看是否与自己的地址相符,只有地址相符的节点才会接收信息。总线型拓扑的优点如下:①使用的电缆少,这有利于在空间有限的列车上进行安装布线;②可扩充性好,当需要增加节点时只需要在总线上增加一个分支接口便可与分支节点相连,并且还可以灵活扩充总线的负载,这非常有利于列车重联和列车通信网络的重构;③当总线上的主控制节点失效时,总线上的其他节点可在列车通信网络的控制下获取主设备的权限,负责后续的对列车通信网络上的所有节点(设备)进行统一调度控制。

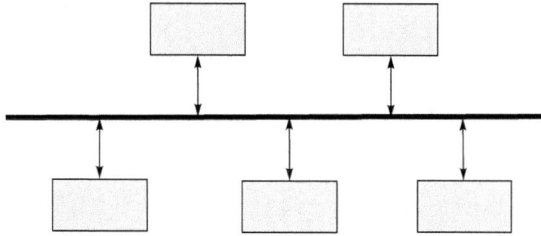

图 9.7　总线型拓扑示意图

9.2.4　列车通信网络的 OSI 模型

图 9.8 所示的是一个通信网络的标准 OSI 七层模型,从上到下依次为应用层、表示层、会话层、传输层、网络层、数据链路层和物理层。虽然列车通信网络为了获得某些良好的性能(如实时性)或出于针对轨道交通某些特殊应用场合的需要而对 OSI 七层模型做出一些简化或修改(具体请见后续章节),但是为了使大家对一个完整的网络模型有所了解,以及对应性地理解为什么列车通信网络有时需要对某些层次进行简化或修改,这里对各个层次的功能做一下简单介绍。

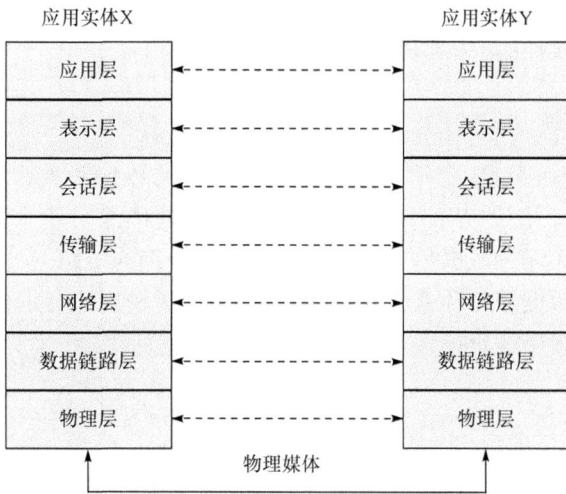

图 9.8　OSI 七层模型构成框图

1. 物理层

物理层既是网络 OSI 模型中的最底层,也是整个开放系统的基础,它为数据能成功地在各种物理媒体上(包括架空明线、平衡电缆、光纤、无线信道等)进行传输而提供必要的条件(包括物理链路的创建、维持、拆除等工作)。它完成对通信网

络的机械连接与电气连接的基础定义。其典型的协议有 RS 232C、RS 449/422/
423、V. 24 和 X. 21、X. 21bis 等。

2. 数据链路层

由前述可知,通信需要信源和信宿的参与,因此每次通信都需要在二者之间经
历建立和拆除通信联络两个过程,而这种建立起来的数据收发关系就叫作数据链
路。因此,数据链路层的基本功能是提供透明可靠的数据链路来实现数据传送服
务。透明性是指该层上传输的数据的内容、格式及编码没有限制,也无需对信息结
构的意义进行解释。可靠性是指用户不必去对丢失信息、干扰信息以及数据序列
错误等问题有所担心。数据链路层可对数据进行检错与纠错,将物理层上可能出
错的物理连接改造成为逻辑上正确的数据链路,确保提供给网络层的数据是无差
错的。

3. 网络层

网络层是 OSI 模型中的第三层,介于传输层和数据链路层之间。它在数据链
路层的基础之上,进一步对网络中的数据通信进行管理,从而向传输层提供最基本
的端到端的数据传输。网络层的主要工作包括:虚电路分组交换、数据报分组交
换、路由算法、拥塞控制、分时复用等。

4. 传输层

传输层是 OSI 模型中的第四层。传输层面对的数据对象已不是网络地址和
主机地址,而是会话层的界面端口。它和网络层共同确保实现透明的数据传输,向
会话层提供可靠无误的数据传输服务。传输层在给定的链路上可对数据进行流量
控制、分段重组、数据重传和差错控制。不仅如此,传输层还可进行复用,即在一个
网络链接上创建多个逻辑链接。

5. 会话层

会话层建立在传输层之上,利用传输层提供的服务,为上层应用建立和维持会
话,并能使会话获得同步。会话层使用校验点可使通信会话在通信失效时从校验
点继续恢复通信,这对于传送大文件极为重要。

6. 表示层

表示层位于 OSI 模型中的第六层。由于不同的计算机体系结构使用的数据
表示法不同,所以表示层的主要工作是处理所有与数据表示及运输有关的问题(包
括转换、加密和压缩),为异种机器之间提供一种公共语言,以便它们能顺利地进行

通信。

7. 应用层

应用层是 OSI 模型中的最高层,是直接为应用进程(如电子邮件、文件传输和终端仿真)提供服务的,其作用是在实现多个系统应用进程相互通信的同时,完成一系列业务处理所需的服务。

9.2.5　列车通信网络的性能评估指标

对于一列处于运行状态的高速列车来说,如果重要的控制信息得不到及时的传达,或者传输到错误的设备,再或者到达正确的设备却得不到有效的响应,都很有可能造成车毁人亡的重大事故。因此,虽然一般网络的性能评估指标有很多(包括带宽、传输延时、丢包率、吞吐量、可靠性等),但是列车通信网络最注重网络的实时性、可靠性和可重构性。

1. 实时性

通信网络的实时性是指通信指令数据能在指定时间内传送到信宿,包括时间驱动能力和事件驱动能力。该性能主要受通信周期、传输时延、传输抖动和通信速率四个方面的影响。

1) 通信周期

通信周期是指信源周期性发送数据的时间间隔。在列车通信网络中,许多用于控制的输入输出信号和传感器状态数据等都是被周期性地传输。就控制网络而言,通信周期与控制设备的处理能力息息相关。处理能力越强,理论上能支持的通信周期就越短,而周期越短,控制系统的采样速率也越高,控制的精度也就越高。当前基于嵌入式的工业控制和列车控制等控制系统的通信周期一般能达到毫秒级别,而要求严格的运动控制甚至可达微秒级别。

2) 传输时延

传输时延是指一个报文或分组从网络的信源传送到信宿所需要的时间,它是发送时延、传播时延、处理时延和排队时延的累加。其中,发送时延与传播时延是影响传输时延的主要因素。当报文长度较大时,发送时延较大;当报文长度较小时,传播时延较大。若传输时延过长,会大大降低系统的稳定性能,甚至严重时导致系统失稳[8]。对于列车通信网络来说,传输时延过大会严重干扰和打乱各个设备的正常通信时序,给列车行车安全造成重大隐患。

3) 传输抖动

传输抖动是由于各种传输时延的变化而导致网络中数据分组的到达速率发生变化。例如,列车通信网络在传输列车监控视频信号时,若因为网络拥塞等问题而导致传输抖动过大的话,则会影响信号的实时性,造成画面信号闪动。

4) 通信速率

通信速率是指信道中单位时间内传输的数据量,可分为两种速率:码元速率和信息速率,它们的关系如式(9.2)所示:

$$R_b = R_B \cdot \log_2 M \tag{9.2}$$

式中,R_B 为码元速率,Baud/s,因此又称为波特率;R_b 为信息速率,bit/s,又称为比特率;M 表示单个波特所对应的二进制位数。一定数据量的前提下,通信速率越高,传输耗时越短,从而在一定程度上可以提高列车通信网络的实时性。

2. 可靠性

通信网络的可靠性是指在一定时间内和在一定条件下系统无故障地执行指定通信功能的能力,可通过丢包率、数据是否失序、抗干扰性等来评价通信系统的可靠性。

丢包主要是因为网络拥塞、传输信号连接中断、物理缓存不足、转发处理过慢等原因而导致部分数据包不能顺利到达信宿。丢包率=(信源发送数据量-信宿接收数据量)/信源发送数据量。

当信源和信宿之间有多条路径时,原本在信源有序的信息到达信宿后可能会在顺序和时间上发生错乱,导致信宿不能准确判断和监测相关数据信息,这就是数据失序。

通信系统的可靠性不仅受系统固有属性的不确定因素影响,也会受到非常多的外界干扰因素的影响,严重时会导致系统处于瘫痪状态。通信网络的抗干扰性与网络的冗余度也密切相关,如列车通信网络中的主设备冗余、传输线路的冗余等。

3. 可重构性

网络系统的可重构性指的是系统能够通过对网络进行快速重组、自动发现、计算和更新,以及适时地对网络配置进行调整,从而对网络中发生的任何变化或网络需求做出快速响应的能力。利用网络系统的可重构性,列车通信网络可以实时地对网络系统进行调整,增强网络的智能适应能力,及时高效地响应网络拓扑的变化(车辆或编组的动态增加、删除等),大大提高了网络系统的功能柔性和灵捷性,也有助于使网络时刻保持良好的实时性和可靠性。因此,可重构性是网络系统必不可少的重要特性,特别是在以轨道交通为代表的网络拓扑经常发生变化的应用环境中。

实际上,列车通信网络的状态评估还包括通信信息的有效性、码元的正确性、位失真、通信通道的可靠性、连接器件的可靠性、抗电磁干扰的能力等。

9.3　列车通信网络技术的发展

　　列车通信网络是在初期的串行通信网络的基础上发展起来的,并从原来不同公司的企业标准发展为国际标准,逐步形成列车通信控制系统的标准化、模块化的硬件系列以及全方位的开发、调试、维护、管理软件工具[9]。随着现代列车智能化与信息化程度的提升,也对列车通信网络提出了更高的要求,原有的技术形式在有些方面已经不能满足实际需求,必然要走向新的发展。

9.3.1　基于现场总线的列车通信网络

　　目前,国际上应用范围较广的列车通信网络标准主要有 CAN(controller area network)[10-12]、LonWorks(local operating network)[13,14]、WorldFIP(factory instrumentation protocol)[15]、ARCNET(auxiliary resource computer network)[16-19]和 TCN(train communication network)[20,21]等。

1. CAN

　　CAN 最初是由德国 BOSCH 公司在 20 世纪 80 年代初期为解决现代汽车中众多电子控制单元 ECU 与测试仪器之间交换信息而开发的一种串行数据通信协议,现已成为国际标准 ISO11898(高速应用)和 ISO11519(低速应用),获得了非常广泛的应用。CAN 不仅应用于离散控制领域中的过程监测和控制,特别是工业自动化的底层监控,以解决控制与测试之间可靠和实时数据的交换,而且在列车通信中也得到了一定的应用。CAN 支持总线型的拓扑结构,其传输介质可采用双绞线、同轴电缆和光纤等。采用双绞线通信时,最高速率为 1Mbit/s,最大传输距离可达 10km。CAN 采用了 OSI 参考模型的两层:物理层和数据链路层。其中数据链路层包括介质访问控制子层 MAC 和逻辑链路控制子层 LLC。CAN 采用含优先级机制的带碰撞检测的载波监听多路访问(carrier sense multiple access with collision detection,CSMA/CA)方式对通信介质进行访问控制,支持非破坏性的逐位仲裁机制,并具有支持多主访问功能。CAN 具有突出的差错检验机理,具有五种错误检测、出错标定和故障界定功能。由于其信息传输采用了短帧结构(有效数据最多为 8 个字节),因而传输时间短,受干扰概率低,可以满足现场控制的实时性要求,同时还具有极高的通信灵活性和传输效率。另外,CAN 节点在严重错误的情况下,还具有自动关闭输出的功能,以使总线上其他节点的操作不受影响,具有极高的可靠性。

2. LonWorks

　　LonWorks 是美国 Echelon 公司于 1991 年推出的一种局部操作控制网络协

议,也是美国国家标准 ANSI/EIA 709.1—1998。它采用了面向对象的设计方法,通过网络变量把网络通信设计简化为参数设置;支持双绞线、同轴电缆、光纤、射频、红外线和电力线等多种传输介质,支持本质安全防爆。采用双绞线通信时,其通信速率从 300bit/s 到 1.5Mbit/s 不等,直接通信距离可高达 2700m。LonWorks 采用带优先级机制的预测 P-坚持 CSMA 通信介质访问控制方式,遵循 ISO/OSI 参考模型的全部七层协议,不仅具备局域网的基本功能,而且支持全面的网络管理,与异型网的兼容性比现存的任何现场总线都好。目前 LonWorks 技术不仅广泛应用在工业、楼宇、家庭、能源等自动化领域,在交通运输方面也应用普遍。LonWorks 在美国铁路列车上应用较为广泛,在国内铁路也有成功的应用。IEEE 将 LonWorks 作为其制订的列车通信协议标准的一部分(Type L),与列车通信网络 TCN 标准 IEC 61375-1(Type T)共同构成 IEEE 1473。

3. WorldFIP

WorldFIP 是欧洲标准 EN 50170 的第三部分,是在法国标准 FIP-C46-601/C46-607 的基础上采纳了 IEC 物理层国际标准(61158-2)发展起来的。早在 20 世纪 80 年代中期,以法国几家大公司为主要成员的 FIP 组织开发了工业现场总线 FIP(factory information protocol),并成为法国标准 NFC 46-600,主要用于自动化领域现场设备和控制器以及控制器之间的数字化连接。经过十多年的努力,WorldFIP 已发展成具有丰富软硬件产品支持并且自成系统的现场总线标准,被广泛应用于能源、化工、交通运输等工业控制领域。法国阿尔斯通公司将 World-FIP 作为标准通信协议应用于其开发的 AGATE 列车控制系统,并成功应用于 TGV 高速列车。WorldFIP 支持总线型和星形的拓扑结构,传输介质可采用屏蔽双绞线和光纤。传输速率提供从 31.25kbit/s 至 25Mbit/s 五个不同等级,典型速率为 1Mbit/s。采用屏蔽双绞线通信时,最大传输距离可达 20km。WorldFIP 采用 ISO/OSI 参考模型的三层结构:物理层、数据链路层和应用层,提供变量服务、消息服务和网络管理服务。在数据链路层,WorldFIP 采用集中控制、周期性预分配的主-从方式对总线介质访问进行控制,并通过总线上唯一的总线仲裁器来实现仲裁控制,实现数据的实时传输。另外,为提高通信的可靠性,WorldFIP 还支持介质冗余、总线仲裁器冗余以及曼彻斯特编码等多种方式。

4. ARCNET

ARCNET 是一种基于令牌传递协议的现场总线,1999 年成为美国国家标准 ANSI/ATA 878.1,从 OSI 参考模型来看,它提供了网络的物理层和数据链路层服务。ARCNET 网络最初是在 20 世纪 70 年代末作为办公自动化网络发展起来的,通信速率可达 10Mbit/s,采用令牌传递方式实现通信介质访问,具有快速性、确定性、可扩展性、支持长距离传输、软件开销小、错误自检测、进退网简单等特点。因此,ARCNET 非常适合过程实时控制,近年来被广泛应用在包括轨道交通的各种自动化领域。日本的高速列车所使用的列车通信网络主要采用 ARCNET 网络,我国引进的日本川崎公司的高速动车组 CRH2 也使用了 ARCNET 网络。

5. TCN

TCN 是 IEC 专门为列车通信网制定的标准,包括实时通信协议(real time protocol,RTP)、绞式列车总线(wire train bus,WTB)、多功能车辆总线(multi-function vehicle bus,MVB),这几种技术作为相对比较独立的部分有其各自的体系结构,理论上可以在 WTB 和 MVB 上运行非 RTP 的其他协议,而 RTP 也可以作为除 WTB 和 MVB 其他总线上的通信协议,但一般情况下,还是把它们作为一个整体来考虑。

MVB 主要用于在一个车辆或固定编组的几个车辆内连接各种可编程设备以及现场传感器,也可在固定编组的列车中用作列车总线。WTB 具有很强的编组自适应能力,主要用于在日常运营中需经常动态改变编组的列车中连接各车辆,也可在固定编组的列车中充当列车总线。MVB 和 WTB 采用集中控制、周期性预分配的主-从方式对总线介质进行访问控制,这种访问通过总线上唯一的主节点来完成。同时,MVB 和 WTB 支持总线上周期性过程数据和非周期性消息数据两类信息的传输,并对两类数据传输服务分别定义了两种不同的网络体系结构。过程变量服务的协议只包含物理层、数据链路层(分为介质访问控制 MAC 子层和逻辑链路控制 LLC 子层)和应用层三个层次,用以传输周期性的控制命令和变量,以实现控制的实时性要求。其中数据链路层主要通过链路过程数据接口 LPI 处理端口和通信缓存的操作,完成协议大部分的工作;应用层则通过应用变量接口 AVI 处理过程变量的访问。消息服务协议则包含了 OSI 定义的七层完备模型结构,实现网络管理信息、维系服务信息、故障诊断信息和旅客服务信息的非周期传输。消息数据作为偶发性数据采用目标寻址方式按需传输,数据从源设备发向目标设备或同总线上的所有设备,总线上每个设备均有相应的缓冲队列,分别用来存储已收和待发的消息数据。WTB 最大传输速率为 1Mbit/s,MVB 最大传输速率为1.5Mbit/s。关于 WTB/MVB 的详细介绍,请见第 10 章。

如上所述,通用现场总线如 WorldFIP、LonWorks、CAN 和 ARCNET 均可应用于列车控制系统的通信。而 TCN 作为专门为列车通信网指定的标准,在初期制定时就有明确具体的列车级和车辆级的应用需求定义,其中包括:列车编组的自适应能力、实时的变量通信、非实时的消息通信、网络的可管理性和网络的可靠性,因此应用前景更为广阔。

9.3.2　基于以太网的列车通信网络

随着列车控制技术的发展及人们生活水平的不断提高,旅客对旅行中的娱乐和资讯的需求也更大。旅客信息传输、在线视频监控和远程数据服务等功能,需要列车网络具有较高的通信容量、实时性和较好的可维护性,并能将列车实时数据传送到远程控制中心进行监控和维护。上述基于现场总线的列车通信网络已不能满足列车信息传输的大容量、实时性的要求[22]。因此,以太网被引入列车通信网络中,它与传统的现场总线相比体现出了很大的优越性[23]。①传输速率高:以太网的传输速率已经由 10Mbit/s 提高到了现在的 1000Mbit/s,甚至 10Gbit/s,对于列车通信网络系统来说已经完全满足需求;②组网容易:以太网对于多种物理传输的介质和拓扑结构都支持,其网络组建灵活简单,便于管理;③应用广泛:以太网拥有广泛的应用,便于与其他设备进行连接,并且对于设备的扩展也变得简单;④价格优势:以太网经过 20 多年的发展,现已拥有了诸多设备制造商,是目前应用最广的网络技术,其硬件价格与 TCN 设备相比具有巨大优势;⑤体积小、易集成:以太网的集成度与日俱增,更有利于列车通信网络中减小和精简控制单元体积;⑥接入能力强:以太网能够方便地接入地面的网络系统,从而达成信息共享,为地面控制中心提供列车运行中的实时状态数据;⑦潜力大:以太网发展迅速,具有更广阔的发展空间。

但是必须注意的是,传统的以太网通信应用在列车通信网络时也存在无法避免的缺陷,主要有如下两点。

(1) 通信网络的确定性和实时性。

传统以太网是一种非确定、非实时的网络系统,主要采用 CSMA/CD 机制检测通信介质的冲突与否。多个节点同时发送数据引起的网络冲突很可能导致数据包丢失,从而造成数据传输的不确定,无法满足列车信息传输对于网络的高实时性和确定性的要求。

(2) 通信网络的可靠性和稳定性。

以太网的最初设计并没有考虑工业现场这种特殊的应用环境,因此其抗干扰能力(即可靠性)较差,无法直接适用于列车运行中的恶劣、复杂的环境。列车要求其通信网络必须有良好的电磁兼容性,还要有耐高温高压、耐腐蚀、耐振动、耐冲击、防水、防尘、防爆、防燃等能力,以保证列车数据在传输中不会发生丢失或者误码等情况。

考虑到列车运行环境的复杂性,要求对现有以太网技术进行改进,从而满足列车网络通信的要求。目前基于工业以太网的列车通信技术虽然在国内外列车控制领域暂未得到广泛的应用,但国外已有相关公司和研究机构对此开展了深入研究。工业以太网是指在技术上与经典以太网兼容,在设计产品时,其实时性、确定性、可靠性、抗干扰性、材质的选用、产品的强度、实用性等方面都能满足工业现场的需求。有理由相信,经过改进的工业以太网将作为主干网络,广泛应用于下一代列车通信网络中。图 9.9 反映了以太网技术在列车通信网络中的应用前景[24]。关于列车以太网通信的详情,具体请见第 11 章。

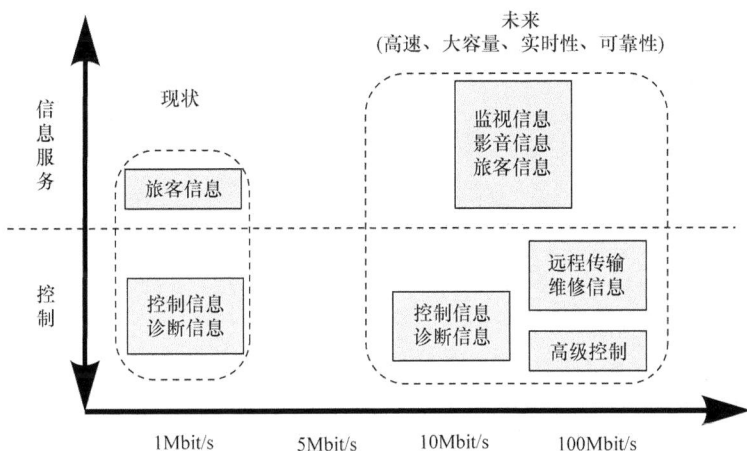

图 9.9　列车通信网络发展趋势示意图

9.4　列车通信网络的关键技术

9.4.1　实时性保障技术

列车中的控制数据主要实现对列车的运行控制,包括牵引控制、制动控制、开关门控制等,保障列车的正常运行。因此,控制数据对时效性的要求比较高,需要在列车的主控与各执行单元之间周期性地传输控制指令。某些极其重要的控制数据甚至要求传输周期小于 1ms,远超其他一些工业控制总线所能提供的实时性。这种需要周期性传输的数据在列车通信网络中统称为过程数据(process data, PD)。在 WTB/MVB 实时协议中,对 PD 主要采取周期性的广播方式进行传输,从而确保其实时性。在以太网中,主要基于 UDP、IP、IGMP、DSCP 等协议的组合来保证网络可采取无连接、无确认、周期性的方式对 PD 进行传输。

另外,在没有故障发生时系统并不需要传输故障诊断数据,只有当故障发生时才会触发数据的传输,因此故障诊断数据的传输带有明显的非周期性(或称突发性)。这种无需满足实时性要求、只需按需传输、冗长但不频繁传输的数据在列车通信网络中称为消息数据(message data, MD)。

在列车通信网络中,如何保证 PD 和 MD 的有效传输,以及提升网络的服务质量(quality of service,QoS)是一个比较重要的问题。比如：①如何尽可能地降低PD的传输周期；②如何保证在一个周期内传输种类尽可能多的 PD；③如何为数据划分服务等级以及使所有的数据都能得到合理的传输资源等。这些问题都需要引入或设计更优秀的算法或机制来对网络结构和处理过程等方面做出适当的优化。

9.4.2 可靠性保障技术

列车通信网络出现异常后,轻则使列车不能正常运行,重则会引发重大的铁路事故,严重影响轨道交通的安全和乘客体验,因此要求列车通信网络具备非常高的可靠性。为了提升列车通信网络的可靠性,在 WTB/MVB 中需采取特殊的信号编码及差错检测、介质冗余以及总线主设备冗余、物理层防护与隔离等可靠性手段。

此外,车载实时以太网在系统架构上采用分离的以太网列车骨干网(ethernet train backbone,ETB)和以太网编组网(ethernet consist network,ECN)架构。二者互相独立,中间用冗余的网关进行隔离,ECN 与 ETB 的故障不会相互影响。在 ECN 中,通过环网拓扑实现编组网的冗余。在 ETB 上,通过链路汇聚实现冗余。对于终端设备的接入,通过双网口与虚拟 IP 技术实现双网口的冗余。

9.4.3 列车重构技术

1. 列车组网

考虑到一趟列车的长度灵活可变(在某些站点临时添加或减少车厢),因此整个列车通信网络可以被简单地划分为两个部分:①由若干车辆构成的一个车辆编组网;②由多个车辆编组网构成的一个列车骨干网。同一个编组网内部的设备可根据实际应用需要,自由组成线型、环形、星形等网络拓扑。每个编组网配备一个骨干节点,编组网之间通过骨干网节点相连,从而构成一个线型拓扑。如图 9.10

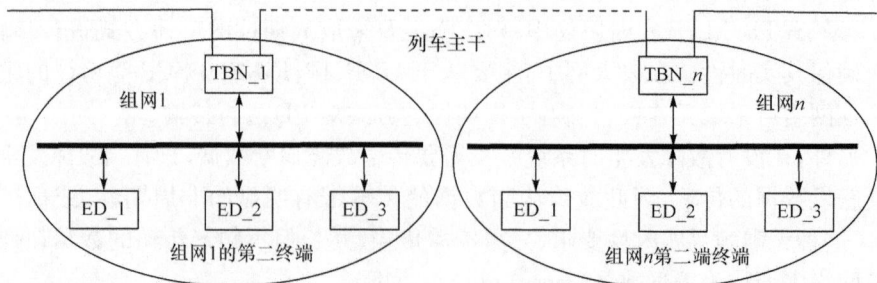

图 9.10　车辆编组网和列车骨干网构成示意图

所示,同一编组的各个终端设备(end device,ED)通过总线相连,而各个编组的列车骨干节点(train backbone node,TBN)通过另一级总线连接，每个 TBN 负责本编组内的多个 ED[25-28]。当车内设备需要跨编组通信时,例如,编组网 1 的终端设备 ED_1 需要向编组网 n 的终端设备 ED_2 发送数据时,数据的走向是 ED_1→TBN_1→TBN_n→ED_2。当列车只有一个编组时,则无需列车骨干网络,仅通过编组网即可实现车辆级别的通信[29,30]。

2. 初运行

1) 列车骨干网初运行

初运行又称为组态,通常在列车网络正常工作之前进行。列车的 TBN 由列车中各个车辆的干线电缆通过跨接电缆和扩展电缆衔接而成。当列车的组成发生改变时,特别是当有车辆挂接或解挂时,构成骨干网的所有节点需要进行重构,即对列车行进方向和节点编号等动态参数进行重新分配,这个过程就是列车骨干网络的初运行。

在列车运行过程中,也可以随时根据需要人为地进行初运行操作。例如,当列车在行进过程中,若有某一节车辆损坏而不能再收发数据时,为了确保其他车辆的正常运行,必须进行初运行操作来给各节列车分配新的地址。初运行的过程相当复杂,必须考虑编组的变化、主从节点的失效以及各种可能发生的错误和异常。当列车骨干网采用总线技术进行通信时,整个总线都只受一个节点的控制,该节点称为主节点,其他节点称为从节点。主节点负责自主发送,从节点在收到主节点的命令后才能执行下一步动作。

初运行由数据链路层实现,其进程主要分为初运行相和拓扑分发相。前者主要完成对未知节点的命名。后者是在命名完成后,正常数据交换前,总线主节点建立和分发拓扑。初运行开始时,主节点命名为 01H,其他各节点均未命名,统一被设为 7FH。主节点向方向 1(列车前进方向)和方向 2(反方向)发送请求帧,未命名节点返回响应帧,具体过程如图 9.11 所示。当命名响应完成后,未命名节点被命名成功。在方向 1 按递减顺序命名节点(63,62,61…),在方向 2 按递增顺序命名节点(01,02,03…)。在之后的拓扑分发相中,主节点为所有节点建立拓扑,其数据结构包括:地址、节点类型和版本号等。随后主节点通过拓扑请求帧给每个从节点分发拓扑,而每个从节点则通过拓扑响应帧进行响应。在所有节点都确认已收到新的拓扑后,再等待一个基本周期,当所有节点更新自己的过程数据后,主节点进入正常运行并开始轮询节点的过程数据。

2) 列车操作初运行

列车操作初运行的作用是使来自不同设备制造商的车辆能实现互操作。它从应用的角度定义了过程数据、消息数据、监视数据中每个字段的具体含义,包括车

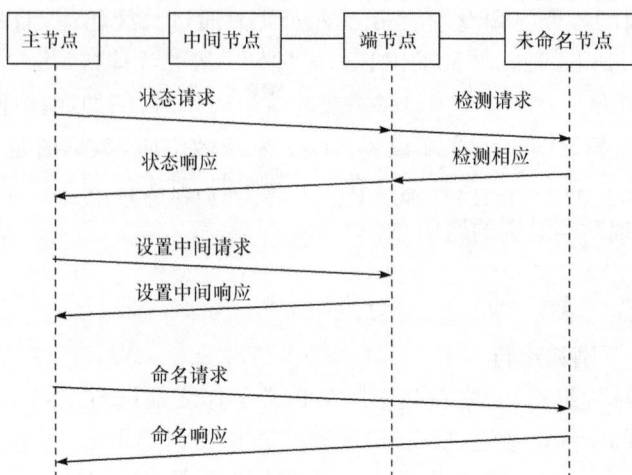

图 9.11　列车骨干网初运行的命名流程示意图

辆地址的定义、车辆动/静态特性描述等,实现了列车控制网的网关功能[31]。列车操作初运行主要实现节点监视数据库的建立、节点地址特性索引的构建、节点监视、过程数据编组、映射服务等功能。其中,节点监视功能负责监视网关的初始化、参数配置、控制等工作,并将监视数据存放到节点数据库中;过程数据编组功能负责实现编组网和骨干网之间过程数据的传输[32]。

3) 网络初运行

在以太网中,当列车编组、解编导致列车网络拓扑发生变化时,会对需要跨编组通信的设备进行自动参数配置,这一系列的过程称为 ETB 网络初运行。ETB 网络初运行的主要工作包括列车级通信设备的列车级 IP 建立、终端设备本地 IP 到列车 IP 地址映射、ETB 节点配置静态路由表等。为了实现上述参数的自动配置,ETB 网络初运行首先需要为列车上所有处于活跃状态的 ETBN 分配序号。

为了保持列车的运行安全,在列车运行过程中,列车的网络初运行会被禁止。虽然如此,列车 IP 配置信息会在系统运行过程中不断地计算、更新,并在所有 ETB 节点间共享,但提交初运行结果的时机由列车应用程序控制。

3. 寻址

1) 物理寻址

仍然以图 9.11 为例,在列车网络初运行阶段会为列车上的每个 ED 分配一个数字形式的地址作为其物理地址。为了便于说明通信时设备间物理寻址的过程,这里假设物理地址的格式为 x_y,则 1_1 表示第 1 个编组网内的第 1 个设备的物理地址。若第 1 个编组网内的第 1 个设备(设备 A)要向某个控制列车门开关功能

的设备 B 发送信息,并且设备 A 通过前期网络初运行已知道设备 B 处于第 n 个编组网内的第 2 个位置,则设备 A 只需在其数据包内填入目的地址 n_2 即可。

2) 功能寻址

由于物理寻址是基于数字形式,因此源端设备难以根据数值感性地识别其所表达的具体意义,以及难以判断出目的设备所处的具体位置。当列车网络拓扑改变时,用于标识设备逻辑位置的物理地址通常也随之发生改变,这非常不利于网络系统的快速规划。例如,图 9.10 中若有新编组加入,原编组 n 就变成了编组 $n+1$。此时如果设备 A 还是按照原物理寻址的话(数据包目的地址为 n_2,而设备 B 此时实际物理地址应为 $n+1\_2$),数据不能正确到达设备 B。

考虑到每个网络设备有其特定的功能(例如,显示器用于显示列车运行状态,列车控制单元用于集中处理列车控制数据,传动控制单元用于处理和牵引动力相关的数据等),且每个具有特定功能的设备一般都固定安装在某编组的特定车辆上,因此除了物理寻址,系统还可根据设备的功能及其所处的具体位置构建出具有描述性的域名地址。域名地址可采用合理的便于人工识别的字符串标识,这样即使网络拓扑发生改变(列车重联或解编),该地址也不会发生变化,从而实现列车的功能寻址(图 9.12)。

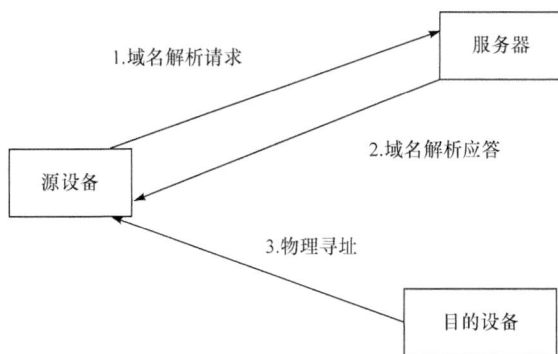

图 9.12　功能寻址过程示意图

具体来说,在网络初始化或网络发生改变时,列车都会选取某一类设备作为服务器,它可得到全车所有通信设备域名与物理地址的映射关系。这里假设设备 B 的域名为"门控设备",则设备 A 在发送数据前只需向服务器发送"门控设备"的域名解析请求。服务器在收到域名解析请求后,会查询其内部的映射表,得到域名对应的物理地址并反馈给设备 A。设备 A 得到域名对应的实际物理地址后,就可按照物理寻址的方式执行数据传输。这样无论设备 B 的实际位置在哪,数据都能正确地由设备 A 传输到设备 B。

9.5　小　　结

　　本章首先对传统的列车通信网络进行了简介,包括网络的组成、通信模式、网络拓扑、OSI 七层模型以及性能评估指标。其次,本章还对列车通信网络技术的发展历史和趋势做了简单的梳理。可以看到,基于现场总线的列车通信网络技术虽然目前还是主流,但是由于带宽等原因,基于工业实时以太网的列车通信网络技术的发展也是日新月异。最后,本章对目前列车通信网络的关键技术做了简单介绍,对列车重构、实时性和可靠性保障技术也有了一定的了解,为读者对后续章节的理解奠定了一定基础。

参 考 文 献

[1] 路向阳. 列车通信网络络的发展与应用综述[J]. 机车电传动,2002,(1):5-9.

[2] Jimenez J,Martin J L,Cuadrado C,et al. A top-down design for the train communication network[C]//2003 IEEE International Conference on Industrial Technology,2003,2:1000-1005.

[3] 赵海东,刘贺文,杨梯惠,等. 高速列车运行控制系统的研究[J]. 中国铁道科学,2000,(21):31-36.

[4] Raji R S. Smart networks for control [J]. IEEE Spectrum,1994,31(6):49-55.

[5] 黄瑞,苏俭副. 电工电子实用技能训练教程[M]. 上海:同济大学出版社,2012:131.

[6] 李英姿. 住宅电气与智能小区系统设计[M]. 北京:中国电力出版社,2013:297-298.

[7] 毕德刚,于锁利. 计算机网络[M]. 哈尔滨:黑龙江大学出版社,2008:30-31.

[8] Cervin A,Henriksson D,Lincoln B. How does control timing affect performance? Analysis and simulation of timing using jitterbug and true-time [J]. IEEE Control Systems Magazine,2003,23(3):16-30.

[9] 倪文波,王雪梅. 高速列车网络与控制技术[M]. 西安:西安交通大学出版社,2008.

[10] 王苏敬. 列车用 CAN 总线应用层协议研究与实现[J]. 北京交通大学学报,2008,32(5):95-104.

[11] 甘永梅,李庆丰,刘晓娟,等. 现场总线技术及其应用[M]. 北京:机械工业出版社,2004.

[12] Studer M. 铁道机车车辆控制技术的革新[J]. 变流技术与电力牵引,2003,(1):35-37.

[13] 杨志仁,王雪梅,倪文波. 基于 LonWorks 技术的列车通信网络[J]. 测控技术,2000,(6):13-30.

[14] 杨育红. LON 网络控制技术及应用[M]. 西安:西安电子科技大学出版社,1999.

[15] 赵红卫,郑雪洋,王欣. WorldFIP 通信网络技术的研究与开发[J]. 铁道机车车辆,2003,23(s2):60-64.

[16] 左峰,王立德,聂晓波. 基于 ARCNET 的轻轨列车通信网络[J]. 电力机车与城轨车辆,2009,32(6):27-29.

[17] 左峰. 基于 AECNET 的列车控制网络的开发[D]. 北京:北京交通大学,2009.

[18] 王利锋,何鸿云,王玉松,等. 基于 ARCnet 的列车网络控制系统的安全性与可靠性分析[J]. 机车电传动,2007,10(6):42-44.

[19] 况长虹,李家武,王玉松,等. 基于 OPNET 的 ARCNET 列车通信网络的建模与仿真[J]. 铁路计算机应用,2005,17(5):49-51.

[20] 严云升. 列车通信网络(TCN)配置及传送数据的规范化[J]. 电力机车技术,2002,(2):1-4.

[21] 常振臣,牛得田,王立德. 基于 TCN 标准的智能显示单元在动车组上的应用研究[J]. 电力机车与城轨车辆,2006,29(2):7-10.

[22] 常振臣. 列车通信网络研究现状及展望[J]. 电力机车与城市车辆,2005,283:5-7.

[23] 魏亚鹏,韩卫光. 实时工业以太网技术的研究[J]. 组合机床与自动化加工技术,2013,(7):49-53.

[24] 二川正康,钱文良. 车辆控制与信息服务的新型宽带网系统[J]. 变流技术与电力牵引,2006,(1):43-45.

[25] Train Communication Network. International Electrotechnical Commission Std [S]. IEC 61375-1,1999.

[26] UIC556 Leaflet. Information Transmission in the Train[S]. 2nd edition. International Union of Railways,1999.

[27] Zur Bonsen G A. The Multifunction Vehicle Bus (MVB)[C]. Proceedings of the IEEE,1995:27-34.

[28] Schaefers C,Hans G. IEC 61375-1 and UIC 556 international standards for train communication[C]//Proceedings of the IEEE Vehicular Technology Conference,VTC 2000-Spring Tokyo,2000,2:1581-1585.

[29] 严云升. 列车计算机网络控制系统[J]. 电力机车技术,1999,(3):6-9.

[30] 刘波. 基于多功能车辆总线的列车网络关键技术的研究与应用[D]. 长沙:中南大学,2005.

[31] 国际电工委员会. 国际标准 IEC 61375-1:铁路电气设备-列车总线[S]. 2001.

[32] 李常贤,谢步明. TCN 通信技术的自主研发[J]. 机车电传动,2006,(21):10-13.

第10章 列车通信网络技术(WTB/MVB)

10.1 引　言

随着列车高速化、自动化和智能化的发展趋势,越来越多的信息(如控制信息、状态监视信息、故障诊断信息及旅客服务信息等)由此而生,并且这些信息迫切需要在机车车辆各设备之间互相传输与交换。列车通信网络(train communication network,TCN)是现代列车实现控制、状态检测、故障诊断以及旅客服务等信息传输的高性能综合基础系统,它是一种专用于列车这一流动性大、环境恶劣、可靠性要求高、实时性强、与控制系统紧密相关、需要实现动态组网(列车的动态解编)的特殊的计算机网络。如何将这些大量的分布式的信息实现安全、可靠、快速、准确地在列车通信网络上传输,是现代高速列车研制中面临的一个关键性课题。

早期阶段,世界范围内的列车通信网络采用多种多样的技术标准,如World-FIP总线、CAN总线、LonWorks总线等都在列车通信网络上都有着不同程度的应用,各种总线基于不同的标准和接口,不便于互连。随着技术的发展,基于WTB/MVB两级架构的列车通信网络逐渐发展起来并成为主流的列车通信网络,它是一种开放式的列车通信网络,便于不同厂家设备之间的互联互通互换,具有很强的实时性和可靠性。WTB(wire train bus)具备网络自动重构(实现自动动态组网)的能力,MVB(multifunction vehicle bus)不具备网络自动重构的能力,在固定编组内通过MVB实现各设备间的通信,在需要动态编组和解编组的列车编组间通过WTB实现编组间的通信。如果没有动态编组和解编组的需求,只通过MVB一级总线来构建整个列车通信网络也是可行的,如国内大部分的城轨列车的通信网络仅有MVB而无WTB。

如图10.1所示,构建了一个简单的WTB/MVB列车通信网络基本原理模型。编组内各设备间通过MVB通信,编组1和编组2之间通过WTB通信。

由于MVB连接着列车内几乎所有的检测控制设备,这些设备或为控制指令的发布者,或为控制指令的执行者,因此要求列车通信网络具备高实时性、高可靠性等特性;在列车重联运营时,车辆内的控制系统需要动态地组成新的系统,使得列车通信网络还需具备可重构特性。本章主要就WTB/MVB网络的实时性保障技术、可靠性保障技术、WTB网络的自动重构技术及WTB/MVB网络管理等方面进行详细介绍。

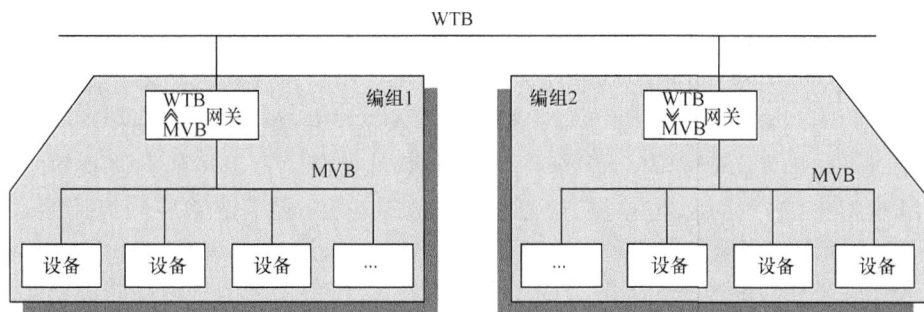

图 10.1　WTB/MVB 列车通信网络基本架构图

10.2　WTB/MVB 实时性保障技术

10.2.1　概述

WTB/MVB 列车通信网络是一种专用的分布式通信网络,同时又是一种开放式的通信网络。从系统控制角度出发,它将检测控制任务分布在不同的智能节点(或设备)中,任务间的交互通过网络总线以信息传递的方式实现。由于信息传递的效果直接影响控制任务的执行,进而影响系统的性能要求,这对列车通信网络的信息传递提出了严格的时间要求。因此,列车通信网络必须采用有效的措施以保证信息通信的实时性,提高列车网络通信的实时性是减小信息传输时延和保证实时应用时间驱动的关键。在列车网络总线的实时通信中,实时调度过程是其中的核心,也是总线协议中最为重要的内容之一。列车通信网络总线 WTB/MVB 的通信调度过程比较复杂,包括周期信息通信调度、非周期信息通信调度、介质分配等过程。

10.2.2　WTB/MVB 实时数据传输协议

WTB/MVB 实时数据传输协议用于 WTB、MVB 的通信,定义的是数据链路层以上、应用进程以下(包括网络层、传送层、会话层、表示层、应用层)各层的内容。WTB/MVB 实时数据传输协议为一个应用进程与另一个应用进程在列车通信网络上的通信提供协议和服务,这两个应用进程可以位于不同车辆上、同一个车辆内或同一个设备内。

WTB/MVB 的通信支持两种类型的数据传输:周期性数据传输,即过程数据(PD)和偶发性数据传输,即消息数据(MD)和监视数据。相应的传输协议提供三种服务:变量、消息、网络管理,其中实时协议部分包括变量和消息两种服务。

　　过程数据对于列车的正常运行来说是最重要的数据之一,对实时性要求高,某些极其重要的周期性数据的传输周期甚至小到 1ms,远超其他一些工业控制总线所能提供的实时性,因此在 WTB/MVB 实时协议中对过程数据的传输采取周期性的和广播的发送,从而保证其实时性。为了保证过程数据在确定的较小时延下能够被及时地发送到相应的设备中,WTB/MVB 实时协议采用的方法是省略掉 OSI 模型中的网络层、传输层、会话层、表示层,只保留了链路层和应用层,如图 10.2 所示。而消息数据则不同,消息数据是一些无需完全满足实时性要求、冗长但不频繁传输的数据。一般采用按需传输方式,所以消息的传输是非周期性的和点对点的,这就决定了消息的传输需要发送方和接收方建立连接,从而也就决定了消息数据的传输要基于有网络层、传输层等完整传输模型的通信协议。

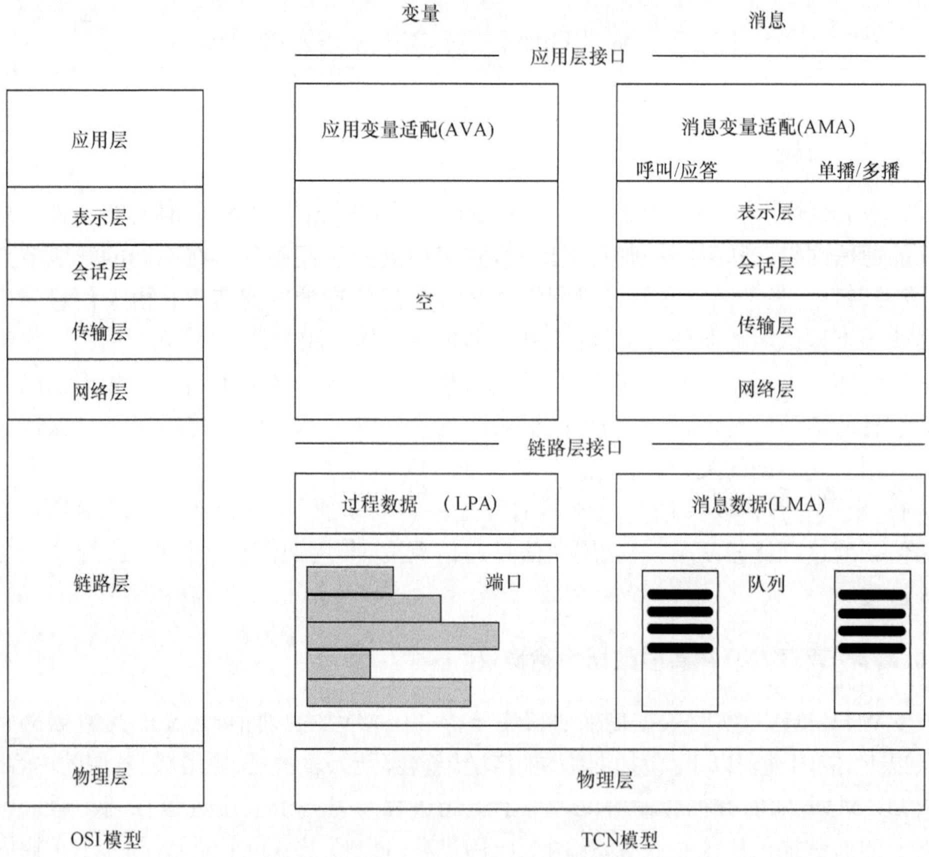

图 10.2　实时协议的分层结构示意图

　　过程数据和消息数据传输模型的共有层是物理层、链路层和应用层,消息数据传输模型有网络层、传输层、会话层和表示层,而过程数据传输模型没有这几层。

这两种类型数据的协议摘要如表 10.1 所示。

表 10.1　过程数据与消息数据的数据协议

互联模型	过程数据传送	消息数据传送
应用层	单个访问 群访问 组访问	呼叫消息/应答消息 多播消息
表示层	统一的原始及构造的变量类型	
会话层	不存在	会话建立 呼叫消息及应答消息对
传送层	不存在	消息分段成包 通过滑动窗口协议实现的流量控制和差错恢复 多播消息中否定应答和重发
网络层	不存在	分层的寻址机制、索引和路由
	总线提供的服务	
链路层	数据集,刷新管理	无连接的链路层
链路层(介质分配)	周期性传送	偶发性传送

1. 过程数据传输

由于同一的过程数据常有多个节点需要,因而 WTB/MVB 过程数据采取广播通信的方式以增强通过量并实现实时性。过程数据采用它们的源地址而不是目的地址来标识,因而这种传输方式被称为源寻址周期性广播通信[5]。

图 10.3 建立了一个过程数据源寻址周期性广播通信示例,该示例由总线上挂载的一个主设备和 N 个从设备组成。由于在一次过程数据源寻址周期性广播通信过程中,总线上只允许仅有一个为源的从设备,所以该模型设定从设备 i 为源从设备,其他的从设备为宿从设备。过程数据传输步骤如下。

(1) 主设备广播一个过程数据主帧。

(2) 所有从设备接收该主帧并识别主帧中的源端口地址,此时源端口从设备 i 发现主设备的请求并立即广播发送事先准备好的从帧数据,而其他从设备不应答主设备,但准备接收一个即将到来的从帧。

(3) 所有宿端口从设备接收从设备 i 发送的从帧,提取数据集并刷新宿端口内容。

由于过程数据是用源标识的,在常规运行之前执行的组态需确保主设备、源、宿三者对给定标识符的数据格式和含义的一致性。

主设备可以不参与数据交换,它只起中介的作用。担任主设备的设备也可以

总线主轮询

从设备轮询的带有源地址标识的主帧

从设备响应

源设备响应的带有过程数据的从帧

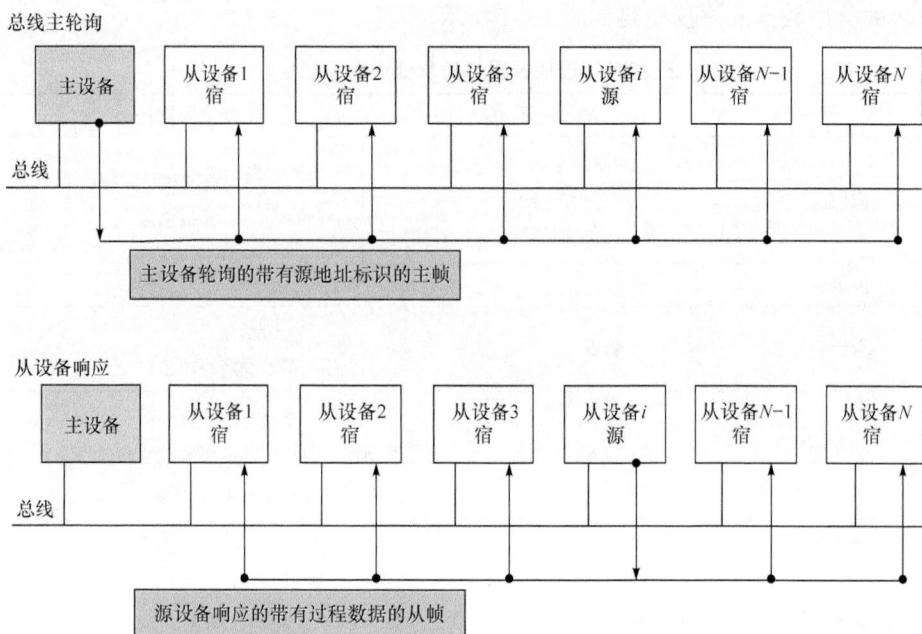

图 10.3　过程数据的源寻址广播示意图

作为从设备工作,和任何其他设备一样参与通信。

2. 消息数据传输

　　消息数据帧在同一总线上从节点(设备)传送到节点(设备),每个消息数据帧都包含有目的节点地址及源节点地址。与过程数据帧不同,消息数据帧不更新先前未读出的帧,因为每个消息数据帧都是大信息中唯一的一部分。消息数据应排队,或在下一帧来到前进行处理。如果先前的消息数据未取出,则新到的帧将被废弃。为处理负载情况,接收设备为消息数据提供了一个发送队列和一个接收队列,如图 10.4 所示。

　　消息按需发送,它的响应时延变化取决于网络负荷,因而不能保证消息的传递时间。与过程数据一样,主设备对各设备轮询消息数据,设备以它的消息数据来响应这个轮询。呼叫者通过发送呼叫消息来启动消息交换的应用。呼叫消息被转发到网络上的另一个应用,即应答者,它被通知呼叫消息的到来。呼叫者是呼叫消息的生产者;应答者是其消费者。应答者接收呼叫消息,并给呼叫者返回一个应答消息。呼叫者也被通知应答消息的到来。应答者是应答消息的生产者;而呼叫者是其消费者。一次会话由呼叫消息和相关的应答消息组成[20]。

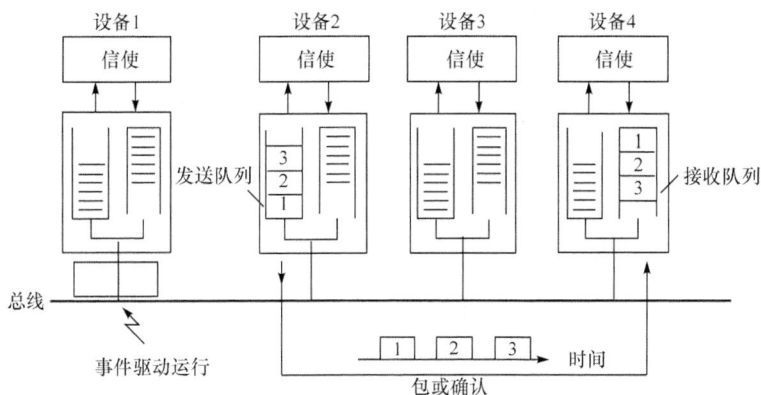

图 10.4　消息数据排队传送示意图

3. 介质分配技术

一种控制网络的介质分配方式与该网络的实时性能密切相关。WTB/MVB 上既要传输过程数据又需传输消息数据,如果不采取合理的介质分配技术,即使有着很好的实时数据传输协议也无法保障过程数据传输的实时性。WTB/MVB 的介质分配使用了时间槽技术,总线主设备将轮回时间分成固定的时间片,这个时间片称为"基本周期",而每个基本周期里面又划分为多个相,如周期相和偶发相,在周期相内,只允许过程数据传输;偶发相内,只允许消息数据传输,从而有效地保证了过程数据能获得足够的总线时间,保障了数据传输的实时性。WTB/MVB 网络之所以特别适用于列车控制网络,其介质分配的方式就是一大优势。我们可以 Profibus 总线为对比,分析 WTB/MVB 的介质分配的优点。

Profibus 的介质分配方式是将所有端口平等地安排在一个统一的循环周期中,如图 10.5 所示,这样做的优点是无需进行端口的调度管理。但是这种介质分配方式带来的问题是,某一个端口数据的周期性不确定。当我们需要端口 1 的周期为 3ms,如果应用中有五个端口,只有三个端口可能满足该周期性要求,则周期

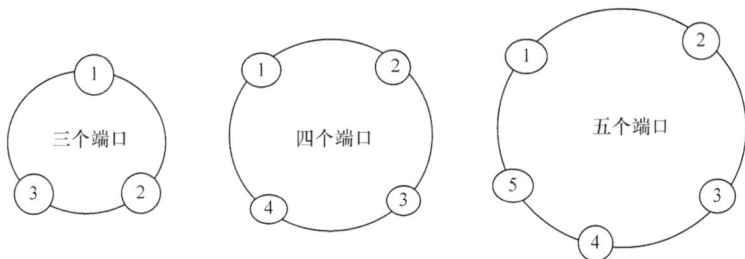

图 10.5　Profibus 的介质分配方式示意图

相应变长,可能满足不了该周期性要求。也就是说,无法事先规划端口 1 的周期,因为应用的端口数不同,该周期就不同。

这个问题在 WTB/MVB 中获得了较好的解决:其根本原则是使用了时间槽技术,将大周期分割为多个小周期,每个小周期预留时间裕量,当增加端口时,将端口数据填充到时间裕量中去,这样小周期、大周期都不发生变化,确保了端口周期的稳定可靠。

1) MVB 介质分配技术

MVB 由单一的主设备控制,主设备是唯一发送主帧的设备,所有其他设备都是从设备,它们不可随意发送。有几个设备,如总线管理器,可以成为主设备,但在每个时刻只有一个,主设备在持续数秒后可依次轮换[17]。主设备可位于总线的任何部分,它按预定的顺序周期性地轮询各个端口,如图 10.6 所示。

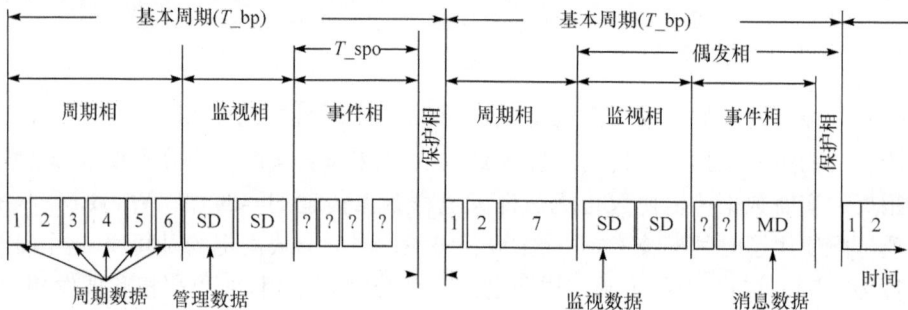

图 10.6　MVB 周期性传送和偶发性传送构成图

在常规运行前,要建立主设备读端口的顺序。对每个端口,应用协议定义特征轮询周期,它总是基本周期的 2^n 倍($n=1\sim10$)。有同样特征周期的端口属于相同的循环。

2) WTB 介质分配技术

主设备节点负责介质访问,所有其他从节点只有当主设备对它轮询时才响应。

在常规运行时,主设备循环工作。它把总线活动分成基本周期,每个基本周期由周期相和偶发相组成,如图 10.7 所示。

为保证确定和及时分发过程数据,主设备在预定的间隔(它的特征周期)内轮询每个节点的周期性数据;在两个周期相间的固定时间内主设备轮询节点的偶发性数据——消息数据及监视数据。

当组成改变时,每个节点都通知主设备需被轮询的周期,主设备据此建立轮询策略。

基本周期固定为 25 ms。具有紧迫过程数据的节点如牵引机车(车辆),可以请求每个基本周期都被轮询;而具有不紧迫过程数据的节点如客车,可请求按特征

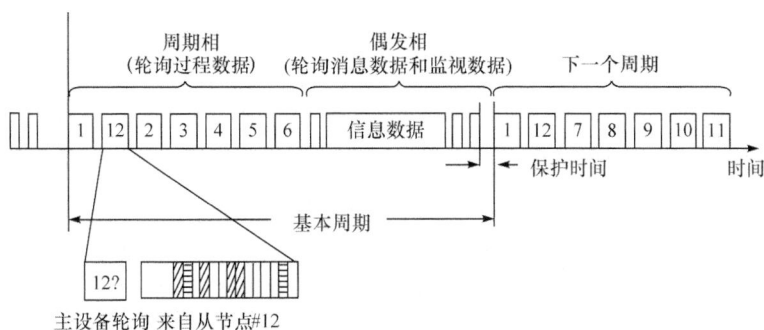

图 10.7　WTB 周期性和偶发性传送构成图

周期轮询。一个特征周期是基本周期的整数倍。

随着车辆的增加,周期相增长而偶发相缩短,这样维持过程数据的传输时延与节点数量无关,消息数据则相反。

10.3　WTB/MVB 可靠性保障技术

列车通信网络 WTB/MVB 的任务主要是负责收集各种控制命令并传送到各车的各个部件,从而完成列车的各种检测控制功能;还负责各种状态数据的传输,以实现列车监视和诊断。列车通信网络出现异常后,轻则使列车不能正常运行,重则会引发重大的铁路事故,因此要求列车通信网络具备高可靠性。一方面,列车上复杂的电磁环境以及网络传输电缆较长、接插件较多等应用环境都会引起列车总线上所传输的信号发生畸变、衰减和失真,严重时,信息的接收者所接收到的信息和信息发送者所发送的信息不一致,因此需要通过差错校验机制防止信息接收者因数据接收差错而发生执行动作错误,引发严重事故;另一方面,列车上的传输电缆可能会由于过大的振动冲击而接触失效甚至断裂,总线主设备也会存在失效"宕机"的情况,需要采取冗余机制,防止整个列车网络可能的"瘫痪"或失效而无法正常工作。因此,为了提升列车通信网络的可靠性,需采取特殊的信息编码、差错检测、介质冗余以及总线主设备冗余、物理层防护与隔离等可靠性技术。

10.3.1　信号编码及差错控制

WTB 和 MVB 采用的是曼彻斯特编码方式,它的编码方法是将每个码元再分成两个相等的间隔,两个间隔之间有一次电平转换过程,这样在接收端进行解码时,如果发现某个码元中间未出现电平转换,则可以检测出该码元在传输过程中出现了差错;特殊的帧结构也对差错控制起到一定的作用;此外,WTB/MVB 数据传输使用了 CRC 循环冗余校验,在发送端和接收端使用相同的生成多项式来达到帧有效数据正确性的校验。

1. MVB 信号编码及错误检测

MVB 帧中有四种比特编码:"1"为前半比特高,后半比特低;"0"为前半比特低,后半比特高;全低为"NL";全高为"NH",其中"0"和"1"表示有效数据,"NL"和"NH"表示帧头和帧尾的分界符。曼彻斯特编码方案保证在数据区域的每一比特周期的中部总有跳变,用于发送方与接收方同步。由于其脉冲为宽度的 1/2,故其所需带宽是直接二进制编码的 2 倍。MVB 中的有效帧由起始分界符、"0"和"1"组成的帧数据和终止分界符组成。MVB 码元曼彻斯特编码规则如图 10.8 所示(也可以参见图 13.6 的完整图例)。

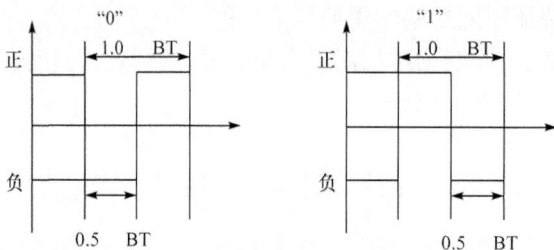

图 10.8　MVB 码元曼彻斯特编码原理图

MVB 网络中存在有两种类型的帧:

(1) 仅由主设备(总线管理器之一)发布的主帧;

(2) 从设备响应主帧而发送的从帧。

主帧从主起始分界符开始,接着为数据载荷和检验序列,最后为终止分界符。从帧应从起始分界符开始,接着为 16、32、64、128 或 256 位帧数据(每 64 个数据位后,附加一个 8 位的校验序列,不满 64 位时,将直接附加 8 位的校验序列),最后为终止分界符。

一个主帧及其相应的从帧形成一个报文,如图 10.9 所示。

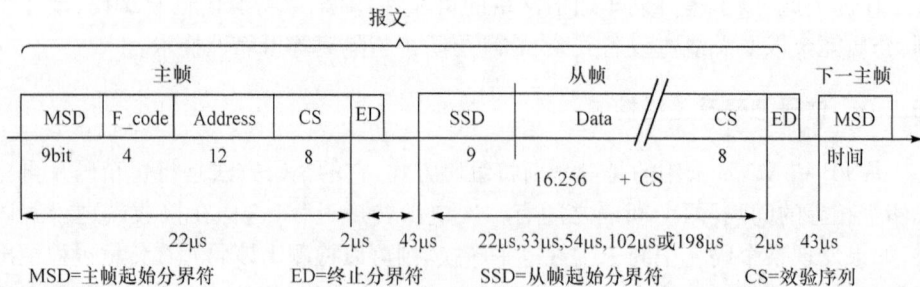

图 10.9　MVB 报文结构图

主帧起始分界符和从帧起始分界符是不同的,以防止同步滑移。

主帧的长度固定为 33 位,包括:

(1) 9 位主起始分界符;

(2) 4 位 F 代码,它指明所期望的从帧类型和长度;

(3) 12 位的地址或参量;

(4) 8 位的校验序列。

所有设备都对主帧解码,随后被寻址源设备以一个从帧回答,该从帧可被几个其他设备所接收。

从帧可能有五种长度:33、49、81、153 或 297 位,包括:

(1) 9 位从起始分界符;

(2) 16～256 位的数据;

(3) 每个 64 位序列有一个 8 位校验序列,如图 10.10 所示。

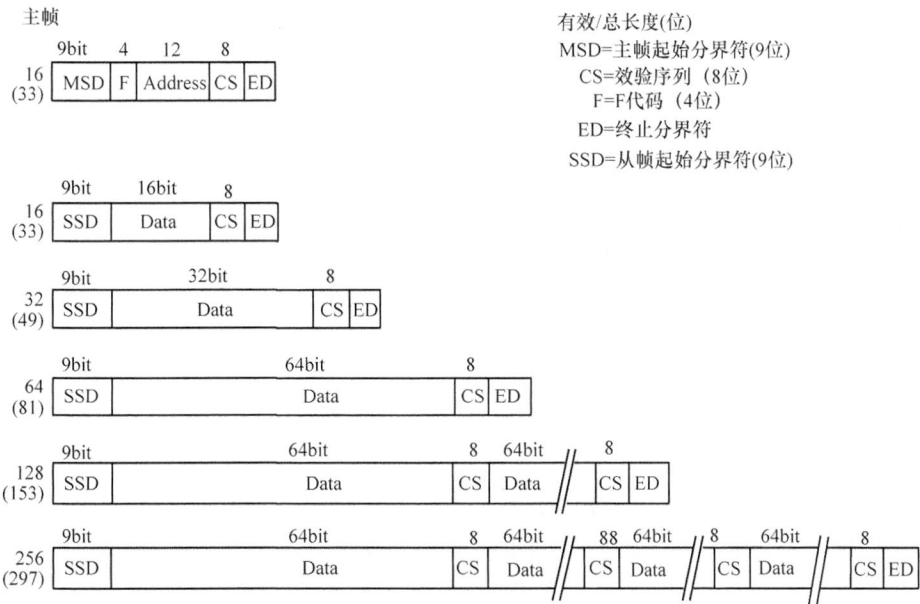

图 10.10　MVB 主帧和从帧格式图

1) 基于 MVB 分界符的错误检测

MVB 有 3 种分界符:主起始分界符、从起始分界符和终止分界符。

主起始分界符与从起始分界符的码距是 12 个半码距,发生错误的可能性很低,任何不是这两种正确起始分界符的值,都会被检测出来。

终止分界符由一个 NL 比特和一个 NH 比特组成。当两个半比特在特定位置发生错误,就可导致虚假终止分界符产生,从而忽视终止分界符后面的任何脉冲。

但是,MVB 上的所有主帧的长度都是固定的 35bit,虚假的终止分界符肯定将导致主帧长度发生变化,而任何长度不符的主帧都会被检测出来。帧编码格式如图 10.11 所示。

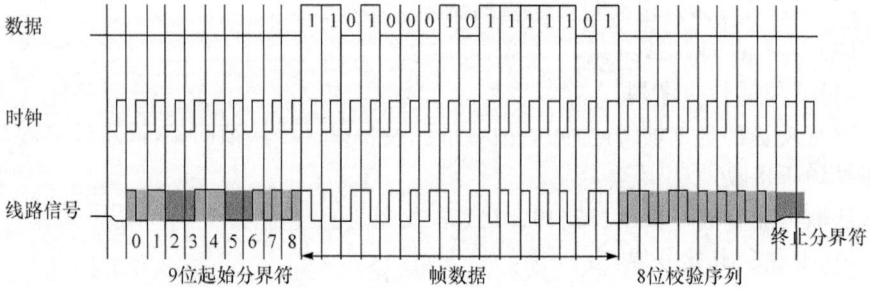

图 10.11　MVB 帧编码格式图

2) MVB 数据部分错误检测

MVB 使用校验序列来检测数据载荷。校验序列是由 IEC 60870-5 标准中的 7bit 循环冗余校验码和一个奇偶校验码组成的。CRC 中使用的多项式如下:

$$G(x) = x^7 + x^6 + x^5 + x^2 + 1$$

7 位余数的结果应用一个偶校验位来扩展,所有的 8 位数据取反发送。首先将数据乘以 2^7,即左移 7 位,然后除以生成多项式 $G(x)$,得到余数,接着将余数用偶校验位扩展,最后把发送的校验序列位扩展后余数取反。使用这种检验序列可以检测出帧中所有的 1 位和 2 位错误。

3) MVB 中基于长度的错误检测

在 MVB 中,有两种基于长度的检测:一是对整体帧长合法性的检测;二是对各设备特定的帧长的检测。所有 MVB 的主帧的长度都是 16bit(不包含分界符),而 MVB 中从帧的长度可以是 16bit、32bit、64bit、128bit 和 256bit。整体帧长合法性的检测,是丢弃那些不符合规定的帧。

MVB 主帧中,16bit 的有效数据是由 4bit 的功能代码和 12bit 的地址组成。前 4 位的功能代码字段限定了后 12 位数据,且表明了接收从帧的长度。特定的帧长的检测是指接收方丢失那些不符合设备所固定长度的帧。

预设时,定义了每个设备的响应事件以及数据的长度。如果主帧对一个从设备发出一个不符合其响应事件的指令,尽管此时的检验序列正确,设备也将忽略这个指令。同样的,如果一个从帧的长度不符合主帧功能代码指定的长度,尽管此时的检验序列正确,目的设备也将忽略此帧。

2. WTB 信号编码及错误检测

WTB 信号也采用曼彻斯特码编码:"1"为前半比特低,后半比特高;"0"为前半比特高,后半比特低。WTB 码元曼彻斯特编码规则如图 10.12 所示。

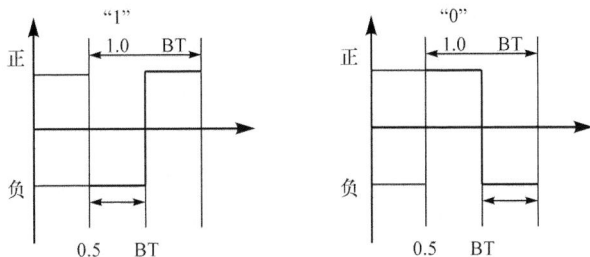

图 10.12　WTB 码元曼彻斯特编码原理图

为保证解码器正确同步,每帧前加以 16～32 位的前导码,前导码是用 1 结束的"1"和"0"序列,如图 10.13 所示。结束标志后紧接的是终止分界符,此后线路回到闲置电压。

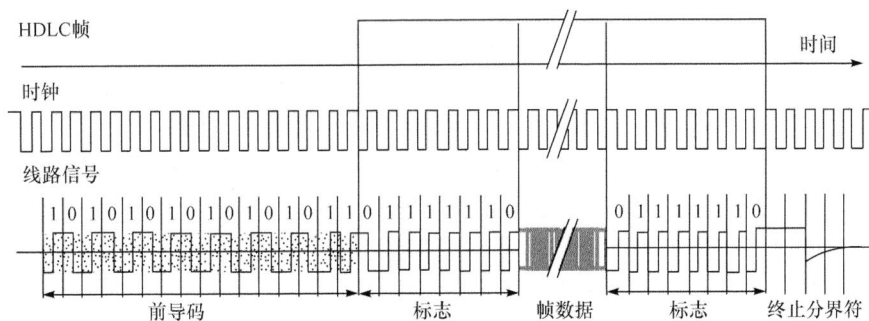

图 10.13　WTB 帧编码规则图

WTB 的所有的数据帧结构都相同,遵守 HDLC(ISO/IEC 13239)标准,如图 10.14 所示。

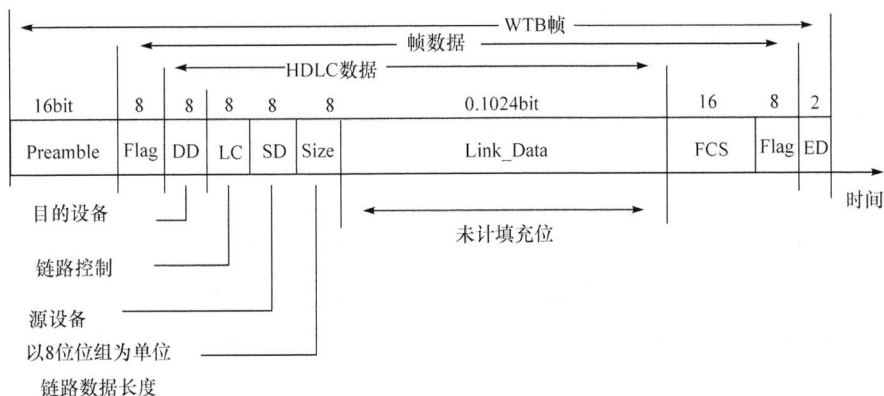

图 10.14　WTB 帧结构(ISO/IEC 13239 的扩展)图

每帧开始的前导码由曼彻斯特编码器产生,而由曼彻斯特解码器丢弃,它不是帧数据的一个部分。前导码的长度为 16～32 位,但默认值是 16 位。帧数据用两个 8 位的标志("01111110")分界。HDLC 数据以 8 位目的设备的地址开始,它是目的节点的节点地址(或广播地址),由 HDLC 控制器解码。接着是 8 位链路控制字段,这是 WTB 特有的。然后是 8 位是源节点的设备地址。这些字段分别称为目的设备和源设备,避免与网络地址中的终点节点和起始节点混淆。长度 8 位的指明其后跟随的链路数据总数。链路数据后接 16 位帧校验序列,它与 HDLC 一致,能检测几种类型的出错。8 位结束标志后是终止分界符,它由曼彻斯特编码器产生,而由曼彻斯特解码器去掉。两个标志间的帧数据为 134 字节或 1072 位。由于 HDLC 的位填充机制,最极端情况下帧数据为 1289 位时间,加上前导码、标志及终止分界符的 34 位时间,总计为 1323 位时间[5]。

1) 基于 WTB 帧前导码及分界符的错误检测

如图 10.12 所示,每个 WTB 帧的前导码都为 16～32 位 "1" 和 "0" 序列,并以 "1" 结束;帧数据都以("01111110")标识符为起始分界,也以("01111110")标识符为终止分界。在接收端,对接收到的帧进行前导码检测,如果前导码的数量及内容不符合要求,则该帧会被检测出来并丢弃掉;对接收到的帧进行起始分界符和终止分界符检验,如果帧前导码正确,但无帧起始分界符,该帧会被丢弃;若有起始分解符而无终止分界符,该帧也会被丢弃。

2) WTB 数据部分错误检测

WTB 和 MVB 一样,帧数据也有 CRC 校验码。WTB 网络使用 CRC-16 的生成多项式 $G(x) = x^{16} + x^{12} + x^5 + 1$。在发送端,对整个帧的内容进行 CRC 循环冗余校验(标志位和按透明规则插入的所有 "0" 不在校验的范围内),生成 CRC 校验码,并紧跟着帧数据一起发送出去;在接收端,对接收到的帧用相同的生成多项式对帧的内容进行 CRC 计算,将计算所得到的 CRC 校验码与当前帧的 CRC 字段进行比较,若不一致,则丢弃该帧。

3) WTB 中基于长度的错误检测

WTB 帧的数据头部的 Size 字段标识了当前帧的数据长度,在接收端,对接收到的帧进行长度检测,如果长度与 Size 字段中的长度不一致,则该帧也会被丢弃。

10.3.2　冗余技术

为了从系统层面上提升可靠性,WTB/MVB 列车通信网络采取了充分的冗余技术。一方面采取双介质冗余从整个系统的物理层上提升可靠性,另一方面通过总线主设备的冗余方式来解决单一总线主故障导致整个列车通信网络 "瘫痪" 的问题。

1. 介质冗余

具备介质冗余能力的 MVB 设备在内部都有两个独立的发送器:发送器 A 和发送器 B;两个独立的接收器:接收器 A 和接收器 B。发送器 A 和接收器 A 在设备内组成一个线路发送接收单元 A,发送器 B 和接收器 B 在设备内组成另一个线路发送接收单元 B,这两个线路单元互为冗余备份,设备与设备间也通过双线连接:A 线和 B 线,线路单元 A 和 A 线连接,线路单元 B 和 B 线连接。

MVB 设备通过两个线路单元同时在双线上发送相同的信息在接收端,接收设备只信任双线中的一根线,若当前信任线出现问题,则快速切换从另一线上接收数据。图 10.15 展示了全双备份总线,它由一个双备份电气段 U,通过一双备份光纤段连到一双备份电气段 V。

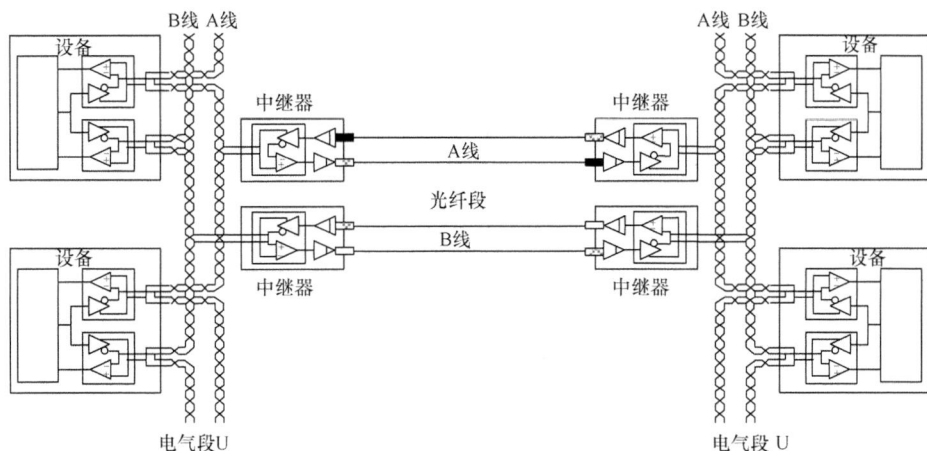

图 10.15　MVB 全冗余总线示意图

WTB 的介质冗余也是通过发送节点是向两路总线上发送,接收时每个节点只从一路总线上接收,但监视另一路总线检测它是否仍在工作。节点的介质附件,对每路总线都有一个线路单元,如图 10.16 所示。

2. 总线主设备热冗余

为避免总线单一主设备出现故障造成整个列车通信网络的"瘫痪",WTB/MVB 都对总线主设备进行热冗余备份。

MVB 热冗余采取总线主权切换的方式进行,总线的管理主权需在几个总线管理器间转移,一个时刻只有一个主设备。为提高可用性,总线主权可由两个或更多的总线管理器共享,它们依次在一个轮回期间执行总线主权。在故障情况下,总线主权可以在几毫秒内从一个总线管理器转移到另一个总线管理器。为实现冗

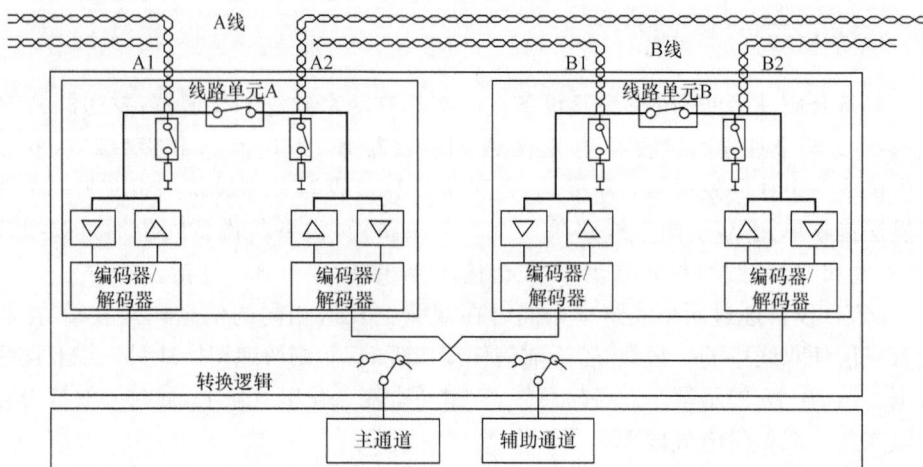

图 10.16 具有双备份线路单元的 WTB MAU(介质连接单元)示意图

余,每经几秒总线主权通过令牌帧转移。为此,所有总线管理器构成逻辑环,如图 10.17 所示。令牌传递机制保证只能有一个总线管理器成为主设备。

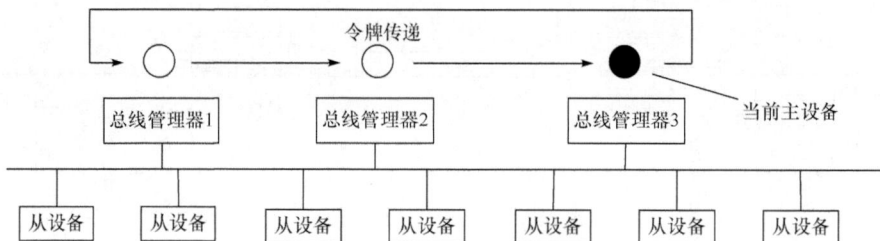

图 10.17 MVB 总线主权的转换示意图

WTB 主节点可分为强主节点和弱主节点两种,强节点是由应用选出成为强总线主的节点,弱节点是可以自发地成为总线主的节点。于是相应地,存在强总线主冗余和弱总线主冗余两种方案。

弱总线主冗余方案允许在初运行后指定一个新的主设备,为此每个节点都监视末端节点的存在来监视总线活动。如果没有活动,说明主设备已丢失或线路被中断,节点将自己消名。经过一定超时后,弱节点成为弱主并开始对其他节点重命名。这个超时取决于先前的地址,以防同时唤醒弱主从而减少冲突。总线在短时内回到工作状态,该时间长短取决于节点数。

对依赖于强节点的应用,有必要指定其他的节点作为待机强节点,通过应用可使用一个在线主设备而把其他作为待机主设备来解决强主冗余。两个主设备物理上是分开的,但由直接通信所同步,如图 10.18 所示。

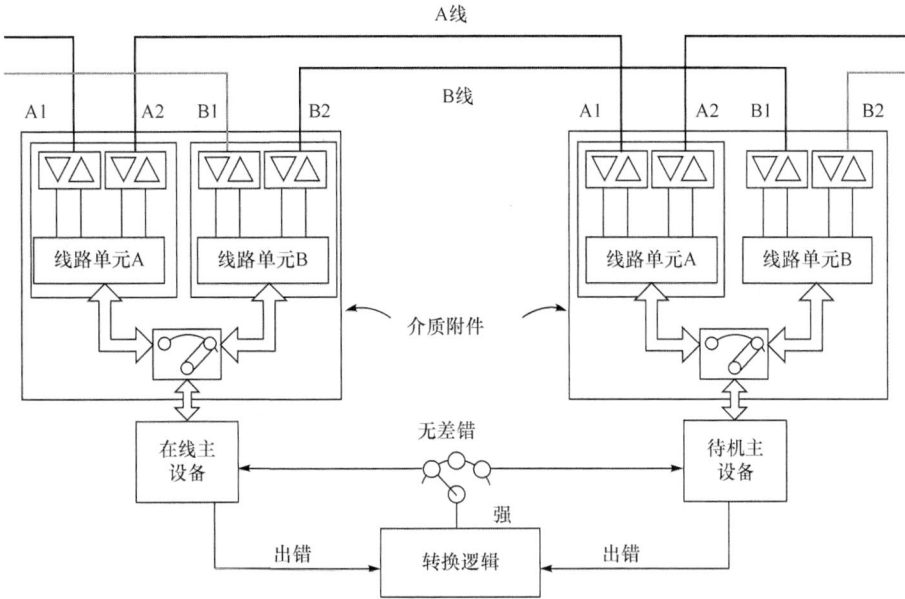

图 10.18　WTB强总线主冗余示意图

待机主设备行为上类似于在线主设备,但它不发送帧。它持续监视在线主设备的活动,如果失效,在一定时间内停止发送,待机主设备将取代它。

10.3.3　物理层防护与隔离

工程实践中,物理层导致的问题占有极大比例。物理层主要包含的内容有连接介质、接插件、接口电路、板级隔离与防护等内容(图 10.19)。目前,WTB/MVB网络的连接介质主要采用电介质连接(屏蔽双绞线),电介质容易受外界的干扰,如电磁干扰、雷击浪涌等,因此在设备的物理接口设计必须考虑适当的防护与隔离,如采用气体放电管、TVS 管、隔离变压器、光耦等隔离;布线时采用屏蔽双绞线并将屏蔽层多点接地,电缆接插件尽量采用专用接插件以确保整条通信电缆特征阻抗的连续性,特殊情况下还需考虑接插件的水密性与气密性。

图 10.19　物理层防护与隔离示意图

10.4　WTB 网络自动重构技术

WTB 用于编组间通信,编组与编组间可能重新编组或者解编组,重新编组或解编组会导致 WTB 网络拓扑结构发生变化,倘若不进行自动初运行,总线上的各节点并不知道网络拓扑结构的变化,从而不能正常通信。WTB 初运行过程是自动进行的,并不需要人为干预或者配置,由 WTB 总线主来自动完成对每个节点的命名和构形分配。

10.4.1　WTB 端节点和末端节点

WTB 节点通过其介质连接单元(MAU)连接到总线中,其端接器与总线开关的动作决定了总线上节点的连接状态,MAU 结构如图 10.20 所示。总线上有末端节点和中间节点两种状态的节点,不同的节点其 MAU 中的连接关系是不同的。末端节点:总线开关打开,两个端接器接入,主通道和辅助通道连到相反的方向上;中间节点:总线开关闭合,两个端接器断开,辅助通道断开,连接此节点的两个总线段连通。

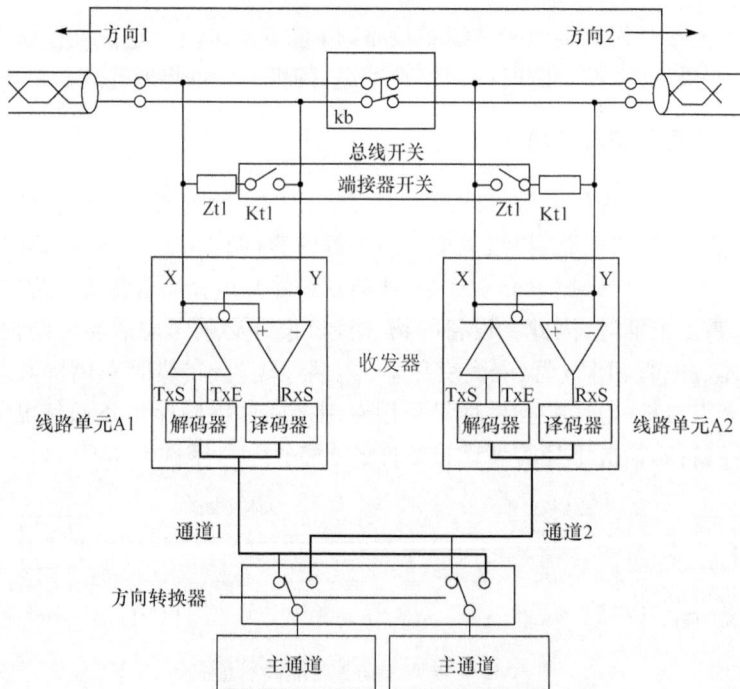

图 10.20　MAU 结构范例

10.4.2　初运行过程

初运行开始时,主节点命名为(01H),其他各节点均未命名,未命名节点均为一个专用的未命名地址(7FH),WTB 节点介质附件单元 MAU 为端设置状态。总线主发起初运行过程。

每个新节点的纳入需要 4 个报文:状态请求/状态响应;检测请求/检测响应;置中间设定请求/置中间设定响应;命名请求/命名响应。下面以一个节点为例说明一个未命名节点被纳入一个已命名节点组成的过程。网络目前状态为:总线主 01,中间节点 02~04,端节点 05 及未知节点。

(1) 未知节点的检测。

总线主给端节点 05 发送状态请求帧,05 收到状态请求帧之后向总线开放段发送一个检测请求帧。未命名节点 7F 收到检测请求帧之后,向 05 发送检测响应帧,05 在它的状态响应中向主节点报告存在一个未命名的节点,如图 10.21所示。

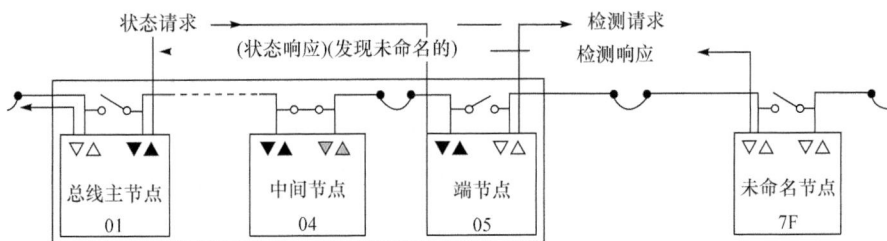

图 10.21　对未知节点的检测过程原理图

(2) 置中间设定。

检测到未命名节点后,总线主给端节点 05 发送置中间设定请求帧,05 以置中间设定响应帧响应,并通过 MAU 部件将其设置为中间设定状态,如图 10.22所示。

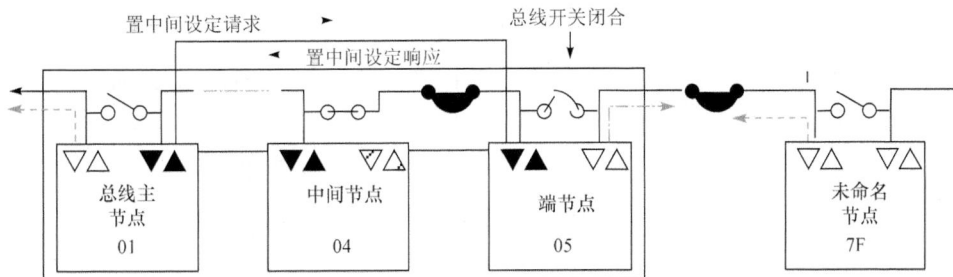

图 10.22　置中间设定示意图

(3) 新节点命名。

置中间设定后,总线主便可以直接访问未命名节点。此时总线主发送一个命名请求帧给新节点指定其地址为 06,新节点以命名响应帧来响应,如图 10.23 所示。

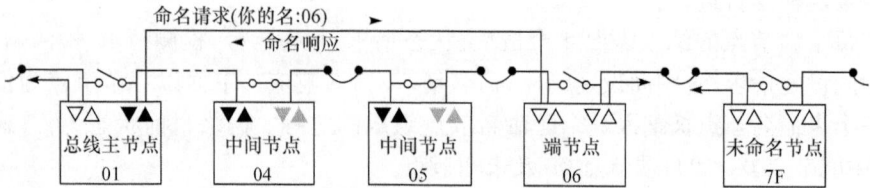

图 10.23　新节点命名示意图

此后,节点 06 成为组成中新的端节点,并被设置为端设定状态。之后,总线主给端节点 06 发状态请求帧,06 以一个状态响应帧响应,该帧中包含节点描述符(指示最新命名节点的类型和版本)、进程数据的帧长度及希望的轮询周期。

状态请求也使端节点向开放段发送检测请求以检测更多的未命名节点。如果在状态响应中报告有附加节点,总线主将给端节点 06 发送置中间设定请求将其置为中间状态,再命名下一节点为 07。

总线主每次在一个方向上命名一个节点,并用状态请求向相反方向通告它已命名的节点数,同时报告本侧是否有更多的未命名节点。如果总线主三次状态请求都没有报告有更多的节点,它将结束节点命名过程。

主节点命名全部节点后就进入拓扑发布过程,总线主为所有节点建立拓扑,其数据结构包括:地址、节点类型和版本号、唯一标识这次初运行的总线主拓扑等。

随后总线主通过拓扑请求帧给每个从节点分别分发拓扑,每个从节点通过拓扑响应帧响应,如图 10.24 所示。

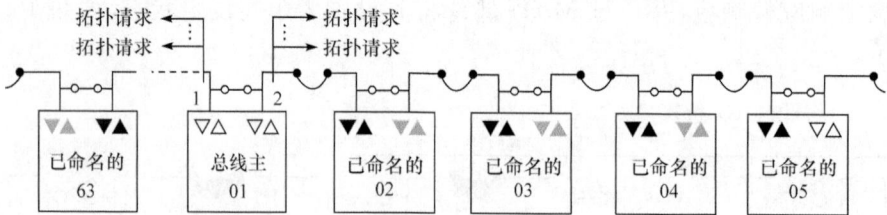

图 10.24　初运行总线拓扑请求与相应过程示意图

在所有从节点都确认已收到新的拓扑后,再等待一个基本周期(在正常操作期间,WTB 的基本周期固定为 25ms),当所有节点更新自己的过程数据之后,总线主进入正常运行,并开始轮询节点的过程数据。

10.5　WTB/MVB 网络管理

10.5.1　概述

实际运用过程中 WTB/MVB 的网络管理主要包括三大功能:监视功能、配置功能和维护功能。监视功能主要用于对 WTB/MVB 列车通信网络上各设备的运行状态进行监视、读取和发送监视命令,为工作人员提供合理的人机调试监视接口;配置功能主要完成列车通信网络上的各设备的运行参数的配置,完成列车通信网络的初始化,使其正常工作;维护功能主要完成列车通信网络上的各设备现场维护,如由于需求的更新而需要相应地更新设备的程序等。

10.5.2　监视功能

WTB/MVB 网络管理的监视功能主要包括以下内容:读站状态、写站控制、读站目录、读链路描述符、读 MVB 状态、读 MVB 设备、读 WTB 状态、写 WTB 控制、读 WTB 节点、读 WTB 拓扑、读端口配置、读变量、写强制变量、写解除强制变量、写解除所有强制变量、读信使状态、写信使控制、读功能索引、读站索引、读存储器、写存储器、读时钟、写时钟、读记录等。网络管理软件获取用户的指令信息,构造消息报文,通过串口或其他接口传送到管理站,管理站将其作为管理呼叫消息发送出去。服务的结果由管理站通过串口发送给网络管理软件进行显示。

10.5.3　配置功能

WTB/MVB 网络管理的配置功能主要包括:链路描述符配置、MVB 链路配置、总线管理器配置、端口配置、功能索引配置、站索引配置等。用户可以利用网络管理软件,以填表的形式配置设备地址、设备类型、逻辑端口地址、链路类型等内容,以及消息通信要求的站索引表和功能索引表,对于总线主设备,还需要配置相应的周期扫描表,各项信息填写完整后,生成二进制配置文件,通过串口或者网口下载到相应的设备中,供其进行配置组态。用户还可以通过特定的文件类型及格式来填写相应的配置信息下载到设备里面,设备端进行文件的解析和参数的提取,最终完成网络配置及组态。

10.5.4　维护功能

WTB/MVB 网络管理的维护功能主要包括:网络设备的底层程序更新、应用程序更新及事件记录数据下载等。网络管理软件通过自定义的协议与设备进行通信,将需要更新的程序发送到相应的设备,并写入 Flash 中,从而完成设备程序的更新;通过自定义的协议从事件记录设备中下载相应的记录数据后解析和分析,从而完成故障诊断功能。

10.6　小　　结

本章首先简要介绍了基于 WTB/MVB 两级总线的列车通信网络的基本架构,并通过一个简单的示例来阐述列车通信网络的基本通信原理。接着详细介绍了 WTB/MVB 实时性保障技术,分析了 WTB/MVB 实时数据传输协议模型与 OSI 参考模型的不同之处,介绍了过程数据传输与消息数据传输的协议模型和传输过程,MVB 和 WTB 的介质分配原理;其次通过信号编码及差错控制、冗余技术及物理层防护与隔离等方面来介绍 WTB/MVB 可靠性保障技术;再次详细介绍了 WTB 列车初运行的基本原理及列车初运行的基本过程;最后,简单介绍了 WTB/MVB 网络管理的基本功能。

参 考 文 献

[1] 王立文,赵红卫.LonWorks 技术在铁路行业的应用[J].铁道机车车辆,2009,29(4):34-38.
[2] 常振臣,牛得田,王立德,等.列车通信网络研究现状及展望[J].电力机车与城轨车辆,2005,28,(3):5-7,60.
[3] 姜娜.WTB 底层协议的研究与实现[D].北京:北京交通大学,2007.
[4] 张元林.列车控制网络技术的现状与发展趋势[J].电力机车与城轨车辆,2006,29(4):1-4,26.
[5] 张丽红.SS4G 电力机车中网络系统的实现与应用[D].大连:大连理工大学,2006.
[6] 杜振环.MVB 四类设备控制器研究[D].大连:大连理工大学,2005.
[7] 肖家博.嵌入式列车网络控制系统软件平台的设计与实现[D].长沙:湖南大学,2011.
[8] 路向阳.我国列车通信网络的发展与应用[J].机车电传动,2001,(6):1-5.
[9] 奚国华,路向阳,夏寅.我国列车通信网络的实践与开发探讨[J].机车电传动,2000,(1):2-5.
[10] 李成钢.CRH2 型动车组国产化制动控制单元(BCU)通信网关的研究[D].北京:北京交通大学,2010.
[11] 叶怀胜.地铁列车通信网络研究与实现[D].北京:北京交通大学,2009.
[12] 王磊,何正友.高速列车通信网络技术特点及其应用[J].城市轨道交通研究,2008,11,(2):57-61,64.
[13] 都淑明.基于 MVB 的中央控制模拟单元的研究[J].山东工业技术,2013,(8):167-168,120.
[14] 陈艳子.MVB 网络接口单元的研究与 FPGA 实现[D].湘潭:湖南科技大学,2008.
[15] 吴亚军.计算机网络拓扑结构分析[J].软件导刊,2011,10(12):113-115.
[16] 张永美.基于 MVB 总线的动车组网络控制的设计与实现[D].大连:大连交通大学,2010.

[17] 牛涛. 基于 IEC61375 标准的 MVB 通信控制器的设计[D]. 北京:北京交通大学,2007.

[18] 侯宁,丁荣军,王永翔,等. MVB 网卡的帧收发器设计[J]. 机车电传动,2006,(1):19-22.

[19] 欧阳剑. TCN 实时协议的研究与实现[D]. 成都:西南交通大学,2009.

[20] 丁青锋,杨丰萍,幸柒荣. 基于 FGPA 的 MVB 总线控制器的研究[J]. 安庆师范学院学报
　　 (自然科学版),2010,16,(1):68-71.

[21] 周胜. 具有总线管理功能的 MVB 四类设备关键技术的研究与实现[D]. 长沙:中南大
　　 学,2008.

[22] 宁寿辉,李常贤,王杰. TCN 列车网络管理的研究与实现[J]. 机车电传动,2007,(5):
　　 31-33.

[23] 管婷. TCN 实时协议和网络管理的研究与实现[D]. 成都:西南交通大学,2008.

[24] 钱存元. 列车通信网络管理研究[D]. 上海:上海铁道大学,1999.

第 11 章　列车通信网络技术(ECN/ETB)

11.1　引　　言

基于总线通信技术的 WTB/MVB 网络,虽然具有较高的数据传输实时性,但是带宽已经无法满足日益增长的数据传输需要,迫切需要一种既有较大带宽,又能满足实时性要求的通信技术[1,2]。实时以太网技术能够利用开放的标准与接口降低成本,提高传输性能,可将列车的控制、诊断、监测、维护信息以及旅客信息系统、视频娱乐、视频安全监控等集成到统一的实时以太网中,实现设备的远程维护以及与地面数据系统的集成[3,4],成为新一代列车网络系统,成为 IEC 61375 通信协议标准的一部分。

为了满足列车固定编组通信以及动态解编和重联运营的要求,基于车载实时以太网的列车通信网络,延续采用与 WTB/MVB 类似的两层网络架构,即以太网列车骨干网(ethernet train backbone,ETB)网络和以太网编组网(ethernet consist network,ECN)网络。其中,ETB 由以太网列车骨干网节点(ETB node,ETBN)、连接线缆以及跨车连接器,采用总线型方式连接而成,用于列车动态重联的数据传输;ECN 由以太网编组网节点(ECN node,ECNN)、以太网连接器以及连接线缆,采用总线型、环形以及梯形网络等方式连接而成,用于车辆编组内的数据传输。ETB、ECN 网络的架构如图 11.1 所示。

由于商用以太网在实时性、可靠性、安全性等方面均不能满足列车控制的要求,普通商用以太网不具有对列车动态重联的重构支持功能,因此在车载实时以太网中需采用列车重构技术解决列车动态重联编组问题。同时,为了保证数据传输的实时性,设备间采用列车实时数据协议(train real-time data protocol,TRDP)进行通信;为了保证数据传输的可靠性,制定以太网列车可靠性保障策略;为了保证数据传输的安全性,采用安全性保障技术。

本章主要从 TRDP、以太网的可靠性保障策略、ETB 自动重构算法以及安全保障技术等方面,对车载实时以太网的关键技术进行详细的讨论。

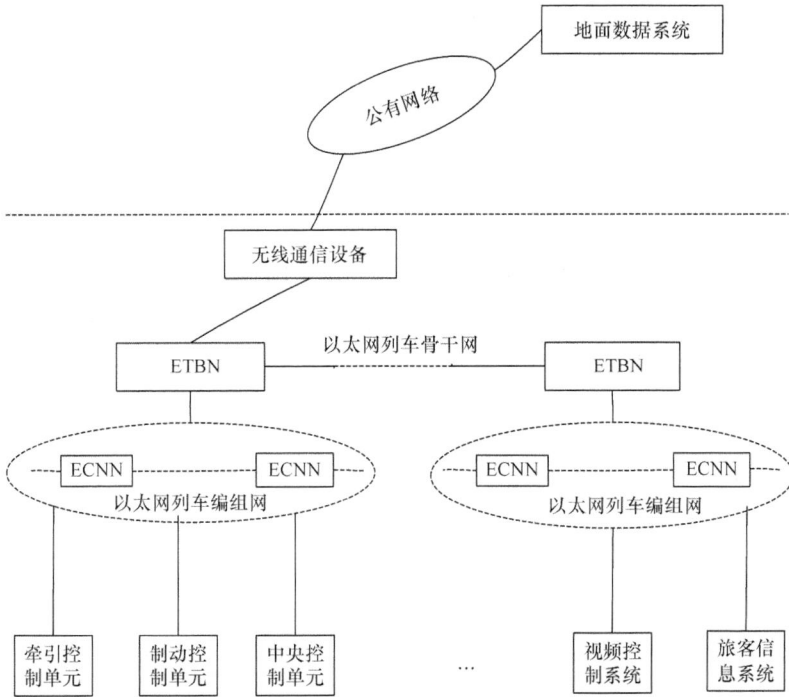

图 11.1　车载实时以太网网络架构示意图

11.2　实时性保障技术

11.2.1　概述

普通商用以太网,不具备实时协议,因此使用普通商用以太网进行数据传输时,传输的实时性、确定性等都无法保障。相较于普通商用以太网,工业以太网(如 Ethernet/IP[5]、Profinet [6]、EtherCAT[7] 以及 Powerlink[8] 等)的实时性可通过组播协议、服务质量(QoS)以及精简 OSI 七层协议等手段得到保障。但是,工业以太网中的实时协议面向不同的应用场景,例如,Profinet 的实时传输通道将网络层、传输层都进行了精简,无法满足列车动态重联的自动重构要求,因此,不能将工业以太网直接应用到轨道交通车辆车载通信领域。

为了在保障数据实时性传输的情况下满足轨道交通动态重联的自动重构要求,轨道交通领域自定义了面向列车控制的列车实时数据协议 TRDP,既满足列车数据传输的实时性,又保证列车重联的动态重构要求。为了在多媒体数据传输过程中不影响列车控制数据传输的实时性,在车载网络中采用服务质量(QoS)机制,让控制数据拥有更高的优先级。为了提高数据传输效率,节省网络带宽等资源,

TRDP 采用组播技术传输消息数据及过程数据。

11.2.2 列车实时数据协议

1. 实时数据协议

轨道交通列车的车载实时以太网采用的 TRDP 协议作为列车实时数据协议，其在 OSI 模型中的位置示意如图 11.2 所示。TRDP 协议位于 TCP/UDP 上层，过程数据采用 UDP 协议进行传输，消息数据采用 TCP 协议进行传输。虽然 UDP 丢包后不会重传，但是过程数据本身就是周期发送，丢包率小于系统要求就不会影响列车控制，加上 UDP 报文头比较短，更适合实时性要求较高的控制数据传输。而对于消息数据的传输，本身是时间触发导致传输，使用 TCP 的重传机制，能有效保证数据传输成功。

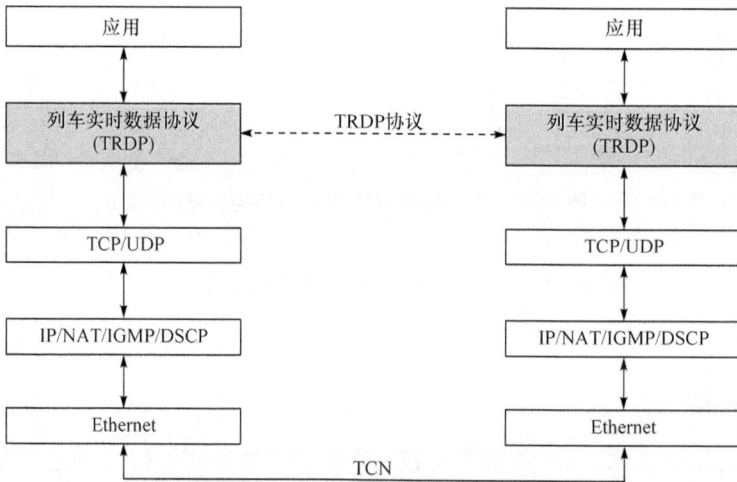

图 11.2　TRDP 协议与 OSI 模型构成图

从图 11.2 的 TRDP 协议与 OSI 模型可见，车载实时以太网并不是简单地通过 TRDP 单独的协议来完成，而是采用跨传输层与网络层的协议组合，从不同的方向来满足列车控制的需要，主要的协议及功能如表 11.1 所示。

表 11.1　车载以太网主要协议及功能

协议所属层	协议名称	协议的主要作用
传输层	TCP	保证消息数据按照事件触发方式准确无误地传输，并且保持与普通以太网的兼容性
	UDP	减少过程数据报文头的传输开销，与组播协议配合使用，减少车载控制网络流量，提高实时性

续表

协议所属层	协议名称	协议的主要作用
网络层	IP	保持网络的兼容性,与 NAT 协议配合,实现列车动态重联的跨编组传输
	NAT	实现列车动态重联跨编组传输的地址变换
	IGMP	实现过程数据的组播传输,减少数据流量,提升数据传输的实时性
	DSCP	实现过程数据传输的优先级别控制,保证过程数据在网络中优先传输

2. 过程数据传输

按照列车控制应用的要求,控制的数据需要通过过程数据在发送端和接收端之间采用无连接、无确认、周期性的方式进行传输。为了保证过程数据的传输实时性以及跨编组运营要求,主要基于 UDP、IP、IGMP、DSCP 等协议的组合来保证,过程数据报文格式如图 11.3 所示。过程数据报文字段意义如表 11.2 所示。

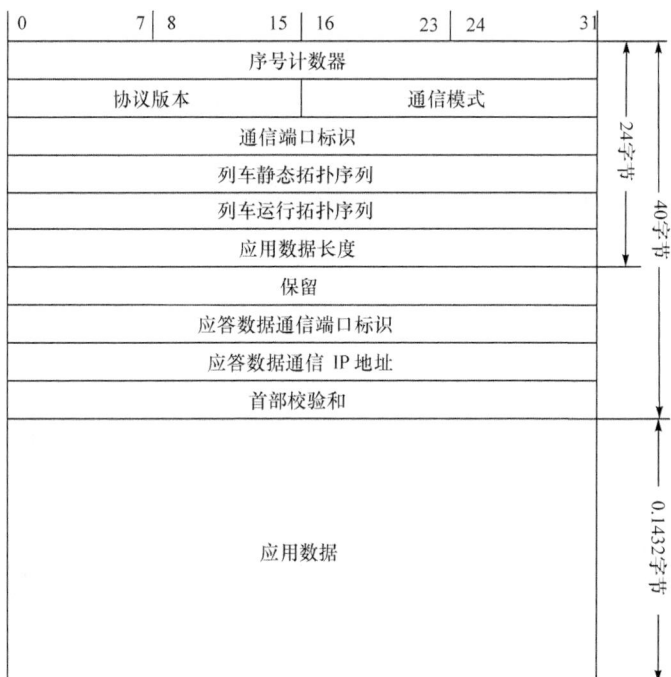

图 11.3　过程数据报文格式

表 11.2　过程数据报文字段意义

字段名称	长度/字节	含义
序号计数器	4	报文的序号,每发送一个报文,计数器加一
协议版本	2	报文协议的版本号
通信模式	2	推模式或拉模式的通信标识
通信端口标识	4	端口号
列车静态拓扑序列	4	用于标识静态网络拓扑的序列,随列车网络组成不同而改变
列车运行拓扑序列	4	用于标识运行状态下网络拓扑的序列,随列车运行方向不同而改变
应用数据长度	4	实际应用数据的长度,不包括报文首部
保留	4	保留字段,用于后续扩展
应答数据通信端口标识	4	拉模式通信情况下,应答数据需要传输的通信口标识;推模式下为 0
应答数据通信 IP 地址	4	拉模式通信情况下,应答数据需要传输的目的端 IP 地址;推模式下为 0
首部校验和	4	过程数据报文首部校验和
应用数据	0~1432	实际填充的应用数据

　　过程数据的传输,按照控制的要求,根据通信的发起方式,划分为推模式和拉模式。推模式是指由通信发起端主动周期性发送数据的模式,如图 11.4 所示。

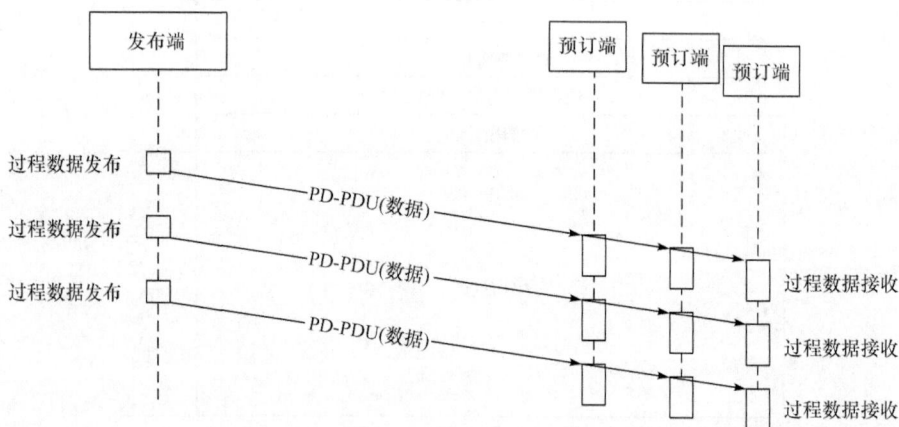

图 11.4　过程数据推模式示意图

拉模式是指由接收端发起的通信模式,如图 11.5 所示。

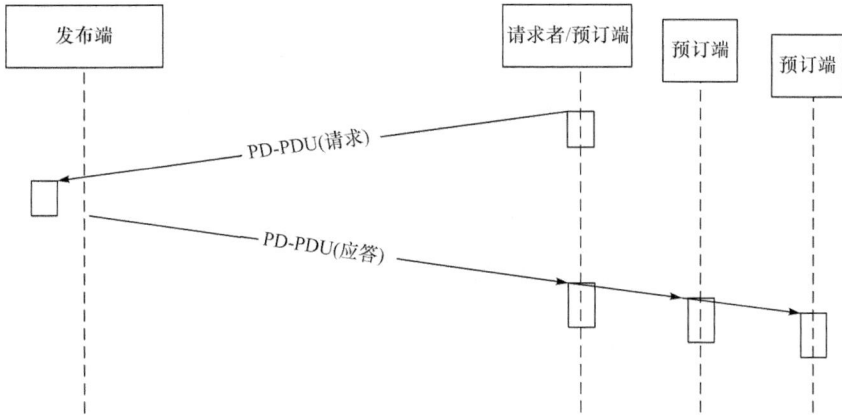

图 11.5　过程数据拉模式示意图

3. 消息数据传输

　　状态监视、故障等应用数据通过消息数据封装后成为消息数据的协议数据单元(MD-PDU)，在发送端和接收端间可采用有连接且有确认的传输控制协议(transmission control protocol,TCP)进行传输，也可采用无连接且无确认的用户数据报协议(user datagram protocol,UDP)进行传输。考虑到传输的容量,消息数据报文可支持 64 字节。消息数据支持通知、请求-应答和请求-应答-确认三种交互方式,如图 11.6 和表 11.3 所示。

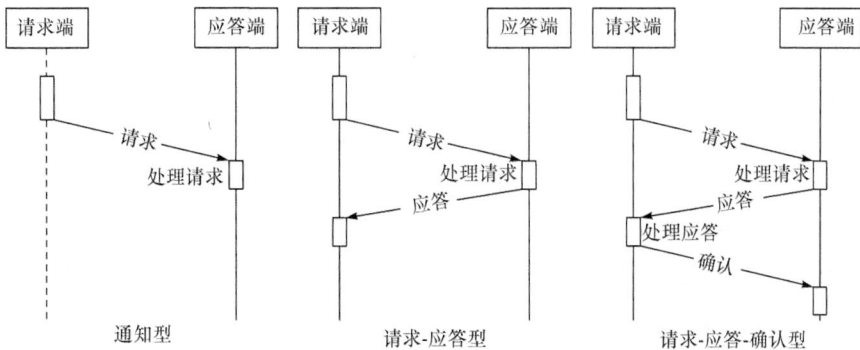

图 11.6　消息数据交换方式示意图

表 11.3　TRDP 消息数据传输类型

通信类型	定义
通知型	请求端发送数据至应答端后,请求端关闭会话
请求-应答型	请求端发送请求至应答端后,等待应答端的应答,若超时未收到应答,则关闭会话;应答端在接收到请求数据后,向请求端发送应答消息
请求-应答-确认型	请求端发送请求至应答端后,等待应答端的应答,若超时未收到应答,则关闭会话,若收到应答数据,则再发送确认数据至应答端;应答端在接收到请求数据后,向请求端发送应答消息,同时等待请求端对该数据的确认,若超时时间内未收到确认,则关闭会话

11.2.3　服务质量保障

对于具有不同网络服务要求的列车控制、故障诊断和媒体服务数据的通信而言,要求交换式网络单元具有区分出不同的通信的能力,进而为之提供不同的服务,达到区分服务的目的。QoS 机制旨在针对各种应用的不同数据传输需求,为其提供不同的服务质量[9]。

服务质量机制包括尽力而为服务模式、综合服务模式以及差分服务模式[10]。尽力而为服务模式[11]是一种最简单的模式,网络设备会尽最大的可能性去发送报文,但对于时延、可靠性等性能不会提供任何保证。综合服务模式[12]是可以满足多种 QoS 要求的模式。该模式使用资源预留协议,运行在从源端到目的端的所有设备上,可监视所有的数据流,以防止其消耗过多的资源;差分服务模式[13]是一种多服务模式,但是,与综合服务模式不同的是,它不需要通知网络为每个业务预留资源。

为了保证数据在网络中传输的优先级,通常在数据报文的字段中增加 QoS 控制字段,常用的控制字段包括 IEEE 802.1p、IP 优先级和差分服务代码点(differentiated services code point,DSCP)。其中 IEEE 802.1p 优先级是由位于以太网帧头的服务等级(class of service,CoS)字段与虚拟子网 ID 共同使用。

车载实时以太网采用 DSCP 优先级与 IEEE 802.11p 优先级组合的方式。DSCP 优先级别的字段由 IP 分组报头中的 6 位组成,采用服务类型字节,在使用 DSCP 后,该字节也被称为 DSCP 字节。其中,列车骨干网节点支持 4 种不同的以太网帧转发优先级。表 11.4 DSCP 映射表项以 DSCP 为例描述 RFC2474 定义的优先级对应关系。

表 11.4　DSCP 映射表项

DSCP 项	优先级
'11X000'B	最高优先级,网络设备状态控制字
'10X000'B	第二高优先级,过程数据
'01X000'B	第三高优先级,消息数据
'00X000'B	最低优先级,其他数据

注:"X"代表"0"或"1"。

如果没有对帧的优先级进行定义,则根据它的 VLAN 的优先级域对其进行定义,如表 11.5 所示。

表 11.5　车载实时以太网优先级

IEEE 推荐			车载实时以太网优先级	
优先级	VLAN 优先级字段	传输类型	VLAN 优先级字段	交换优先级
0	'000'B	Best Effort	'00X'B	最低优先级,其他数据
1	'001'B	Background		
2	'010'B	Spare	'01X'B	第三高优先级,消息数据
3	'011'B	Excellent Effort		
4	'100'B	Controlled Load	'10X'B	第二高优先级,过程数据
5	'101'B	Video		
6	'110'B	Voice	'11X'B	最高优先级,网络设备状态控制字
7	'111'B	Network Control		

QoS 技术在列车以太网交换机典型处理过程如图 11.7 所示。四个不同 QoS 优先级数据队列在交换机内排队,数据队列进入交换机的时间排序是最低优先级的 00X 队列,第三高优先级的 01X 队列,第二高优先级的 10X 队列,最高优先级的 11X 队列。经过列车以太网交换机的 QoS 处理后,数据队列的先后顺序变为了最高优先级的 11x 队列,第二优先级的 10x 队列,第三高优先级的 01x 队列。

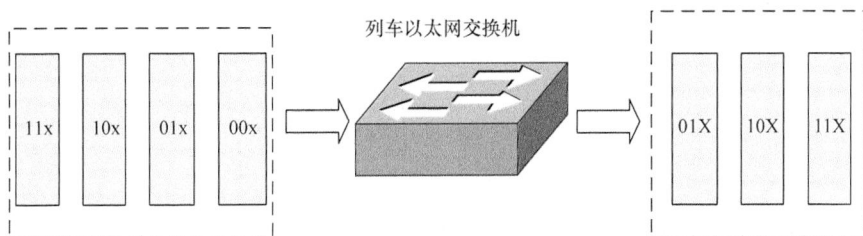

图 11.7　编组网交换机 QoS 处理方式图

最低优先级的 00x 队列由于数据拥塞被丢弃,从而保证了更高优先级数据的可靠传输。

11.2.4　组播技术

组播技术是利用一种特殊的协议将数据包从一个源地址发送到多个目的地址,也就是说将一份数据发送给一组设备。同单播及广播相比,组播效率非常高,可节省网络带宽和资源。

以视频传输为例,假设网络中有 n 个用户向服务器请求播放某视频,在单播环境中如图 11.8 所示,视频服务器需要依次发送 n 个数据流给网络中的用户,假设每个数据流所占带宽为 2Mbit/s,那么传送此视频共需 $n\times 2$Mbit/s 的带宽。如果服务器所在以太网的带宽为 10Mbit/s,则最多容纳 5 个视频点播用户;而如果在组播环境中如图 11.9 所示,无论网络中有多少用户请求播放此视频,服务器只需要发送一份视频数据,网络中交换机会自动复制出 n 个视频流,发送给每个用户,那么传送此视频只需 2Mbit/s 的带宽,且对用户个数没有任何限制。

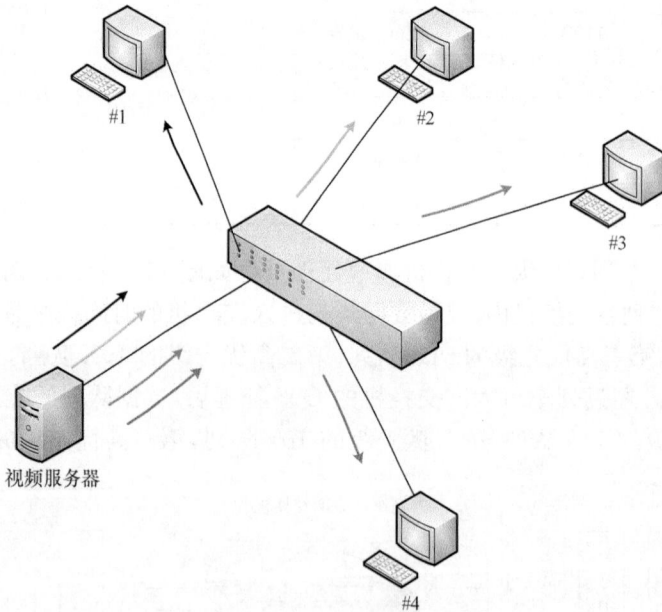

图 11.8　单播发送数据模型示意图

在车载以太网中使用因特网组管理协议(Internet group management protocol,IGMP)实现组播的管理。IGMP 是 TCP/IP 协议族中负责 IP 组播成员管理的协议,用来在 IP 主机和与其直接相邻的组播路由器之间建立、维护组播组成员

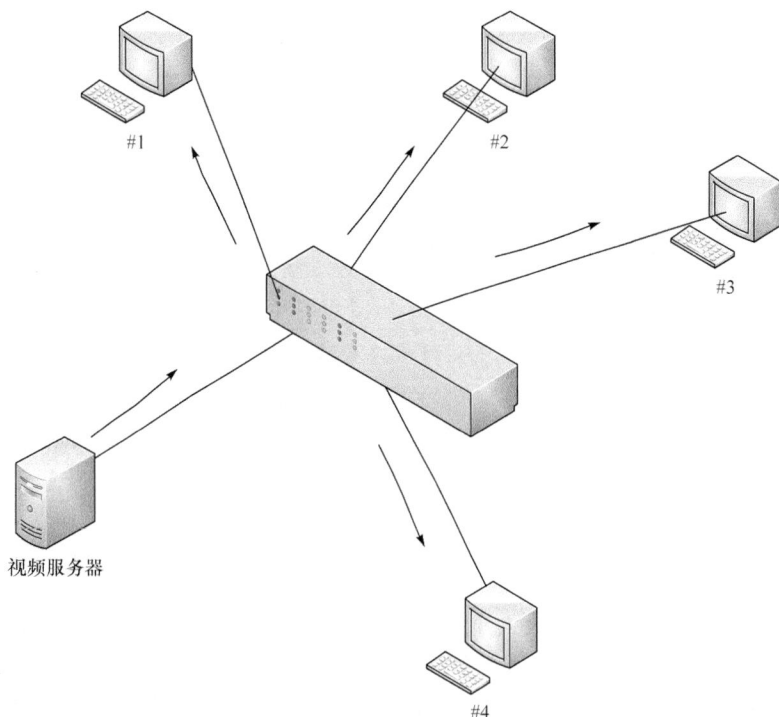

图 11.9　组播发送数据模型示意图

关系。IP 主机通过发送 IGMP 报文宣布加入某组播组;本地组播路由器通过周期性地发送 IGMP 报文轮询本地网络上的主机,确定本地组播组成员信息。IGMP 工作机制如下所述。

(1) 接收者主机向所在的共享网络报告组成员关系。

(2) 处于同一网段的所有使用了 IGMP 功能的组播路由器选举出一台作为查询器,查询器周期性地向该共享网段发送组成员查询消息。

(3) 接收者主机接收到该查询消息后进行响应以报告组成员关系。

(4) 网段中的组播路由器依据接收到的响应来刷新组成员的存在信息。如果超时无响应,组播路由器就认为网段中没有该组播组的成员,从而取消相应的组播数据转发。

(5) 所有参与组播传输的接收者主机必须应用 IGMP 协议。主机可以在任意时间、任意位置,成员总数不受限制地加入或退出组播组。

(6) 支持组播的路由器不需要也不可能保存所有主机的成员关系,它只是通过 IGMP 协议了解每个接口连接的网段上是否存在某个组播组的接收者,即组成员。而各主机只需要保存自己加入了哪些组播组。

如表 11.6 所示,在车载以太网中对于组播地址有如下要求:在车载以太网中保留 255 个组地址其范围是:239.192.0.0 到 239.192.0.255。

表 11.6 列车 IP 组播地址保留范围

组播地址	描述	是否可路由
239.192.0.0	所有编组: 可以被所有编组的所有节点路由	是
239.192.0.X	列车网络目录位置为 X 的编组内的 所有主机,X 在 1～63	是
239.192.0.64～239.192.0.127	保留给将来使用(如头车、头车编组)	是
239.192.0.128	所有 ETB 子网的主机	否
239.192.0.129	所有 ETB 子网的 ETBN	否
239.192.0.130～239.192.0.255	保留给将来使用	否

11.3 车载实时以太网可靠性保证技术

列车通信网络传输的数据包括传动控制、制动控制、门控等多种控制数据,一旦列车网络出现故障会导致控制数据收发异常,进而影响列车运营的可靠性。因此与其他各项指标相比,车载网络的可靠性就显得非常重要。为了满足列车控制的要求,提升列车通信网络的可靠性,除了遵循电子信息系统的可靠性设计原理,车载网络在系统的架构、通信链路的冗余以及功能冗余等方面,都需要进行特殊的设计。本章所介绍的车载实时以太网在系统架构上采用分离的 ETB 和 ECN 架构,两层网络互相独立,中间通过冗余的网关进行隔离,因此 ECN 与 ETB 间不会相互影响。除此之外,为了进一步保障数据传输的可靠性,车载实时以太网充分利用冗余技术:在 ECN 中,通过环网拓扑实现编组网的冗余;在 ETB 上,通过链路汇聚实现冗余;对于终端设备的接入,通过双网口与虚拟 IP 技术实现双网口的冗余。

11.3.1 车载实时以太网的系统架构

车载实时以太网在车辆内采用以太网编组网 ECN,在列车间采用以太网骨干网 ETB,其系统架构如图 11.10 所示。

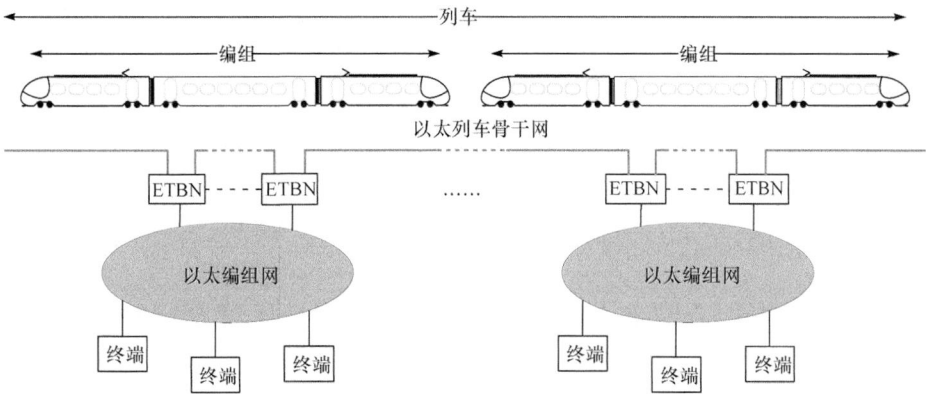

图 11.10　车载实时以太网的系统架构示意图

1. 终端设备双网口与虚拟 IP 技术

对于重要的终端设备,为了保证其通信的可靠性,可在终端设备上实现双网口,基于虚拟 IP 技术将双网口有机融合。终端设备双网口接入的示意图如图 11.11 所示。

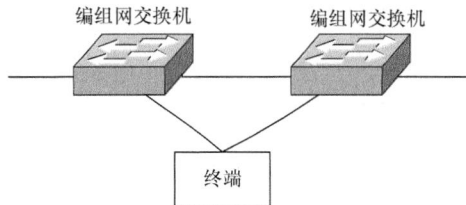

图 11.11　终端设备双网口接入示意图

虚拟 IP 技术是一种 IP 地址不与特定网络设备相关联的技术。通信过程中当数据包被发送到这个虚拟的 IP 地址时,数据包被发送到这个虚拟 IP 地址对应的一组真实网络设备中的某一个。

虚拟 IP 技术在车载实时以太网中用于终端设备的双网口冗余。双网口冗余的设备,互为冗余的双网口对外使用同一个虚拟 IP 地址。正常通信时主网口使用虚拟 IP 地址完成通信;一旦主网口通信故障,备份网口启用虚拟 IP 地址,接替主网口进行通信。在与该设备通信的其他网络设备看来,通信不会发生中断,实现了双网口的通信冗余切换。

2. ECN 冗余

ECN 冗余可根据列车通信网络对设备及链路失效的容忍度分为 2 个级别。

其中,1 级冗余表示只允许部分链路失效,不允许节点失效。2 级冗余可允许单节点和任意链路失效,并且在某种情况下甚至可允许双节点失效。表 11.7 描述了 2 种冗余级别下的失效部件和失效影响。

表 11.7　ECN 架构级别冗余

冗余级别	描述	
	失效部件	失效影响
级别 1	不允许单点失效,否则会导致部分功能可能失效	
	编组交换机失效	网络可恢复,但与失效交换机相连的终端设备不能继续通信
	编组交换机间的链路失效	网络可恢复
	编组交换机与终端设备间的链路失效	失效线路相连的终端设备不能与其他终端设备进行通信
级别 2	允许单点失效,尽可能允许双节点失效	
	编组交换机失效	网络可恢复,失效交换机下的终端设备仍可以继续通信
	编组交换机间的链路失效	网络可恢复
	编组交换机与终端设备间的链路失效	失效链路端的终端设备可继续通信

　　列车编组网可以采用总线型、环形和梯形拓扑等方式连接。但为了保证数据传输的可靠性,列车编组网一般采用环形或者梯形拓扑。不同于总线型拓扑,环形或梯形拓扑要通过协议(如快速生成树协议等)来阻断网络物理成环建立逻辑的树形拓扑,防止环路中出现广播风暴。对于重要的终端设备,可通过冗余的链路接入编组网内,如图 11.12 环形拓扑连接图,将一个终端设备通过两个独立的通信链路连接到两个不同的编组网交换机上。

　　1) 环形网冗余协议

　　由于线性网络不能提供冗余功能,为了保证编组网数据传输的可靠性,通常将交换机连接成环形拓扑实现拓扑冗余[14]。图 11.12 为环形拓扑连接图,由于物理上的环网会形成广播风暴,因此常用于生成树协议[15]、快速生成树协议[16]、介质冗余协议[17]等手段阻断网络成环。但是,利用上述环网冗余算法,环网的恢复时间一般≥1s,不能满足列车控制的要求。

　　典型的环网冗余拓扑中,有一个主交换机。正常工作时,主交换机的一个连接端口会被置为阻塞状态,该端口所在的链路形成一条虚断链路。虚拟链路上普通以太网数据帧不会被转发,仅允许转发环网控制帧,保证了环网没有逻辑回路,不会形成广播风暴。终端 1 和终端 2 的通信沿逆时针箭头方向。如图 11.13 所示。

　　当环网发生链路失效时,环网冗余算法侦测到失效后,主交换机迅速打开原来

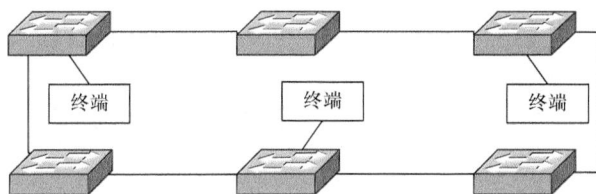

图 11.12　环形拓扑连接图

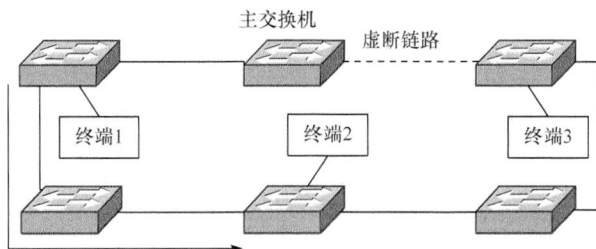

图 11.13　环网冗余正常工作状态示意图

的阻塞端口,并重新学习新的拓扑,恢复断开的通信。此时终端 1 和终端 2 的通信沿顺时针箭头方向,如图 11.14 所示。

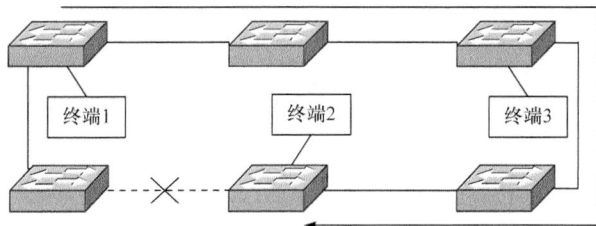

图 11.14　发生链路失效的环网工作状态示意图

当环网发生交换设备失效时,环网冗余算法侦测到失效后,主交换机迅速打开原来的阻塞端口,迅速恢复通信。与故障交换机相连的交换机将与故障交换机相连的端口置为阻塞端口,将故障交换机隔离。如图 11.15 所示。

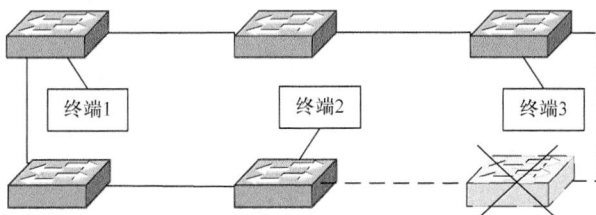

图 11.15　发生交换设备失效的环网工作状态示意图

车载实时以太网需要对环网的冗余管理算法进行优化,以提升环网恢复时间≤50ms,满足列车控制的需要。

环网冗余属于 1 级冗余,环网的失效率和故障平均间隔时间(mean time between failure,MTBF)可以通过以下公式进行计算。

(1) 失效率:

$$\lambda = N(\lambda_S + \lambda_T + \lambda_B) \tag{11.1}$$

(2) 网络 MTBF:

$$MTBF = \mu/N^2 (\lambda_S + \lambda_T)^2 \tag{11.2}$$

(3) 终端设备通信 MTBF:

$$MTBF = 1/N(\lambda_S + \lambda_B) \tag{11.3}$$

式中,N 为交换机或冗余的交换机对数目;λ_S 为交换机核心失效率;λ_T 为交换机之间链路失效率;λ_B 为交换机和终端间链路失效率;μ 为恢复概率。

2) 梯形网冗余协议

由于环形网络只允许单链路失效,因此为了使网络传输更加可靠,经常采用梯形拓扑的方式连接。由图 11.16 可知,在梯形拓扑中单个设备通过两个网卡接入环网中。一般而言,平时只有一个网卡收发数据,另一个网卡处于热备份状态。当用于数据收发的网卡的数据收发功能出现故障时,系统会自动切换到另一个网卡进行数据收发,并且切换过程不需要更改网卡的参数。

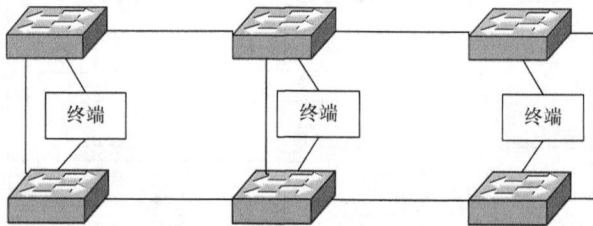

图 11.16　梯形拓扑示意图

梯形拓扑作为一种高冗余度拓扑,允许非对称点的双点失效,如图 11.17 所示。拓扑中两处交换机间的链接失效,终端 1 和终端 3 仍然可以通过箭头所示路由进行通信。

梯形拓扑冗余属于 2 级冗余,梯形拓扑冗余的失效率和 MTBF 可以通过以下公式进行计算。

(1) 失效率:

$$\lambda = 2N(\lambda_S + \lambda_T + \lambda_B) \tag{11.4}$$

(2) 网络 MTBF:

$$MTBF = \mu/2N(3\lambda_S^2 + 4\lambda_S\lambda_T + \lambda_T^2)^2 \tag{11.5}$$

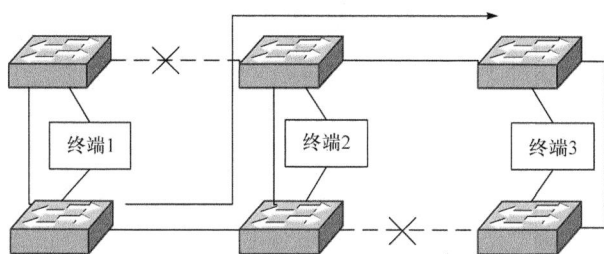

图 11.17　梯形拓扑示意图

(3) 终端设备通信 MTBF:

$$\text{MTBF} = \mu/2N(3\lambda_S^2 + 4\lambda_S\lambda_T + 2\lambda_S\lambda_B + \lambda_T^2 + \lambda_B^2) \tag{11.6}$$

式中,N、λ_S、λ_T、λ_B、μ 同式(11.1)~式(11.3)。

11.3.2　列车骨干网冗余

当列车骨干网基于交换技术时,列车骨干网节点提供一个数据传输媒介来连接骨干网节点的直接邻居节点。如图 11.18 所示,在基于交换技术的列车骨干网上将数据传输媒介的数量加倍进行冗余。同时,列车骨干网节点提供旁路中继功能以防止节点掉电而使总线中断。

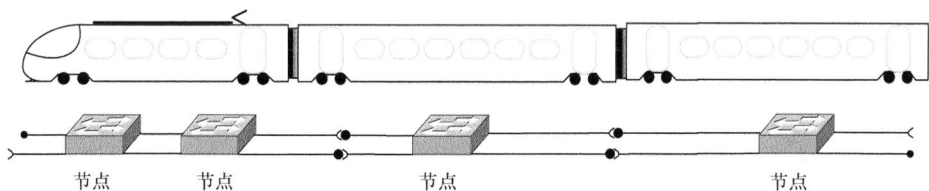

图 11.18　交换式列车骨干网的冗余架构示意图

链路汇聚指将两个或两个以上数据信道结合成一个更高带宽的逻辑链路。它既能提高两个设备间的通信带宽,又能使多个链路互为冗余,提高通信链路的可靠性。

ETB 物理层规定当需要冗余或编组需要具备反向能力时,ETB 节点间至少需要两条物理链路进行冗余。

当 ETB 节点间部署多条物理链路时,需要使用链路汇聚技术,提高骨干网网络带宽和网络数据传输可靠性。链路汇聚将一条或多条物理链路汇聚形成一个逻辑组,并在 OSI 第 2 层进行链路冗余管理,如图 11.19 所示。链路汇聚会将几条具有独立物理层和 MAC 层的链路结合形成一个单独的 MAC 接口。

在车载以太网中,一个 ETB 节点上最多支持 4 个物理端口进行通信链路冗余。同时,这些通信链路会被加入链路汇聚组(即逻辑链路)。

OSI参考模型　　　　　　　　　　　　　　　　　局域网CSMA/CD层

应用层				
表示层	高层			
会话层	LLC(逻辑链路控制)或其他MAC客户端			
传输层	链路汇聚子层(可选)			
网络层	MAC控制(可选)	MAC控制(可选)	…	MAC控制(可选)
数据链路层	MAC	MAC		MAC
物理层	物理层	物理层		物理层

图 11.19　链路汇聚模型组成图

　　一个链路汇聚组通常包含 2 个或者 4 个物理链路用来在编组反向时保证对称。因此链路汇聚组包含一条物理线路的情况被视为链路汇聚的降级模式。在车载以太网中每个链路汇聚组可包含 1、2、4 条物理链路，并且在两个 ETB 节点间，只能有一个链路汇聚组存在。在某些特殊情况下，两个 ETB 节点间会连接中继器（图 11.20），因此不能只使用端口状态来判断链路状态。为了解决此问题，IEEE 802.1AX 规定使用链路汇聚控制协议实现这一功能，但为了降低骨干网负荷，在列车骨干网中链路状态由列车初运行协议管理。当逻辑链路组中有一条物理链路通信正常，则说明此逻辑链路状态正常。

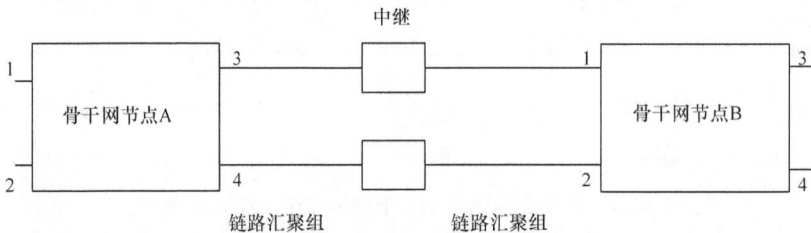

图 11.20　链路汇聚组示意图

　　列车骨干网支持负载均衡，因此数据流会在链路汇聚组中的链路间进行分流。相应的分流算法可保证在不同系统之间正常通信，而不会乱序（TCP、IP 等）和重帧。对于链路汇聚中的数据流，每次会话只使用一条物理链路，因此即便使用不同的分流算法也可保证两个 ETB 节点间正常通信。图 11.21 描述了链路汇聚组中存在多个会话的情形。

　　链路汇聚组在 ETB 节点初运行后被静态设定。逻辑链接状态通过列车初运行的邻居发现帧和以太网端口状态进行确定。在 ETB 上负载均衡由 ETB 节点在同一个链路汇聚组中的不同链路间实现。

　　ETB 上负载均衡的方法是在 ETBN 选择数据发送链路时尽量避开拥塞链路

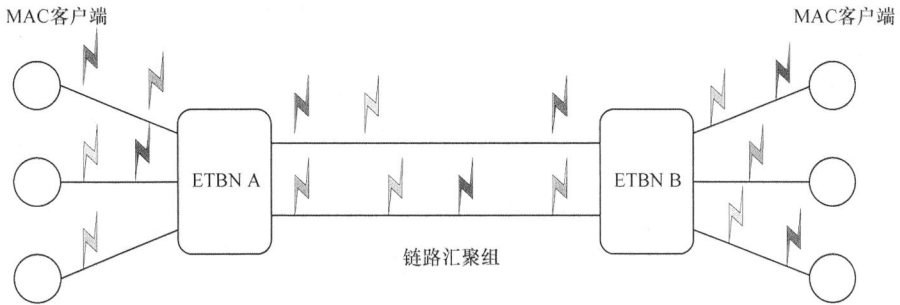

图 11.21　链路汇聚的负载均衡示意图

并对负载进行合理分流。本技术主要目标是减轻网络线路上存在的和潜在的拥塞,适应网络中负载的动态变化,尽可能地减少数据丢失,提高网络吞吐率和降低网络传输时延。

11.4　列车重构技术

　　铁路运营业务的多样化(如机车重载、动车组重联等),激发了对各种灵活编组方案的需求,这些需求都需要初运行技术的支撑。为了在多编组列车上电初始化、编组重联和编组解编的过程中,对列车网络进行自动配置,在车载实施以太网中采用网络初运行技术对所有骨干网节点和编组网进行动态编址。为了解决初运行过程中 IP 地址动态变化的问题,通过 URI 地址与 IP 地址映射转换,采用设备的 URI 地址进行设备间跨编组通信。

11.4.1　网络初运行

　　为了提升列车的运行性能,需要将机车或者动车进行重联运营,在多个列车重联运营时,对于同型号的列车,车载电气设备的网络参数配置往往是一样的,如车载以太网终端设备在车辆内的 IP 地址,如图 11.22 所示列车设备网络配置示意图。

　　为了解决这些问题,在列车编组、解编导致列车网络拓扑发生变化时,对需要跨编组通信的设备进行自动参数配置,这一系列的过程称为 ETB 网络初运行。ETB 网络初运行的主要工作包括列车级通信设备的列车级 IP 建立、终端设备本地 IP 到列车 IP 地址映射、ETB 节点配置静态路由表等。为了实现上述参数的自动配置,ETB 网络初运行首先需要为列车上所有处于活跃状态的 ETBN 分配序号。

　　为了保持列车的运行安全,在列车运行过程中,列车的网络初运行会被禁止。

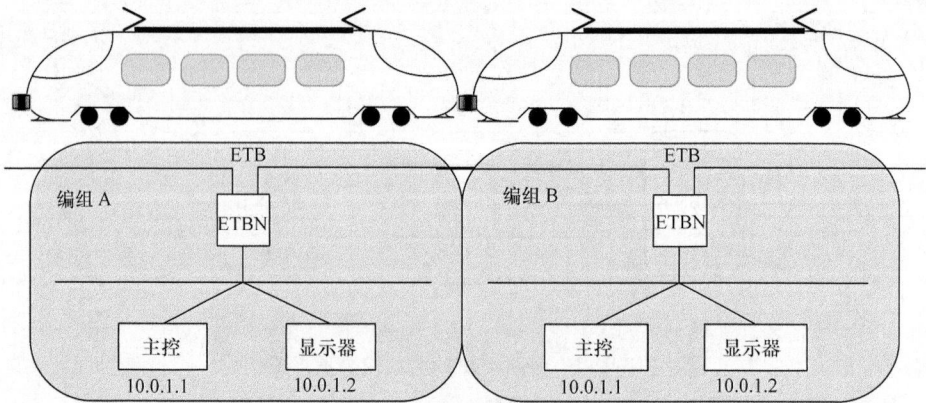

图 11.22　列车设备网络配置示意图

虽然如此,列车 IP 配置信息会在系统运行过程中不断地计算、更新,并在所有 ETB 节点间共享,但提交初运行结果的时机由列车应用程序控制。

　　图 11.23 为 ETB 初运行的时序图,假如三个机车,分别装有 ETB 骨干网节点

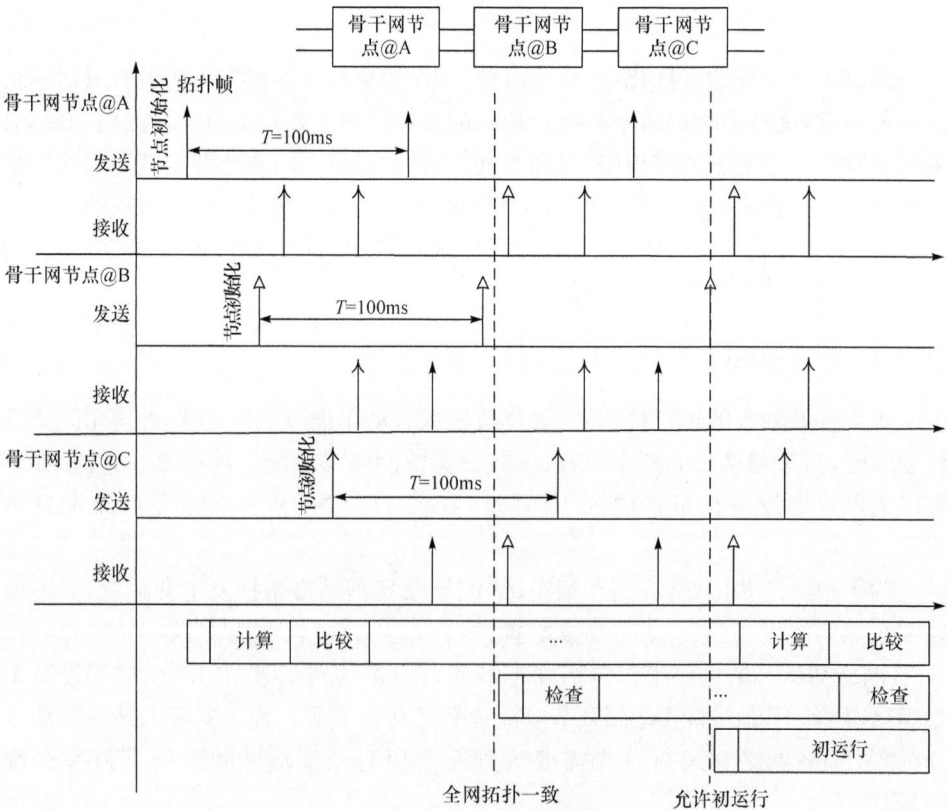

图 11.23　ETB 初运行时序图

A、B、C,总线型连接组成列车骨干网。在列车重联后,骨干网节点 A、B、C 在初始化完成后会以 100ms 为周期,以组播方式周期性地发送拓扑帧,拓扑帧的报文结构如图 11.24 所示,其余收到拓扑帧的节点便会计算拓扑并比较拓扑。

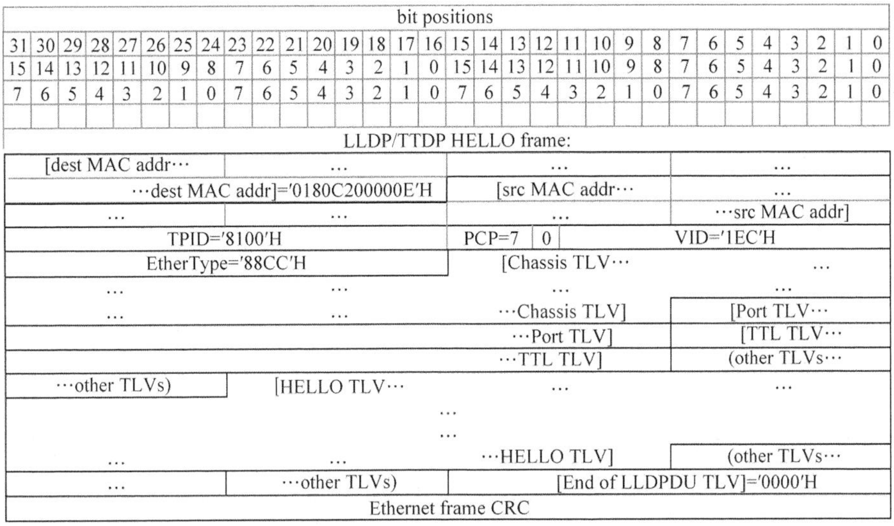

bit positions			
31 30 29 28 27 26 25 24	23 22 21 20 19 18 17 16	15 14 13 12 11 10 9 8	7 6 5 4 3 2 1 0
15 14 13 12 11 10 9 8	7 6 5 4 3 2 1 0	15 14 13 12 11 10 9 8	7 6 5 4 3 2 1 0
7 6 5 4 3 2 1 0	7 6 5 4 3 2 1 0	7 6 5 4 3 2 1 0	7 6 5 4 3 2 1 0
LLDP/TTDP HELLO frame:			
[dest MAC addr···	···	···	···
···dest MAC addr]='0180C200000E'H		[src MAC addr···	···
···		···	···src MAC addr]
TPID='8100'H		PCP=7 0	VID='1EC'H
EtherType='88CC'H		[Chassis TLV···	···
···	···	···Chassis TLV]	[Port TLV···
		···Port TLV]	[TTL TLV···
		···TTL TLV]	(other TLVs···
···other TLVs)	[HELLO TLV···		···
		···	
		···	
···	···	···HELLO TLV]	(other TLVs···
	···other TLVs)	[End of LLDPDU TLV]='0000'H	
Ethernet frame CRC			

图 11.24　初运行拓扑帧结构图

　　计算和比较拓扑的过程为:首先初运行程序在本地数据库中找到全车的顶 ETBN 节点(顶节点是指骨干网上所在编组的通用唯一识别码(universally unique identifier ,UUID)小的端节点,端节点指在骨干网上只有一个直接邻居的节点);然后从顶节点开始为 ETBN 和与其连接的子网排序并将排序结果以特定的格式记录下来;最后根据记录结果计算 CRC 校验值并把此值写入拓扑帧发送出去;一旦 ETBN 检测到 ETB 上所有节点计算的 CRC 值一致,则 ETB 的初运行收敛完成。

　　图 11.25 为 2 个编组初运行前配置示意图,图中编组 A 中有 3 个 ETBN,在编组 A 内部的编号分别是 1、2、3。编组 A 内有 2 个子网,ETBN♯A 和 ETBN♯B 作为热备冗余节点连接在同一个子网内,子网在本编组的编号为 1,ETBN♯C 连接在 2 号子网内。同时,编组 A 中有两个方向:方向 1(DIR1)和方向 2(DIR2),方向 1 是编组 A 重联之前的网络运行方向。

　　编组 B 中有 2 个 ETBN,2 个子网,其中编组 A 中有两个 ETBN 在同一子网内,其他 ETBN 都分别位于另一个子网之中。编组 B 中有两个方向:方向 1(DIR1)和方向 2(DIR2),方向 1 是编组 B 重联之前的网络运行方向。

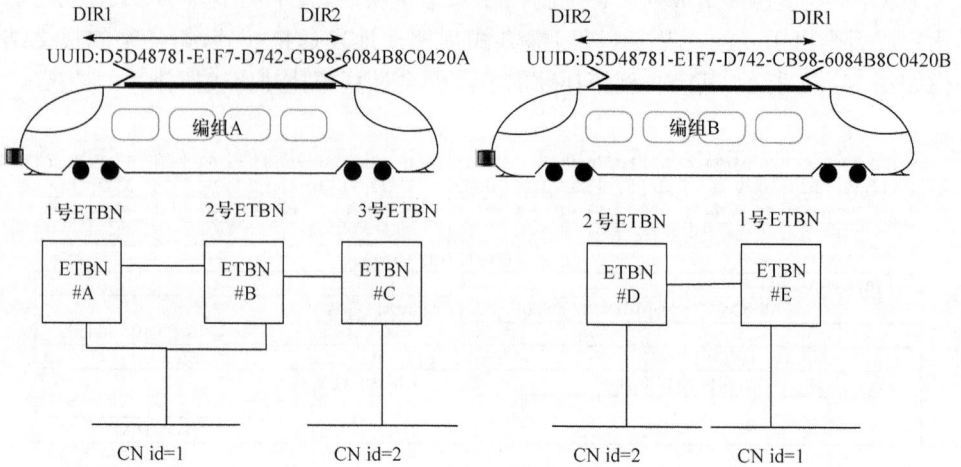

图 11.25　两编组列车重联前的示意图

网络运行方向是列车中方向 1 所指向的方向。在列车中方向 1 为 ETBN 顶节点所在的一端,而方向 2 为 ETBN 另一个端节点所在的一端。

编组 A 和编组 B 重联后,ETBN 编号和子网编号如图 11.26 所示。由图可以看出,初运行完成后在编组 A 内的端节点 ETBN♯A 为顶节点,列车方向指向 ETBN♯A 所在的一端,此时,对比图 11.25 可知编组 A 的方向和网络运行方向一致,它的朝向为正向,编组 B 的方向和网络运行方向相反,它的朝向为反向。

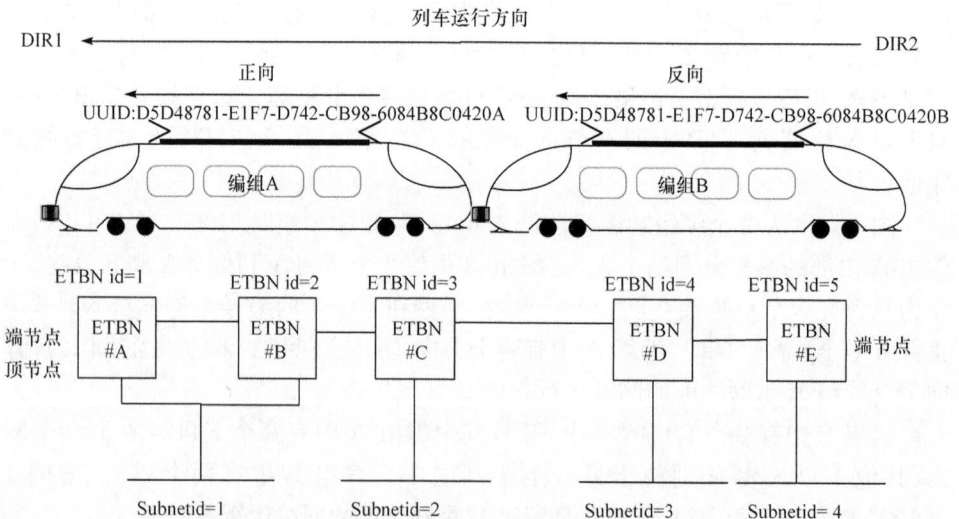

图 11.26　两编组列车重联结果示意图

初运行收敛后,如果系统允许初运行则会进行初运行动作。同时,初运行执行完毕后,系统还会继续不断地计算、检查和比较拓扑,但是这些数据并不更新到控制数据传输中去,而是等待应用触发初运行才更新。

列车初运行会为每一个编组网和 ETB 节点分配一个编号用来标识编组和ETB 节点。这两个值将用来构建列车 IP 映射表,定义列车路由表、NAT 规则、终端设备命名等。

为了计算出编组标识符和 ETB 标识符,列车初运行需要建立两类拓扑:物理拓扑和逻辑拓扑。

1. 物理拓扑

物理拓扑是按照 ETB 节点的顺序和朝向存放 ETB 节点的列表。物理拓扑会根据连接在 ETB 上的 ETB 节点的编号的变化实时更新。列车初运行程序可以发现 ETB 上所有 ETB 节点(主节点和从节点)。一次物理拓扑的改变并不意味一次初运行,因为列车初运行是否实施由列车应用程序控制。

以图 11.25 为例,表 11.8 物理拓扑示例为编组 A 和编组 B 重联时所建物理拓扑。

表 11.8　物理拓扑示例

	b47···b0
0	ETBN♯A 的 MAC 地址
1	ETBN♯B 的 MAC 地址
2	ETBN♯C 的 MAC 地址
3	ETBN♯D 的 MAC 地址
4	ETBN♯E 的 MAC 地址

2. 逻辑拓扑

逻辑拓扑为按照列车子网的顺序和朝向存放子网的列表。逻辑拓扑包括"子网号"和"ETB 节点号"。由于 ETB 节点之间会相互交换编组网描述信息,因此列车初运行会为丢失的 ETB 节点或子网预留标识号。同样,一次逻辑拓扑的改变并不意味一次初运行,因为列车初运行是否实施由列车应用程序决定。以图 11.25 为例,表 11.9 为编组 A 和编组 B 重联时所建逻辑拓扑。

表 11.9 逻辑拓扑示例

uint8[16]	uint32							
编组 UUID	b31···b30	CN Id	b23···b22	Subnet Id	b15···b14	ETBN Id	b7···b2	编组朝向
编组 A CstUUID	0	1	0	1	0	1	0	正向
编组 A CstUUID	0	1	0	1	0	2	0	正向
编组 A CstUUID	0	2	0	2	0	3	0	正向
编组 B CstUUID	0	2	0	3	0	4	0	反向
编组 B CstUUID	0	1	0	4	0	5	0	反向

列车初运行协议运行在所有 ETB 节点上,它会动态地在所有 ETB 节点上建立、更新和共享物理拓扑和逻辑拓扑。当列车应用控制列车初运行使能且列车初运行收敛的情况下,列车会根据列车初运行的计算结果建立新的列车 IP 映射表。列车初运行敛条件由逻辑拓扑的 CRC 值判断,当所有 ETB 节点计算出的逻辑拓扑的 CRC 值相同时,说明所有的 ETB 节点共享同一个拓扑,也就是说初运行满足收敛条件。

11.4.2 跨编组通信物理寻址与功能寻址

1. 车载设备网络地址

网络系统中,设备间通信通过物理地址或逻辑地址来表示数据传输的源端和目的端。车载以太网物理地址采用 48 位的 MAC 地址表示,通过 IEEE 官方进行申请且全球唯一,在设备出厂时由制造部门进行固化配置。逻辑地址采用 32 位的 IP 地址,同一编组内必须唯一,但是不同编组内可以相同,因此,当设备跨编组通信时,需通过网络地址转换技术将编组内的 IP 地址转换成列车级 IP 地址,用于跨编组设备寻址。

由 11.4.1 节可知,列车初运行会为每个编组分配一个序号,为了正确识别设备所处编组位置,跨编组通信采用的列车级 IP 地址必须包含编组序号信息,由于列车重联或解编过程中,编组序号会发生改变,列车级 IP 地址也会随之改变,如图 11.27 所示,列车组网时触发初运行,主控设备所处编组序号为 2,其列车级 IP 地址转换后为 10.2.1.1(第二字节表示编组序号,第三、四字节与设备地址保持一致),显示器所处编组序号为 3,列车级 IP 地址为 10.3.1.2。运行一段时间后列车发生解编和其他列车重联,此时初运行后原主控设备所处编组序号为 3,列车级 IP 为 10.3.1.1,原显示器所处编组序号为 2,列车级 IP 为 10.2.1.2,由此可知,列车重联后初运行分配的序号不同,其列车级 IP 地址也会不同,设备跨编组寻址时目的地址也会随之发生改变,为网络设计和实际应用带来了不便。

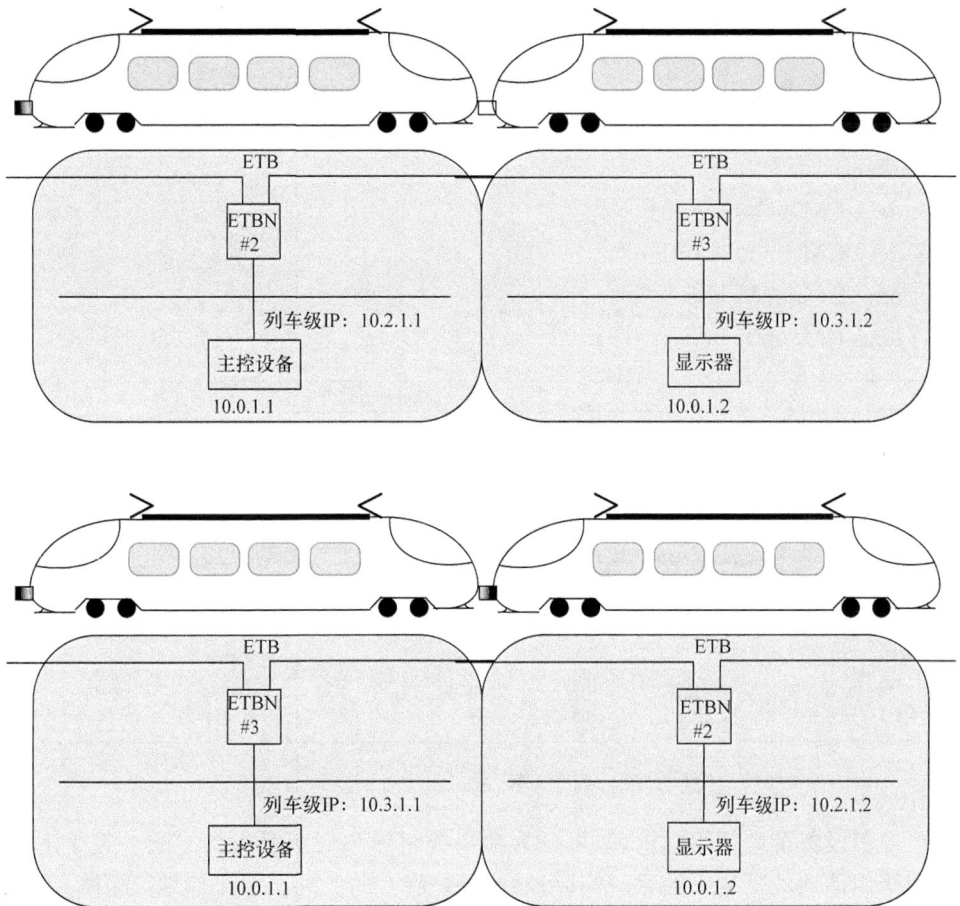

图 11.27　车载网络连接示意图

　　可采用 URI 进行地址通信,该地址由应用人员灵活配置,为编组、车辆和设备规划便于人工识别的且不随列车拓扑变化而改变的域名标签,在列车重联或解编拓扑发生改变时,源端设备首先通过 DNS 服务将 URI 域名解析得到列车级 IP 地址,再由交换机或路由器通过该 IP 地址寻址到正确的目的端,完成数据通信,其中 DNS 服务器保证每次拓扑发生改变时,实时更新 URI 域名与列车级 IP 地址的映射。

　　设备的 URI 域名采用形如 devLabel. vehLabel. cstLabel 三级域名结构,可根据其编组信息、车辆信息和设备信息确定,其中 devLabel 表示设备标签,vehLabel 表示设备所处车辆标签,cstLabel 表示设备所处编组标签。如图 11.28 所示,编组 A 和编组 B 的两列列车重联组成新的列车后向东行驶,编组 A 的第二节车厢下有一个 VCM 设备,该设备的设备标签可命名为 devVCM;根据该设备车辆的位置信息,车辆标签可命名为 veh02,表示其编组内车辆序号为 02,也可命名为 opVeh05,表示其列车运行方向车辆序号为 05;根据初运行结果,列车网络参考方向向西,该设备所处编组标签可命名为 cst01,表示列车网络方向第一个编组,也可命名为 opCst02,表示列车运行方向第二个编组,由此可知,该设备的 URI 域名可为如下多种形式:

devVCM. veh02. cst01

devVCM. veh02. opCst02

devVCM. opVeh05

devVCM. opVeh05

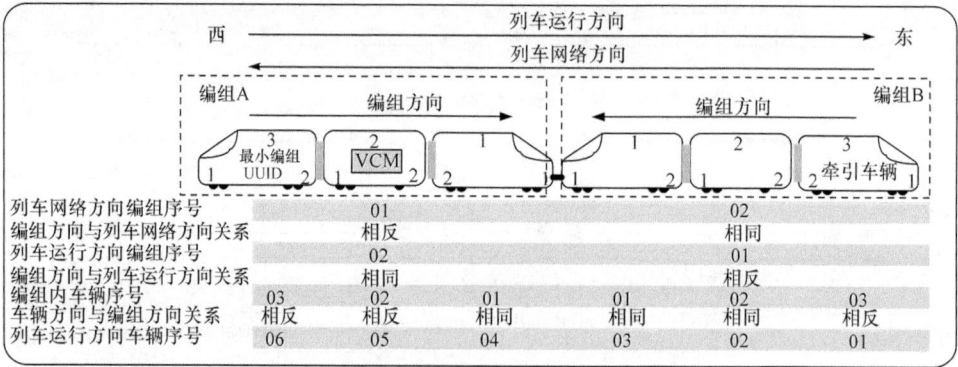

图 11.28　列车 URI 域名与位置信息示意图

通信设备可进行组播管理,可分为编组级组播和列车级组播。同一编组下的编组级组播地址是唯一的,通常其组播成员是静态的。列车级组播地址也唯一,其成员属于一个编组网或多个编组网,且会根据列车初运行发生而改变。

2. 车载设备寻址

当采用 IP 地址寻址时,同一编组网内的通信设备通过编组级 IP 地址便可完成寻址访问。而不同编组网下的设备要使用列车级 IP 地址才可完成寻址访问。列车骨干网节点提供编组级 IP 地址与列车级 IP 地址的映射服务。同一编组网下的组播可通过其编组级组播地址进行寻址访问,多编组网下的列车级组播要通过列车级组播地址进行寻址访问。

当采用域名地址进行寻址时,源端设备向域名服务器发送域名解析请求,域名服务器会将解析得到的 IP 地址回应至请求端,源端设备网络层将采用域名服务器回应的 IP 地址进行寻址访问,如图 11.29 所示。该 IP 地址可以是编组级 IP 地址、列车级 IP 地址、编组级组播地址或列车级组播地址。域名服务器必须提供全车设备域名和 IP 地址的映射关系,可根据域名自动判断是编组内通信还是跨编组通信。

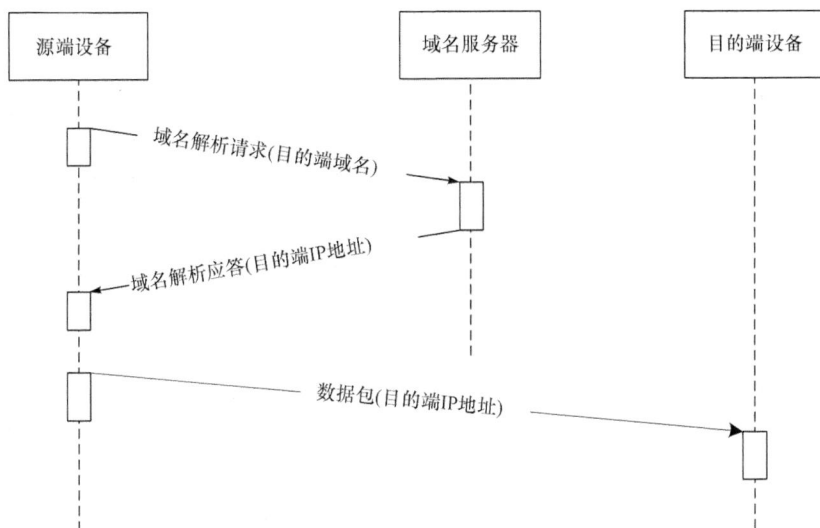

图 11.29　终端设备寻址时序图

11.5　车载实时以太网的安全保障技术

相比 WTB/MVB 网络,车载实时以太网不仅可用来传输控制数据,还可传输多媒体数据,甚至可以向用户提供访问 3G/4G 网络的服务,因此它是一个相对开放的网络。为了保障车载实时以太网关键数据在传输过程中不受网络环境的影响(例如,防止关键数据在传输过程中被恶意篡改),车载实时以太网采用 VLAN、数据加密、通信安全等技术保障数据传输的安全性。

11.5.1　VLAN 技术

1. 概述

交换机的端口,可以分为访问链接(access link)和汇聚链接。访问链接,指的是只属于一个 VLAN,且仅向该 VLAN 转发数据帧的端口。在大多数情况下,访问链接所连的是客户机。如何设定访问链接,是 VLAN 应用的关键问题。访问链接的设定可以是事先固定的,也可以根据所连的计算机而动态改变设定。前者称为"静态 VLAN",后者称为"动态 VLAN"。静态 VLAN,又称为基于端口的VLAN(port based VLAN)。就是明确指定各端口属于哪个 VLAN 的设定方法。由于需要端口逐个地指定,因此当网络中的计算机较多时,设定操作就会变得繁杂无比。并且,客户机每次变更所连端口,都必须同时更改该端口所属 VLAN 的设定,这显然不适合那些需要频繁改变拓扑结构的网络。动态 VLAN 则是根据每个端口所连的计算机,随时改变端口所属的 VLAN。这就可以避免上述的更改设定的操作。动态 VLAN 可依据 OSI 参考模型的层次分为 3 类。

1) 基于 MAC 地址的 VLAN

基于 MAC 地址的 VLAN,就是通过查询并记录端口所连计算机上网卡的 MAC 地址来决定端口的所属。由于是基于 MAC 地址决定所属 VLAN 的,因此可以理解为这是一种在 OSI 的第二层设定访问链接的办法。但是,基于 MAC 地址的 VLAN,在设定时必须调查所连接的所有计算机的 MAC 地址并加以登录。而且如果计算机交换了网卡,还是需要更改设定。

2) 基于子网的 VLAN

基于子网的 VLAN,则是通过所连计算机的 IP 地址,来决定端口所属的 VLAN。不像基于 MAC 地址的 VLAN,即使计算机因为交换了网卡或是其他原因导致 MAC 地址改变,只要它的 IP 地址不变,就仍可以加入原先设定的 VLAN。因此,与基于 MAC 地址的 VLAN 相比,基于子网的划分方法能够更为简便地改变网络结构。用户地址是 OSI 参照模型中第三层的信息,所以可以将基于子网的 VLAN 理解为一种在 OSI 的第三层设定访问链接的方法。

3) 基于用户的 VLAN

基于用户的 VLAN,是根据交换机各端口所连的计算机上当前登录的用户来决定该端口属于哪个 VLAN。这里的用户识别信息,一般是计算机操作系统登录的用户,也可以是用户事先申请的账户。这些用户名信息,属于 OSI 第四层以上的信息。

总的来说,决定端口所属 VLAN 时利用的信息在 OSI 中的层面越高,就越适于构建灵活多变的网络[2]。

表 11.10 总结了静态 VLAN 和动态 VLAN 的相关信息。

表 11.10　VLAN 的种类

种类	描述
静态 VLAN	
基于端口的 VLAN	将交换机的各端口固定指派给 VLAN
动态 VALN	
基于 MAC 地址的 VLAN	根据各端口所连计算机的 MAC 地址设定
基于子网的 VLAN	根据各端口所连计算机的 IP 地址设定
基于用户的 VLAN	根据端口所连计算机上登录用户设定

（1）VLAN 间路由。

VLAN 具有隔离广播域、缩小广播范围的作用，因此即使连接到同一交换机上的两台设备，只要不属于同一 VLAN 就不能直接通信。在 VLAN 内部通信时，必须指定数据帧的目的 MAC 地址。为了实现 VLAN 间通信，需要使用路由器或带路由功能的交换机在不同的 VLAN 之间进行数据转发。

将网络按照逻辑划分为多个子网时，子网会和 VLAN 一一对应，因此 VLAN 与子网的概念相对应。网关为 VLAN 生成相应的 VLAN 子接口，当设备与其他 VLAN 内的设备通信时，会将报文发给网关，再由网关进行转发，这样就实现了 VLAN 间通信，即 VLAN 间通信必须经过有路由功能的设备。

（2）VLAN 的优点。

与传统局域网技术相比，VLAN 技术更加灵活，它的优点有：

① 减少网络设备的移动、添加和修改的管理开销；

② 控制广播活动；

③ 提高网络的安全性。

2. 列车通信网络的 VLAN 划分

列车骨干网中规定列车控制网络和列车多媒体网络分为两个独立子网，因此在共享基础物理网络的情况下，需要用两个不同的 VLAN 进行隔离，保证互不影响。此外在列车骨干网上，所有列车骨干网节点在 ETB 侧的以太网接口，以及所有直接 ETBN 的 ED，构成一个单独的 VLAN。因此，列车骨干网节点间的数据转发是二层转发，不需要任何路由。

列车编组网内部，列车控制网络和列车多媒体网络各自构成一个单独的 VLAN，VLAN 间的数据需要经过列车骨干网节点进行三层转发。

图 11.30 为以太网列车 VLAN 划分应用示例，在图中，粗虚线环表示编组网

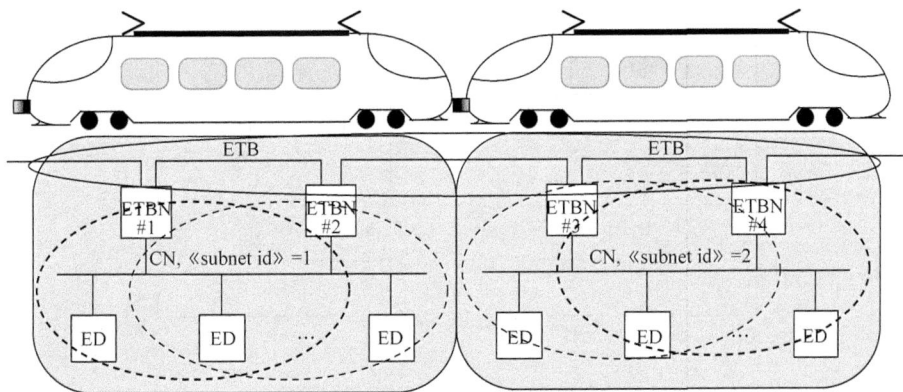

图 11.30　以太网列车 VLAN 划分示例图

下的控制子网,细虚线环表示编组网下的多媒体子网/VLAN,实线环表示 ETB 控制子网/VLAN,同时在 ETB 上允许多媒体子网与控制子网并存,且共用同一个物理网络。

11.5.2 数据安全

为保障列车通信网络内的数据安全,防止外部数据被窃取,根据列车通信网络的特点,通过数据加密和密钥管理的方式对网络安全进行保障。

1. 数据加密

加密算法分为对称密钥加密和非对称密钥加密两种:对称密钥加密算法只有一个密钥,加解密都用同一个密钥完成;非对称密钥加密算法拥有公钥和私钥两个密钥,公钥公开发布,用于加密,私钥自己保存,用于解密。

对称密钥加密算法加解密速度快,适合对大数据量进行加密,但通信双方需知道对方密钥才能进行数据加密,这就需要通过相互间的通信进行密钥交换,而一旦密钥被得知,通信就不再安全,密钥不易管理。而非对称密钥加密算法密钥分为公钥和私钥一对,私钥不对外发布,任何只知道公钥的通信第三方,都无法对数据进行解密,算法安全灵活,管理方便,但非对称密钥加密算法加解密速度慢,仅适合对关键数据进行加密。

目前,主要的对称密钥加密算法有 DES、TripleDES、RC2、RC4、RC5 和 Blowfish 等几种,主要的非对称密钥加密算法有 RSA、Elgamal、背包算法、Rabin、D-H 和 ECC 等几种。

根据列车通信网络的高安全性、高实时性和相对固定等特点,数据加密算法在列车通信模型中的位置如图 11.31 所示。其采用非对称密钥加密算法和对称密钥加密算法相结合的方式来保障列车通信网络的安全,即使用非对称密钥加密完成

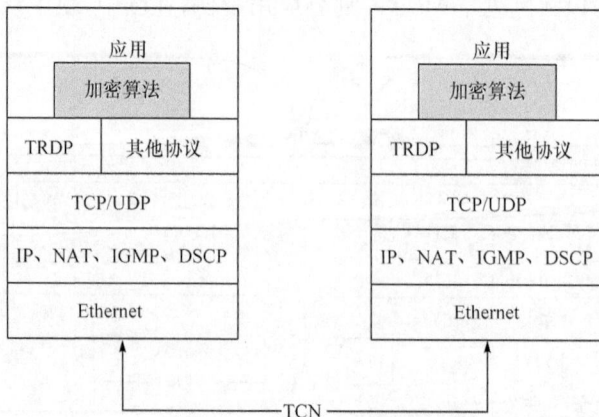

图 11.31　数据加密算法和列车通信模型图

身份认证和密钥管理等业务的加密,使用对称密钥加密完成列车控制、状态及其他数据传输业务的加密。

2. 密钥管理

密钥管理主要指对密钥的生成、更新及存储等进行规划和管理。由于列车通信网络中需要进行单播、组播及广播等多种通信模式,且都需要进行加密,所以整个列车通信网络中密钥需要唯一,为了方便管理,有统一的密钥管理服务器对网络中的密钥进行管理,具体方式如下。

(1)初始化:列车通信网络运行之初,由专人完成整个网络的初始化,即指定密钥管理服务器并初始化;为整个网络分配默认公钥和私钥;为网络中设备分配身份标识。

(2)如图 11.32 所示,列车通信网路上电后,所有设备向密钥管理服务器进行身份认证,认证成功后,密钥管理服务器向整个网络发布新的身份标识、非对称密钥对和对称密钥,客户端设备更新密钥完成后向密钥管理服务器反馈结果,并在本地保存新身份标识和密钥;若认证失败,则表示此设备为非法设备,进行相应操作(具体操作根据不同的列车通信网络做不同处理,如报警、屏蔽设备等)。

(3)密钥更新服务器接收反馈结果,若更新成功,则不做处理,若未更新成功,则重新更新。

11.5.3　安全通信

由于传输系统自身的一些特性,数据在传输过程中有可能会引发一系列错误,如报文删除、重复、乱序、超时、伪装等。安全通信的目标就是建立一种保护机制,避免安全相关数据在传输过程中出现错误,或者在发生错误时系统能够及时地检测到错误并采取必要的安全措施。

安全通信必须遵循安全相关标准,EN 50159 标准是专门针对铁路信号系统中安全相关通信而设立的,EN50159 标准从功能和技术层面提出传输系统可能会发生的一些传输错误以及安全要求和措施。IEC 国际标准 IEC 62280 和国/铁标 GB/T 24339 均源于 EN 50159。这三个标准互为等价标准,描述的条款和内容也基本一致。

1. 危害-防御矩阵

表 11.11 为传输系统中常见的可能存在的风险以及预防措施,称为危害-防御矩阵。

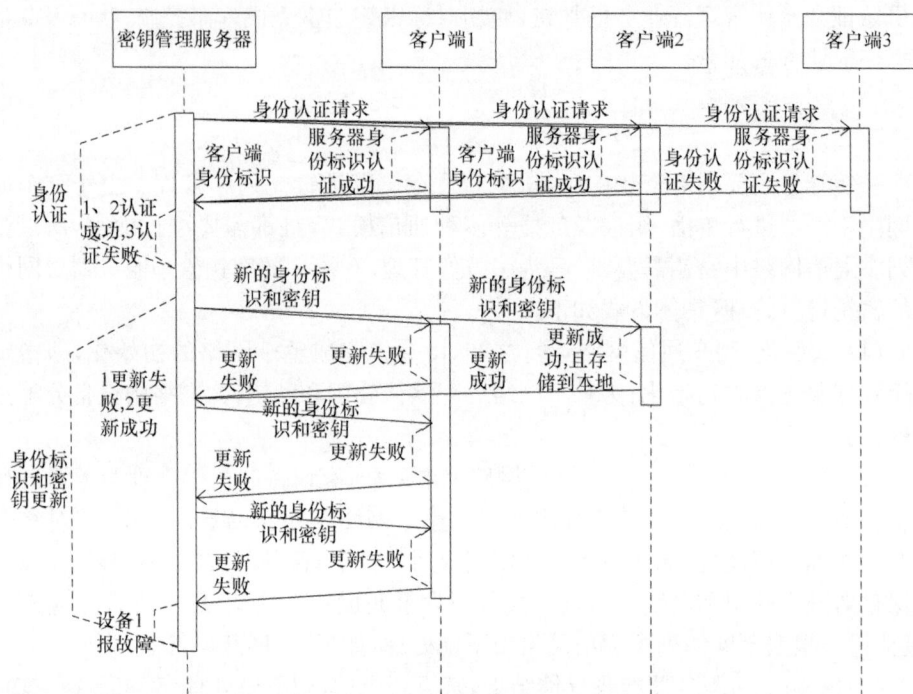

图 11.32　密钥管理时序图(图中所有通信皆需进行加密)

表 11.11　危害-防御矩阵

危险\措施	删除	重复	乱序	插入	伪装	超时	损坏
序列号	有效	有效	有效	有效			
时间戳		有效	有效			有效	
超时防护						有效	
源和目的标识				有效			
消息反馈				有效	有效		
认证过程				有效	有效		
安全码							有效
密码术					有效		有效

2. 安全传输协议

标准中指出,可以在不改变现有底层设备的基础上,在网络传输系统之上增加一层安全通信协议来实现安全通信,称为黑通道方法,如图 11.33 所示。

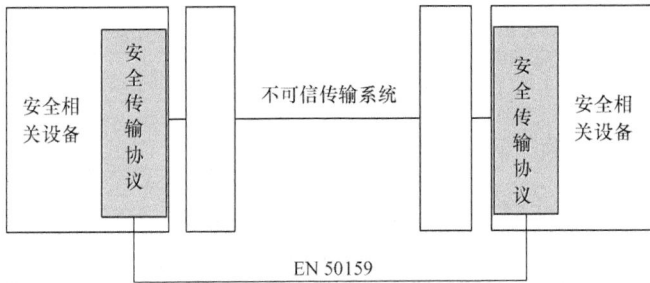

图 11.33　黑通道模型图

在车载以太网中使用 TRDP-Safety 作为列车实时数据传输的安全通信协议,其通信模型如图 11.34 所示。

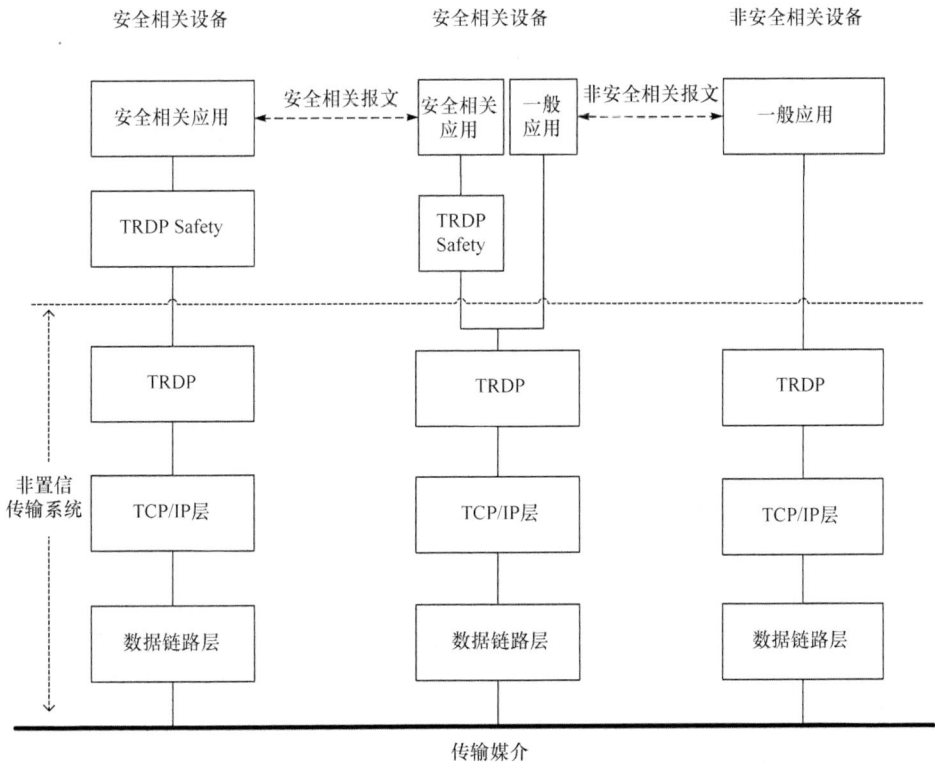

图 11.34　TRDP-Safety 通信模型

TRDP-Safety 是运行在列车实时数据传输协议 TRDP 之上的一个安全通信协议,采用一些安全措施保证列车实时数据的安全性,为过程数据和消息数据提供安全的端到端数据传输,报文格式如图 11.35 所示。

0	7	8	15	16	23	24	31

<table>
<tr><td colspan="8" align="center">重要的过程数据</td></tr>
<tr><td colspan="8" align="center">保留位1</td></tr>
<tr><td colspan="3" align="center">保留位2</td><td colspan="3" align="center">用户数据主版本</td><td colspan="2" align="center">保留位3</td></tr>
<tr><td colspan="8" align="center">安全序列号</td></tr>
<tr><td colspan="8" align="center">安全代码</td></tr>
</table>

图 11.35　TRDP-Safety 报文格式

1）SC-32

SC-32 规定了一种用于计算源身份标识（source identifier, SID）和安全码的循环冗余校验码。其生成多项式采用 IEC 61784-3-3 中规定的"1F4ACFB13"。

2）安全序列号

TRDP-Safety 报文中包含安全序列号，安全序列号是 32 位无符号整型数据，初始值为 0，每次累加 1。

3）安全数据源标识

安全相关数据源采用一个源身份标识 SID 来进行标识。SID 是通过 SC-32 计算出的一个 32 位无符号数，计算它的初始（种子）值为 0xFFFFFFFF 。

4）安全码

安全码是 32 位无符号整型数据。安全数据源通过对安全相关数据报文进行 SC-32 计算得出。

5）报文完整性检查

安全数据源收到安全报文后进行完整性检查，包括安全码、用户数据版本号、安全源标识等。

6）时间监视

安全数据宿启动一个定时器，定时器的时间设置为 3 倍数据发送周期，每收到一个报文定时器会被复位。定时器溢出说明通信不安全，需进行相应的安全防御措施。

7）延时监视

延时监视的目的是监视安全数据传输的延时，延时定义为：VDP 从安全数据源到安全数据宿的时间。VDP 没有携带时间戳，延时不能直接计算出，可以通过安全数据源的发送周期间接计算出。当安全数据宿收到安全数据的延时超过一定值后，进行相应的安全防御措施。

8) 通道检测

通道检测用于监视传输错误速率突然增加的情况,这种情况可能是由通道的软硬件损坏而导致的。检测到安全码错误的速率超过一定值后,进行相应的安全防御措施。

11.6　网络管理技术

为了帮助列车通信网络的测试、调试、运行及维护,网络管理系统主要提供站服务、ETB 链路服务、ECN 链路服务、记录服务等,实现网络性能管理、告警管理、简单故障管理、设备状态监视、数据上传和下载等功能。在车载实时以太网中,通过简单网络管理协议(simple network management protocol,SNMP)实现。

如图 11.36 所示,车载实时以太网中的网络管理体系是一个完整的 SNMP 网络,管理架构主要由被管代理、网络管理工作站、简单网络管理协议 SNMP 和网络管理信息库 MIB 四部分组成。车载实时以太网中的网络管理由管理节点和代理节点构成,其中代理运行在被管理设备上(也就是车载以太网中的设备如牵引控制单元、制动控制单元等设备)负责收集设备信息并通过 SNMP 协议提供给网络管理系统,且每个运行代理的设备上都保存一个 MIB 管理信息库。

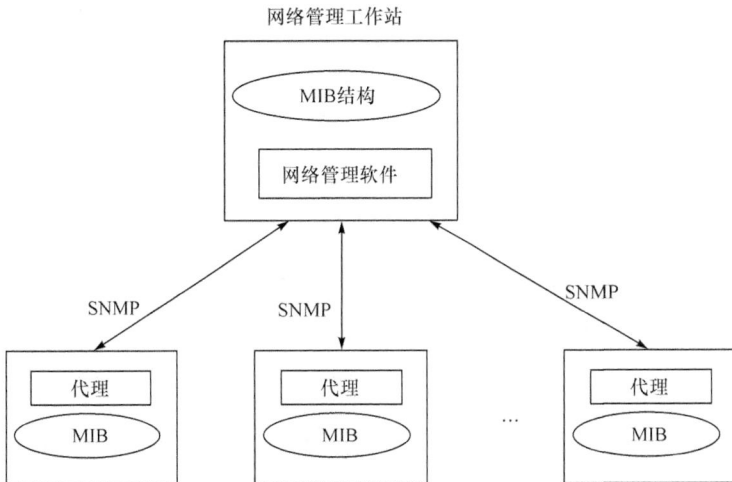

图 11.36　SNMP 管理模型

SNMP 是应用层协议,为 TCP/IP 协议族的一部分。它通过用户数据报协议(UDP)来操作,为列车网络管理系统提供通用的数据传输通道。

代理是运行在网络设备上的软件模块。它可以通过监视本地设备获得本地设备的运行状态、系统配置、设备特征等信息。代理软件好比是网络设备的信息管家,它可以完成网络管理员分配的信息采集任务。代理软件可响应网络管理系统发来的命令,根据命令收集相应信息并将收集到的信息通过 SNMP 协议发送给网络管理软件。

网络管理工作站是用来管理整个车载以太网的设备,它可以是一个独立的管理服务器,也可由网络中的某个特殊设备充当,并且网络上可以部署多个网络管理工作站。网络管理工作站上运行了网络管理软件,整个车载以太网的管理者就是运行在网络管理工作站上的网络管理软件。管理者可通过 SNMP 协议服务原语将网络管理操作命令发送给代理,并接收来自代理的信息对代理进行控制。

网络管理信息库(MIB)是一个信息存储库,包括了数千个数据对象,网络管理员可通过直接控制这些数据对象去配置、控制或监视网络设备。网络管理软件可通过代理软件来控制 MIB 数据对象[18]。

11.7　小　　结

本章介绍了车载实时以太网技术,主要包括实时性、可靠性、可重构性以及安全性方面的技术。其中,实时性主要从列车实时数据协议、服务质量等方面进行了详细的叙述,可靠性保障技术主要包括车载实时以太网的系统架构、网络冗余等技术;车载实时以太网的重构技术主要包括网络的初运行、操作初运行以及跨编组寻址技术等。列车通信网络的安全技术主要包括虚拟子网技术以及车载虚拟子网的划分、数据加密安全以及通信安全等。

参 考 文 献

[1] 王沛东,孔元.基于工业以太网的动车组列车网络技术研究[J].铁道机车车辆,2012,32(1):9-12.

[2] Westermo 公司.以太网列车[J].软件,2008,(7):60-61.

[3] 蔡蕾.以太网在 CRH2 型长编组动车视频娱乐系统中的应用分析[J].铁道车辆,2009,47(11):20-23.

[4] 马子彦.无线以太网在列车运行自动控制中的应用[J].微计算机信息,2007,23(31):33-34.

[5] 陈在平,杨慧.开放式工业以太网 Ethernet_IP 协议研究[J].制造业自动化,2009,31(4):12-13.

[6] 李秀元,彭杰,应启戞.PROFINET 实时通信技术剖析[J].电气自动化,2009,28(3):29-31.

[7] 伍一帆.实时以太网 EtherCAT 协议的研究[D].杭州:浙江工业大学,2009.

[8] 胡书立,王清理.POWERLINK 总线技术的研究与实现[J].计算机工程与设计,2012,33(10):3821-3827.

[9] 罗万明.支持服务质量 QoS 的拥塞控制及其机制的研究[D].北京:中国科学院计算技术研究所,2001.

[10] 张国清. QoS 在 IOS 中的实现与应用[M]. 北京:电子工业出版社,2010.

[11] 顾其威,项阳. Best Effort 服务模式下的 Internet 流量控制[J]. 计算机应用研究,2005,
22(3):243-246.

[12] 段晓宇. QoS 的研究和 IntServ/RSVP 的实现[D]. 北京:北京邮电大学,2005.

[13] 杨洁. 基于流量测量的网络 QoS 改善若干关键问题研究[D]. 北京:北京邮电大学,2007.

[14] 肖贺,管海兵,宦飞. 工业以太网冗余技术分析[J]. 信息安全与通信保密. 2012,(3):59-63.

[15] 郭彦伟,郑建德. 生成树协议与交换网络环路研究[J]. 厦门大学学报(自然科学版),2006,
45(z1):301-304.

[16] 匡昌武,方厚辉. 冗余链路技术在工业以太网中的应用分析[J]. 工业控制计算机,2007,
20(3):18-19.

[17] 邹航宇. 工业以太网冗余协议研究[D]. 上海:上海交通大学,2013.

[18] 王西林. 基于 SNMP 网络管理系统的设计与实现[D]. 西安:西安电子科技大学,2010.

第12章　列车牵引控制系统平台

12.1　引　　言

产品平台是整个系列产品所采用的共同要素的集合,包括共用的系统架构、子系统、模块/组件、关键零件、核心技术和基础技术。系统架构是产品平台的灵魂,共用模块(CBB)是产品平台的重要构件。

平台化的产品开发从组织形式上可以采用分层研发的思路,形成平台开发团队和产品开发团队。平台开发团队承担产品平台的开发,形成可应用于不同领域的系统平台,并为应用开发提供应用开发平台。产品应用开发人员基于平台提供的面向应用的开发环境,根据各具体车型的检测、控制和诊断需求,完成车辆控制、诊断、监视等功能的实现,并交付最终产品。面向应用的开发屏蔽了计算机及通信的底层专业技术,从而使平台开发和应用开发分别专注于各自领域的知识和技能。

标准化、模块化是平台化产品的开发基础,模块化的产品设计可以实现以下几个优势:

(1) 模块的组合配置可以创建满足不同需求的产品,能够快速满足客户的定制需求;

(2) 通过重用模块,既可以重用已有零部件和已有设计经验,也可以重用整个产品生命周期中的采购、物流、制造和服务资源;

(3) 减少产品工程复杂程度,因为模块是产品部分功能的封装,产品设计人员使用具体模块时根本不用关心内部实现,可以使研发人员更加关注顶层逻辑,提高产品工程管理质量和产品的可靠性。

20世纪80年代微型计算机及现场总线引入机车和列车的车载控制系统中,构建了数字化的列车(机车)检测控制系统,业界典型的列车牵引控制平台有西门子的 SIBAS16/32、ABB 的 MICAS-S/S2(MITRAC)、阿尔斯通的 A-Gate、株洲电力机车研究所的 DTECS 及 TECX000 等。

由于本书前述章节已经介绍了基于 WTB/MVB、以太网技术等车载通信网络,本章介绍的列车网络控制系统平台,仅介绍基于 WTB/MVB 技术的一种网络控制系统平台。

12.2　列车网络控制系统平台

12.2.1　列车网络控制系统平台概述

列车网络控制系统平台是实现列车的通信管理、控制与故障诊断、信息显示和事件记录等,主要功能是实现整车控制系统,通过信号采集模块采集驾驶员的操作指令、列车各个工况下的状态等信号,经过运算及逻辑处理,给出操作列车各部件的控制指令;通过 TCN 总线实现与牵引控制系统、空气制动控制系统、辅助供电系统、信号系统、车门系统、广播监控系统等部件的数据交换;通过通信接口与第三方系统进行数据交换,实现数据交换功能。

列车网络控制系统平台应符合 IEC 61375 列车网络通信标准,其基本特点为:

(1) 集中控制与管理,分布采集与执行;

(2) 网络构成灵活,网络拓扑更易于扩展;

(3) 具有大容量的诊断与记录空间;

(4) 支持 IEC 61131 标准,支持流程图、结构化文本、功能块、顺序功能图、梯形图等编程语言;

(5) MVB 支持 ESD＋接口、EMD 接口,以及二者的转换;

(6) 支持多种第三方外部接口,如 RS232/485、以太网、USB、CAN、LonWorks 等;

(7) 支持站冗余、线冗余功能,MVB 主站的热备冗余切换时间为 10ms;

(8) 配套有便携式开发及测试工具,可在现场方便地进行上传、下载及查看。

列车网络控制系统平台一般划分为两级:列车级控制、车辆级控制。列车级控制总线和车辆级控制总线可采用 EMD 或者 ESD 的 MVB 多功能车辆总线。网关模块作为列车级总线和车辆级总线的网关,实现列车级总线到车辆级总线的数据转发功能。

按照不同的功能与硬件配置,不同车型由数量不同的车辆控制模块、网关功能模块、事件记录模块、中继器、数字量输入输出模块、模拟量输入输出模块、第三方通信模块、MVB 网卡以及智能显示器 HMI 构成。网络控制系统平台的构成如图 12.1 所示。

为提高系统的可靠性,网络控制系统平台在应用过程中还需要充分考虑系统冗余,关键冗余主要体现在以下几个方面。

(1) 总线管理主冗余:系统 MVB 总线主支持冗余热备份,允许在网络系统中配置 2 个 MVB 主设备,正常情况下其中的一个作为 MVB 总线主,控制和管理 MVB;另外一个作为 MVB 备用主,处于热备份状态,当总线主故障或受到干扰

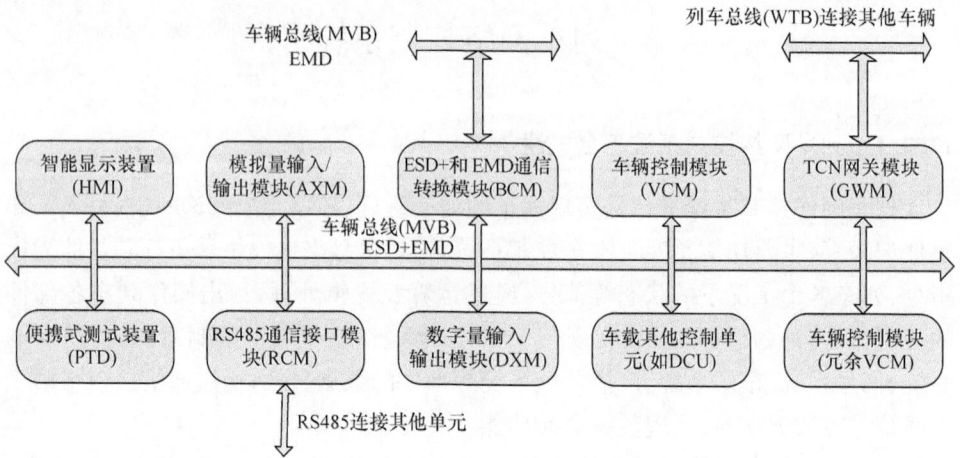

图 12.1　网络控制系统平台构成图

时,MVB 总线主可以实现自动无缝切换。WTB 的总线主通过初运行自动配置,如果当前主失效,系统中的其他弱主节点将自动竞争成为 WTB 总线主,接管 WTB。

(2) 通信总线冗余:WTB 列车总线、MVB 车辆总线通信线路均采用双通道(A/B 线)冗余设计,当某一路通信线路出现故障时,系统可以自动切换到另一路通信线路。

(3) 信号采集通道冗余:如重要的信号采用不同的输入/输出模块的通道冗余控制;

(4) 模块冗余:如 I/O 模块的冗余,处理模块的冗余。

12.2.2　列车网络控制系统功能单元

1. 车辆主控模块

车辆主控模块是列车车载网络系统(TCMS)的核心,具备如下功能。

(1) 车辆控制:执行如牵引/制动控制、安全联锁保护、空调顺序启动等一系列控制功能。

(2) 通信管理:具有多功能车辆总线 MVB 的管理能力,并且能够进行被动的主权转移功能;

(3) 显示控制:与智能显示装置 HMI 显示有关的数据传输;

(4) 故障诊断:状态数据、故障数据的采集处理,并通过 HMI 报告驾驶员。

车辆主控模块实现主要功能,在技术实现上需要达到:

(1) 采用 32 位嵌入式工业微处理器,最高速度>400MHz;

（2）FLASH 容量 48MB；

（3）SDRAM 容量 64MB；

（4）MVB ESD＋/EMD 接口；

（5）具有 RS232、RS485、以太网、CAN 总线和 USB 通信接口；

（6）实时多任务操作系统；

（7）文件管理系统；

（8）MVB 4 类设备；

（9）具有符合 IEC 61131-3 标准的图形编程界面；

（10）具有列车网络管理 TNM 的总线管理器代理者的功能；

（11）支持采样周期达到 5ms。

车辆主控模块 VCM 作为 TCMS 的核心模块，在物理布置上最接近现场执行机构，工作环境恶劣，可靠性要求高，其功能实现框图如图 12.2 所示。

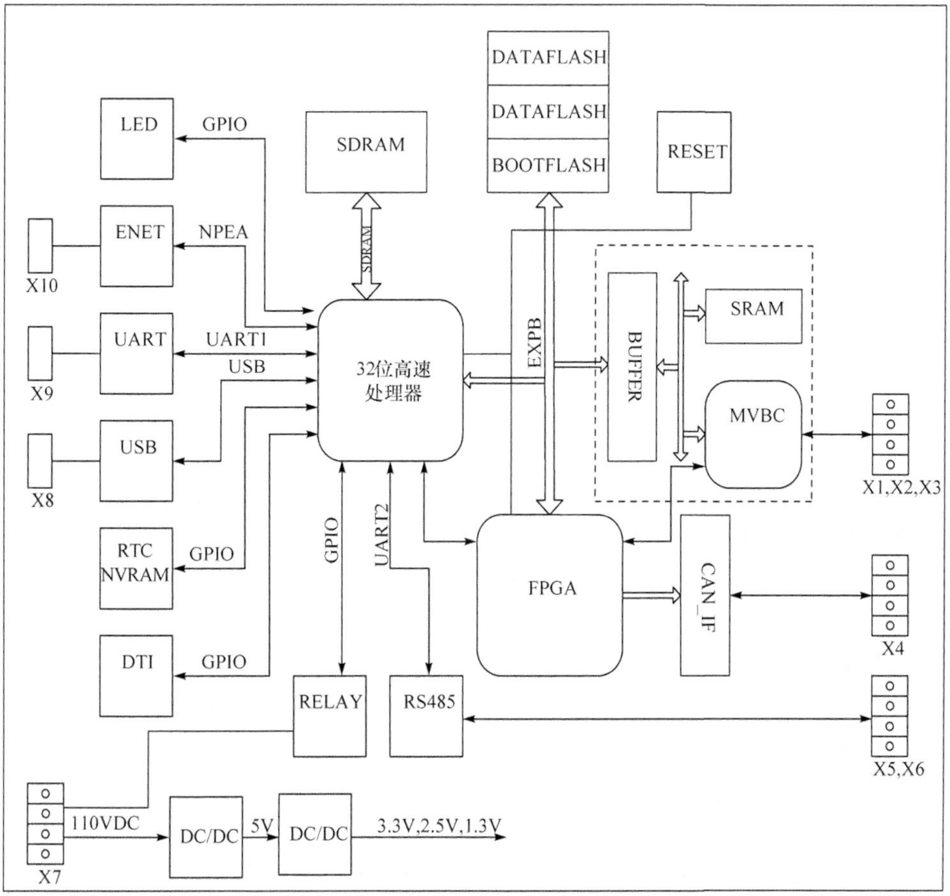

图 12.2　车辆主控模块功能实现框图

2. 网关功能模块

网关功能模块主要实现 MVB 与 WTB 间的通信,主要实现如下功能。

(1) 通信管理:用于 WTB 列车总线的通信控制功能;

(2) 数据传输:通过 WTB 列车总线接收和发送数据,实现车辆级冗余和列车级重联。

网关功能模块实现主要功能,在技术实现上需要达到:

(1) 采用 32 位嵌入式工业微处理器;

(2) NOR FLASH 容量 32MB;

(3) NAND FLASH 容量 256MB;

(4) SDRAM 容量 64MB;

(5) MVB ESD+/EMD 接口;

(6) WTB 接口;

(7) 具有 RS232、以太网、USB 通信接口;

(8) 实时多任务操作系统;

(9) 文件管理系统;

(10) MVB 5 类设备;

(11) 具有符合 IEC 61131-3 标准的图形编程界面;

(12) 具有列车网络管理 TNM 的总线管理器代理者的功能;

(13) 支持采样周期达到 5ms。

网关功能模块功能实现框图如图 12.3 所示。

3. 事件记录模块

事件记录模块是数据记录的关键部件,具备如下功能。

(1) 数据记录:驾驶员操作数据、故障数据、事件数据的记录,将事件记录模块的故障数据具体化。

(2) 数据转存:通过通信接口(如以太网等)将记录的数据下载,供便携式维护工具分析;

事件记录模块可以看成一个车辆主控模块,唯一不同的是事件记录模块添加了相关的事件记录和故障记录的软件模块,能够实现整车的故障履历、故障跟踪、事件记录功能,其技术实现同车辆主控模块。

4. 数字量输入输出模块

数字量输入输出模块主要实现数字量信号的采集输入和控制输出,具备如下功能。

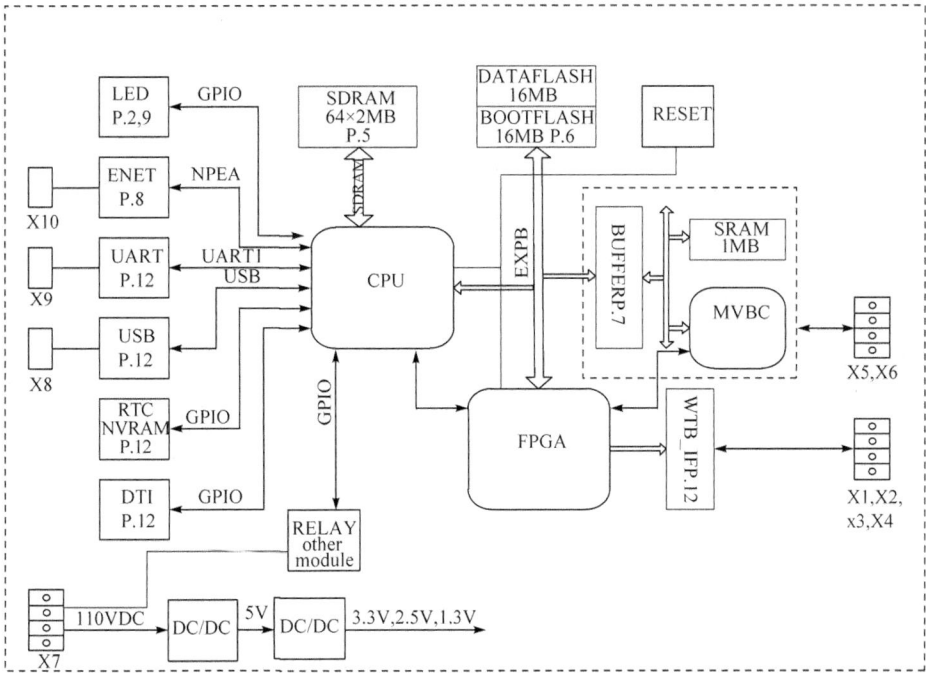

图 12.3　网关模块功能实现框图

（1）输入信号采集：将车辆间电气信号转换成控制信号，经由列车控制网络传送给车辆主控模块，完成各种控制功能。

（2）控制信号输出：将网络控制信号转换成电气信号，控制如指示灯、继电器等设备。

数字量输入输出模块实现主要功能，在技术实现上需要达到以下条件。

（1）具有通道自检功能。

（2）MVB ESD＋/EMD 接口。

（3）MVB 1 类设备（采用 FPGA 实现 MVB 协议）。

（4）具有过程数据和设备状态响应功能。

（5）具有隔离的数字量输入通道和数字量输出通道。

（6）所有输入通道采用光电隔离方式进行隔离。隔离电压不低于 1500VAC。

（7）输入通道输入阻抗：≥20kΩ。

（8）输入信号幅值：高电平≥75V；低电平≤25V。

（9）输入通道需具备过压抑制功能。

（10）输出通道额定负载能力：2A/DC110V。

（11）输出通道短路保护设定值：3A 。

（12）板内实现输入通道的硬件及软件滤波。

数字量输入输出模块功能实现框图如图 12.4 所示。

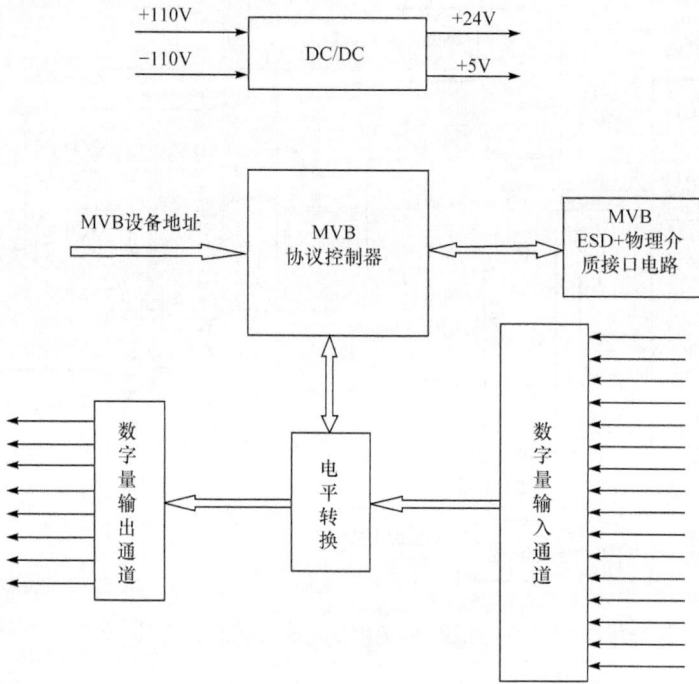

图 12.4　数字量输入输出模块功能实现框图

5. 模拟量输入输出模块

模拟量输入输出模块主要实现模拟量信号的采集输入和控制输出,具备如下功能。

（1）输入信号采集:将车辆间电气信号转换成控制信号,经由列车控制网络传送给车辆主控模块,完成各种控制功能。

（2）控制信号输出:将网络控制信号转换成电气信号,控制如仪表等设备。

模拟量输入输出模块实现主要功能,在技术实现上需要达到如下条件。

（1）实时采集的输入模拟信号量（AI）,模拟量的输入范围:电压型为 $0\sim10\text{V}$,电流型为 $0\sim20\text{mA}$。

（2）实时模拟量输出（AO）,模拟量输出为电流型或者电压型。电流型模拟量的输出范围为:$4\sim20\text{mA}$ 或者 $0\sim20\text{mA}$,电压型模拟量的输出范围为 $0\sim10\text{VDC}$。

（3）对外提供$+24\text{V}$,$\pm15\text{V}$ 的电源。

（4）MVB ESD＋接口。

（5）MVB 1 类设备（采用 FPGA 实现 MVB 协议）。

（6）具有过程数据和设备状态响应功能。

模拟量输入输出模块功能实现框图如图 12.5 所示。

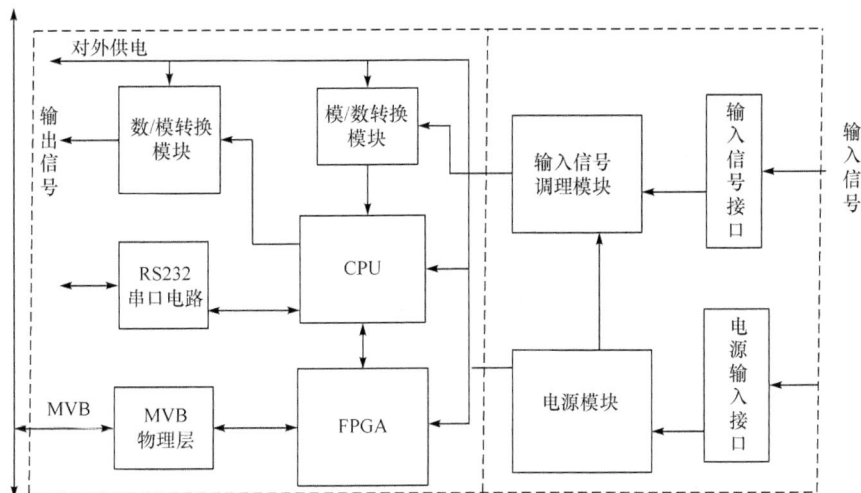

图 12.5　模拟量输入输出模块功能实现框图

6. 智能显示模块

HMI 是网络控制平台的显示终端设备，是驾驶员和维护人员操作机车的窗口，具备如下功能。

（1）信息显示：向车辆驾驶人员和维护人员提供车辆综合信息，各设备的工作状态，故障信息的综合与处理等功能。

（2）参数设定：对轮径值、列车重量、站点、时间日期等参数进行更改与设定。

（3）功能测试：进行列车运行时加速度、减速度、制动距离等基本参数的测试。

（4）数据转储：通过 USB 接口，将故障信息转储地面进行统计、分析。

智能显示模块实现主要功能，在技术实现上需要达到：

（1）32 位高速处理器，速度＞100MHz；

（2）操作系统；

（3）10/100M 以太网；

（4）CAN 接口；

（5）MVB ESD＋接口；

（6）LonWorks 接口；

（7）RS484 接口；

（8）USB 接口；

（9）I2C 键盘接口支持；

（10）文件系统支持；

（11）声卡 AC97 支持；

（12）液晶显示屏 10.4 英寸；

（13）触摸屏支持；

（14）64MB FLASH；

（15）64MB SDRAM；

（16）GUI Tiny X Server 支持。

智能显示模块功能实现框图如图 12.6 所示。

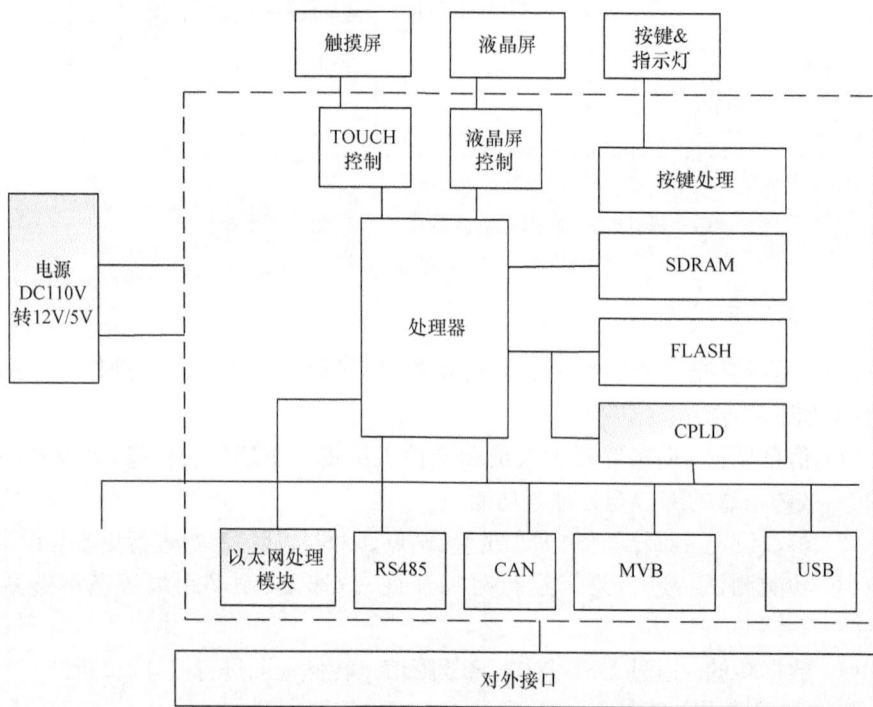

图 12.6　智能显示模块功能实现框图

7. 第三方通信模块

第三方通信模块实现不具备 MVB 等接口第三方设备和车辆总线 MVB 通信接口的转换，将不具有 MVB 通信接口的设备连接到 MVB 网络上。具备如下功能：

(1) MVB 接口通信功能,支持 A/B 线路切换功能;

(2) 支持通信接口功能,如 RS485 通信功能、RS422 通信功能、CAN 通信功能等。

第三方通信模块实现主要功能,在技术实现上需要达到:

(1) 嵌入式微处理器,处理速度>100MHz;

(2) MVB ESD+接口;

(3) RS485 接口、RS422 接口、CAN 通信接口;

(4) 外扩两片 512KB 容量的 SRAM;

(5) 实时多任务操作系统;

(6) MVB 三类设备,支持过程数据、消息数据、设备状态轮询功能;

(7) 内嵌具有符合 IEC 61131-3 标准的图形编程界面。

第三方通信模块功能实现框图如图 12.7 所示。

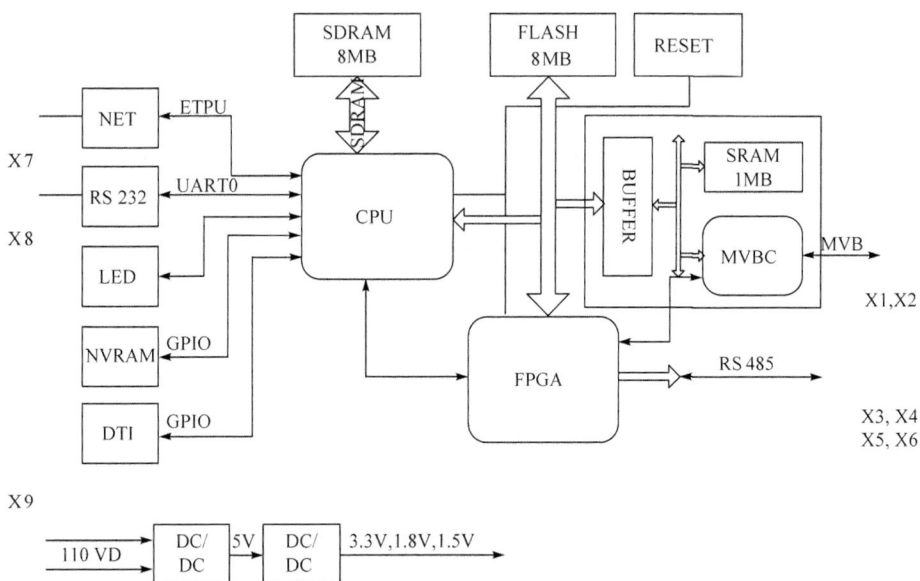

图 12.7　第三方通信模块功能实现框图

8. 中继模块

中继模块主要实现信号中继放大功能和两级总线的数据转化功能,其满足 IEC 61375 标准的 0 类设备,是 MVB 冗余管理的中继设备,为列车网络控制系统的可靠性提供了保障。中继器可以通过接收的数据帧识别数据传输方向,将数据帧从一个网段中继传输到另一个网段。其主要功能有:

(1) MVB 信号再生及放大传输,侦测网络上的信号冲突并进行相应的处理;

（2）MVB 0 类设备，实现 MVB 之间的信息交换；

（3）支持 A/B 线路冗余切换功能；

（4）总线（EMD）采用变压器隔离。

中继模块功能实现框图如图 12.8 所示。

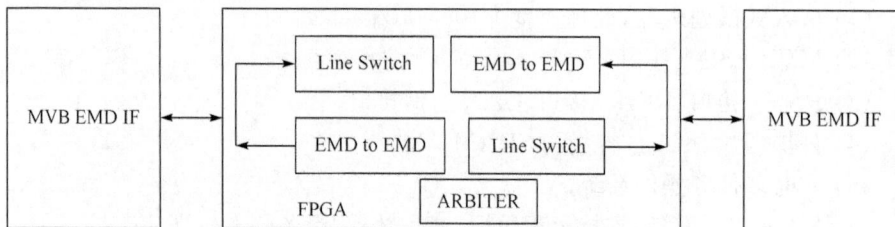

图 12.8　中继模块功能实现框图

12.2.3　列车网络控制系统软件平台

列车网络控制系统软件平台底层普遍采用嵌入式实时操作系统（embedded real-time operation system，RTOS）。嵌入式实时操作系统能够在提供多任务处理能力的同时，保证任务调度的确定性，使控制过程能够得到及时响应并协调一致进行。嵌入式实时操作系统被广泛用于工业控制、航空航天、轨道交通等对控制实时性有严格要求的行业。常见的嵌入式实时操作系统有 VxWorks、RT-Linux、QNX 与 uC/OS 等操作系统。

图形化的可编程逻辑开发环境为控制系统的应用开发提供了统一的开发环境，简化了应用开发过程，广泛应用于列车网络控制系统应用层软件的开发。常用应用开发环境有 CoDeSys、MULTIPROG 与 ISAGRF 等。

典型的列车网络控制软件平台采用分层模块化设计的思想。底层是板级支持包（board support packet，BSP）和实时操作系统。BSP 用于屏蔽底层硬件，进行硬件系统初始化，统一对外部设备的接口进行管理。实时操作系统层提供存储管理、进程管理、设备管理、文件管理、作业管理等基本功能，提供高效实时的任务调度机制，为实时控制和实时协议提供系统支持，如图 12.9 所示。

实现系统功能的软件组件采用功能模块方式，根据模块的功能进行裁剪和组合。这些功能模块包括实现网络组态和实时通信功能的 MVB、WTB、TRDP、TTDP 等模块；实现串行通信的 CAN、RS485、RS422、HDLC 等模块；实现冗余功能的主备冗余切换、环网、链路汇聚功能模块；实现事件记录的数据存储、数据管理、数据传输模块，以及其他的二层/三层交换、网络管理、I/O 管理、数据采集等模块。

图形化开发抽象层负责对这些功能模块进行抽象封装，为应用程序的开发提

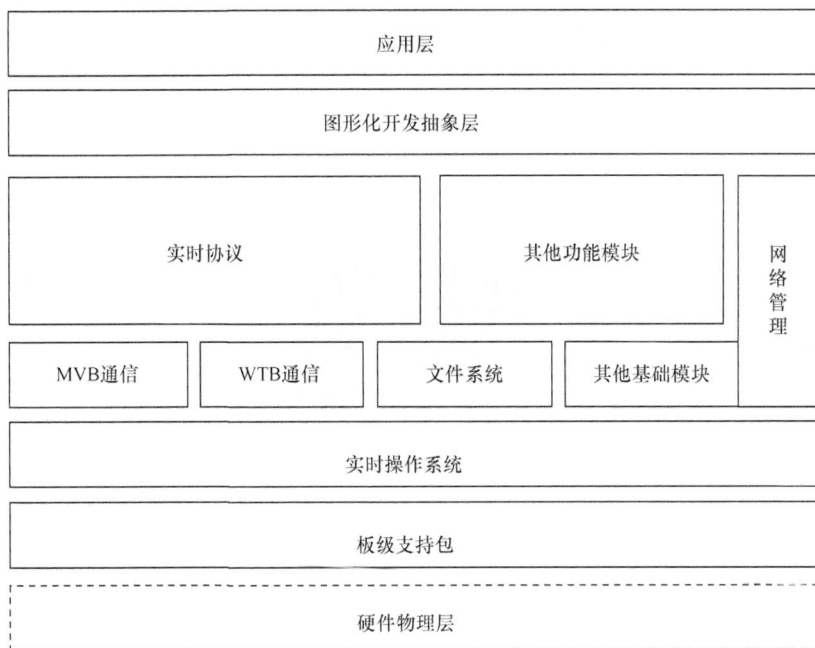

图 12.9　网络控制系统软件平台结构

供统一的接口,形成可应用于不同领域的系统平台。

应用层基于图形化开发环境提供的接口开发,实现网络控制平台应用于具体车型的需求,完成车辆控制、诊断、监视等功能。

12.2.4　列车网络控制系统工具平台

为了提升列车网络控制平台产品运用维护的效率,提高其用户友好程度,强大的工具软件支撑是必不可少的。目前,庞巴迪、西门子、阿尔斯通等国外公司均已具有覆盖列车网络控制系统全生命周期的一套完整的工具链,通过平台产品及其配套工具链的整合,能显著增强产品的竞争力。

网络控制系统工具平台将为列车网络控制系统及系统中各组成设备提供全生命周期的支持,包括网络拓扑的组态、网络通信的配置、各组成设备的配置以及应用程序开发等前端的工具支持,也包括现场应用部署、状态监视、系统诊断以及维护等后端的工具支持。

按照应用逻辑,网络控制系统工具平台可分为如下四大部分(图 12.10)。

1) 组态配置(拓扑组态、设备配置与通信配置)

(1) 支持以图形化的方式对网络拓扑进行直观且高效的组态,同时能够对系统级和设备级相关的参数进行快速配置;

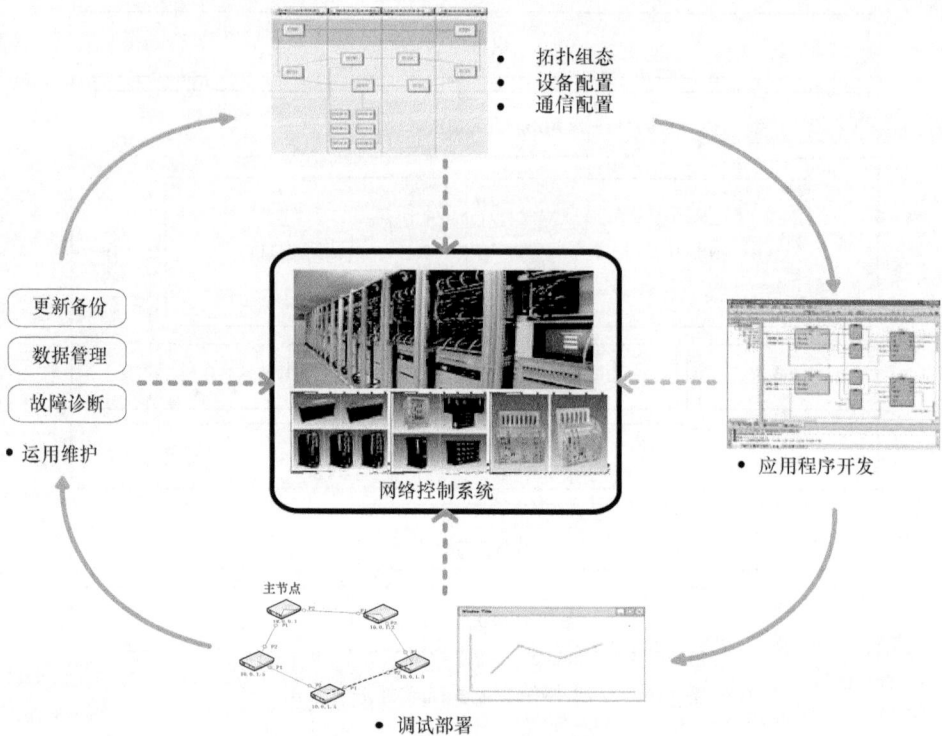

- 拓扑组态
- 设备配置
- 通信配置

更新备份

数据管理

故障诊断

• 运用维护

网络控制系统

• 应用程序开发

主节点

• 调试部署

图 12.10　工具平台组成及功能示意图

（2）支持拓扑组态及参数配置的一致性检查，能够很好地保证组态和配置的正确性；

（3）支持利用离线的网络拓扑组态及系统和设备的配置与实际网络进行匹配检查，帮助排查实际网络可能存在的问题。

2）应用程序开发

（1）支持图形功能块的编程形式对应用程序进行开发；

（2）支持利用组态配置过程中的配置信息自动建立应用程序开发工程，并自动完成工程中的相关配置，无需人工手动重复配置；

（3）支持定义外部使用变量，并能快速识别这些变量，以便支持试运行和维护的变量监视和强制变量等相关功能；

（4）支持多种应用程序开发平台。

3）调试部署

（1）支持对实际网络系统的整体一键配置，也能够随时针对单个设备的配置进行修改；

（2）支持查看网络系统中设备固件版本号、应用程序版本号及其版本信息（包括当前版本已有的功能，相对上一版本增加、删除、修改的功能）；

（3）支持对网络系统中设备固件、应用程序和配置文件的更新和备份；

（4）支持以多种形式（图形、文字、列表等）方便、快速地展示系统级别和设备级别运行时的相关信息，便于掌握和判断当前系统及设备的状态；

（5）支持对编程阶段定义的外部使用变量进行监视或者修改。

4）运用维护

（1）支持查看网络系统中设备固件版本号、应用程序版本号及其版本信息（包括当前版本已有的功能，相对上一版本增加、删除、修改的功能）；

（2）支持对网络系统中设备固件、应用程序和配置文件的更新和备份；

（3）支持对网络系统运行所产生的事件和故障等数据进行收集、查看和备份；

（4）支持对网络系统的故障诊断信息进行收集、查看、分析和备份，并利用故障诊断信息对故障源进行准确定位。

1. 组态配置

利用图形化技术，在离线的状态下能够易用、直观和高拟真地搭建整车的拓扑，包括设备所处车厢位置，设备与设备之间的连线（具体到设备的连接端口号），连线类型可以根据不同的通信方式（如以太网、MVB、CAN 和 HDLC 等）进行选择，界面见图 12.11。

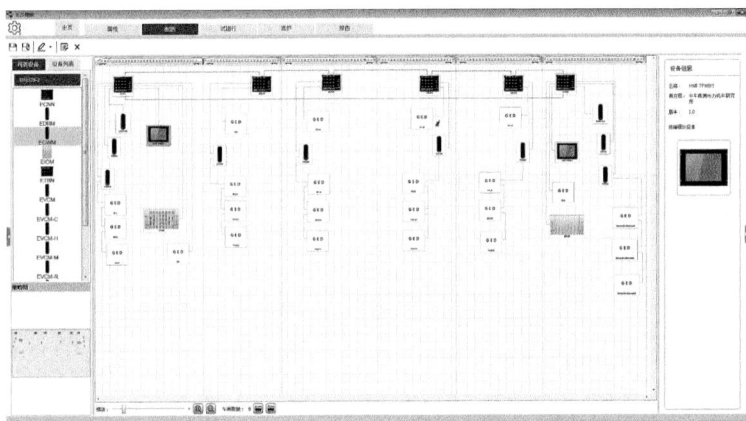

(a) 拓扑设计系统示意图

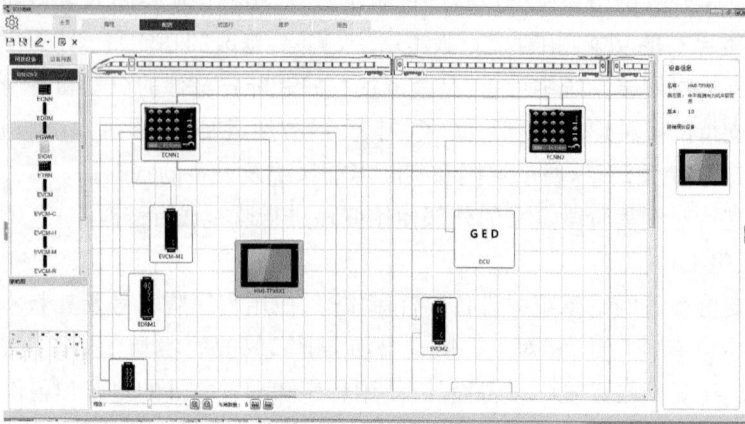

(b) 拓扑设计局部示意图

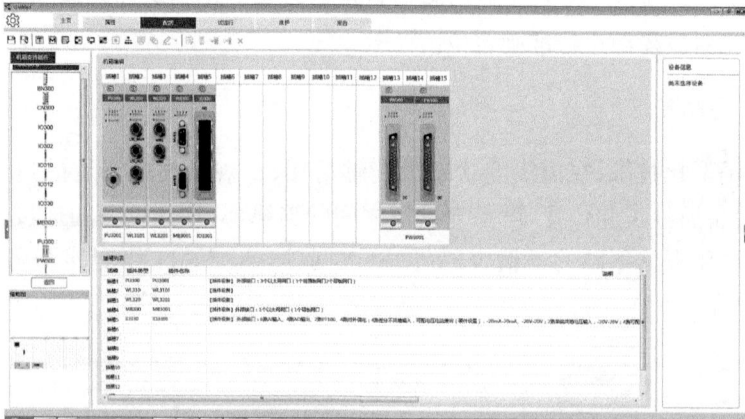

(c) 机箱插件配置示意图

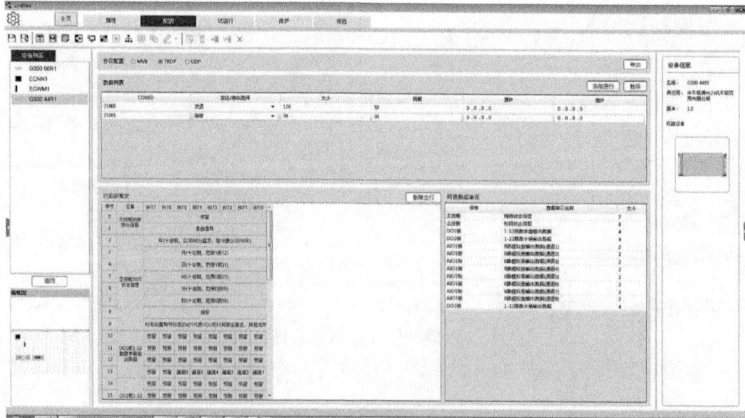

(d) IO机箱免开发模式下的协议配置示意图

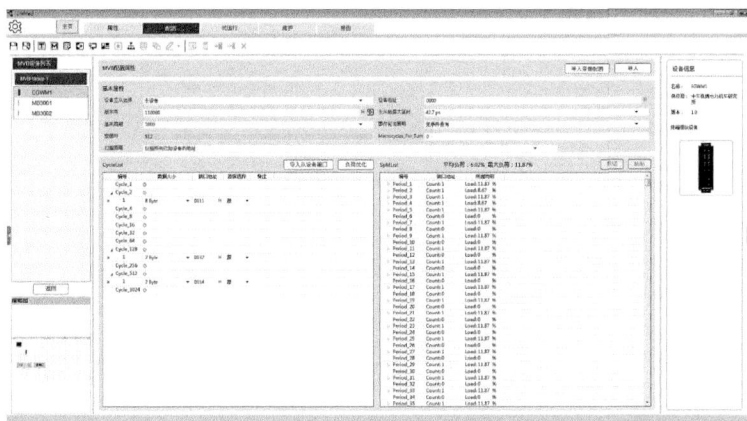

(e) MVB协议配置示意图

图 12.11　网络系统平台集成应用开发平台配置示意图

采用通用设备模型,支持第三方设备加入系统网络拓扑设计,从而完成完整系统的通信配置。

能够完成拓扑组态及参数配置的一致性检查,很好地保证了组态和配置的正确性,利用离线的网络拓扑组态及系统和设备的配置与实际网络进行匹配检查,帮助排查实际网络可能存在的问题。

充分考虑了网络的扩展性、通用性,支持机箱板卡在约束条件下的灵活配置。

为支撑 IO 机箱高效灵活地应用到不同项目场景,能够完成 IO 机箱免开发模式下的协议配置及协议文档自动生成。

2. 应用开发

集成应用开发平台,实现从组态配置到应用开发的无缝对接,界面见图 12.12。

目前能够集成第三方应用开发平台 MULTIPROG,进行设备的应用程序开发。

3. 调试部署

能够进行全车设备一键配置,能够在列车上的任何位置对全车的设备进行准确的配置;能够完成对设备实时状态的监视及状态异常的报警,快速定位异常设备;支持变量的监视和强制,可以查看变量的实时波形,方便调试(图 12.13)。

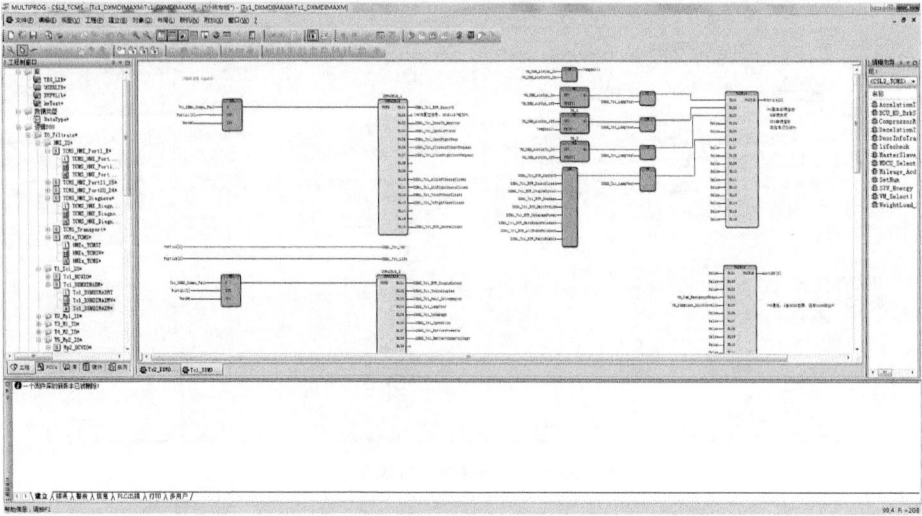

(a) 应用程序开发示意图

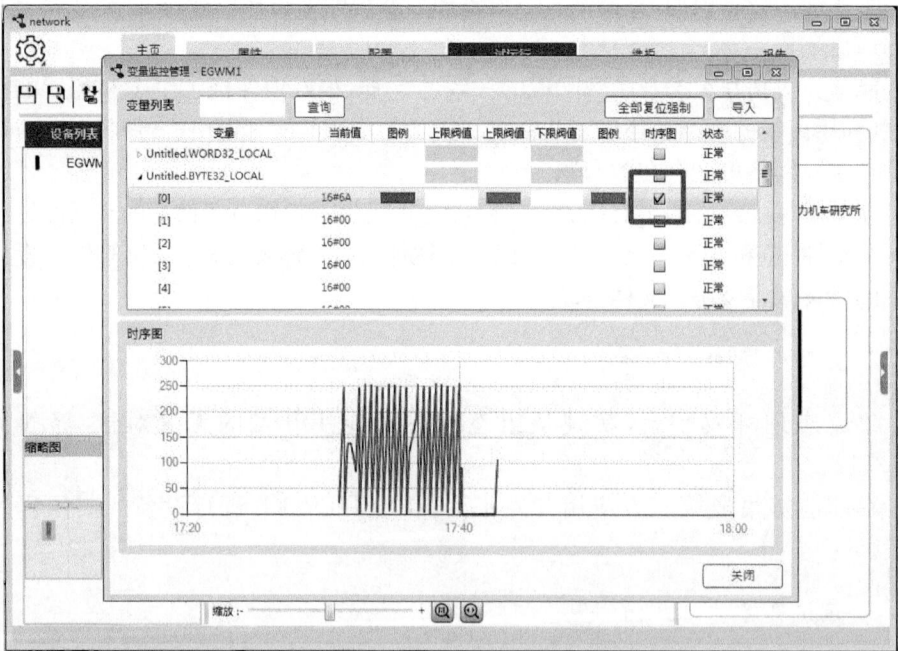

(b) 变量监控管理示意图

图 12.12　网络系统平台集成应用开发平台工具示意图

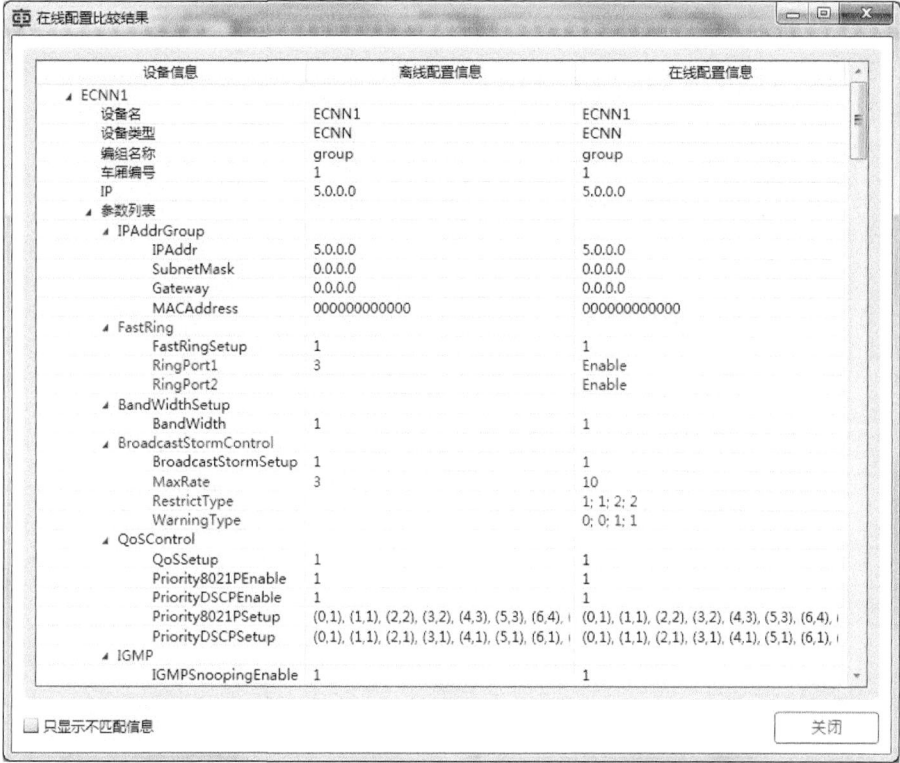

(a) 离线与在线配置匹配结果

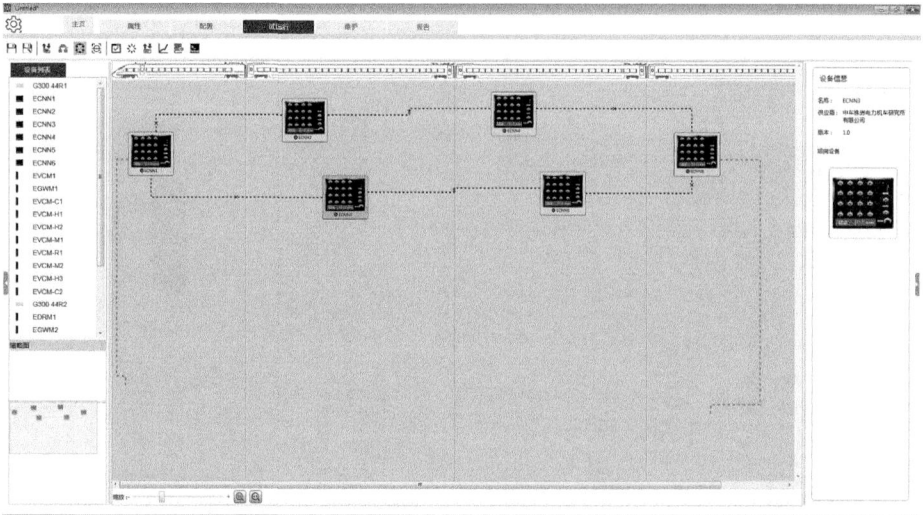

(b) ECN 环网状态监视

图 12.13　网络系统平台集成应用开发平台调试示意图

4. 运用维护

能够进行单设备或批量设备的程序更新和备份,无需开启多个软件协调工作,无需串口命令;能够对设备级和整车级的诊断信息查看、定位、统计和导出,见图 12.14。

(a) 程序更新示意图

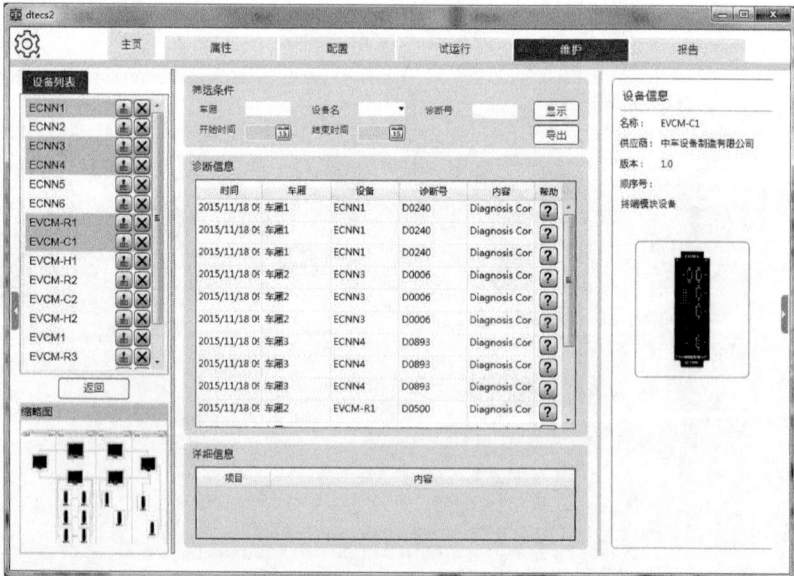

(b) 故障诊断示意图

图 12.14　网络系统平台集成应用开发平台运用维护示意图

12.3 列车牵引变流控制平台

12.3.1 列车牵引变流控制平台概述

牵引控制单元(TCU),既是交流传动系统的核心部件之一,又是车载网络控制系统的重要单元节点,其任务是完成变流器控制、交流牵引电机控制和黏着利用控制,同时完成变流系统的逻辑控制、通信控制、故障保护、故障诊断、故障记录等功能。

1. 列车牵引变流控制系统

牵引变流控制系统如图 12.15 所示,其中 TCU 是控制系统的核心,它主要与列车网络、牵引变流器、牵引电机、牵引变压器及外部电气电路和制动系统等对象关联。

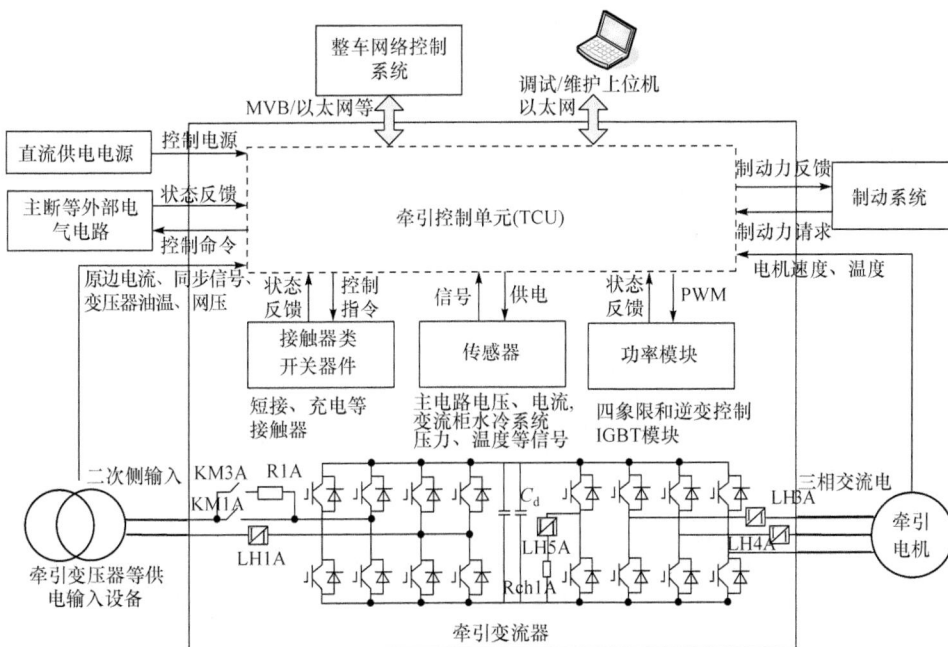

图 12.15 牵引变流控制系统结构原理示意图

以 TCU 为核心,牵引变流控制系统主要组成部件如下所示。

(1) TCU:主要完成变流器控制、牵引电机控制和黏着利用控制,以及变流系统的逻辑控制和故障保护、网络通信和故障记录与诊断等功能。

（2）外部通信设备：TCU 具有符合列车通信网络（TCN）IEC 61375 标准的 MVB 通信接口，对外与车辆总线相连，与中央控制单元等形成控制与通信系统。同时为方便对 TCU 的调试和维护，TCU 一般还留有以太网等通信接口与上位机相连。

（3）牵引变流器：TCU 置于牵引变流器柜内，主要与牵引变流器的如下部件进行接口。

① IGBT 模块：TCU 的直接控制对象，TCU 输出 PWM 脉冲信号至 IGBT 模块，控制元件开通关断；IGBT 模块反馈相应的元件状态、模块过热状态给 TCU 进行实时监视与保护。

② 接触器开关器件：主回路中相关的各类接触器，如充电、短接、隔离接触器等，TCU 输出控制信号驱动各接触器的开关动作，同时接收、检测各接触器的状态反馈。

③ 电压/电流传感器：TCU 采样、检测牵引变流器主回路中的电压、电流信号，用于变流器实时算法控制和保护逻辑。

④ 温度/水压传感器：TCU 采样变流器冷却水系统温度、压力信号，用于变流器状态监视与保护。

（4）变流器供电输入设备：交流电网供电（如 AC25kV）的牵引系统中，TCU 与牵引变压器进行接口，主要采集原边电压、原边电流和变压器温度，用于监视、保护和闭环控制。

（5）牵引电机：作为牵引系统的主要控制对象，TCU 与牵引电机接口，主要采集电机速度/位置反馈和电机温度信号。

（6）主断路器等外部电气电路。根据主机厂及用户的需求，DCU 需与外部电气电路以电平式 IO 进行接口，用于输出命令，检测状态，如主断允许输出、主断状态反馈等。

（7）制动控制单元（BCU）：与 BCU 接口实现与制动控制器的制动力给定和回馈的模拟量数据传递。

2. TCU 功能概要

TCU 系统按功能进行划分，主要分三部分：系统管理、实时控制、接口与监视功能模块，其主要功能架构示意图如图 12.16 所示。

1）系统管理功能模块

系统管理功能模块处于 TCU 系统的最上层，负责 TCU 系统资源协调管理、逻辑控制和系统通信，并提供 TCU 系统的程序下载、参数调制、实时监视、测试诊断、故障记录等后期维护的软硬件接口。主要功能如下。

（1）时序逻辑控制。TCU 上电后对系统进行自检和初始状态设置，根据控制

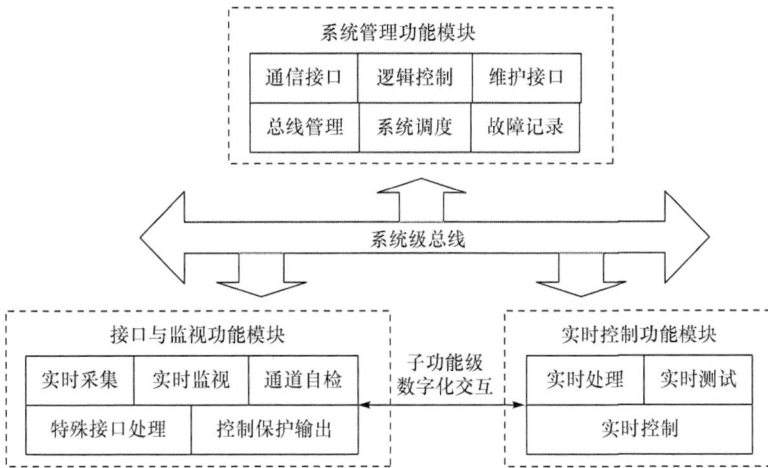

图 12.16　TCU 主要功能架构示意图

系统命令与牵引系统各部件的状态进行综合判断,控制主回路中主断路器合允许和分断、充电接触器合/断、短接接触器合/断、四象限变流器启/停、逆变器启/停等,并使变流器处于相应的运行模式,实现对牵引变流器的时序逻辑控制。

(2) 力矩给定。TCU 将给定牵引(制动)力指令转换成电机转矩指令,给定牵引(制动)力指令的形式可以是力、力矩或司控器级位指令,设置电动机特性保护和牵引(制动)力指令斜率限制功能。

(3) 网络通信。TCU 通过车辆总线 MVB 与中央控制单元连接,接收来自中央控制单元的命令、给定和状态数据,同时将采集到的变流系统的数值、状态和故障信息等送给中央控制单元用于控制和显示。

(4) 故障保护、诊断与记录。TCU 具备对故障的软硬件保护功能,能诊断变流系统的过流、过压、欠压、超温、接地等故障和元件及接触器的故障。故障实行分级保护,根据故障性质和严重程度,分为可恢复(自动恢复和人工恢复)故障和不可恢复故障。恢复后系统可重新投入继续运行或降功运行,不可恢复时应切除。同时 TCU 还具备故障记录功能,能记录故障事件和严重故障的过程数据等。

(5) 程序下载、数据监视与参数配置。上位机工具软件通过维护以太网接口可实现对 TCU 程序在线下载,数据状态监视和参数配置等功能,方便对 TCU 进行调试和维护。

2) 实时控制功能模块

实时控制功能模块实现控制对象(变流器模块)的实时闭环算法控制(四象限整流控制、电机逆变控制和机车运行黏着控制等)功能,是 TCU 系统的核心,主要功能如下。

(1) 四象限变流器控制。在四象限变流器正常输入电压范围内,TCU 控制中间回路的直流电压保持恒定,同时控制电网侧电流波形,使其近似正弦波,在牵引工况和再生制动工况下,使供电接触网或牵引变压器一次侧的功率因数接近于 1,减少对周围环境的电磁干扰。

(2) 电机逆变控制。根据电机的参数和状态,实时控制逆变器的输出电压和频率,使电机的输出转矩跟随给定转矩,并具备优良的动、静态性能以及一定的鲁棒性。

(3) 斩波控制。在电阻制动工况及中间直流回路电压高于正常工作电压时,TCU 控制斩波支路,消耗能量,降低中间直流回路电压。

(4) 黏着利用控制。在线路状况变化的情况下,限制电机转矩,使机车/动车接近当前最大的黏着系数运行,保证黏着得到充分利用,并防止牵引和电制动时轮对擦伤。

3) 接口和监视功能模块

接口和监视功能模块,主要负责 TCU 与外部系统的接口处理,采集、监视相应接口信号,执行 TCU 系统相应的控制、保护输出动作。

(1) 实时模拟量采集处理。采集电流、电压等模拟量信号,基于 FPGA 对采样、处理后的信号进行监视,通过阈值比较直接生成保护信号并通过数字化背板输出至执行板卡。

(2) PWM 脉冲入出处理。TCU 与变流器模块接口最主要的是 PWM 脉冲输出和元件状态反馈,TCU 要完成对接口信号的电平转换,当元件状态反馈有故障时需通过可编程逻辑器件封锁脉冲输出,生成跳主断信号并通过数字化背板输出至执行板卡。

(3) 110V 数字 IO 接口功能。TCU 通过光耦隔离读取数字量状态信号,通过 MOSFET 或继电器驱动数字量输出。

(4) 其他接口功能。TCU 系统需具备其他多样性接口,4～20mA 多应用于水压传感器信号及与 BCU 的接口,PT100 温敏电阻需提供恒流源输出对温度信号进行采样,同时还要对电机速度脉冲进行速度信号处理、方向判断和传感器故障判断。

按照实时性要求对两类信号采取不同的保护策略:第一类是高实时性信号,采用谁采集谁保护的策略,元件故障信号由脉冲接口功能检测并直接生成保护信号,模拟信号由实时采集功能模块采集并直接在相应的 FPGA 实现门槛判断和保护;第二类是非实时性信号,采用集中处理保护的策略,IO 信号状态(如接触器、过热状态等),模拟量(如水压、温度等),将通过总线上传至系统逻辑软件集中处理。

12.3.2　列车牵引变流控制硬件平台

TCU 采用机箱式结构放置于牵引变流器内,从插件的前面板连接输入/输出信号,各插件(电源除外)间仅通过背板总线进行数据交互,其硬件功能框图如图 12.17 所示。

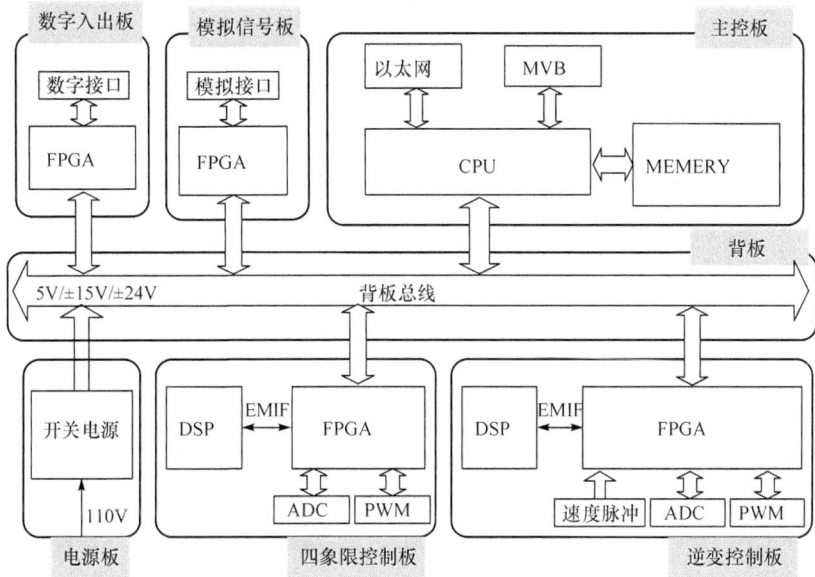

图 12.17　TCU 硬件功能框图

TCU 由车载蓄电池供电,标称供电电压为直流 110V,电压波动范围为 0.7～1.25 倍标称电压,直流纹波因数不大于 15%。通过 TCU 机箱内的开关电源板为各功能插件提供＋5V、±15V、±24V 电源,＋5V 主要为 TCU 数字控制系统供电,±15V 主要为电压传感器、速度传感器及 AD 采样电路等供电,±24V 主要为电流传感器、机箱风扇等供电。电源板还需要有对 110V 输入电源的过欠压保护功能,以及对输出电源的过欠压及过流、短路等保护功能。

主控板一般采用基于 ARM 或 PowerPC 等体系架构的通用嵌入式 CPU,处理器主频应不低于 200MHz,挂载有大容量 Flash 存储器,并具备 MVB 和以太网通信接口,支持运行嵌入式实时操作系统,以满足对于系统逻辑控制、网络通信、数据记录和人机交互等多任务实时处理功能,系统逻辑控制周期应不大于 10ms。

实时控制板采用 DSP＋FPGA 处理器架构。DSP 应具备较强的浮点运算能力,支持对于高密度、高实时性、高性能的闭环控制计算和信号处理,运算周期不大于 100μs。FPGA 用于与模拟量采样、PWM 脉冲、IO 信息等硬件接口,实现基于 FPGA 底层硬件驱动、脉冲调制生成及超高速保护等功能,动作执行周期不大于

$1\mu s$。DSP 与 FPGA 通过 EMIF(外部存储器接口)进行数据交互。

数字入出板用于读取外部数字量状态及驱动开关量输出。数字量输入参数<DC45V 为 0 电平,>DC70V 为 1 电平,输入阻抗≥20kΩ。数字量输出参数≤1.25A(DC110V,MOS 管方式),≤0.1A(DC110V,继电器方式)。

模拟信号板主要用于采样除用于实时控制电压、电流之外的温度、压力、BCU接口等模拟量信号。模拟量信号输入范围为$-10\sim+10V$、$-250\sim+250mA$,采样分辨率 16 位,采样精度≤1%。

背板总线用于实现 TCU 各插件之间的内部数据交互,一般使用工业标准的CPCI 或 VME 等背板总线,背板同时还为 TCU 各插件提供统一的供电电源。

1. 处理器系统

TCU 中处理器系统相当于控制平台的大脑和中枢。传统变流控制平台一般选用单片机 MCU 作为处理器平台,但是随着牵引控制系统对于控制的高精度、高性能、网络化、智能化等需求的日益增长,传统的单片机 MCU 因为处理能力差、接口少等原因已不能满足当前控制系统的需求,同时随着当前处理器技术的日新月异,处理器性能越来越强且成本越来越低,使用高性能处理器应用于变流控制系统已逐渐成为当前行业的大趋势。FPGA 因为接口配置灵活,且具有处理器无可比拟的并行性和快速性,也被广泛地引入应用于具有强实时要求的变流控制系统,相比于传统的以 DSP 或 CPU 为核心的控制系统,"X+FPGA"架构平台能大幅减轻DSP 或 CPU 的非计算负荷,提高系统数据吞吐能力,优化控制系统精度。同时,FPGA 逻辑设计的灵活性和多模块并行处理能力也极大地简化系统的单板设计复杂度。

在变流器控制平台中,CPU 主要负责变流器控制平台的系统管理、系统控制、对外通信、人机交互、应用调试、故障记录与诊断等工作,其上一般运行 VxWorks、Linux 等嵌入式操作系统。推荐选用 ARM 架构的 CPU,ARM 架构是当今最开放的处理器体系架构,拥有超过 900 个芯片、工具和软件的合作伙伴,已推出 20 多种处理器,可以解决每个应用挑战,已成为当前应用最为广泛的嵌入式处理器架构。ARM 架构涵盖了各个细分市场中性能点的实现,其处理器架构简单,实现了较高性能、较小代码尺寸、较低功耗和较小硅面积间的良好平衡。ARM 处理器架构概览如图 12.18 所示,主要分为两类:ARM 应用处理器和 ARM 嵌入式处理器。ARM 应用处理器包括有 Cortex-A 和经典 ARM9/11 架构的处理器,支持运行复杂的操作系统。ARM 嵌入式处理器包括 Cortex-M 和经典 ARM7 架构的处理器,主要面向传统单片机应用场合。目前主要的工业级 ARM 处理器厂商主要有TI、Freescale 等公司,对于高端应用场合推荐选用 ARM Cortex-A 的内核,对于一般应用场合可选用 ARM9 或 Cortex-M 的内核,在选用具体的处理器型号时还需关注处理器的温度范围、功耗、接口、主频等主要指标。

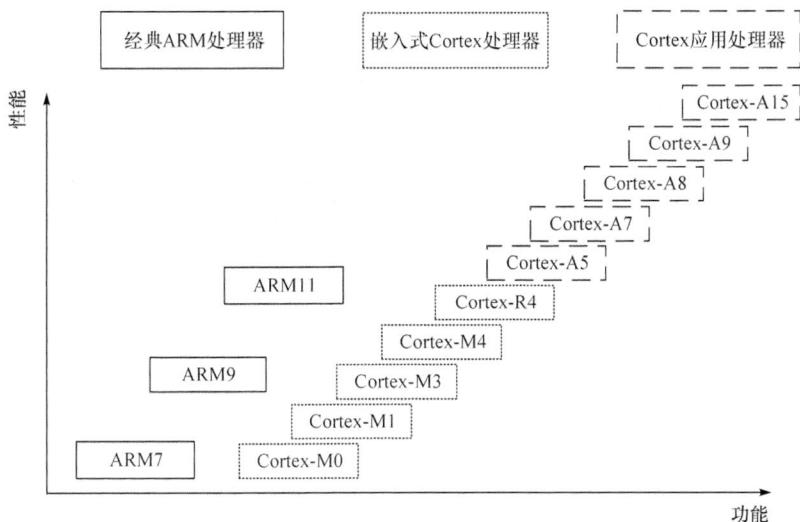

图 12.18　ARM 处理器架构概览

　　DSP 主要用于负责控制对象的数学模型计算和实时信号处理,要求有较强的浮点运算能力。传统上多使用 TI C2000 的 MCU 用于变流控制。随着控制软件对于高性能、高精度的要求越来越高,使用浮点计算能力更强的 C6000 DSP 用于变流控制也越来越广泛,TI 公司 C6000 系列 DSP 包含了 C64x、C67x 和 C66x 等几大谱系,如图 12.19 所示,其中 C66x 内核是融合了 C64x 和 C67x 内核的诸多技

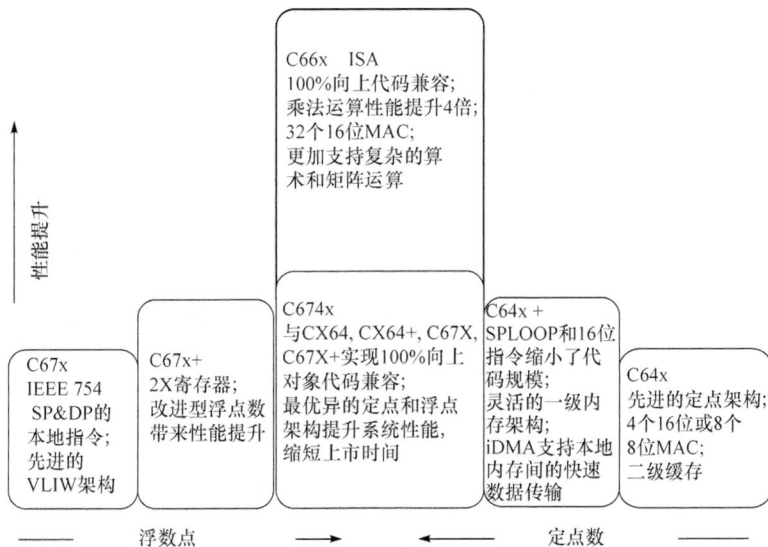

图 12.19　TI 公司 C6000 DSP 内核谱系图

术特点的最新一代 C6000 内核,具有最优越的性能。推荐选用 TI 公司低功耗并具有较强浮点运算能力的 C67x 或 C674x 内核的 DSP。

FPGA 在变流器控制中主要负责与硬件接口及强实时逻辑处理等,作为 PLD (programmable logic device)器件的一种,FPGA 使用基于 SRAM 的查找表工艺实现逻辑运算,相比于传统 GAL、EEPROM 等工艺的可编程器件,其可轻易实现更大的逻辑资源容量和实现更为快速高效的逻辑设计。同时,芯片 IP 技术的发展,使得 FPGA 不再是单一的可编程逻辑器件,其内部丰富的 DSP 乘法核、存储 BlockRAM 和多种标准高速接口使得其具备了在单一芯片内同时实现逻辑、运算、存储和通信的能力。目前 FPGA 应用较为广泛的主要有 Xilinx 公司 Spartan 系列和 Altera 公司的 Cyclone 系列的 FPGA 器件,选型时主要考虑 FPGA 的逻辑单元个数、IO 管脚数、DSP 功能单元、温度范围、功耗等指标参数。

2. 背板总线

背板总线在工业领域目前主要有 CPCI 和 VME 两种,采用标准背板总线可保证各个功能模块之间有足够的数据交换带宽,数据传输信号稳定,系统标准化程度更高。

CPCI 源于 1992 年 Intel 公司成立 PCI 总线特别兴趣组织(PCISIG),PCI 总线的 32 位/33MHz 标准具有 132Mbit/s 数据传输速度,其 64 位/66MHz 的标准可以达到 528Mbit/s。为了将 PCI 总线应用于嵌入式领域,1994 年成立了 PCI 工业计算机制造商协会(PICMG),为嵌入式计算机研制通用的技术标准,最新的标准文件是 1999 年 10 月发布了 PICMG 2.0 Rev.3.0,CompactPCI Specification。VME 协议源于 Motorola 的 VERSA 总线体系结构,1981 年 VME 总线作为一种背板总线协议被推出,自最初规范公布以来,VME 总线标准有了很大的发展,但是早期的主板仍可与最新技术兼容。CPCI 与 VME 总线主要性能指标对比如表 12.1 所示。

表 12.1　CPCI 与 VME 总线主要性能指标比较

总线主要指标	CPCI 总线	VME 总线
数据总线宽度	可进行 8bit、16bit、32bit 传输,最高可达 64bit	可进行 8bit、16bit、24bit、32bit 传输,最高可达 64bit
地址总线宽度	32bit、64bit	16bit、24bit、32bit
传输率	最高 528Mbit/s	最高 320Mbit/s
传输方式	同步	异步
信号线数	49 根	106 根

续表

总线主要指标	CPCI 总线	VME 总线
数据/地址总线是否复用	复用	非复用
带负载能力	带负载能力弱,最多可带 8 个板卡	带负载能力强,最多可带 21 个板卡
总线控制方式	支持 DMA 传输;最多 4 条终端请求线,1 条总线请求线	支持 DMA 传输;7 级中断请求;4 级总线请求,总线仲裁呈菊花链式分布;数据总线宽度可在各传输周期动态设置

3. 接口电路

1) 传感器信号接口

传感器采样电路如图 12.20 所示,系统使用电流型传感器对牵引变流器电压电流等进行采样,传感器由 TCU 供电,通过采样电阻和运放电路处理之后产生 V_o。信号进行 AD 转换,根据 AD 转换芯片的要求,V_o 应该限制在 $-10\sim+10\text{V}$,采样精度要求为 1%。

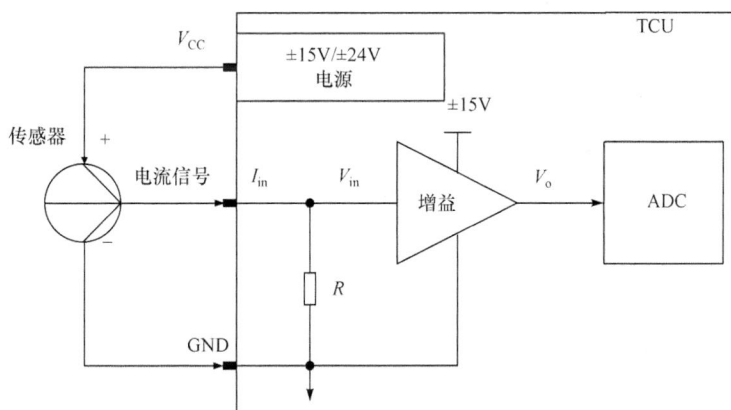

图 12.20 传感器信号采样电路原理示意图

2) 温度信号接口

温度信号采样电路如图 12.21 所示,采用 PT100 铂热电阻,通过 4 线制与 TCU 接口,由 TCU 为 PT100 提供 5mA 恒流源供电,采样电压信号获取温度值,精度要求 $\leqslant\pm3$℃。

3) 速度信号接口

电机速度信号采样电路如图 12.22 所示,速度传感器由 TCU 提供 15V 供电电源,对速度信号脉冲通过滞回比较和光耦隔离,处理电路对脉冲信号频率有限

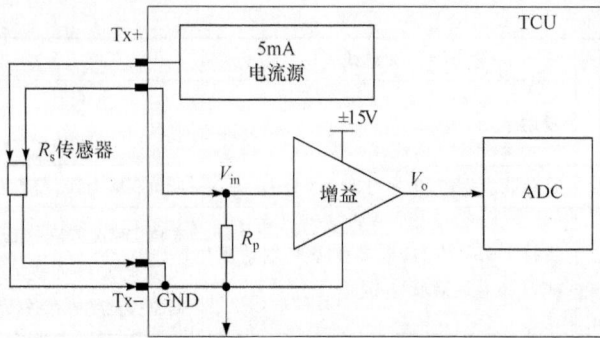

图 12.21　温度信号采样电路原理示意图

制,高低电平应满足:7.6V 为高电平门槛,5V 为低电平门槛。FPGA 对速度脉冲
进行计算,获取速度脉冲频率,同时判断速度方向。

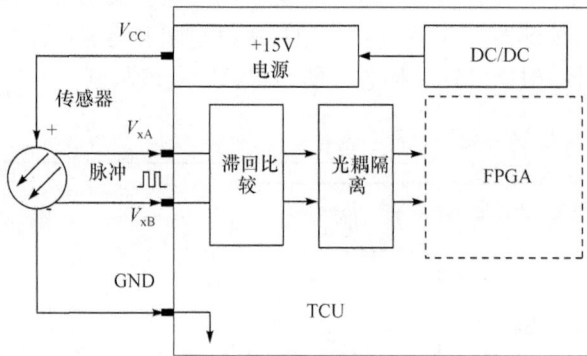

图 12.22　电机速度信号采样电路原理示意图

4) PWM 输出与反馈电路

PWM 输出与模块状态反馈电路如图 12.23 所示,为 24V 电压型信号输出和
电压型信号反馈,TCU 需完成电平转换。

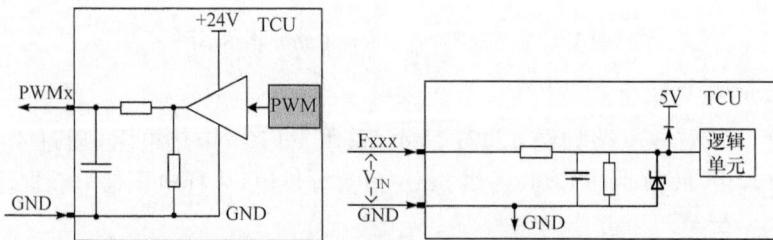

图 12.23　PWM 输出与反馈电路原理示意图

5) DIO 电路

DIO 电路有两种,分别为是 MOSFET IO 输出和继电器 IO 输出,电路示意图如图 12.24 所示。

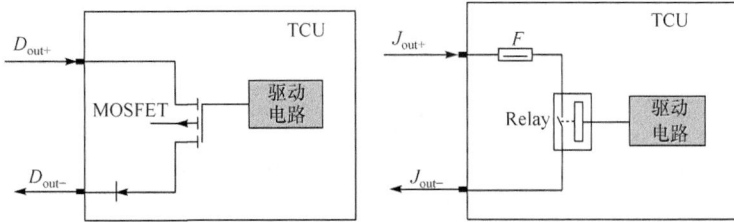

图 12.24　DO 输出电路原理示意图

110V 数字量输入电路如图 12.25 所示,低电平输入范围为 $0\sim35\text{V}$,高电平输入范围为 $60\sim137\text{V}$。

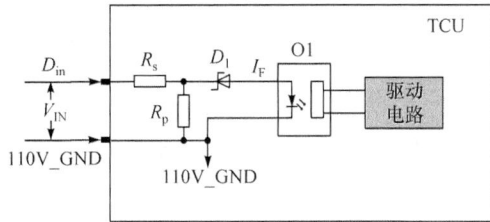

图 12.25　DI 输入电路示意图

12.3.3　列车牵引变流控制软件平台

牵引控制单元既要满足电力电子应用中的高速控制要求,也需要同时胜任低速逻辑控制任务,其软件在 CPU、DSP 和 FPGA 三个层面上实施,软件系统功能概览图如图 12.26 所示。

第 1 层:CPU 应用软件层。

这一层基于 IEC 61131-3 工业标准,实现低速逻辑控制、网络通信及监视、操作、显示和记录等人机交互功能。利用 KW MULTIPROG 或 ICS Triplex ISa-GRAF 等工程工具可开发符合 IEC 61131-3 标准的程序,全面涵盖项目的设计、安装、调试、操作、维护等各个环节,程序运行周期不大于 10ms。上位机调试与维护工具通过以太网与 TCU 直接相连,实现对 TCU 的监视、配置、更新、诊断等人机交互功能。

第 2 层:DSP 控制软件层。

这一层主要完成实时闭环控制功能,周期时间在 $100\mu s$ 以下,DSP 实时控制

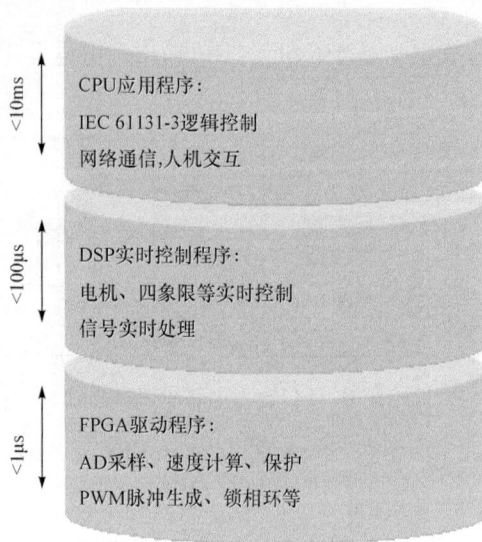

图 12.26　TCU 软件系统概览示意图

层接收 CPU 应用层的控制指令并反馈状态量给 CPU 应用层,同时 DSP 实时控制层与 FPGA 驱动层交互读取传感器值并发送调制波给 FPGA 用于产生 PWM 信号控制 IGBT 模块。

第 3 层:FPGA 驱动软件层。

这一层主要实现与高速模拟与数字输入输出等硬件的接口,读取 AD、速度脉冲计算、网侧电压锁相环等,以及完成 PWM 脉冲生成和相关高速故障保护逻辑,该层利用 HDL 编程,执行周期最高速,用于实现与高速硬件的接口和对时序有最严苛要求的功能,通常不大于 $1\mu s$。

1. CPU 应用软件层

CPU 应用软件层系统架构如图 12.27 所示。CPU 软件对上与列车网络和人机交互接口,对下与所有的控制软件层接口,是 TCU 系统的数据融合与管理中心。

CPU 底层采用 VxWorks 嵌入式实时操作系统,VxWorks 操作系统是美国 WindRiver 公司于 1983 年设计开发的一种嵌入式实时操作系统,具有工业领导地位的高性能实时操作系统内核。使用操作系统使软件的平台化程度更高,提供的多任务环境使得程序开发更加容易、实时性更强,提供文件系统机制使得数据记录更加方便,提供网络协议栈支持 TCP/IP 通信。

CPU 中间层软件主要实现对 TCU 控制数据流的管理、故障记录与录波、参数标定与实时监视、TCU 程序更新与平台配置等,是 CPU 应用软件的数据交互中枢。

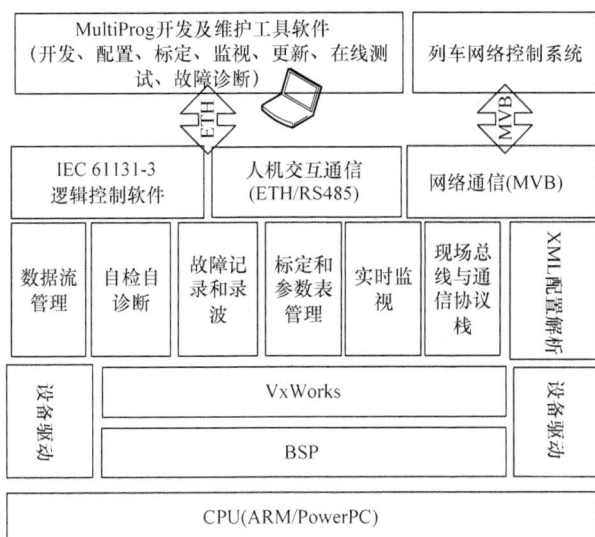

图 12.27　CPU 应用软件层系统架构框图

CPU 上层软件包括基于 IEC 61131-3 的逻辑控制软件,实现对 TCU 系统的上层控制;人机交互通信软件与上位机维护工具软件结合实现 TCU 的配置、标定、监视、更新、在线测试和故障诊断等人机交互功能;MVB 通信软件实现与列车控制网络的通信,读取网络指令,返回 TCU 运行状态和故障。

2. DSP 控制软件层

DSP 控制软件层系统架构如图 12.28 所示。DSP 控制软件层介于 CPU 与 FPGA 之间,是 TCU 软件的核心,TCU 中包括四象限和逆变控制程序,二者的软件架构基本类似。

DSP 实时控制算法一般是以周期循环形式运行,一般循环周期不大于 $100\mu s$,它与 FPGA 通过 DPRAM 交互数据,与 CPU 通过背板总线交互数据。DSP 实时控制软件每个周期都与 FPGA 交互读取传感器数据作为控制输入,控制模型计算之后通过 PWM 处理单元发送给 FPGA 作为控制输出。同时它还与 CPU 应用软件层进行交互,读取控制指令如启/停、给定力矩等,进入相应的控制模式或执行相应的控制操作,并返回给 CPU 控制状态数据。除控制数据流,它还要支持用于人机交互的参数标定、波形监视、故障缓冲和程序更新等功能。

3. FPGA 驱动软件层

FPGA 驱动软件层主要面向 TCU 硬件接口电路,主要实现对硬件的驱动和强实时逻辑处理,FPG 通过其内部时序逻辑资源,以多模块并行处理的方式,在单

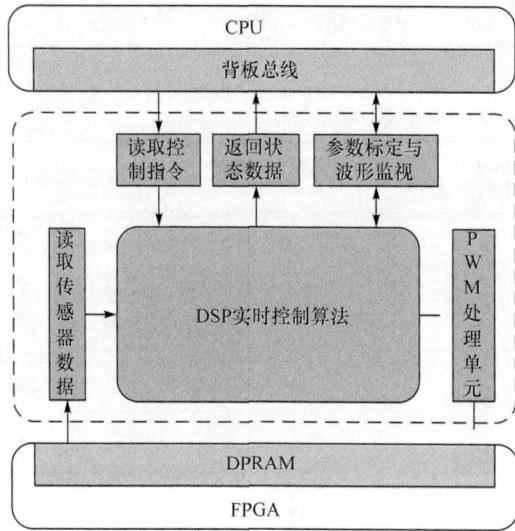

图 12.28　DSP 控制软件层系统架构框图

芯片内同时实现系统的底层驱动、数据采样、通信、数据流管理以及实时算法等,FPGA 驱动软件层功能架构框图如图 12.29 所示。

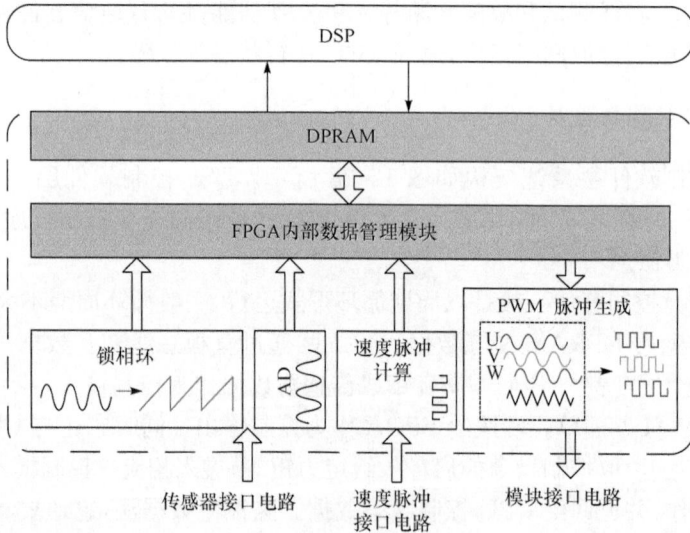

图 12.29　FPGA 驱动软件层系统架构框图

FPGA 驱动软件层主要包括底层驱动、数据管理与通信、实时算法三个模块。

(1) 底层驱动模块利用 FPGA 器件内部丰富的时序逻辑资源以及外部 IO,使 FPGA 能实现与各种不同类型器件的接口时序,直接实现与该芯片的数据交互。

通过将 AD、DA、时钟、温度、速度等底层芯片挂接在 FPGA 上,DSP 等控制芯片无需消耗系统时钟周期而作用于外设驱动,可有效缩短系统控制周期。同时,将 FP-GA 作为基础驱动的控制单元将更有利于系统数据流动的灵活性,使得系统内与 FPGA 具备数据交互能力的单元都能快速地获取所需要的数据。

（2）数据管理与通信模块使 FPGA 为所连接的外部单元及器件提供数据缓存、数据交换等数据流的管理以及与 DSP 之间的数据通信功能。利用 FPGA 内部丰富的 Block RAM 存储单元和逻辑资源实现,通过不同的数据流架构管理可以针对不同平台或者特定应用需求构建相应的数据管理缓存单元,实现系统的数据管理。与 DSP 之间基于 FPGA 内 DPRAM 模块实现数据交互。

（3）实时算法主要包括 PWM 脉冲生成、锁相环等对时序要求特别严格的强实时处理。PWM 脉冲生成是利用 FPGA 内部丰富的时序逻辑资源,可在 FPGA 芯片内部同时并行实现多路的 SPWM 及 SVPWM 的调制,相对于传统的 DSP 内调制算法,其实时性更强,脉冲边沿精度也更高。数字锁相环技术是在 FPGA 内实现的数字锁相环,能快速准确地锁定网侧电压相位,锁相速度更快,精度更高,同时也减轻了 DSP 控制周期的负担,有利于系统性能的提升。

12.3.4　列车牵引变流控制工具软件平台

列车牵引变流控制工具软件是功能强大、人机界面友好的 PC 工具软件,广泛应用于城轨、机车、动车的牵引控制系统的调试,为列车牵引控制系统的维护、使用提供全生命周期的支持,覆盖了牵引控制单元的机箱调试、牵引变流器的考核实验和组合实验、牵引控制系统的现场调试以及售后维护服务,可支持售后工程师独立完成列车牵引控制系统的现场调试和售后服务支持。

列车牵引变流控制工具软件功能组成示意图如图 12.30 所示。

（1）参数管理功能。实现对列车牵引控制系统的控制参数（如充电时间）和保护参数（如过压门槛等）进行标定和测量（图 12.31）。

支持用户对参数的名称、范围、数据类型自定义配置。

支持在线模式下,直接固化牵引控制系统的参数到牵引控制单元的存储器中。

支持离线模式下,保存牵引控制系统的参数到 PC 中,供控制工程师进行模型仿真和分析。

（2）监视分析。实现对控制系统的参数以及控制程序内部状态变量的实时监视。

支持对慢速数据（逻辑控制程序,周期是 10ms）的实时监视;

支持对实时数据（逆变控制、四象限控制程序）的实时监视,监视的数据速率可以达到 20Mbit/s;

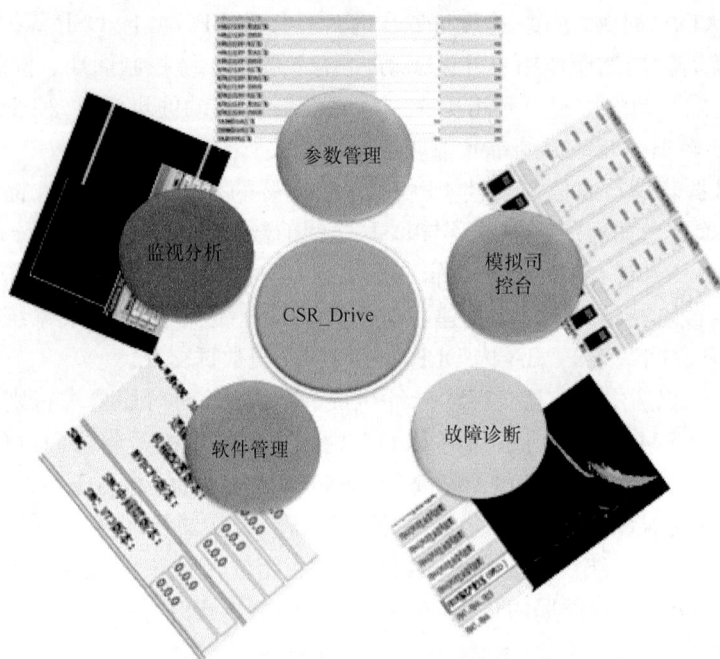

图 12.30　列车牵引变流控制工具软件的功能组成示意图

被测电机位置					
☐1#电机	☐2#电机	☐使用粘着给定力矩	☐震荡抑制使能	☐网压限制使能	
☐3#电机	☐4#电机	☐使用斩波超温功能	☐中间电压限制使能	☐微制动使能	

参数序号	参数名称	参数设置值	最大值	最小值	小数点位数	...	是否
4002	激磁时间	8	8	5	0	0	
4004	电机额定频率F0	0.61	300	0	2	Hz	
4005	定子电阻比例	10	120	60	1	0	
4006	转子电阻比例	10	120	60	1	0	
4007	定子漏感比例	10	120	60	1	0	
4008	转子漏感比例	10	120	60	1	0	
4009	互感比例	10	120	60	1	0	
4010	MF0	0.001	1.5	0	3	0	
4020	牵引斩波起始电压	2000	4200	0	0	0	
4021	牵引斩波结束电压	1950	4200	0	0	0	
4022	制动斩波起始电压	1950	4200	0	0	0	
4023	制动斩波结束电压	1900	4200	0	0	0	

图 12.31　参数设置示意图

支持对波形进行缩放、移动等操作(图 12.32)。

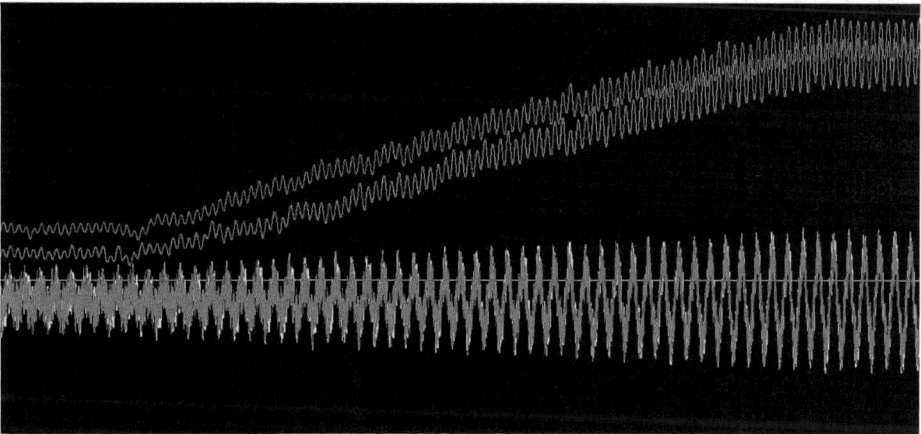

图 12.32　波形监视示意图

（3）模拟司控台。模拟驾驶员控制室发出牵引、制动、级位等数据,便于牵引控制系统进行组合实验和考核实验(图 12.33)。

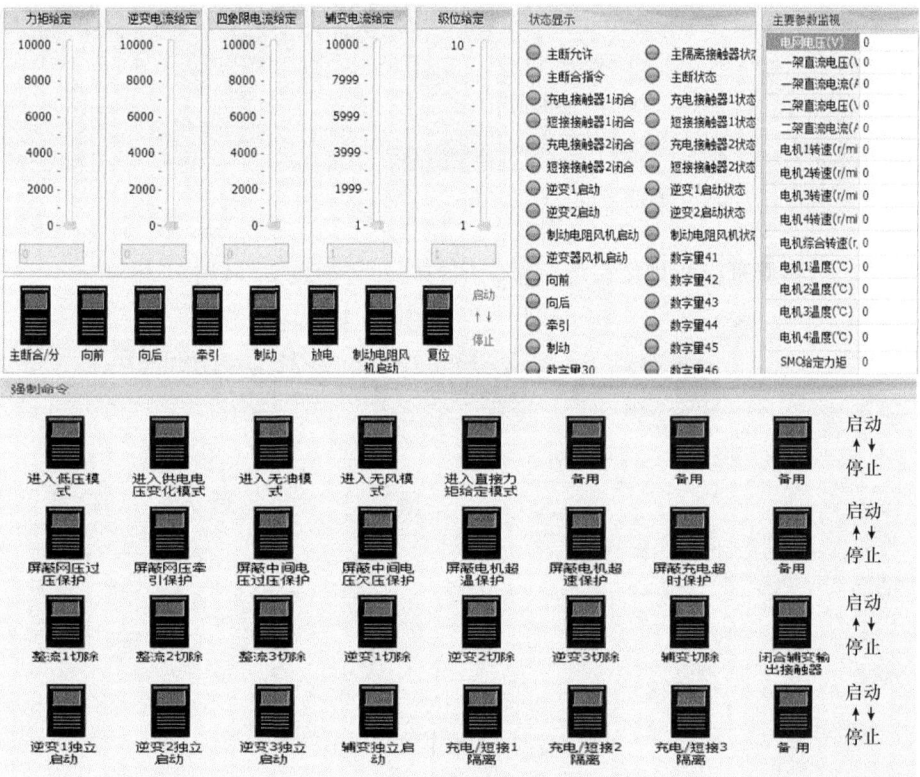

图 12.33　模拟司控台示意图

　　(4) 故障诊断。对故障进行分级处理。直接定位到故障原因,极大地提高了故障排查效率(图 12.34)。

　　支持对严重故障(如中间直流过压)的数据以波形显示;

　　支持轻微故障以故障条目的方式进行显示;

　　支持对牵引变流器的数据进行全生命周期进行记录;

　　支持对故障发生前、后的数据量,故障记录通道、故障代码自定义配置。

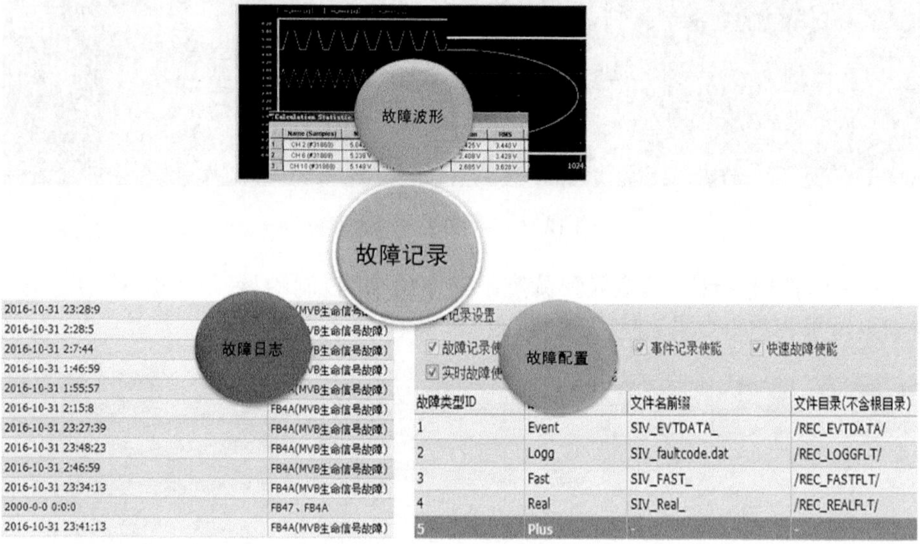

图 12.34　故障记录

　　(5) 软件管理。管理牵引控制单元中的软件和参数文件(图 12.35)。

图 12.35　软件管理示意图

　　支持显示牵引控制单元所使用的所有软件和参数文件的版本号;

支持把软件和参数文件从 PC 下载到牵引控制单元。

12.4 小   结

网络化的牵引控制系统平台是列车控制系统平台的核心和列车控制技术发展的必然趋势。本章首先从硬件平台、软件平台和工具平台三个维度介绍了实现整车通信管理、控制与故障诊断、信息显示和事件记录的列车网络控制系统平台。其次在概述牵引变流控制系统组成及牵引控制单元之后,阐述了列车牵引变流控制硬件平台和软件平台。而不同系统平台之间协同工作,以寻求系统最优,实现用户需求的过程将在第 13 章加以说明。

第13章　列车控制系统集成技术

13.1　概　　述

列车控制系统集成,就是将组成系统的各部件、子系统、分系统采用系统工程的科学方法综合集成到相互关联的、统一和协调的系统之中,共同实现列车控制系统的功能,并使整体性能满足列车最佳性能要求的过程。现代列车控制系统以建立在现场总线基础上的列车网络控制系统(train control and management system, TCMS)为核心,列车运行控制系统、传动控制系统、制动控制系统等子系统按照各自的分工共同完成列车的控制功能。

13.2　控制系统集成的概念

所谓系统(system),是指由相互作用和相互依赖的若干组成部分按一定的关系组成的具有特定功能的有机整体,其本质在于描述事物的组织架构和事物间的相互关系。集成(integration)可理解为一个整体的各部分之间能彼此有机地协调工作,以发挥整体效益,达到整体优化的目的。集成绝非是各种设备的简单拼接,而是要通过系统集成达到"1+1>2"的效果。系统集成可理解为根据客户的需求,优选各种技术和产品,将各个分离子系统构成一个完整、可靠、经济和有效的系统的过程。

控制系统集成大体上可以归纳为两个方面的内容:控制设备的集成和信息的集成。控制设备集成是指通过相似或兼容的技术实现不同系统在同一技术平台上的实现,从而达到减少设备投入、提高系统综合性能、提高系统的 RAMS 水平的目的。

信息集成是指为实现列车控制的要求,不同系统之间需要交换信息,或需要综合多个系统提供的信息作为控制的依据,这就需要建立满足控制系统实时性、稳定性、精确性要求的信息交换系统。

13.2.1　系统集成的基本原则

系统集成的本质是通过最优化的综合统筹设计,实现不同子系统之间的协同工作,寻求系统最优的过程。系统集成应遵循以下一些基本原则。

1) 开放性

开放性即具有兼容性和可移植性,具有可扩展性和灵活性,并具有标准的应用接口。系统集成的主要问题之一是解决系统内和系统间数据信息的集成和共享问题。开放性,即系统间的完全互通,任意组合,具有重要的意义。而符合统一的标准(国家或国际标准)是开放性的前提条件,因此在系统集成设计时,应选择符合国家或国际标准的产品或技术。

2) 可靠性

可靠性和稳定性是系统集成必须达到的目标,集成后的系统应具有较高的容错性和抗干扰性,使系统能在相应条件下安全运行,满足功能要求。

3) 先进性

在可靠、稳定的前提下,考虑成本要求,应优先采用先进的技术和成熟的产品,以使系统具有更高的性能和可延续性。

4) 经济性和实用性

经济成本是系统集成时应考虑的重要因素之一,它要求系统设计者要兼顾系统目标、用户需求、系统先进性和系统经济成本,经过充分论证,选择适当的解决方案和相应的产品来满足用户的需求。实用性要求考虑系统是否符合现有的应用条件、人员的技术水平等方面的内容。

13.2.2　控制系统数据交换与集成

对于工业控制系统,数据交换主要指控制器与现场设备、控制器与控制器、系统层设备与控制器、系统层设备之间的数据及信息传输。系统集成可将分散的,相互独立的各类设备子系统,进行统一的监视、控制和管理,实现对系统的全面控制、管理与信息共享,使系统各功能协调运作,实现安全性及高效的目标。控制系统集成实现的关键在于解决系统之间的互连和互操作性问题,因为控制系统集成面对的往往是一个多厂商、多协议和不同应用的体系结构。

工业控制系统经过长期的发展,存在着多种标准的现场设备,设备与设备之间,设备与上层控制器之间,存在着多种通信介质以及相对应的通信协议,对这些信息进行集成,有着重要的现实意义。现场总线技术的发展,进一步方便了工业控制系统数据交换与系统集成,例如,符合 IEC 61375-2007 国际标准的 WTB、MVB,已经成为国际主流的列车控制系统现场总线标准。

13.3　列车控制系统集成的一般过程

列车控制系统集成的最主要任务就是实现用户的需求。列车控制系统开发的主要工作可用以下的"V"模型体现,其中系统集成阶段的工作包括系统需求分析、系统方案设计及系统功能验证(图 13.1 中的深色部分)。

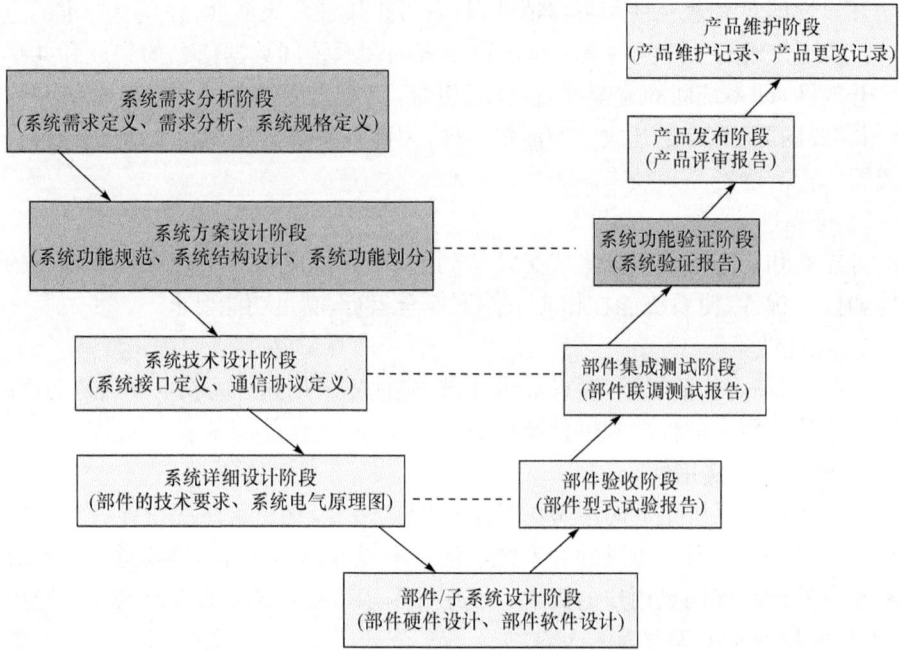

图 13.1　列车控制系统开发的"V"模型

如前述章节所述,列车控制系统主要包括以下子系统:

(1) 传动控制系统;

(2) 制动控制系统;

(3) 列车网络控制与管理系统;

(4) 列车运行控制系统。

各个子系统都有多种产品平台可供选择。在进行列车控制系统集成设计时,需要根据技术要求、运用环境、产品生命周期状态、成本等多种因素综合考虑,选取适合的子系统。

13.3.1　系统功能分解

列车控制系统涵盖的内容十分广泛,其需要完成列车的牵引、制动、安全监控、数据传输等功能,依据列车控制系统的功能,可将列车控制系统划分为列车运行控制系统、传动控制系统、制动控制系统、列车网络控制与管理系统。这几大系统功能明确,同时彼此之间通过不同的接口完成命令和状态的传输,在列车运行过程中,各系统协调一致,共同完成列车运行控制功能。

1. 列车运行控制系统

列车运行控制系统主要由列车运行监控系统、车载信号系统、综合无线通信装备、安全信息综合检测装置等组成,如图 13.2 所示。

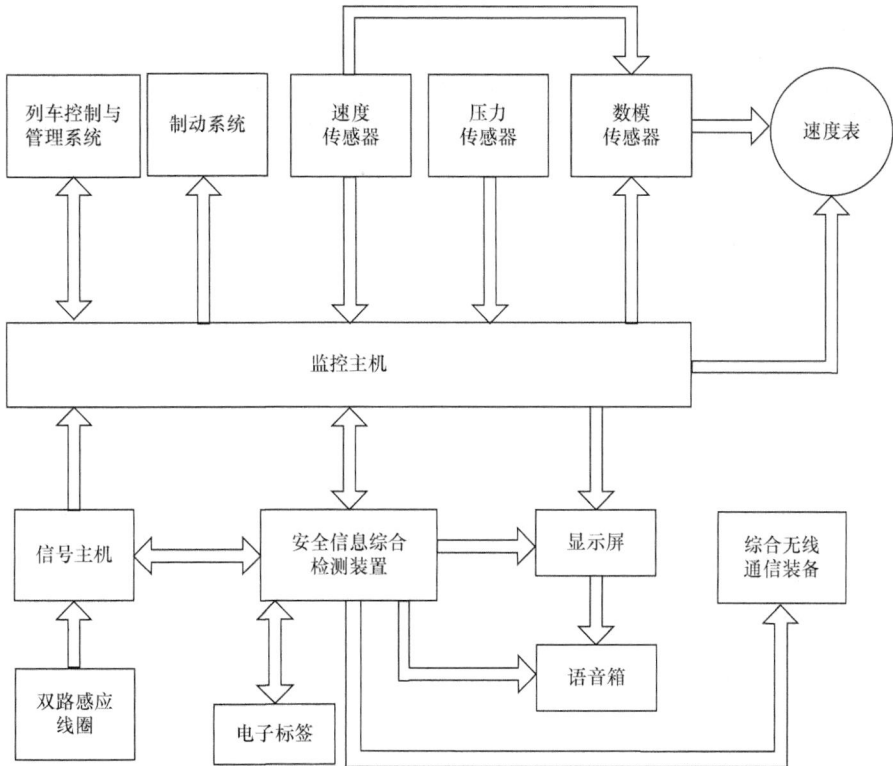

图 13.2 列车运行控制系统车载设备框图

1) 列车运行监控系统

列车运行监控系统是以保障列车运行安全为主要目的的列车速度控制系统,该系统在实现安全速度控制的同时,采集、记录与列车安全运行有关的各种机车运行状态信息,促进列车运行管理的自动化,监控系统以在中国铁路已普遍使用的轨道电路及列车信号设备作为列车运行指令信息源,以线路数据预先设置于主机的独特方式获取运行线路参数信息,计算机智能处理对列车运行速度进行安全监控,实现列车自动保护功能。

(1) 监控功能。

① 防止列车越过关闭的信号机;

② 防止列车超过线路(或岔道)允许速度以及机车、车辆的构造速度;

③ 防止机车以高于规定的限制速度调车作业；

④ 在列车停车情况下，防止列车溜车；

⑤ 可按临时增加的运行要求控制列车不超过临时限速；

⑥ 在自动闭塞区段，列车在显示停车的通过信号前停车 2 分钟后又继续向此关闭信号机防护的分区运行时，保证在该信号机防护的分区内运行速度不超过规定的限制速度；

⑦ 列车通过显示黄色、双黄色、双黄闪的进站信号机进入站内无码的轨道时，装置按前方信号机关闭进行控制，经正副驾驶员同时确认操作后，装置允许列车以低于规定的限制速度通过该信号机。

(2) 记录功能。

① 一次性记录项目。

(a) 开机记录：日期、时间、机型、机车号、装置编号、轮径。

(b) 输入参数记录：车次、驾驶员号、副驾驶员号、区段代号、车站代号、客货车别、本务/补机别、牵引总重、载重、计长、辆数、支线号、侧线股道号、出入段时间。

② 运行参数记录项目。

(a) 时间；

(b) 线路公里标；

(c) 距前方信号机距离；

(d) 前方信号机种类及编号；

(e) 机车信号显示状态；

(f) 地面传输信息；

(g) 运行实际速度；

(h) 限制速度；

(i) 列车管压力、机车制动缸压力；

(j) 机车工况（牵引制动别、零位、运行前后方向别）；

(k) 原边牵引电流；

(l) 装置控制指令输出状态（动力切除、常用制动、紧急制动、允许缓解等）；

(m) 装置报警；

(n) 驾驶员操作装置状况（开车、调车、解锁、警惕键、坐标调整、IC 卡操作、事件打点记录等）；

(o) 装置异常情况。

③ 记录条件。

运行记录。当满足下列条件之一时，产生一条记录：

(a) 实际速度变化 2km/h；

(b) 限制速度变化 2km/h；

（c）列车管压力或机车制动缸压力变化 20kPa；

（d）机车信号显示及平面调车灯显示信息变化；

（e）机车工况变化；

（f）机车过闭塞分区；

（g）装置控制指令输出；

（h）驾驶员操作装置；

（i）地面传输信息变化；

（j）装置报警；

（k）专职异常。

④ 运行事故状态记录。

机车走行距离变化 5m 将上述"运行参数记录项目"内容记录一次。

（3）显示和声音提示功能。

显示和声音提示功能由监控装置的显示器实现。显示器显示及提示内容如下。

① 显示实际运行速度、限制速度/目标速度。

② 显示机车信号色灯信息。

③ 具备如下选择显示功能。

（a）装置原始设定的参数：日期、时间、机型、机车号、装置编号、机车轮径；

（b）乘务员输入信息：车次、驾驶员号、副驾驶员号、区段号、客货车别、本务/补机别、牵引总重、计长、辆数、支线号等；

（c）运行参数：车站号、公里标、信号机编号、机车工况、列车管压力、机车制动缸压力、过闭塞分区信息等；

（d）显示地面传输信息；

（e）装置故障信息：故障类别。

④ 声音提示内容。

进行下列各类信息的声音提示。

（a）机车信号等状况；

（b）前方信号机处限速值变化；

（c）乘务员输入有关信息；

（d）临时限速点及限速值；

（e）装置实施动力切除、常用或紧急制动；

（f）装置允许缓解；

（g）车机联控作业；

（h）进入侧线股道或支线地点；

（i）装置报警；

(j) 装置状况。

2) 安全信息综合检测装置

安全信息综合检测装置给各检测设备(如轨道动态检测设备、弓网检测设备、无线列调语音录音设备、TMIS 及 DMIS 列车运行信息传输设备等)提供了一个公用信息平台,由该工作平台中的通信记录单元一方面获取监控装置的时间、公里标、速度和车次等信息,向机箱内各功能模块单元发布广播信息,为它们提供列车运行信息,如位置(公里标)、速度、时间等坐标信息。另一方面综合各功能模块单元检测到的信号进行记录,记录的格式与监控装置记录的格式相同,可以用键控制装置转储器进行记录数据的转储,并利用其他地面处理软件进行地面分析处理和数据管理。

3) 车载信号系统

车载信号系统以保障机车运行安全为主要目的。系统接收钢轨线路(或环线)中传输的作为行车凭证的信号信息,并对此信息进行处理、解调、译码后输出显示给驾驶员,同时输出到监控装置作为控车基本条件。

4) 综合无线通信装置

无线通信包括话音、数据等业务,随着通信技术的发展和业务需求的不断增加,列车无线通信的内容也得到了完善与发展,并形成了列车综合无线通信平台。

一般,列车无线通信设备是基于 GSM-R 技术的车载设备,与 GSM-R 通信系统地面设备构成完整的铁路专业通信网,根据实际运用需求进行功能模块配置,列车综合无线通信装置可覆盖 450MHz 调度通信系统(包括话音通信、调度命令、列尾、无线车次号等)、800MHz 列尾和 800MHz 列车安全预警及二次防护系统、GSM-R 数字移动通信系统(话音通信、数据通信)、高速数据传输。同时列车无线通信设备还设置了 GPS 全球定位设备,利用卫星对列车位置实行实时定位,依据数据库资料实现工作线路自动切换,从卫星定位系统获取国际标准时间基准数据。

2. 传动控制系统

传动控制系统负责完成对列车牵引变流器的控制,牵引变流器是列车牵引电传动系统的核心部件,在正常的牵引/制动工况下,主变流器内传动控制系统接收驾驶员给的控制指令,控制各变流器单元实现电源从工频到三相可控变压、变频的交流电源的转化,拖动异步牵引电机,实现对牵引电机的独立控制。牵引时能量从电网流向电机,电能转化为机械能;制动时过程相反,机械能转化为电能反馈回电网。

传动控制系统对牵引变流器的控制主要包括逻辑控制、四象限整流控制、逆变器控制以及黏着控制。这些控制方法与策略在本书第 5 章中均有介绍,此处不再重复。

3. 制动控制系统

空气制动系统直接关系列车的行车安全,是列车的重要组成部分。空气制动系统主要由风源系统、制动机系统和其他气动辅助装置组成。空气制动系统主要包含空气制动控制、防滑制动控制、停放制动控制等。

1) 空气制动控制

空气制动系统一般具备自动制动、单独制动、紧急制动、后备空气制动等功能。

制动机自动制动功能靠大闸手柄在不同位置实现,大闸手柄在不同的位置决定了列车管不同的减压量。单独制动功能靠小闸手柄在不同位置实现,小闸手柄在不同的位置决定了制动缸的压力。紧急制动作用可通过大闸手柄置紧急位实现,也可以通过按压紧急制动按钮实现,同时列车断钩及惩罚制动也可引起紧急制动。后备制动功能是靠空气制动阀(后备的制动阀)手柄在不同位置上的停留时间实现,空气制动阀在位置上的停留时间决定了不同的列车减压量,后备制动作用仅在电子制动失效后启用,在正常运行状态下,空气制动阀手柄被拆除并存放在指定的地方。机车具备在自动制动时,列车空气制动与机车电制动同时进行,电制动的制动级别与列车管中的压力减少量一致。紧急制动或惩罚制动(非驾驶员主断操作引起的机车制动,如监控发出的制动命令及故障引起的制动等)时,切除机车动力。

2) 防滑制动控制

防滑制动控制由空气制动防滑系统完成,该装置能防止空气制动期间车轮的滑行,避免对车轮踏面造成损坏。空气防滑系统由微机防滑保护单元、速度传感器、防滑阀等组成。

防滑保护装置在所有车轴上独立工作。每根车轴有自己的速度传感器和防滑阀。

3) 停放制动控制

停放制动用于保护机车,防止意外溜放。停放制动通过弹簧制动来实现。

4. 列车网络控制与管理系统

列车网络控制与管理系统(TCMS)是车载分布式的计算机网络系统,负责完成列车的控制、监测与诊断等功能。在每节车辆内,通过车辆总线将分布在同一车辆内的各网络控制设备进行连接,组成车辆通行网络;通过列车总线把分布在不同车辆中的控制单元进行连接,形成列车通信网络。列车网络控制与管理系统主要完成列车控制与监视、诊断等功能。本章以动车组模式介绍列车网络控制与管理系统的基本功能。

1) 列车网络控制与管理系统控制功能

(1) 列车级控制。

列车级控制主要由动力车上的主控单元(MCU)执行完成。

① 获取动力车上驾驶员操纵台(如牵引/制动指令等)和列车自动防护装置(ATP)的列车控制信息,将控制信息经过处理后送至各车辆上的控制单元,由控制单元实施相应的控制,各控制单元将各自故障信息反馈给主控单元;

② 实现主控动力车对其他动力车的重联控制;

③ 牵引和动力制动级位的控制;

④ 传送列车速度、动力制动级位和 ATP 要求,以便各动车和拖车的制动控制单元对各种制动设备进行制动力的分配,包括列车超速时的调速制动;

⑤ 在列车停站时按列车运行方向和站台位置,控制拖车侧门的开启和关闭;

⑥ 收集各车辆中主要设备的诊断数据,采取相应的故障对策,并在显示屏上显示;

⑦ 根据列车防护设备的允许速度和实际运行速度,对备用制动线输出控制要求,以便在通信故障时,驾驶员仍能对列车进行常用制动和紧急制动的控制;

⑧ 与旅客信息系统的接口;

⑨ 对列车总线和车辆总线的信息传输实施管理。

列车总线的拓扑结构如图 13.3 所示。

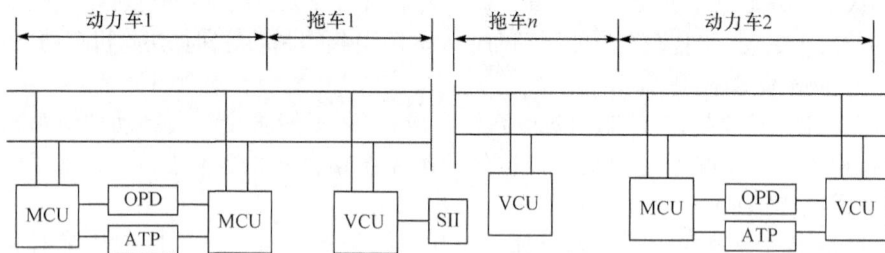

图 13.3　列车总线拓扑结构示意图

OPD-驾驶员台;SII-旅客信息系统接口;ATP-自动列车扩防装置;
MCU-动力车主控单元(节点);VCU-拖车控制单元(节点)

(2) 动力车车辆级控制。

动力车车辆总线上的控制信息主要是牵引和转向架控制单元、空气制动单元、空调装置与主控制单元之间的信息交换。

① 牵引控制单元根据来自主控单元的指令及列车实际速度的目标控制值,分别对动力车的两个转向架进行牵引/动力制动和防空转/滑行控制;

② 空气制动控制单元根据上一级指令对本动力车的空气制动设备分配制动力,并进行防滑保护;

③ 对动力车电气部分的主要参数进行监测和安全联锁的保护逻辑运算,并在必要时采取保护措施,以避免事故扩大;

　④ 网侧变流器控制,使网侧功率因数接近于1,并采取措施防止过分相区时的电流冲击;

　⑤ 驾驶室空调控制及轴温检测;

　⑥ 电机侧变流器控制;

　⑦ 辅助变流器控制;

　⑧ 通过列车总线传来的数据和人机接口查询本车各网络控制设备的状态。

动力车车辆总线的拓扑结构如图13.4所示。

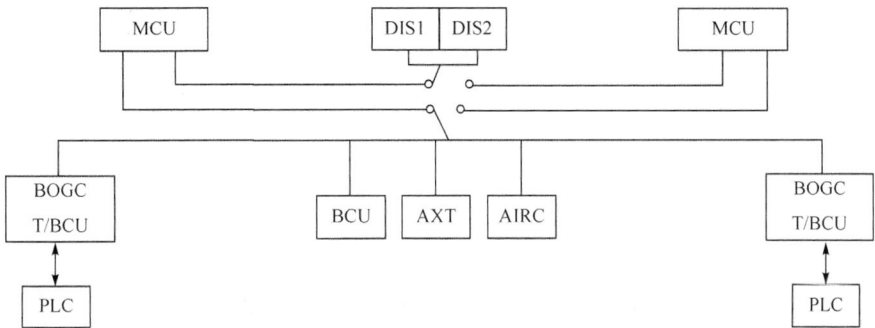

图 13.4　动力车车辆总线的拓扑结构示意图

MCU-动力车主控单元(节点);DIS-显示屏;BOGC-转向架控制单元;T/BCU-牵
引/电制动控制单元;BCU-空气制动控制单元;AIRC-空调;
PLC-可编程逻辑控制单元;AXT-轴温检测单元

　(3) 拖车车辆级控制。

　① 拖车车门控制;

　② 防滑控制;

　③ 轴温检测分为预告、报警、故障三个档次;

　④ 拖车车辆内压力和温度的空调控制;

　⑤ 拖车制动控制:根据列车速度和从上一级接收的制动指令计算目标控制值,自动地对本拖车的各种制动设备分配制动力;

　⑥ 列车和拖车车辆供电控制。

拖车车辆控制级的拓扑结构如图13.5所示。

　2) 动车组监视诊断系统

　(1) 监视诊断系统功能及装置。

　① 监测和诊断系统功能。

对高速列车实施车上监测和诊断的目的是提高其运营安全性和车辆运用率;优化运行管理;便于运用和维修作业。车载诊断的控制主要用于以下三种场合:

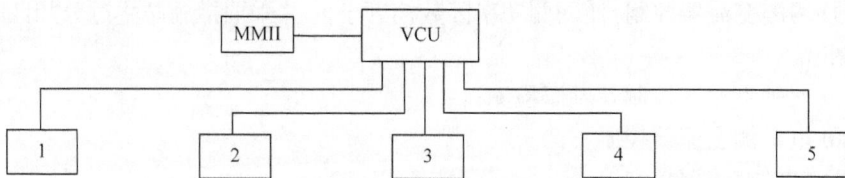

图 13.5　拖车车辆拓扑结构示意图

1-门控制；2-压力、温度控制；3-防滑控制；4-制动控制；
5-轴温检测；VCU-拖车控制单元(节点)；MMII-人机接口

　　(a) 出库检查即发车前的停车状态检测；

　　(b) 列车运行过程中的故障诊断及状态显示；

　　(c) 库内的定期检查。

　　监视诊断主要功能：

　　(a) 识别部件磨耗和偶发性故障，并记录故障信息；

　　(b) 尽量明确显示故障发生的部位和功能范围；

　　(c) 在故障情况下提示运行方式，包括提出保持功能措施的建议；

　　(d) 提示迅速排除故障的维修方式；

　　(e) 在必要时提示紧急制动作用；

　　(f) 自动化整备作业，包括全自动的制动过程试验等。

　　② 监测诊断车载设备。

　　列车除在驾驶室内装有显示各种机器动作状态和故障信息的显示装置，还有其他一些具有诊断功能的监测装置，按其系统结构和作用功能可以分为如下几种。

　　(a) 机器监测器。

　　在机器内装有经常监视机器动作状态的监测器，平时经常按几秒钟的间隔进行记录储存，当发生故障时触发使保护装置动作，从而可保持故障前后的详细记录，以便于分析故障。

　　(b) 带有传输功能的监测设备。

　　机器监测器带有传输系统，能采集数据和故障显示，并具有表示故障处理顺序的制导显示，还有到站显示、自动广播等服务机器接受传输地面信息的例子。

　　(c) 带有运行控制的监测设备。

　　该设备是带有传输功能的监测装置的进一步发展。由于驾驶室内主控制器及前后转换器等均为无接点化，使传输系统达到高速化及高可靠性，从驾驶室主控制器发出的牵引、制动指令也由传输系统传送到监测设备。

　　③ 车载诊断系统分类。

　　车载诊断系统分为以下三个层次。

　（a）部件级诊断。

　部件级诊断由各网络控制设备对其本身进行自诊断,并对被控对象进行监测诊断,然后按事先确定的编码将诊断数据输入控制单元。

　（b）车辆级诊断。

　车辆级诊断包括动车和拖车,各车的节点通过车辆总线或输出入口获取、分类、评估本车的诊断数据,并以断电保存的方式存储这些数据,按事先确定的单车诊断参数编码,传输到动力车主控单元中,形成故障列表。

　（c）列车级诊断。

　列车级诊断由列车安装在动力车上的主控单元（诊断中心）获取、分类、评估和存储列车的诊断结果,并在主控动力车上显示,同时可将这些信息存储在其他动车的主控单元中。

　上述各诊断级应设有故障自诊断、故障信息保存、必要的故障自排除以及将重要故障信息向上一级传送的功能。

　各诊断设备还应配备人机接口,以便维修人员从故障部件读取故障信息和对故障进行定位分析,并查询本车的诊断结果;列车诊断级的人机接口应包括彩色液晶显示屏,功能按键及蜂鸣警报器。

　④ 诊断结果处理及显示。

　（a）诊断结果的两种平行的处理方式。

　行车过程中将诊断结果输入车载微机系统进行判断分类,然后向列车控制发出相关的指令;在行车中或检修中将诊断结果送入列车状态数据存储装置或其他数据库,为维修提供信息。

　（b）显示。

　面向业务人员的运行诊断显示:在动车驾驶台的显示屏幕上显示主要的诊断结果;面向维修人员的保养诊断显示:在各控制级的故障读出端口处由维修人员使用便携机读出诊断结果。

　（2）控制、监测和诊断信息的传输。

　① 列车总线传输信息。

　列车总线传输信息包括动力车间的交换信息、动力车和拖车间的交换信息。

　动力车间的交换信息包括控制命令、模拟量、制动状态和故障信息。

　动力车和拖车间的交换信息包括拖车从列车总线上接收的制动信号、运行速度、车门开闭指令、空调装置工作指令等以及由拖车向动车反馈的制动、空调、轴温、供电和车门状态等信息。

　② 动车车辆总线传输信息。

　动车车辆总线传输信息主要是转向架控制单元与主控单元间、空气制动单元与主控单元间,还有空调系统与主控单元间的交换信息。

③ 拖车车辆总线传输信息。

拖车车辆总线传输信息主要是制动控制器、防滑装置、车门控制器、空调控制器、轴温检测设备和拖车控制单元之间交换的各种信息。

13.3.2 接口定义

列车控制系统负责完成机车的各项控制功能,各控制子系统在列车网络控制与管理系统的统一调度下,分工协作,实现机车的正常运行与安全保护等行为。

列车控制系统的各子系统之间通过相应的接口实现命令与状态数据的传输,接口类型包括硬线和网络。

1. 接口特征

1) 网络接口

在列车控制系统中,各具有相同通信接口的网络设备通过通信电缆进行连接,以相同的数据通信帧格式完成数据的传递与共享。通信网络均采用串行通信方式,串行通信的工作方式主要有单工通信、半双工通信和全双工通信三种。

单工通信(双线制)、半双工通信(双线制+开关)和全双工通信(4 线制)的基本原理见 9.2.2 节。

通信接口编码方式主要有三种:非归零编码(non return to zero)、曼彻斯特编码(Manchester)、差分曼彻斯特编码(difference Manchester),如图 13.6 所示。

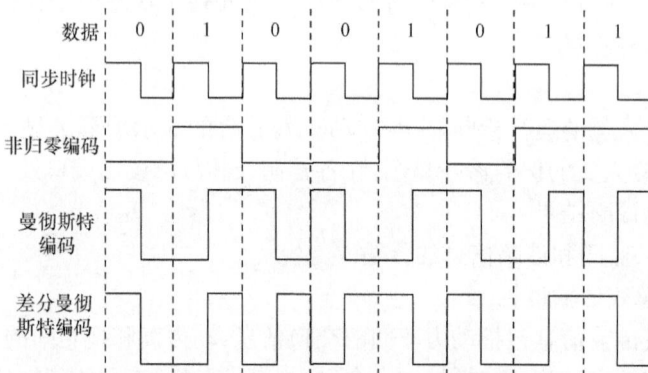

图 13.6 几种编码形式示意图

目前,国际上轨道交通领域列车控制系统供应商均推出了符合国际通信标准的网络通信系统,具有代表性的是由西门子、Firema、ABB、AEG 等铁路供应商联合开发的 TCN(train communication network),并已形成 IEC 61375 列车通信网络国际标准。Alstom 公司采用了 WorldFIP 技术作为其网络控制系统的平台。这类列车通信网络速率较高,实时性较强,支持动态编组。

在日本,无论是三菱公司的 TIS、日立公司的 ATI、东芝公司的 TCMS 都具有相似的结构。网络控制系统主要用于列车及其各个设备的监视、显示、操作提示、信息存储和转储。结构都是在每节车辆上装备一个网络节点,车辆内各设备的状态信息通过硬连线、20mA 电流环或 RS485 等方式汇集在本车辆的节点中。

在北美,列车控制网络主要采用 LonWorks 和 ARCnet 技术。

2) 硬线接口

在列车控制系统接口中,各控制子系统之间还存在硬线的直接信号传输,包括数字量输入输出、模拟量输入输出和 PWM 输入输出等。

(1) 数字量输入输出。

① 输入。

(a) DC110V 开关量输入通道:<DC44V 为 0 电平,>DC70V 为 1 电平,输入阻抗≥20kΩ。

(b) DC48V 开关量输入通道:<DC20V 为 0 电平,>DC34V 为 1 电平,输入阻抗≥20kΩ。

(c) DC24V 开关量输入通道:<DC10V 为 0 电平,>DC16V 为 1 电平,输入阻抗≥20kΩ。

② 输出。

(a) MOSFET 型输出接点容量(阻性负载):≥1A(DC110V)。

(b) 继电器型输出接点容量(阻性负载):≥0.5A(DC110V)。

(2) 模拟量输入输出。

① 输入。模拟量输入通道应能对传感器的输出进行采样。接口应满足如下要求。

(a) 输入信号范围:0~5V、0~10V、0~20mA、0~400mA。

(b) 采样分辨力:12 位及以上。

(c) A/D 转换速率:≤25μs。

(d) 电压型输入阻抗:≥5kΩ。

② 输出。模拟量输出通道应满足如下要求。

(a) 输出量程:0~±10V 或 0~20mA。

(b) 输出准确度:1%FS。

(3) PWM 输入输出。

① 输入。主要用于接收采用定频调制脉宽方式来传输的模拟量数据,输入通道应满足如下要求。

(a) 接收输入信号类型:方波。

(b) 接收输入信号占空比范围: 10%~90%。

(c) 接收信号幅值:车载控制电路供电电压幅值。

(d) 输入阻抗：$\geqslant 20\text{k}\Omega$。

(e) 接收的最高频率：$\leqslant 600\text{Hz}$。

(f) PWM 接收部分与内部模拟量换算电路隔离。

② 输出。主要用于传输采用定频调制脉宽方式来表示模拟量数据，输出通道应满足如下要求。

(a) 输出信号类型：方波。

(b) 输出信号占空比范围：$10\%\sim90\%$，10% 表示 0，90% 表示满量程。

(c) 输出信号幅值：车载控制电路供电电压幅值。

(d) 输出短路阻抗：$\leqslant 20\Omega$。

(e) 输出的最高频率：$\leqslant 600\text{Hz}$。

(f) 输出部分与内部模拟量换算电路隔离。

2. 列车网络控制与管理系统接口

列车网络控制与管理系统（TCMS）负责的是列车级的数据传输与控制、车辆级的数据传输与控制等，因此 TCMS 与列车控制系统的各子系统均有接口。

1）与传动控制系统接口

TCMS 与传动控制系统接口主要体现在网络通信上，通过通信网络（如多功能车辆总线 MVB 等）实现控制命令的传输与状态的反馈。

（1）TCMS 通过通信总线向传动控制系统传递列车车辆的控制命令，主要的信息有：

① TCMS 的主控单元状态，如生命信号；

② 列车时间信息；

③ 列车方向信号；

④ 牵引/制动级位；

⑤列车设定速度；

⑥ 列车或机车参数，如轮径等；

⑦ 分相区信号。

（2）传动控制系统通过通信总线向 TCMS 反馈牵引系统的状态与故障信息。如下：

① 列车的实际速度；

② 列车或机车实际牵引/制动力；

③ 牵引电机电流、温度；

④ 变流器状态，如变流器中间直流电压、变流器进出口水温度与压力等；

⑤ 牵引系统故障信息，如变流器元件故障、IGBT 故障、模块故障、接触器的卡分/卡合故障等。

2) 与制动控制系统接口

列车网络控制与管理系统与制动控制系统之间既有网络接口,又有硬线接口。

(1) 网络接口内容。

① TCMS 向制动控制系统传递时间、制动命令(如惩罚制动、紧急制动等)、列车占用等信号;

② 制动控制系统向 TCMS 反馈空气制动系统状态信息,如制动缸压力、总风缸压力、制动系统惩罚制动或紧急制动状态以及制动系统故障信息等,在列车需要空电联合制动时,向 TCMS 请求电制动力。

(2) 硬线接口内容。

① TCMS 通过硬线向制动系统发出惩罚制动、紧急制动、驱动动态互锁阀等命令;

② 制动系统通过硬线反馈制动状态或请求,如牵引封锁请求,制动系统故障等。

3) 与列车运行控制系统接口

TCMS 与列车运行控制系统之间一般只有硬线接口。

列车运行控制系统需要跟踪驾驶员的实时操作状态,TCMS 通过硬线向列车运行控制系统反馈当前列车所处的牵引或电制动状态信息。而列车运行控制系统检测到异常时,将通过硬线向 TCMS 发出牵引封锁请求等。

4) 与列车车辆接口

列车网络控制与管理系统负责完成列车的数据传输与控制,其中,系统中的数据采集设备负责采集列车车辆一系列的数字量和模拟量信号,经过复杂的算法逻辑运算,通过信号输出设备,实现对相应车载部件的控制。

TCMS 中的数据采集单元采集的信号按类型可分为数字量信号、模拟量信号、PWM 信号等。按信号所处的位置,可分为驾驶室信号、电气间信号等。

这些硬线信号较多,如位于驾驶室的扳键开关信号(方向开关、受电弓升降开关、主断闭合断开开关、司控器钥匙信号等)、手柄级位信号(牵引/制动力设定、速度设定等)。电气间信号如牵引风机开关信号、接触器反馈信号、电气设备电源开关信号等。

3. 传动控制系统接口

传动控制系统负责对牵引变流器的控制,其接收 TCMS 传递过来的控制命令,给出列车车辆运行所需的牵引/制动力,同时实施对牵引变流器的保护。因此传动控制系统与 TCMS 和车辆之间存在接口。

1) 与列车网络控制与管理系统接口

传动控制系统与 TCMS 接口体现在网络通信上,通过网络接收驾驶员指令并反馈状态,如 13.3.2 节第 2 部分 1)所述。

2) 与车辆接口

传动控制系统与车辆的接口主要体现在与变流器的接口,通过与变流器的接口完成对列车的牵引/制动特性控制、逻辑控制、故障保护,实现对四象限整流器和牵引逆变器及交流异步牵引电机的实时控制、黏着利用控制,以满足车辆动力性能、故障运行、救援能力及实现预期的运行速度等。

(1) 模拟量输入输入信号。

传动控制系统采集的模拟量输入信号主要有:中间直流电压、主回路接地检测电压(半电压)、变压器原边电流、四象限输入电流、电机温度、逆变器输出电流、斩波支路电流、水温、水压、柜体温度等;

(2) 数字量入出信号。

传控制系统采集的数字量输入信号一般有:主断路器状态、充电接触器状态、主接触器状态、隔离开关状态等;给出的输出命令一般包括主断环路断开、充电指令、主接触器闭合指令等。

4. 列车运行控制系统接口

列车运行控制系统的监控装置与制动控制系统之间存在部分接口,同时与TCMS 存在一些硬线信号接口。

1) 与列车网络控制与管理系统接口

列车运行控制系统的监控装置与 TCMS 存在一些硬线信号接口,如 13.3.2 节第 2 部分 3)所述。

2) 与制动控制系统接口

列车运行控制系统与制动系统之间的接口主要完成常用与紧急制动控制指令的执行输出(继电器触点输出)。输出信号可直接驱动内燃机车常用制动装置控制阀或电力机车制动控制回路连接,但控制系统不能直接驱动电力机车主断路器。

3) 与车辆接口

列车运行控制系统与机车车辆之间的接口主要包括模拟量信号的输入输出。

模拟量输入信号包括压力信号(如总风缸压力、列车管压力等)、电流信号、电压信号、加速度信号、速度信号以及柴油机转速信号;模拟量输出信号主要有驱动双针速度表实际速度和限制速度的电流信号,以及驱动双针速度表里程计的电压脉冲信号。所有的输入/输出信号全部经过隔离放大器隔离或光电隔离。

5. 制动控制系统接口

制动控制系统与列车运行控制系统的监控装置之间存在部分接口,同时与列车网络控制与管理系统存在网络与硬线接口。

1）与列车网络控制与管理系统接口

制动控制系统与列车网络控制与管理系统之间存在网络和硬线接口，如 13.3.2 节第 2 部分 2）所述。

2）与列车运行控制系统接口

制动控制系统与列车运行控制系统之间存硬线接口，如 13.3.2 节第 2 部分 3）所述。

3）与车辆接口

制动控制系统与车辆接口较多，以 HXD1 型机车上安装有 CCBII 制动系统为例，其制动系统包括了 4 个主要部分：一个电子制动阀（EBV）、一个中央集成处理模块（M-IPM）、一个中继接口模块（RIM）和一个电空制动单元（EPCU）。

RIM 是 IPM 与机车进行通信的接口模块，主要实现如下功能：

（1）制动控制系统通过 RIM 采集的信号包括由安全装置产生的惩罚制动和紧急制动信号、两端驾驶室操作激活信号、动力制动投入信号、MREP 压力开关工作状态信号、机车速度信号、由机车主机发出的警惕控制信号等；

（2）制动控制系统通过 RIM 输出到机车的信号包括紧急制动信号、PCS 开关切除信号、撒沙开关动作信号、动力制动切除信号、重联机车故障信号等。

列车或机车上安装有列车管、总风缸、均衡风缸、制动缸等，电空制动单元用来控制机车空气管路系统的压力。制动系统与车辆之间控制接口主要体现在以下几个方面。

（1）均衡风缸模块（ERCP）通过均衡风缸的压力变化向列车管提供控制压力；

（2）16 控制部分（16CP）向制动缸提供控制压力，备份（ER）控制模块；

（3）列车管控制部分（BPCP）包括列车管中继阀，列车管投入/切除转换，列车管压力补风/不补风转换以及紧急制动系统；

（4）20 控制部分（20CP）向制动缸的平均管（BCEP）提供压力；

（5）13 控制部分（13CP）包括单缓控制内部压力。

13.4　列车控制系统的可靠性预计

列车控制系统通常由多个子系统构成，包含众多硬件、控制软件及相互间的接口，是一个非常复杂的系统。相对一般的工业控制系统，列车车辆的运用环境更加恶劣，产品的生命周期更加长，因此，对列车控制系统的可靠性提出了更高的要求。对列车控制系统进行可靠性分析、预计，分析系统的可靠性指标能否满足用户的要求，是列车控制系统集成设计的重要内容。

13.4.1 复杂系统可靠性预计的基本概念

系统的可靠性预计是以组成系统的各部分的性能、工作环境及相互关系等知识为条件,对系统的固有可靠度进行估算的技术。在工程中应用的具体程序是:在确定元器件、零部件的失效率的基础上,预计由这些元器件、零部件组成的能完成某一功能单元的可靠度,自下而上逐级进行预计,直至最后预计出系统的可靠度。

13.4.2 系统可靠性预计理论及常用方法

1. 元件计数法

元件计数法是一种按不同种类元器件(电阻器、电容器、二极管、晶体管等)的数量来预计单元和系统可靠度的方法。采用这个方法进行预计,首先确定设计方案中各种元器件的类型。根据 GJB29991《电子设备可靠性预计手册》中各类元器件在不考虑工作温度与应力情况下的通用失效率 λ_G 以及质量等级 π_Q 和成熟系数 π_L,计算工作失效率 $\lambda_\pi = \lambda_G \cdot \pi_Q \cdot \pi_L$。然后将各类型的元器件数目 N_i 乘以其失效率 λ_π,最后对所有的乘积取和,便得系统的失效率 λ_s,即 $\lambda_s = \sum N_i \lambda_\pi$。

这种方法的优点是,可以快速地进行可靠性预计,以判断某设计方案是否能满足可靠性要求。因此,元器件计数适用于方案论证和早期设计阶段,缺点是准确度较差。

2. 上、下限法

上、下限法的基本思想是将复杂的系统先简单地看成某些单元的串联系统,求出系统可靠度的上限值和下限值。然后逐步考虑系统的复杂情况,逐次求出系统可靠度的精确值。

上、下限法的优点对复杂系统特别适用。它不要求单元之间是相互独立的,适用于热储备和冷储备系统,也适用于多种目的和阶段工作的系统。

在工程应用中具体方法是:首先假定系统中并联部分的可靠度为 1,从而忽略了他的影响,这样得到的系统可靠度显然是最高的,这就是上限值;其次假设并联单元不起冗余作用,全部作为串联单元处理,这时处理方法最为简单,但得到的是系统的可靠度最低值,这就是下限值;再次逐步考虑某些因素以修正上述的上、下限值;最后通过综合公式得到系统的可靠度预计值。

3. 数学模型法

数学模型法是根据组成系统的各单元间的可靠性数学模型,按概率运算法则,预计系统的可靠度的方法,这是一种经典的方法。

在工程上的具体计算步骤是:建立系统的可靠性逻辑框图及可靠性数学模型,并利用相应的公式,依据已知条件求出系统的可靠度。

数学模型法优点是计算比较精确,缺点是比较麻烦,且需要画出系统的逻辑框图。

4. 应力分析法

应力分析法的步骤与元件计数法大致相同,只是应力分析法要求更为详细的元器件失效模型和应力数据,故适用于设计后阶段。此方法需涉及大量的公式和图表。

用应力分析法预计的步骤是:

(1) 计算出单个元器件的工作失效率 λ_p;

(2) 将单个元器件的失效率与所用数量相乘,求出该类元器件的失效率;

(3) 将各类元器件失效率相加,得出系统的失效率。

5. 布尔真值法

这是一种直观计算系统可靠度的方法。其方法是将所有单元列入真值表中,该表有 $2n$ 行,n 列。n 是系统中的单元数。表中每一栏填入数值 1 或 0,表示每个单元是完成任务或失效。因此表中列出了所有工作和失效单元的各种可能组合,然后检查真值表的每一行,判断其中工作的和失效的单元的组合是使系统完成任务还是使系统失效。将完成任务的代号 S 或失效的代号 F 分别填入真值表的右方一列中,并记下每一个完成任务的成功概率。其成功的概率之和即为系统的可靠度。

6. 蒙特卡罗法

蒙特卡罗法是以概率和数理统计为基础,用概率模型做近似计算的一种数学模拟法。它以随机抽样法为手段,根据系统的可靠性方框图进行可靠性预计。各单元的可靠性特征量已知,但系统的可靠性模型过于复杂,难于推导出一个可以求解的通用公式时,蒙特卡罗法可根据单元完成任务的概率及可靠性方框图,近似计算出系统的可靠度。由于这种方法需反复试验,工作过于烦琐,所以总是用计算机来完成。

蒙特卡罗法规定:每个单元的预计可靠度在可靠性方框图中可以用一组随机数来表示。随机数用计算机的随机数发生器提供。例如,当一个单元的可靠度为 0.8 时,便可用 $0 \sim 0.7999$ 中的所有随机数表示单元成功,用 $0.8000 \sim 0.9999$ 中的所有随机数表示单元的失效。再根据单元的可靠度及系统的可靠性方框图来预计系统的可靠度。具体的方法如下。

设某系统的可靠性方框图如图 13.7 所示。假设单元 A、B、C 的可靠度分别为 R_1、R_2、R_3。其中第 1 个单元 A(设 R_1=0.80)用计算机的随机数发生器输入一个随机数,根据第 1 个随机数来决定这个单元的成功或失效。如果这个随机数小于 0.7999,则表示该单元正常,便应把另 1 个随机数输入框图的下一单元 B,新的随机数便决定这一单元的成功或失效。

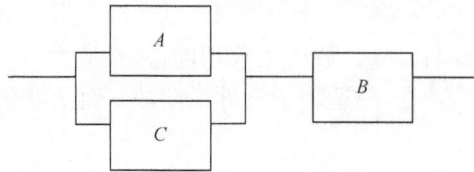

图 13.7　某系统的可靠性方框图

如果对单元 A 发出的随机数大于 0.80,但还有并联单元,则计算机自动返回到最邻近的另一个并联单元 C,然后计算机自动给这个并联单元发出一个随机数,与该单元的可靠度比较后,确定其成功或失效。若失效,而系统又没有其他并联单元,则表示系统失效。上述过程一结束,记下失效次数。若成功,则又对单元 B 发出新的随机数,与单元 B 可靠度比较成功后,则表示系统成功,记下成功次数。这个过程要反复进行直到满足要求的试验次数 N。此时,运用大数定律就可计算出系统可靠度的预计值。进行模拟的次数越多,预计值越接近实际情况。图 13.8 为蒙特卡罗法的计算机程序流程图。

7. 快速预计法

研制新的复杂系统时,在早期设计阶段,究竟使用哪些元器件及详细数量等并不很清楚,因而不可能也没有必要进行较为精确的计算,这就需要进行粗略的快速预计。

1) 图表法

图表法是利用给出的系统的 MTBF、n、R 关系图表,在已知系统所含元器件数 n 和要求该系统 MTBF 的条件下,求元器件失效率 λ。当已知系统所含元器件数 n 及元器件失效率 λ 时,可以快速地预计系统能够达到的可靠性水平。图表法虽然简便快速,但误差较大。

2) 相似系统法

这是一种从相似系统上获得的特定经验对新设计系统可靠性进行快速预计的方法。系统的可靠性与其内部所在的缺陷是有密切联系的。如果能从原系统上获得系统的失效率与其内部缺陷数目之间的关系常数 k,即 $\lambda_{原}=k \cdot d_i$,那么由新系统缺陷总数 $d_r=d_i \cdot d_n \cdot d_e$($d_i$ 为原有缺陷数,d_n 为新引进的缺陷数,d_e 为已排除的缺陷数),就可以求出新系统的失效率:

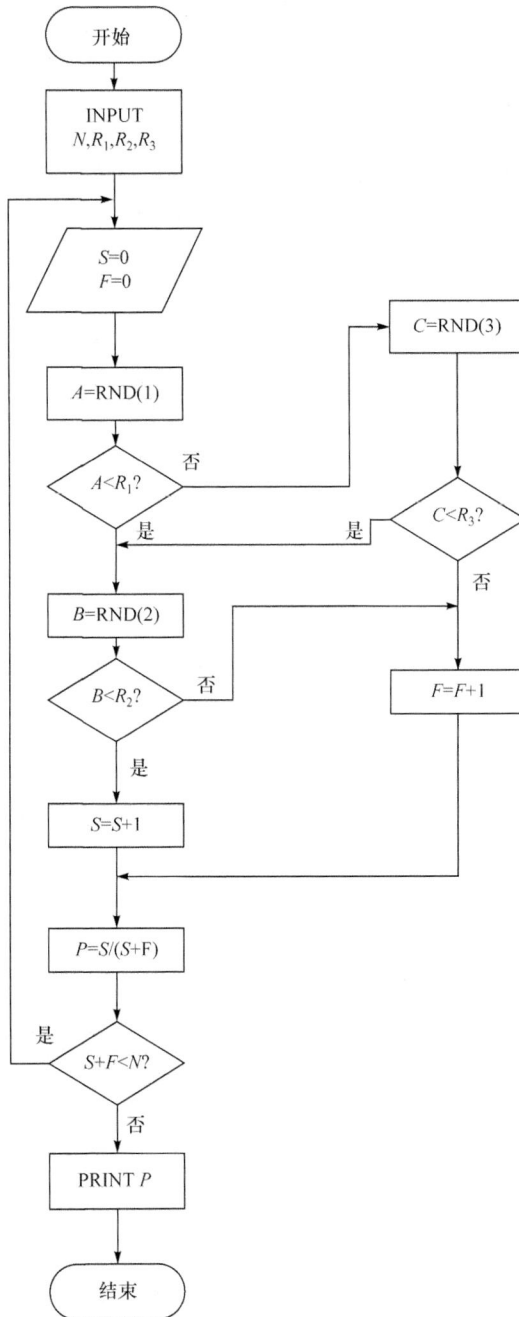

图 13.8 蒙特卡罗法的计算机程序流程图

$$d_{新} = k \cdot d_r$$

如果能够估计新系统相对原系统的复杂性,则可预计新系统的失效率为

$$\lambda_{新} = \lambda_{原} \times 相对复杂系数$$

13.4.3　可靠性预计应用实例

在实际应用中,可以根据产品的特性、相关基础数据的情况等因素,灵活采用一种或多种可靠性预计方法对产品的可靠性进行预计。下面给出两个应用实例。

1. 某电源产品的应力分析法预计表

根据公式:$\lambda_P = \lambda_b \pi_E \pi_Q \pi_A \pi_{S2} \pi_T \pi_C$ 得到表 13.1 的相关参数。

表 13.1　某电源产品关键元件的故障参数

编号	元器件类别（型号规格）	数量 N	质量等级	应力比 S	各 π 系数	$\lambda_b/(10^{-6}h)$	工作故障率/$(10^{-6}h)$	
							λ_P	$N\lambda_P$
1	聚丙烯电容器 CBB23-250(22nf/250V)	2	B2	0.5	$\pi_E = 8$ $\pi_Q = 1$ $\pi_C = 1$ $\pi_K = 1$	0.0133	0.1064	0.2128
2	2类瓷介电容器 CT4L-2-50(0.22μf/50V)	1	A2	0.7	$\pi_E = 7.7$ $\pi_Q = 0.3$ $\pi_C = 1.6$	0.0432	0.1597	0.1597
3	1类瓷介电容器 CC4-100(100pf/100V)	1	A2	0.7	$\pi_E = 6.7$ $\pi_Q = 0.3$ $\pi_C = 1$	0.1355	0.2724	0.2724
4	金属膜电阻 RJ15-1/2(10Ω/0.5W)	1	A2	0.6	$\pi_E = 5$ $\pi_Q = 0.3$ $\pi_R = 1$	0.008	0.012	0.012
总计	λ_s							0.6572

2. 某型地铁充电机产品的可靠性预计

某型地铁充电机可靠性模型示意图如图 13.9 所示,目标单元失效率公式如下:

$$目标单元失效率 = 应力系数 \times 已有相似单元失效率$$

```
┌────┐  ┌────┐  ┌────┐  ┌────┐  ┌────┐  ┌────┐  ┌────┐
│1.输│  │2.三│  │3.预│  │4.LC│  │5.半│  │6.高│  │7.二│
│入滤│  │相全│  │充电│  │滤波│  │桥逆│  │频变│  │次整│
│波电│  │桥整│  │电路│  │电路│  │变电│  │压器│  │流电│
│路  │  │流电│  │    │  │    │  │路  │  │    │  │路  │
│    │  │路  │  │    │  │    │  │    │  │    │  │    │
└────┘  └────┘  └────┘  └────┘  └────┘  └────┘  └────┘

┌────┐  ┌────┐  ┌────┐  ┌────┐  ┌────┐  ┌────┐
│8.输│  │9.隔│  │10.放│ │11.检│ │12.微│ │13.冷│
│出滤│  │离驱│  │电路 │ │测单│  │机控│  │却单│
│波电│  │动单│  │    │  │元  │  │制单│  │元  │
│路  │  │元  │  │    │  │    │  │元  │  │    │
└────┘  └────┘  └────┘  └────┘  └────┘  └────┘
```

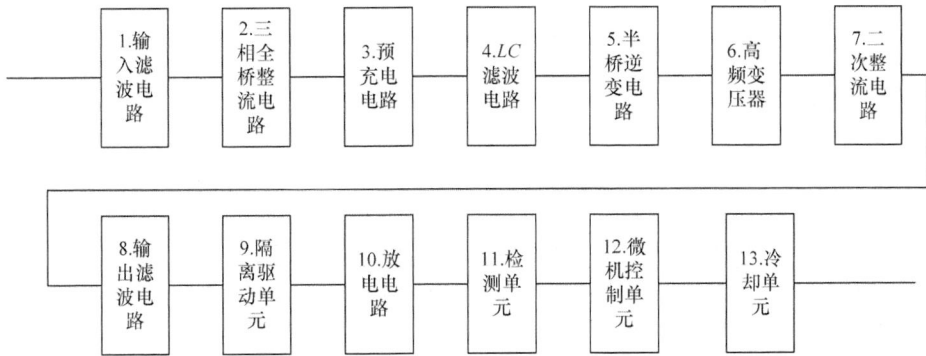

图 13.9　某型地铁列车充电机的可靠性模型示意图

表 13.2　某型号充电机产品部分元件的可靠性参数

序号	各单元名称	相似系统单元名称	来源或说明	已有的失效率	相似比较系数（目标单元/相似单元）	预计失效率	预计MTBF/h
1	输入滤波电路	XX 充电机	采用了可靠性更高的器件	2.78×10^{-6}	0.9	2.50×10^{-6}	400000
2	三相全桥整流电路	XX 充电机	采用了可靠性更高的器件	3.70×10^{-6}	0.9	3.33×10^{-6}	300000
3	预充电电路	XX 充电机	设计、使用环境相同	1.25×10^{-6}	1	1.25×10^{-6}	800000
4	原边 LC 滤波电路	XX 充电机	采用了可靠性更高的器件	1.71×10^{-6}	0.9	1.54×10^{-6}	650000
5	半桥逆变电路	XX 充电机	设计、使用环境相同	4.00×10^{-6}	1	4.00×10^{-6}	250000
6	高频变压器	XX 充电机	设计、使用环境相同	4.00×10^{-6}	1	4.00×10^{-6}	250000
7	二次整流电路	XX 充电机	设计、使用环境相同	3.33×10^{-6}	1	3.33×10^{-6}	300000
8	输出滤波电路	XX 充电机	设计、使用环境相同	1.82×10^{-6}	1	1.82×10^{-6}	550000
9	隔离驱动单元	XX 充电机	设计、使用环境相同	2.78×10^{-6}	1	2.78×10^{-6}	360000

续表

序号	各单元名称	相似系统单元名称	来源或说明	已有的失效率	相似比较系数（目标单元/相似单元）	预计失效率	预计 MTBF /h
10	放电电路	XX 充电机	设计、使用环境相同	$1.67×10^{-6}$	1	$1.67×10^{-6}$	600000
11	检测单元	预计得到		$2.50×10^{-6}$	1	$2.50×10^{-6}$	400000
12	微机控制单元	预计得到		$2.86×10^{-6}$	1	$2.86×10^{-6}$	350000
13	冷却单元	预计得到		$2.22×10^{-6}$	1	$2.22×10^{-6}$	450000
					合计失效率	$3.38×10^{-5}$	
					合计 MTBF /h		29588

13.5　小　　结

　　列车控制系统是由多个子系统构成的现代自动控制系统,具有系统功能复杂、运行环境恶劣、可靠性要求高、系统相对封闭等特点。控制系统集成,是实现用户需求、完成整车设计的重要步骤。

　　本章对控制系统集成的一般概念、列车控制系统集成的基本步骤以及控制系统集成领域的一些具体技术进行了介绍。对于从事列车控制系统集成工作的技术人员,最重要的是要对列车控制系统的整体性能和功能需求有准确的把握和理解。另外,除了对组成列车控制系统的各子系统的技术有清晰的了解,还要具有较强的系统分析与统筹设计能力,这样才能较好地胜任列车控制系统集成工作。

第 14 章　环境与组合试验

14.1　引　　言

列车车载电子电气设备,包括各类牵引控制、检测、诊断以及信息系统等,都运行在列车车载环境下。而车载环境对于电子电气设备来说是一个恶劣的运行环境,因此,列车控制诊断系统产品作为电子电气设备,都必须通过和满足 IEC 60571 和国家标准 GB/T 25119 以及 EN 50155 等标准的试验验证要求。

IEC 60571 标准适用于轨道交通机车车辆上安装的所有控制、调节、保护、供电等电子装置。这些装置由车上蓄电池供电,或者由直接或间接与接触网(变压器、分压器、辅助电源)相连的低压电源(如充电机)供电,但 IEC 60571 标准不适用于电力电子装置。

在 IEC 60571 标准中,电子装置是指以半导体器件和其他通用元器件为主组成的装置,这些元器件通常安装在印制板上。

一个合格的产品在出厂成为商品之前,一般需要进行环境适应性和适用性试验验证。生产厂家为了验证自己产品的性能,往往也要进行性能与环境适应性的测试,包括列车控制诊断系统在内的列车车载电子装置,其产品试验可分为如下三类:

(1) 型式试验;

(2) 例行试验;

(3) 研究性试验。

在试验之前,厂家应以书面形式提供所有要做试验的计划及其要求。

进行型式试验和例行试验时,被试装置不应误动作,性能不得超出其书面计划规定的要求。

14.2　型　式　试　验

14.2.1　型式试验的定义

型式试验(type test)是为了验证产品能否满足技术规范的全部要求所进行的

试验。它是新产品鉴定中必不可少的一个环节。只有通过型式试验,该产品才能正式投入生产并且允许进入市场销售环节。型式试验的依据是产品标准。试验所需样品的数量由论证机构确定,试验样品从制造厂符合设计和制造工艺要求而形成的最终产品中随机抽取。试验在被认可的独立检验机构进行,对个别特殊的检验项目,如果检验机构缺少所需的检验设备,可在独立检验机构或认证机构的监督下使用制造厂的检验设备进行。

14.2.2　型式试验的目的

型式试验的目的是考核产品的设计、生产过程、工艺设计、材料部件使用以及装配制造等环节,在产品使用寿命期间是否符合标准的全部要求,用于验证产品是否符合规定的要求。

14.2.3　型式试验要求

型式试验应在制造厂中符合设计和制造工序要求形成的最终产品中抽取一台样品装置上进行。

如果整台装置或其中的一部分基本接近于先前曾试验过的产品,则制造商可以出示先前(五年内)进行试验的证明。这样,与用户达成协议后,就不需再对该被试装置(EUT)进行重复试验。

根据用户和制造商之间的协议,可以不定期地从现有产品或货品中抽样,重做部分或全部试验,以确认产品质量始终满足指定要求。

在下列情况下,用户可要求制造商重做全部或部分型式试验:

(1) 正常生产的定型产品每五年应进行一次型式试验时;

(2) 对装置进行了改进而可能影响其功能和操作方法时,以及重要部件或原材料发生变更时;

(3) 型式试验或例行试验失败或参数变更时;

(4) 停产三年以上恢复生产时;

(5) 制造地点改变时。

14.2.4　试验项目

表14.1列出了电子装置的型式试验项目。新产品还需按IEC 60571:2006中18.2.4.13条款的要求完成装车运行试验。

表 14.1　型式试验项目

序号	试验	型式试验	附注
1	外观检查	√	
2	性能试验	√	
3	低温试验	*	
4	高温试验	*	
5	交变湿热试验	*	
6	电源过电压、浪涌和静电放电试验	*	电磁兼容试验见第 19 章
7	电快速瞬变脉冲群抗扰度试验	*	电磁兼容试验见第 19 章
8	射频干扰试验	*	
9	绝缘试验	*	
10	盐雾试验	—	
11	振动、冲击试验	*	
12	水密性试验	—	
13	强化筛选试验	—	
14	低温存放试验	*	

注:标有"√"号的为强制性试验;标有"—"号取决于用户与制造商之间的合同要求;以上试验时,环境温度规定为(+25±10)℃。

1. 外观检查

外观检查的目的在于确保装置结构可靠及尽可能满足指定要求。

外观检查也用于在型式试验后检查装置是否损坏。

所用仪器:直尺、电子秤等。

2. 性能试验

试验与测量应在规定的环境温度下进行。

型式试验中的性能试验包括对装置特性进行一系列测量,以证明其性能符合该装置功能要求,包括产品技术条件中的特殊要求。

例行试验中的性能试验应与型式试验中的相同,但下面的电源波动和中断试验除外。

除非另有协议,型式试验应包含以下内容。

1) 电源波动

对于直流供电的装置:该试验用于验证在标称电压和规定的上、下极限值情况下被试装置能正常工作。

对于交流供电的装置:该试验用于验证在下列情况下被试装置能正常工作。

(1)标称电压和频率;

(2)电压和频率上、下限值的所有实际可能的组合。

2)电源中断试验

注:本试验不适用于定义的S1级断电情况(GB/T 25119标准中定义,S1级:无间断)。

试验应在标称电压下进行。将被试装置输入电源按标准要求断电一定的时间,间隔一段时间再恢复,被试装置应能保持正常工作而无需操作者人为干预或复位。试验应随机重复10次。试验时,应始终监视被试装置的输出,以确保没有发生误动作。

对于电气条件相同的输出信号群,则应至少监测4个输出信号或其中的20%(二者中取大者)。

如果被试装置与牵引供电电源一次侧相连,而不是由中间蓄电池供电,则应按电源断电的情况进行试验。

所用仪器:供电电源、电流表、电压表、示波器、信号发生器等。

3. 低温试验

该试验应按GB/T 2423.1进行。

印制板组件、插件、插件箱或机箱在不通电的情况下放置于试验箱中。在等于或大于0.5 h内将箱温从正常试验环境温度(25±10)℃逐渐降至(−25±3)℃,在试验箱中达到热稳定后,被试品放置2 h。放置时间终了,在保持低温状态下对装置通电,并进行性能检测(图14.1)。恢复后,在正常室温下重新进行性能检测。

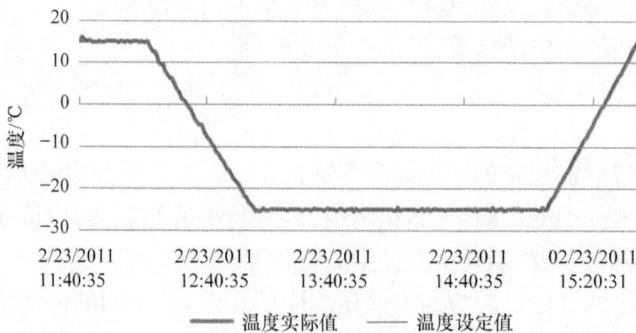

图 14.1　低温试验曲线

试验验收要求:

（1）不产生失效和损坏；

（2）性能检测中,所有结果都不能超出容差范围。

应在试验技术条件中详细规定试验合格的验收判据。

所用仪器:高低温环境试验箱等。

试验要求:

（1）试验样品总质量按每立方工作室容积放置 60～80kg 试验样品计算。

试验时样品的总体积应不大于工作室容积的五分之一。

将具有室温的试验样品放入温度也为室温的试验箱（室）内,样品应尽量放置在试验箱有效工作空间的几何中心位置上,样品之间不得相互接触和重叠,应留有一定的间隔以使空气流通和防止结冰或结霜。样品的供电、测试导线从试验箱的测试孔接出。正常试验时测试孔应密封好。

（2）可在样品热容量最大的功能部件上的适当部位设置热电偶,用于测量温度响应和试验温度稳定。

4. 高温试验

该试验按 GB/T 2423.2 进行,一般采用自然通风,除非装置本身采用强迫通风。

建议在较小功能单元（如印制板组件、插件、插件箱）上进行高温试验。然而应当保证散热装置同时工作,在试验中无散热装置时,应当模拟其效果。

装置通电后,放在试验箱内,在等于或大于 0.5h 内将箱温从正常试验环境温度（25±10）℃逐渐升高到（70±2）℃。待温度稳定后,保温 6h,在此温度下进行性能检测。

测试完成后,将环境试验箱温度升至 85℃,并在 85℃下保持 10min,进行性能检测,被试装置功能不应异常,此后将环境试验箱温度降至环境温度,并再次进行性能检测。

试验验收要求:

（1）不产生失效和损坏；

（2）容差不超过限值。

应在试验技术条件中详细规定试验是否合格的验收判据。

所用仪器:高低温环境试验箱等。

试验要求同上。

5. 交变湿热试验

试验箱中的空气温度和湿度应可控并应提供实时记录这些数据的手段。

　　冷凝水应排出试验箱,不能再使用。如果采用喷水产生湿度,水的电阻率不应低于 500Ω·m。冷凝水不应滴落到被试装置上。试验箱内气候条件应尽量保持均匀(必要时可采用循环方式),被试装置(因散热、吸湿等)对环境条件产生的影响不应超过规定容差。本试验应按 GB/T 2423.4 进行。除性能检测,不应对被试装置通电。

　　温度:+55℃和+25℃

　　周期数:2(呼吸效应)

　　时间:2×24h

　　试验方法:

　　先将箱温调至(25±3)℃并保持此值,相对湿度调至 45%～75%进行 2～6h 稳定温度处理。在最后 1h 内,将箱内相对湿度提高至不低于 95%,温度仍保持(25±3)℃。

　　稳定阶段之后循环开始,使箱温在 2.5～3h 内由(25±3)℃连续上升到(55±2)℃,这期间除最后 15min 内相对湿度不低于 90%外,升温阶段相对湿度都不应低于 95%,以使试品表面产生凝露,但不应在大型试验样品上产生过量凝露。然后在温度为(55±2)℃的高温高湿环境下保持到从循环开始算起(12±0.5)h 为止。这一阶段的相对湿度,除最初的 15 min 和最后的 15 min 不低于 90%外,均应为(93±3)%。

　　然后在 3～6h,将箱温由(55±2)℃降至(25±3)℃。最初 1.5h 的降温速率为 10 ℃/h,这期间的相对湿度除最初的 15 min 内不低于 90%外,其他时间均不低于 95%。

　　降温之后,温度保持(25±3)℃,相对湿度不低于 95%,从循环开始算起 24h 为一周期。

　　两周期试验结束后,将样品放在正常的试验大气条件下恢复 1～2h,恢复时可以用手摇动,或用室温空气吹风来去除表面水滴。交变湿热试验的曲线见图 14.2。

　　恢复后立即进行外观检查、绝缘试验和性能试验。试验结果应在允许的容差范围内。

　　所用仪器:高低温环境试验箱等。

　　试验要求:

　　将无包装、不通电的试验样品,在"准备使用"状态下,放入温度也为室温的试验箱(室),且不得相互接触和重叠,应留有一定的间隔以使空气流通。样品的测试导线从试验箱的测试孔接出。正常试验时测试孔应密封好。

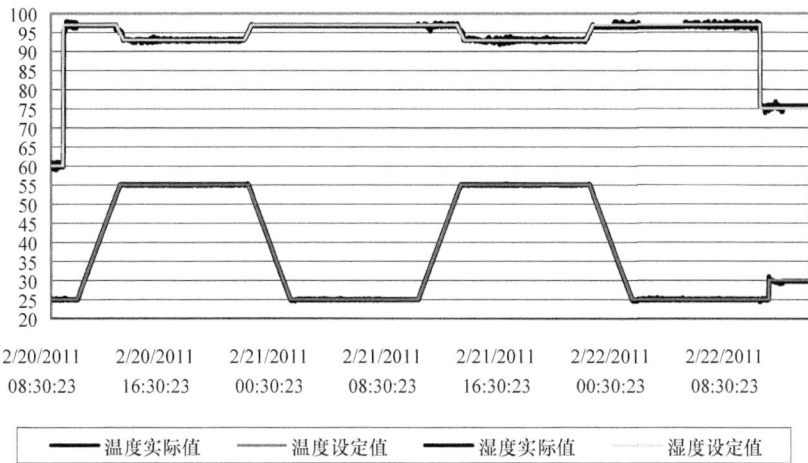

图 14.2　交变湿热试验曲线

6. 电源过电压试验

对于被试电子装置,规定了电源过电压试验所要求的连接点,均应依本条中定义的相应试验波形进行试验。

每个连接点均应进行试验,但在信号群情况下,可只取 4 个连接点或该群中的 20%(二者取大者)。"群"定义为电气特性相同的一组输入或输出电路。选取的试验点应反映不同位置并靠近敏感元件。

如果某些装置应通过与被试装置并联的负载放电。此时,负载电阻不应小于装置标称源阻抗的 10 倍。电源过电压参数见表 14.2,试验参数见表 14.3。

表 14.2　电源过电压参数

(最低)电压	时间 d(最大值)/s	时间 D(最大值)/s	串联电阻 R_s (容差±12%)/Ω	供电电源
$1.3U_n$	0.1	1.0	1	有电压调整功能的蓄电池
$1.4U_n$				不带电压调整的蓄电池

表 14.3　可采用的电源过电压试验参数

(最低)电压	时间 D(最小值)/s	串联电阻 R_s^*(容差±12%)/Ω	供电电源
$1.3U_n$	1.0	1	有电压调整功能的蓄电池
$1.4U_n$			不带电压调整的蓄电池

＊ 包括源阻抗。

产生的电源过电压如下所示。

(1) 图 14.3 所示为试验电路及波形。

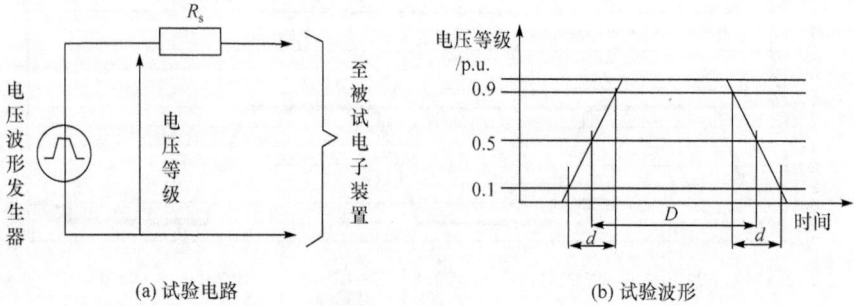

(a) 试验电路　　　　　　　　　　(b) 试验波形

图 14.3　试验电路及波形

(2) 图 14.4 所示为典型试验电路与波形。

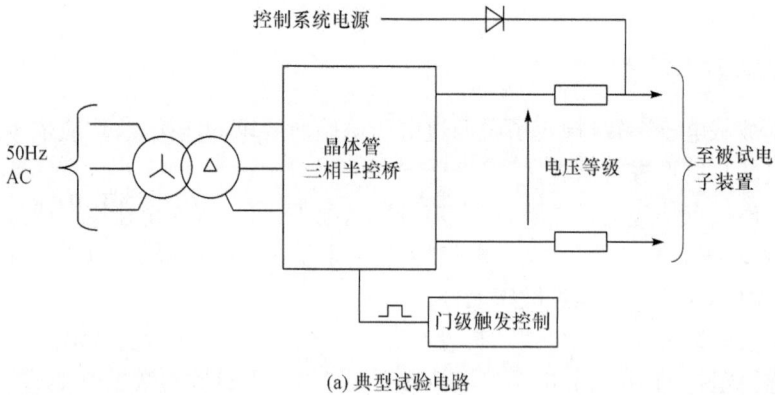

(a) 典型试验电路

(b) 试验波形

图 14.4　典型试验电路及波形

试验波形的极性应与控制系统电源电压相同,试验波形的施加前后都应为正常供电电压。

测量电压时,应以控制系统电源回线电位为基准。

作为上述方法的替换,经用户同意后,制造商可以通过计算来证明装置能承受该波形。

7. 绝缘试验

对装配完工的插件,绝缘试验的目的是检查 PCB 走线、元件安装是否过于靠近周围金属部件。对于无金属框架的插件,试验按实际工作位置放置和接线,试验电压加在互相短接的插头(座)芯子和装置的金属机箱之间。对带有金属框架的插件,试验电压则加在互相短接的插头(座)芯子和框架之间。

对装配完工的整机,绝缘试验的目的主要是检查机箱在布线和安装电气或电子部件后的绝缘性能。试验时机箱不带插件,试验电压加在:

(1) 互相短接的对外接线端子和插座(头)芯子对金属机箱;

(2) 相互绝缘的各电路之间。

如果绝缘试验作为例行试验的一部分已通过,则在型式试验中不应再重复。

1) 绝缘测试

绝缘电阻应用直流 500V 兆欧表进行测试并记录。测量部位与绝缘试验相同。

耐压试验之前和之后,应重做该试验。产品的最低绝缘电阻在其技术条件中规定。

试验验收要求:从初次测量开始,其基本性能不应降低。

2) 耐压试验

应尽可能采用 50Hz 的交流电压。否则,应采用相对于交流电压峰值的直流电压。通过逐渐升压,将试验电压加到装置上,并在规定电压等级上保持 1min。标称直流输入电压或交流输入电压是试验电压的决定性因素。

试验电压的正弦方均根值应为:

(1) 500V,对应于 72V 以下的标称直流电压(或交流 50V);

(2) 1000V,对应于 72～125V 的标称直流电压(或交流 50～90V);

(3) 1500V,对应于 125～315V 的标称直流电压(或交流 90～225V)。

电路隔离的电源二次侧电路除外,此时,试验电压可取相对较低的范围。

当电子装置某处与主电路有电连接时,装置的该部分应承受与主电路同样的介电试验。

试验验收要求:不产生击穿或闪络。

8. 盐雾试验

1) 总则

如果电子装置需进行盐雾试验,则应在标书中提出,并按 GB/T 2423.17 执行。

2) 盐溶液

产生盐雾的溶液是用(50±1)g 分析纯氯化钠溶解在蒸馏水或软水中,最后制成 20℃下体积为(1.00±0.02)L 的溶液,其 pH 应在 6.5~7.2,否则该溶液不能使用。

3) 试验程序

试验过程中,试验箱内的温度应保持在(35±2)℃。

用于产生盐雾的溶液和空气的温度应与试验箱内相同。

装置试验时,应按实际使用情况进行,即装好保护盖板且尽可能将装置安排在实际使用中的位置。

在整个试验过程中,试验箱应保持封闭,盐溶液不应断喷洒。

该过程持续时间如下。

ST1 级:4h;

ST2 级:16h;

ST3 级:48h;

ST4 级:96h。

试验终止后,装置应用自来水冲洗 5min,再在蒸馏水或软水中漂洗,然后干燥以去除水滴并置放于试验区标准大气条件下,时间不小于 1h,但不超过 2h。

然后,对装置进行外观检查。

试验验收要求:

(1) 无明显损坏;

(2) 性能检测正常。

试验仪器:盐雾试验箱。

试验要求:

样品的摆放要求如下。

(1) 试验样品的主要试验面应保持与铅垂线成 15°~30°的倾斜面,且自试验箱上方俯视时应与喷雾的主要流动方向平行。

(2) 试验样品不可互相接触,不可妨碍喷雾液的自由落下。

(3) 试验样品不可与支架以外的东西接触,盐水溶液勿从一个样品滴流至其他样品上。

(4) 试样上边缘与盐雾收集器顶端尽量处于同一水平。

9. 冲击和振动试验

整个柜体或机箱,连同其附件和安装配件(如果装置是设计成装在减振机构上的则要包括其减振机构),应按 GB/T 21563 进行试验。

首先在同一个方向进行增强随机振动量级的模拟长寿命试验,其次做冲击试验,最后做功能性试验。一个方向完成后,再在其他两个方向上进行试验。

长寿命试验为每个方向各 5h,合计 15h。冲击试验为每个方向正、反各冲击 3 次,合计 18 次。功能性试验每个方向通常不少于 10min。

表 14.4 为长寿命试验及功能性试验时各个方向的随机振动谱密度(ASD)及加速度均方根值(r. m. s.)。冲击试验时,垂向及横向的加速度幅值为 30m/s^2,纵向为 50m/s^2。

表 14.4　功能性和长寿命振动试验要求

类型	取向	功能性试验		长寿命试验	
		ASD /[(m/s²)/Hz]	r. m. s. /(m/s²)	ASD /[(m/s²)/Hz]	r. m. s. /(m/s²)
A 级 (车体上直接安装的 柜体、部件、设备和零件)	垂向	0.0164	0.75	1.034	5.9
	横向	0.0041	0.37	0.250	2.9
	纵向	0.0073	0.50	0.452	3.9
B 级 (车体上直接安装的 箱体内部的物体)	垂向	0.0298	1.00	1.857	7.9
	横向	0.0060	0.45	0.366	3.5
	纵向	0.0144	0.70	0.901	5.5

注:对于安装在转向架或轴上的传感器及设备应选用 GB/T 21563 中更严酷的等级。

试验验收要求:

(1) 无损坏;

(2) 性能检测时无失效且测试结果不超过容差范围。

试验仪器:振动试验台。

试验要求:

选取图 14.5 所示的加速度谱密度。

冲击试验脉冲波形如图 14.6 所示,机车车辆上设备的安装位置如图 14.7 所示,该设备的试验要求见表 14.5,试验结果如图 14.8 所示。

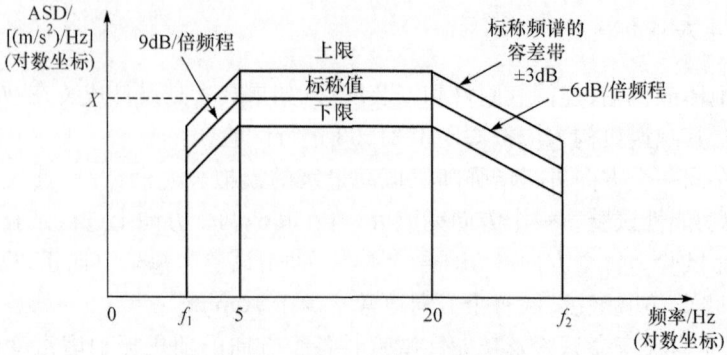

图 14.5　加速度谱密度频谱图

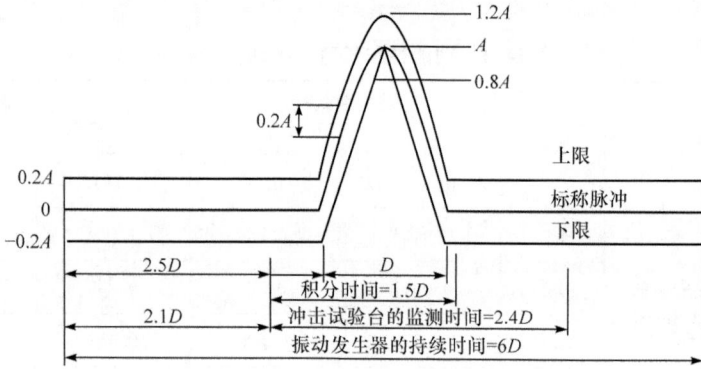

图 14.6　冲击试验容差范围——半正弦脉冲

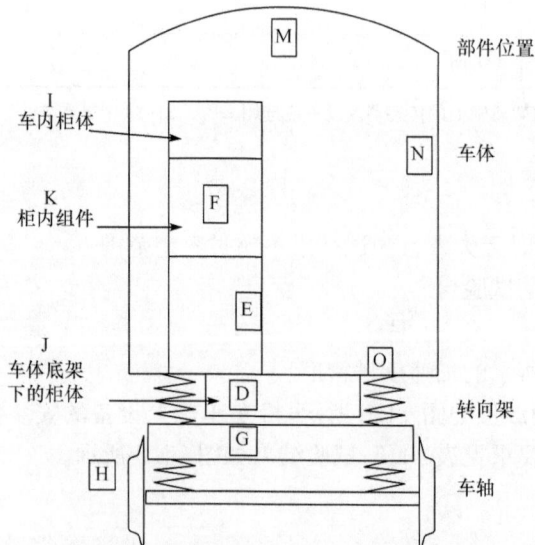

图 14.7　机车车辆上设备的位置示意图

表 14.5　被试装置的试验类别要求

类别	位置	设备位置说明
1类 A级	M N O I J	直接安装在车体上方或车体下方的部件
1类 B级	D	安装在固定于车体底架下箱体内的部件
1类 B级	K E	安装在固定于车体上的大柜体内的部件
1类 B级	F	安装在固定于车体上的柜体内组件中的部件
2类	G	安装于轨道机车车辆转向架上的柜体、组件、设备及部件
3类	H	安装于轨道机车车辆车轴总组件上的组件、设备及部件或总成

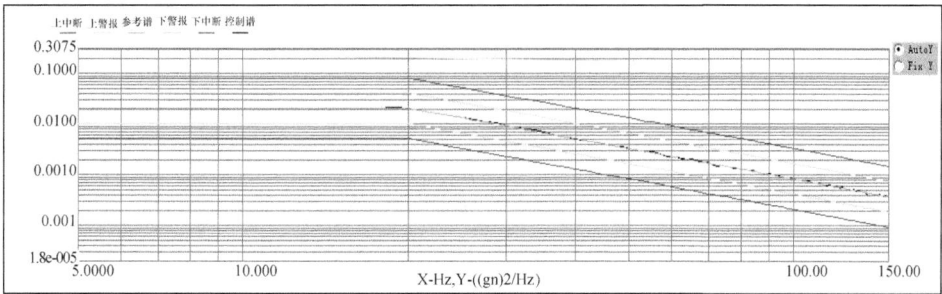

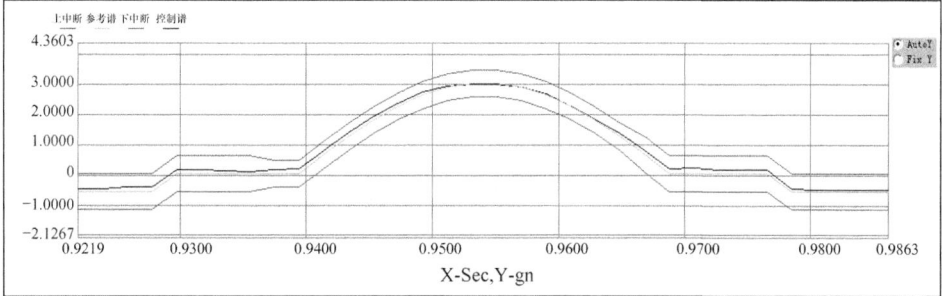

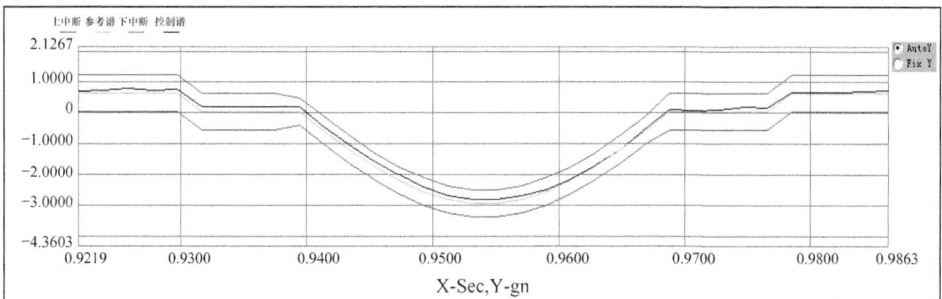

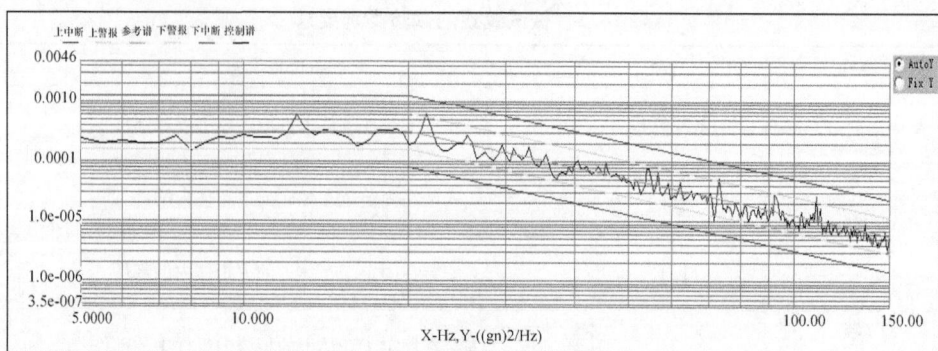

图 14.8　振动冲击试验图

10. 水密性试验

一般情况下,电子装置都是装在车内或外部的箱体中,因此,不应进行水密性试验,除非用户与制造商之间有特别商定。

11. 强化筛选试验

为了消除潜在的制造或元器件缺陷,用户可以要求对整机或其某一部分进行筛选试验。

试验可能包括:

(1) 增加温度后工作;

(2) 热循环;

(3) 振动。

对于被试装置采取的措施及进行的试验应在招标阶段达成协议。

该试验的条件不应超过装置或部件的使用条件。

12. 低温存放试验

如果装置所处环境的温度低于其最小工作温度,则应进行低温存放试验。该试验应符合 GB/T 2423.1。

试验温度应为 $-40℃$ 且持续时间最少为 16h。试验完毕后,应在箱内温度恢复到室温后才取出被试产品。然后在环境温度下进行性能检测。低温存放曲线如图 14.9 所示。

试验验收要求:

(1) 无损坏;

(2) 性能检测时无失效且测试结果不超过容差范围。

产品技术条件中应详述验收要求。

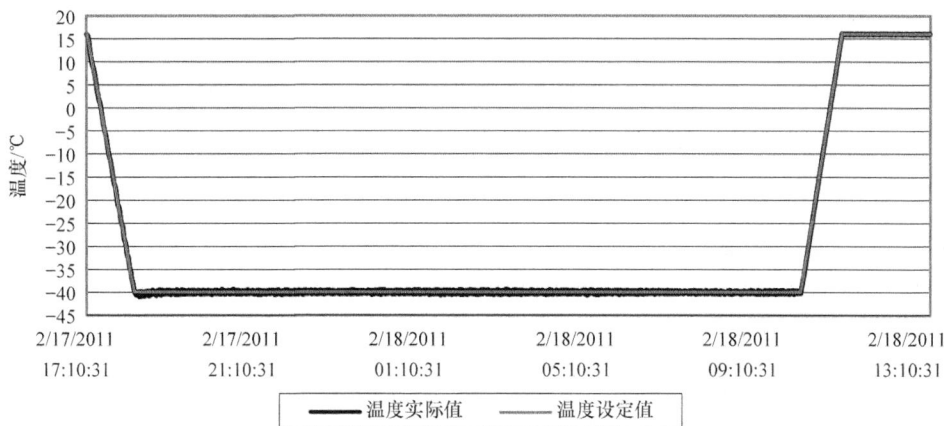

图 14.9　低温存放试验曲线

13. 装车运行试验

本试验的目的是对已安装在机车车辆上的电子装置验证其动作的正确性。其中性能试验和浪涌保护检验是在制造完工和投入运用前的机车车辆上的试验。运行考核则是电子装置在机车车辆上进行运行考核。

1）性能试验

检验工作性能应在接触网电压、蓄电池电压和空气压力等处于正常情况下进行。

特别应检查当辅助设备（如辅助机组、压缩机、通风机、照明设备等）和主电路设备（如斩波器、内燃机等）启动时是否发生干扰。若发现干扰现象，可由电子装置制造商和用户等有关方面协商采取合适的布置或适当的保护措施。

若机车车辆要与其他动力车连挂，而且要求由一个驾驶员驾驶时，应进行如下检验：

（1）能从一个驾驶室操纵最长编组的列车中各动力车运行所需的各种电子控制装置；

（2）控制信号不应因通过机车车辆间的连接器而受干扰；

（3）多单元重联运行中的信号传输方法是否干扰机车车辆其他装置，如电话、数据传输、安全装置等。

若存在干扰，应由制造商、用户等有关方面协商决定采取适当的保护措施。

2）浪涌保护检验

为了保证施加于电子装置上的实际浪涌电压不超过 14.2 节试验 6 规定的值，

应检查机车车辆上采取的措施是否有效,否则应由制造商和用户等有关方面商定适当的改善措施。

　　3) 运行考核

　　为了考核电子装置对机车车辆实际环境条件、电源条件、浪涌电压等的适应能力,考核电子装置设计和工艺的正确性,新产品在通过各项目型式试验之后,还应通过运行考核。

　　运行考核期限由产品技术条件根据产品复杂程度在机车车辆功能上的重要性确定。一般机车车辆运行考核里程不应少于 $1×10^5$ km(调车机车和地下铁道车辆不少于 $3×10^4$ km),而且考核时间不少于 1 年。投入运行考核的样品数量一般不应少于装备 2 台(辆)机车车辆的用量。具体数量应根据产品特点在合同中或产品技术条件中规定。运行考核期间不应发生由于设计不合理或工艺不良而引起的失效。

14.3　标准对比分析

　　下面对采用的标准对比分析如表 14.6 所示,主要标准有:GB/T 25119—2010、IEC 60571-2006、EN 50155-2007。

表 14.6　标准对比分析

序号	GB/T 25119—2010	IEC 60571-2006	EN 50155-2007
1	根据 GB/T 1.1,将原标准的第 1 章分成 3 章:1 范围、2 规范性引用文件、3 术语和定义。因而此后的其他条款号顺延	—	—
2	将 IEC 60571 在范围中关于 IEC 62278 和 IEC 62279 的内容,移至条文 7.3.1 和 10.2 中	—	—
3	IEC 60571-2006 引用了 IEC 61885-5、IEC 61249,因无对应的国标,本标准仍采用 IEC 60571 旧版中引用的 IEC 60326、IEC 60249 对应的国标	引用了 IEC 61885-5、IEC 61249	引用了 IEC 61885-5、IEC 61249
4	将海拔 1200m 改为 1400m,环境温度选用 T3 级,与 GB/T 21413.1—2008《铁路应用 机车车辆电气设备 第 1 部分:一般使用条件和通用规则》保持一致	海拔 1200m	海拔 1200m

序号	GB/T 25119—2010	IEC 60571-2006	EN 50155-2007
5	章节 5.1.1.1 中,增加一组由带电压调整器的蓄电池供电条件下电源电压的变化数据,增加表 1	无由带电压调整器的蓄电池供电条件下电源电压的变化数据	无由带电压调整器的蓄电池供电条件下电源电压的变化数据
6	章节 8.13 中标准引用次序进行调整:首推国标与行标,其次是 IEC 规范和其他国际标准,最后是企标	—	—
7	章节 11.2 中,增加保护知识产权内容"实际上可能提供的文件由供需双方协商"	无保护知识产权内容	无保护知识产权内容
8	增加各项试验的具体试验方法描述,便于标准实施	无具体试验方法描述	无具体试验方法描述
9	EMC 试验考核指标的具体数值源于 IEC 62236 3 2-2003,在本标准中直接列出便于试验操作	无具体试验方法描述	无具体试验方法描述
10	增加装车运行试验的要求	无装车运行试验的要求	无装车运行试验的要求
11	本标准规定浪涌试验只在控制系统通电时进行,因为它比不通电考核更为严酷,没有必要在系统不通电时重复浪涌试验。浪涌试验中试验电压由 1800V 提高为 2000V,与 GB/T 17626.5 的 T3 保持一致	浪涌试验中试验电压 1800V	浪涌试验中试验电压 1800V

14.4 组 合 试 验

14.4.1 组合试验的概念

在试验现场将多台设备按照实际装车方式连接起来,形成一个组合系统进行试验。

14.4.2 组合试验的目的

组合试验的目的是验证系统各部件间的通信或控制逻辑关系,并验证组合系统的性能特征是否满足装车运行的要求。

在组合试验中,可以把各部件看成一套系统,其输入输出特性也应满足各部件技术条件规定的要求,如果各部件已经进行型式试验,可以不对中间过程量进行考核。

列车控制与诊断系统的组合试验也应满足 GB/T 25119—2010 标准的要求。

14.4.3　组合试验的技术方案

列车控制与诊断系统的信号源主要来自驾驶员指令信号、走行部速度信号、电压信号、电流信号、地面信号、无线通信信号以及其他机车状态信号等,组合试验中应对所有机车重要信号进行测试,其系统模型见图 14.10。

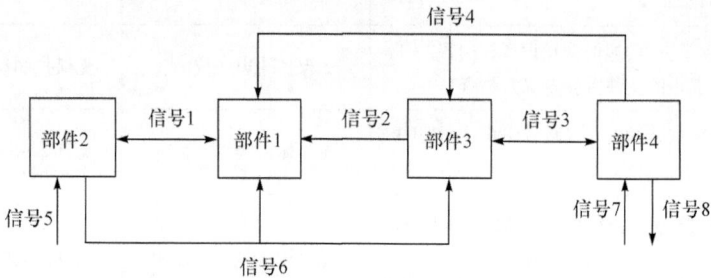

图 14.10　组合试验系统模型

1. 供电电源

在图 14.10 中,各部件电源装车时可能不是由同一电源供电的,由蓄电池供电时,其试验供电要求应满足 GB/T 25119—2010 中章节 5.1.1.1 电源电压的变化的要求,不是由蓄电池供电的,则部件的标称电压即为该电压的正常值。但在试验中,不同部件的同一电压等级需根据不同供电情况适当选择电源,尽量模拟实际装车环境,不同类型的供电方式要选择单独的供电电源。

2. 输入输出信号

列车控制与诊断系统的输入输出信号指标需满足各部件技术要求,但如果信号只属于各部件的中间过程量,在组合试验中可不考虑外部另外给定或测试输出,即把整个组合系统看成一个电子产品,只考虑整体输入与输出特性,除非技术条件另有要求。如图 14.10 中部件 1 与部件 2 之间的信号 1。

输入输出信号有模拟方式与实际装车方式两种,模拟方式是利用实验室的各种检测仪器去模拟实际装车的信号源或负载,实际装车方式利用实际装车的信号源或负载。这两种方式均应考虑参数的容差范围,体现技术条件所要求的性能。

以韶山系列电力机车为例,驾驶员给司控器级位指令加速,微机控制柜为整流装置提供脉冲信号,牵引电机输入电压升高,转速增加,速度传感器将速度信号反馈给微机控制柜及列车运行监控记录装置,IDT 将速度信号显示出来。此例中司控器级位即为此系统的输入信号,IDT 速度显示即为输出信号,输入与输出需一一对应,而微机控制柜的脉冲信号及牵引电机输入电压等信号则属于中间过程量,不在组合试验的测量参数范围内,除非另有规定。

如果需要,其他试验如环境试验、绝缘耐压试验、电磁兼容试验、振动冲击试验等与型式试验内容相同。

环境试验,作为列车控制诊断装置检验其性能的必要手段,只有在完全满足所有试验项目的前提下,才能实现装车运行考核。

14.5　牵引系统组合试验

14.5.1　概述

我国轨道交通牵引系统组合试验的现行有效的标准是 GB/T 25117.1—2010、GB/T 25117.2—2010 和 GB/T 25117.3—2010[1-3],标准修改采用 IEC 61377-1-2006、IEC 61377-2-2002 和 IEC 61377-3-2002;目前 IEC 61377-2016[4] 已经发布实施,适用范围在原有基础上涵盖了永磁牵引系统组合试验的技术要求,将替代 IEC 61377-1-2006、IEC 61377-2-2002 和 IEC 61377-3-2002 三个标准。

14.5.2　牵引系统组合试验的范围

IEC 61377-2016 对牵引系统进行了明确的定义,牵引系统组成见图 14.11。用牵引系统(traction system)的定义取代组合系统(combined system)的定义,牵引系统是由集电器(不包含)和电动机轴之间的所有变换设备组成,包括系统运行需要的相关辅助设备,即牵引系统由可能用到的牵引电机、变流器、包含软件在内的牵引控制装置、变压器、输入滤波器、制动电阻、主断路器、冷却装置、传感器、接触器等组成,当辅助变流器集成在牵引变流器时,辅助变流器也是组合系统的一部分,因此被试牵引系统原则上应包含上述这些部件在内,取代了组合系统由变流器、电动机、相关控制系统、等效连接电缆和等效的冷却装置构成的系统的定义,更加符合实际牵引系统的组成;牵引系统和被试牵引系统是允许有差别的,见图 14.12。被试牵引系统至少应包括一个完整的牵引变换部分,即至少包含一台牵引变流器及相关的负载(交流输入时的一台牵引变压器或直流输入时的输入滤波器)。

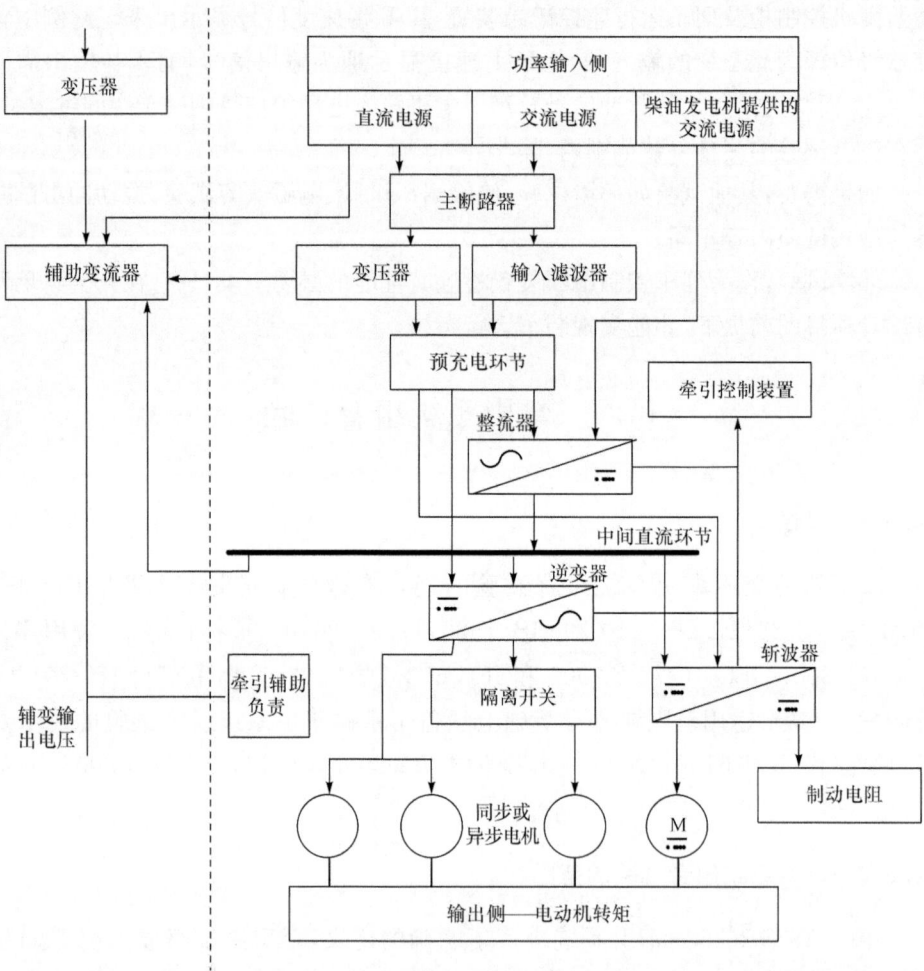

図 14.11　牵引系统组成框图

14.5.3　牵引系统组合试验需求

鉴于 GB/T 25117.1—2010 和 GB/T 25117.3—2010 之间在试验项目的要求上基本一致,而 GB/T 25117.2—2010 在国内几乎没有应用,表 14.7 通过对比现行有效的国标 GB/T 25117.3—2010 和 IEC 61377-2016 之间对试验项目要求的差异,从中可以看出牵引系统组合试验的需求。

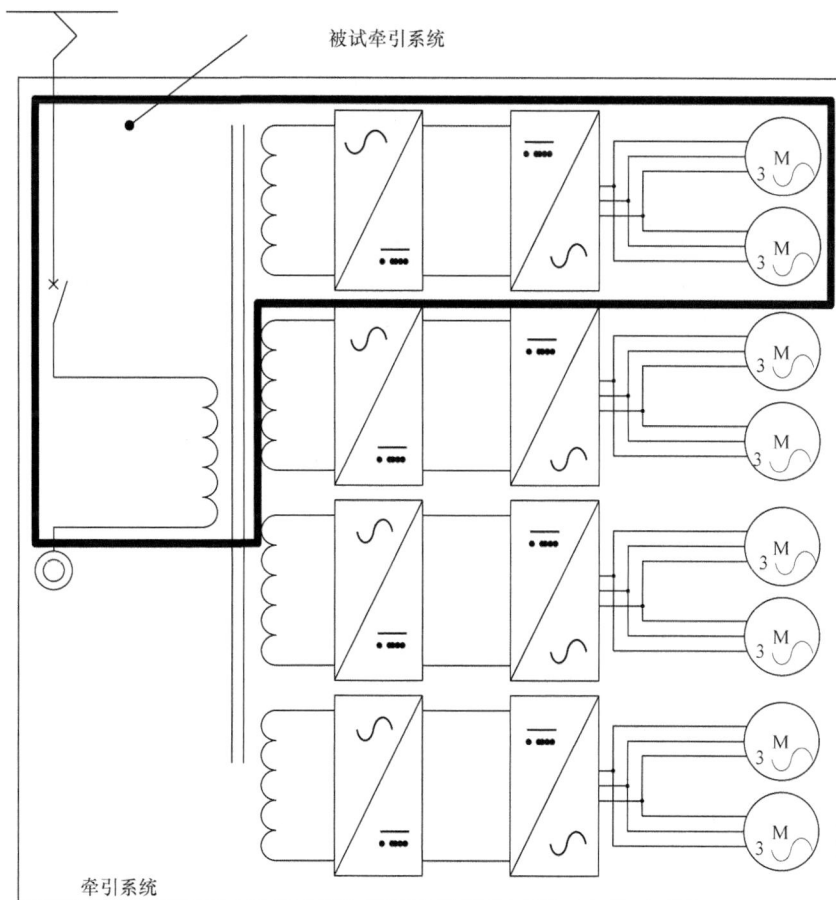

图 14.12 被试牵引系统与牵引系统的关系示例

表 14.7 牵引系统组合试验需求列表

序号	IEC 61377-2016				GB/T 25117.1—2010/ GB/T 25117.3—2010			
	条款	试验项目	强制性试验	选择性试验	条款	试验项目	型式试验	研究性试验
1	7.2	电动机热态转矩特性试验	√		7.5.1.2	电动机热态时的转矩特性	√	
2	7.3	电动机冷态转矩特性试验	√		7.5.1.3	电动机冷态时的转矩特性	√	
3					7.5.1.4	满转矩的速度扫描试验	√	

序号	IEC 61377-2016				GB/T 25117.1—2010/ GB/T 25117.3—2010			
	条款	试验项目	强制性试验	选择性试验	条款	试验项目	型式试验	研究性试验
4	7.4	转速为零时的启动转矩		√				
5	8.2	效率特性		√（与8.3二选一）	7.5.2	组合系统的效率特性	可选	
6	8.3	线路分布曲线下的能耗试验		√（与8.2二选一）				
7	9.2	持续负载温升试验	√（与9.3二选一）		7.3	温升试验	√	
8	9.3	线路分布曲线下的温升试验	√（与9.2二选一）					
9	9.4	并联异步电动机轮径差试验		√	7.4	并联异步电动机的附加试验	如果试验条件允许	
10	10.1	反转起动试验		√				
11	10.2	牵引制动转换试验	√					
12	11	线路电压变化范围试验	√		7.6.1.2	牵引传动系统供电电压	√	
13	12.2	电压快速变化试验		√	7.6.1.4	牵引供电电压突变	可选	
14	12.3	牵引供电电压中断试验		√	7.6.1.3	牵引供电电压中断	可选	
15	12.4	牵引供电接触失效试验		√				
16	12.5	再生制动突然失效试验	√					
17	12.6	牵引变流器停止试验		√				
18	12.7	温度计算功能试验		√				

续表

序号	IEC 61377-2016				GB/T 25117.1—2010/ GB/T 25117.3—2010			
	条款	试验项目	强制性试验	选择性试验	条款	试验项目	型式试验	研究性试验
19	12.8	过流和过压保护试验		√				
20	12.9	控制蓄电池电源中断试验		√	7.6.1.1	组合系统控制装置电源	√	
21	13.2	传感器功能失效试验		√				
22	13.3	命令和反馈信号丢失		√	7.7.1	失效状态		√
23	13.4	冷却系统故障试验		√				
24	13.5	接地和短路故障		√				
25	C.3	换向条件(仅针对直流电动机)	√					
26					7.6.2	逆变器输入电流的谐波		√
27					7.6.3	干扰试验		√
28					7.7.2	负载突变		√

14.5.4　牵引系统组合试验系统设计

1. 背靠背试验系统原理

IEC 61377-3-2002 中给出的背靠背（back-to-back）试验系统原理图（图 14.13）是互馈式交流传动试验系统的基础，它由两套完全相同、电源侧并联的变流器——异步牵引电机背靠背串联而成，其核心思想是通过机械和电气的耦合实现能量的循环，检验牵引系统的功能和性能。

图 14.13 所示的异步牵引电机背靠背系统是目前国内外较为先进的交流传动试验方法和手段，国外公司如西门子公司、庞巴迪、东芝等，国内如株洲电力机车研

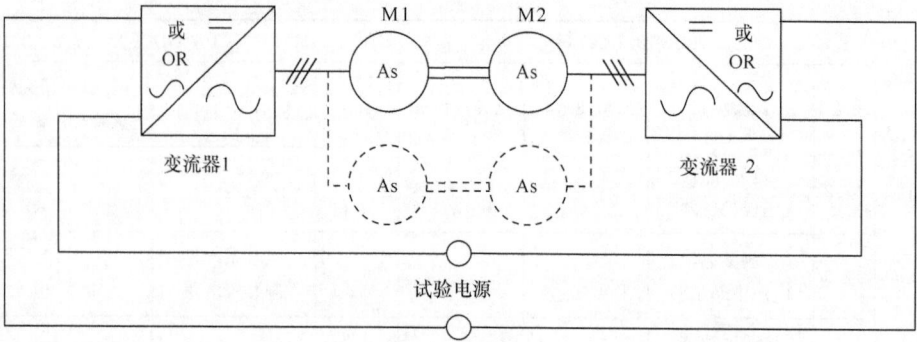

图 14.13　异步组合系统背靠背试验的试验台配置

As-异步电动机

究所、广深公司、大连电力牵引研发中心、北京交通大学等的交流传动试验系统就是采用这种方案。

图 14.13 所示为异步组合系统背靠背试验的试验台配置,但是该试验原理也适用于永磁同步电机,由于同步永磁电机在实际使用中不存在并联供电的模式,因此永磁同步试验系统中图 14.13 所示的虚线部分将不存在。

2. 牵引系统地面试验系统

标准 IEC 61377 中仅提出了一种基本试验方法,实际的需要远超出了标准的技术范围,在标准方法图 14.13 所示的基础上,同时考虑不同的试验需求:

(1) 直交变流器异步电机驱动组合试验的需要;

(2) 直交变流器同步电机驱动组合试验的需要;

(3) 单相交直交变流器异步电机驱动组合试验的需要;

(4) 单相交直交变流器同步电机驱动组合试验的需要;

(5) 直交变流器永磁同步电机组合试验的需要;

(6) 三相交直交变流器组合试验的需要;

(7) 牵引变流器和牵引电机研究性试验和型式试验的需要;

(8) 变流器组合试验与环境复合的需要。

根据以上列出的不同试验需求,在图 14.13 所示的背靠背试验系统的基础上,考虑到轨道交通交流传动的电源制式、电压等级,轨道交通机车车辆动力驱动的不同模式,设计了可组成多种试验线路的组合系统,见图 14.14。

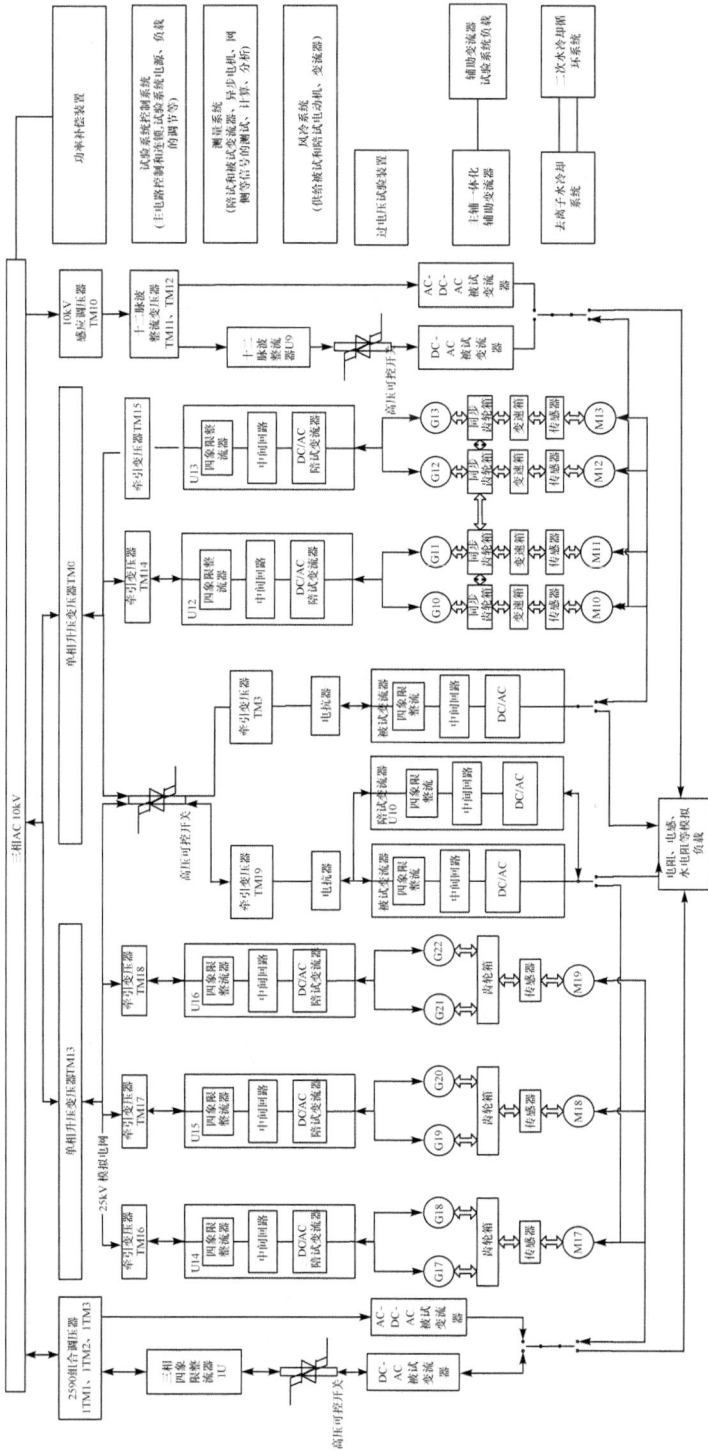

图 14.14　牵引系统地面试验系统原理框图

其中:

(1) 1TM1、1TM2 和 1TM3 为特殊设计的三相组合调压器,实现三相 AC10kV 到三相 AC330~1860V 的变换,为三相交直交变流器组合试验提供试验电源;然后经过三相四象限整流器之后提供 DC445~2511V 的连续可调的直流电源,为 DC750V、DC1500V 电压等级的直交变流器异步电机驱动和直交变流器同步电机驱动组合试验提供试验电源。

(2) TM10 为特殊设计的国内容量最大的三相感应调压器,实现三相 AC10kV 到三相 AC300V~10.5kV 的变换,为高电压等级的三相交直交变流器组合试验提供试验电源;然后经过三相四象限整流器之后提供 DC50~5750V 的连续可调的直流电源,为 DC3000V 及更高电压等级的直交变流器异步电机驱动和直交变流器同步电机驱动组合试验提供试验电源。

(3) TM13 和 TM0 为均为单相升压变压器,互为冗余,实现 AC10kV 到 AC15~35kV 的变换,同时为 AC25kV 电压等级的单相交直交变流器异步电机驱动和单相交直交变流器同步电机驱动组合试验提供试验电源。

(4) TM14、TM15 牵引变压器,U12、U13 陪试变流器和 G10、G11、G12、G13 陪试异步牵引电机组成四轴地面试验台的负载,通过同步齿轮箱耦合或解耦,模拟车控、架控或轴控等不同应用条件下的负载工况。

(5) TM16、TM17、TM18 牵引变压器,U14、U15、U16 陪试变流器和 G17、G18、G19、G20、G21、G22 陪试异步牵引电机组成三轴轴地面试验台的负载,2 台陪试异步牵引电机通过齿轮箱耦合为 1 台被试电机提供负载,三组负载可模拟架控或轴控等不同应用条件下的负载工况。

(6) 高压可控开关用 PLC 和高压断路器联合实现。

(7) 功率补偿装置在提高试验系统 10kV 线路功率因数的同时起到补偿三相不平衡的作用。

该试验系统的陪试系统与被试系统可以是同型号的,也可以是不同型号的,可以适用于电力机车、内燃机车、高速动车组、轻轨、地铁车辆及矿用机车等所有轨道交通的电传动系统的组合试验,既满足直接变流器供电的电动机及其控制系统的组合试验,又满足间接变流器供电的电动机及其控制系统的组合试验,从而极大地扩展了图 14.13 所示电路的应用范围。

该试验系统设计可组成多种试验线路的组合系统,如图 14.15、图 14.16 所示的电路形式,成功实现大功率试验系统的变流器反馈节能。对于大功率货运机车的交流传动牵引系统,满足 1 个转向架的试验需求,对于电力机车动车、地铁、轻轨则可以满足整车牵引系统的试验需求。陪试变流器按照轴控方式设计,同时可以按照架控或车控方式运行。

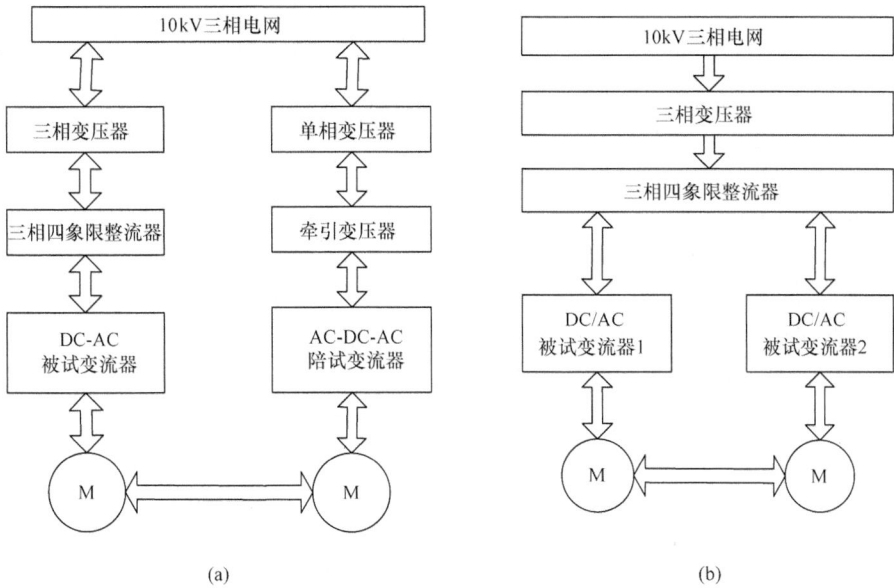

图 14.15　直接变流器试验线路框图

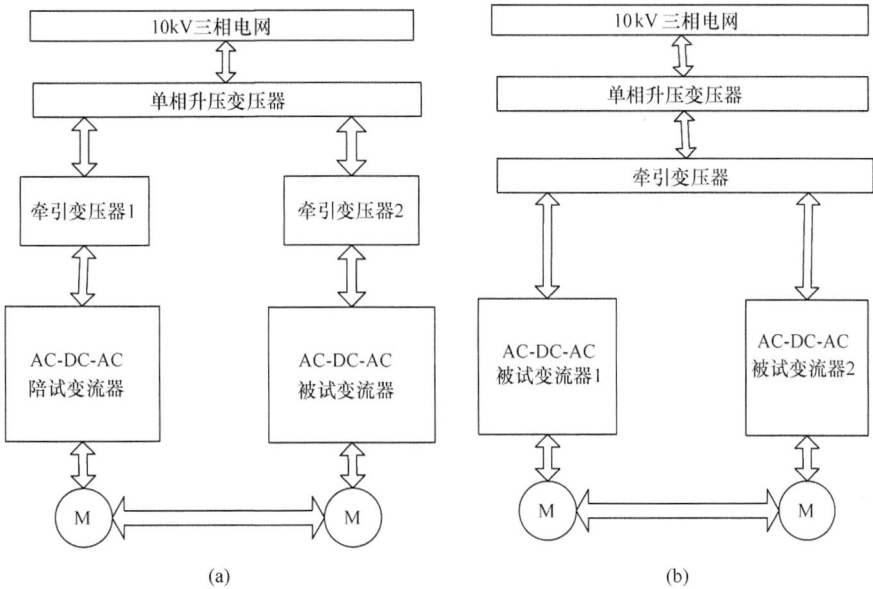

图 14.16　间接变流器试验线路框图

在进行地铁车辆牵引变流器型式试验和组合试验时将优先利用图 14.15(a) 的原理进行,这是因为新型号地铁车辆牵引变流器、驱动控制单元均属于造价昂贵的产品,在型式试验没有通过前一般只会生产一台。图 14.15 所示试验原理无论是牵引还是制动均可在任意设定的电压下进行,并实现能量互馈,可以很好地模拟实际直流供电网在制动时的变化。

在有两台相同被试变流器时,可以组成图 14.15(b)所示的试验线路,实现了共 DC3000V/DC1500V/DC750V/DC600V 直流母线的互馈试验系统,该系统可以很好地模拟实际线路上同一区段内单台车牵引、一台或多台车制动的情况,可以很好地模拟考核电网网压变化状态下被试系统的特性,同时最大限度地节能。该线路特别适用于牵引变流器或牵引电机的例行试验,能实现一次准备就同时进行两台产品的例行试验。

图 14.16(a)所示实现了共单相 25kV/50HzAC 母线的互馈试验系统,该系统可以很好地模拟实际线路上同一区段内一台机车牵引/制动,另一台机车制动/牵引的情况,可以很好地模拟考核电网网压变化状态下被试系统的特性;从图 14.16中可以看出,该试验系统实际上实现了同一区段内一台机车牵引/制动,另两台或三台机车制动/牵引的情况图。图 14.16(b)所示电路是该试验系统可以演化的另一种互馈试验线路。

14.6　小　　结

列车控制与诊断系统的可靠运行,环境试验是必不可少的。在系统投入使用前,产品必须完成型式试验。型式试验共有 14 个项目,其中 11 个为必做项目,3个为选择性项目。对每个试验项目的试验要求、试验方法、评定依据都进行了详细的描述。产品只有在至少满足 11 个必做试验项目后,型式试验才算合格。

牵引系统组合试验共有 27 个项目,型式试验必须完成 11 个项目才算合格。

电磁兼容试验项目本章没有具体讨论,将在第 15 章详细叙述。

第 15 章　电磁兼容性测试

15.1　引　　言

电磁兼容性包括两个方面的要求：一方面是指设备或者装置在正常运行过程中对所在环境产生的电磁骚扰不能超过一定的限值；另一方面是装置具有对所在环境中存在的电磁骚扰具有一定程度的抗扰度，即电磁敏感性问题。美国联邦通信委员会在 1990 年和欧盟在 1992 提出了商业电子产品确保符合严格的电磁兼容性准则。

列车车载电子电气产品由于其特殊的运行环境，在通过对这些装置的环境测试的基础上，同样还必须通过对其的电磁兼容性测试认证，才能成为合格的车载装置而允许其装车运行。因此，电磁兼容测试贯穿于产品的开发、设计、生产、使用和维护的整个周期，对系统达到电磁兼容起到至关重要的作用。

电磁兼容测试按其目的可分为诊断测试和达标测试。诊断测试的目的是调查产生电磁兼容性问题的原因，确定产生噪声和被干扰的具体部位，从而为采取抑制措施做准备；达标测试是根据有关电磁兼容标准规定的方法对设备进行测试，评估其是否达到标准所提出的要求，产品在定型和进入市场之前必须进行达标测试，并且作为产品型式试验的一部分。本章规定了轨道交通机车车辆电子设备电磁兼容性的发射与抗扰度试验要求、试验方法及评判依据等。

15.2　引 用 文 件

电磁兼容性试验所依据的国家标准主要包括如下：

GB/T 24338.4《轨道交通 电磁兼容 第 3-2 部分：机车车辆 设备》

GB/T 17626.2《电磁兼容 试验和测试技术 静电放电抗扰度试验》

GB/T 17626.3《电磁兼容 试验和测试技术 射频电磁场辐射抗扰度试验》

GB/T 17626.4《电磁兼容 试验和测试技术 电快速瞬变脉冲群抗扰度试验》

GB/T 17626.5《电磁兼容 试验和测试技术 浪涌(冲击)抗扰度试验》

GB/T 17626.6《电磁兼容 试验和测试技术 射频场感应的传导骚扰抗扰度试验》

GB 4824《工业、科学和医疗(ISM)射频设备 骚扰特性 限值和测量方法》

GB/T 25119《轨道交通 机车车辆电子装置》

IEC 60571《铁路机车车辆电子装置》

15.3 试验项目列表

表 15.1 列出了机车车辆电子设备的 EMC 试验项目,这些试验项目均为型式试验,在这些项目完成后,应进行性能试验,以此来确定 EMC 试验没有造成被试设备的性能降级,设计人员应在试验大纲中体现性能试验内容。

表 15.1 试验项目

编号	试验项目	依据标准条款 GB/T 24338.4	附注
1	射频电磁场辐射抗扰度	见 GB/T 24338.4 标准之表 9	
2	射频场感应的传导抗扰度	见 GB/T 24338.4 标准之表 7、表 8	
3	电磁辐射骚扰	见 GB/T 24338.4 标准之表 6	
4	电源端骚扰电压	见 GB/T 24338.4 标准之表 3、表 4、表 5	
5	电快速瞬变脉冲群抗扰度	见 GB/T 24338.4 标准之表 7、表 8	
6	浪涌(冲击)抗扰度	见 GB/T 24338.4 标准之表 7	
7	静电放电抗扰度	见 GB/T 24338.4 标准之表 9	
8	电压暂降、短时中断和电压变化扰度	见 GB/T 24338.4 标准之表 7	

15.4 试验端口列表

表 15.2 列出了典型的试验端口,这里端口是指定设备与外部环境的特定接口,设计人员应在试验大纲中注明端口的性质。

表 15.2 典型试验端口

典型端口名称	典型设备
直流辅助端口	
直流辅助电源	
蓄电池参考端口	
蓄电池电源	电子装置电源
列车控制总线(常规蓄电池电压)	列车管理系统
继电器逻辑输入/输出	电子控制系统
信号和通信端口	
车辆内数据总线	电子控制系统

续表

典型端口名称	典型设备
列车内数据总线	列车管理系统
旅客娱乐网络	旅客娱乐设备
触发控制线	电子控制系统
传感器/变送器信号(数字或模拟)	电子控制系统
通信接口(维护)	电子控制系统
过程测量和控制端口	
内部电子电源	电子控制系统
传感器/变送器信号(模拟)	电子控制系统
机箱机柜端口	
设备外壳	所有设备
接地端口	
接地连接	所有设备

15.5 试　　验

15.5.1 试验条件

通常不可能对设备的每项功能都进行测试。试验应在经研究认为典型的运行工况下进行,以便产生最大的发射或对噪声有最大敏感度。设计人员应在试验大纲中对典型的运行工况进行定义。

如果设备是系统的一部分,或可以连接到辅助设备,那么设备至少应在连接了测试端口所必要的辅助设备的最小系统配置情况下进行试验,也就是说试验大纲中的试验系统连接图至少是最小系统配置。

试验的系统配置和运行模式应在试验大纲中指明,试验方法应在操作指导书中准确说明,试验过程中的实际状况应在试验报告中得以体现。

如果设备有大量类似的端口或带许多类似连接的端口,那么应选择足量的端口,以模拟实际的运行条件,确保涵盖所有不同类型的终端(如至少4个端口或总数的20%)。

除非在基础标准中另有说明,试验应在设备规定的工作范围内以额定电源电压进行。

15.5.2　试验用仪器仪表及设备

试验用仪器仪表及设备包括专用设备和陪试设备,表 15.3 列出了电磁兼容试验专用仪器仪表及设备,并应确定所有设备均在校准有效期内。

表 15.3　试验用仪器仪表及设备

试验项目	序号	名称	不确定度/精度
射频电磁场辐射抗扰度	1	信号发生器	—
	2	功率放大器	
	3	高增益对数周期天线	
	4	功率计	
射频场感应的传导抗扰度	5	信号发生器	—
	6	功率放大器	
	7	功率计	
	8	电磁钳	
	9	耦合去耦网络	
电磁辐射骚扰	10	接收机	±4.6dB
	11	双锥天线	
	12	对数周期天线	
电源端骚扰电压	13	接收机	±2.6dB
	14	人工电源网络	
电快速瞬变脉冲群抗扰度	15	6.6kV 传导抗扰度模拟器	—
	16	电容耦合钳	
	17	三相耦合网络	
浪涌(冲击)抗扰度	18	6.6kV 传导抗扰度模拟器	—
静电放电抗扰度	19	静电放电单元	—
电压暂降、短时中断和电压变化扰度	20	6.6kV 传导抗扰度模拟器	—

15.5.3　性能评定

1) 性能评定 A

在试验过程中和试验后,设备能按预期要求连续工作。当设备按预期使用时,设备的性能没有下降或功能丧失不允许低于制造商规定的相应性能等级。可以用允许的性能降低来代替性能等级。如果制造商没有规定最低性能等级和允许的性能降低,二者的任何一个可从产品的介绍和文件中导出,也可从设备按预期使用时用户相应的要求导出。

2）性能评定 B

在试验后设备能按预期要求连续工作。当设备按预期使用时,设备的性能没有下降或功能丧失不允许低于制造商规定的相应性能等级,可以用允许的性能降低来代替性能等级,试验过程中是允许性能下降的,但不允许实际运行状态或存储数据有所改变,如果制造商没有规定最低性能等级和允许的性能降低,二者的任何一个可从产品的介绍和文件中导出,也可从设备按预期使用时用户相应的要求导出。

15.5.4　试验要求

1. 射频电磁场辐射抗扰度试验

该项试验引用的基本标准是 GB/T 17626.3《电磁兼容 试验和测量技术 射频电磁场辐射抗扰度试验》。

试验等级 X 级,性能评定 A。这一测试用于评估被试设备在辐射电磁场中的抗扰度水平,这一项测试需要在电波暗室中进行,具体的试验要求见表 15.4,试验示意(布置)图见图 15.1。

表 15.4　试验要求

端口名称	基础标准	试验等级	判据	备注
机箱、机柜端口	GB/T 17626.3	20 V/m(载波的 r.m.s. 值) 80 M～1 GHz 1 kHz,80% AM	A	见注a和b

a. 对于大型设备(如牵引变流器)要在整个装置上进行电磁场辐射的抗扰度试验通常是不可行的,在这种情况下,至少应测试敏感子系统(如 DCU)。

b. 如果被试设备应用环境频率在 1400～2000MHz 的数字无线电话的射频电磁场辐射,则应增加 1400～2000MHz 的测试。

2. 射频场感应的传导抗扰度试验

该项试验引用的基本标准是 GB/T 17626.6《电磁兼容 试验和测量技术 射频场感应的传导骚扰抗扰度》,试验等级 10V,性能评定 A。此项测试用于评估被试设备在受到来自预期的无线电频率发送器的电磁干扰时的抗扰度能力,具体的试验要求见表 15.5,试验示意(布置)图见图 15.2。

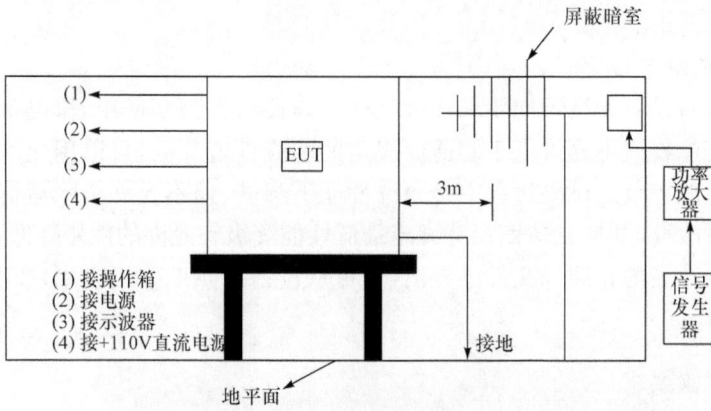

(1) 接操作箱
(2) 接电源
(3) 接示波器
(4) 接+110V直流电源

(a) 示意图

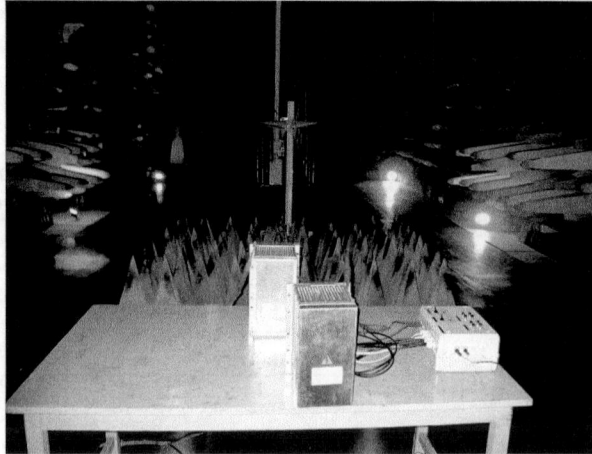

(b) 布置图

图 15.1　射频电磁场辐射抗扰度试验示意(布置)图

表 15.5　试验要求

端口名称	基础标准	试验等级	判据	备注
蓄电池参考端口(除能源输出端外)，交流辅助电源输入端口（额定电压不大于 400Vrms）	GB/T 17626.6	10Vrms(载波电压) 150K～80MHz 1kHz,80% AM 源阻抗:150Ω	A	见注a
信号和通信,过程测量和控制端口	GB/T 17626.6	10 Vrms (载波电压) 150K～80MHz 1kHz,80% AM 源阻抗:150Ω	A	见注b

a. 直接耦合。

b. 电磁钳耦合。

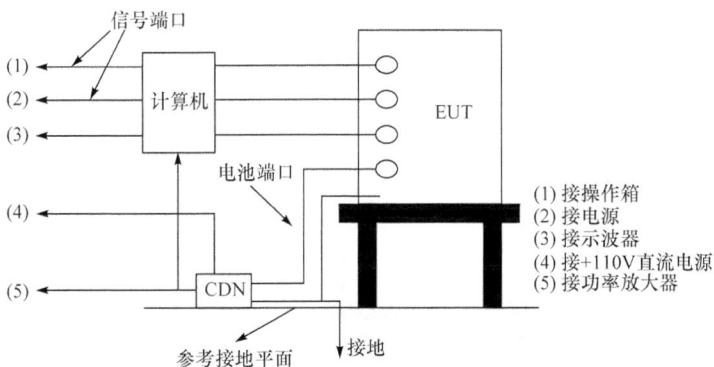

(a) 示意图

(b) 布置图

图 15.2　射频场感应的传导抗扰度试验示意(布置)图

3. 电磁辐射骚扰试验

该项试验要求必须确保被试设备正常工作所产生的骚扰不超过妨害其他设备正常工作的水平。具体限值要求见表 15.6,试验示意图见图 15.3。

表 15.6　试验限值要求

端口	基础标准	频率范围	限值	备注
机箱	GB 4824	30～230MHz	在距离 10m 处测得 40dBμV/m 准峰值	见注^{a,b}
		230M～1GHz	在距离 10m 处测得 47 dBμV/m 准峰值	见注^{a,b}

a. 在 3m 处测量,限值增加 10dB。

b. 超过 50kV·A 的牵引变流器和辅助变流器不应单独测试,但车辆作为一个整体测试时应按 GB/T 24338.3 中的相关要求测试。

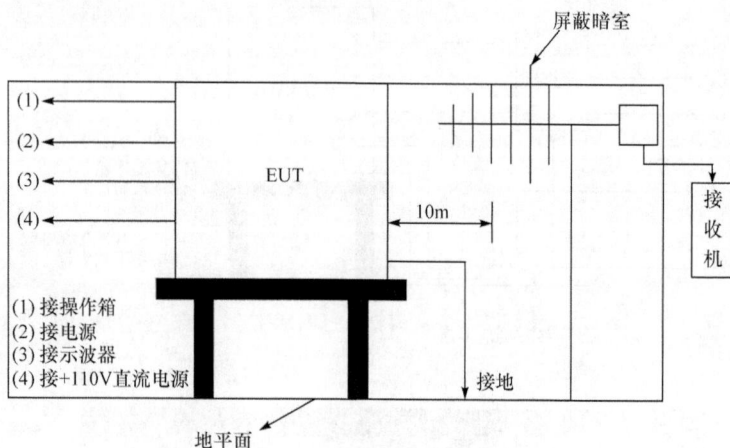

图 15.3　电磁辐射骚扰试验示意图

4. 电源端骚扰电压试验

该项试验端口包括交直流辅助电源端口、蓄电池参考端口、信号和通信,过程测量和控制端口,具体试验要求见表 15.7,试验示意图见图 15.4。

表 15.7　电源端骚扰电压限值要求

端口	基础标准	频率范围	限值	备注
交流或直流辅助电源	GB 4824	150～500 kHz	99dBμV 准峰值	见注a,b
蓄电池参考端口				
信号和通信,过程测量和控制端口		500k～30MHz	93dBμV 准峰值	见注a,b

a. 使用由 GB 4824 定义的方法。目前,现有的传导发射(GB 4824)的测量方法对耦合网络的电压和电流等级方面有限制。另外,测量电压的方法用来测试高压电源系统存在安全问题。限制与外部电缆系统连接设备的传导发射可以防止过度的辐射发射。

b. 该条款涉及工业限值,考虑到它们是用于定义保护无线电和电视的,因为设备不同,轨道设备的限值提高了 20dB,更代表了潜在的问题。

5. 电快速瞬变脉冲群抗扰度试验

该项试验引用的基本标准是 GB/T 17626.4《电磁兼容 试验和测量技术 电快速瞬变脉冲群抗扰度试验》,试验等级 3,性能评定 A。这一测试用于验证被试设备对瞬间干扰信号的抗干扰能力,例如,开关瞬态过程中产生的干扰(感性负载的切断,接触器的通断),具体试验要求见表 15.8,试验示意(布置)图见图 15.5。

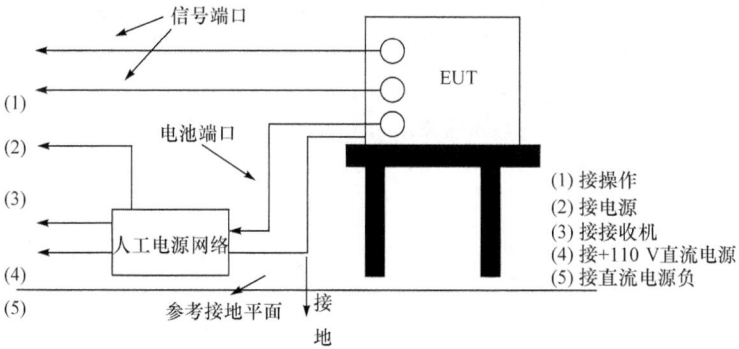

图 15.4　电源端骚扰电压试验示意图

表 15.8　试验要求

端口名称	基础标准	试验等级	判据	备注
信号和通信,过程测量和控制端口	GB/T 17626.4	2kV,5/50ns,tr/th, 5kHz 重复频率	A	见注[a]
蓄电池参考端口(除能源输出端外), 交流辅助电源输入端(额定电压不大于 400Vrms)	GB/T 17626.4	2kV,5/50ns,tr/th, 5kHz 重复频率	A	见注[b]

a. 电容耦合,正负极化。

b. 直接耦合,正负极化。

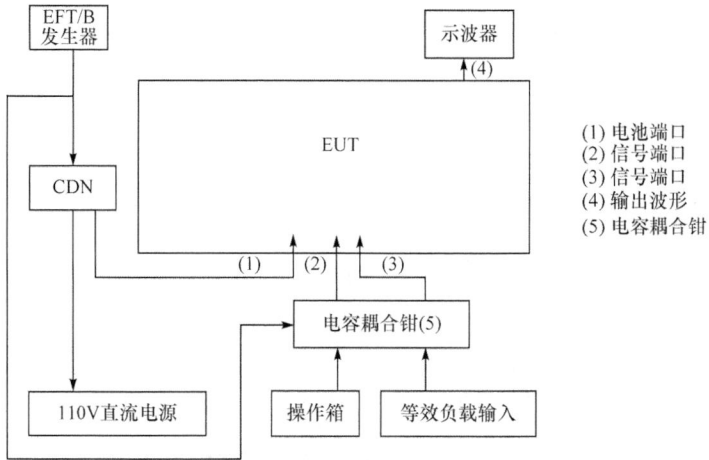

(a) 示意图

(b) 布置图

图 15.5　电快速瞬变脉冲群抗扰度试验示意(布置)图

6. 浪涌(冲击)抗扰度试验

该项试验引用的基本标准是 GB/T 17626.5《电磁兼容 试验和测量技术 浪涌抗扰度试验》,试验等级 3,性能评定 B。此项测试用于评估被试设备在受到来自电源和连接线的高能量干扰时的抗干扰能力。具体试验要求见表 15.9,试验示意(布置)图见图 15.6。

表 15.9　试验要求

端口名称	基础标准	试验等级	判据	备注
蓄电池参考端口(除能源输出端外),交流辅助电源输入端口(额定电压不大于 400 V(rms))	GB/T 17626.5	线-线 1kV,线-地 2kV 波形,1.2/50μs 源阻抗:线-线 2Ω;线-地 12Ω	B	

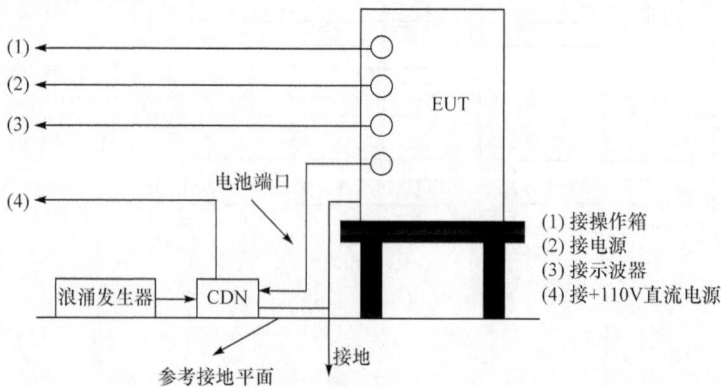

(1) 接操作箱
(2) 接电源
(3) 接示波器
(4) 接+110V直流电源

(a) 示意图

(b) 布置图

图 15.6　浪涌(冲击)抗扰度试验示意(布置)图

7. 静电放电抗扰度试验

该项试验引用的基本标准是 GB/T 17626.2《电磁兼容 试验和测量技术 静电放电抗扰度试验》,试验等级 3,性能评定 B。此项测试用于评估被试设备对静电放电的抗干扰能力。具体试验要求见表 15.10,试验示意图见图 15.7。

表 15.10　试验要求

端口名称	基础标准	试验等级	判据	备注
机箱机柜端口	GB/T 17626.2	6kV 接触放电 8kV 空气放电	B	见注a

a. 仅适用于旅客及工作人员(非维修)可接近的设备。

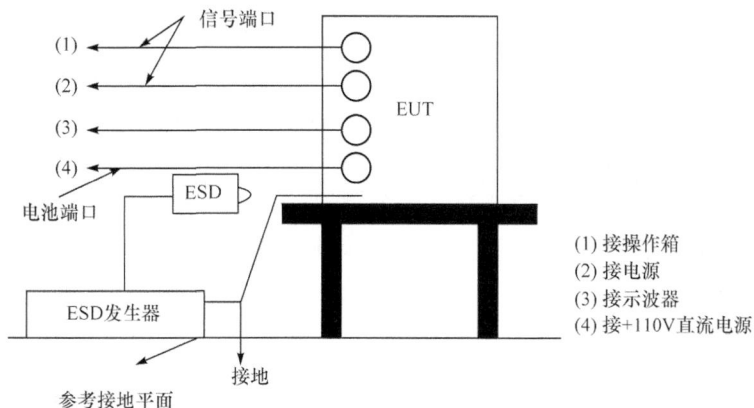

图 15.7　静电放电试验示意图

8. 电压暂降、短时中断、电压变化试验

试验具体要求见表 15.11,试验示意图见图 15.8。

表 15.11　试验要求

端口名称	基础标准	试验等级	判据	备注
蓄电池参考端口(除能源输出端外),交流辅助电源输入端口(额定电压不大于 400 V(rms))	IEC 60571 (条款 3.1)	电压暂降:U_n ↘ $0.6U_n$,时间 100ms; 短时中断:30ms	A	

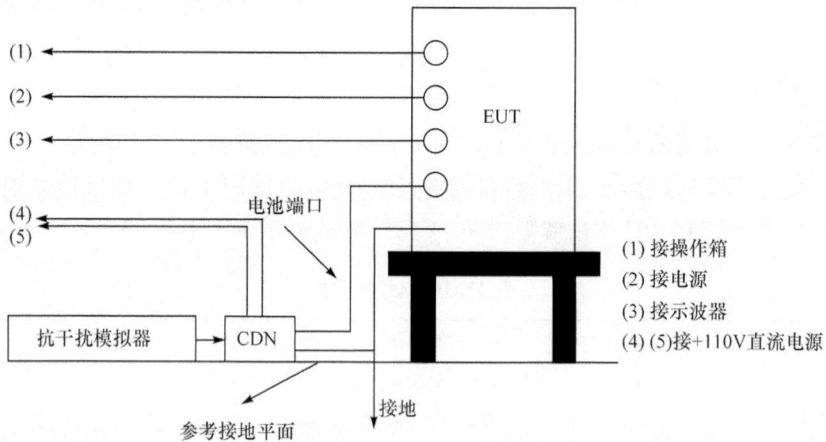

图 15.8　电压暂降、短时中断、电压变化试验示意图

15.5.5　性能验证

性能试验线路图(包括样品、陪试品、专用测试台及其相互间的详细连接方式等,线路图数量不受限制)

性能试验包括对产品特性进行一系列测量,以证明其性能符合该产品功能要求,包括产品技术条件中的特殊要求。性能试验要求见表 15.12。

表 15.12　性能试验要求

产品类型	性能试验主要内容	备注
一般电子装置，微机控制柜，各种控制单元	能够反映产品的控制方式或特点，定量测量产品的全部逻辑控制功能、保护功能、精度、线性度以及对外接口的数据通信能力	有国家标准或行业标准的(不局限于铁路标准)应按标准要求进行
网络通信与控制系统	能够反映产品的连通性、链路传输速率、系统吞吐率、系统传输延时、误码率、线路利用率、系统逻辑功能等；试验中应采用实际使用型号规格的信号传输导线；并考虑信号传输导线长度对性能的影响	
显示器	能够反映产品的光学性能试验、逻辑控制功能、外接口的数据通信能力等	

15.6　小　　结

本章详细介绍了 GB/T 24338.4—2009《轨道交通 电磁兼容 第 3-2 部分：机车车辆　设备》标准的要求，规定了列车车载电子电气产品以及所涉及的检测控制诊断系统电磁兼容试验的 8 项要求、试验方法、现场布置、评判依据。列车车载电子电气产品(尤其是检测、控制和诊断系统，包括列车车载通信网络系统以及其他的电子装置与系统)作为列车的"大脑"，其可靠运行与否，直接影响列车的安全与效率。电磁兼容试验，作为型式试验项目，必须完全满足以上 8 项电磁兼容试验后，产品方可装车试验。如何评估列车检测、控制与诊断系统产品的可靠性，将在第 16 章中进行描述。

第 16 章　可靠性试验

16.1　引　　言

产品可靠性的定义为:产品在规定的条件下和规定的时间内,完成规定功能的能力。要定量地了解产品的可靠性,就要明确规定时间、规定条件及规定功能与故障状态,并在实施可靠性试验时,充分考虑这些"规定"的前提。

可靠性试验是研究故障及其影响效果,为提高试验对象的可靠性或评价其可靠性而进行的各种试验的总称。从广义上说,凡是为了了解、评价、考核、分析和提高产品可靠性而进行的试验,统称为可靠性试验。可靠性试验是对产品进行可靠性调查、分析和评价的一种手段。试验结果为故障分析、研究采取的纠正措施、判断产品是否达到指标要求提供依据。

16.1.1　可靠性试验的目的

在产品全生命周期的不同阶段,需要实施不同的可靠性试验,达到不同的目的。在设计阶段,通过可靠性研制试验激发产品故障,对产品进行改进,提高产品的可靠性。在生产阶段,要了解产品是否已达到设计的要求,就要实施各种质量控制试验。当产品生产出来后,还需对成品实施各种测试和各种环境、寿命评价试验,以便对产品的可靠性水平做出鉴定。在使用和维护阶段,由于产品的使用范围非常广泛,生产厂家对产品的考核,只需按产品规范进行一些典型的模拟试验,以检验产品的基本性能。在现场使用阶段,产品将承受综合应力的影响,因而常常需要进行现场试验,以便了解产品的实际可靠性水平。

综上所述,对产品实施可靠性试验,是为了达到如下目的。

(1) 保证出售产品的可靠性(如产品质量认证、批量产品合格与否的判定等)。

(2) 对采用新材料、新工艺、新产品、新设计的新产品进行评价(如安全裕量和耐环境能力的确定,潜在缺陷的发现等)。

(3) 研究新的试验方法(如加速试验方法及其加速系数的确定;试验应力的种类及其量值、循环次数、试验时间的确定;抽样方案选择等)。

(4) 暴露使用过程中可能出现的不安全因素。

(5) 研究预防故障发生的措施(如故障的再现性、故障的分析、措施效果的验证等)。

（6）研究产品失效分布规律（如产品在寿命周期不同阶段的失效分布情况，失效模式分布等），为进行可靠性预计、设计、试验提供有用的数据。

（7）为进行有效的可靠性管理提供依据。

16.1.2　可靠性试验分类

对不同的产品，为了达到不同的目的，可以选择不同的可靠性试验方法。可靠性试验有多种分类方法，根据试验目的可以分为两大类，即工程试验和统计试验；根据环境条件可分为模拟试验和现场试验；根据试验结束方式可分为完全试验和截尾试验；根据试验性质可分为破坏性试验和非破坏性试验两大类；根据应力类型可分为模拟试验和激发试验。根据产品全寿命周期不同阶段可以分为设计阶段试验（高加速寿命试验、可靠性增长试验、可靠性鉴定试验、寿命试验）和生产阶段试验（可靠性验收试验、环境应力筛选）。

高加速寿命试验（HALT）：在产品的研制阶段，采用比技术规范极限更加严酷的试验应力，加速激发产品的潜在缺陷，并进行不断地改进和验证，提高产品的固有可靠性。HALT 施加的主要环境应力有：低温、高温、快速温变循环、振动、湿度，以及综合环境应力。试验所选取的试验应力应由产品设计工程师与试验工程师共同商定，并结合产品实际使用环境。

可靠性增长试验（RGT）：通过逐步改正产品设计中的缺陷，不断提高产品的固有可靠性。实现可靠性增长的三要素：①通过分析和试验发现故障；②故障的分析和反馈；③有效的改进和纠正措施。其中，故障分析的方法一般可以采用故障模式、影响及危害性分析（FMECA），故障树分析（FTA）等方法。

可靠性鉴定试验（RQT）：为了验证开发的产品的可靠性是否与规定的可靠性要求一致，用具有代表性的产品在规定条件下所做的试验叫可靠性鉴定试验，并以此作为是否满足要求的依据。

可靠性鉴定试验是一种验证试验。验证试验就其方法而言是一种抽样检验程序，与其他抽样验收的区别在于，它考虑的是与时间有关的产品质量特性，如平均故障间隔时间（MTBF）。因此，产品可靠性指标的验证的工作原理建立在一定寿命分布假设的基础上。目前使用最多的是指数分布假设情形下的统计试验方案。

环境鉴定试验与可靠性鉴定试验的区别和联系，见表 16.1。

表 16.1　环境鉴定试验与可靠性鉴定试验的区别和联系

试验类型	环境鉴定试验（EQT）	可靠性鉴定试验（RQT）
试验目的	鉴定产品对环境的适应性，确定产品耐环境设计是否符合要求	定量鉴定产品的可靠性，确定产品可靠性是否符合阶段目标要求

续表

试验类型	环境鉴定试验（EQT）	可靠性鉴定试验（RQT）
试验环境	涉及产品寿命期内会遇到的大部分对其有较重要影响的环境，包括气候、力学和电磁环境。GJB150 中规定了 19 个试验项目，HB6167 中规定了 23 个试验项目。实际产品试验时，应根据其寿命期内将遇到的环境影响因素及其受影响程度从标准中选取相应试验项目。常用鉴定试验有 10 个以上项目	选取使用寿命期内对产品可靠性有较重要影响的环境因素，仅包括气候和力学环境中的温度、湿度和振动，并且将电压波动和通、断电作为电应力纳入试验条件
环境应力选用准则	基本上采用极值，即采用产品在储存、运输和工作中会遇到的最极端的环境作为试验条件。这一准则是基于这样的设想，即产品若能在极端的环境条件下不被损坏或能正常工作，则在低于极值的条件下也一定不会被损坏或一定能正常工作。此极值应是对实测数据进行适当处理（如取一定的风险）得到的合理极值	采用任务模拟试验，即真实地模拟使用中遇到的主要环境条件及其动态变化过程以及各任务的相互比例。可靠性鉴定试验中，产品只有一小部分时间处在较严酷环境作用下，大部分时间是处在工作中常遇到的较温和的应力作用下，其时间比取决于相应任务时间比
应力施加方式	各单因素试验和多因素综合试验，以一定的顺序组合逐个施加	以循环形式反复综合施加。由于要求各环境应力综合在一个试验箱中进行，从工程上实现的可能性出发，只能使用对产品可靠性最有影响的应力综合
试验时间	在环境试验中，每一项试验的时间基本上取决于选用的试验及具体试验程序，只是由于试验各阶段进行性能检测所需时间不同而产生一些差别。目前国内外各种环境试验标准规定的几十种试验方法中，除真菌试验 28 天和湿热试验最长 240h 外，一般环境试验不超过 100h，试验时间比可靠性试验短得多	可靠性试验时间取决于要求验证的可靠性指标大小（检验下限 θ_1）和选用的统计试验方案以及产品本身的质量（MTBF 真值）。可靠性鉴定试验的结束不一定以时间为准，而应进行到受试设备试验的总台时数达到规定值或进行到按方案能作出接收或拒收为止
故障处理原则	环境试验中一旦出现故障，就认为受试产品通不过试验，试验即告停止并进行相应决策	可靠性鉴定试验是以一定的统计概率表示结果的试验。根据所选统计方案决定允许出现的故障数，出故障后不一定拒收，对出故障的产品可进行修复

寿命试验（LT）：评价和分析产品寿命特征的试验。寿命试验可分为非工作状态的储存寿命试验和工作状态的工作寿命试验两类。为了缩短试验周期、减少样品数量和试验费用，常常采用加速寿命试验。在不改变产品的失效机理和增添新

的失效因子的前提下,提高试验应力(相对于工作状态的实际应力或产品的额定承受应力),以加速产品的失效过程。根据试验中应力施加方式的不同,又可分为:①在试验过程中应力保持不变的恒定应力加速寿命试验;②试验过程中应力逐级步进式增加的步进应力加速寿命试验;③试验过程中应力连续增加的序进应力加速寿命试验。

　　由于寿命试验费时较多,通常不待受试样品全部失效就要结束,即大部分寿命试验都是截尾试验。根据试验截尾方式(定时截尾或定数截尾)和受试样品失效后有无替换,寿命试验可分为四种:①无替换定时截尾试验;②有替换定时截尾试验;③无替换定数截尾试验;④有替换定数截尾试验。在电子产品寿命试验中,最常用的寿命分布为指数分布、威布尔分布和对数正态分布。最常用的寿命试验数据统计分析方法有概率纸图解法、最大似然估计法、最佳线性无偏估计法、最佳线性不变估计法等。

　　可靠性验收试验(RAT):用已交付或可交付的产品在规定条件下所做的试验,以验证产品的可靠性不随生产期间工艺、工装、工作流程、零部件质量的变化而降低,其目的是确定产品是否符合规定的可靠性要求。

　　验收试验也是一种统计试验,可采用序贯试验方案、定时或定数截尾试验方案。验收试验所采用的试验条件要与可靠性鉴定试验中使用的综合环境相同。所用的试验样品要能代表生产批,同时应定义批量的大小。所有抽样的产品应通过产品技术规范中规定的试验和预处理。在可靠性试验开始前,应进行详细的性能测试,验证可接受的性能基准并在标准的环境条件下进行,以便获取重现的结果。

　　环境应力筛选(ESS):设法除去在材料、元件、器件、设备、系统等方面潜在的不良因素和缺陷,而把优良的产品挑选出来。采用外加应力或其他手段将成品中潜在的早期失效产品剔除的试验称为环境应力筛选。外加应力可以是热应力、电应力、机械应力或者上述几种应力的组合,筛选应力的大小和作用时间的选取原则是:①充分调查,收集数据,掌握产品的失效分布和失效机理,才能确定合理的筛选项目;②针对产品的主要失效机理进行筛选;③所用的应力对于良好的产品应无破坏作用,而对于有缺陷的产品应能使缺陷很快暴露;④根据用途、成本、产品批量大小和试验设备等条件统一考虑,力求最佳的经济效果。最常见的筛选方法有:①目检(显微镜镜检、X 射线照相、红外扫描等);②电性能测试;③密封检漏;④环境应力筛选(机械振动、冲击、温度循环、热冲击等);⑤寿命筛选(高温储存、功率老化、高温反偏等)。

　　目前,应用于轨道交通领域产品的成熟而有效的可靠性试验分别是:①产品研发阶段的 HALT;②产品制造阶段的 ESS。下面将具体介绍这两种试验目的、试验项目和试验后处理。

16.2　高加速寿命试验

　　传统的可靠性试验都是以单一的应力对产品进行老化加速,周期长,测试节点多,人员样品数量投入大。例如,在轨道交通领域,对某电子产品进行寿命测试,需要在高温 85℃下,运行 2100h(近 3 个月),试验周期费用是难以承受的一项成本。随着我国轨道交通的快速发展,各类产品更新换代周期加快,新产品层出不穷,一种试验周期短、效率高、耗费小、能快速暴露产品设计缺陷的试验方法成为了迫切需求。

16.2.1　目的

　　根据学者研究,不同的加速因子在同一器件上的叠加效应是成倍增长的,即总的加速因子是几个加速因子之叠加。以试验叠加的方式来取得更快速的加速因子以快速完成试验,可靠性行业已经有过这类实践,高加速寿命试验由此应运而生。

　　高加速寿命试验主要用于产品的设计阶段,是一种以温度循环、机械加速、电压加速综合作用的老化试验,可以将寿命测试、高低温循环、机械振动试验相结合,成倍提高加速因子,以得到更短的试验时间,减少样品的消耗,目的是采用强化应力的激发缺陷的方法,快速有效地暴露产品的设计缺陷,以便及时地改进设计,提高产品固有可靠性。尤其适用于目前轨道交通领域对快速、高效、低成本试验的需求,也是进行产品高加速寿命测试、加快验证周期、减少样品消耗的首选方法。

16.2.2　试验项目

　　为了保证 HALT 中的样本不改变原有失效机理,从而尽可能多的得到所需的试验信息,各种应力类型的试验顺序要遵循以下原则:低温—高温—温度循环—振动—温度与振动综合应力,也即破坏性较小的应力类型尽可能地放置在前面。

　　HATL 主要有以下五个分段的试验流程:

　　(1) 低温步进试验;

　　(2) 高温步进试验;

　　(3) 温度循环试验;

　　(4) 振动步进试验;

　　(5) 温度振动综合试验。

1. 低温步进试验

　　温度步进试验的目的是确定温度环境下的工作极限和破坏极限。所确定的工作极限对于制定下一步温度循环试验剖面图具有指导作用,只有产品工作极限准确,才能制定恰当的温度循环剖面,这样的温度循环试验对产品的潜在缺陷具有更好的激发作用。

低温步进试验的具体步骤如下。

(1) 根据产品的设计规格,确定低温步进初始温度,本试验中初始温度为 20℃。

(2) 以一定的温度步进对产品进行降温。当温度大于−20℃时,步长为 10℃,当温度小于等于 20℃时,步长为 5℃。

(3) 当产品温度达到设定值后,使产品在各温度点驻留 10min,直至产品达到热稳定。对产品进行在线测试,判断有无失效发生。

(4) 重复(2)和(3),直至找到产品的低温工作极限或破坏极限,或者试验温度应力等级已经达到试验装置的能力极限。若试验中温度应力等级达到试验装置的能力极限,试验停止。

(5) 在产品发生失效后,将温度应力提升至上一应力水平。若产品恢复正常工作,则判定失效温度为产品的低温工作极限;若产品无法恢复正常工作,则判定失效温度为产品的低温破坏极限。

具体的,低温步进试验剖面如图 16.1 所示。

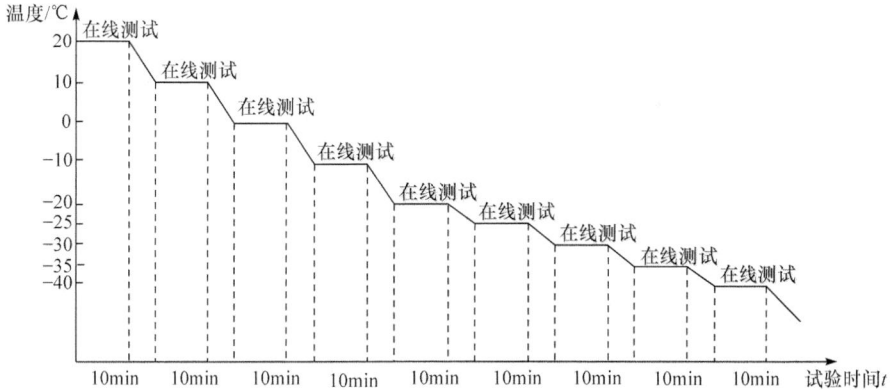

图 16.1　低温步进试验剖面图

2. 高温步进试验

高温步进试验的目的是确定高温环境下产品的工作极限和破坏极限,为确定后续温度循环试验的高温循环上限提供数据支撑。对于产品,高温步进试验的具体步骤如下。

(1) 根据产品的设计规格,确定高温步进初始温度,本试验中初始温度为 40℃。

(2) 以一定的温度步进对产品进行升温。当温度小于 80℃时,步长为 10℃,当温度大于等于 80℃时,步长为 5℃。

(3) 当产品温度达到设定值后,使产品在各温度点驻留 10min,直至产品达到热稳定。对产品进行在线测试,判断有无失效发生。

(4) 重复(2)和(3),直至找到产品的高温工作极限或破坏极限,或者试验温度应力等级已经达到试验装置的能力极限。若试验中温度应力等级达到试验装置的能力极限,试验停止。

(5) 在产品发生失效后,将温度应力降低至上一应力水平。若产品恢复正常工作,则判定失效温度为产品的高温工作极限;若产品无法恢复正常工作,则判定失效温度为产品的高温破坏极限。

高温步进试验剖面如图 16.2 所示。

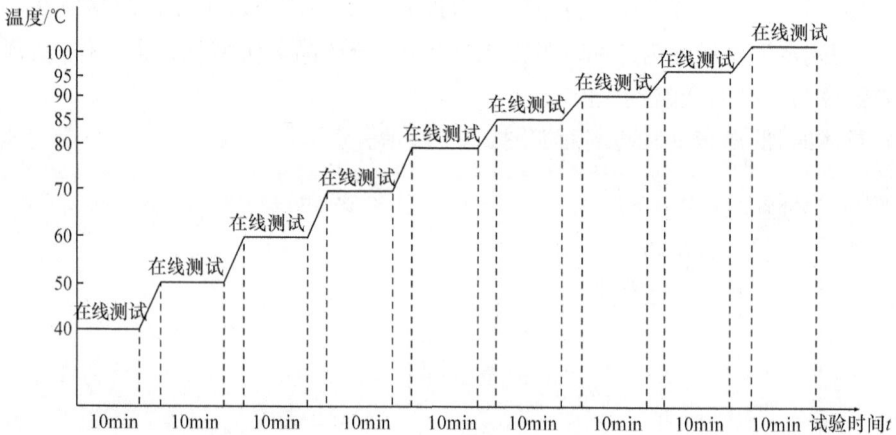

图 16.2　高温步进试验剖面图

3. 温度循环试验

温度循环试验的目的是确定产品对温度冲击的响应。产品温度循环试验的具体步骤如下。

(1) 根据温度步进试验中确定的产品的温度工作极限上下限或温度破坏极限上下限,确定温度循环试验的温度上下限。设温度上限为 T_{up},温度下限为 T_{low}。

若温度步进试验中,得到产品的高低温工作极限,则 T_{up}＝高温工作极限－5℃;T_{low}＝低温工作极限＋5℃;若温度步进试验中,得到产品的高低温破坏极限,则 T_{up}＝高温破坏极限×80％;T_{low}＝低温破坏极限×80％。

（2）以一定的温变速率进行高低温循环试验,本试验中考虑设备能力,温变速率为 4℃/min。

（3）当产品温度达到设定值后,使产品在各温度点驻留 10min。

（4）样品产品的功能测试在温度变化过程中连续进行,以确定是否存在温度变化敏感问题。

（5）试验执行 12 个周期停止。若随着试验的进行,产品持续暴露其潜在缺陷,则认为温度是导致产品失效的关键因素,在后续的加速寿命试验中必须考虑温度应力。

具体的,温度循环试验剖面如图 16.3 所示。

4. 振动步进试验

振动步进试验的目的是确定振动环境下的工作极限和破坏极限。所确定的工作极限对于后续加速寿命试验中振动应力的加载具有指导作用。

对于产品,振动步进试验的具体步骤如下。

（1）根据产品的设计规格,垂向振动的加速度幅值为 $30m/s^2$,横向振动的加速度幅值为 $50m/s^2$,故从薄弱点入手,确定振动施加方向为垂向或横向。

（2）试验初始振动量级为 2Grms,频率在 20～2000Hz。

（3）逐步加大对产品的振动量级,步长为 2Grms。

（4）在每个振动量级驻留 10min,并对产品进行性能测试,判断是否有失效发生。

（5）重复（2）～（4）,直至找到产品的振动工作极限或破坏极限,或者试验振动应力等级已经达到试验装置的能力极限。若试验中振动应力等级达到试验装置的能力极限,试验停止。

（6）在产品发生失效后,将振动应力降低至上一应力水平。若产品恢复正常工作,则判定失效时的振动应力为产品的振动工作极限;若产品无法恢复正常工作,则判定失效时的振动应力为产品的振动破坏极限。

具体的,振动步进试验剖面如图 16.4 所示。

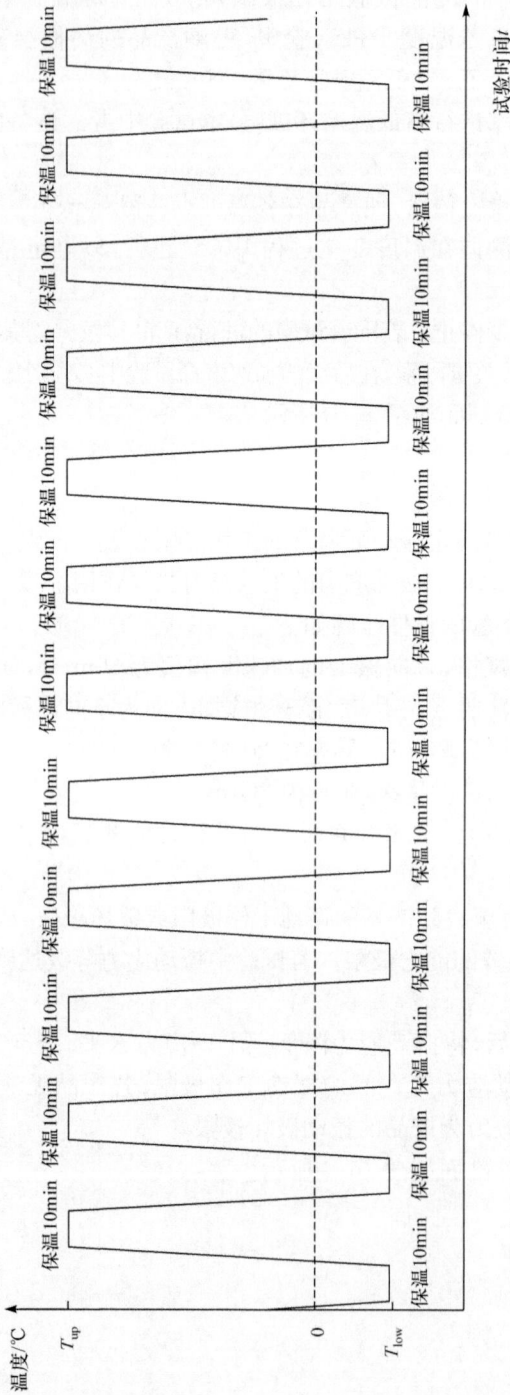

图 16.3　温度循环试验剖面图

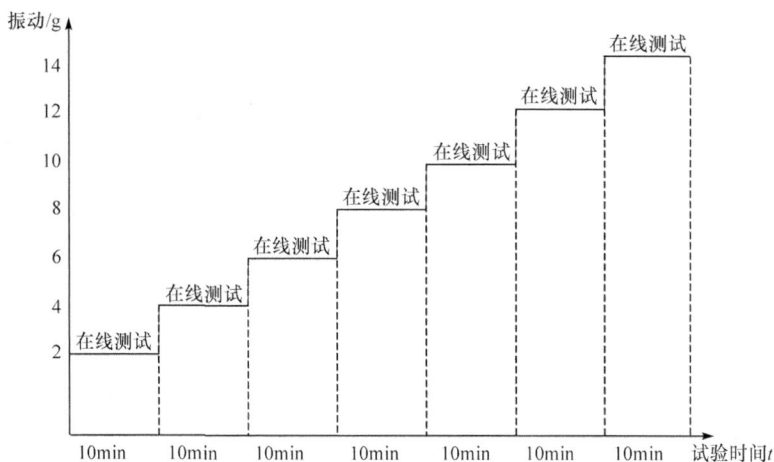

图 16.4　振动步进试验剖面图

5. 温度振动综合试验

温度振动综合试验的目的是验证温度应力和振动应力对产品失效的交互作用,为后续加速寿命试验的加速模型选择和数据分析提供依据。

针对产品,温度振动综合试验步骤如下。

(1) 温度应力的加载仍然采用温度循环方式,见 16.2.2 节第 3 部分。

(2) 振动应力的加载采用步进方式,根据振动步进试验结果,若得到了产品的振动工作极限,则综合试验中的初始振动应力值为振动工作极限的 1/12;若未能找到振动工作极限,即振动极限大于试验设备的能力,则综合试验中的初始振动应力值为振动台规格限的 1/12。

(3) 在每个振动量级的驻留时间为温度循环的一个循环所需时间,步长为振动应力初始量级。

(4) 试验执行 12 个周期停止。

具体的,温度振动综合试验剖面如图 16.5 所示。

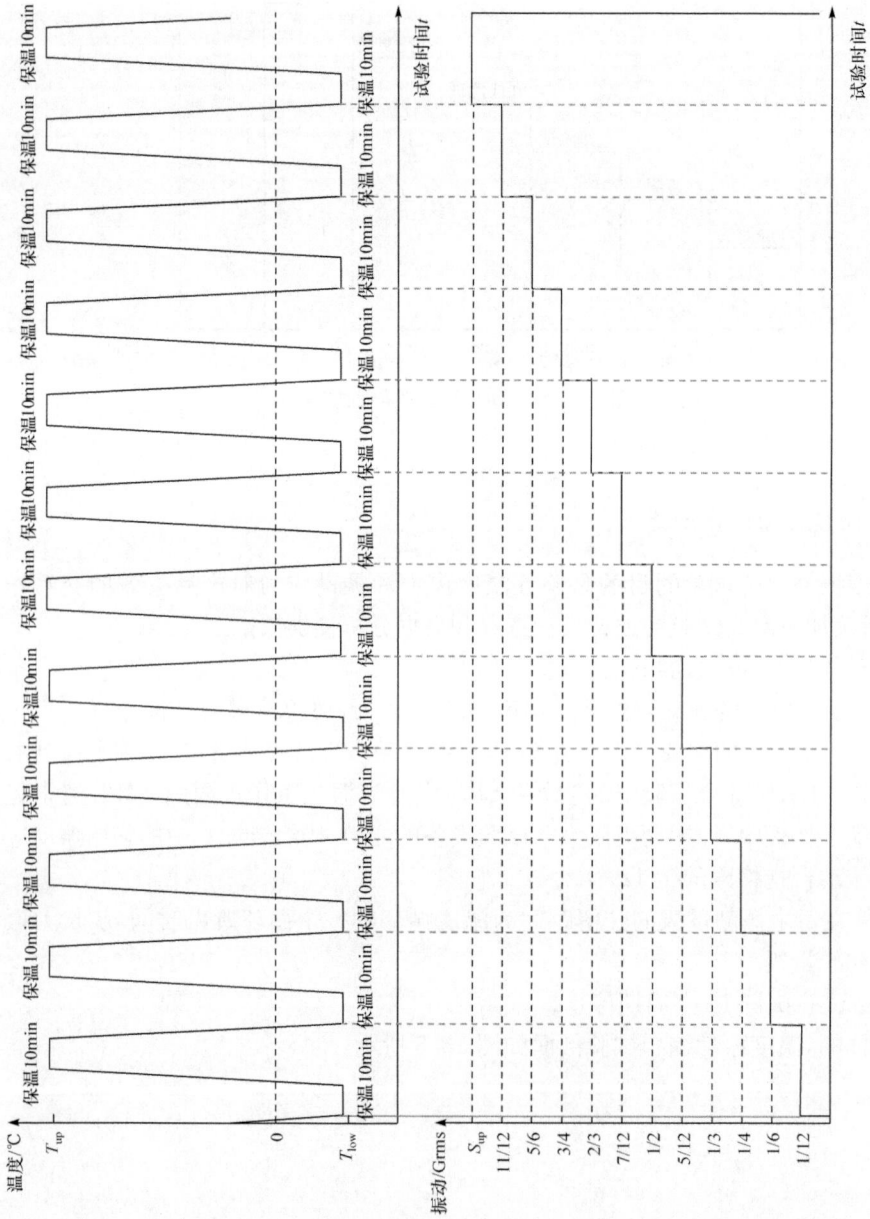

图 16.5　温度振动综合试验剖面图

S_{up}＝振动工作极限

16.2.3　试验后分析

根据以上五个试验过程中所记录的任何异常状态,产品设计部门设计人员应对故障进行分析,查明故障发生的原因,编制《故障分析报告》,并采取措施纠正故障,提高产品可靠性。

16.3　环境应力筛选试验

16.3.1　目的

环境应力筛选试验是一种通过向电子产品施加合理的环境应力和电应力,将其内部的潜在缺陷加速成为故障,并通过检验发现和排除的过程。

环境应力筛选试验作为一种工艺手段,主要适用于电子产品,其目的是在产品出厂前,有意把环境应力施加到产品上,使产品的潜在缺陷加速发展成为早期故障,并加以排除,从而提高产品的可靠性。在当前轨道交通领域,环境应力筛选试验主要用于在生产阶段对产品的检验,剔除早期故障,并且在应用中已经取得了较为突出的效果。

16.3.2　试验项目

环境应力筛选试验使用的应力主要用于激发故障,而不是模拟使用环境。根据以往的实践经验,不是所有应力在激发产品内部缺陷方面都特别有效,但多年来国内外的实践经验表明,筛选最有效的环境应力是温度循环和随机振动。美国曾对 42 家企业进行调查统计,得到的结论是将温度循环与随机振动相结合,可以达到 90% 的筛选率。

1. 温度循环

温度循环筛选应力的基本参数包括上限温度 T_U、下限温度 T_L、温度变化速率 V、上限温度保温时间 t_U、下限温度保温时间 t_L 和循环次数 N。

当温度在上、下限温度内循环时,设备交替膨胀和收缩,使设备中产生热应力和应变。如果某产品内部有瞬时的热梯度(温度不均匀),或产品内部邻接材料的热膨胀系数不匹配,则这些热应力和应变将会加剧。这种应力和应变在缺陷处最大,它起着应力集中的作用。这种循环加载使缺陷变大,最终可造成结构故障并产生电故障。例如,对于有裂纹的电镀通孔,其周围最终完全裂开,引起开路。热循环是使钎焊接头和印制电路板上电镀通孔等产生故障的首要原因(图 16.6)。

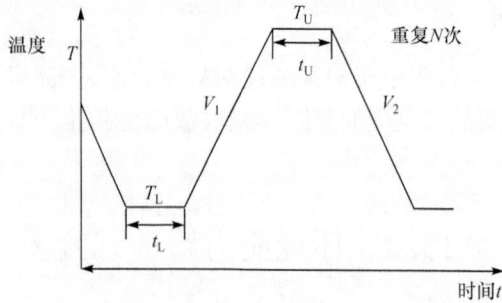

图 16.6　温度循环应力参数过程图

2. 随机振动

随机振动筛选应力的基本参数是频率范围、功率谱密度、振动时间、振动轴向（数）。典型振动谱如图 16.7 所示。

类型：随机振动。

轴向：实际轴向或敏感轴向。

时间：单轴向 10min，三轴向每轴向 5min。

注意：疲劳特性，累积小于 30min。

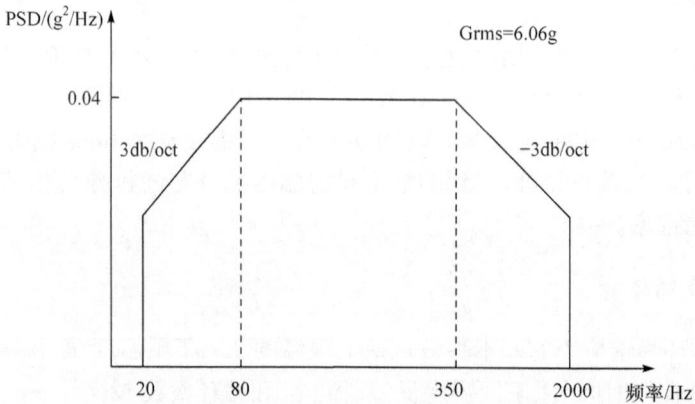

图 16.7　随机振动谱

随机振动是很宽的频率范围上对产品施加振动，产品在不同的频率上同时受到应力，使产品的许多共振点同时受到激励。这就意味着具有不同共振频率的元器件同时在共振，从而使安装不当的元器件受扭曲、碰撞等而损坏的概率增加。由于随机振动这一同时激励特性，其筛选效果大大增强，筛选所需持续时间大大缩短，其持续时间可以减少到扫频正弦时间的 1/3～1/5。

16.3.3　试验后检测

只有通过了温度循环和振动筛选的产品才转入这一步。未通过的产品应进行仔细分析,以决定是否有价值或有必要继续进行筛选。

将通过无故障筛选的受筛选产品在规定的标准环境条件下运行,并按受筛产品规范中的规定检测其性能,记录结果,以验证受筛产品能否满意地工作。

将最终性能检测值与初始性能检测值进行比较,根据产品技术条件规定的验收值对筛选做出评价。

16.4　小　　结

提高产品的可靠性,设计是关键,工艺是保证,试验验证是手段。列车控制诊断系统作为列车的“大脑”,其可靠性直接关系列车的安全和正点。本章简要介绍了常用的可靠性试验方法,其目的是:发现产品在设计、材料和工艺方面的各种缺陷,为产品的可靠性设计改进、减少维修和保障费用提供信息,并确认是否符合可靠性定量要求。通过网络对被试品进行试验检测,列车通信网络的内容将在第 17 章中进行介绍。

第 17 章　列车通信网络一致性测试

17.1　引　　言

一致性测试是协议测试的一个重要方面,是性能测试、互操作性测试和健壮性测试的基础,是协议开发人员首要关心的问题,它测试协议的实现是否符合协议规范。一致性测试是一种黑盒测试,不涉及协议的内部实现,只是从外面的行为来判断协议的实现是否符合要求。

通信网络的协议测试在协议验证的基础上进行,主要包含 3 种类型的测试:一致性测试、互操作性测试以及性能测试。其中,一致性测试是其他两种测试的基础。协议一致性测试实质上是利用一组测试实例,在一定的网络环境下,对被测协议实现(implementation under test,IUT)的黑盒测试,通过比较 IUT 的实际输入与预期输出的异同,判定 IUT 在很大程度上与协议标准文本描述的功能相一致。

为了对被测协议实现 IUT 进行观察和控制,ISO/IEC 9646 标准定义了两个抽象测试功能体:上测试器(upper tester,UT)和下测试器(lower tester,LT)。实际测试时,对不同的 IUT 采用不同的测试方法,选取相应的控制观察点(point of control and observation,PCO)进行输入控制、输出观察以获得输出结果。根据一致性测试器中上测试器 UT 和下测试器 LT 所处的位置与功能,ISO/IEC 9646 为端系统定义了 4 种抽象测试方法:本地测试法、分布式测试法、协调测试法和远端测试法。本地测试法可以在被测系统中 IUT 的上下界面直接进行观察和控制。另外三种属于外部测试法,其中分布测试法要求有一个上测试器 UT 提供该界面的抽象服务原语(abstract service primitive,ASP);协调测试法不需要上层外接口,使用标准的测试协调规程(test coordination procedure,TCP)和下测试器 LT 之间进行测试管理和协调;远端测试法中没有专门的上测试器 UT,部分测试器功能由被测系统实现。这三种测试方法的下测试器 LT 都通过通信链路上传送的协议数据单元(protocol data unit,PDU)对 IUT 进行控制和观察。

测试前应按照协议规范制定有关一致性的要求。一致性要求分为强制性要求(mandatory requirements)、条件性要求(conditional requirements)和选项(options)。根据能力不同,一致性要求有静态和动态之分。静态一致性要求:制定一个协议实现一致性声明文件(protocol implementation conformance statement,

PICS);对被测设备所应具有的功能范围及选项做出说明,而且还应提供 IUT 协议实现的附加测试信息(protocol implementation extra information for testing, PIXIT);对特定的测试,要求对 PICS 文件的具体参数做出明确要求。动态一致性要求:规定 TCN 标准中所允许的动态可观察行为,定义与实现协议相关的内容。

17.2　TCN 网络一致性测试

17.2.1　概述

随着我国铁路和城市轨道交通装备的快速发展,机车车辆的技术装备逐步与国际接轨,符合 IEC 61375 标准的列车通信网络(train communication network, TCN)产品市场正在稳步扩大并且占据主导地位;然而,TCN 产品质量的检测技术尚处于空白状态。为了解决 TCN 产品在实际使用中存在的技术隐患,有效实现网络产品之间的互联互通,避免由此引发的列车故障,需引导 TCN 技术产业化健康发展。因此,加强不同厂家之间 TCN 产品的互联互通,就必须开展一致性测试技术的研究,强化技术标准的执行力度,规范产品检测和市场准入显得尤其重要。

17.2.2　TCN 网络一致性测试的目的

对于 TCN 网络而言,协议标准使用自然语言描述,不同的实现者对于协议的不同理解会导致不同的协议实现,甚至有时会是错误的实现。TCN 网络产品一致性测试主要解决不同国家、不同生产厂商生产的列车网络产品的互联问题,依据 IEC 61375 标准执行一套一致性测试程序,发现产品与标准要求实现值之间的不一致性,提出改进建议。

17.2.3　TCN 网络一致性测试的技术方案

依据 IEC 61375 标准,TCN 网络一致性测试包括测试实现的性能和行为两个方面,由此验证是否达到协议标准中的一致性要求,是否存在与所声明的能力不相符合的地方。一致性测试主要是针对 MVB 和 WTB 进行的,以提高不同厂商的 TCN 产品实现互连的成功率。

1. 测试类型

根据一致性测试的程度不同,主要有 3 种测试类型。

(1)基本互连测试:对 IUT 进行有限范围内的测试,以判定互连对协议是否有足够的一致性。目的是检测是否存在严重的不一致情况,即 IUT 不能与测试设备相连,或者没有出现协议所规定的主要特征。

(2)性能测试:在静态情况下,按照静态一致性要求,测试 PICS 表格中列出的各项,检验 IUT 符合要求的程度,并检查这些可观察能力的有效性,便于在此基础上制定出更加完善的、针对 IUT 的动态测试的内容和步骤。

(3)行为测试:包括基本互连测试,并涵盖了动态一致性要求的全部测试内容,旨在确定协议实现的动态一致性。

2. 测试评估

一致性测试评估过程分 3 个阶段:测试准备、测试操作、报告生成。

(1)测试准备:包括 PICS 文件和 PIXIT 文件的生成;基于各个文档选择抽象测试方法和抽象测试集;被测设备和测试手段的准备。

(2)测试操作:通过分析 PICS 文件和相关的静态一致性要求,得出静态一致性评价;根据 PICS 和 PIXIT 进行测试方案的选定和参数选择;对 IUT 执行一个或几个参数的可执行测试,包括基本互连测试、能力测试和行为测试,并生成一致性记录。

(3)报告生成:测试操作之后对测试结果进行综合分析并定论,生成测试报告,主要包括协议一致性测试主报告和系统一致性测试报告 2 类。主报告对被测系统的每个协议的测试实例的结果进行记录,测试结果的取值可以是通过、失败或无结论。"通过"表示测试实例符合测试意图,结果有效而且符合 TCN 标准;"失败"表示测试实例不符合测试意图,并且出现了至少一个无效的测试事件;"无结论"是指测试结果既不是通过也不是失败。

3. 测试内容

TCN 网络一致性测试性能测试即在静态情况下,按照静态一致性要求,测试 PICS 表格中列出的各项,检验 IUT 符合标准要求的程度。

TCN 网络一致性行为测试,根据一致性测试的程度可分为物理层、数据链路层、RTP(real time protocol)实时协议三个方面进行评定,行为测试为 TCN 网络一致性测试系统研究的主要内容。

TCN 网络物理层一致性测试是对 TCN 产品物理特性的测试,根据测试对象的不同可分为 WTB 物理层一致性测试、MVB 物理层一致性测试。

针对 WTB 物理层一致性测试,需执行表 17.1 所列测试项目。

表 17.1　WTB 物理层一致性测试

序号	测试项目	测试内容
1	特性阻抗测试	检验 WTB 电缆性能
2	线路单元的插入损失测试	检验 WTB 节点中间设定、末端设定时引入的插入损失
3	末端设定的衰减测试	检验 WTB 节点末端设定时的衰减
4	开关的初始接触电阻测试	检验 WTB 节点线路开关的接触电阻
5	发送器测试	检验 WTB 节点发送器性能
6	接收器测试	检验 WTB 节点接收器性能

针对 MVB 物理层一致性测试,需执行表 17.2 所列测试项目。

表 17.2　MVB 物理层一致性测试

序号	测试项目	测试内容
1	ESD 背板测试	检验 ESD 背板性能
2	ESD 连接器测试	检验 ESD 设备供电能力
3	ESD 终端连接器测试	检验 ESD 终端连接器阻值、电压偏置能力
4	ESD 发送器测试	检验 ESD 设备发送器性能
5	ESD 接收器测试	检验 ESD 设备接收器性能
6	EMD 阻抗测试	检验 EMD 终端设备特性阻抗,包括阻值测试和感抗测试
7	EMD 插入损失测试	检验 EMD 设备插入损失
8	EMD 发送器测试	检验 EMD 设备发送器性能
9	EMD 接收器测试	检验 EMD 设备接收器性能

　　TCN 网络数据链路层和 RTP 实时协议一致性测试是对 TCN 产品的协议功能的测试,根据测试对象的不同,其分为 WTB 协议一致性测试和 MVB 协议一致性测试。

　　针对 WTB 协议一致性测试,需执行表 17.3 所列测试项目。

表 17.3　WTB 协议一致性测试

序号	测试项目	测试内容
1	节点强弱测试	
2	改变用户报告测试	
3	改变节点描述测试	
4	改变初运行数据测试	
5	初运行延伸限制测试	
6	休眠状态测试	
7	快速插入测试	
8	慢速插入测试	
9	过程数据测试	检验 WTB 节点执行状态改变时，其表现出的行为是否与标准要求一致
10	单个周期测试	
11	2 种配置耦合测试	
12	中间 IUT 的初运行时间测试	
13	主方向为方向 2 的末端 IUT 初运行时间测试	
14	主方向为方向 1 的末端 IUT 初运行时间测试	
15	主节点故障测试	
16	正常操作过程中的线路冗余测试	
17	初运行过程中的线路冗余测试	
18	基本周期测量测试	

针对 MVB 协议一致性测试，需执行表 17.4 所列测试项目。

表 17.4　MVB 协议一致性测试

序号	测试项目	测试内容
1	设备状态测试	检验 MVB 设备在特定测试条件下，设备状态标志位的功能是否实现
2	过程数据测试	检验 MVB 设备过程数据通信能力是否符合标准要求
3	消息数据测试	检验 MVB 设备过程数据通信能力是否符合标准要求

17.2.4　TCN 网络一致性测试的测试方法

根据 TCN 网络一致性测试的测试内容，对测试过程中涉及如下测试方法进行描述：

(1) 电缆特性阻抗测试方法；

(2) TCN 设备发送器波形测试方法；

（3）TCN 设备接收器性能测试方法；

（4）TCN 设备插入损失测试方法；

（5）WTB 设备协议一致性测试方法；

（6）MVB 设备协议一致性测试方法；

（7）自动化测试方法。

1. 电缆特性阻抗测试方法

电缆特性阻抗为通信电缆的一项重要质量指标,阻抗不匹配或阻抗不连续将造成信号反射,影响通信质量。IEC 61375 规定了 WTB 通信电缆在 0.5～2.0MHz 频率下差分特性阻抗为 120.0Ω(±10%),测试平台利用网络分析仪实现 WTB 通信电缆的特性阻抗测试,测试框图如图 17.1 所示。

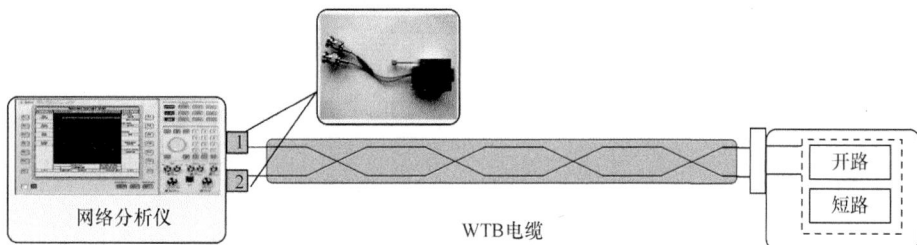

图 17.1　WTB 电缆特性阻抗测试框图

WTB 电缆特性阻抗测试方法为开路-短路测试法,如下所示。

（1）网络分析仪输出阻抗设置为 Z。

（2）保持 IUT 的末端开路,在 0.5MHz 频率下测量 IUT 的反射系数并将测量值表示为 ρ_0。

（3）保持 IUT 末端短路(短路就是将双绞线直接接在一起),在 1.0MHz 频率下测量 IUT 的反射系数并将测量值表示为 ρ_s。

（4）利用开路反射系数 ρ_0 计算开路阻抗： $Z_{\text{open}} = Z \dfrac{1+\rho_0}{1-\rho_0}$。

（5）利用短路反射系数计算短路阻抗： $Z_{\text{short}} = Z \dfrac{1+\rho_s}{1-\rho_s}$。

（6）计算线缆在 0.5MHz 频率下的特性阻抗 $Z_c = \sqrt{Z_{\text{open}} Z_{\text{short}}}$。

在 1.0MHz、1.5MHz、2.0MHz 频率下,采用相同测试方法,计算 IUT 在 1.0MHz、1.5MHz、2.0MHz 频率下的特性阻抗。

2. TCN 设备发送器波形测试方法

TCN 设备发送器的性能测试是 TCN 设备一致性测试的一项重要测试内容，为衡量 TCN 设备发送器的性能，需要对 TCN 设备发送的波形执行一组测试，测试参数包括上升沿时间、下降沿时间、高电平、低电平、抖动、回转率、起始位保持时间、终止位保持时间等。如图 17.2～图 17.5 所示，分别为 ESD 设备、无预加重的 EMD 设备、带预加重的 EMD 设备以及 WTB 设备的发送器波形。

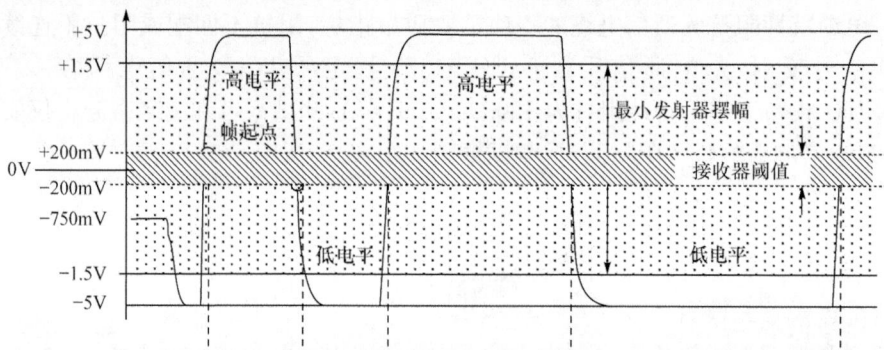

图 17.2　ESD 设备发送器波形图

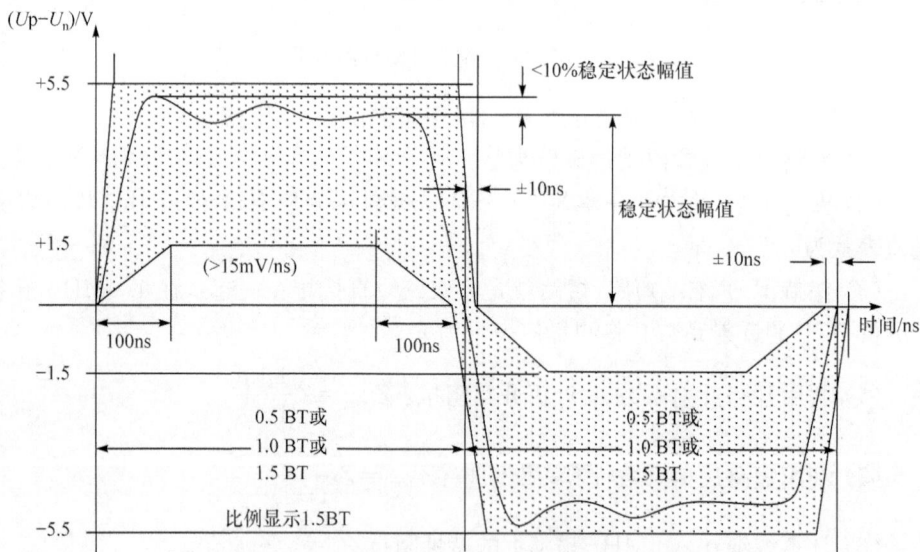

图 17.3　无预加重的 EMD 设备发送器波形图

TCN 设备无论是 MVB 设备或是 WTB 设备，均采用主/从通信方式，主设备可主动发送主/从帧，而从设备需要接收主设备的主帧请求才会反馈从帧。因此，

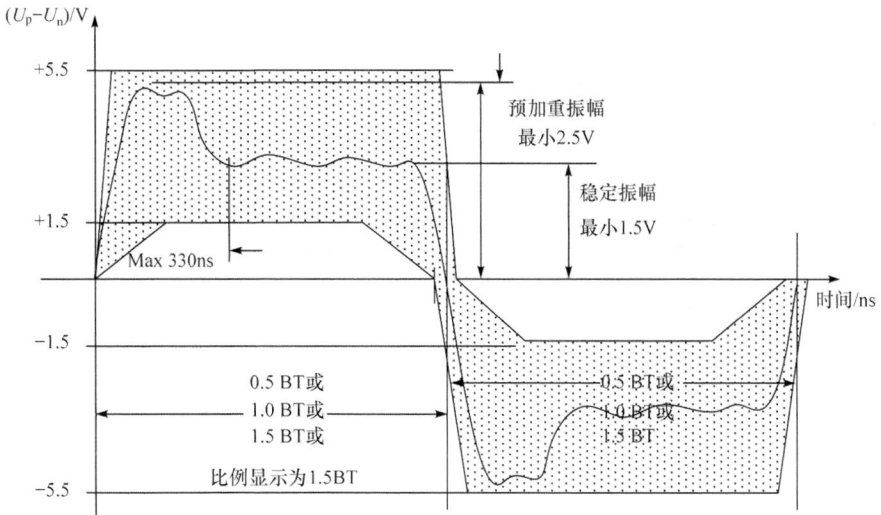

图 17.4　带预加重的 EMD 设备发送器波形图

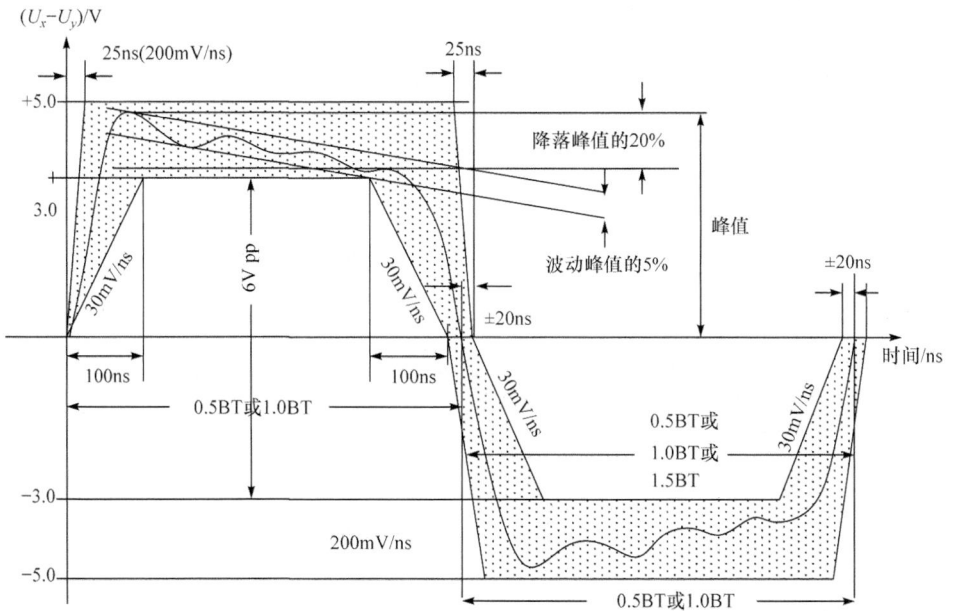

图 17.5　WTB 设备发送器波形图

要执行 TCN 设备的发送器波形测试,需要区分 IUT 为主设备或从设备。

当 IUT 为主设备,其本身会定时发送波形,因此可采用如图 17.6 所示的发送器波形测试框图。在空载、轻载、重载三种情况下,利用示波器的差分探头采集

IUT 发送的波形,测量发送器波形相关参数。

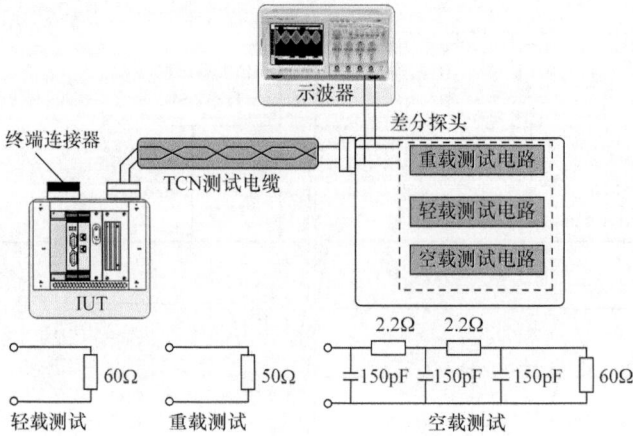

图 17.6　IUT 为主设备的发送器测试框图

　　当 IUT 为从设备,其本身不具备主动发送波形的能力,因此需要接一个作为总线主的陪试设备 TE 给 IUT 的源端口发送过程数据请求帧,发送器测试框图如图 17.7 所示。分别在空载、轻载、重载三种情况下,利用示波器的差分探头采集波形,对 IUT 发出的波形相关参数进行测量。在示波器采集的波形中,存在陪试设备发送的过程数据请求帧和 IUT 响应的从帧,如何快速、准确地找到 IUT 响应的从帧,是发送器测试研究的重点。

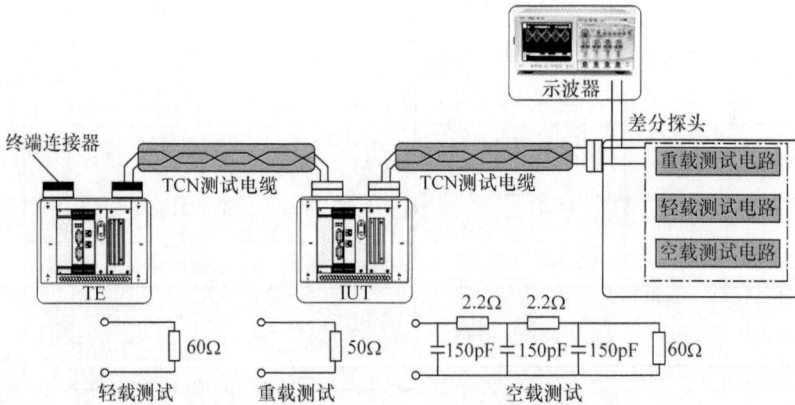

图 17.7　IUT 为从设备的发送器测试框图

　　为快速、准确地找到 IUT 响应的从帧,需对数据帧进行解码,从而进行帧的筛选。而 MVB、WTB 通信协议为铁路上的专用通信协议,通用示波器不具备其协议解码能力,因此,TCN 网络一致性测试系统通过对通用示波器的二次开发,设计研究出一种利用示波器实时解码 MVB、WTB 的算法。其具体实现方法如下。

(1) 寻找起始采样点。

如图 17.8 所示，将示波器采集的数据幅值与 1.5V 比较，第一个大于 1.5V 的点位置记为 $n1$，$n1$ 后第一个小于 1.5V 的点的位置记为 $n2$，则起始采样点位置 $= \dfrac{n1+n2}{2}$。

注:1.5V 为推荐值，此值若设置太小，解码时容易受线路噪声影响。

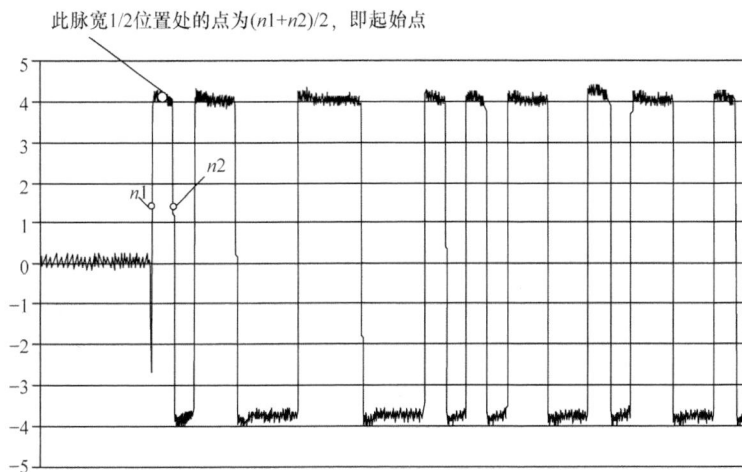

图 17.8 帧解码起始采样点寻找

(2) 1/2 周期采样。

如图 17.9 和图 17.10 所示，从起始采样点开始每隔 1/2 周期采集一个点。采集的点与 1.5V 和 −1.5V 比较，大于 1.5V 为 1(高)，小于 −1.5V 为 −1(低)，之间为 0，当为 0 时则代表帧结束。

将上述转换的 1 与 −1 保存在数组 a 中。

(3) 判断主帧、从帧。

取数组 a 前面 18 位，依据 IEC 61375 对 TCN 主帧波形的规定判别帧为主帧或从帧，去掉帧头数据后保存在数组 b 中。

(4) 解码。

根据曼彻斯特编码原理，将数组 b 中数据重新组合。因 MVB 和 WTB 采用的曼彻斯特编码规则不同，MVB 负跳变为"1"，正跳变为"0"，而 WTB 相反，负跳变为"0"，正跳变为"1"。重新组合数据保存在数组 c 中。

根据主帧和从帧的数据帧格式，去掉数组 c 中的 CRC 校验码、终止位，得到帧数据。

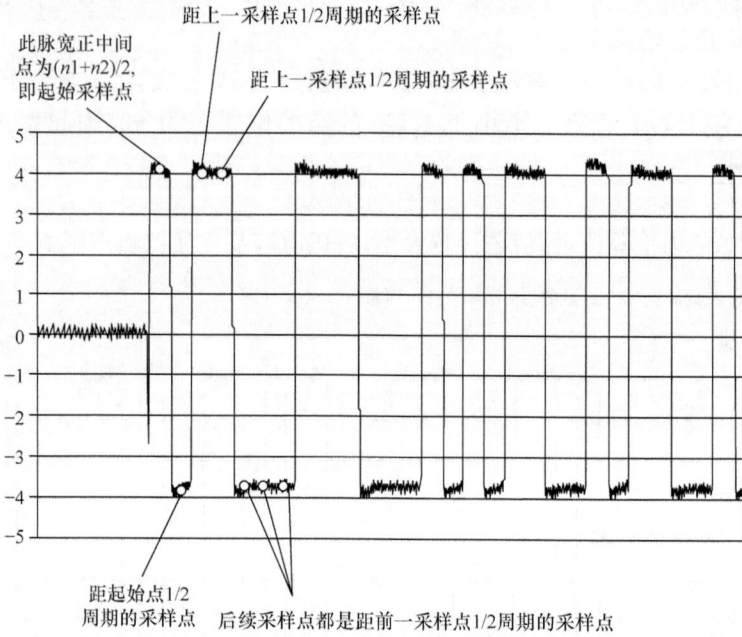

图 17.9　帧解码 1/2 周期采样

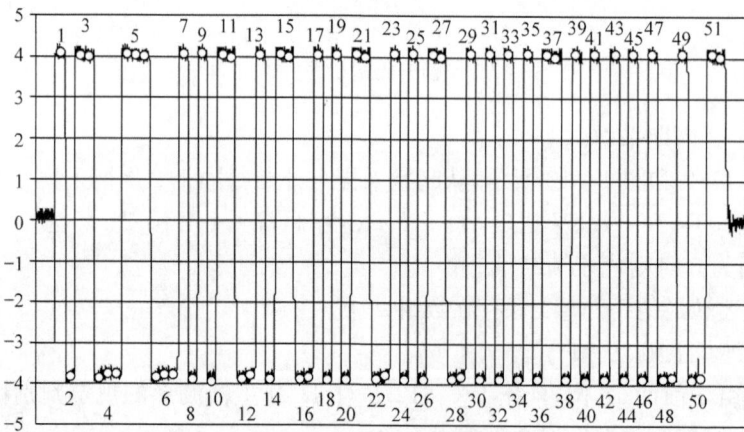

图 17.10　帧解码

（5）寻找指定帧并执行测试。

利用得到的帧数据，可找到指定的帧，并通过计算与起始采样点的偏移时间准确定位测量位置。

3. TCN 设备接收器性能测试方法

TCN 设备接收器性能测试是依据 IEC 61375 标准要求验证 IUT 在标准波形、波形畸变在标准允许范围内的波形、波形畸变在标准允许范围外的波形三种情况下的接收能力。情况一和情况二下,IUT 应能正确接收,而情况三下不能正确接收。图 17.11 为一个典型的 WTB 接收器测试信号包络线。

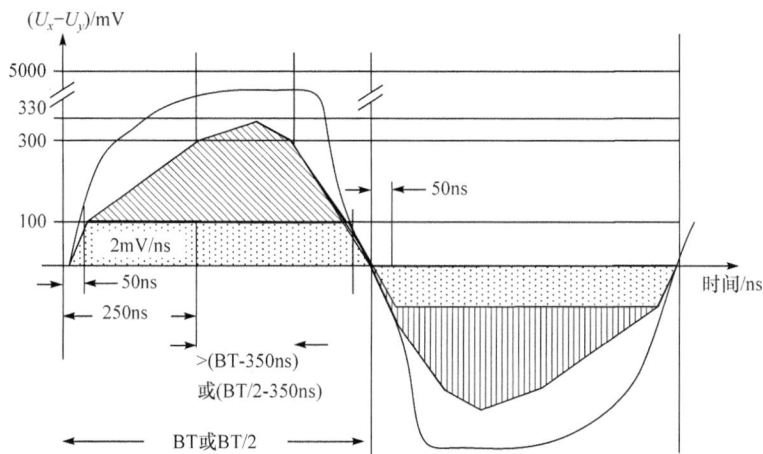

图 17.11 WTB 接收器信号包络线

TCN 网络一致性经设计研究出一种利用函数信号发生器执行 TCN 设备接收器性能测试的方法,能仿真生成幅值、上升沿时间、下降沿时间可调,且可增加抖动、模拟 CRC 校验错误的测试波形,利用 IUT 供应商提供的调试软件监视 IUT 的接收情况。测试框图如图 17.12 所示。

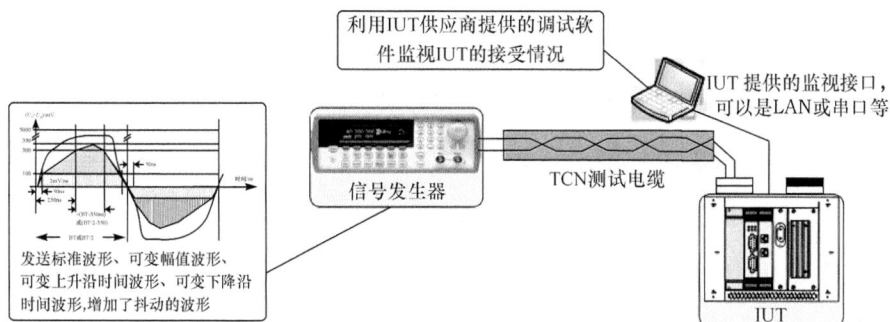

图 17.12 TCN 设备接收器性能测试框图

利用函数信号发生器编制 TCN 接收器测试波形,采用逐点描绘波形的方法,其步骤如下。

（1）计算测试所需波形峰峰值 V_{pp} 和偏置电压 $V_{偏置}$，V_{pp} 可由波形最大电平 V_{HIGH} 和 V_{LOW} 确定，$V_{pp}=V_{HIGH}-V_{LOW}$，$V_{偏置}=(V_{HIGH}+V_{LOW})/2$。

（2）分析需要的最小时间精度 T_{Inter}。如果测试波形的最小上升沿时间为 T_1，最小下降沿时间为 T_2，则 T_{Inter} 应该为 T_1 和 T_2 以及周期 T（WTB 为 $1\mu s$，MVB 为 $2/3\mu s$）的公约数。

（3）计算需要的任意波形的时间长度 t，t 与函数信号发生器发送频率 f 的关系应该满足 $f\geqslant 1/t$ 的关系式。

（4）计算编程需要的任意波的点数 N。N 可由 T_{Inter} 和 f 计算得到，计算公式 $N=1/(T_{Inter}\times f)$，在满足（3）的条件下可适当调整 f 以保证计算得到的 N 为整数。

（5）波形编程。下面以 MVB 为例描述波形的编辑算法。帧数据采用曼彻斯特编码，波形表示分四种情况：

前一数据是高电平结束，当前是数据"1"，则用图 17.13（a）的波形表示；

前一数据是高电平结束，且当前是数据"0"，则用图 17.13（b）中的波形表示；

前一数据是低电平结束，且当前是数据"1"，则用图 17.13（c）中波形表示；

前一数据是低电平结束，且当前是数据"0"，则用图 17.13（d）中波形表示。

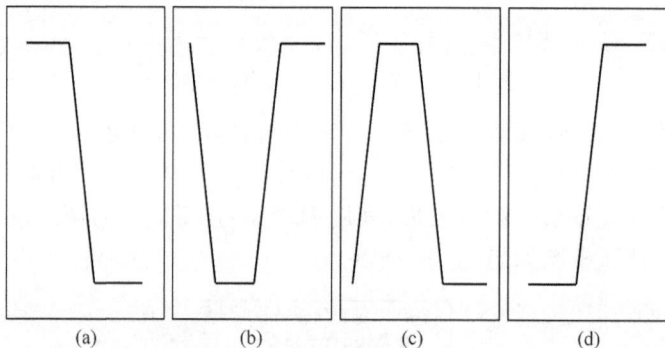

（a）　　　　　（b）　　　　　（c）　　　　　（d）

图 17.13　MVB 波形编程示意图

通过调整用来描述上升沿/下降沿/周期的点数，达到改变上升沿时间、下降沿时间、增加抖动的目的。

4. TCN 设备插入损失测试方法

设备插入损失为衡量设备性能一个重要参数，IEC 61375 规定了 WTB 设备插入损失在 $0.5\sim 1.0$ MHz 频率下，低于 0.3 dB，$1.0\sim 2$ MHz 频率下，低于 0.4 dB。测试平台利用网络分析仪实现 WTB 设备插入损失测试，测试框图如图 17.14、图 17.15 所示。

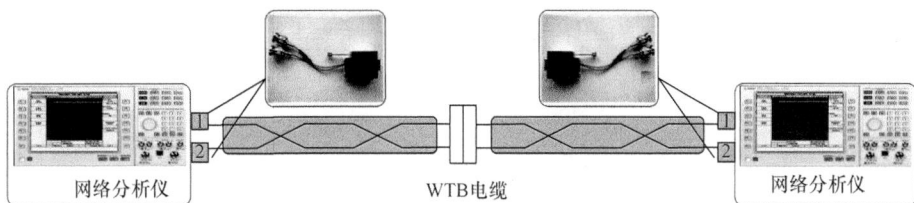

图 17.14　插入损失测试框图 1

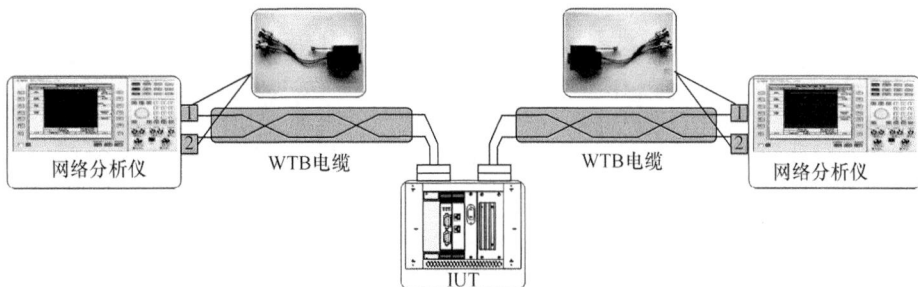

图 17.15　插入损失测试框图 2

如图 17.14 所示连接,测量测试夹具直连时 0.5～1.0MHz 频率下的差分传输系数。如图 17.15 所示,测量 0.5～1.0MHz 频率下的差分传输系数,计算 0.5～1.0MHz 频率下的插入损失。同样方法计算 1.0～2.0MHz 频率下的插入损失。

5. WTB 设备协议一致性测试方法

WTB 设备协议一致性测试验证 WTB 设备的链路层协议是否与 IEC 61375 标准规定的一致,其测试装置如图 17.16 所示,包括四台标准 WTB 陪试设备,装有 WTB 设备协议一致性测试软件的专用计算机以及被测设备 IUT。

针对 WTB 设备协议一致性测试项目,对每个测试项目,执行激励并检验 IUT 的行为。

通过 TNM 服务,利用下列命令来执行所有的激励:

——WRITE_WTB_CONTROL(调用链路监视接口过程);

——WRITE_FORCE_VARIABLES(为过程数据通信写输出数据集)。

其他的激励通过控制继电器开关 LS1、LS2、LS3、LS4、LS5、LS6、LS7、LS8 的闭合和断开,模拟 WTB 线路的连挂及线路失效。

通过 TNM 服务,利用下列命令来得到结果:

——READ_WTB_STATUS(得到 WTB 逻辑链路层的状态和统计);

——READ_WTB_NODES(得到所有节点的节点报告和用户报告);

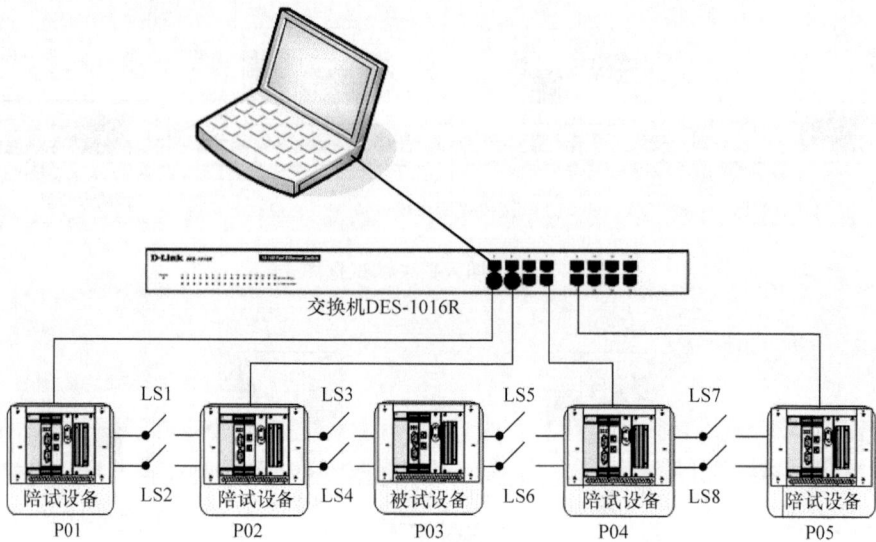

图 17.16　WTB 设备协议一致性测试装置组成示意图

——READ_TOPOGRAPHY(得到网络拓扑图和初运行数据);

——READ_VARIABLES(得到所有节点过程数据通信中的宿数据集);

——READ_WTB_EVENT_COUNTER(检查 WTB 逻辑链路层时间)。

6. MVB 设备协议一致性测试方法

MVB 协议一致性测试验证 MVB 设备的链路层协议是否与 IEC 61375 标准规定的一致,其测试装置如图 17.17 所示,包括一台标准 MVB 测试设备,装有 MVB 设备协议一致性测试软件专用计算机以及被测设备 IUT。

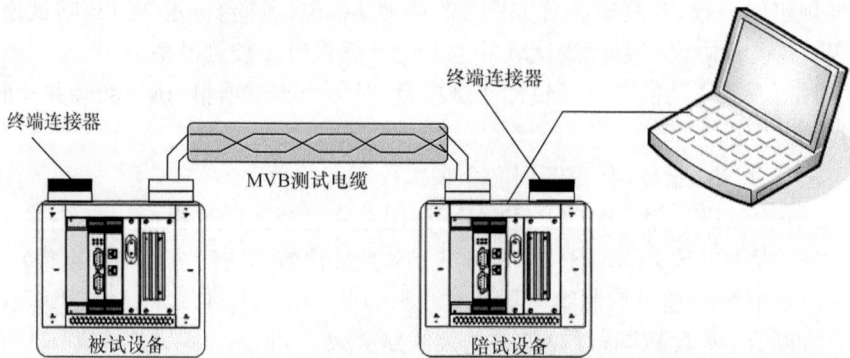

图 17.17　MVB 设备协议一致性测试装置组成示意图

标准 MVB 测试设备具有总线管理器、过程数据通信及消息数据通信（即 4 类 MVB 设备）等功能，并具有单线或双线通信能力。MVB 测试设备包括 MVB 网络接口单元和相应的微处理器系统，一般可外接显示器，通过运行测试程序来对被测设备 IUT 的性能进行判断和评估，以此来完成对被测设备的协议测试。

7. 自动化测试方法

为实现自动化测试，通过整合各测试方法，对通用测试仪器进行二次开发，自主设计信号路由器，开发自动化测试程序，搭建了 TCN 网络一致性测试系统。测试系统由专用计算机、仪器设备、路由器、测试板、标准测试设备、以太网集线器以及一些测试附件组成。图 17.18，是 TCN 网络一致性测试系统在对整列车进行测试时的结构图，图 17.19，是 TCN 网络一致性测试系统原理图。

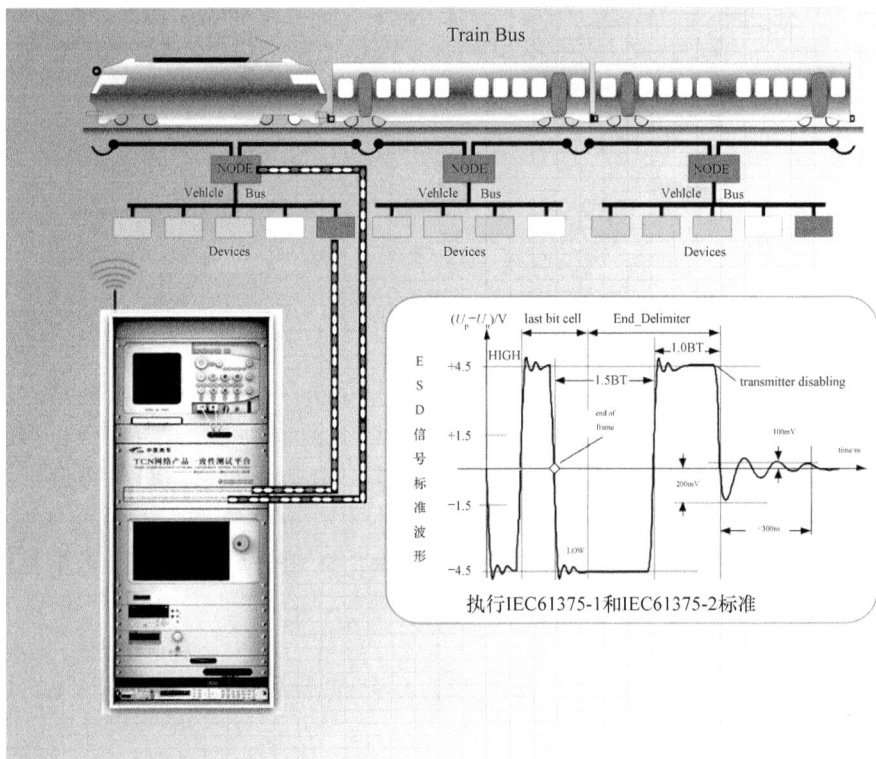

图 17.18　TCN 网络一致性测试系统结构示意图

测试系统各部分具体功能如下。

专用计算机装有测试软件，能够提供以下四项功能：

（1）远程控制仪器设备进行测试操作；

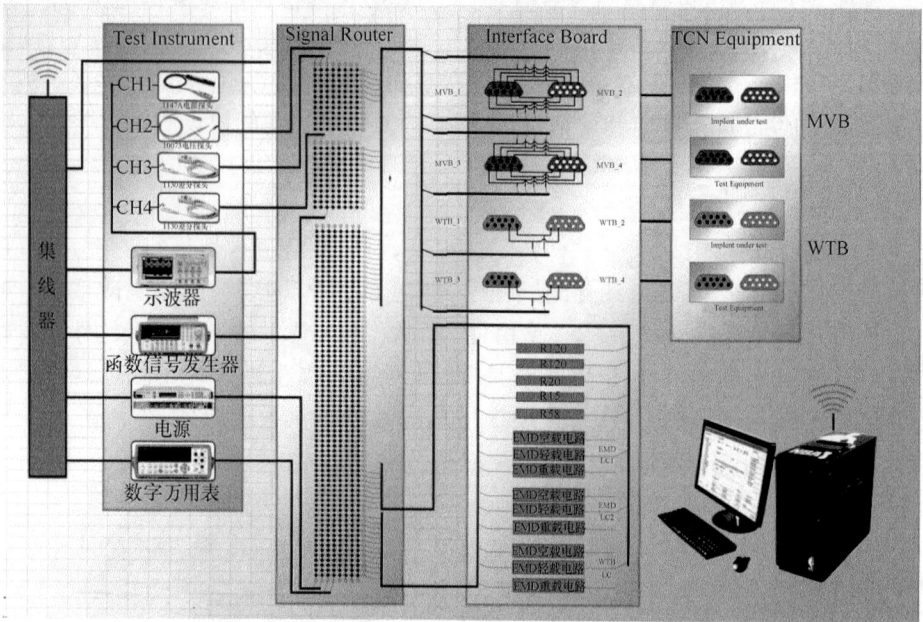

图 17.19　TCN 网络一致性测试系统原理框图

(2) 控制路由器实现信号的路由;

(3) 执行一致性测试;

(4) 整合检测结果,生成试验报告。

仪器设备包括示波器、函数信号发生器、网络分析仪、逻辑分析仪、数字万用表、模块化电源。其中示波器用于测量发送器波形,函数信号发生器用于测试接收器性能,网络分析仪用于测量特性阻抗和插入损失,逻辑分析仪进行信号逻辑分析,数字万用表用于电流、电压的测试,模块化电源用于提供测试电源。

信号路由器通过切换信号路由器上的继电器开关的断开与闭合实现被测量信号的路由。

测试板主要提供以下两项功能:

(1) 提供测试所需的小型测试电路,包括 EMD 的轻载、重载、空载测试电路以及 WTB 的轻载、重载、空载、短路测试电路;

(2) 为被测设备与测试仪器提供测试接入点。

标准测试设备为一套已经通过了 TCN 一致性测试的设备,用于执行协议一致性测试。

集线器用于连接专用计算机和仪器设备、标准测试设备。

系统提供 MVB/WTB 一致性测试服务,能自动测试并生成测试报告。

17.2.5　TCN 网络一致性测试系统主要参数

系统供电电源:AC220V。

陪试设备供电电源:DC110V。

MVB 物理层测试接口:4 路。

WTB 物理层测试接口:4 路。

WTB 协议测试接口:8 路。

TCN 设备供电接口:32 路。

标准波发生功能:正弦波、方波、三角波。

自定义波形发生功能:

① 标准的 WTB 主/从帧;

② 畸变的 WTB 主/从帧;

③ 错误的 WTB 主/从帧;

④ 标准的 MVB 主/从帧;

⑤ 畸变的 MVB 主/从帧;

⑥ 错误的 MVB 主/从帧。

解码功能:

① WTB 主/从帧解码;

② MVB 主/从帧解码。

测试功能:

① 线缆特性阻抗测试;

② 设备插入损失测试;

③ 电压测试;

④ 电流测试;

⑤ 阻值测试;

⑥ 相位角测试;

⑦ 周期测试;

⑧ 抖动测试。

其他功能:

① 有线和无线以太网程控;

② 自动化测试功能。

测试功能的关键是,实现对列车通信网络测试的波形失真模拟识别。

具体指标如下所示。

(1) MVB/WTB 上升沿/下降沿失真模拟。

最小上升沿/下降沿时间:15ns。

步进时间：15ns。

（2）MVB/WTB 抖动模拟。

调节范围：0～150ns。

步进时间：15ns。

（3）MVB/WTB 幅值失真模拟。

调节范围：10mV$_{pp}$～10V$_{pp}$。

调节精度：±设定值×1‰ ±1 mV$_{pp}$。

（4）MVB/WTB 实时解码识别。

识别范围：

① MVB/WTB 标准帧识别；

② 起始位错误识别；

③ 帧头错误识别；

④ 帧尾错误识别；

⑤ CRC 校验错误识别。

17.2.6　关键指标

TCN 产品一致性的程度共分为物理层、链路层、RTP 实时协议、接口应用、TNM 网络管理、功能概要 6 个等级。

对被测产品的误码率的要求：3×106 个传送帧，出错不大于 3 次。

17.3　无线通信设备的一致性测试

17.3.1　测试类型

无线通信的一致性测试包括协议测试、射频性能测试。协议测试主要由芯片生产厂商进行测试，对于集成应用开发的机车无线通信产品来说，更重要的是射频性能测试。

17.3.2　测试标准

无线通信设备应遵循以下标准：

（1）GB 15629.11—2003《信息技术 系统间远程通信和信息交换局域网和城域网 特定要求 第 11 部分：无线局域网媒体访问控制和物理层规范》。

（2）GB 15629.1102—2003《信息技术 系统间远程通信和信息交换局域网和城域网 特定要求 第 11 部分：无线局域网媒体访问控制和物理层规范：2.4GHz 频段较高速物理层扩展规范》。

(3) GB 15629.1104-2006《信息技术 系统间远程通信和信息交换局域网和城域网 特定要求 第 11 部分:无线局域网媒体访问控制和物理层规范:2.4GHz 频段更高数据速率扩展规范》。

(4) IEEE Std 802.11™—2012。

IEEE Standard for Information Technology;*Telecommunications and Information Exchange Between Systems*;*Local and Metropolitan Area Networks*;*Specific Requirements—Part 11*:*Wireless LAN Medium Access Control*(*MAC*)*and Physical Layer*(*PHY*)*Specifications*。

(5) YD/T 1214—2006《900/1800MHz TDMA 数字蜂窝移动通信网 通用分组无线业务(GPRS)设备技术要求:移动台》。

(6) YD/T 1215—2006《900/1800MHz TDMA 数字蜂窝移动通信网 通用分组无线业务(GPRS)设备测试方法:移动台》。

(7) 3GPP TS 51.010-1—2014。

3rd Generation PartnershipProject;*Technical Specification Group GSM/EDGE Radio Access Network Digital Cellular Telecommunications System*(*Phase 2+*);*Mobile Station*(*MS*)*Conformance Specification*;*Part 1*:*Conformance Specification* ;

(8) ETSI TS 134 121-1 V 11.6.0:2015。

Universal Mobile Telecommunications System(*UMTS*);*User Equipment*(*UE*)*Conformance Specification*;*Radio Transmission and Reception*(*FDD*);*Part 1*:*Conformance Specification*。

(9) YD/T 1548.1—2009《2GHzWCDMA 数字蜂窝移动通信网 终端设备测试方法(第三阶段) 第 1 部分:基本功能、业务和性能》。

(10) YD/T 1548.2—2009《2GHz WCDMA 数字蜂窝移动通信网 终端设备测试方法(第三阶段) 第 2 部分:网络兼容性》。

17.3.3 测试设备

无线通信设备的测试仪器主要有无线通信综合测试仪、矢量信号发生器、频谱分析仪等仪器,这些仪器可以单独完成规范的部分测试,但是要完全符合规范的测试,通常需要一起协同组成一个测试系统。图 17.20 为无线信息技术测试台硬件系统框图。

无线通信测试台硬件设备一览表如表 17.5 所示。

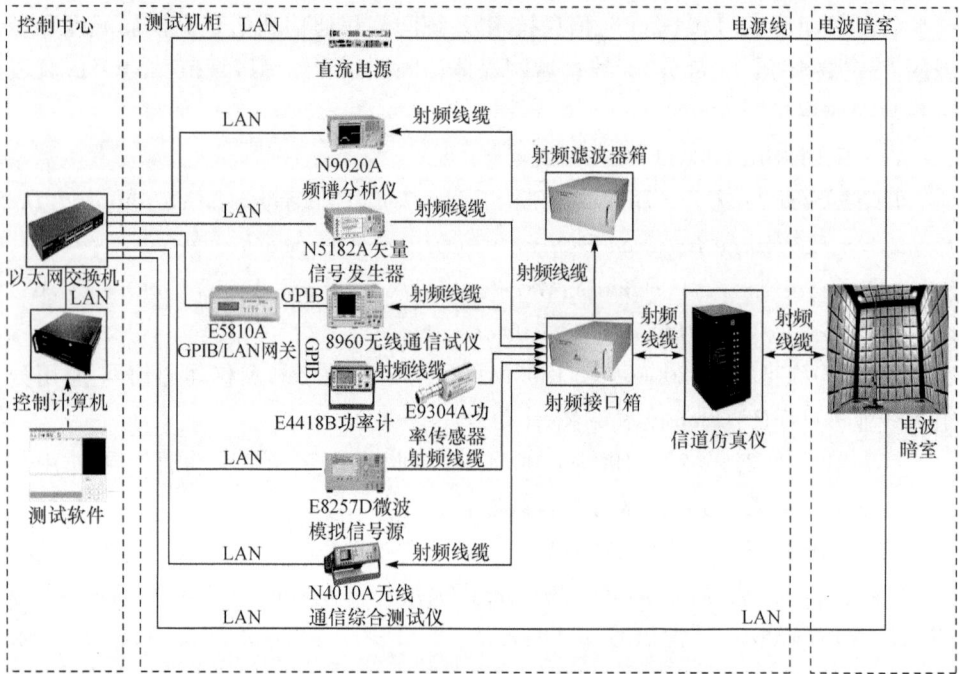

图 17.20　无线信息技术测试平台硬件系统组成框图

表 17.5　无线通信测试台硬件设备一览表

序号	名称
1	直流电源
2	GPIB/LAN 网关
3	功率计
4	矢量信号发生器
5	信号分析仪
6	无线通信综合测试仪
7	信道仿真仪
8	射频接口箱(定制)
9	滤波器模组箱(定制)
10	工控机

17.3.4　测试项目

1. 无线移动通信——GSM/GPRS 测试项目

无线移动通信设备在测试之前,首先要在 DUT 和基站模拟器间建立语音通话或者数据连接。

1）相位误差与频率误差

GSM 制式采用 GMSK 调制（高斯最小频移键控），因此 GSM 信号是恒包络信号，只需要测试调制质量的相位误差和频率误差。根据规范要求，还要测试在多径和干扰条件下的相位误差与频率误差。

2）发射机输出功率和突发脉冲定时

改变移动台的发射功率等级，测量移动台发射的峰值功率。在 GSM 频段，对 4 类 DUT，功率测量在第 5～19 功率控制级上进行；在 DCS1800 频段，对 1 类 DUT，功率测量在第 0～15 功率控制级上进行。此外，可以改变移动台的发射定时时间，测量移动台发射的脉冲定时，避免邻时隙干扰。

3）功率与时间关系

GSM 制式的信号是脉冲信号，需要测试移动台所在时隙的载波功率与时间关系，这里的指标主要包括：高电平稳态平坦度、上升沿、下降沿。

4）发射机调制频谱/切换瞬态频谱

调制频谱是指 GSM 信号高电平稳态时的频谱状态，切换瞬态频谱是指 GSM 功率电平切换瞬态的频谱状态。

5）发射机传导杂散辐射

传导杂散辐射测试 DUT 的带内和带外辐射有多少，根据规范要求，需要从 9kHz 测试到 12.75GHz。传导杂散辐射需要多台设备协同工作。

6）GPRS 发射机的测试

GSM 为单时隙传输，而 GPRS 是一种多时隙的 GSM，因此 GPRS 的测试与 GSM 的测试基本上一致，只是把时隙配置为多时隙，测试的指标要求要少一些。

7）接收机灵敏度

接收机灵敏度是用于测试移动台接收小信号的能力。测量 DUT 接收 −102dBm 信号电平时的 II 类语音块残余误码率 II RBER。除了测试接收机的静态接收灵敏度，还要测试 TUhigh、HT、RA 条件下的灵敏度。

8）接收机动态范围

接收机动态范围是用于测试移动台接收大信号的能力，测量 DUT 接收 −15dBm 信号电平时的 II 类语音块残余误码率 II RBER。

9）接收机同频干扰

GSM 本身是一个自干扰系统，因此要测试接收机抗同频干扰信号的能力。DUT 在用户定义的接收电平和信道上，同信道存在载波/干扰比 9dB 的 GSM 干扰信号，测量 II 类语音块残余误码率 II RBER 及 Ib 类语音块残余误码率 Ib RBER。

10）接收机邻频干扰

此测试项目是用于测试移动台抗邻频干扰信号的能力。DUT 工作在用户定义的接收电平和工作信道时,200kHz、400kHz 邻频存在高于有用信号 9dB、41dB 的 GSM 干扰信号,测试 DUT 的 Ib 语音块残余误码率 Ib RBER 及 II 语音块残余误码率 II RBER。

11) 接收机互调抑制

任何射频器件接收到双音频信号,都会交调出若干频点的信号,这些交调出来的信号可能落入有用信号的频带内,影响接收质量。互调抑制用来测试手机抗双频信号干扰的能力。DUT 工作在用户定义的接收电平和信道时,工作信道偏移 TCH 4 的信道上存在 -49dBm 的 GSM 调制干扰信号、偏移 TCH 8 的信道上存在 -50dBm 的连续单音干扰信号,测试 II 类语音块残余误码率 II RBER。

12) 接收机阻塞抑制

此测试项目用来测试手机抗单音频信号干扰的能力。DUT 工作在用户定义的接收电平和信道时,接收频带外存在 -23dBm 连续单音干扰信号的情况下,测试 II 类语音块残余误码率 II RBER。

13) 接收机 AM 抑制

DUT 工作在用户定义的接收电平和信道时,在中心频点偏移 $6\sim8$MHz 的频带上存在 -31dBm 的 AM 干扰信号(GSM 调制信号),测试 II 类语音块残余误码率 II RBER。

2. 无线移动通信——WCDMA 测试项目

1) 最大发射功率

测试 UE 的最大发射功率误差不超过容限值,避免 UE 最大发射功率过大会干扰其他信道或其他系统,或 UE 最大发射功率过小会缩小小区的覆盖范围。

2) 相关码域功率精确度

应用 8960 综合测试仪和射频接口箱测试 UE 的相关码域功率精确度满足技术要求中的相关内容。

3) 频率误差

设置并持续给 UE 发送上升功率控制命令,直到 UE 的输出功率达到最大值;在 UE 的天线连接处用测试仪测试频率偏差指标。

4) 上行开环功率控制

设置 8960 的发射输出电平,使得在 UE 的天线连接处得到的值为 Îor;测试 UE 的第一个 RACH 导引部分的输出功率。

5) 上行内环功率控制

验证 UE 内环功率控制步长符合指标要求,UE 是否能够正确地从 TPC 命令中获得 TPC 命令。

6) 最小输出功率

验证 UE 最小输出功率是否小于 -50dBm,避免超过指标要求的最小输出功率会增加对其他信道的干扰和减小系统容量。

7) 输出功率的失步处理

验证 UE 操控 DPCCH 的质量并根据图 17.21(输出功率失步处理要求)来控制其发射机的开或关。

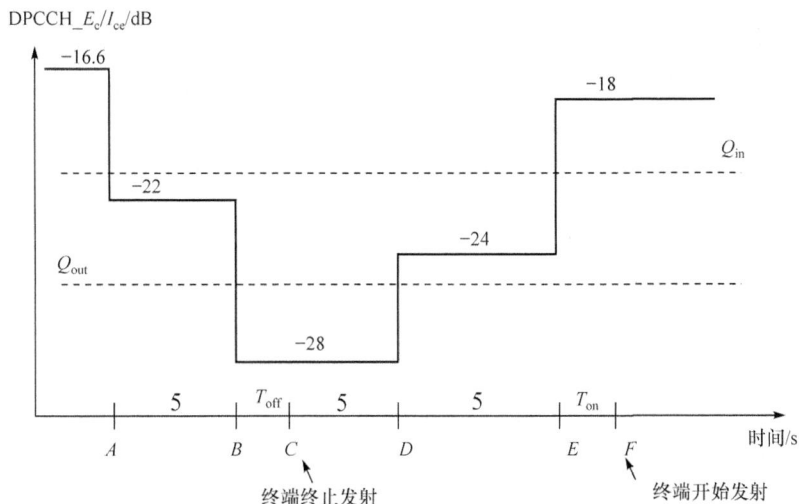

图 17.21　输出功率失步处理要求

8) WCDMA 发射关功率

验证 UE 的发射关功率是否小于 -56dBm,避免超过指标要求的发射关功率会增加对其他信道的干扰和减小系统容量。

9) 发射开/关时间模板

验证 UE 发射开/关的过程与时间的关系符合标准的规定,避免超过指标要求的发射开/关相应误差会增加对其他信道的干扰或本信道上行链路的发射误差。

10) 传输格式组合的改变

验证 UE 功率控制的步长容限是否符合指标要求,DTX 开/关功率与时间的关系是否符合指标要求。

11) WCDMA HS-DPCCH 功率控制

为了验证当 HS-DPCCH 传输 ACK/NACK 以及 CQI 时上行发射功率的变化,以及 HS-DPCCH 传输功率在允许的功率步长容忍度之内,当 TPC_cmd=1 时,执行最大功率测试;当在 12ms 发射模式的最小点时,执行标称功率 0dBm 测试。

12) 占用带宽

持续给 UE 的占用带宽是否符合指标要求,避免超过指标要求的占用带宽增加对其他信道或其他系统的干扰。

13) 频谱辐射模板

验证 UE 的发射功率不超过标准要求,避免超过指标要求的频谱辐射模板会增加对其他信道或其他系统的干扰。

14) WCDMA HS-DPCCH 频谱辐射模板

验证存在 HS-DPCCH 传输的情况下,UE 辐射功率满足技术要求中的相关内容,避免超过指标要求的频谱辐射模板会增加对其他信道或其他系统的干扰。

15) WCDMA E-DCH 频谱辐射模板

验证存在 HS-DPCCH 和 E-DCH 传输的情况下,UE 辐射功率满足技术要求中的相关内容,避免超过指标要求的频谱辐射模板会增加对其他信道或其他系统的干扰。

16) WCDMA 邻道泄露功率比

验证基于调制的 UE 的 ACLR 值不超过标准要求,避免超过指标要求的 ACLR 会增加对其他信道或其他系统的干扰。

17) WCDMA HS-DPCCH 邻道泄露功率比

验证在 HSDPA 情况下 UE 的邻信道泄露功率比满足技术要求中的相关内容,避免超过指标要求的 ACLR 会增加对其他信道或其他系统的干扰。

18) WCDMA E-DCH 邻信道泄漏功率比

验证在 HSDPA 和 E-DCH 情况下 UE 的邻信道泄露功率比满足技术要求中的相关内容,避免超过指标要求的 ACLR 会增加对其他信道或其他系统的干扰。

19) WCDMA 杂散发射辐射

验证 UE 杂散辐射值不超过标准要求,避免超过指标要求的杂散辐射增加对其他系统的干扰。

20) WCDMA 矢量幅度误差

验证 UE 的矢量幅度误差不超过 17.5%,避免超过指标要求的 EVM 增加本信道上行链路的发射误差。

21) WCDMA HS-DPCCH 矢量幅度误差

验证对于所指定的参数的 HS-DPCCH 信道的矢量幅度误差不应超过 17.5%。

22) WCDMA HS-DPCCH 矢量幅度误差和相位不连续度

验证对于所指定的参数的 HS-DPCCH 信道的矢量幅度误差不应超过 17.5%。

23) WCDMA 峰值码域误差

验证 UE 的峰值码域误差不超过 −15dB,避免超过指标要求的峰值码域误差增加本信道上行链路的发射误差。

24) WCDMA HS-DPCCH 相对码域误差

验证 UE 的相对码域误差不超过标准要求的限值。

25) WCDMA HS-DPCCH 和 E-DCH 相对码域误差

验证 UE 的相对码域误差不超过标准要求的限值。

26) WCDMA UE 相位非连续性

证明 UE 的相位非连续性满足技术要求中的相关内容。

证明所有用于相位非连续性计算的实习均满足部分频率误差和 EVM 的技术要求中的相关内容。

27) WCDMA 前导脉冲质量

证明第一个 PRACH 前导脉冲的发射质量符合技术要求中定义的调制质量、载波频率、接入时隙和签名的要求。UE 在最大发射功率,或在模拟小区边缘环境的无线环境下,发射功率大于参考灵敏度 5.6dB 和 8.6dB 时进行测试。接入时隙和签名从 RACH 信道形成过程中可以选择的所有可能中随机选择。共有 384 种配置可供选择,但是为了降低测试时间,测试中只选择其中的 10 种。

28) WCDMA 参考灵敏电平

验证 UE 的参考灵敏电平,避免参考灵敏电平过高减少基站的覆盖距离。

29) WCDMA 最大输入电平

验证 UE 的最大输入电平,若最大输入电平过低会对 UE 在基站的近距离的通信效果产生不利影响。

30) WCDMA HS-DPCCH 的最大输入电平(16QAM)

验证 UE 的 HSDPA 吞吐量符合技术要求中的相关内容。如果最大输入电平较低,则会使 Node B 附近区域覆盖受损。

31) WCDMA HS-DPCCH 的最大输入电平(64QAM)

验证 UE 的 HSDPA 吞吐量符合技术要求中的相关内容。如果最大输入电平较低,则会使 Node B 附近区域覆盖受损。

32) WCDMA 杂散响应 done CW 功率设置

验证 UE 在其他频点上存在 CW 干扰信号时,在载波频点上接收有用信号的能力。

33) WCDMA 杂散接收

验证 UE 接收机抑止发射机中产生或放大的杂散信号功率的能力。

34) WCDMA DCH 解调

验证接收机经过静态传播条件的有用信号、邻道信号和邻小区信号的能力,包括静态环境、多径环境、生灭环境、移动环境、高铁环境下的测试。

35) 信道质量指标报告:单链路性能-高斯噪声环境

验证接收机在固定参考信号链路下,叠加高斯白噪声环境的单链路性能。

36）WCDMA 10MsTTI 模式下 E-HICH 信号连接性能

验证接收机在多径衰落下的接收机性能。

3. 无线局域网测试项目

802.11b 使用 2.4GHz 的 ISM 频段,提供最高 11Mbit/s 的数据率;802.11a 使用 5GHz 频段,采用正交频分复用(OFDM)的技术,传输速率大大增加;802.11g 兼有 802.11a 和 802.11b 的特点。

1）发射功率电平(802.11a/b/g)

本测试项目适用于 802.11a/b/g 发射功率的测试,802.11b 和 802.11g-DSSS 的最大发射功率不能超过 100mW,802.11a 和 802.11g-OFDM 的最大发射功率不能超过 500mW。

2）发射频谱模板(802.11a/b/g)

发射频谱模板(图 17.22 和图 17.23)定义了信号在带内以及在邻近信道的发射功率的关系。

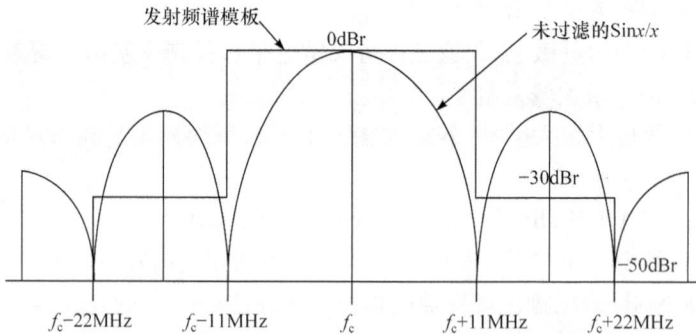

图 17.22　802.11b 和 802.11g-DSSS 的发射频谱模版

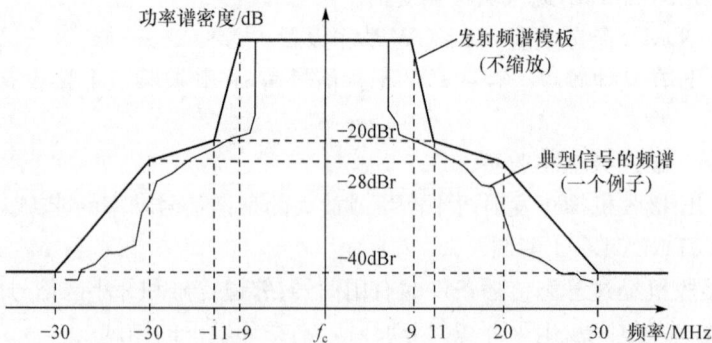

图 17.23　802.11a 和 802.11g-OFDM 的发射频谱模版

3) 发射中心频率误差(802.11a/b/g)

发射中心频率误差指的是发射出去的无线信号偏离信道中心频率的误差。根据 802.11b 和 802.11g-DSSS 的要求,发射频率误差应该小于或等于±25ppm;根据 802.11a 和 802.11g-OFDM 的要求,发射频率误差应该小于或等于±20ppm。

4) 时钟频率误差(802.11a/b/g)

根据 802.11b 和 802.11g-DSSS 的要求,PN 码码片时钟频率容限应小于或等于±20ppm;根据 802.11a 和 802.11g-OFDM 的要求,最大的符号时钟频率容限为小于或等于±20ppm。

5) 发射加电和掉电坡度(802.11b 和 802.11g-DSSS)

根据 802.11b 和 802.11g-DSSS 的要求,发射时从最大功率的 10% 到 90% 的加电坡度应不大于 $2\mu s$;从最大功率的 90% 到 10% 的掉电坡度应不大于 $2\mu s$。

6) 射频载波抑制(802.11b 和 802.11g-DSSS)

调制信号如果载波抑制不够,不仅浪费功率,还劣化调制质量,影响对方接收机的解调性能。标准对载波抑制提出了测量方法:去掉扰码,使用 01 序列,用频谱显示的最大功率点为参考,中心载频的频谱必须比最大点小 15dB。

7) 中心频率泄漏(802.11a 和 802.11g-OFDM)

802.11a 和 802.11g-OFDM 信号是无载波发射的信号。发射机中心频率泄漏衡量的是发射机对于载波频率的抑制能力,标准规定,该泄漏值应该不超过信号总功率的 -15dB。

8) 频谱平坦度(802.11a 和 802.11g-OFDM)

802.11a 和 802.11g-OFDM 信号是多载波调制的信号,每个载波会携带部分比特位信息,这些载波在发射时应该是等功率的。实际上,由于发射机的频率响应特性,不可能做到完全等功率。该指标测的就是发射机在带内的频响特性。

9) 调制精确度(802.11a/b/g)

调制质量是衡量发射信号质量的重要参数,调制质量用误差矢量幅度(EVM)来表示。根据 802.11b 和 802.11g-DSSS 标准要求,EVM 应该小于 35%;根据 802.11a 和 802.11g-OFDM 标准要求,对应不同的传输数据率,EVM 有不同的要求(表 17.6)。

表 17.6　传输速率与误差矢量幅度

传输数据率/(Mbit/s)	EVM/dB
6	-5
9	-8
12	-10
18	-13

续表

传输数据率/(Mbit/s)	EVM/dB
24	−16
36	−19
48	−22
54	−25

10) 接收灵敏度(802.11a/b/g)

灵敏度是衡量设备的接收机正确接收最小信号的能力。支持静态测试和高速移动、多径、高斯白噪声、多普勒频移等复杂信道环境下的综合测试。

802.11b 和 802.11g-DSSS 标准规定,当接收机接收天线处的信号电平为−76dBm 时,接收机解调得到的误帧率(FER)应该小于 8%;802.11a 和 802.11g-OFDM 标准规定,不同数据传输率设备的灵敏度要求是不同的,当接收机接收天线处的信号电平为表 17.7 规定的电平时,接收机解调得到的误包率(PER)应该小于 10%。

表 17.7　传输速率与灵敏度

传输数据率/(Mbit/s)	灵敏度/dBm
6	−82
9	−81
12	−79
18	−77
24	−74
36	−70
48	−66
54	−65

11) 最大输入电平(802.11a/b/g)

最大输入电平是衡量设备的接收机正确接收最大信号的能力。802.11b 和 802.11g-DSSS 标准规定,当接收机接收天线处的信号电平为−10dBm 时,接收机解调得到的 FER 应该小于 8%;802.11a 和 802.11g-OFDM 标准规定,当接收机接收天线处的信号电平为−30dBm 时,接收机解调得到的 PER 应该小于 10%。

12) 邻信道抑制(802.11a/b/g)

邻信道抑制是衡量设备的接收机存在邻近信道干扰的情况下,正确接收有用信号的能力。根据 802.11b 和 802.11g-DSSS 标准规定,在邻近信道的功率比主信号高至少 35dB 的情况下,接收机解调得到的 FER 应该小于 8%;根据 802.11a

和 802.11g-OFDM 标准规定,在邻近信道的功率至少比主信号高一定电平(表 17.8),接收机解调得到的 PER 应该小于 10%。

表 17.8　传输速率与邻近信道抑制比

传输数据率/(Mbit/s)	邻近信道抑制比/dB
6	16
9	15
12	13
18	11
24	8
36	4
48	0
54	−1

13) 非邻信道抑制(802.11a 和 802.11g-OFDM)

非邻信道抑制是衡量 802.11a 和 802.11g-OFDM 设备的接收机存在非邻近信道干扰的情况下,接收有用信号的能力,接收机解调得到的 PER 应该小于 10%。此时,非邻近信道的功率比主信号至少高一定电平。传输数据率不同时,该电平不同,如表 17.9 所示。

表 17.9　传输速率与非邻近信道抑制比

传输数据率/(Mbit/s)	非邻近信道抑制比/dB
6	32
9	31
12	29
18	27
24	24
36	20
48	16
54	15

17.4　小　　结

本章比较详细地介绍了 TCN 网络一致性和无线信息设备的测试目的、测试要求和试验过程。TCN 网络一致性测试包括测试实现的性能和行为两个方面,由此验证是否达到了协议标准中的一致性要求,是否存在与所声明的能力不相符合的地方。一致性测试主要是针对 MVB 和 WTB 进行的,以提高不同厂商的 TCN 产品实现互连的成功率。

　　无线通信的一致性测试包括协议测试、射频性能测试,完成 IUT(被试设备)的基本互连测试、性能测试和行为测试。

附录 A　高速动车组牵引控制系统实例

A.1　项目背景

随着我国城市化进程的持续发展和城市化水平的不断提高,城市的规模也在不断扩大,城市间的客流量日益加大,中国铁路的发展严重滞后于中国经济、社会的发展,大力发展高速动车组是社会经济发展的需要。动车组被作为解决严重的交通问题的最重要途径之一,是国家可持续发展的战略决策。在我国经济与社会发展面临人口、资源、环境等不利因素制约的情况下,发展高速动车组不但适合我国国情,而且其优越性更有可能得到最充分的发挥。

目前,法国 TGV、德国 ICE、日本新干线都已先后研发出适用于时速 300km 速度级及以上的动车组电传动系统,其中法国 TGV 已研制出时速超过 500km 的动车组。而国内在完成了 CRH 系列动车组的引进后,对高速动车组自主化系统的需求也日益迫切。历史原因导致国内早期的高速列车相关关键技术的基础研究比较薄弱;通过高速试验动车组的研制,全面深入开展高速列车基础研究、关键技术攻关和制造工艺建设,内容包括:系统集成技术、车体及空气动力学技术、网络控制技术、牵引传动技术、制动技术、转向架技术、特高压技术及工艺制造技术研究等,实现新技术、新材料装车验证,同时建立、完善和拓展高速列车理论体系;建立中国高速列车技术可持续创新的产品与技术平台,为国家实施高铁"走出去"战略奠定基础。

A.2　某型高速动车组试验车的总体概述

该车为动力分散、交流传动电动车组,设计速度大于 500km/h,采用大功率异步牵引电机、IGBT 水冷变流器、列车网络控制系统等技术。系统通过列车网络控制系统实现对列车运行及车载客服设备进行集中控制管理,并向司乘人员提供保障与辅助信息以提高安全运行能力,提高设备的管理、运营和维修保养效率。

牵引系统相关的技术参数如下。

1) 速度指标

持续运营速度:400km/h。

最高运营速度:450km/h。

最高试验速度:550km/h。

转向架滚振试验台最高试验速度:600km/h。

2) 线路供电条件

单相 50Hz,额定网压 25kV;

网压在 25~29kV 发挥额定功率;

网压在 22.5~25kV 牵引功率线性下降至额定功率的 90%;

网压在 17.5~22.5kV 牵引功率线性下降至 0,辅助设备正常工作;

网压在 29~31kV 牵引功率线性下降至 0,各辅助设备均能正常工作。

3) 牵引性能要求

当速率为 0~300km/h 时,平均加速度>0.36m/s²。

当速率为 0~300km/h 时,加速距离<10000m。

4) 其他

编组形式:6M0T。

整(空)车质量:348t。

新轮轮径:920mm。

试验轮径:910mm。

计算轮径:890mm。

传动比:1.944。

阻力公式:$w=5.39+0.0441v+0.00115v^2(\text{N/t})$。

A.3 牵引控制系统

动车组牵引控制系统主要包含两部分:基于列车车载通信网络的网络控制系统及电力牵引传动系统。

A.3.1 牵引传动系统

1. 牵引系统计算

为满足整车牵引性能,根据确定的 6 辆编组形式及速度、加速度性能要求,在阻力公式:$w=5.39+0.0441v+0.00115v^2(\text{N/t})$($v$ 为列车速度)的基础上,通过牵引性能及容量计算,采取的高速动车组的编组形式为 6M0T,牵引电机轴输出额定功率为 600kW(总功率为 14400kW)。为满足试验高速要求,牵引电机的试验短时功率为 950kW(总功率为 22800kW),牵引系统的编组方式和配置方案如图 A.1 所示。

根据整车的牵引特性的需求,进行牵引特性的设定,并进行牵引计算。根据计

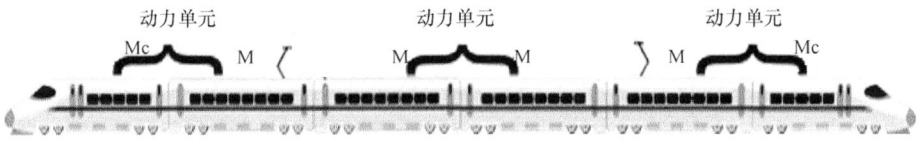

图 A.1　编组方式和配置方案

算的牵引系统容量和系统加速性能要求,设定牵引特性如图 A.2 所示。

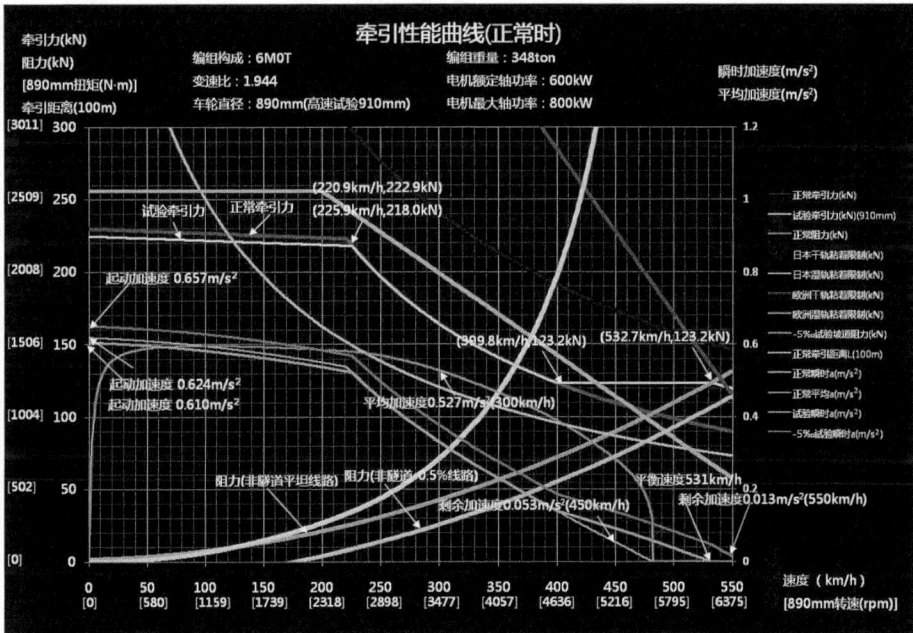

图 A.2　动车组牵引特性

2. 主电路

整个动车组的牵引动力系统分为三个动力单元,每两节动车为一个动力单元,每个动力单元通过设置在 2 车或 5 车的受电弓从电网受电。主电路主要由牵引变压器、牵引变流器和异步牵引电机构成。整列车牵引系统及辅助电源由 3 台牵引变压器、6 台牵引变流器及冷却单元、4 台滤波器箱、24 台牵引电机组成。

每节车的动力装置配置 2 台牵引变流器,每台牵引变流器为两个转向架上的四台牵引电机供电。辅助逆变器从牵引主电路(牵引变流器)的中间直流环节受电,采用主辅一体化设计。其动力单元主电路结构如图 A.3 所示。

牵引工况下,牵引系统同时也接收制动控制装置的指令,各个动力单元通过从动车组高压设备从接触网获取电能,经过能量转换后输出机械能,驱动动车组走行

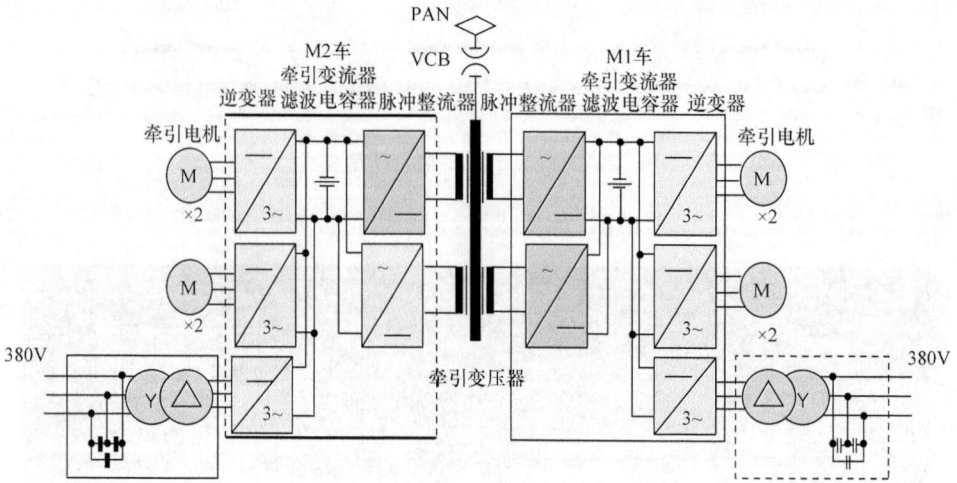

图 A.3　动力单元主电路结构图

部。在再生制动工况下,动力单元将整车的动能通过能量转换,转换为电能反馈回接触网。

以上过程均受牵引变流器的传动控制单元控制,传动控制单元接收列车通信网络传输的指令,同时将牵引系统本身的状态反馈给网络,在前向驾驶室或乘务员室的显示器输出。

3. 牵引变流器

牵引变流器的主电路如图 A.4 所示。一个动车配置一台牵引变流器,每台牵引变流器向两个转向架的四台牵引电机供电。

主电路采用两重四象限整流＋逆变器形式,包括两个四象限模块、两个 VVVF 逆变器模块和一个辅助逆变器模块。每个 VVVF 逆变器模块驱动两台牵引电机;为了实现过分相时辅助负载的不断电,采用了主辅一体化设计,辅助逆变器从中间直流环节受电,并设置独立的充电短接回路、斩波回路、固定放电回路、接地检测电路和二次谐振回路等;整车共 4 台辅助逆变器,采用并联供电的模式;由于牵引功率和辅助功率较大,所以牵引变流器和辅助逆变器都选用 6500V 高压大功率 IGBT 器件;辅助逆变器控制和牵引变流器控制的功能均在同一个控制机箱内实现。

牵引变流器柜内装有五个 IGBT 变流器模块,其中两个四象限脉冲整流器模块,两个 VVVF 逆变器模块,一个辅助逆变器模块。牵引工况时单相 2121V 工频电能经四象限 PWM 整流器整流为 3500V 直流电,再经三相 VVVF 逆变器逆变为交流电能驱动牵引电机;再生制动工况时牵引电机输出的三相电能经整流、逆变

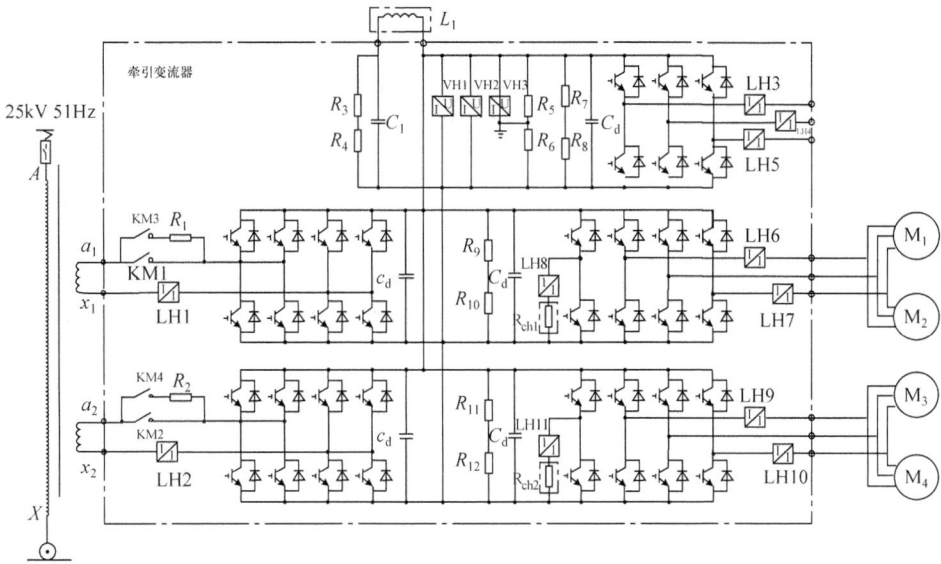

图 A.4　牵引变流器主电路图

后通过牵引变压器、受电弓反馈回电网。中间直流环节经辅助逆变器逆变为三相1672V,再经过辅助滤波装置降压、滤波成为三相 AC380V 供辅助用电。

牵引变流器系统除了牵引变流器机组的电气电子器件外,还包括水冷装置和辅助滤波装置。其中水冷装置包括热交换器、风机、水泵、斩波电阻和二次滤波电抗器等部件,主要用于牵引变流器的冷却。

辅助滤波装置包括辅助变压器、辅助滤波电容、风机和隔离接触器等部件,主要用于辅助变流器模块输出的滤波与电压的降压。辅助滤波装置主电路如图 A.5所示。

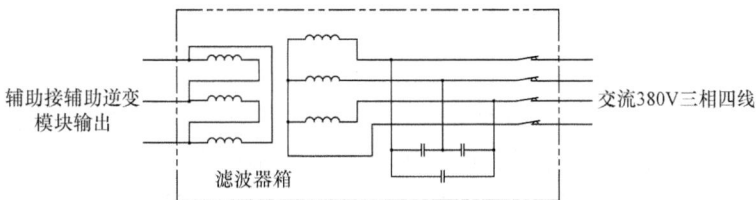

图 A.5　辅助滤波装置主电路图

A.3.2　网络控制系统

1. 网络构成

该动车组网络控制系统包括连接各车辆的列车级通信网络和连接车辆内固定

设备的车辆级通信网络。列车级网络以列车级运行控制为目的,连接各中央单元和终端单元,采用环网结构。车辆级网络运用于各车辆内部,是面向控制与状态监视,连接车载设备的数据通信及车辆硬线系统。

2. 网络通信

动车组网络控制系统的列车级网络通过光纤连接各个中央单元及终端单元,构成环形回路拓扑结构。通过该环形回路结构传输控制指令等重要数据,中央单元光节点同时向环形传输回路的两个方向发送,以便及时避开故障引起的障碍节点。另外,对于网络监控信息等数据,采用单方向传输,如果发信源的光传输节点没有检测到应答,则认为节点故障,同时向另一方向回路发送信息,以避开可能的故障点。

另外,还设置有冗余传输线(WTB),与环形网络同步进行信息传输。在光纤环网发生故障时,使用冗余传输线传输控制指令,实现对各车载设备的控制。按照IEC 61375 标准规定实施 WTB 的冗余总线结构,以双绞线方式连接中央单元与终端单元。

系统通过对列车网络中重要部件及重要通信通路进行冗余设计,以使得当某个部件或通路故障时,可通过冗余部件或通道接管其工作而不会影响列车正常的控制功能。整车网络通信如图 A.6 所示。

1) 列车级网络

列车级网络的组成包括中央单元和终端单元。各装置在列车内的配置情况如表 A.1 所示。

表 A.1　列车级网络设备配置

车辆编号	M1-1	M2-2	M3-3	M4-1	M5-2	M6-3
中央单元	1					1
终端单元	1	1	1	1	1	1

该动车组列车级网络有两种类型。其一为光纤环网,连接中央单元与所有终端单元,遵循实施以太网的 TRDP 协议,其二为冗余传输网,以 WTB 方式连接中央单元与终端单元。该网络主要完成列车级的通信传输与管理。

(1) 光纤环网传输。

① 光纤环路结构;

② 可变长度的循环传输方式;

③ 传输周期 10ms 标准;

④ 传输速度:100Mbit/s。

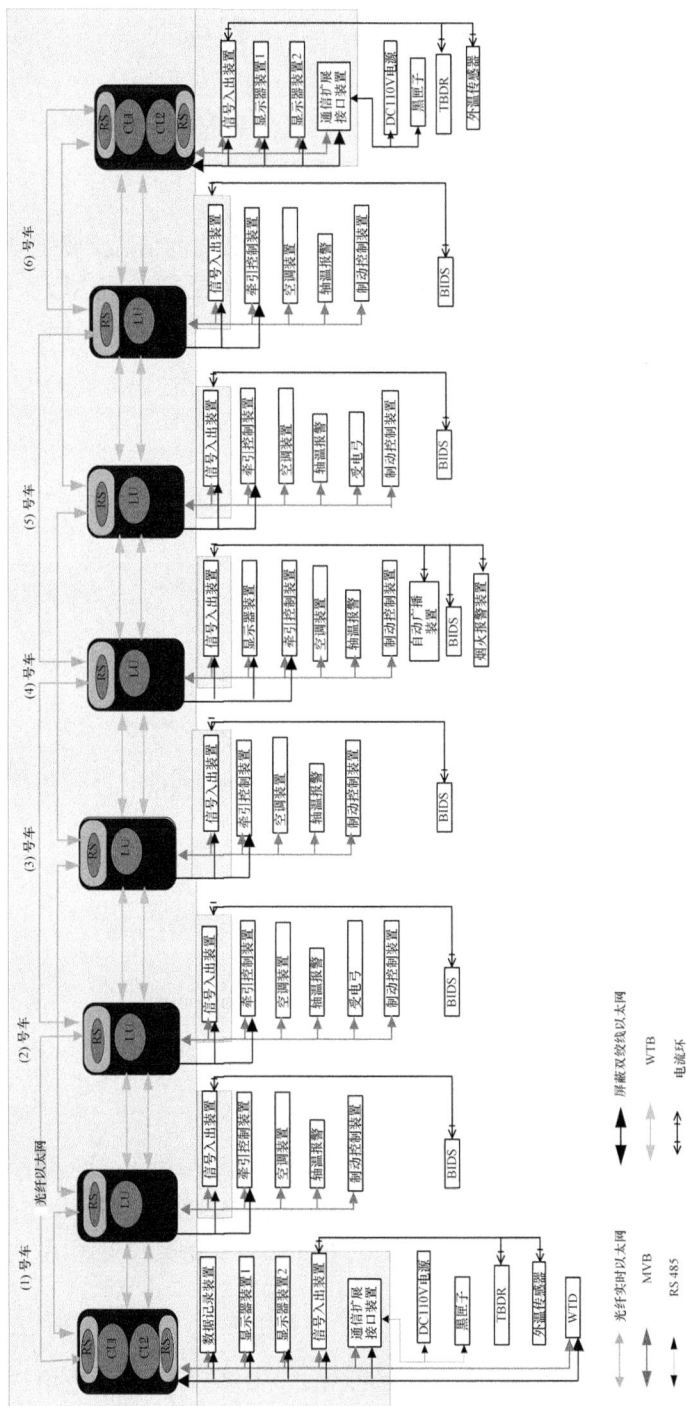

图 A.6　整车网络通信

（2）WTB 网络传输。

① 多主总线结构；

② 固定长度的循环传输方式；

③ 传输周期 50ms 标准；

④ 传输速度：1Mbit/s。

2）车辆级网络

车辆级网络指中央单元/终端单元与车辆内智能设备之间信息交换的通道。

该动车组车辆内部智能设备与车辆内列车网络节点之间既有 MVB 通信传输，也采用点对点方式通信，适用多种通信协议，包括 20mA 电流环（同步通信协议）与 RS-485 异步通信协议。

（1）MVB 网络传输。

① 多主总线结构；

② 可变长度选择方式；

③ 传输周期 8ms，16ms，32ms，64ms，128ms，256ms；

④ 传输速率 1.5Mbit/s。

（2）20mA 通信传输。

① 点对点连接的 20mA 电流环全双工传输；

② 主从方式；

③ 传输周期 100ms，200ms，500ms，1s；

④ 异步或同步方式传输速率 1200bit/s，9600bit/s，19.2kbit/s。

（3）设备 RS-485 的传输。

① 总线式半双工传输；

② 主从方式；

③ 传输周期 50ms，100ms，200ms；

④ 异步方式传输速率 9600bit/s，19.2kbit/s，38.4kbit/s。

3．接口

1）通信接口

动车组车辆通信包括网络系统内部设备之间通信及与车辆智能设备之间点对点方式通信，包括 IEC 61375 的 WTB/MVB 及实时以太网协议、20mA 电流环通信协议、RS485 异步通信协议等多种通信协议，相关设备通信接口见图 A.6。

2）硬线接口

（1）DC110V 等级数字输入信号。

110V 数字输入电路为 110V DC 数字信号输入，电路类型是 110VDC 电流源型。该信号类型主要用于车辆相关设备控制。

（2）DC24V 等级数字输入信号。

24V 数字输入电路为 DC 24V 数字信号输入,电路类型是 24VDC 电流源型。该信号类型主要用于车辆相关状态监视。

（3）模拟输入。

模拟输入电路为 DC 110V 模拟输入,输入电压为 0~110V、输入电流为 0~3.6mA,输入阻抗为 30kΩ,采用屏蔽双绞电缆,该信号主用于监视全车蓄电池电压。

（4）数字输出。

数字输出信号主要完成对车辆控制电路或指示灯的控制,包括 DC 24V 等级与 DC 110V 等级两种。

A.4 系统功能

A.4.1 系统级控制

系统级控制,控制功能通过通信网络实现对整车的控制。主要控制功能包括:全车牵引/制动控制、设备的远程切除/复位、辅助电源并联供电启动控制与负载投切控制、列车过分相区控制等。

1) 关键司控命令的指令采集与处理过程(牵引、制动、恒速)

网络系统对司控命令的处理分为指令采集、指令传输、指令转发与控制过程监视的闭环控制过程,闭环的处理过程保证系统的实时性与安全性。

（1）中央装置对牵引、制动等关键控制指令采用双路完全独立的设备进行冗余采集,中央装置的 1、2 部冗余单元分别同时处理接收到的控制指令,并对其进行校验处理,分别形成有效牵引制动等控制指令,系统优先采用第 2 部单元的有效控制指令。

（2）主控头车中央装置第 1 部与第 2 部单元接收到牵引、制动指令后,同时通过光纤实时以太网与 WTB 向全车发出控制命令。

（3）各车终端装置对接收到的头车有效牵引或制动控制指令后,将指令分别通过 MVB 与硬线的方式输出给牵引或制动设备,同时反馈监视牵引制动设备的指令执行状态,若发生状态有冲突,首先保证车辆的停车安全。

2) 设备的远程切除/复位

（1）在 MCR(列车主控)闭合条件下,在主控驾驶员台显示器显示"远程控制切除界面",选择相关单元及单元内设备,按下设定键,发出切除或复位控制命令。

（2）终端装置根据中央装置转发的显示器控制命令与命令内容做出综合判

断,决定命令是否执行,如 M4 车 TB(辅助变流器三相接触器)的复位,需要综合 TB 两侧的辅助电源工作状态及接地是否有保护情况等。此时终端装置发出 4s 的 110V 脉冲信号。功能完成后,弹出相关执行结果画面。

3) 辅助电源并联供电启动控制与负载投切控制

(1) 辅助供电系统采用(辅助变流器之间无状态控制互连线)并联供电模式,整列车安装 4 台辅助逆变器(主辅一体化模式),辅变模块分别安装在 M1、M3、M4 和 M6 车,每台辅助逆变器容量 250kV·A,输出三相 AC380V/50Hz 电源给三相交流辅助供电母线,然后通过母线分配给辅助负载。

(2) 主控车中央装置根据列车综合情况包括网压、主断状态等给各辅助电源发送启动命令,保证只有一台辅助电源最先启动,其他辅助逆变电源根据辅助电源的母线电压自动并网。

(3) 辅助电源并网启动完成后,主控车中央装置向全车发送负载投入允许指令。

(4) 各终端装置根据当前辅助电源正常工作数量及本单元设备等的工作状态进行本车负载的投切控制。

4) 过分相控制

(1) GFX(自动过分相装置)过分相。

列车进入分相区,装有 GFX 的车辆接收到"预告过分相信号"时,列车控制网络发出进入分相区控制、封锁牵引指令,延迟 1s 后,发出过分相断主断信号,断开全车主断。

当在分相区内接收到"预告过分相信号"时,网络发出退出分相区控制指令,恢复合主断信号,1s 后恢复牵引指令。

(2) ATP 过分相。

ATP 发出"ATP 过分相信号"时,网络控制进入分相区,断开牵引指令,延迟 1s 后,发出过分相断主断信号。

ATP 撤销过分相信号时,网络控制退出分相区,恢复过分相断主断信号,恢复牵引指令。

5) 空调控制

通过显示器将空调运转模式指令、制冷/供暖减半指令、制冷/供暖标准温度、外气温度等信息传输到各车的空调装置,包含空调运转模式、制冷/供暖减半、制冷/供暖标准温度设定。

6) 室内照明控制

通过显示器实行对各车室内照明的开/关控制。

7) 广播控制

通过显示器进行对各车广播的开关控制。

8）滞留条件的控制

根据运营需求,通过输出滞留指令,切除不需要的电池负荷,熄灭标志灯,停止给水卫生系统电器部件供电。

A.4.2　系统监视

向车辆驾驶人员和维护人员提供车辆综合信息,主要包含设备的工作状态,故障信息的综合与处理等功能。

（1）车辆检查显示,包含牵引、制动、空调、车门、供电等主要设备状态信息;

（2）运行状态,包含挡位、车次、主电路设备切除等运行信息;

（3）列车员信息显示,包含服务设备、PIS等与旅客相关的设备状态信息;

（4）故障显示/故障记录,发生故障时显示以下内容的故障信息,包含故障发生时间、地点、全车状态、处理方案等信息。

A.4.3　系统诊断

1）软件版本诊断

诊断显示中央单元、终端单元、车辆信息显示器、牵引变流器、受电弓等设备的版本信息。

2）DI/DO诊断

将中央单元及终端单元输入输出数字信息的状态,按车辆设备的各信号名称与线号分别显示。

3）AI诊断

由中央单元及终端单元输入的模拟信息的状态,按车辆分别显示。

4）网络通信传输诊断

显示车辆信息传输线(各中央/终端单元的光节点之间)以及各设备间传输线状态,包含传输状态,通信状态及错帧等。

5）传输信息诊断

按要求操作显示网络控制装置和各设备之间传输的具体通信帧与具体协议数据(SDR/SD)。

A.4.4　系统检修

在检修模式下,通常模式/诊断模式的各项动作全部停止,只进行以下的必要动作。

1）试验功能

在库内完成对牵引变流器、辅助电源装置、制动控制装置、门控装置的模拟运行试验,保证系统各项功能正常,降低正线运行故障风险。

2) 监控信息设定

在车辆信息显示器上进行编组编号/车轮径的设定。

3) 模拟故障设定

通过输入模拟故障编码,模拟记录故障数据。

4) 故障、主故障记录信息显示

收集显示各中央单元以及终端单元记录下的故障数据。

A.4.5　传动级控制

传动级控制,是牵引变流器传动控制单元根据系统级操控命令或性能要求实现相关控制,主要包含牵引控制、电制动控制及保护等。

牵引控制实现对牵引电机输出转矩的控制,使整车牵引及电制动力满足列车控制系统的指令要求,同时牵引系统具备完善的故障保护功能,确保牵引系统异常时能及时进行保护。

1) 四象限整流器控制

四象限整流器控制框图如图 A.7 所示,四象限整流器采集网压同步信号,进行瞬时输入电流控制和输出电压闭环控制。在牵引工况和再生制动工况下,当电网电压在一个范围内波动(如网压突升、网压突降)时,四象限整流器控制中间回路的直流电压保持恒定,确保逆变器的正常工作,同时控制电网侧电流近似正弦波,以减少对周围环境的电磁干扰,并使供电接触网或牵引变压器一次侧的功率因数接近于 1。

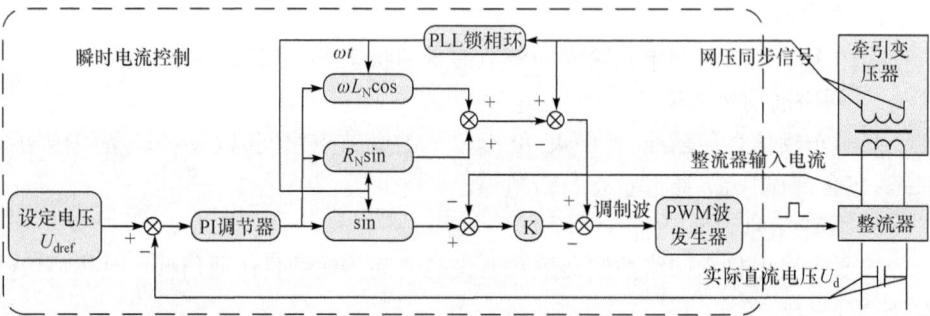

图 A.7　过压斩波控制

2) 过压抑制控制

过压抑制控制如图 A.8 所示,牵引变流器可通过控制斩波模块抑制中间电压过大波动,使牵引变流器维持正常运行。

3) 直接转矩控制

直接转矩控制(图 A.9)功能,通过检测牵引电机定子两相电流、直流母线电压

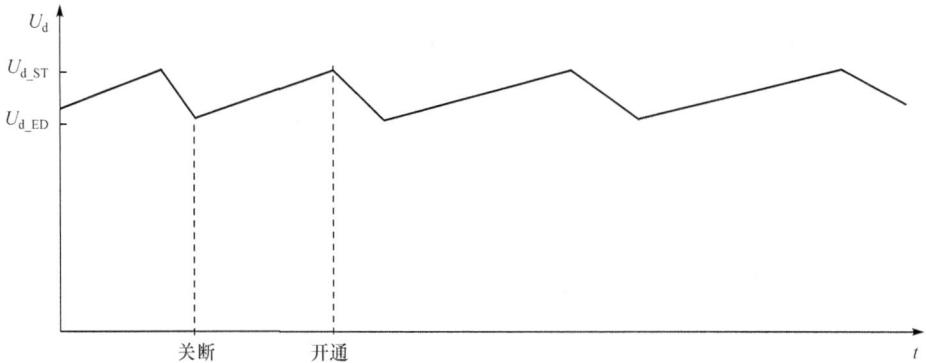

图 A.8　过压抑制控制

和电机转速进行定子磁链观测和转矩计算,使二者分别与定子磁链给定值和转矩给定值相减,其差值又分别通过各自的滞环相比较而输出转矩和磁链的增减信号,把这两个信号输入优化矢量开关表,再加上定子磁链所在的扇区位置就得到了满足磁链和转矩输出跟随给定的电压矢量。磁链和转矩的滞环可以设置多级,并且其宽度可变,滞环宽度越小,开关频率越高,控制越精确。

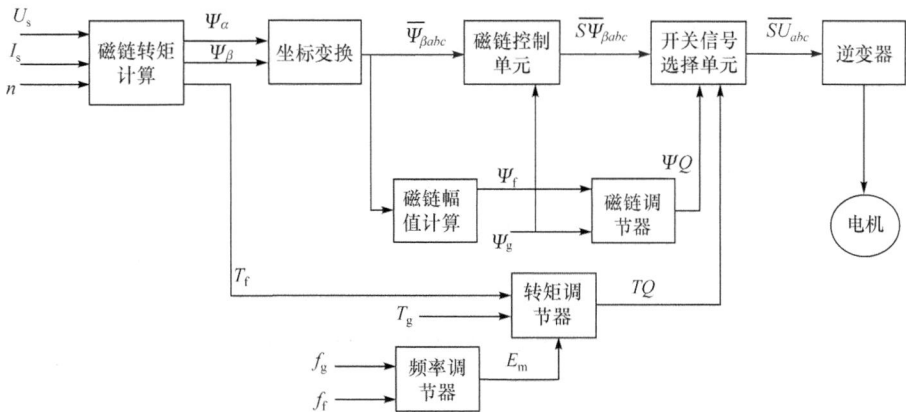

图 A.9　直接转矩自控制框图

传动控制在低速启动区采用间接转矩控制方法,通过 SVPWM 控制技术,可以保证开关频率的充分利用,尽可能地降低逆变器输出电流的谐波含量,保证主牵引系统工作在较低的噪声范围内。在高速区和恒功区采用十八边形磁链轨迹优化控制技术,开关频率可以得到充分利用,同时因为直接转矩控制各种脉冲方式可以平滑自由切换,降低了同步调制各种分频模式切换带来的电流冲击引起的系统噪声,从而能相对更好地抑制主牵引系统电磁噪声。

4）黏着控制

黏着控制系统也是传动控制系统的一部分。如图 A.10 所示,它的作用是在路况条件变化不定的情况下,通过对电机转速、电机转矩等信息的采集、分析和处理,结合由驾驶员给出的期望电机转矩指令,向电机控制系统发出恰当的电机转矩指令,使机车能够在驾驶员手柄要求范围内以当前线路最大黏着力运行。

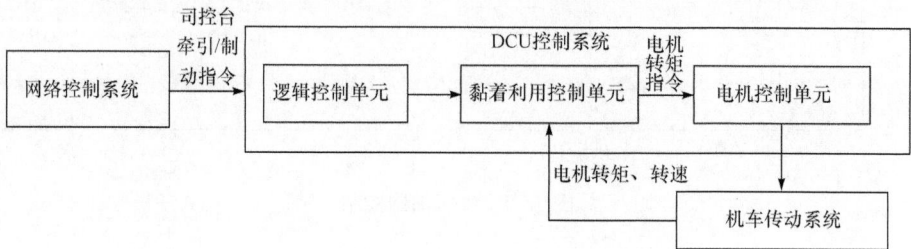

图 A.10　黏着控制系统在传动控制中的位置

5）功率限制控制（图 A.11）

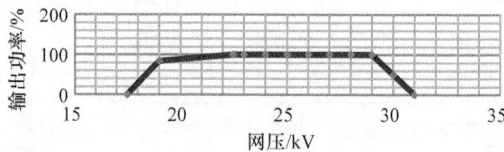

图 A.11　功率限制曲线图

牵引变流器根据实时网压,限制牵引及再生制动功率控制过程如下:

（1）网压在 22.5～29kV,牵引制动可以满功率运行;

（2）网压在 22.5～19kV,牵引制动最大输出功率线性下降至额定功率的 84%;

（3）网压在 19～17.5kV,牵引制动最大输出功率的 84%线性下降至额定功率 0%;

（4）网压在 29～31kV,牵引制动最大输出功率线性下降至 0。

6）过分相控制

列车过分相采用微制动发电控制,使列车在过分相区期间维持辅助逆变器正常工作。列车过分相时,网络将获取的过分相信号通过 MVB 传输给牵引变流器,同时封锁牵引指令并延时 1s 后分断列车 VCB(主断路器)。牵引变流器检测网络传输的过分相信号有效后将立即卸载并控制牵引逆变器转入微制动发电运行模式以维持中间电压,确保辅助逆变器持续供电。

列车过分相区后,网络系统撤销过分相指令并闭合列车 VCB。牵引变流器检测过分相指令撤销且 VCB 闭合后,将控制闭合短接接触器并启动四象限,待四象限启动后,控制牵引逆变器退出微制动发电运行模式并转入正常运行模式,重新响应列车运行指令。过分相逻辑时序图见图 A.12。

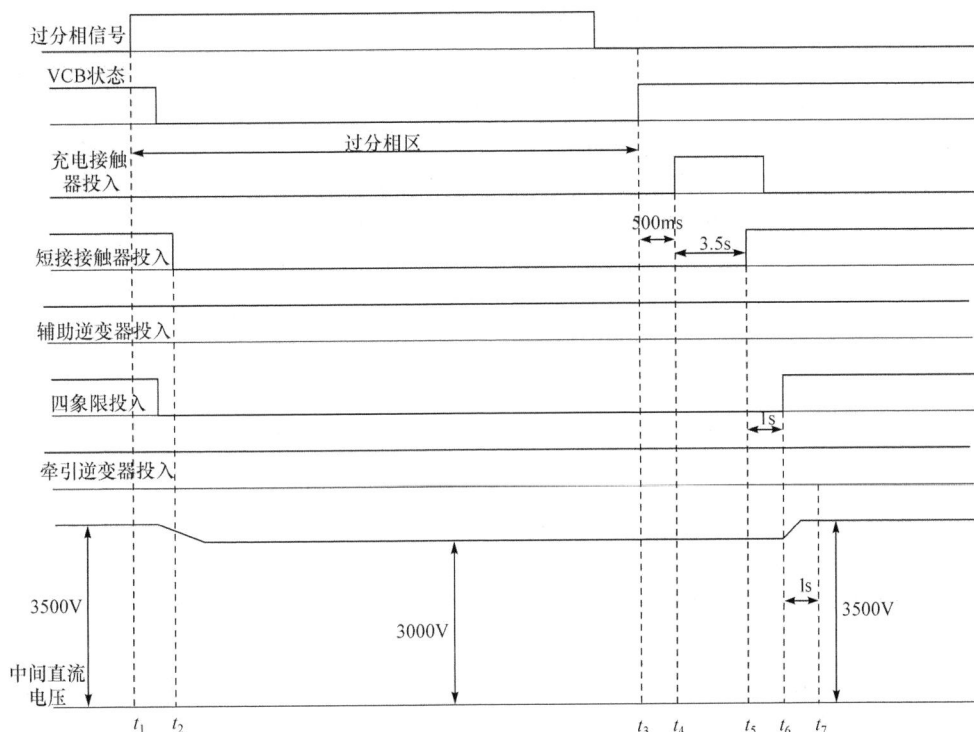

图 A.12　过分相逻辑时序图

7) 牵引变流器主要保护功能

牵引变流器具备以下保护功能:

(1) 电网电压过压、欠压保护;

(2) 中间直流回路瞬时过压、欠压保护;

(3) IGBT 元件故障、过热保护;

(4) 主回路接地保护;

(5) 四象限输入过流、逆变输出过流保护;

(6) 电机缺相、超温、超速、逆变过流保护;

(7) 变流器模块过热保护;

(8) 接触器等部件故障保护;

(9) 牵引变流器柜体空气温度、冷却系统故障保护;

(10) 辅助变流器输出过流、过压保护;

（11）辅助变流器，滤波器温升过高保护；

（12）牵引变压器原边过流、原边接地保护；

（13）牵引变压器绝缘油过温、绝缘油循环停止保护。

A.5　应　用　概　况

该动车组牵引控制系统采用符合标准的控制平台，集成了比较完善的控制功能，完成了所有科学试验及数据采集，并作为综合检测试验列车投入运营。

A.5.1　总体应用环境

1）地理条件

海拔高度：≤1500m。

地震烈度：最高动峰值加速度 0.3g。

2）气候条件

环境温度：－25～＋40℃

相对湿度（该月月平均最低温度为 25℃）：≤95%。

最大风速：一般年份 15m/s，偶有 33m/s。

环境适应：有风、沙、雨、雪天气，偶有盐雾、酸雨、沙尘暴等现象。

3）接触网电压

标称电压：25kV。

长期最高电压：27.5kV。

瞬时（5min）最高电压：29kV/31kV。

设计最低工作电压：20kV。

瞬时（10min）最低电压：17.5kV。

4）线路条件（坡道）

区间正线最大坡度：12‰。

困难条件下坡度：20‰。

站段联络线坡度：≤30‰。

A.5.2　试验项目

产品试验通过包括例行试验、型式试验、组合试验、装车考核在内的系列试验验证；网络控制系统符合 IEC 60571-1998、EN 50121-2001 及 IEC 61375-2007 标准规定；牵引传动系统符合 IEC 61287-1-2005 和 IEC 61377-2002 标准规定。

A.5.3　平台应用

通过该动车组的研制,建立了高速动车组牵引控制系统技术与产品平台,并在后续永磁动车组、城际动车组、中国标准动车组、出口型动车组上得到广泛应用,从而为自主化的高速动车组在国际舞台上角逐提供了坚实的技术后盾。

表 A.2 为该动车组与国外典型动车组主要参数。

表 A.2　国内外动车的部分参数

指标	日本 高速动车组 平台 N700	德国西门子 高速动车组 平台 ICE-3	阿尔斯通 (ALSTOM)V150	本试验 动车组
车辆编组数	16(14 动＋2 拖)	8(4 动＋4 拖)	5（2 机车＋2 动力架）	6(6 动)
整车牵引功率/kW	17080	8960	19600	22800
设计速度/(km/h)	300	350	540	550
轴功率/kW	305	560	1950	950
最高试验速度/(km/h)	360	487	574.8	605
骨干网络通 信速率/(Mbit/s)	100	1.5	1.5	100

附录 B　重载重联列车牵引控制系统实例

B.1　项目背景

朔黄铁路为我国主要的西煤东运货运专线之一,承担着极重的煤炭运输任务。随着煤炭需求和运输需求量的不断增加,朔黄铁路于 2010 年正式采用基于数字电台通信的无线重联方式开行万吨重载组合列车,大幅提高了朔黄铁路的运输能力。

随着朔黄铁路年运量需求的不断增长,朔黄铁路迫切需要开行 2 万吨级重载组合列车。但由于原机车无线重联同步控制系统采用无线数字电台进行无线通信,通信距离有限,限制了重联机车之间的编组距离和单元编组吨位。2 万吨重载组合列车需要采用其他的无线通信解决方案。加之朔黄铁路旨在打造绿色、高效、数字化铁路的目标,2012 年朔黄铁路管理方决定在朔黄线全线建设最新的 4G 移动通信网络 TD-LTE,并以此来承担朔黄铁路所有无线应用业务,包括无线重联、集成语音和无线列调等。

朔黄铁路采用基于 TD-LTE 无线通信技术的同步牵引控制技术,开行 2 万吨级重载组合列车,首次将 4G 移动通信网络技术 TD-LTE 运用到轨道交通领域。通过 TD-LTE 网络通信传输实现机车无线重联控制,能够为机车无线重联及轨道交通信息化应用提供通信传输解决方案,能够解决重联机车之间由于编组距离的限制和约束,还能避免无线数字电台通信存在信号弱场区以及较高误码率的问题,提高重载组合列车的运输吨位和无线通信品质。

B.2　应用实例情况介绍

B.2.1　重联机车概述

神华 HXD1 型交流传动电力机车是一种采用大功率异步牵引电机、卧式牵引变压器、IGBT 元件组成的水冷变流器、单轴控制、机车网络控制系统、电子控制的制动系统、抱轴悬挂转向架、独立通风冷却等技术的重载货运型电力机车,机车单轴功率 1200kW,最高运行速度 120km/h,采用双节固定重联方式,8 轴 8 台牵引电机,适应中国铁路运用环境。

神华 HXD1 型交流传动电力机车主要技术指标如下:

(1) 线路供电条件:25kV/50Hz,网压允许波动范围 17.5～31kV;

(2) 机车功率发挥基本要求:在 22.5～29kV 网压下,机车轮周功率为 9600kW;网压从 22.5～19kV,轮周功率从 9600～8064kW 线性减小,网压在 19kV 时,机车轮周功率 8064kW;网压从 19～17.5kV,轮周功率从 8064kW 线性下降到 0;网压从 29～31kV,轮周功率从 9600kW 线性下降到 0,见图 B.1。

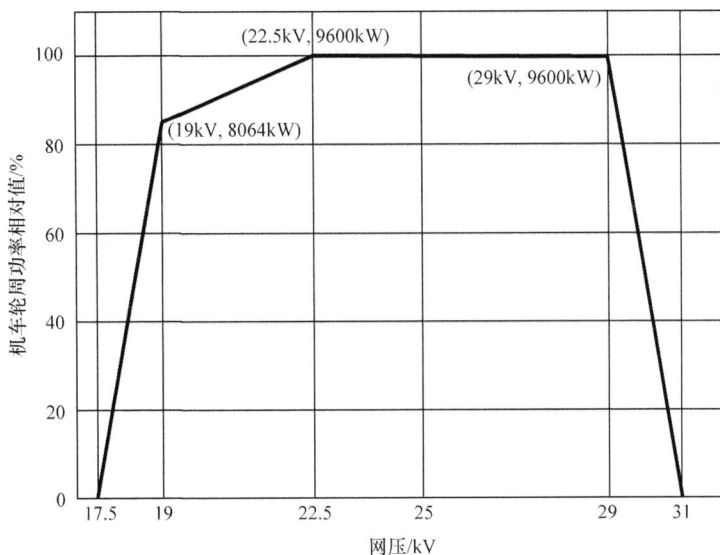

图 B.1 机车功率变化曲线图

在网压允许波动范围内,辅助功率一直有效。

(3) 轨距:1435mm。

(4) 轴式:2(B0-B0)。

(5) 机车整备重量:$2\times100^{+1\%}_{-3\%}$t。

(6) 轴荷重:25t。

同一节机车,每根轴轴荷重和平均轴荷重之差,不大于该机车的平均轴荷重的 $\pm2\%$。

每个车轮轮重与该轴平均轮重之差不超过该轴平均轮重的 $\pm4\%$。

整车左右两侧轮重差之代数和不超过机车总重的 $\pm1\%$。

(7) 机车轮周牵引功率(持续制):$\geqslant9600$kW。

(8) 机车轮周再生制动功率(持续制):$\geqslant9600$kW。

(9) 最高速度:120km/h。

(10) 牵引特性如下。

机车启动牵引力(0～5km/h 速度范围内,半磨耗的轮周平均牵引力,干燥无油轨面):≥760kN。

机车持续牵引力:≥532kN。

最大再生制动力(车钩处):461kN。

速度为 5～2km/h 时,再生制动力线性下降至 0;速度 5～65km/h 时,制动力 461kN;速度 120km/h 时,制动力为 288kN。

(11) 恒功率速度范围如下。

牵引速度:65～120km/h。

再生制动速度:75～120km/h。

牵引特性曲线和再生制动特性曲线见图 B.2。

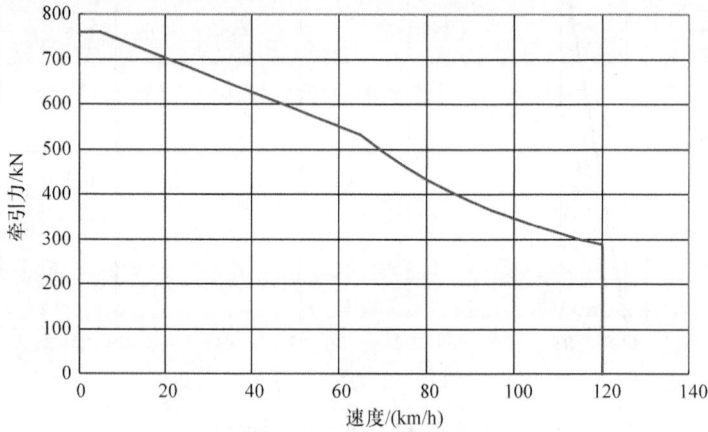

(a) 牵引特性曲线

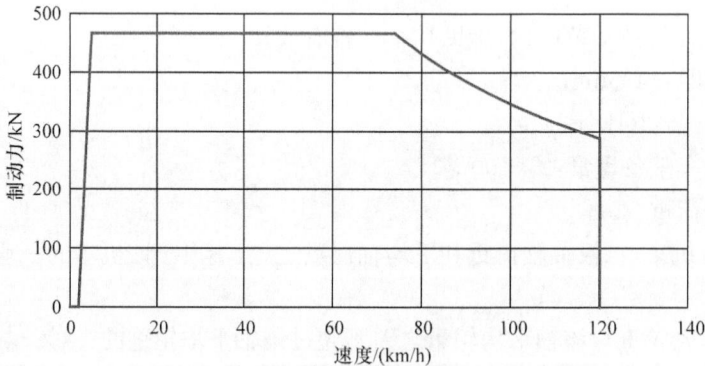

(b) 再生制动曲线

图 B.2 牵引特性曲线和再生制动特性曲线图

B.2.2 机车主电路概览

神华 HXD1 机车主电路主要由受电弓、主断路器、受电弓隔离开关、避雷器、主变压器、牵引变流器和牵引电机等组成。每节机车的 4 台牵引电机分别由各自的逆变器独立控制,以实现最佳黏着利用控制。机车主电路见图 B.3。

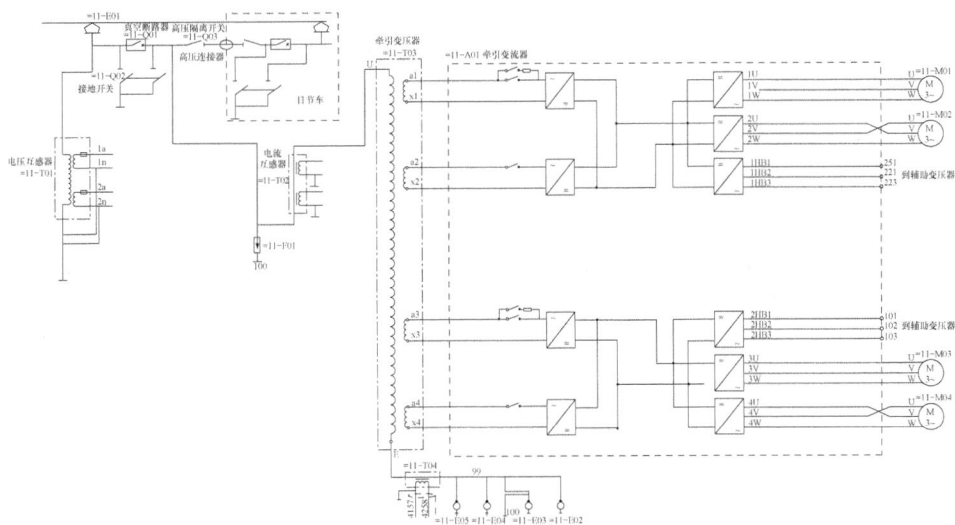

图 B.3　机车主电路原理图

B.2.3　牵引变流器

牵引变流器输入端与主变压器的次边牵引绕组相连,并通过接触器分/合,每台牵引变流器柜有两个独立的变流电路,每个变流电路主要由两重四象限 PWM整流器、中间直流回路、两个 VVVF 牵引逆变器和一个辅助逆变器组成。

牵引变流器具有明显的高压警示标识、高压指示灯,注明只有专业人员可以打开的标识。

四象限变流器控制其输出电压稳定在直流 1800V,并使交流侧电流、电压为同相位,从而使网侧的功率因数接近于 1.0。

牵引变流器的中间直流回路主要由中间回路支撑电容、瞬时过电压限制电路、主接地保护电路等组成。瞬时过电压限制电路用于直流回路的过电压抑制及停机后的快速放电;主接地保护电路用于变流器主电路接地检测。

牵引变流器的电机侧逆变器是由 IGBT 元件组成的 PWM 变流器。机车在牵引工况下,逆变器通过直-交变换,采用 VVVF 变压变频方式驱动牵引电动机,实现了机车的轴控制;机车在制动工况下,逆变器工作在交-直变换方式,向中间直流回路提供电能,将牵引电动机产生的电能回馈给电网。

任何一个整流器或逆变器失效,只损失相应轴的动力。

牵引变流器效率:≥98%。

控制电压:DC110V。

　　牵引变流器内部采用模块化结构,便于实现部件的通用化,减少维修时间,提高可靠性。柜内包含 10 个变流器模块(4 个四象限整流模块、4 个逆变模块和 2 个辅助逆变模块)、支撑电容器、传动控制单元、接触器、充放电电阻、过压斩波电阻、电压电流传感器、冷却风机、热交换器等部件。

　　牵引变流器采用强迫水循环冷却。

　　四象限整流器模块与逆变器模块可完全互换。变流器模块包括了 8 个 3300V/1200A 的 IGBT 元件、水冷散热器、温度传感器、门控单元、门控电源、脉冲分配单元、支撑电容器、低感母排等部件。

　　牵引变流器柜的内部结构如图 B.4 所示。

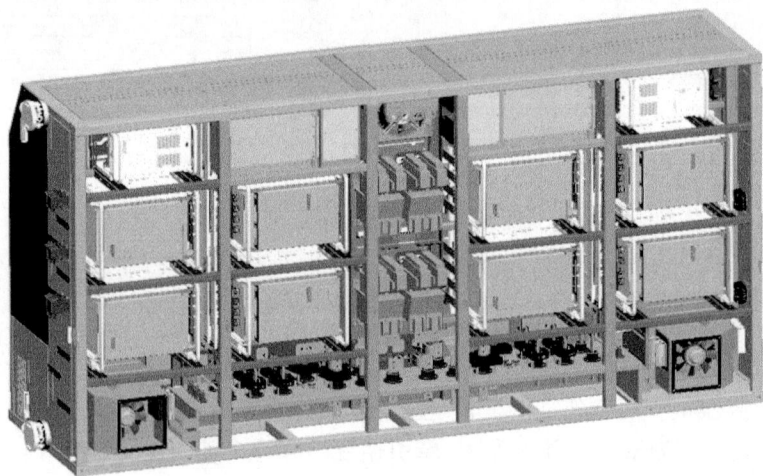

图 B.4　牵引变流器的内部结构图

B.2.4　机车网络控制系统

　　机车网络控制系统实现重要的开/闭环控制和故障诊断功能。机车内部的各电子控制装置或系统,主要通过列车车载通信网络的总线方式进行信息交换,重联机车之间采用通信网络实现本务机车与重联机车的信息交换,车载通信网络协议符合国际标准 IEC 61375。机车控制系统以及列车通信网络系统的电磁兼容性符合 EN 50121 标准,接触网电压和波形变化、邻近机车升降受电弓、通断电路均不影响系统的正常工作。

　　1. 机车网络控制系统功能

　　机车微机网络控制系统主要实现如下功能:

　　(1) 机车牵引特性控制;

（2）机车再生制动特性控制；

（3）机车顺序逻辑控制；

（4）牵引变流器控制；

（5）辅助变流器控制；

（6）空电联锁制动控制；

（7）机车重联控制；

（8）空转、滑行保护控制；

（9）轴重转移补偿控制；

（10）轮径修正功能；

（11）机车定速控制；

（12）牵引电机电流最大限值控制功能；

（13）牵引电机温度保护功能；

（14）机车运行参数显示记忆功能；

（15）微机转储功能；

（16）无人警惕控制；

（17）自动过分相和半自动过分相控制功能；

（18）通风机转速自动控制；

（19）冗余控制功能，保证在工作单元失效时能自动转换。

2. 机车网络控制系统组成

机车网络控制系统由列车级控制网络和车辆级控制网络组成，列车级控制网络采用绞线式列车总线 WTB，车辆级控制网络采用多功能车辆总线 MVB。

机车网络控制系统的组成包括中央处理单元、输入输出接口单元、微机显示屏等主要部件。

机车网络控制系统拓扑图如图 B.5 所示，其术语与缩略语见表 B.1。

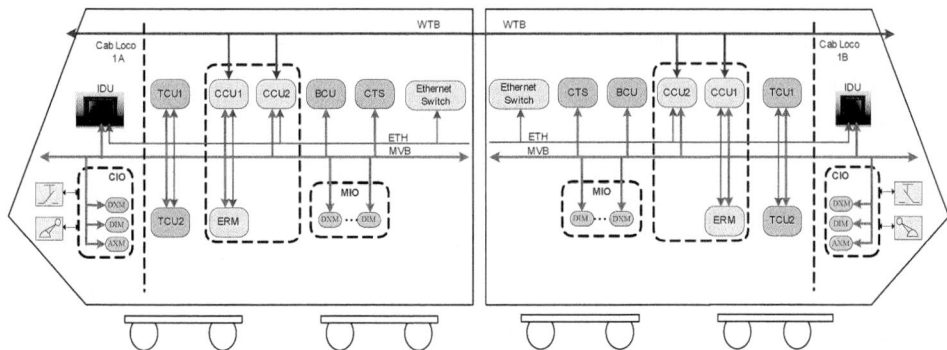

图 B.5 机车网络控制系统拓扑图

表 B.1　机车网络控制系统的术语与缩略语

序号	术语/缩略语	描述
1	DTECS	分布式列车电子控制系统
2	TCMS	Train Control and Management System 列车控制与管理系统
3	CCU	Central Control Unit 中央控制单元
4	ERM	Event Record Module 事件记录模块
5	AXM	Analog I/O mixed Module 模拟量输入/输出模块
6	DIM	Digital Input Module 数字量输入模块
7	DXM	Digital I/O mixed Module 数字量输入/输出模块
8	IDU	Intelligent Display Unit 智能显示单元
9	TCU	Traction Control Unit 主变流器控制单元
10	BCU	Brake Control Unit 制动控制单元
11	ESD	Electrical Short Distance 电气短距离
12	MVB	Multifunction Vehicle Bus 多功能车辆总线
13	WTB	Wired Train Bus 绞线式列车总线

B.3　机车无线重联同步控制系统方案

本技术方案同时适用于神华 HXD1 交流传动电力机车和 SS4B/SS4G 直流传动电力机车。系统组成包含机车无线重联同步控制系统及可控列尾。

机车无线重联同步控制系统主要实现如下功能：

(1) 多台机车的无线重联编组及解除编组控制；

(2) 多台机车的无线重联牵引/制动同步控制；

(3) 负责组合列车的状态监视和控制；

(4) 重联机车的故障诊断及安全导向；

(5) 管理所有与机车驾驶员室显示屏有关的接口任务，并接收从显示屏人机接口发出的命令；

(6) 数字量信号的采集、数字量信号的输出、模拟量信号的采集与输出。

无线重联同步控制系统在数字无线通信电台的基础上增加 TD-LTE 通信模块，通过 TD-LTE 网络实现网络的无线通信传输，各重联机车之间通过 LTE 网络发送指令和接收状态信息实现同步控制。LTE 通信重载组合列车示意图如图 B.6 所示。

朔黄铁路的 TD-LTE 专网带宽为上下行各 10M 带宽。网络配置时分置成两个完全对等的带宽各为 5M 的 A、B 双网，A、B 网同时工作，互为冗余。根据朔黄铁路 TD-LTE 专网的这一特点，无线重联同步控制系统在应用上也根据网络条件

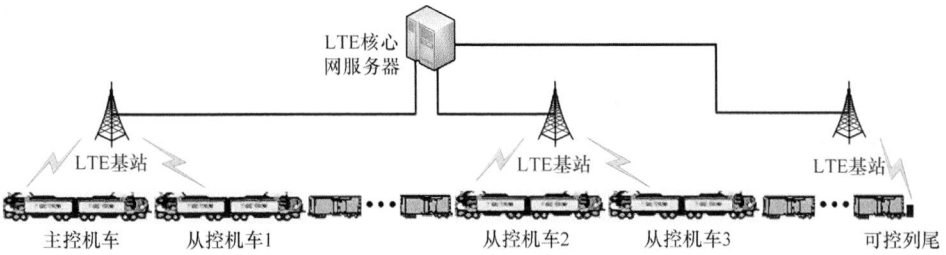

图 B.6 基于 TD-LTE 网络通信的重载组合列车示意图

进行了相应的适应性配置,将无线重联同步控制系统配置在每台机车 A、B 端(车)的 LTE 通信模块分别注册在 LTE 网络的 A、B 网,这样各重联机车的 A 端之间和 B 端之间互相独立通信,每台机车内部 A、B 端之间通过以太网互相交互数据,主车控制指令以主控机车操作端的控制指令为准。可控列尾装置采用双 LTE 模块配置,各有一个模块分别注册进入 A、B 网。基于 LTE 网络通信的重载组合列车通信示意图如图 B.7 所示。

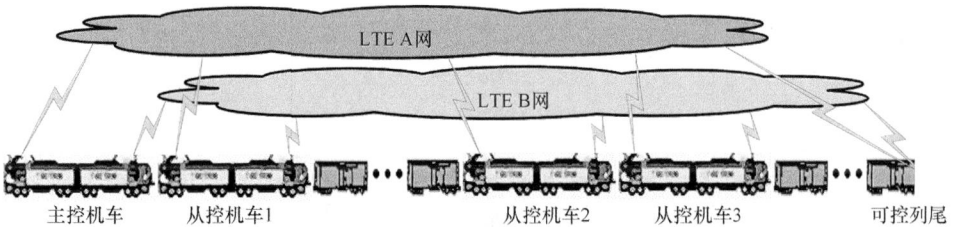

图 B.7 基于 TD-LTE 网络通信的重载组合列车通信示意图

其中机车无线重联同步控制系统组成如下:无线重联同步控制单元 OCE、无线数据传输单元 DTE(包含数字电台通信模块 RDTE 和 TD-LTE 网络通信单元 GDTE)、人机接口及信息显示单元 IDU、LTE 多频天线合路器及天线系统。

基于 TD-LTE 网络的机车无线重联同步控制系统的系统组成框图及在神华 HXD1 机车上的配置情况见图 B.8。

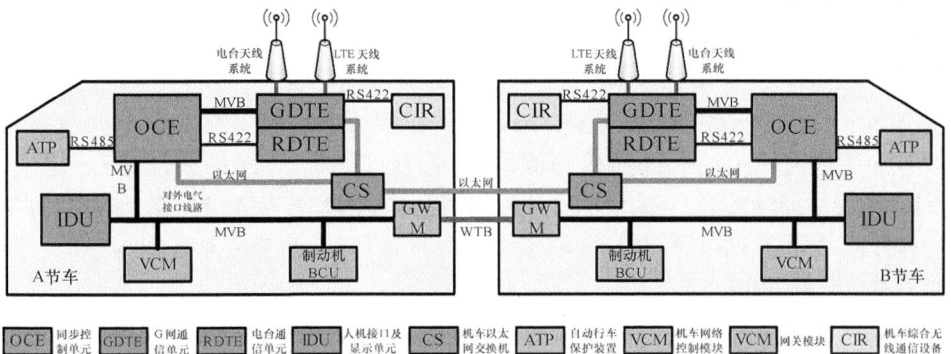

图 B.8 神华 HXD1 机车基于 TD-LTE 网络的机车无线重联同步控制系统组成框图

每套机车无线重联同步控制系统的系统组成框图见图 B.9。

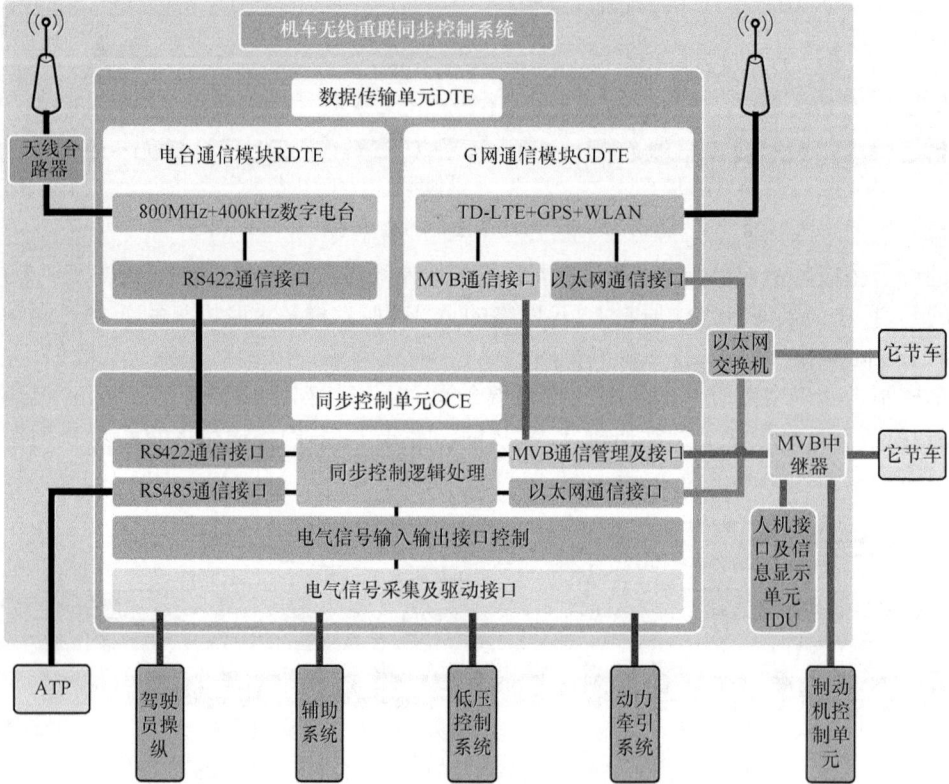

图 B.9　机车无线重联同步控制系统组成框图

每节机车安装相同的整套机车无线重联同步控制系统,两套系统同时工作,互为冗余。

OCE 是机车无线重联同步控制的主要控制单元。OCE 单元负责机车无线重联编解组控制、机车同步操纵控制、机车无线重联故障诊断、机车电气设备信号采集及驱动控制、牵引/电制动同步控制、无线数据收发管理及数据校对与融合等功能。

GDTE 是机车无线重联同步控制系统的主要 G 网通信控制单元。其主要负责与所有 G 网相关的无线通信功能,其中包括 TD-LTE 网络通信、GPS 定位、WLAN 无线局域网等。在 TD-LTE 网络通信中,GDTE 负责无线收发数据的打包和分拆、数据包的乱序排除、无线编解组的设备寻址、两节机车之间构建以太网通道进行数据同步冗余等。

RDTE 是机车无线重联同步控制系统的电台通信收发模块,主要进行 800MHz 和 400kHz 电台通信。

在实际应用过程中,GDTE 的 LTE 网络通信和 RDTE 的电台通信同时工作,OCE 单元对于两种无线通信方式接收到的数据进行有效性判断并进行数据融合。两种无线通信方式并存时,编解组以 LTE 通信方式进行,列车运行时的指令和状态数据通信采用两种方式互为补充。

IDU 是整个机车无线重联同步控制系统的对外显示和参数设置输入接口。司乘人员通过 IDU 对机车无线重联编组进行参数设置并通过其进行编解组操作,IDU 单元对所有编组机车的运行工况实施显示。

所有系统控制单元之间通过 MVB 进行通信和数据交互。两节机车之间通过 WTB 网络和以太网进行通信实现双节冗余。

B.3.1　硬件配置与功能

1. 同步控制单元

OCE 是多机分布式动力系统及制动系统信息处理的中央处理单元。该单元包含分布式动力系统和列车空气制动的控制及信息处理功能。通过 MVB 网络和 RS422 串行通信向数据传输系统传送所有指令控制被控机车的运行,同时接收数据传输系统发回的其他机车的状态及故障信息。通过 MVB(EMD)与 BCU 通信,将制动机需要的机车制动指令及状态数据发送给 BCU,并接收制动机的反馈状态信息。控制单元通过 MVB(EMD)与 IDU 进行通信,提供需要显示的机车状态信息,并接收 IDU 传送来的列车编组设置参数。操纵控制单元还通过 MVB(EMD)与数据传输单元 DTE 的 G 网通信模块通信。重联控制单元进行 MVB 的管理,同时预留第三方接口与其他总线相连。

OCE 通过系统内部总线,将信号 I/O 输入端口采集到的机车信号通过主处理器进行分析处理,由信号 I/O 输出端口驱动机车控制信号。OCE 的 I/O 接口可根据不同类型的机车进行信号的采集及驱动接口匹配,主要的信号接口有数字量输出接口,数字量输入接口以及模拟量的输入/输出接口。

OCE 的功能结构见图 B.10。

OCE 主要实现如下功能:

(1) 多台机车无线重联编组的信息处理,编组控制;

(2) 多台机车的同步控制,在特定情况下的异步控制;

(3) 负责组合列车的状态监视和控制;

(4) 制动信息的传输;

(5) 重联机车的故障诊断及安全导向;

(6) 提供驱动电路,用于管理空气制动系统与机车控制电路的接口;

(7) 管理与机车驾驶室显示屏有关的接口任务,并接收从显示屏人机接口发

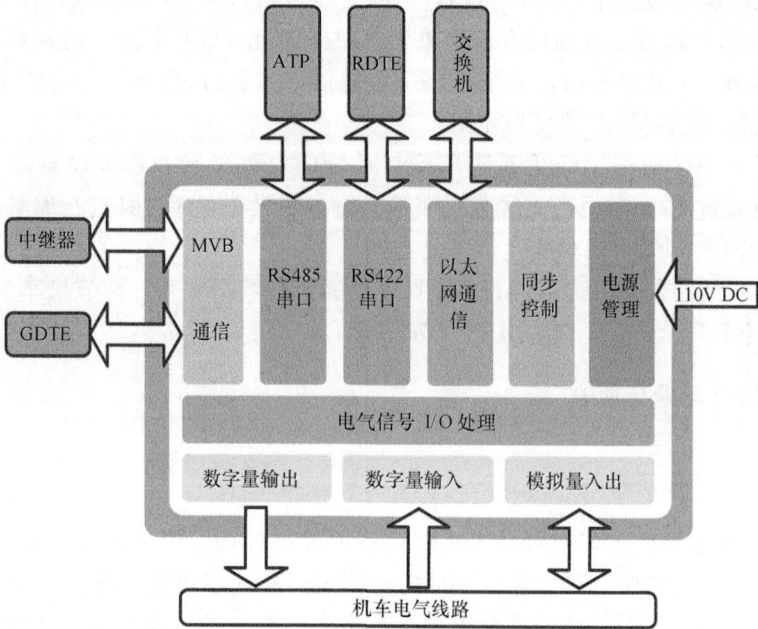

图 B.10　OCE 结构功能框图

出的命令；

　　(8) 数字量信号的采集、数字量信号的输出、模拟量信号的采集与输出；

　　(9) 管理无线通信模块的无线消息；

　　(10) 针对不同的组合列车编组方式进行无线通信数据发送和接收策略管理。

　　2. 数据传输单元

　　DTE 是整个机车无线重联同步控制系统的无线通信主设备单元，主要负责机车间的数据收发、控制指令和机车状态信息的无线传输等，由 RDTE 模块和 GDTE 模块组成。

　　RDTE 模块采用 RS422 的通信方式与 OCE 进行通信。GDTE 模块采用 MVB 网络与 OCE 进行通信。单元的构成框图见图 B.11。

　　1) 电台通信传输模块

　　经过对现场应用环境的考察和试验，决定 RDTE 模块采用 800MHz＋400kHz 的无线传输方案，以保证无线数据的通畅可靠。另外无线电台传输模块还包括控制面板和接口、电源模块、天线馈线、连接电缆、状态显示等。控制模块是无线数据传输设备的核心，完成与同步操控单元的数据交换，控制无线电台接收发射，实现系统的功能。控制面板和接口含 LCD、显示灯、操作键，用于表示系统设备工作状态，通过操作实现对设备的参数设置和维护。接口用于连接同步操控单元、电源和

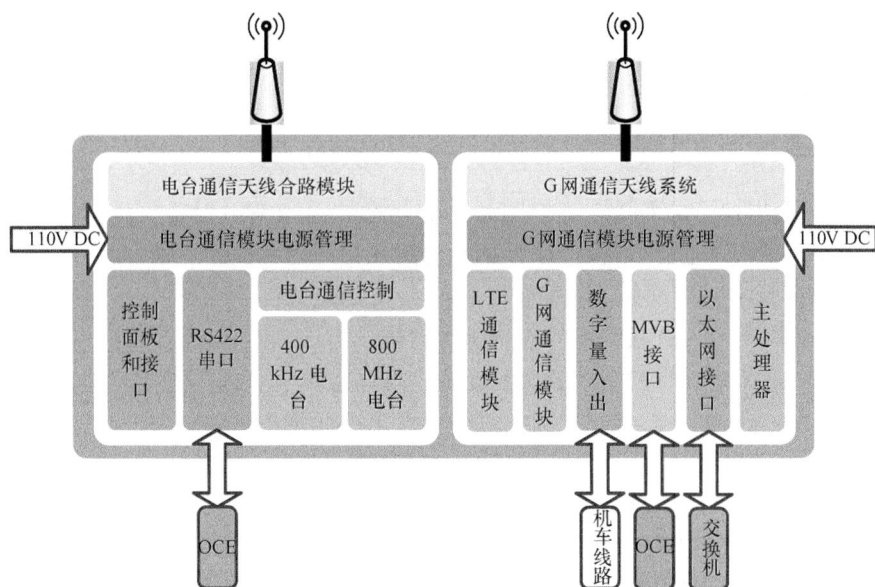

图 B.11　数据传输单元 DTE 结构功能框图

天线。电源模块将机车的提供的 110V 直流电压转换为设备所需要的工作电压。

无线电台通信作为主要的无线数据通信方式,无线电台通信模块的控制模块是数据通信子系统的核心,完成与同步操作自动控制系统的数据交换,同时选择无线电台的有效数据通过网卡传送给 OCE,实现系统的功能。

RDTE 无线电台模块分别工作在 800MHz 和 400kHz 的频率范围内,采用空间分集的方式提供对最强场强信号的独立接收,两种不同频率协同工作,根据不同的线路地形特点,自动采用合理有效的组合方式工作。

由于复线铁路的原因,造成了上下行列车会车时会带来同频干扰的问题。同样的,在机车较为集中的站场区段也会存在这样的问题。无线数据传输设备可以根据同步重联单元的数据信息进行多个信道之间的切换,以减少上述情况下同频干扰带来的无线数据无法正常传输问题。

2) G 网通信单元

为了提高组合列车的无线传输质量,也为了满足铁路信息化发展的需要,数据传输单元中运用和安装了 GDTE。

GDTE 也是本项目中 TD-LTE 网络通信的关键设备,TD-LTE 通信模块安装于 GDTE 中。GDTE 还包括了 GPS、WLAN 等无线通信模块。这些技术的运用为机车间的无线通信提供了辅助手段,有利于机车间无线通信质量的提高,同时也能对机车车载安全信息、状态信息的采集与无线传输提供有力的解决方案。GDTE 对 TD-LTE 移动宽带网络通信数据进行数据包的打包、拆分、发送时间间隔等进行控制。

在实际运用中，G 网通信和数字电台通信同时工作互为冗余。系统对两种无线通信方式接收到的数据进行数据有效性判断，并进行选择采用。

3. 人机接口及信息显示单元

IDU 是机车无线重联同步控制系统的状态显示和编组设置单元。IDU 单元采用 MVB(EMD)通信方式与 OCE 单元之间进行通信和数据交换。

IDU 单元主要实现如下功能：

（1）对机车无线重联编组的各项参数进行设定；

（2）对机车运行时的主控或从控模式进行设定；

（3）在多机建立起无线连接后，对整列列车进行连接测试操作；

（4）显示组合列车运行时各机车的基本工况；

（5）实时显示均衡风缸、列车管、总风缸和制动风缸压力值数据，以及列车管的充风流量和当前空气制动模式；

（6）故障诊断数据的显示和查询。

IDU 的无线重联主要操作界面和显示界面如图 B.12 所示。

(a) 无线重联主界面

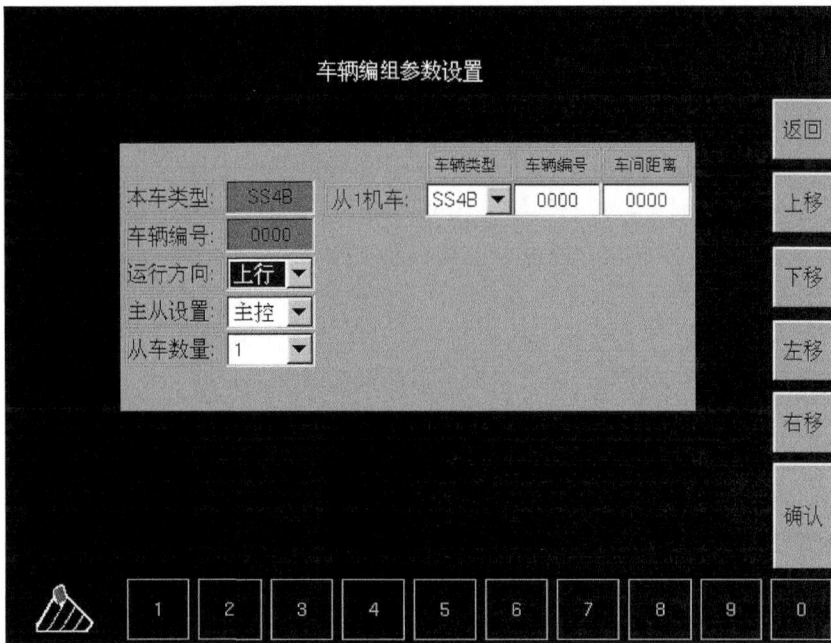

(b) 无线重联编组参数设置界面

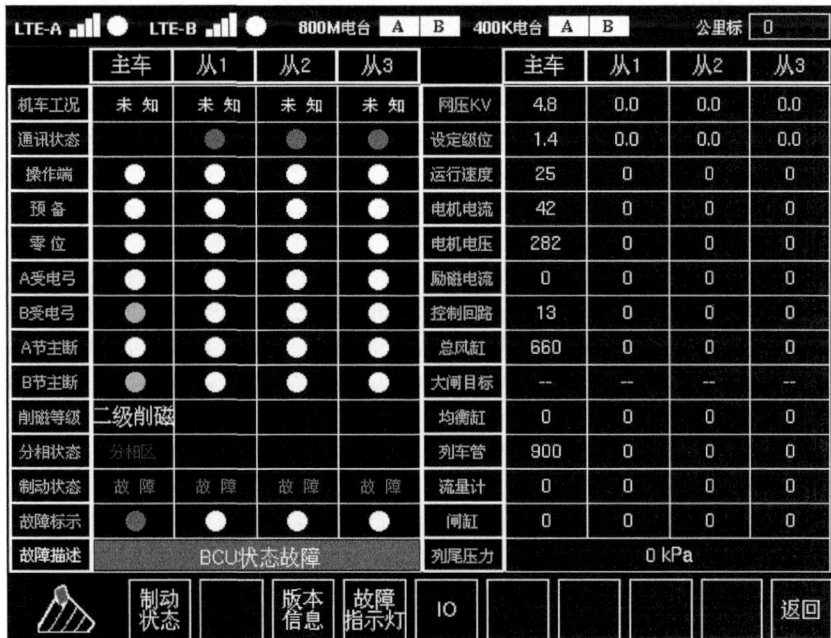

(c) 无线重联工况信息显示界面

图 B.12 IDU 单元无线重联主要显示界面

B. 3. 2　系统功能及性能指标

1. 系统功能

系统的列车级控制网络实现列车中多机之间的重联控制,包括信息的传输及相应的逻辑处理,列车级控制网络是通过无线通信系统的链接实现的。

机车车辆级控制网络接收列车主控机车的指令并进行计算,通过列车级控制网络发送给从车,从车控制系统接收到列车主控机主车信息并根据本车的相应工况进行处理,同时反馈本车相应的工况与状态。各车根据相应指令执行同步控制,在异常情况下进行故障安全导向。机车车辆级控制网络是建立在 MVB 车辆总线及 RS485/RS422 上的。

机车功能级控制系统根据车辆级控制网络的控制需求执行机车的相应控制功能。

机车无线重联同步控制系统通过远程通信连接实现重联机车之间的动力分配控制、空气制动控制、逻辑控制,以及相应的接口、控制、状态信息的反馈与故障诊断。系统具体功能如下。

1) 无线重联编解组

无线重联编解组支持多达 4 台机车通过无线通信方式进行编组和解编。无线通信方式采用 TD-LTE 无线宽带网络通信和数字电台通信的结合与冗余。

当机车所处区域拥有有效的 TD-LTE 网络信号覆盖时,网络通信和编解组等工作通过 TD-LTE 网络通信方式实现网络传输,数字电台进行同步数据收发。

2) 过分相控制

由于朔黄线安装车载自动过分相装置,机车在朔黄线运用过程中,采用如下的方式进行过分相控制。

主控机车执行过分相,由车载自动过分相装置控制并执行,同时将主控机车过分相指令告知无线重联同步控制系统。无线重联同步控制系统将过分相指令传送给所有从控机车的车载过分相装置,由车载自动过分相装置控制各个从控机车进行过分相控制。

3) 主断路器控制

(1) 从控机车主断路器控制按规定的控制模式控制。

(2) 在主控机车上一旦监测到主断闭合命令信号时,主控机车就会发送一个"主断合"的命令到从控机车。这个命令将被连续发送,直到从控机车发回确认信息或主控机车监测到"主断分"的信号。

(3) 当从控机车接收到主控机车发来的"主断合"的命令时,将发出控制主断闭合信号。同时检测主断路器反馈状态,并发回主控机车。若状态不一致,发出报警信号。

4）受电弓控制

（1）从控机车的受电弓控制按规定的控制模式控制。

（2）通过前向/反向开关定义从控机车前/后受电弓控制。当前向/反向开关选择设置在同向位置时,前/后受电弓将根据主控机车受电弓控制命令进行前向控制（例如,前受电弓升起命令给前受电弓）。当前向/反向开关设置在反向位置时,前/后受电弓将根据主控机车受电弓的控制命令进行反向控制（例如,前受电弓升起命令给后受电弓）。

5）动力控制分配

根据主控机车计算出的动力分配方案进行各车的牵引动力控制,并实时进行全列机车的牵引/制动力分配调节,同时保证列车动力学性能和重载组合列车的安全性。

6）动力牵引逻辑构成

当全列车的牵引或制动逻辑构成一致时,才允许动力牵引或制动。

2. 系统性能指标

1）操作和环境要求

硬件设备都应满足 TB/T 3021—2001《铁道机车车辆电子装置》（等效 EN 50155-2001）的规定。不符合此标准的硬件在列车设计时将相关文档以 * 符号特别标注出来。

2）总体电气参数

机车无线重联同步控制系统标称（额定）电压:DC110V;

机车无线重联同步控制系统最低工作电压:DC77V;

机车无线重联同步控制系统最高工作电压:DC137.5V。

3）总体环境

机车无线重联同步控制系统的所有装置应满足机车在线路运行的如下环境要求（表 B.2）。

表 B.2　环境要求

项目	机车显示模块 IDU	所有其他设备
最高工作温度	50℃	70℃
最低工作温度	−10℃	−25℃
设备及元器件存储温度	−25～85℃	

热循环:从最低到最高温度的时间不少于 2h;

相对湿度:0%～100%;

海拔:−152～3650m。